Gottfried Brandstätter

SCHNEEBERG
König der Norischen Alpen

Die Schneebergbahn

Die Zahnradbahn

Die Gemeinden

Puchberg

Payerbach

Reichenau

Schwarzau

T *Edition* **N**
ERRA OVA

Inhalt

Wir danken der Markt- und Kurgemeinde Puchberg am Schneeberg, Marktgemeinde Payerbach, Marktgemeinde Kurort Reichenau an der Rax und Marktgemeinde Schwarzau im Gebirge; der Raiffeisenbank Payerbach-Reichenau-Schwarzau im Gebirge, der Raiffeisenbank Puchberg, der NÖ. Schneebergbahn GmbH. und den Tourismusverbänden für die freundliche Unterstützung bei der Entstehung dieses Buches.

© 2003 by Edition **TERRA NOVA**
Buchverlag Ing. J. Höller, A-2630 Ternitz-Pottschach, Lautnergasse 10
Tel. 02630 20706, Fax 02630 30040, e-mail: Terra.Nova@aon.at

Für den Inhalt verantwortlich: Gottfried Brandstätter
Herstellung - Satz, Bildbearbeitung, Grafik: Edition **TERRA NOVA**
Printed in Austria, Wograndl Druck, Mattersburg
ISBN 3-900070-02-4

Zum Geleit

Die Geschichte unseres Landes ist zugleich auch immer die Geschichte seiner Regionen und deren Gemeinden. Gottfried Brandstätter hat es sich als Autor zur Aufgabe gemacht, uns einen sehr anschaulichen kulturgeschichtlichen Einblick in das Leben der Menschen und in die Berglandschaften der südlichsten Region unseres Bundeslandes zu geben. Nach seinen heimatkundlichen Werken über den Naßwald und über die Rax beschreibt er diesmal den höchsten Berg des Landes, den Schneeberg. Und auch diesmal ist es ihm wieder gelungen, mit großer Akribie die Besonder-heiten dieser einzigartigen Berglandschaft mit ihrer Fauna und Flora darzustellen und zu dokumentieren, wie der Berg den Menschen prägt, sein Leben und sein Wirken bestimmt. Sogar für die Wiener ist der Schneeberg wichtig. Durch die Wiener Hochquellenwasserleitung wird die Bundeshauptstadt seit 125 Jahren mit dem kristallklaren Wasser seiner Quellen versorgt. Es ist ein faszinierendes Buch über einen Berg, der auch den Autor voll in seinen Bann gezogen hat. Das verrät uns der Buchtitel: Der Schneeberg, König der Norischen Alpen. Ich wünsche dem Buch, das uns ein schönes Stück unserer Heimat noch liebenswerter macht, viele Leser.

Dr. Erwin Pröll
Landeshauptmann Niederösterreich

Zum Geleit

Der Schneeberg, der östlichste Zweitausender der Alpen, der höchste Berg Niederösterreichs, der König der Norischen Alpen, wie ihn Österreichs berühmtester Dichter genannt hat, ist naturgemäß ein beinahe unerschöpfliches Thema für Literaten und Wissenschafter.

Dieses neue, gefällig gestaltete Buch setzt somit eine lange Tradition fort, die vor mehr als 400 Jahren begann, als der berühmte Botaniker Clusius die Flora des Schneeberggebietes beschrieb. Seither wurde eine Fülle von Erkenntnissen und Eindrücken über diesen gewaltigen Berg zu Papier gebracht und viel Wissenswertes zusammengetragen über die Landschaft und die Menschen ringsum, die von ihm geprägt wurden.

Puchberg verdankt seinen Rang als einer der führenden Fremdenverkehrsorte in Niederösterreich vor allem dem Schneeberg. Von hier aus gelangt man mit der berühmten, mehr als hundertjährigen Zahnradbahn zur Endstation Hochschneeberg, mit fast 1800 Meter Seehöhe der höchstgelegene Bahnhof Österreichs. Die modernen Salamander-Triebwagen bewältigen die 1218 Meter Höhendifferenz in weniger als einer Stunde. Zusätzlich ist das Schneeberggebiet durch eine Doppelsesselbahn erschlossen. Durch diese von Puchberg ausgehenden Aufstiegshilfen eröffnen sich auch für den Nichtalpinisten die unvergesslichen Eindrücke der hochalpinen Bergwelt.

Dieses Buch trägt dazu bei, diese Eindrücke und Naturerlebnisse zu reflektieren und zu vertiefen. Daher wird es nicht nur von den Bewohnern des Schneeberggebietes gerne gelesen werden, es ist eine Fundgrube für alle, die diesen Berg lieben und von seiner Größe und Schönheit beeindruckt sind.

Als Bürgermeister der Markt- und Kurgemeinde Puchberg am Schneeberg ist es mir daher ein besonderes Anliegen, dem Verfasser für seine mühevolle Arbeit zu danken und seiner interessanten und lehrreichen Publikation viel Erfolg zu wünschen.

Michael Knabl
Bürgermeister der Marktgemeinde Puchberg am Schneeberg

Vorwort

Dem Schneeberg, mit 2.076 m Niederösterreichs höchstem Berg, der als besondere Naturschönheit in unserer Heimatgemeinde gelegen ist, widmet Gottfried Brandstätter sein neuestes Werk. Am Fuße des Schneeberges sind die Gemeinden Puchberg, Payerbach, Schwarzau im Gebirge und die Marktgemeinde Reichenau an der Rax entstanden. Durch den Taleinschnitt des wildromantischen Höllentales wird der Schneeberg von der Rax getrennt. Im Höllental liegt der Ursprung der Ersten Wiener Hochquellenleitung; mit dieser Pionierleistung der Technik gelingt es schon seit mehr als 125 Jahren die Großstadt Wien mit hochqualitativem Wasser zu versorgen.

Die intakte Umwelt, der Wasserreichtum der Gegend, die hochalpine Fauna und Flora haben schon Anfang des 19. Jahrhunderts eine Reihe von begeisterten Menschen angezogen. Zuerst waren es einige wenige Pioniere, die sich in die alpinen Regionen vorgewagt haben - Kaiser Franz Joseph I. war einer davon, er bestieg den Schneeberg in den Jahren 1805 und 1807. In der Folgezeit entstanden die ersten Reiseführer, die unsere schöne Heimatregion bei einem immer größeren Publikumskreis bekannt werden ließen - eine Reihe von alpinen Vereinen und Organisationen wurde gegründet. Dem Leser steht daher mit diesem Werk eine Fülle von Informationen über das Vereinswesen, die Schutzhütten und berühmte Bergfexe zur Verfügung; einer der prominentesten ist wohl der ehemalige Präsident der USA, Richard Nixon. Auch den Holzknechten, die z. B. für die industrielle Entwicklung unserer Region Wesentliches geleistet haben, ist ein Teil des Buches gewidmet.

Nicht umsonst nennt der Autor das nun vorliegende Buch: "Schneeberg, König der Norischen Alpen"! Der Schneeberg in der Region der Wunderwelt der Zauberberge, des Semmeringlandes, das immerhin seit einigen Jahren zum UNESCO Weltkulturerbe der Menschheit zählt, erfährt durch dieses Buch eine sehr schöne Würdigung. Ich lade Sie, liebe Leser, dazu ein, nicht nur eine literarische Reise in unsere Region zu unternehmen. Reichenau an der Rax hat für die vorbildliche Pflege seiner alpinen Landschaft als einzige Gemeinde Niederösterreichs die Auszeichnung saubere Landschaft 2001/2002 erhalten.

Ich wünsche Ihnen viel Vergnügen in der Wunderwelt der Zauberberge und dem Autor, von dem bereits die beiden Bücher "Naßwald und seine Pioniere" sowie "Die Rax - Juwel in den Kalkalpen" vorliegen, eine wachsende Leserschar.

Hans Ledolter

Bürgermeister
Abg. z. NR Hans Ledolter

Zum Geleit

Wer jemals bei gutem Wetter und klarer Sicht von einem hohen Gebäude in Wien den Schneeberg bewundert hat, der kann verstehen, warum die Wiener ihn als ihren "Hausberg" vereinnahmt haben.

Nach seinem 1999 erschienenen Buch über die Rax hat sich Gottfried Brandstätter nunmehr des höchsten "Zauberberges" Niederösterreichs, des Schneeberges, angenommen.

Wie auch bei seinem Raxbuch geht er mit viel Liebe und nahezu akribischer Genauigkeit auf alles Wissenswerte dieses wahrlich "königlichen" Berges ein. Auf Topografie, Geologie, Pflanzen- und Tierwelt; auf seine Klettersteige und Bergführer, auf Schutzhütten und Waldbahnen und - wie könnte es anders sein - auch auf die berühmte Zahnradbahn.

Aber nicht nur der Berg selbst eröffnet uns seine Geheimnisse, auch seine direkte Umgebung und die Menschen, die der Schneeberg in dieser wahrlich traumhaften Landschaft geprägt hat:

Die Holzknechte im Höllental und die Weidegenossenschaften, die Bergleute und die Arbeiter einer bereits verblühten Industrie rund um den Berg. Auch die für Wien so wichtigen Bereiche der Forstverwaltung und - nicht zu vergessen - die Wasserwerke der Stadt Wien als Garant für das weltberühmte "Wiener Wasser".

Schließlich widmet er sich auch eingehend den umliegenden Gemeinden Puchberg, Reichenau, Schwarzau im Gebirge und Payerbach, die als Ausgangspunkt vieler Wanderwege zum Schneeberg, Einheimischen und Gästen, immer wieder von neuem ein einzigartiges Naturerlebnis bieten.

Als Bürgermeister von Payerbach darf ich Ihnen dieses Buch sehr ans Herz legen und als kleinen Geheimtip den Wanderweg von Payerbach aus über die Bodenwiese zum Schneeberg empfehlen. Oder umgekehrt, je nach Geschmack.

Genießen Sie den Schneeberg mit all seinen Schönheiten und lassen Sie Leib und Seele baumeln! (Übrigens, die "Schöberl" der Waldburganger-Hütte auf der Bodenwiese sind haubenverdächtig.)

Pasa

Peter Pasa
Bürgermeister der Marktgemeinde Payerbach

Zum Geleit

Schneeberg und Rax waren schon immer die bestimmenden Faktoren für das Leben in Schwarzau im Gebirge. War es früher der ungeheure Holzvorrat an den Abhängen von Schneeberg und Rax, welche für unzählige, im Zuge der Gegenreformation ausgewiesene Gosauer Holzknechte diese Landschaft zur zweiten Heimat gemacht hat, so ist es heute das klare Wasser, welches die Großstadt Wien mit Quellwasser versorgt.

Das Holz, welches ursprünglich von Holzknechten für die Versorgung der Hirschwanger Eisenwerke an den Ufern von Naßbach und Schwarzafluss gelagert war, konnte nur durch das Wissen und Können der Gosauer Holzknechte talabwärts gebracht werden, welche sich in weiterer Folge in Naßwald angesiedelt haben und hier eine evangelische Glaubensgemeinschaft und Siedlung gründeten. Ihnen ist es zu verdanken, dass entlang des Schwarzaflusses durch das Höllental vorerst ein durchgehender Fußsteig errichtet wurde, welcher das Schwemmen des Klafterholzes erleichterte. Es war in späterer Folge eine Straße, die letztlich die Angliederung der Marktgemeinde Schwarzau im Gebirge an den Gerichtsbezirk Gloggnitz und in weiterer Folge an die Bezirkshauptstadt Neunkirchen ermöglichte.

Der Zufall wollte es, dass in Weiterführung der 1. Wiener Hochquellenwasserleitung die so genannten hinteren Quellen von Schwarzau im Gebirge dieser zugeführt wurden und so ein erzwungenes Abwandern der inzwischen heimisch gewordenen evangelischen Glaubensgemeinschaft durch ein neu entstandenes Betätigungsfeld, nämlich das Wiederaufforsten abgeholzter Hänge und Pflegen derselben im Sinne des Schutzes der Quellen, verhindert wurde.

Heute ist Schwarzau im Gebirge geprägt durch ein stabil gehaltenes Betätigungsfeld zum Schutze und Betrieb der Quellen der 1. Wiener Hochquellenwasserleitung und von Erholung suchenden Wanderern. Von der Vois aus beginnen sie gerne, den höchsten Berg im südlichen Niederösterreich, den Schneeberg, zu erwandern.

Nach den Büchern *Naßwald und seine Pioniere* und *Rax - Juwel in den Kalkalpen* hat Gottfried Brandstätter nun ein weiteres Werk geschaffen, welches in bekannter Art viel Historisches beinhaltet und mit wunderschönen Bildern auch auf die bezaubernde Gegenwart der Region hinweist. Die Marktgemeinde Schwarzau im Gebirge wünscht diesem Buch viel Erfolg.

Senatsrat Dipl.-Ing. Irmfried Hanreich
Bürgermeister der Marktgemeinde Schwarzau im Gebirge

Der Schneeberg - der "König" als Ausgangspunkt für die Wasserversorgung des Kaisers

Es ist aus der Sicht der Dauer eines Menschenlebens bereits eine lange Zeit her, dass der Kaiser im Zuge eines Jagdausfluges - so erzählt es die Geschichte - durch seinen Leibarzt die Besonderheit des Hochquellwassers sprichwörtlich vor Augen geführt bekam.

Dies passierte in Kaiserbrunn, einer Stätte, an welcher auf Grund der geologischen Gegebenheiten ein starker Wasseraustritt aus dem Fuße des Schneebergs direkt im Tal zu Tage trat.

Es war daher bald so, dass bereits unter Maria Theresia der kaiserliche Hof in Wien bestes Quellwasser aus dieser Gegend bezog. Das köstliche Nass wurde damals von Wasserreitern in 24-stündigem Ritt an die kaiserliche Tafel gebracht. Damals konnte man jedoch noch nicht erahnen, welch wichtiges Standbein der Schneeberg für die Trinkwasserversorgung von Wien zukünftig darstellen würde.

War die mühsame Versorgung damals nur für den "Kaiser" gedacht, so kann man dank althergebrachter Baukunst, verbunden mit modernster Technik, heute dafür Sorge tragen, dass jede mit Trinkwasser aus dieser Gegend versorgte Person sprichwörtlich ein "Kaiser" ist.

Die Kaiserbrunnquelle ist auch heute eine der wichtigsten Quellen für die Trinkwasserversorgung Wiens. Daher wird das Thema Quellschutz auch auf dem Schneeberg ein oft zitiertes Schlagwort bleiben, hinter dem jedoch weit mehr steht, als man auf dem ersten Blick erkennen kann.

Um die Wasserversorgung von Wien und all die damit verbundenen Themen, wie eben z.B. Quellschutz uvm., besser verstehen zu können, wurde genau in diesem Tal, am Fuße des Schneebergs in Kaiserbrunn ein Wasserleitungs-Museum geschaffen.

Wer das Museum einmal besucht hat, wird auch den "König der Norischen Alpen" - den Schneeberg - in einem völlig neuen Licht betrachten können - ein Besuch lohnt sich.

WIENER WASSERWERKE

StaDt+Wien

Ing. Hans TOBLER

3

Vorwort

In aller Welt beneidet man Wien um das einmalige Hochquellenwasser. Der Schneeberg - Hochgebirge und zugleich einer der beiden Hausberge der Bewohner Ostösterreichs - ist Ursprung dieser Wasserversorgung. Durch die weitblickende und kluge Entscheidung, zu deren Schutz die Wälder im Einzugsgebiet dieser Quellen sukzessive zu erwerben, ist die unvergleichliche Qualität des Wiener Wassers sichergestellt.

Schon bald nach der Inbetriebnahme der Wasserleitung aus dem Rax-Schneeberg-Gebiet vor 130 Jahren, nahmen Förster der Stadt Wien diese Wälder in ihre Obhut. Mit umsichtiger Erschließung dieser Wälder, Einsatz modernster Technologien bei der naturnahen Waldbetreuung und Umstellung auf ein ökologisches, den Bedürfnissen des Wildes ausgerichtetes Wildtiermanagement gewährleisten sie der Stadt Wien nicht nur, dass der "König der Norischen Alpen" für die Wasserversorgung Wiens weiterhin eine führende Rolle spielt, sondern auch, dass durch die Bewahrung der vielfältigen Lebensformen der große Besucherkreis jenes Stück Lebensqualität vorfindet, das er im Alltag all zu oft vermisst.

Ing. Hubert Mayer
Leiter der Forstverwaltung Hirschwang, MA 49

Liebe Leserinnen und Leser,

vorerst recht herzlichen Dank für den Erwerb des Buches. Gleichzeitig aber möchte ich darauf hinweisen, dass dieses Buch keinen Anspruch auf Vollkommenheit erhebt. Es wird auf wichtige historische Geschehen hingewiesen, die teils schriftlich, teils mündlich überliefert wurden, und die Dokumentation der Jetztzeit soll eine Verbindung zwischen Mensch und Natur in all ihren Facetten schaffen und als Anregung verstanden werden, die beschriebenen Regionen aufzusuchen, um sich von deren Schönheiten und Vielfältigkeiten selbst zu überzeugen; es lohnt sich!

Ferner möchte ich darauf hinweisen, dass nicht nur historische Fotos zur Dokumentation herangezogen wurden, sondern auch bei diversen Textpassagen die Schreibweise der jeweiligen Zeit beibehalten wurde, um auch hier das Historische zu betonen.

Mit einem herzlichen Berg Frei
Gottfried Brandstätter

Der Schneeberg, Blick auf die Breite Ries

Links: Die Weichtalklamm
Rechts: Die Freiheit - Streckenabschnitt der Schwarza gegenüber dem Eingang ins Große Höllental

Blick vom Wassersteig in den Saugraben

Blick vom Wassersteig in Richtung Klosterwappen und Bockgrube

Blick vom Steig zum Turmstein auf die Bockgrube und auf das Klosterwappen

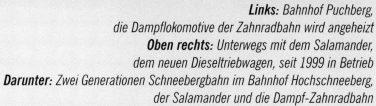

Links: Bahnhof Puchberg,
die Dampflokomotive der Zahnradbahn wird angeheizt
Oben rechts: Unterwegs mit dem Salamander,
dem neuen Dieseltriebwagen, seit 1999 in Betrieb
Darunter: Zwei Generationen Schneebergbahn im Bahnhof Hochschneeberg,
der Salamander und die Dampf-Zahnradbahn

*Unterwegs mit der
Dampfgarnitur im
Schneebergdörfl*

Nahe der Station Baumgartner - Blick in Richtung Elisabethkircherl

Das Elisabethkircherl

Ein Paradies für Kinder - gleich neben der Bergstation befindet sich die Kinder-Bergwelt.

ÖTK-Gedenkstein und Fischerhütte am Kaiserstein

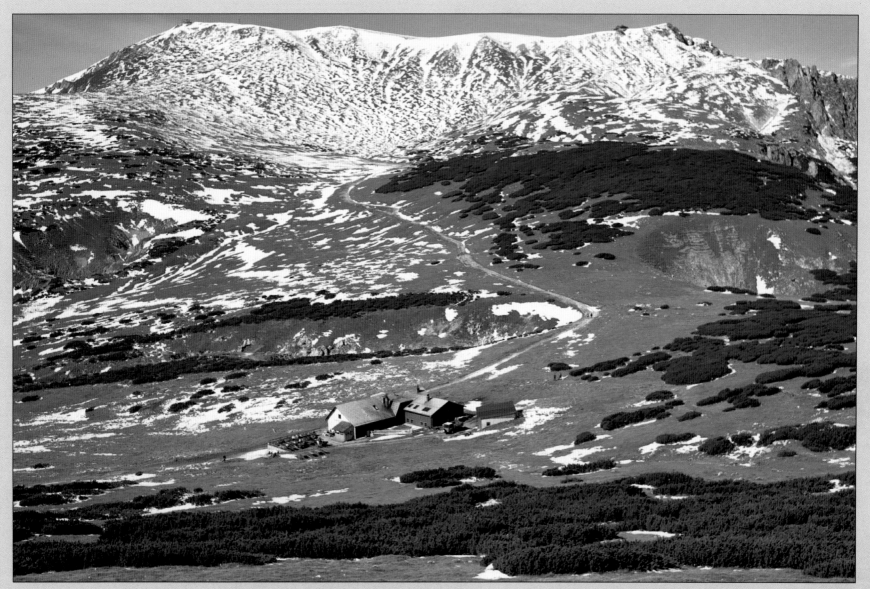

Blick vom Waxriegel in Richtung Klosterwappen und Kaiserstein

EINLEITUNG

Zu jener Zeit, wo das Aufsuchen der Natur in ihrer Ursprünglichkeit noch keineswegs Gemeingut einer größeren Masse, sondern diese rein ethische Betätigung nur Sache weniger Auserlesener war, wo es eines gewissen Mutes bedurfte sich zum Bergsteigen zu bekennen, da man damals noch als "verrückt" bezeichnet wurde, in dieser Zeit der Anfänge des Alpinismus waren natur- und bergbegeisterte Menschen darum bemüht, Gleichgesinnte um sich zu sammeln. So schlossen sich immer mehr zu einem kleinen Kreis, einer Gesellschaft, einem Verein oder Klub zusammen.

Es waren vorwiegend Städter, die an den Wochenenden aufs Land strömten, um hier Erholung zu suchen, zu wandern oder Berge zu besteigen, und sie waren es, die zur Erschließung des höchsten niederösterreichischen Berges ein Wesentliches beitrugen; sie erforschten den Berg, errichteten Unterstandshütten, legten Wege an und markierten diese.

Mit der Eröffnung der Südbahn, wo man damals in knapp zwei Stunden nach Payerbach gelangen konnte, sowie durch die Errichtung von Bergbahnen wurden gewisse Regionen auch dem Allgemeintourismus zugänglich gemacht und bestehende Unterkünfte am Berg teils vergrößert oder überhaupt neu errichtet.

Ein jehes Ende bereiteten dem Vereinswesen wie auch dem Tourismus die beiden Weltkriege. Sie sorgten für einen starken Rückgang, Vereine wurden eingegliedert oder überhaupt aufgelöst, Unterkunftshütten teilweise beschädigt oder ganz zerstört.

Doch auch diese Zeit ging vorüber und das Vereinsleben begann sich wieder zu normalisieren, so dass man heute nicht nur die verschiedensten Möglichkeiten vorfindet, um auf den Berg zu gelangen, sondern auch modern geführte Schutzhäuser oder Hotels zum Verweilen einladen, damit der Besuch am Berg gestern wie auch heute ein Erlebnis bleiben soll.

DIE VORZEIT

Die Urgeschichte unseres Gebietes ist in tiefes Dunkel gehüllt. Ob unser Landstrich schon zu jener Zeit bezogen war, als im mittleren Europa, namentlich am Donauufer, der Mammutjäger seine Lagerplätze aufschlug, lässt sich bis heute nicht nachweisen. Zahlreiche zu Tage geförderte Funde, welche etwa vor dem Beginn der christlichen Zeitrechnung stammen, beweisen jedoch, dass unser Gebiet von einem keltischen Volksstamm bewohnt war. Eine bedeutende keltische Niederlassung muss an der Stelle des heutigen Pottschach gewesen sein, wie das dort am so genannten Sauanger befindliche Urnenfeld beweist. Dasselbe wurde beim Baue der Eisenbahn im Jahre 1840 teilweise abgegraben, wobei Tongefäße nebst verschiedenen Bronzegegenständen zu Tage kamen. Eine zweite, im Jahre 1868 vorgenommene Nachgrabung brachte viele Urnen, gefüllt mit den Überresten der verbrannten Leichname, zum Vorscheine.

Das herrschsüchtige Rom war bestrebt, seinen Einfluss und seine Herrschaft auszudehnen und traf somit auch auf die hier ansässigen Kelten. Nach vielen Kriegen gelang es den Römern, das kriegerische Volk der Kelten zu unterjochen. Unter Kaiser Augustus im Jahre 13 v. Christi wurde alles Land südlich der Donau erobert und in Provinzen eingeteilt, wobei unser Gebiet zu Pannonien gerechnet wurde und die Grenze zwischen Pannonien und Noricum vom Kahlenberge (mons cetius) über den Schneeberg, die Raxalpe bis an die Save verlief.

DER SCHNEEBERG

Geografie und Topografie
Auszug aus dem Spezialführer
von F. Benesch, 4. Auflage,
Wien 1920

Weit schaut er über das Land, der mit 2 076 m Seehöhe höchste Berg von Niederösterreich. Am Beginn der Schneeberg-Erschließung stand die Eroberung durch den Blick. Fernrohr und Zeichenstift, wie sie auf früheren Ausflugsdarstellungen häufig zu finden sind, waren die Attribute dieser visuellen Erkundung. Ganz im Gegenteil seines Gegenübers, der Raxalpe, ist er keine frei stehende, in sich zusammenhängende Gebirgsmasse. Vielmehr überwiegt hier die Ausdehnung der an-grenzenden Vorberge die des Haupt-stockes um ein Vielfaches.

Der Gebirgsstock lässt sich in drei Regionen einteilen. Der südöstliche, der Gahns mit den Gipfeln des Krummbachsteines - 1 602 m, des Feuchters - 1 381 m und des Schwarzenberges - 1 352 m, umfasst die größte Fläche. Ihm am nächsten kommt der die beiden Gipfel Klosterwappen - 2 076 m und Kaiserstein - 2 061 m umfassende Hauptstock, der

15

Obelisk am Kaiserstein

Blick vom oberen Staudengraben zum Klosterwappen

Hochschneeberg mit dem angrenzenden Kuhschneeberg; senkrecht zur Längsachse des Gebirges springt der Hohe Hengst - 1 450 m gegen das Puchberger Tal hinaus. Begrenzt wird die ganze Gruppe von Nordwesten über Westen bis Südosten von der Vois und dem Schwarzafluss, im Osten und Nordosten aber von dem aus dem Puchberger Tale kommenden Sierningbach, während im Norden das Klostertaler Gscheid sowie die ausgedehnte Mamau Wiese den Zusammenhang mit dem Relief der Voralpen herstellt, wobei der Grundriss des Gebirges etwa die Form eines Rhomboeders hat. Die für die Raxalpe so typische Hochflächenform ist am Schneeberg vorwiegend auf seinen Vorbergen anzutreffen. Zahlreiche Gräben durchschneiden den Gebirgsstock und reichen teilweise bis in die Talnähe. Demgemäß können sich hier auch fast nirgends so mächtige zusammenhängende Felsmauern, wie wir sie auf der Raxalpe antreffen, bilden. Mit einer Ausnahme, der gegen Wien gerichteten Nordostwand des Berges, die sich durch keine größeren Unterbrechungen zu einer überwältigenden Mächtigkeit aufbaut. Doch bei genauer Betrachtung kann man auch in ihr ein eher ruinenhaftes Gepräge feststellen, dessen Ursache in den Abschwemmungen liegt, die hier schon weit zerstörerischer gewirkt haben als auf der Raxalpe, die durch einen dicken Panzer aus Dachsteinkalk geschützt ist. Die bedeutendsten Gräben des Schneebergmassives sind der Rohrbachgraben, der Krummbach- und der Frohnbachgraben, die alle zu gewissen Zeiten erhebliche Wassermengen zu Tale führen. Außerdem zerfurcht noch eine Anzahl kleinerer Rinnen und Wassergräben den ganzen Gebirgsstock in den verschiedensten Richtungen. Er gehört samt seinen Vorbergen den Flussgebieten der Leitha und der Piesting an, wobei die engeren Flussgebiete die der Schwarza und des Kalten Ganges sind.

Der Schneeberg ist vor Zeiten als eine eigene Herrschaft betrachtet worden und hat einer edlen Familie den Namen gegeben, aus welcher "Uldarich von Sneeperch" um das Jahr 1150 in einem Schenkungsbrief "Graf Bertholds von Andechs", der im Kloster Admont ein Mönch geworden, als Zeuge vorkommt. Rudolph von Schneeberg lebte 1384. Zum allerersten Mal tauchen Namen aus dieser Gegend in einer Handveste von 1343 auf, die bei einer Grenzbestimmung das "grozze Hellenthal", die "Swarcza", den "alten Sneperg" und die "Rechsneralbm" (Raxalpe), nennt; alle zusammen damals wohl eine großartige, noch nahezu unentweihte Urwald- und Bergwildnis bildend. Auf Grund seiner Erhabenheit und dem Umstand, dass sein Schnee bedeckter Gipfel mehr als ein halbes Jahr wie eine weiße Pyramide zu sehen war, wurde der Schneeberg Anfang des 19. Jahrhunderts zu den höchsten Bergen Österreichs gezählt und das, obwohl die vom Kapuziner Pater Fabian Zankl und Johann Graf Ernst von Hoyos im Jahre 1753 durchgeführte trigonometrische Vermessung eine Höhe von 1 143 Wiener Klafter und zwei Fuß, also umgerechnet ca. 2 168 m, ergab. Auf einer Karte von Ludwig Schmid aus dem Jahre 1800 finden sich schon genauere geografische Details bis hin zur exakten Angabe der Ortsteile von Puchberg wie z. B. Sonleiten, Schnedörfl, Losenbunt, Arbesthal, Rohrbach, Hengstberg, Pfeningbach, Breitensol oder Raizenberg.

Schon aus der Ferne bietet sich der Schneeberg als Idealtyp eines Berges an; eine

Schneeberg, 2075 m   *Der Gruselplatz nächst dem Hotel Hochschneeberg.*

Der Gruselplatz in der Nähe vom Hotel Hochschneeberg

Pyramide, die sich aus den niederen Vorbergen erhebt. Auf Grund seiner Nähe zur Residenzstadt Wien und dem Umstand, dass es Wiener waren, welche den Schneeberg zum ersten Mal bestiegen haben, nennt man ihn zu Recht den "Wiener Schneeberg". Diese Bezeichnung geht auch daraus hervor, dass um 1820 auf einer Illustration in Alexander Labordes Prachtband "Voyage pittoresque en Autriche" die visuelle Eingliederung des Schneeberges bereits fixiert war, der "Schneeberg in Unterösterreich" wurde zum "Schneeberg bey Wien". Er ist aber auch die letzte höhere Erhebung der Ostalpen vor ihrem Abfall in das Wiener Becken.

Der Schneeberg, dessen Entfernung von Wien Stephansplatz - Klosterwappen in der Luftlinie 65 km beträgt, stellt sich als ein isolierter Kalkgebirgsstock dar, mit allen seinen Teilen auf einer Grundfläche basierend, die fast so groß wie das Stadtgebiet von Wien ist. Er wird begrenzt vom Sierning-, Kloster-, Vois- und Schwarzatal. Die Furche Krummbachgraben, Krummbachsattel und Rohrbachgraben scheidet das Schneeberggebiet in zwei Teile, in den höheren nordwestlichen Teil und in den im allgemeinen niedrigeren südöstlichen Teil. Dieser besteht aus dem umfangreichen Gahns, 1 352 m, dem Feuchter, 1 381 m und Alpl, 1 582 m, und dem Krummbachstein, 1 602 m. Am Südwestende des Hochschneebergkammes erhebt sich das Klosterwappen mit 2 076 m und am Nordostrande der Kaiserstein mit 2 061 m. Das Klosterwappen, der am südlichen Ende des höchsten, von Nordost nach Südwest streichenden Kammes gelegene Kulminationspunkt der Schneeberggruppe und ganz Niederösterreichs, überragt in seinen unteren Partien und Vorstufen in

unzähligen Schluchten und Klippen das sich um seine Ausläufer windende Höllental, während der fast gleich hohe Kaiserstein in seinem Absturz gegen das Puchberger Tal im Nordosten eine riesige Felsenschlucht, die "Breite Ries", bildet. An seiner Nordseite fällt das Hochalpl zum Krummbachsattel ab, durch welchen es mit dem Massiv des Hochschneeberges verbunden ist. Hier, wo sich alle Wege aus den östlichen Tälern vereinigen, erhebt sich der steile Abhang der Kuhplagge zum 1 888 m hohen Waxriegel, dem dritthöchsten Gipfel des Schneeberges. Zwischen den höchsten Spitzen und der dritten Erhebung, dem Waxriegel, dehnt sich die hügelige, mit kümmerlichem Krummholz bedeckte und von Schneegruben durchzogene Hochfläche des Ochsenbodes aus und vom Kaltwassersattel zweigt nach Nordosten ein dicht bewaldeter Rücken, der Hohe Hengst mit 1 450 m, ab. Zwei Felsgrate, die im Höllental fast bis an die Ufer der Schwarza reichen, sind die östlich gelegene 1 407 m hohe Stadelwand und der Lerchkogel Grat, 1 347 m, die westliche Begrenzung des "Flug-Ries-Grabens", fälschlicher Weise auch "Fluch-Christi-Graben" genannt. Spärlich mit Krummholz bewachsen und von Schneegruben unterbrochen, geht es dann, sich plötzlich steil auftürmend, zum jenseitigen Plateau des Kuhschneeberges ebenso steil, wie zum Kaiserstein und zum Klosterwappen empor, welche durch einen nahezu gleich hohen Kamm verbunden sind.

Der Gahns

Gahns und Feuchter, deren steile, waldige Abhänge das Reichenauer und Payerbacher Tal im Norden umfassen und durch den Bruch der Rohrbachlinie vom Hochschneeberg

Rast am Krummbachstein

Links:
Magrutsch Hütte,
erbaut von
Hiasl 1935

getrennt wird, die aber ungeachtet ihrer gewaltig aufragenden Wände doch nur als Vorberge des Schneeberges gelten, setzen mit dem Hochalpl, dem Hengst, dem Hochschneeberg und dem Kuhschneeberg diesen mächtigen Gebirgsstock zusammen, dessen weit gestreckte Ausläufer einen Umkreis von ca. 45 km einnehmen.

"Kamenec", wie der Gahns im Slawischen bezeichnet wurde, bedeutet "die Gegend am Felsen", trianguliert im Krummbachstein mit 1 602 m Seehöhe, bedeckt mit einem ca. 2 150 ha großen Waldgebiet fast die Hälfte des östlichen Schneeberggebietes und gehört zum Gemeindegebiet von Vöstenhof. Vöstenhof wird erstmals im Jahre 1381 unter dem Namen "Feste Hof", deren erster Besitzer der Stüchs von Trautmannsdorf war, genannt. Der Gahns gehört seit über 100 Jahren zum Wasserschutzgebiet. Da Graf Ernst von Hoyos-Sprinzenstein, welcher Schloss Vöstenhof, in dem der damalige Revierleiter bis zum Jahre 1912 wohnte, verkaufte, nahm der Revierleiter im neu erbauten Forsthaus in Gasteil Nr. 32 der Gemeinde Prigglitz Quartier.

Nachdem Graf von Hoyos-Sprinzenstein im selben Jahre einen Grund vom Landwirt Franz Kirnbauer im Gemeindegebiet von Prigglitz käuflich erworben hatte, baute er am Beginn der Gahnsstraße ein neues, größeres Forsthaus, Bürg Nr. 67, in das im Jahre 1994 der Revierleiter Oberförster Bernhard Knapil einzog. Im selben Jahr verkaufte die Gemeinde Wien den Grund mit dem alten Forsthaus an den Sägewerksbetreiber Franz Kirnbauer.

Der Gahns bildet ein teils bewaldetes, mit herrlichen Wiesen bedecktes Plateau und begrenzt das Schwarzatal von Pottschach bis Reichenau. Sein Gipfel, der 1 352 m hohe Schwarzenberg, wird vom benachbarten Feuchter, welcher zwischen Reichenau und dem Eingang in das Höllental aufragt und von welchem ihn der Lackaboden und die Schlucht der Eng scheidet, an Höhe und lohnenden Aussichtspunkten übertroffen. Dieser zweite Vasall

des Schneeberges erreicht im eigentlichen Feuchter, dem sich westlich der 1 301 m hohe Mittagstein anschließt, im Alpl mit 1 576 m und im 1 602 m hohen zerklüfteten Krummbachstein an Höhe. Er wird durch den steilen, wildromantischen Krummbachgraben vom Hochschneeberg getrennt, während sich nördlich die Schlucht des oberen Rohrbachgrabens tief zwischen ihm und dem dritten Ast, dem von Puchberg gegen den Waxriegel ansteigenden und mit diesem durch den Kaltwassersattel und die Einsattelung der Sitzstätten zusammenhängenden Hohen Hengst, 1 450 m, einschneidet. Im Westen schließt sich der Kuhschneeberg mit seinen ausgedehnten Almweiden an. Zu erwähnen wäre auch die im weiteren Umkreise liegende Dürre Wand mit 1 222 m, der Öhler mit 1 232 m und der mit 1 213 m hohe Schober.

Der Feuchtaberg

Wenn man früher auf den 1 381 m hohen Feuchtaberg, auch Feichtaberg genannt, gehen wollte, so wählte man meist den Steig vom Thalhof durch die Eng, wo seinerzeit auch ein Reitsteig vorhanden war. Diesen Steig wie auch die zur Jägerrast bestimmte Kaiserhütte, die Seine Majestät der Kaiser oft benützte, wenn er seiner Jagdlust nachging, hatten die Herren Waissnix

Die Mittagsteinhöhle

anlegen lassen. Der normale Weg jedoch führte zumeist durch oder entlang der hier vorhandenen Holzriese bis zur Abzweigung in den Mittergraben. Nun der Riese auf das Plateau folgend, den Sulzboden und dann den letzten Rücken hinan auf den Gipfel, den 1 301 m hohen Mittagstein. Der Mittagstein ist die äußerste Spitze des Feuchtaberges. An seinem Fuße angesiedelt liegt der Industrieort Hirschwang.

Die Sage erzählt, dass der Mittagstein seinen Namen dadurch erhalten hat, dass derselbe, wenn die von Hirschwang sichtbare Höhle von der Sonne voll beschienen wird, gerade um 12.00 Uhr mittags weder rechts noch links einen Schatten wirft und daher als Richtschnur für die Uhren gilt, so niedergeschrieben in dem bekannten Buch: "Das Thal von Reichenau".

Eine weitere Sage berichtet, dass in ihm bedeutende Schätze vorhanden sein sollen, welche zur Zeit der Türkenkriege in der von Hirschwang aus sichtbaren Höhle aufgespeichert worden sein sollen. Von Hirschwang aus ist der Zugang zu dieser Höhle sehr schwierig, ja ohne geeignete Hilfsmittel sogar unmöglich. Doch sollte zu dieser Höhle noch ein anderer Zugang existieren, welcher durch abgelöste Felsstücke und Geröll ganz unkenntlich gemacht ist. Noch vor langer Zeit gab es Bewohner, die eine eichene Tür gesehen haben wollen, durch welche diese Höhle versperrt worden ist, und mehrmals wurden Anstrengungen unternommen, auf diese Weise in das Innere der Höhle zu gelangen.

DER EINFLUSS DER EISZEIT

Die am Ausgang der Tertiärzeit einsetzende Klimaverschlechterung wurde in erster Linie durch eine Temperaturverminderung hervorgerufen. Am Schneeberg war besonders die Ost- und die Nordseite davon betroffen und vergletschert. Im Puchberger Kessel reichten die Moränenwälle 800 m bis 1 200 m nordwärts. Das Gebiet des Gletschers erstreckte sich zwischen Waxriegel und Heuplacke im Süden, Klosterwappen und Kaiserstein im Osten und umfasste Breite Ries, Krumme Ries und den Schneidergraben, wobei der Eisstrom in der Zeit seiner größten Mächtigkeit den Puchberger Kessel nie auszufüllen vermochte. Das Zungenbecken des Nordgletschers stellte die vermoorte Waldlichtung der Trenkwiese dar, die von einem prächtigen Moränenkranz umspannt war, wobei die Moränen bis nahe an das Klostertaler Gscheid reichten, also hinunter bis zur Höhenlage der östlichen Endmoräne. In der Bockgrube nisteten kleinere Karaletscher.

Welchen Einfluss die Gletschererosion auf die Schönheit des Gipfelgeländes ausübte, zeigt der Anblick des Schneeberges vom Puchberger Kessel. Die Auskarung des gewaltigen Wandabsturzes, dieses eigentlichen Wahrzeichens der niederösterreichischen Kalkalpenlandschaft, war ihr Werk. Der Erhaltungszustand der eiszeitlichen Spuren ist stark vom Gestein abhängig; dieses ist in unserem Gebiet fast ausschließlich Kalk oder Dolomit. Da dessen Oberfläche unter dem unmittelbaren Einfluss der Atmosphärilien rasch verwittert, so finden wir deutliche Reste der kleinsten Form - Schliffe und Kritzer - nur dort, wo Pflanzenbedeckung die oberste Schuttschicht festhielt und so diese die Unterlage unterstützte. In der Tat sind die Spuren dort besser erkennbar, wo der Gletscher bis in eine tiefere Lage reichte oder wo in Folge des umgebenden Gesteins die dickere Verwitterungsschicht eine zusammenhängende Vegetationsdecke begünstigte - Werfener Schiefer.

Wegen der Eigentümlichkeit des Kalkes, Wände zu bilden, ist es meist recht schwer zu beurteilen, ob die U-Form glazialer Entstehung war oder nicht, besonders bei kleinen Seitentälern. Gelegentlich zeigen deutliche Ausstrudelungsformen die fluviatile Entstehung an, wenn nicht schon die geringe Breite einer Schlucht, wie in der Eng zwischen Gahns und Feuchter und im Weichtal südlich vom Kuhschneeberg, den Gedanken an glaziale Entstehung verbietet. Die Talsohle ist nicht einheitlich gestaltet, sondern mitten aus ihr erheben sich ein oder mehrere kleinere Kalktürme, die den Schuttstrom, der jetzt die Sohle bildet, teilen. Das sind etwas vergrößert und vergröbert die Formen, die wir von den unruhig gestalteten Dolomitengängen kennen. Auch diese Entscheidung schließt den Gedanken an ein ehemaliges Gletscherbett aus, so bei den Gräben am Nordfall des Kuhschneeberges. Wo aber solche auf eine fluviale Entstehung hinweisende Erscheinungen fehlen und auch keine positiven Beweise für Gletscherwirkung zu finden sind, bleibt die Beantwortung der Frage nach der Entstehung der trogähnlichen Talformen unklar, wie z. B. im Saugraben am Schneeberg.

DIE GEOLOGIE DES SCHNEEBERGES
Auszug aus dem Spezial Führer von F. Benesch
Vierte Auflage, Wien 1920

Das Schwarzagebiet als Naturlandschaft empfängt sein Grundgepräge durch Aufbau, Formung, Witterungscharakter und Lebenserscheinungen der charakteristischen Geländeeinheiten, die das Talnetz der Schwarza zu einem größeren Landschaftsgebiet zusammenschweißt und der Schneeberg mit seinen drei Hauptgipfeln - Klosterwappen 2 076 m, Kaiserstein 2 061 m und Waxriegel 1 888 m - beherrscht.

Wie die Raxalpe, so gehört auch der Schneeberg nach seiner geologischen Beschaffenheit der Triasformation an. Der Aufbau von unten nach oben in regelmäßiger Reihenfolge

Gipfelregion des Waxriegels

Am Nördlichen Grafensteig

sind: Werfener Schiefer, Gutensteiner Kalk mit unterem Dolomit, Raibler Schichten und Dachsteinkalk. Außerdem finden sich hier ganz vereinzelt noch jüngere Schichten, welche der Raxalpe gänzlich fehlen, wie z. B. rötlichgraue weiß geaderte Kössener Schichten mit Hornsteineinschlüssen und rotbraune, schon der Juraformation angehörige Liaskalke. Sehr auffälliges Gefüge besitzen dabei die in dünnen Bänken abgelagerten Raiblerschichten, eine in mehr oder minder großen mäßig starken Tafeln ausbrechende Gesteinsart, zu welcher sich sehr oft grünlich gefärbte, kieselige Mergelschiefer, wie sie am Nördlichen Grafensteig anzutreffen sind, gesellen. Im Gegensatz hierzu ist der zuhöchst am Berge liegende Dachsteinkalk in mächtige, oft polsterartig hervorbrechende Bänke von hellgrauer Farbe gelagert und kommt sehr häufig selbst als ungeschichteter, so genannter Riffkalk vor, wie z. B. in den Krotensee Mauern und in den Wänden des Hochlaufes. Im Großen und Ganzen jedoch besteht die Oberfläche des Hochschneeberges aus Dachsteinkalk. Seine Schichten richten sich hier plötzlich von drei Seiten steil in die Höhe und bilden so eine ungeheure Kuppel, als deren Scheitel das Klosterwappen, früher auch Alpengipfel genannt, emporragt. Diesem eigentümlichen Bau verdankt der Schneeberg hauptsächlich seine bedeutende Höhe und beherrschende Stellung, zugleich aber wurde durch das gewaltsame Auftürmen der Gesteine deren regelmäßige Aufeinanderfolge vielfach zerstört. Zahlreiche Bruchlinien durchziehen den ganzen Gebirgsstock und haben so durch Einsinken der abgetrennten Teile mehrfach jüngere, höher liegende Gesteine in unmittelbare Nachbarschaft der älteren gebracht. Eine der bedeutendsten Störungen ist die so genannte Rohrbachlinie. Bei Rohrbach am Hengst

beginnend, läuft sie, dem Grunde des Rohrbachgrabens folgend, über den Krummbachsattel, hält sich jenseits desselben an der Sohle des oberen Krummbachgrabens (Schlossalpengraben) und endet schließlich hinter Prettschacher und Hochgang hinüberziehend im mittleren Stadelwandgraben. Hochgang und Prettschacher bilden somit infolge des Einbruches längs der Linie Rückfallkuppen, die tektonisch zur Gahns-Scholle gehören. An der genannten Linie tritt nun der sonst nur den Sockel des Gebirges bildende Werfener Schiefer stellenweise zu Tage, wie z. B. auf den drei erwähnten Sätteln, während im oberen Krummbachgraben trotz der reichlichen Schuttbedeckung schon aus dem wasserdurchtränkten Boden auf das Vorhandensein dieser undurchlässigen Gesteinsart geschlossen werden kann. Es hat beinahe den Anschein, als wäre dieser Streifen zähen Werfener Schiefers durch den ungeheuren Druck der ihn einzwängenden, gewaltsam aufgetürmten Dachsteinkalkmassen aus der Tiefe emporgepresst worden, eine Vermutung, für die nebst der steilen Stellung des Gesteins auch Folgendes zu sprechen scheint. Bekanntlich befindet sich bei Kaiserbrunn die ergiebigste Quelle der ersten Wiener Hochquellenleitung. Da nun der Werfener Schiefer unter normalen Verhältnissen wasserundurchlässig ist, so müsste sein vom Krummbachsattel bis zum Stadelwandgraben verlaufender Streifen, wenn er mit den in der Tiefe ruhenden Lagern in unmittelbarer Verbindung stünde, eigentlich als wasserabsperrender Damm wirken, und die Quelle bei Kaiserbrunn könnte nur aus den Wässern des Hochganges und Prettschachers zusammengesetzt sein, während die Sickerwässer des eigentlichen Hochschneeberges hinter diesem Damm rechts oder links ihren Abfluss suchen

Die große Frohnbachwand

müssten. Eine derartige Annahme ist aber mit Hinsicht auf die Mächtigkeit der Quelle mehr als unwahrscheinlich. Vielmehr sind wir zu vermuten berechtigt, dass infolge der furchtbaren, nach oben drängenden seitlichen Pressung in der Tiefe örtliche Verdrückungen, wie solche im unteren Teile des Stadelwandgrabens sichtbar sind, stattgefunden haben und dass sich die Wässer des Hochschneeberges nun durch die arg zerknitterten, bis zum Reißen gezerrten und so durchlässig gewordenen Schieferschichten einen geraden Durchbruch zum Kaiserbrunnen gebahnt haben.

Über der Rohrbachlinie baut sich, beiläufig vom ehemaligen Baumgartnerhause angefangen, über die Salzriegelwände bis zur Schönleiten Schneide und um das Klosterwappen bis zu den Fadenwänden die ungeheure, zwischen Frohnbach- und Stadelwandgraben bis zur Schwarza hinabreichende Kuppel aus Dachsteinkalk auf, indem die Gesteinsbänke hier überall mit dem Abhange talabwärts streichen. Während sich diese aber außerhalb des Gewölbes auf der Hochfläche des Kuhschneeberges eben fortsetzen, enden sie an der genannten Bruchlinie unmittelbar vor dem Werfener Schiefer und es beginnt erst jenseits desselben eine neue Dachsteinkalkscholle, die aber fast senkrecht auf die Erstgenannte, beträchtlich steil bergeinwärts fällt und dadurch dem Prettschacher, namentlich aber dem Hochgang die hornförmige Gestalt verleiht. Des entgegengesetzten Einfalles wegen treten an der Außenseite dieser beiden Kuppen bereits die tieferen Schichten zu Tage; so im hinteren Wasserofen und von dort um die Südseite des Hochgangs herum, wo mehrfach schon Unterer Dolomit zu finden ist. Die Reihenfolge der liegenden Gesteinsarten ist jedoch noch immer keine regelmäßige,

denn bald darauf treffen wir tiefer unten abermals den Dachsteinkalk, der aber hier wieder gegen Süden, also mit der Abhangrichtung, einfällt.

Es scheint also an dieser Stelle wiederum eine Störung zweiten Ranges vorzuliegen, und in der Tat verläuft auch genau in der Fortsetzung dieser mit der Rohrbachlinie ziemlich gleichlaufenden Störungslinie ein Bruch über die Knofeleben gegen den Lackaboden. Die Reihenfolge der Gesteine setzt also hier noch einmal an, erreicht aber das zweitnächste Schichtenglied, den Unteren Dolomit, nur mehr an einem kleinen Fleck bei Kaiserbrunn, wo eben der Krummbachgraben das Hangende am tiefsten durchschnitten hat. Das nächstliegende Glied der Reihe, die Raibler Schichten, fehlt hier merkwürdigerweise gänzlich, der tiefste aber, der Werfener Schiefer, tritt weder hier noch sonst wo im Höllental zu Tage, ja wenige Schritte oberhalb Kaiserbrunns finden wir bis zum Frohnbach Graben längs der Schwarza gar nur mehr den vom Alpengipfel zur Talsohle herabreichenden Dachsteinkalk, dessen mächtige, die schönen Felswände des Lahngrabens, Weichtals und Flug-Ries-Grabens bildende Bänke alle tieferen Gesteine überdecken.

Der den Krummbachsattel bildende Werfener Schiefer gabelt sich an der Wurzel des Rohrbachgrabens plötzlich in zwei Äste. Der eine streicht an der Sohle des Grabens die Bruchlinie entlang gegen Rohrbach hinab und bildet so den naturgemäßen Sockel des Gahns; der andere Zweig aber wendet sich im Bogen nach Norden und zieht, ebenfalls als regelrechte Unterlage der jüngeren Gesteine, durch das Mieseltal auf die Puchberger Seite des Hochschneeberges hinüber. Der außerhalb des Bogens befindliche, aus Dachsteinkalk bestehende Hengst ist somit eine einzelne, stehende Scholle, die sich hier, beiderseits mit den Abhängen einfallend, zu einem regelrechten im Süden bis zur Sohle des Rohrbachgrabens hinabreichenden Gewölbe gebogen hat. Am Fahrwege der Kaltwasserwiese ist das südliche, im Miesleitengraben an der prächtigen Schichtung das nördliche Einfallen deutlich erkennbar. Die Sohle des Puchberger Tales selbst wird von den meist von Verwitterungsresten der Gosau-Schichten überdeckten Werfener Schiefer gebildet, dessen Vorkommen schon die zahlreichen, auf vom Wasser ausgelaugten Gipslager hindeutenden Trichter und Erdfälle verraten. Nähert man sich aber dem Gebirge, so zeigt es sich, dass der Werfener Schiefer der Talebene mit dem, den regelrechten Sockel des Hochschneeberges bildenden Streifen des gleichen Gesteins gar nicht zusammenhängt, vielmehr durch eine Lage fast rein weißen Kalkes unterbrochen wird, aus dem die kleinen, gegen das Schneebergdörfl und Puchberger Tal bis zum Faden hinausstehenden Rückfallkuppen bestehen. Dieser als Dachsteinkalk sich erweisende Streifen zwischen zwei Lagen von Werfener Schiefer deutet also abermals auf eine Störung hin, und tatsächlich zieht sich eine solche als Bruchlinie vom Krummbach- über den Kaltwassersattel und den Sattel "Auf der Wiege", dann hinter dem Lehrwegkogel bis zur Fadenwiese, wo sie in den riesigen, von Mariazell bis nach Puchberg reichenden Bruch, die so genannte Mariazeller Linie, einmündet. Da dieser Dachsteinkalk

des Talbereiches schräg bergeinwärts gegen die vorerwähnte Bruchlinie streicht, so hat sich in der Nähe des Bruches, geschützt durch die darüber sich erhebenden Hänge, mehrfach noch Hangendes vom Dachsteinkalk, mergelige Kössener Schichten, erhalten, die, als jüngstes Glied der Triasbildung, auf der Raxalpe nirgends vorkommen. Solche Aufschlüsse finden sich auch auf den von den Fadenwänden gegen den Maisriegel, Stritzelberg und die Dürre Leiten absinkenden Riegeln sowie auf der Fadenwiese selbst. Am Nordrande der Fadenwiese aber, unter der Dürren Leiten, erscheint in einer vereinzelten Kuppe sogar schon das unterste Glied der Jurabildung, roter Liaskalk. Gleiches Gestein hat auch die Kuppel des Nesselkogels. Dies alles unterhalb der Bruchlinie. Über ihr beginnt mit dem erwähnten Streifen von Werfener Schiefer wieder die regelmäßige Reihenfolge der Trias. Deren sämtliche bergeinwärts fallenden Gesteinsschichten sind an der Nordseite des Hochschneeberges gut aufgeschlossen und können bis zum Rande der Hochfläche deutlich verfolgt werden. Das große Halbgewölbe aus Dachsteinkalk ist nämlich an der Nordseite des Berges offen und erscheint, von Puchberg aus gesehen, als ein die liegenden Gesteine überspannender Bogen, dessen elliptische Form dem Schneeberg die bekannte schön geschwungene Umrisslinie verleiht.

Am Nordhange des Schneeberges fällt uns zunächst der mehrfach erwähnte Werfener Schiefer auf. Vom Schneidergraben, wo seine deutlichsten Aufschlüsse liegen, zieht er sich bis zum Faden hinüber, wird jedoch rechts vom Schrattental von mächtigen Schuttwällen ("Rannerholz"), wahrscheinlich Randmoränen eines ehemaligen Gletschers (der Breiten Ries), und im weiteren Verlaufe durch verwitterte Reste von Gutensteiner Kalk stark überdeckt. Der Gutensteiner Kalk nimmt mit dem Unteren Dolomit eine durch ruinenartig aus dem Walde aufragende Zacken und Türmchen gekennzeichneten Lage ein, die überall unter der Linie des Nördlichen Grafensteiges bleibt. Dieser selbst führt zumeist durch die Bänke der Raibler Schichten, die namentlich in der Gegend des Schneidergrabens und der Krummen Ries als mächtige, dicht gebänderte Felskanzeln vorspringen. Darüber baut sich sodann in den großen Puchberger Abstürzen wieder der Dachsteinkalk auf. Die ganze Reihe der triasischen Gesteine ist aber nicht bloß auf der Puchberger Seite aufgeschlossen, sondern zieht sich auch auf die Ostseite des Schneeberges gegen den Krummbachsattel hinüber, wo sie erst in der Gegend des so genannten Krummholzsteiges dem Dachsteinkalk völlig Platz macht. Demnach treffen wir auf dem Weg vom Krummbachsattel zum ehemaligen Baumgartner Haus noch Gutensteiner Kalk und Unteren Dolomit, von da an führt der Weg über Raibler Schichten, die steil einfallenden roten Schiefer an der Wendung des Weges gegen den 34er Stein in Höhe des ersten Bahntunnels, in die Höhe und erreicht den Dachsteinkalk erst auf der Höhe der Kühplagge.

Ganz die gleiche Reihenfolge wiederholt sich am Kuhschneeberg, nur mit dem einen Unterschied, dass die Schichten dort nahezu eben liegen, was dem Berge sein tafelartiges

Aussehen verleiht. Nebenbei gesagt, wird der Dachsteinkalk des Kuhschneeberges auf der Voistaler Seite, wie von Dr. A. Bittner nachgewiesen wurde, Verh. der k. k. geologischen Reichsanstalt 1893, Seite 246, von Raibler Schichten mit Fossilien unterlagert, wodurch erst das Dachsteinkalkalter des Schneeberges erwiesen wurde. Steigen wir von der Höchbauer Alm den grün markierten Weg in das Voistal hinab, so treffen wir, gleich nachdem wir die Lage des Werfener Schiefers betreten haben, in der Seehöhe von etwa 1 000 m auf einmal wieder flach nach Norden einfallenden Dachsteinkalk, der von hier an fast bis zum Voisbach hinabreicht und erst ganz unten dolomitischen sowie an Gutensteiner Kalk erinnernden Schichten Platz macht. Diese Wiederholung lässt abermals auf eine vereinzelte Scholle schließen, die sich, durch einen Bruch abgetrennt, gegen Norden gesenkt hat. Der Bruch ist die Große Mariazeller Linie. Zu bemerken wäre noch, dass sich in dem zur "Öd" hinabziehenden Graben auf dem hier wieder steil nach Südsüdwest einfallenden Dachsteinkalk noch Reste von Kössener Schichten und roten Liaskalken erhalten haben.

Aus dem bisher Gesagten ergibt sich also die bemerkenswerte Tatsache, dass der Hochschneeberg von Norden über Osten nach Süden von einer Bruchzone umgeben ist, innerhalb welcher der ganze Berg als mächtiger Block stehen geblieben ist, während ringsum die benachbarten Gesteinsarten, tief eingesunken, ihre jüngeren, oberen Schichten in unmittelbarer Nachbarschaft des ältesten Triasgliedes am Hochschneeberg gebracht haben. Der stolze Gipfel erscheint in diesem eigentümlichen Aufbau tatsächlich wie der letzte Zeuge der einstigen großen Bergwelt, die hoch über dem Wiener Becken die Alpen mit den Karpaten verband, bis die Wogen des Tertiärmeeres nach dem gewaltigen Einsturz alles ebneten.

VON WEISKERN BIS ZETSCHKE

Der erste Topograf, Weiskern, schreibt im Jahre 1770 vom Schneeberg noch fast im Geiste mittelalterlicher Abergläubigkeit, ohne jemals dort gewesen zu sein, im 2. Band Seite 156 f: "Schneeberg, U. W. W. ein großer hoher Berg, hinter Neunkirchen, rechts der Straße bey Glocknitz und dem Sömmering nordwärts gelegen, im Gebiete des Grafen Hoyos zu Gutenstein. Er ragt über alle umliegende hohe Gebirge so weit hervor, dass man ihn 8 Meilen davon, zu Wien, bey heiterem Wetter genau sehen kann. Ohngeachtet des ewigen Schnees, von dem er auch den Namen trägt und welcher denselben auf allen Seiten bedeckt, befinden sich zu oberst auf demselben die schönsten grünen, mit besten Kräutern versehenen Alben, wohin die benachbarten Landleute aus Oesterreich und Steuermark, im Monat Julio ihre Pferde und Rinder zu treiben und solche bis in den September daselbst auf der Weide zu lassen pflegen. Das Erdbeben am 27. Febr. 1768 früh um drey viertel auf drey Uhr, hat sich hier, und in dem umliegenden Gebirge heftiger als anderwärts spüren lassen, und in dem Berge einige neue Klüfte verursacht;" auch lässt er zeitweilig Flammen aus demselben hervorbrechen.

Die eigentliche touristische Erschließung des Schneeberges wurde durch die Veröffentlichung von Reiseführern eingeleitet. Aber nicht nur Schultes, auch der Wiener Rechnungsbeamte Franz Xaver Embel beschäftigte sich in seinen zwei Büchern: "Fußreise von Wien nach dem Schneeberge", erschienen im Jahre 1801, und Schilderungen der "Gebirgs-Gegenden um den Schneeberg in Österreich", erschienen 1803, mit dem Schneeberg. Das absurde an dieser Geschichte ist aber, dass Embel nie auf dem Gipfel des Schneeberges

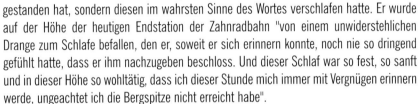
Der Gedenkstein erinnert an die Kaiserbesuche

gestanden hat, sondern diesen im wahrsten Sinne des Wortes verschlafen hatte. Er wurde auf der Höhe der heutigen Endstation der Zahnradbahn "von einem unwiderstehlichen Drange zum Schlafe befallen, den er, soweit er sich erinnern konnte, noch nie so dringend gefühlt hatte, dass er ihm nachzugeben beschloss. Und dieser Schlaf war so fest, so sanft und in dieser Höhe so wohltätig, dass ich dieser Stunde mich immer mit Vergnügen erinnern werde, ungeachtet ich die Bergspitze nicht erreicht habe".

"Ausflüge nach dem Schneeberge in Unterösterreich" betitelt sich ein Werk des Professors der Zoologie und Technologie an der k. k. Theresianischen Ritter-Akademie in Wien, Josef August Schultes. Verbunden mit dem Wunsch, seine Landsleute zu einer solchen Reise zu überreden, beschreibt er bis zum Jahre 1802 seine Erlebnisse, welche er im Laufe von zehn Jahren bei sechs "Fußreisen" auf den Schneeberg gesammelt, ausgestattet mit Empfehlungen, wie zum Beispiel den Gipfel über das Kalte Wasser und den Sattel zur oberen Ochsenhütte zu besteigen. Auch gibt er in diesem Werk in Bezug auf Giftschlangen Ratschläge: "so solle ehe man sich zur Rast niederlässt, die Gegend ringsum genau untersuchen, ob sich nicht im Moose oder im Schatten eines Baumes eine giftige Schlange aufhält." Das große Verdienst seiner Schilderungen, welche in der damaligen Zeit sehr wirksam waren, wurde dadurch nur wenig beeinträchtigt, dass sie im arg naturlosen, pathetischen Modestil jener Zeit geschrieben wurden. Schon im Jahre 1830 wurden sie durch Schmidl als übertrieben getadelt, und wer vollends heute das ja immer noch schöne und großartige Schwarzatal durchwandert, wird dort wahrscheinlich noch weniger jene "Feen Szenereyen" zu sehen bekommen, "bey welchen die hehre Phantasie Erscheinungen aus Ossians Gefilden erwartet", und wohl auch vergebens jene Stelle bei Hirschwang suchen, die Schultes mit den Worten schildert: "Aber bald engten Felsmassen uns ein, die keine Phantasie sich größer, dräuender und wilder malen kann. Kaum vermag das Blau des Himmels herabzublicken durch diese Felsenwände, die das Licht der Mittagsonne nur an ihren Zinnen erreicht."

Eduard Zetschke wiederum schreibt im Jahre 1894 in der Broschüre - Aus den Umgebungen Wiens: "Es ist nicht zu leugnen; das ferne Amerika wurde verhältnismäßig früher durch die alten Spanier entdeckt als der nahe Schneeberg und sein Gebiet durch die alten Wiener." Nur die Jagd lockte schon frühzeitig einzelne hohe Herren hierher, von der eine Wildbann-Kommission aus dem Jahre 1587 berichtet: "dass sich in diesen rauchen, stainechten und velsigen Pergen khain Rot und Schwarzwylt aufhalten thue, das mayst wyld das sich in dieser gegent befindet in Pern, Gembsen und Rech".

Vor allem sind es die habsburgischen Fürsten, die stets eine besondere Vorliebe für die Berge hegten; Friedrich der Schöne und Maximilian I. genauso wie die kaiserliche Familien in späteren Jahren.

Erzherzog Johann, der in der Nähe der jetzigen Endstation der Zahnradbahn die erste primitive Unterkunftshütte errichten ließ, bestieg im Jahre 1804 den Schneeberg und berichtete ganz begeistert davon dem römisch-deutschen Kaiser Franz I., worauf sich dieser in den Jahren 1805 und 1807 zu dieser "Ascension" mit großem Gefolge entschloss. Das Granitdenkmal, der Kaiserstein, welches Graf von Hoyos als Herr des Schneeberges zum Andenken an die zweimalige Besteigung dieses Gipfels durch Seine Majestät, den Kaiser Franz errichten ließ, trug nachstehende Inschrift:

> *"Franz der Erste*
> *In den Herzen seiner Unterthanen*
> *Erstieg die Höhen*
> *Am 10. August 1805 und*
> *Am 30. Juli 1807*
> *Wohlwollend sah Er auf das Land*
> *Herab, dessen Einwohner nur*
> *Für Ihn zu leben wünschen*
> *Möge dieses Denkmal*
> *Der Anhänglichkeit zu einem*
> *Väterlichen Monarchen*
> *Unsere Nachkommen an ihre Pflicht erinnern".*

Während der Kaiserstein nach ihm benannt wurde, so hat das Klosterwappen den Namen von einem wappengezierten Grenzstein des Klosters Neuberg, welches einst Besitzer eines großen Gebietes am Schneeberg war.

Vor vielen Jahren stand an dieser Stelle eine Dreifaltigkeitssäule, die von den Puchbergern nach einer Pestzeit errichtet wurde, denn ein großer Teil der Bevölkerung, die sich zu jener Zeit auf den Schneeberg zurückgezogen hatte, ist von dieser Seuche verschont geblieben. Laut schriftlichen Aufzeichnungen wurde sie durch einen "Donnerkeil" vernichtet und nicht wieder aufgebaut.

So genussreich eine Schneebergbesteigung ist, so gefahrvoll kann sie werden, wenn Wolken und Nebelmassen den Berg einhüllen. Viel schlimmer wird es noch im Winter, wenn eine hohe Schneedecke auf dem Berge liegt und wenn dichtes Schneegestöber und schneidender Sturm den Bergsteiger überfallen; "dann fordert der Berg von den Waghalsigen, die zu solchen Zeiten den Berggipfel erklimmen wollen, meist das Leben".

Zurückweichende Gletscher

Pannonischer Storchenschnabel, überstand die Eiszeit

DER EINFLUSS DER EISZEIT AUF DIE ALPENFLORA

Die insgesamt rund 2,5 Millionen Jahre des Eiszeitalters waren eine Katastrophenzeit für alles Lebendige des betroffenen Raumes. Mit zunehmenden Kälteeinbrüchen wanderten zuerst die Tiere ab. Aus den Niederungen zogen sich zunächst die immergrünen Pflanzen zurück, laubabwerfende Bäume und Nadelbäume breiteten sich an ihrer Stelle aus und im Alpenraum löste die Klimaverschlechterung eine Völkerwanderung der Pflanzen aus. Kälte begann die Wärmebedürftigen vor sich hinauszutreiben, wobei Mitteleuropa den Flüchtlingen nur einzelne schmale Wege nach dem warmen Süden bot. Für die meisten war der ost-west-gerichtete Alpenzug eine unüberwindbare Barriere, sowohl für eine Abwanderung als auch für eine spätere Rückkehr. Viele damals bei uns beheimatete Sippen verschwanden in der Folge für immer aus Mitteleuropa. Anders lagen die Verhältnisse etwa in Nordamerika mit seinen nord-süd-streichenden Gebirgszügen, die ein Hin- und Herwandern von Norden nach Süden gestatteten. Zuletzt lag nur mehr ein etwa 400 km breiter unvergletscherter Landstreifen zwischen den beiden Wüsten aus Firn und Eis. Immerhin überragten die höchsten Alpengipfel als "Nunatakker" die Gletscher, und einzelne Gebirgsteile in den westlichen und östlichen Alpen, am Alpenostrand sowie in den Südalpen blieben eisfrei. Sie wurden zu Fluchtinseln, zu Refugien

für die voreiszeitliche Alpenflora. Aber nur einzelne Sippen erreichten diese eisfreien Inseln und nur die widerstandsfähigsten hielten sich dort.

Wenn wir uns die sich über viele Jahrmillionen erstreckenden Wandlungen vor Augen führen, die Alpenraum und -klima erfahren haben, müssen wir erkennen, dass auch die Alpenflora nicht dieselbe geblieben sein kann, auch sie hat sich entsprechend der grundlegenden Umstellung in ihrem Lebensraum gewandelt. Sie gibt Zeugnis von einer enormen Beharrlichkeit und großen Anpassungsfähigkeit, wie auch von ihrer Wandelbarkeit. Sie berichtet von weiten Wanderungen, von Eroberung und Niedergang, vom Entstehen neuer Sippen, von Entbehrungen, Überwindungen und Aussterben.

Schließlich gaben die Gletscher immer breitere Landstreifen frei und besetzten sie nicht mehr. Sie zogen sich endgültig zurück, wenn auch nur zögernd. Dann, vor etwa fünfzehntausend Jahren, bedeckte endlich eine niedere Tundravegetation die eisfrei gewordenen Niederungen Mitteleuropas. Steppen mit Artemisia-Arten und Meerträubl (Ephedra) überzogen weite Gründe der Alpentäler. Schließlich fassten erste Nadelbäume wieder Fuß, schlossen sich zu Wäldern zusammen, die dann vor etwa dreitausend Jahren die Hänge der Alpen bis in Höhen von 1 500 m bedeckten. Eiszeitflüchtlinge und nordische Pflanzen zogen in den frei werdenden Alpenraum ein. Feuchtigkeit und Wärme öffneten nun wieder jenen Pflanzen, die aus Räumen mit ozeanischem Klima stammten, die Tür zu bestimmten Alpenregionen. Zu ihnen zählen neben den mediterranen und ozeanischen Typen, wie immergrüne Eichen, Lorbeer, Cistrosen und andere Macchiensträucher, auch Stechpalme (Ilex aquifolium), Buchsbaum (Buxus sempervirens) und Lorbeerblättriger Seidelbast

(Daphne laureola), Sommerwurz (Orobanche), Nieswurz (Helleborus) und Orchideenarten sowie Schneeglöckchen (Galanthus nivalis), Frühlingsknotenblume (Leucojum vernum), Narzissen (Narcissus pseudonarcissus), der frühblühende Blaustern (Scilla bifolia) und die Herbsthyazinthe. Schließlich hatte sich in den Alpen eine ungemein vielfältige Alpenflora herangebildet.

CAROLUS CLUSIUS
IM GEBIET DER OSTALPEN

Es ist mehr als 500 Jahre her, seit der bekannte, am 19. Februar 1526 in Arras geborene Naturforscher Charles de l'Ecluse, lateinisiert Carolus Clusius, in das Gebiet der Ostalpen kam. Bevor er sich der Botanik zuwandte, studierte er Rechtswissenschaft und Medizin. In seiner Jugend mit den Religionskriegen konfrontiert, wurde er bald heimatlos und reiste sehr viel. Unter anderem begleitete er von 1563 - 1564 den Grafen Fugger auf einer Reise durch Spanien und Portugal. Im Jahre 1573 wurde er von Kaiser Maximilian II. als "Hofbotanicus" nach Wien berufen und blieb hier unter Kaiser Rudolf II.

bis zum Jahre 1588. Als Clusius im Frühjahr 1574 mit Exkursionen in die Umgebung Wiens und die österreichischen Voralpen begann, war dies nicht die erste Begegnung mit der Alpenflora. Bereits in seiner Studienzeit hatte er von Lyon und Montpellier aus Savoyen und das Piemont durchstreift. Nun widmete er sich dem Ostalpenrand. Er bestieg den Schneeberg, den Dürrenstein und Ötscher, lernte schließlich die Steiermark und Kärnten bis zum Malnitzer Tauern kennen und bereiste das Land Salzburg. Vom Schneeberg wurden schon zu dieser Zeit Pflanzen auf den Wiener Markt gebracht, zum größten Teil die nach Clusius später benannte "Primula Clusiana". Liest man in den Schriften von Clusius, so schenkte man den Gebirgspflanzen schon zu dieser Zeit eine besondere Aufmerksamkeit und die Frauen Wiens verwendeten diese gerne zur Ausschmückung ihrer Speisezimmer. Überhaupt scheinen die Frauen besonderes Interesse an den Bestrebungen von Clusius gehabt zu haben. So wird z. B. eine Gräfin Heissenstein erwähnt, welche Clusius, als er schon von Wien weg war, die getrockneten Blüten eines gefüllten, am Fuß des Schneeberges gefundenen Leberblümchens nachsandte; auch blieb er im botanischen Briefwechsel mit mehreren Wiener Frauen.

1583, fünf Jahre, ehe er Wien wieder verließ, veröffentlichte er seine Geschichte sel-

tener, in Österreich und Ungarn beobachteter Pflanzen; ein Werk von 800 Seiten, durch 300 Holzschnitte illustriert. In ihm beschreibt er erstmals eine große Zahl ostalpiner Arten und bildet sie auch ab, wie z.B. Zwergwacholder (Juniperus nana), die Gämsheide (Loiseleuria procumbens), die Alpengämskresse (Hutchinsia alpina), aber auch ostalpine Endemiten wie die Zwergalpenrose (Rhodothamus chamaecistus) und das Zwergseifenkraut (Saponaria pumila). Später, im Jahre 1854, wurde eine von ihm entdeckte und erstmals gezeichnete Enzianart - "Gentiana Clusii" - nach ihm benannt.

Clusius verpflanzte in den Jahren seines Aufenthaltes in Wien manche Alpenpflanze in seinem Garten und studierte sie. Er zog einige Arten aus Samen und verschickte sie nach den Niederlanden zur Weiterkultur. Dadurch wurde durch ihn auch die Aurikel mit roter Blüte zur Stammpflanze der heute in vielen Farbvarianten kultivierten Gartenprimel. Er hatte sie, eine natürliche Hybride, aus der Gelben Alpenaurikel (Primula auricula) und der violettrosa blühenden klebrigen Felsprimel (Primula hirsuta) aus dem Garten seines Wiener Freundes Professor Johann Eichholz erhalten. Er beschreibt, ihre Blüten seien anfangs dunkelrot, wie mit Maulbeersaft gefärbt, dann rot mit weißem Nabel. Die Pflanzen sollen in den Innsbrucker Alpen häufig vorkommen, gibt Clusius weiter an. Aber erst 1867 wurde eine solche Hybride wieder gefunden, und zwar vom Innsbrucker Botaniker Anton Kerner am Tribulaun. Clusius verstarb am 4. April 1609 zu Leyden.

Blume auf Bergeshöh

Blume auf Bergeshöh
holdselig blüht,
Wunder in Himmelsnäh
leuchtet und glüht.

Sonn, Eis und Sturmesqual
will sie bestehn,
drunten im tiefen Tal
muss sie vergehn.

Nimmer als Scherge
wüte drum blind,
gönne dem Berge
sein liebliches Kind !

Poldi Gölles Petrak (†)

Von Burser bis Mannagetta

Bald nach Clusius kam der berühmte Reisende Burser nach Niederösterreich, wo er auch am Schneeberg Pflanzen sammelte. Dr. Joachim Burser wurde zu Kamenz in der Lausitz im Jahre 1593 geboren, war zuerst praktischer Arzt in Annaberg in Sachsen, später Professor der Medizin und Physik an der königlich dänischen Ritter-Akademie zu Soroe auf Seeland, wo er am 28. August 1649 verstarb. Die Doubletten von den Pflanzen, die er auf seinen vielen Reisen sammelte, wurden an C. Bauhin, seinen ehemaligen Lehrer, gesandt, der davon die neuen und seltenen Arten in seinem "Prodromus theatri botanici Basiliae" 1671 beschrieb und benannte. Nach dem Tode

Malen der Bestimmungsblätter

Bursers gelangte es in den Besitz des dänischen Senators Georg Seefeld, dem es aber die Schweden, die im Jahre 1658 unter König Carl Gustav ganz Seeland eroberten, als eine wertvolle Seltenheit wegnahmen. Bei dieser Gelegenheit kam es an den schwedischen Staatssekretär P. J. Coyet, welcher es der Universität von Uppsala schenkte. Doch wurden dann drei von 25 Faszikel bei dem großen Brand von Uppsala im Jahre 1702 vernichtet.

Der zwanzigjährige Schweizer Albrecht von Haller und sein Freund Johann Geßner unternehmen im Jahre 1728 eine Alpenreise, die Geschichte machen sollte. Sie wurde der Anstoß zu Albrecht von Hallers berühmt gewordenem Lehrgedicht "Die Alpen", in dem er das Erleben der alpinen Landschaft, die Schönheit der Alpennatur und das einfache Leben beschrieb. Sein Gedicht fand eine rasche und außerordentlich weite Verbreitung. Es wurde in mehrere Sprachen übersetzt und erreichte noch zu Lebzeiten seines Verfassers über dreißig Auflagen!

Während sich Haller mit befreundeten Botanikern der Schweizer Pflanzenwelt annahm, entwickelte der gleichaltrige Schwede Carl von Linnè (1707 - 1778) ein System, um die Fülle der bereits entdeckten Pflanzen zu ordnen, und schuf die noch heute gebräuchliche "binäre Nomenklatur", nach der jede Pflanzen- und Tierart mit zwei Namen, dem Gattungs- und dem Artnamen, bezeichnet wird. Obwohl Haller und Linnè einander sehr schätzten, waren sie doch in einigen grundsätzlichen Fragen, die Systematik und Nomenklatur betreffend, unterschiedlicher Auffassung.1768 gab Albrecht von Haller sein Werk in zweiter Auflage mit 971 Seiten und 48 Tafeln als "Historia stirpium indigenarum Helvetiae" heraus. Von den 1664 Blütenpflanzen und 822 Kryptogamen (blütenlosen Pflanzen) waren 300 Arten neu.

Wie zu Conrad Geßners Zeit der ersten Alpenbotaniker, tritt fast gleichzeitig auch in den Ostalpen ein begabter Botaniker, der 1723 bei Bozen geborene Johann Anton Scopoli, in Erscheinung. Er interessierte sich bereits von Kindheit an für die Pflanzen, wurde aber wie seine berühmten Vorgänger zuerst Mediziner. Er wurde in die Bergbaustadt Idrien in Krain, in der er sechzehn Jahre lebte, berufen und beginnt hier mit dem intensiven Pflanzenstudium der Pflanzenwelt des Herzogtums Krain, welches sich damals von Kärnten bis Istrien erstreckte. 1760 veröffentlichte er bereits seine "Flora Carniolica". 1770 wird er als Professor für Mineralogie und Metallurgie nach Schemnitz in Ungarn berufen und arbeitet hier sein Werk grundlegend um, baute es nach dem Linnè'schen System auf und benutzte im Gegensatz zu Haller die neue, binäre Nomenklatur. 1772 erschien diese neu bearbeitete Flora Carniolica mit 1251 Blütenpflanzen und rund 400 Kryptogamen, ein neues grundlegendes, ein Teilgebiet der Ostalpen umfassendes Werk. 1776 geht Scopoli als Professor für Chemie nach Paris, wo er 1778 stirbt. Die Alpen waren nun voll ins Blickfeld gerückt und die Alpenbotanik entwickelte sich weiter, wobei die Bestandsaufnahme der Pflanzenarten rasch voranschritt. Gleichzeitig begann sich jedoch das Interesse auch verstärkt dem Aufbau der Alpen zuzuwenden, den Gletschern und auch den Witterungsverhältnissen. Eine systematische Hochgebirgsforschung nahm ihren Anfang. 1908 fasste der Zürcher Botaniker Carl Schröter in seinem "Pflanzenleben der Alpen" diese Kenntnisse über die Systematik, Morphologie und Ökologie der Alpenpflanzen zusammen. 1928 erfährt das Werk eine völlig neu bearbeitete Auflage.

J. A. Schultes wurde in Wien am 15. April 1773 geboren. Im Jahre 1802 erschien die erste zusammenhängende Übersicht der Schneebergflora von ihm, welcher im Jahre 1807 eine zweite folgte. Im Alter von 24 Jahren wurde er zum Professor der Naturgeschichte am Theresianum und 1806 zum Professor der Botanik und Chemie an der Universität Krakau ernannt. Mit der österreichischen Regierung unzufrieden, nahm er zwei Jahre später eine Professorstelle in Innsbruck an; seine feindselige Stimmung gegen sein Vaterland wurde noch vermehrt, als er, ein Anhänger Napoleons, bei dem Aufstand in Tirol 1809 teilnahm und in österreichische Gefangenschaft geriet. Noch in demselben Jahr freigelassen, erhielt er in Bayern die Lehrkanzel der Botanik an der Universität zu Landshut, wo er auch als Hofrat und Direktor der dortigen chirurgischen Schule am 21. April 1831 verstarb.

Ein weiterer Botaniker, der den Schneeberg besuchte, war der am 26. Mai 1764 in Klosterneuburg geborene Leopold Trattinek. Er widmete sich anfangs dem Rechtsstudium, befasste sich aber später mit Entomologie und schließlich mit Botanik, wozu seine beiden Freunde Host und Schmidt viel beigetragen haben. Im Jahre 1808 wurde er zum Kustos am k. k. Hof Naturalienkabinett ernannt. Er starb in Wien am 24. Jänner 1849, nachdem er öfters den Schneeberg bestiegen und die Flora desselben unter dem Titel "Einige Nachrichten aus den österreichischen Alpen und deren Pflanzen" beschrieben hatte.

Johann Zahlbruckner, geboren am 15. Februar 1782, galt als einer der ersten Alpenbotaniker seiner Zeit. Er widmete sich zuerst der Ökonomie und Naturkunde. Auf dem Schneeberg, anlässlich einer Exkursion, lernte ihn 1805 Erzherzog Johann kennen, der ihn drei Jahre später bei seinen naturwissenschaftlichen Sammlungen in Graz anstellte. In den Jahren 1810 - 1818 wurde ihm die ökonomische Leitung der erzherzoglichen Herrschaft Thernberg anvertraut und schließlich die Stelle eines Privatsekretärs vom Erzherzog verliehen. 1831 erschien von ihm ein Verzeichnis der am Schneeberg wachsenden Pflanzen.

Der nächste im Bunde der Botaniker war der am 7. November 1805 in Eisengrub geborene Franz Hillebrandt. Er unternahm in Gesellschaft des Grafen J. Zichy und später auch mit August Neilreich zahlreiche Ausflüge in die Alpen von Niederösterreich, Steiermark, Salzburg und Kärnten und veröffentlichte wertvolle Beiträge zur Pflanzengeografie der Alpenländer. Er veröffentlichte im Band III des zoologisch botanischen Vereins eine Übersicht der am Schneeberg von ihm gefundenen Pflanzen. Neilreich verstarb am 5. Dezember 1860 in Wien.

Mit dem Entstehen der Eisenbahnen wurden Ausflüge in die niederösterreichischen Alpen wesentlich erleichtert und dadurch auch dem Schneeberg größere Aufmerksamkeit gewidmet. D. Bilimek, Graf J. Zichy, F. Hillebrandt, K. Ritter v. Ettingshausen, Dr. F. Pokorny, Dr. R. Rauscher, Th. Kotschy und Dr. B. Wohlmann trugen in dieser Zeit viel zur Kenntnis der Pflanzenwelt dieses Gebietes bei. Viele Irrtümer wurden behoben, vieles berichtigt und auch manches Neue entdeckt. Carl Fritsch, Vizedirektor der k. k. Zentralanstalt für Meteorologie und Erdmagnetismus, geboren am 16. August 1803 zu Prag, wurde durch seine phänologischen Untersuchungen in den weitesten Kreisen bekannt, veröffentlichte 1865 interessante Beobachtungen über den periodischen Wechsel der Flora des Schneeberges und der Raxalpe im Vergleich zu jenem der Flora von Wien; Seehöhen vom Schneeberg und der Raxalpe 1867, Höhengrenzen für die Flora von Niederösterreich, insbesondere des Schneeberges und der Raxalpe 1870, sämtliche in den Jahrbüchern des Österreichischen Alpenvereines. Carl Fritsch verstarb am 26. Dezember 1879 in Salzburg.

Aber erst mit dem am 12. Dezember 1803 in Wien geborenen Dr. August Neilreich wurde durch seine "Nachträge zur Flora von Wien" 1885 die Alpenflora in weiteren Kreisen bekannt. Neilreich kam im Alter von 25 Jahren als Auskultant zum Zivilgericht der Stadt Wien. Unter stufenweiser Beförderung wurde er 1847 Zivilgerichtsrat und 1850 Oberlandesgerichtsrat. Schon früh machte sich bei ihm eine besondere Neigung zur Botanik bemerkbar, welche aber später durch andere Studien verdrängt wurde. Erst 1830 erwachte dieselbe wieder, als er die Bekanntschaft von Carl Ritter v. Enderes und Ludwig Ritter v. Köchel machte. Mangel an nötiger Zeit infolge seiner Berufstätigkeit zwang ihn, seine botanischen Exkursionen in den nahen Umgebungen Wiens auszuführen. Im Jahre 1846 erschien die "Flora von Wien", worin er die Ergebnisse seiner bisherigen Studien niederlegte. Seine Ernennung zum Zivilgerichtsrate

machte es ihm möglich, mit größerer Freiheit über seine Zeit zu verfügen und seinen Forschungsdrang auch über die Grenzen seines bisherigen Exkursionsgebietes auszudehnen. Ein durch Anstrengungen herbeigeführter hämoptoischer Zustand zwang ihn, um seine Versetzung in den Ruhestand anzusuchen; jetzt blieb ihm für die Botanik mehr Zeit und er blieb dieser Wissenschaft bis zu seinem Tode am 1. Juli 1871 in Wien treu. Neilreichs literarische Tätigkeit sei hier nur auf die des Schneeberges bezogen. So veröffentlichte er im Jahre 1851 "Nachträge zur Flora von Wien", im Jahre 1859 "Flora von Niederösterreich", 1866 den ersten und 1869 den zweiten Nachtrag dazu.

Nimmt man, an dass man auf dem Schneeberg, der fast die gleiche Gesteinsformation wie die Raxalpe aufzuweisen hat, auch die gleiche Flora vorfindet, so ist dies nur bedingt richtig, denn die Raxalpe besitzt eine unvergleichbar größere Auswahl an seltenen Arten, als dies am Schneeberg der Fall ist. Die Flora des Schneeberges kann im Großen und Ganzen mit der des Ötschers verglichen werden. Der hier verfasste Überblick sollte aber nicht mit einem Lehrbuch über Botanik verglichen werden, wie der von Heinrich Kaempf erschienene "Turistisch-botanischer Wegweiser auf den Schneeberg" oder "Die Alpenblumen des Semmerings" von Beck von Mannagetta, sondern die wichtigsten vorkommenden Pflanzen unter Berücksichtigung ihrer charakteristischen Merkmale dem Interessierten näher bringen.

Meist sind es Blumen, die einerseits durch das ungewöhnliche Feuer ihrer Farben, wie auch manchmal durch ihren Duft Aufmerksamkeit erregen. Dies führte bei einigen Arten wie dem Kohlröschen oder dem Edelweiß dazu, dass diese fast ausgerottet und nur mehr vereinzelt zu finden waren. Daher sollte es sich jeder Naturliebhaber zur Aufgabe machen, größtmögliche Schonung und Einsicht walten zu lassen.

Die erste Blume, die weder Eis noch Kälte scheut, ist die Schneerose (Helleborus niger), auch Nieswurz oder Christrose genannt.

Blühen im Winter

Längst sind vom Wind verweht die Blätter,
nur Frost und Schnee im Tal, auf Höh'n,
und ruhelos und stürmisch' Wetter
jetzt über Dörfer, Städte weh'n.
Wenn auch im Walde alles weiß,
die Blume ist zum Blüh'n bereit,
drängt hin zum Licht, dringt durch das Eis:
Christrose zur Winterszeit.

Gottfried Brandstätter

Gleich nach der Schneeschmelze überziehen sich die dürren, graugrünen nadelblättrigen Polster der fleischroten Heide (Erica carnea) mit weithin leuchtenden Blüten, und kaum sind diese verwelkt, so zeigt sich bereits die weiße, dichtbehaarte Alpenküchenschelle (Pulsatilla alpina) und die viel begehrte duftende Aurikel (Primula auricula), auch Gamsveigerl, Zolitsch oder Petergstamm genannt, mit ihren dottergelben Blüten. Im Gebiet des Lahn- und Flug-Ries-Grabens blühen die schönsten Blumen Anfang Mai. Als nächste, die Rote Primel - Primula Clusiana - sowie die kleinere Primula minima mit zungenförmigen schmalen Blütenblättern. Hat die Aurikel ihre volle Blütezeit erreicht, dann öffnen auf den grünen Matten die Kelche des Stengellosen Enzians (Gentiana aucalis), deren Blau eine besondere Leuchtkraft aufweist. Gegen Ende Mai erblüht hauptsächlich in der Umgebung des Gahns und Feuchters eine unserer einheimischen Orchideen, der Frauenschuh (Cypripedium calceolus). Ein schwefelgelbes eingerolltes Mittelblatt, umgeben von vier purpurvioletten schlanken, spitzen Blütenblättern, gestaltet sich zu einer höchst vornehm aussehenden Blume. Im gleichen Monat erblüht auch das Steinschmückel (Petrocallis pyrenaica) mit seinen rosaroten vierblättrigen, gegen die Mitte dunkelroten Blüten. Auch das Steinröschen oder Tenderich mit seinen roten Blüten ist um diese Zeit an sonnigen Plätzen anzutreffen. Häufig kommen auch der Wohlverleih (Arnica montana), die Trollblume (Trollius europaeus) und das goldgelbe Fingerkraut (Potentilla aurea) vor. Unter den Puchberger Wänden wächst massenhaft zwischen den Zerben das niedrige Gesträpp der Bärentraube (Arctostaphylus uva ursi). Eine sehr häufige Pflanze ist das auf feuchtem Grund wachsende lichtviolette Alpenglöckchen (Soldanella alpina). Das dunkelviolette Alpenveilchen (Viola alpina) und die gleichfalls violette herzblättrige Kugelblume sind ebenfalls sehr früh im Jahr anzutreffen. Im weiteren Verlaufe trifft man das immergrüne Hungerblümchen (Draba azoides), das Alpenvergissmeinnicht (Myosotis alpestris) und die dunkelroten, nach Vanille duftenden Kohlröschen (Nigritella nigra) an. Wenn der Schnee nur mehr in den Gräben und Mulden zu finden ist, überziehen die roten Polster des stengellosen Leimkrautes (Silene acaulis) die Matten. In geschützteren Lagen ist der hellviolette, kleeartige Spitzkiel (Oxytropis montana) sehr häufig anzutreffen, ebenso die blaue Alpenglockenblume (Campanula alpestris). Der weiße Speik (Achillea Clavenae), die Zwergschafgarbe (Achillea nana), der gelbe Alpenwundklee (Anthyllis alpestris), die Alpengrasnelke (Armeria alpina), die Bewimperte Alpenrose (Rhododendron hirsutum), die Rostrote Alpenrose (Rhododendron ferrugineum) und an der Alpleiten die Türkenbundlilie (Lilium martagon) vervollständigen das Blumenvorkommen bis Ende Juni.

Im Sommer jedoch, wenn die Sonnenwärme auch die höchsten Regionen erreicht hat und mit dieser ihrer Wärme neues Leben erweckt, da ist in den nach Osten gerichteten Felsen das vielbesungene Edelweiß (Gnaphalium leontopodium) zu finden. Alpenscharte (Saussurea discolor), Pippau (Crepis aurea) und auf Geröll und Felsenhalden die Lärch-

blättrige Miere (Alsine laricifolia) und der Weiße Alpenmohn (Papaver alpinum) bilden oft die einzigen sicheren Kennzeichen einer ehemaligen Almwirtschaft, wie z. B. Krotensee- und Schlossalm. Neben diesen findet man noch die dichten Felder des Alpenampfers (Rumex alpinus), dazwischen den Blauen Eisenhut (Aconitum napellus), im Hochsommer den hellgelben Klebrigen Salbei (Salvia glutinosa) und den hochgewachsenen Ungarischen oder Pannonischen Enzian (Gentiana Pannonica). In der Gruppierung der Pflanzen nach Höhenzonen lassen sich keine scharfen Grenzen ziehen, und die Einteilung erfolgt in vier Regionen, Talregion bis ca. 550 m, Bergregion bis 1 000 m, Voralpenregion bis ca. 1 600 m und ab 1 600 m die Alpenregion. Zu den ehemaligen von Botanikern meist besuchten Aufstiegen gehören vorzugsweise jene ausgehend von Gloggnitz, Payerbach, Reichenau und vom Höllental.

DIE ENTWICKLUNG DER GUTENSTEINER WEIDEGENOSSENSCHAFT
Auszug aus Abschriften

Pater Faustinus M. Albrecht schreibt über die Mamauwiese Folgendes: "Wenn etwas für den Wanderer und besonders für den Freund wildromantischer Gegenden überraschend sein kann, so ist es gewiss diese Wiese. Das Auge erblickt hier plötzlich eine Fläche, von Bergen und Wäldern umrungen, die wie hingezaubert zu sein scheint. Eine Ebene auf einem solch hohen Berg! .... Ein sonderbares Gefühl, sozusagen ein heiliger Schauer mit Rückblick in die graue Vorzeit, bemeisterte sich meiner jedes Mal, sooft ich diese Wiese

gesehen, und ich besuchte sie gewiss zehn Mal mit wissbegierigem Auge. Mein Blick konnte sich nicht satt sehen an dieser Fläche und den ihr gerade gegenüber stehenden schroffen Felsen des Schneeberges. Ein herrlich Herz durchgreifender Anblick ist dies."

Fast mitten auf der Wiese steht das so genannte Kirchenwäldchen. Es bildet von der Puchberger Seite her einen sanften Hügel, von der Seite des Wurmgartens liegt es eben. Unter dieser sanften Anhöhe, welche kaum 7 oder 8 Schuh betragen mag, liegen in Mengen gebrochene Felssteine. Im Wäldchen selbst, welches 1824 ausgehauen wurde, befanden sich höchstens 4 oder 5 Zoll dicke, niedrige Stämme, und am Grunde dieses Wäldchens bieten kleine Hügel und Gruben einander die Hand; Anzeichen und Spuren, dass hier einst ein Gebäude gestanden haben mag.

Am Rande der rechten Spitze dieses Wäldchens befindet sich eine sehr klare Quelle, die gutes, kaltes Wasser enthält. Es wird das Kirchenbrünnchen genannt. Weitere vier solcher Brünnchen, die aber keinen Namen haben, sind auf der Mamau. Sie verdorren im Sommer zuweilen, dann kommen sie wieder zum Vorschein und bilden zusammen den Sebastianibach. Bei dessen Ursprung, eine dieser Quellen, rechts gegen den Schneeberg, stand einst eine steinerne Statue des heiligen Sebastian, wovon aber nur noch das "Piedestal" vorhanden ist. Von diesem aus Sandstein kunstvoll gemeißelten Heiligen hatte man gehofft, er werde die Menschen im Bergland gegen die aus Osten andrängende Pest bewahren, nun war er aber selbst nicht imstande gewesen, dem rauen Wind vom Schneeberg zu trotzen. So pflanzte das gläubige Landvolk an seiner Stelle eine hölzerne Bildsäule auf, die freilich nicht so hoch in den Himmel ragte, sondern tief im feuchten Erdboden steckte und dort mit höchst ungewöhnlichen Trümmern verkeilt war. Bei näherer Betrachtung erwiesen sich diese als Bruchstücke des verzierten Sockels, mit allerhand Ranken und Voluten geschmückt, unter ihnen als letzte Spur des arg geschundenen Märtyrers ein Teil seines Korpus, nämlich der Nabel mit dem steingewordenen Lendentuche.

Für diesen hölzernen Bildstock hatten grobe Fäuste in einen knorrigen Block eine kaum symmetrische Nische gehauen, dort hinein einen pausbackigen Putto aus einer nahen Dorfkirche gestellt und das Ganze mit ein paar leichten Brettschindeln gegen das ärgste Wetter abgeschirmt. Nach Art des Prager Jesukindes, das in prächtigen Gewändern zur Verehrung steht, war der hölzerne Engel mit einem rupfenen Leinenhemdchen bekleidet und mit blauen Bändern der Unschuld umgürtet. Trotzdem nannte ihn Groß und Klein immer nur den "Wastl". Seine schwarz angemalten Locken zierte den Sommer über ein Kränzchen, seine Hand trug ein Sträußchen aus Wiesenblumen, und der altersgraue Rand der Nische war mit einem Gebinde aus grünem Reisig überwunden.

Es zählte zu den bescheidenen Freuden der Kinder, die im nächstgelegenen Puchbergerhof aufwuchsen, an Sonntagnachmittagen mit der Großmutter auf die Mamau steigen und den Wastl mit frischen Blumen bekränzen zu dürfen. Manch einer kam auch

hierher, um seine schmerzenden Augen im klaren Wasser des Sebastianbrünnls zu baden, und keuchhustenkranken Kindern soll der Heilige und der Höhenwechsel Erleichterung gebracht haben. Vor allem aber war der Wastl bekannt als der Ort, an dem die Wallfahrer aus Puchberg, Grünbach und Klostertal "zsamgwart" haben, um von hier nach gemeinsamer Andacht weiter über die Römerstraße, Eckbauernhöhe, Gschaidl, Lahnsattel, Terz und Halltal nach Mariazell zu ziehen. Für diesen Anlass wurde Wastl stets frisch geschmückt, und die wartenden Kinder gaben den Pilgern Sträußchen mit für die "Himmelmutter in Zell". Dafür erbettelten sie ein paar Bissen des mitgeführten Mundvorrates, der aus Brot und Selchfleisch oder gar Krapfen bestand.

Von der Mamauwiese durch einen bewaldeten Rücken getrennt, liegt etwas tiefer der Wurmgarten, ein Hochtal, in das die Höfe im "Unteren Wurmgarten" und im "Oberen Wurmgarten" eingebettet lagen. Die Gründe dieser einstigen Bauerngüter gehören heute den Bundesforsten, und die dortigen Wiesen und ehemaligen Felder werden von der Weidegenossenschaft Gutenstein genutzt und gepflegt. Die möge den Anlass bilden, dem alten Herkommen des Weiderechtes und der Entstehung dieser Gemeinschaft, die für die Wirtschaft unserer Bauern und die Erhaltung des Landschaftsbildes so wichtig ist, nachzugehen. Die genossenschaftlich genutzte Fläche lässt sich in drei Regionen teilen: "Die Hochalm; als solche kann man die Alpe Kuhschneeberg-Ochsenboden wegen ihrer expandierten Lage nahe der Baumgrenze bezeichnen - Seehöhe um 1 500 m, die Fadenalpe in einer mittleren Klimastufe gelegen - Seehöhe ca. 1 200 m; die Niederalm, diese Funktion erfüllt die Weide Wurmgarten-Mamau mit ca. 900 m Seehöhe."

In einer handschriftlich verfassten "Description zur Kriegs-Charte", (3 Bände, Kriegsarchiv, Josefinische Aufnahme Seite 128) ist über einen Fußsteig durch das Höllental vermerkt, dass dieser "wegen der steilen Felsen für Fußgänger im Winter sehr beschwerlich und für Pferde gar nicht zu passieren sei, aber auch für die ersten "inpracticable". Von den Almsteigen Steinleiten-Kuhschneeberg und Hinterleiten-Scheibwald heißt es: "Doch wird über beyde mit schwerer Mühe und Gefahr das Vieh auf die Alben getrieben."

Auf dem benachbarten Schwarzauer Gemeindegebiet liegen die Verhältnisse ähnlich. Der Nordhang des Kuhschneeberges war ein Gemeinschaftswald der Voiser Bauern, erschlossen durch Gemeinriesen "wie von alters herkommen ist". In der Almregion dürften sie das Recht zum Auftrieb genossen haben. Dies wird zwar in den Weistümern nicht ausdrücklich erwähnt, lässt sich aber in Analogie zu den Rotten Preintal und Steinbruch schließen. Die Alm beschränkte sich allerdings auf den höher gelegenen nordöstlichen Teil des Plateaus sowie auf den Sattel zum Hochschneeberg und dessen Westhang, wo der Bergwald immer wieder von den so genannten Böden durchsetzt ist. Die gemeinschaftlich genutzten Flächen grenzten im Süden des Hochschneeberges an den Hirschwanger Forst und im Südwesten des Kuhschneeberges an den "Ried Höllental", beides Fluren, die in den Weistümern ausdrücklich als Bannwälder bezeichnet sind, in denen ohne Erlaubnis der Obrigkeit niemand holzen durfte, aus denen keine Gemeinriesen talwärts liefen und die bis heute gänzlich von Weidrecht und Almbetrieb ausgenommen sind. Wenn auch die Puchberger und Stolzenwörther Weistümer darüber nichts enthalten, so kann man doch annehmen, dass die Siedlungen am Nordfuß des Schneeberges - Losenheim, Knipflitz, Schneebergdörfl u. a. , seit ihrer Gründung in gleicher Art mit "Holz und Halt" ausgestattet waren, weshalb sie auch später als Stixenstein'sche Untertanen ebenso wie die Gutensteiner Bauern ein Weidrecht auf dem Schneeberg genossen. Nachdem die Herren von Hoyos 1556 die Herrschaft Stixenstein und 1595 die Herrschaft Gutenstein erworben hatten, scheinen sie die gemeinschaftlich genutzte Almregion fest unter ihre Verfügungsgewalt genommen zu haben. Eine ordnende Aufsicht dürfte auch tatsächlich vonnöten gewesen sein, um allen Untertanen gleich gute Möglichkeiten zur Viehzucht zu verschaffen. Es wurden "Almmeister" aufgestellt und zu ihrer Besoldung ein "Waidtgeld" eingehoben. Schließlich entwickelte sich dieses zu einer Einnahmequelle des Grundherrn, die jährlich abzurechnen war.

Waidtgeld auf dem Schneeberg

Specifikation, was bei der Grafschaft Gutenstein Anno 1727 wegen von denen hernach genannten Almmeistern auf dem Schneeberg aufgetriebenen Viech Sorten an Waidtgeld eingegangen:

Erstlich haben Martin Wegerer und Matthias Schwäger (Schwaiger), beide Almmeister Anno 1727 auf dem Schneeberg, in der Halt aufgetrieben folgendes Viech:
- 16 Paar außwendige (auswärtige) Ochsen, von jedem solchen accordierten Maßen - zu à 15 Kreuzer = 4 Gulden
- 14 Paar Ochsen, so denen Herrschaft Stixensteinschen Untertanen gehören, von jedem solchen Paar aber nur à 12 Kreuzer = 2 Gulden 48 Kreuzer
- Endlich 18 Paar Ochsen, so denen (Gutensteiner) Herrschaftsuntertanen gehören, von jedem solchen Paar aber nur à 10 Kreuzer = 3 Gulden
- Summa 9 Gulden 48 Kreuzer
Dem Verwalter Franz Niclas Gallasch ausgehändigt
Martin Wegerer. Untertan auf der Edt
Matthias Schwäger, Untertan im Steinbach

Um für die Steuern, die an den Landesfürsten abzuliefern waren, zwischen den Grundherren und den Untertanen einen gerechten Aufteilungsschlüssel zu schaffen, legte Maria Theresia einen Steuerkataster an und verlangte von den Herrschaftsinhabern ein Steuerbekenntnis. Darin hören wir, was die Grafen Hoyos von allen ihren Almen auf Hoch- und Kuhschneeberg, Rax und Schneealm jährlich an Weidezins einnahmen.

- Wayd und Blumsuch, nach dem Mittel des 10jährigen Ertrages an Bestand - 180 fl. 59 Kr.
- Dazu kommen Wayd- und Blumsuch-Nutzen vom eigenen Herrschaftsvieh - 8fl. 20 Kr.
- Zum Vergleich seien genannt:

Einkünfte aus Herrschaftswäldern	153 fl.
aus herrschaftlichem Fischwasser	240 fl.
aus Verpachtung der Herrschaftstavernen	999 fl.

In der Josefinischen Fassion, die viel später aufgenommen wurde, strebte man schon eine echte Ertragsschätzung an. Dies war bei Äckern möglich, aber nicht so bei den Almen. Hier müssen die Tiere vor und nach dem Weidegang gewogen werden, so dass man aus der Zunahme und dem gängigen Fleischpreis Anhaltspunkte für die Wertschöpfung gewinnt. Im Jahre 1787 musste sich die Schätzung des Almertrages noch immer an altes Herkommen klammern. Die gräflich Hoyos'schen Beamten, die dieses Steuerbekenntnis zu erarbeiten hatten, erklären ihren Gedankengang so: "Der Ertrag ist durch Vergleich einer Wiesen nach den jährlichen Einnahmen, dem Zünß Schmaltz, fatiert worden."

Nach 1848, als im Gefolge von Revolution und Bauernbefreiung die Agrarstruktur umgestaltet wurde, musste auch das Weidrecht auf fremdem Grund und Boden neu geregelt werden. Das kaiserliche Patent vom 5. Juli 1853 betrifft jene Fälle, wo vor 1848 zwischen dem dienstbaren Gut (Alpe Schneeberg im Besitz der Grafen Hoyos) und dem herrschenden Gut (Weideservitut der Bauern) ein "grundobrigkeitliches" bzw. "untertäniges" Verhältnis bestanden hatte. Wenn möglich sollte der ehemalige Grundherr dieses Weidrecht durch Geldzahlung an die Bauern ablösen. Wenn dies nicht möglich war, sollte über "Anlagen" des interessierten Teiles eine Regulierung stattfinden.

Zunächst erhebt sich die Frage, ob von den weideberechtigten Bauern jemand die Fähigkeit und den Mut aufgebracht hätte, an die Grundentlastungskommission einen solchen Antrag zu stellen, der vielleicht Konflikte mit den nunmehr privatwirtschaftlichen Interessen des ehemaligen Grundherrn heraufbeschwor. Genossenschaften und Landwirtschaftskammer als Wortführer bäuerlicher Anliegen haben sich ja erst gegen die Wende des 20. Jahrhunderts konstituiert. Wohl setzte die Grundentlastungs-Landeskommission lokale Kommissionen ein, die mündliche Anträge der Bauern entgegennahmen. Da aber alle diesbezüglichen Akten verloren gegangen sind, lässt sich nicht feststellen, inwieweit auch die Regulierung des Servitutes auf der Alpe Kuhschneeberg behandelt wurde. An der von der Gesetzgebung vorgesehenen Ablöse des Weideservitutes durch Geldzahlung konnten die Grafen von Hoyos kaum ein Interesse haben. Der erhoffte Weidezins für die Alpe dagegen stand als sichere und vielleicht steigerungsfähige Einnahme zu Buche. So blieb eben das Weideservitut der Bauern bestehen.

Mit dem Rahmenbesitz vom 3. Juni 1886 wurde die Gesetzgebung über Angelegenheiten der Alm- und Weidewirtschaft den Ländern übertragen, die einen Landeskulturrat zu gründen

Oben: *Schmidts Hütte am Kuhschneeberg*
Unten: *Hütte der Weidegenossenschaft*

hatten. Das Gesetz betreffend den "Schutz der Alpen und die Förderung der Alpwirtschaft für das Erzherzogtum unter der Enns" vom 31. August 1908 führt als Neuerung für die Berechtigten die Verpflichtung ein, einen Wirtschaftsplan zu erstellen und somit nach jahrhundertelanger Nutzung endlich etwas für die Verbesserung der Almen zu tun. Auch von einer Beihilfe aus öffentlichen Mitteln ist hier erstmalig die Rede. Dieses Gesetz kann durchaus als Vorläufer des Landesgesetzes vom 26. April 1923 angesehen werden, was dann schließlich zur Gründung der Weidegenossenschaft Gutenstein führte. Aus diesem Gesetz "zur Förderung der Alm- und Weidewirtschaft" sei erwähnt:

"Landwirtschaftliche Genossenschaften können sich um die Benützung von Almen und Weiden bewerben; die Bezirksbauernkammern haben bei der Gründung von Weidegenossenschaften behilflich zu sein; zwischen dem Grundbesitzer und der Genossenschaft sollen in einer 'Vereinbarung' alle jene Punkte fixiert werden, die schon in dem Patent über die Regulierung als wesentlich genannt wurden (Art des Treibviehs, Dauer des Weideganges usw.)."

Zufolge einer Durchführungsverordnung zum Alm- und Weidegesetz sollten zunächst alle rechtlichen Grundlagen für die Erklärung einer Fläche zur ständigen Weide gesammelt und diese dann in das Weidebuch eingetragen werden. Die Agrarbezirksbehörde fragte daher bei allen Gemeindevertretungen an, welche Parzellen als ständige Weide genutzt werden. Auf einem hiezu ausgesandten Vordruck mit dem Titel "Alm- und Weideverzeichnis" beantwortete der Bürgermeister von Schwarzau am 19. Februar 1927 alle Fragen bezüglich der Alpe Kuhschneeberg. Dabei bestätigte er, dass keine Urkunden über Grundlastenablöse oder Grundlastenregulierung vorhanden seien. Man kann daher mit ziemlicher Sicherheit annehmen, dass zwischen dem Jahre 1853 und dem Jahr dieser Befragung das alte Servitut ohne schriftliche Abfassung des Rechtsverhältnisses respektiert und ausgeübt wurde. Außer dieser für unser Thema wichtigen Feststellung gibt der Bürgermeister von Schwarzau eine ziemlich genaue Beschreibung des Zustandes der Alpe Kuhschneeberg und der vorhandenen Einrichtungen: "Die Böden bestünden aus sechs größeren und neun kleineren Flächen, die man durch Schwendungen noch erweitern könne. Es sei eine Halterhütte vorhanden, aus Holz erbaut, mit Bretteln gedeckt, mit einer Küche und einem Zimmer. Bei der Hütte befinde sich auch ein Notstall für 4 - 5 Rinder, erbaut 1921. Für Trinkwasser gebe es bei der Halterhütte einen Brunnen, als Tränke für das Vieh dagegen nur 'Lacken'. Das Vieh leide unter Wassermangel. Von Bedeutung wäre deshalb ein bestimmter Schneefleck im angrenzenden 'Hirschwanger Forst', der jedoch nicht zur Weidefläche zähle. Nach Zahlen vom Jahre 1922 sei der mögliche Höchstbesatz 40 Stück über 2 Jahre und 80 Stück unter 2 Jahre, durch Verbesserung wäre aber ein Besatz von 160 Stück erreichbar."

Auf Grund der Angaben des Bürgermeisters von Schwarzau konnte nun die Agrarbezirksbehörde die Alpe Kuhschneeberg von Amtes wegen zur ständigen Weide erklären und die Eintragung in das Weidebuch durchführen. Die zur Alm erklärte Fläche stand damals im Besitz von Ernst Graf Hoyos Sprinzenstein, der in einer amtlichen Entscheidung am 14. Jänner 1928 von diesem Sachverhalt verständigt wurde. Aber schon vor dem In-Kraft-Treten des Weidegesetzes, nämlich im Jahre 1921, war es zur Gründung der Weidegenossenschaft Gutenstein gekommen und beim Eintreffen der eben zitierten Entscheidung über die Alm auf dem Kuhschneeberg konnte der erste Vorstand bereits auf eine mehrjährige erfolgreiche Tätigkeit, zu der auch die Erbauung von Halterhütten und Notstall zählte, zurückblicken. Die Mitglieder dieses denkwürdigen ersten Vorstandes waren:

Franz STREBINGER, Rodenbauer, Klostertal 14
Johann LEUTHNER, Öhlersimmerl, Längapiesting 4
Dr. Arkad MIRONIVICI, Bez. Ober-Tierarzt
Franz BOCK, Hintergschaid 5
Simon ZWINZ, Stegtaler, Klostertal 23
Georg ZWINZ, Waldbartl, Klostertal 36
Josef RATHNER, Blättertal, Vorderbruck 10
Ignaz BRANDSTETTER, Hödlbauer, Längapiesting 3.

Dem Vorstand gehörten also ausschließlich Gutensteiner an, was auch für die Namengebung der Genossenschaft von Bedeutung war. Die große Zahl der einfachen Mitglieder stammte dagegen aus Grünbach, Gutenstein, Miesenbach, Puchberg, Sieding, Waldegg, Winzendorf und Würflach. Mit Ausnahme von Waldegg sind dies durchwegs Siedlungen mit einem Naheverhältnis zum einstigen Hoyos'schen Herrschaftsverband Gutenstein - Stixenstein - Rothengrub; ein schönes Zeugnis für das Festhalten an alten Überlieferungen. Geschäftsführer und im wahrsten Sinne federführend zum Wohle des hiesigen Landvolkes war Veterinärrat Dr. Arkad Mironovici, ein gebürtiger Siebenbürger, dessen mit Dankbarkeit gedacht werden soll. Was ansonsten aus der Geschichte der Almregion Kuhschneeberg noch erwähnenswert scheint, ist:

"Die Vernichtung der so genannten Landtafel beim Brand des Justizpalastes in Wien im Jahre 1927, in der wie in Grundbüchern über den Eigenbesitz des Adels und die darauf lastenden Servitute Aufzeichnungen geführt wurden.

Um 1928 gingen Hoch- und Kuhschneeberg zugleich mit Rax und Schneealm in den Besitz der Gemeinde Wien über.

1946 wurde das Halterhaus zerstört.

1950 wurde ein bequemer Auftriebsweg errichtet, der beim "Almgatterl" die Hochfläche erreicht und für Mensch und Tier viel Plage aus dem Weg schaffte.

1952 stellten sich Schwierigkeiten zwischen der Weidegenossenschaft und der Gemeinde Wien ein, die um die Sauberkeit des Wassers der Ersten Hochquellenleitung besorgt war. Durch Farbzusätze wurde dabei nachgewiesen, dass das Wasser innerhalb weniger Stunden Dolinen und Schlünde des Gebirgsstockes passiert und kaum gereinigt bei den Quellen im Höllental hervortritt."

Der Wurzengraben, ein besonders gefährdetes Wasserschutzgebiet, sollte deswegen von der Weidefläche abgetrennt werden. Leichte Zäune durchbrach das Vieh aber mühelos, wenn es Durst litt, durchquerte den Wurzengraben und strebte dem Krottensee zu. Es entkam auch dem Halter, besonders bei Nebel. Wilhelm Ast wandte sich damals im Namen der Landwirtschaftskammer an den Magistrat der Stadt Wien mit der Bitte, einem uralten Herkommen entsprechend den Krottensee im Pachtgebiet einbezogen zu belassen. Inzwischen hat man aber durch einen festen Drahtzaun den Wurzengraben abgeteilt und damit den Weg zum Krottensee versperrt. Bei großem Wassermangel sucht sich das Vieh selbst den Weg abwärts zur Fadenalpe.

Die Niederalm - Weide Wurmgarten Mamau

Wie bereits erwähnt war in der revolutionären Grundstimmung nach dem Zerfall der österreichisch-ungarischen Monarchie ein Gesetz geschaffen worden, das die Wiederbesiedelung "gelegter Bauerngüter" anstrebte und zur Erreichung dieses Zieles auch das Mittel der Enteignung vorsah. Am 20. 1. 1923 wurde gegen Dr. Rudolf Sommaruga in Bezug auf die ehemaligen Höfe Gregern-Irgl und Ulrich-Jogl von der Agrarlandesbehörde ein Enteignungsverfahren eingeleitet mit der Begründung, dass die Weidegenossenschaft alle

Putzkapelle, am Weg zur Mamauwiese

Voraussetzungen nach §4 des aktuellen Wiederbesiedelungsgesetzes erfülle und im Wurmgarten eine Musterweide errichten wolle. Die bekundete Absicht der Weidegenossenschaft, den Enteignungspreis gleich bar zu zahlen, lässt schließen, dass diese billig zu verzinsendes Geld aus dem Wiederbesiedelungsfonds zugesichert erhalten hatte. Nach dieser Erkenntnis des Agrarsenats hätte Baron Rudolf Sommaruga schon am folgenden 1. Februar ein Übereinkommen bezüglich der freiwilligen Abtretung nachweisen müssen. Als ausgebildetem Juristen dürfte ihm aber doch ein Aufschub gelungen sein. De facto kam es zu keiner Enteignung, sondern nur zur zwangsweisen Einräumung eines Erbpachtrechtes, wozu § 4 des Wiederbesiedelungsgesetzes die nötige Handhabe bot. Dieser an sich bedenkliche Eingriff in privates Eigentum kommt heute einer großen Zahl bäuerlicher Wirtschaften zugute und hat viel dazu beigetragen, die vollständige Aufforstung zu verhindern und das Landschaftsbild in seinem ursprünglichen Abwechslungsreichtum zu erhalten.

Im Jahre 1824 wurde die noch junge Genossenschaft in den tatsächlichen Genuss der Weide eingeführt und nach jahrelangen, sicher mühsamen Verhandlungen kam endlich 1928 ein Übereinkommen zu Stande, das bis heute Gültigkeit hat. Hieraus sind folgende Punkte erwähnenswert:

"Die Gründe blieben im Eigentum von Dr. Rudolf Sommaruga;
- die Weidegenossenschaft erhielt das Recht des immer währenden Weideservituts auf den Grundstücken des Oberen und Unteren Wurmgartens;
- die Genossenschaft hatte als Entgelt den Gegenwert von 930 kg Lebendgewicht von Rindvieh zu entrichten;
- der Grundeigentümer darf 3 Stück eigenes Vieh mit auftreiben;
- die Weidegenossenschaft ersetzt dem Grundeigentümer die Grundsteuer;
- die Erhaltung der Wege und Zäune obliegt der Genossenschaft;
- das Servitutrecht erlischt, wenn die Weide ein Jahr lang nicht benützt wird;
- für Wildschaden leistet der Grundbesitzer keinen Ersatz;
- für Schäden durch Holzbringung übernimmt der Grundeigentümer keine Haftung."

Außer der Weide im Wurmgarten enthielt der Enteignungsantrag und dementsprechend auch das Übereinkommen sechs weitere Wiesengrundstücke, die zwar einst zu den Bauerngütern im Wurmgarten gehörten, aber auf der Mamauwiese gelegen sind. Somit konnte die Genossenschaft auch einen beachtlichen Teil jener fruchtbaren hoch gelegenen Bergwiese als Weide benützen, die trotz ihrer Entlegenheit seit dem Mittelalter von den einzelnen Besitzern mindestens einmal jährlich gemäht wurde.

Nach Abschluss der Verhandlungen konnten alle als Servitutsweiden benützten Flächen in das Weidebuch eingetragen werden. Das Ausmaß der Niederalm Wurmgarten-Mamau betrug demnach 44 ha. Aus der weiteren Geschichte der Weide Wurmgarten-Mamau scheinen erwähnenswert: "Die Gebäude des 'Unteren Wurmgartens' wurden nur so lange als vorläufiger Unterstand genutzt, bis 1925 im 'Oberen Wurmgarten' ein neuer Weidestall für das schwächere Jungvieh errichtet war."

Im Jahre 1939 zerstörte ein Erdbeben das alte steinerne Wohnhaus. Die Weidegenossenschaft errichtete einen gefälligen und praktischen Blockbau als neue Halterwohnung. Da ab den sechziger Jahren die Halter lieber ihren ständigen Wohnsitz benützten und nur nachsehen fuhren, konnte das Halterhaus zur Auffüllung der oft passiven Gemeinschaftskassa an Wiener Dauergäste vermietet werden. Seit damals steht die Viehwaage auf der Mamauwiese beim Gasthaus Wilsch. Dieses bietet nun auch den Rahmen für den Auf- und Abtrieb. Selbst heute, da das Vieh nicht mehr in ermüdenden, stundenlangen Märschen, sondern mit Lastkraftwagen oder Traktoranhängern gebracht wird, haben Anfang und Ende des Weideganges noch etwas vom Charakter eines geruhsamen Treffens der bäuerlichen Bevölkerung und eines besinnlichen Innehaltens im Jahresablauf. Dies gilt auch für den gemeinsamen Weidedank-Gottesdienst der Genossenschaftsmitglieder vor dem neuen Sebastiansbildstock jährlich Ende August.

Die Fadenalpe

Während also auf dem Schneeberg das Weiderecht auf ein altes Servitut zurückgeht - dienendes Gut: Gemeinde Wien als Rechtsnachfolger von Hoyos; herrschendes Gut: Weiderecht der Bauern und das Servitut in der Flur Wurmgraben-Mamau durch das Wiederbesiedelungsgesetz geschaffen wurde - dienendes Gut: Bundesforste als Rechtsnachfolger von Sommaruga; herrschendes Gut: Weiderecht der Genossenschaft, ist auf der Fadenalpe das rechtliche Herkommen des Weiderechtes, das auf vier Parzellen ausgeübt wird, uneinheitlich. Auf jenem Grundstück, das im Jahre 1919 als einstiger Bestandteil des Hofes im "Unteren Wurmgarten" zum Großgrundbesitz Sommaruga gehörte und daher im Enteignungsantrag vom 23. 1. 1923 ebenfalls aufscheint, ist das rechtliche Herkommen vom Wiederbesiedelungsgesetz abzuleiten, also ein Servitut. Das Weiderecht auf den übrigen drei Parzellen der Fadenalpe ist jedoch von einer Pachtalpe abzuleiten, auf der nur der

Weidevieh auf der Fadenalpe

Eigentümer zum Auftrieb berechtigt ist und dieses Recht wohl gegen eine vereinbarte Gebühr auf andere übertragen darf, aber nicht muss. Um zu verfolgen, wie es zur Ausbildung dieser Pachtalpe kam, muss nochmals auf die "Obere Klostertaler Gemein" eingegangen werden. Sie umfasste die Nordflanke der Dürren Leiten und nach Westen anschließend alle Wälder und Wiesen bis über die Fadenwände hinauf. Der Kaltwassergraben bildete ihren westlichen Abschluss und zugleich die Ortsgrenze: Dieser Gemeinwald war niemals Lehen - Hausgrund, und niemandes freies Eigen - Überländ und kommt daher im Grund- und Gewährsbuch von 1629 nicht vor. Dasselbe gilt von der Theresianischen Steuerfassion aus dem Jahre 1751, es handelt sich ja hier weder um steuerbare bäuerliche noch um herrschaftliche Gründe. In den nun folgenden Jahrzehnten nahmen die meisten Herrschaftskanzleien wegen des drückenden Holzmangels die Aufsicht über die oft schlecht bewirtschafteten Gemeinwälder fest in die Hand. Im Jahre 1779 soll die Obere Klostertaler Gemein das erste Mal ins Grundbuch in Gutenstein eingetragen worden sein. Dieses Grundbuch Nr. 96 ist jedoch seit dem Jahre 1945 verschollen und es kann deshalb auf diese Eintragungen nur indirekt aus einem Akt vom Jahre 1859 geschlossen werden.

In der Josefinischen Steuerfassion vom Jahre 1787 wird erstmals bei jedem Hof sein Nutzungsrecht am Gemeinwald angemerkt. Danach gliedert sich die "Obere Klostertaler Gemein" in zwei Gebiete:

- Am Gemeinwald hinterm Wassergraben - Klausgraben-Dürre Leiten, waren nutzungsberechtigt Klostertal 2, 3, 10, 11 und 12.
- Im Gemeinwald am Faden - Klausgraben bis Kaltwassergraben, waren Klostertal 1, 4, 5, 6 und 8 nutzungsberechtigt.

Bezüglich des Gemeinwaldes am Faden ist aus dem vorhin zitierten Akt vom Jahre 1859 zu entnehmen, dass im Jahre 1802 fünf neue Grundbuchseinlagen eröffnet und jedem von den berechtigten Bauern sein Anteil als "freies Eigen" zugeschrieben worden war. Josef Krumböck aber machte von der günstigen Lage seiner Grundstücke einen maßlosen Gebrauch, indem er fremdes Vieh gegen Bezahlung aufnahm und ungeniert auch in den zwischen seinen eigenen Gründen liegenden Flächen der Höfe Klostertal 1 und Klostertal 5 grasen ließ. Die dadurch am ärgsten betroffenen Bauern vom Unteren Wurmgarten und vom Unteren Gschaid mussten zusehen, wie fremdes Vieh ihre Waldweide genoss und den jungen Anflug der Wälder schädigte.

Die über den möglichen Höchstbesatz "übertriebene" Alm scheint dermaßen ausgenützt worden zu sein, dass "Krumböck'sches Zinsvieh" sogar weiter nach Westen vordrang oder auch getrieben wurde und so auch die Besitzer des Schramböckhofes und des Wurmbauernhofes, Klostertal 6 und 8, schädigte. Josef Krumböck hatte sogar die Kühnheit, im Jahre 1812 beim Grundbuchsgericht einen "Gewährschein zu verlangen", der ihn allein als weideberechtigt auswies, der aber keinerlei Rechtsgrundlage besaß. Durch diese Gewährserteilung waren nun tatsächlich die Grundstücke der geschädigten Bauern in die Rolle des dienenden Gutes gelangt. Es scheint für die damals hilflose Lage der Bauern bezeichnend, dass sich die Betroffenen gegen die Übergriffe eines Nachbarn nicht wehren konnten. Nach 1848 fanden sie aber einen prominenten Anwalt für ihre Sache. Im Interesse einer geordneten forstlichen Landeskultur schritt der hochverdiente Hoyos'sche Forstmeister Johann Newald ein. Er, der in der niederösterreichischen Landeskunde als namhafter Historiker bekannt ist, wusste die Möglichkeit des kaiserlichen Patentes vom 5. Juli 1853 zu nützen und meldete gegen das angemaßte Weiderecht des Josef Krumböck einen Regulierungsantrag an. Der Lokalaugenschein und die Verhandlung fanden am 30. Juli 1859 statt. Krumböck hatte aus Wr. Neustadt einen Anwalt mitgebracht, während Newald die Gegenseite vertrat. Der Fall endete mit einem Vergleich, wonach Krumböck zwar auf sein angemaßtes, aber eben doch verbrieftes alleiniges Weiderecht verzichtete, seine vier Nachbarn, Franz Fuchs vom Unteren Wurmgarten, Philipp Jansch vom Unteren Gschaid, Franz Grabenweger vom Schramböckhof und Florian Hochecker vom Wurmhof, ihm aber dennoch je 105 Gulden Ablöse zu zahlen hatten. Trotz dieser rechtlichen Probleme scheint die Fadenalm im auslaufenden 19. Jahrhundert regen Zuspruch unter den einheimischen Viehzüchtern gefunden zu haben, umso mehr, als ihr ja bis zur Einrichtung der Weide Wurmgarten-Mamau die alleinige Rolle der Niederalm zufiel. Schwaigerei findet zwar hier nicht statt, schreibt der Gutensteiner Lehrer

Moritz Steiner um 1874, doch wird alle Jahre das Rind, nämlich Ochsen und einjährige Kälber, auch Pferde, auf den Faden beim Schneeberg und auf den Unterberg aufgetrieben, wo die Tiere von Urbani bis Michaeli ohne Obdach aller Witterung ausgesetzt sind und kraftvollste Kräuter weiden können.

Auf dem Formblatt "Alm- und Weideverzeichnis", das 1927 von der Agrarbezirksbehörde auch dem Gutensteiner Bürgermeister zur Ausfüllung übersandt wurde, ist die Fadenalpe gemäß dem alten Herkommen als ständige Weide angeführt. Sie bestand aus zwei Teilen:

"Erstens einer Servitutweide auf Parzelle 2089, die Baron Sommaruga mit dem Hof im Untern Wurmgarten mitgekauft hatte.

Zweitens einer Pachtweide auf jenen Gründen, die ab 1802 zum Hof am Obern Gschaid gehört hatten. Hier war der Weidezins ein fixer Betrag. Dieser Besitz ging 1916 in das Eigentum der Familie Hofer über."

Arbeit der Genossenschaft

An der Spitze des Genossenschaftsvorstandes steht der Obmann, der die Gemeinschaft nach außen und innen vertritt. Zur Zeit der Gründung im Jahre 1921 bekleidete dieses Amt Franz Strebinger - Rodenbauer, Klostertal 14, später durch längere Zeit Josef Rotheneder - Torbauer, Gutenstein, Markt 39. Am längsten erfüllte Michael Strebinger - Klandlbauer, Längapiesting 12 diese Funktion. Für 25-jährige Tätigkeit wurde ihm im Jahre 1954 eine verdiente Ehrung zuteil.

In der Nachkriegszeit häuften sich die Probleme. Damals kam es noch häufig vor, dass Almvieh gestohlen wurde und die Fahndung versprach wenig Erfolg, so dass durch bessere Kennzeichnung mit Hilfe von Ohrmarken und ins Tierhaar eingebrannten Zeichen sich nun rasch feststellen lässt, wessen Tier fehlte.

Ein Auszug aus einem Brief, den der "Faden-Poldl", der damalige Aufsichtsratsvorsitzende, an den Geschäftsführer Wilhelm Ast richtete, zeigt, unter welchen Schwierigkei-ten der Almbetrieb nach und nach in Gang gesetzt wurde. "Was den Halter am Schneeberg betrifft, ist meines Wissens alles zur vollsten Zufriedenheit abgelaufen, obwohl er das erste Mal oben war. Die Schlechtwetterperioden waren vorherrschend und da wartet der arme Halter heute noch auf die Schuhe, die wir ihm zu Beginn der Weideperiode versprochen haben. Es wäre auf jeden Fall unschön, etwas zu versprechen und nicht zu halten. Aber in diesem Fall, wo dieser Mann, der aus der russischen Kriegsgefangenschaft heimkam, zu Hause alles verloren hatte und hoffte, durch seinen treuen Diensteifer das Versprochene und Verdiente zu bekommen, musste aber den ganzen Sommer nahezu mit nackten Füßen für uns den Dienst versehen. Ich frage diesbezüglich Herrn Ing. Ast als

Sekretär der Genossenschaft, ob er das noch mit ruhigem Gewissen hinnehmen kann?"
September 1948, Leopold Gschaider

Von den Viehhirten der Vorkriegszeit ist nur mehr ein gewisser "Ruesch" in Erinnerung. Er wie auch sein Nachfolger Franz Hödl ab 1943, wohnten im Halterhaus im Oberen Wurmgarten. Obwohl Arbeitskräfte in der Nachkriegszeit nur wenig bezahlt bekamen, war der Posten des Halters wegen einiger Benefizien - Mithalten einer Milchkuh, Lebensmittelkarte für Schwerarbeiter, sehr begehrt. Deshalb konnte die Genossenschaft zeitweise für den Kuhschneeberg eine eigene Kraft aufnehmen. Zu diesen gehörte Isidor Spielbichler, geb. 1885, dessen Name den gebürtigen Nasswalder verrät, sowie für kurze Zeit ein Karl Skopetz und ein Franz Schauer 1948. Im Wurmgarten folgte auf Franz Hödl ein gewisser Karl Schrueff, der als Letzter das Halterhaus benützte. Um 1964 finden wir wieder Franz Hödl als Halter, der damals schon im eigenen Häuschen nahe der Weinfahrt auf der Mamau wohnte. Mit wachsendem Wohlstand der Industriegesellschaft wurde es für die bäuerliche Genossenschaft immer schwieriger, die gesetzlichen Löhne samt den hohen sozialen Abgaben für einen Viehhirten zu erwirtschaften. Der eine oder andere Lehrer oder Student, der in der romantischen Halterhütte auf dem Ochsenboden ein paar Wochen Sommerurlaub verbringen und dafür noch ein paar Tausender Lohn kassieren wollte, brachte auch keine Lösung auf Dauer. So lag die Aufsicht über eine Zeit lang in der Hand der Familie Wilsch, die teils vom Gastbetrieb auf der Mamau, teils von der Landwirtschaft, Klostertal 25, lebte. Nachdem 1979 ein Landwirt aus Puchberg zum Obmann der Weidegenossenschaft Gutenstein gewählt wurde, werden nun mehr und mehr Leute aus dem dortigen Raum als Viehhirten und "Almvögte" aufgenommen. Seit Erbauung bequemer Forststraßen kann der Viehhirte mit einem Geländewagen so ziemlich an alle Plätze der 525 ha großen dreiteiligen Alm gelangen, um Nachschau zu halten. Eine bedeutende Rolle und Verantwortung fällt bei einem genossenschaftlich geordneten Almbetrieb dem Tierarzt zu. Der Tierarzt überwachte auch die um 1967 begonnene Umstellung des Viehbestandes, starke Zugochsen galten für die Murbodner Rinderrasse als Ziel der Züchtung. Seither kann das vorhandene Futter dem Milchvieh allein zugute kommen. Kühe mit höchster Milchleistung, allerdings bei größerem Anspruch an Futter, gelten für Braun- und Fleckvieh als Ziel der Züchtung. Der gewohnte Anblick des einheitlich semmelfarbenen Almviehs, der einst für die Gutensteiner Gegend so typisch war, ist damit verschwunden. Die weiteren Obmänner waren, ab

1954 Johann ROTHENEDER, Gutenstein, Markt 39
1958 Leopold GSCHAIDER, Puchberg, Losenheim 176
1962 Franz HORNUNG, Gutenstein, Klostertal 18
1970 Franz LEITNER, Gutenstein, Längapiesting 5

1974 Robert WILSCH, Gutenstein, Kostertal 25
1979 Franz STICKLER, Puchberg, Grössenberg 38
2002 Johann STICKLER, Puchberg, und Karl POSTL, Miesenbach

DIE BODENWIESE

Die ca. 3 km lange und ca. 500 m breite Bodenwiese weist eine Seehöhe von 1 125 m bis zu 1 180 m auf und wird vom 1 352 m hohen Schwarzenberg, dem 1 340 m hohen Saurüssel und dem 1 315 m hohen Lärchbaumriegel eingeschlossen. Schon zur Zeit der Jahrhundertwende, vielleicht aber auch schon früher, gibt es auf der Bodenwiese eine Almwirtschaft, die im Jahre 1911 Anlass zur Bildung einer so genannten Weidegenossenschaft gab, deren vordringlichstes Ziel die Erbauung eines Rinderstalles auf der Bodenwiese war. Unter ihrem ersten Obmann, dem aus St. Johann im Sierningtal stammenden Herrn Scherz, konnte der Bau dieses Stalles mit Wohnmöglichkeit für den Halter im Jahre 1912 vollendet werden. Er hatte die Obmannstelle bis zum Jahre 1919 inne. Ihm folgte Franz Schweighofer und ab 1959 Friedrich Schweighofer. In dieser Zeit gehörten auch Landwirte des Bezirkes Neunkirchen, wo die Versammlungen abgehalten wurden, zu den Mitgliedern. Nach dem Ausscheiden der Mitglieder aus dem "flachen Lande" fanden die Versammlungen der Weidegenossenschaft mehrere Male in Gloggnitz statt und seit den 60er Jahren in

Unterwegs auf der Bodenwiese

Auf der Bodenwiese:
Weidevieh und
Holzarbeiten

Auf der Bodenwiese:
Halterhütte und Rohr von einer
ehemaligen Probebohrung
für ein Pumpspeicherkraftwerk

Pottschach im Stammlokal Gasthaus Frey-Fink, jetzt Arthold. Im Jahre 1924 ging man daran, für den Almhalter, wie auch für die Tiere, zur Verbesserung der Wasserver-sorgung einen Brunnen, den einzigen am Gahns, zu graben, wobei man das Wasser für die Tiere im Stall mittels Aggregaten heraufpumpte.

Der Ausbruch des Zweiten Weltkrieges mit seinen Folgen ging auch an dem Stallgebäude nicht spurlos vorüber, so brannte der Stall während der Kampfhandlungen zwischen Deutschen und Russen gänzlich ab. Nun wurden im Gebiet der Bodenwiese und des Saurüssels die Schützengräben zugeschüttet und die Minen von dem polnischen Staatsbürger Herrn Mazan gesprengt. Viel Unsicherheit, verursacht durch die russische Besatzungsmacht, herrschte zu dieser Zeit unter der Weidegenossenschaft, so dass man im Jahre 1946 von einer Viehhaltung auf der Bodenwiese Abstand nahm und jedes Mitglied der Genossenschaft ein Stück Weidefläche zur Benützung erhielt. Man mähte das Futter mit der Hand und beförderte es mit Ochsenkarren nach Hause.

Das Wunder auf der Bodenwiese
(nach einer Sage)

Bereits vor dem Hahnenschrei mäht der Knecht
hoch oben am Gahns diesen Morgen.
Der Türkenköpf' wegen mäht es sich schlecht,
dem Mäher bereiten sie Sorgen.

Die Sense bedeutet ihm Anseh'n und Brot.
Ja, wenn er die Sense nicht hätte!
Und dieses Mal geht es um Leben und Tod
nach einer gefährlichen Wette.

Er hat mit dem Bauern, dem reichsten im Ort,
zu arglos und töricht gewettet.
Doch schafft er die Wiese - so liegt er im Wort -
bis abends, so ist er gerettet.

Drum schwingt er die Sense in brennender Hast,
unheimlich mit Kräften geladen.
Er gönnt sich nicht Ruhe, er kennt keine Rast,
und Schwade reiht sich an Schwaden.

Nun steigt auch der Bauer zur Wiese hinan,
in feine Gedanken versponnen.
Er hat sich durch Wetten empor getan,
und immer noch sicher gewonnen.

Er denkt an die Häuser, die Äcker, den Wald,
die Wiese, die oben sich breitet.
Und all die Verlierer, sie lassen ihn kalt,
die er schon zum Wetten verleitet.

Dann sieht er durch Äste das helle Licht,
die Wiese, den Mäher inmitten.
Da liegt nun - er traut seinen Augen nicht -
schon mehr als die Hälfte geschnitten.

Die Sonne zeigt Mittag. Die Hoffnung ist hin,
und gleich ist die neue geboren:
Er steckt einen riesigen Nagel ins Grün.
Die Wette ist noch nicht verloren.

Nun duckt sich am Waldrand der Bösewicht,
hier lacht er und denkt er: Na warte!
Den stählernen Nagel entdeckst du mir nicht,
das gibt eine prächtige Scharte.

Da lauscht er und er hört die Sense, wie s' singt.
Sie kommt immer näher und näher.

Jetzt stieben die Funken, das Eisen erklingt,
und wonnig vernimmt es der Späher.

Doch sieht er den anderen Schritt für Schritt
mit mächtigen Schwüngen noch mähen.
Die Sense, die eben den Nagel durchschnitt,
singt weiter, als wär nichts geschehen.

Nun treibt es dem Bauern den kalten Schweiß
vor Staunen und Angst durch die Poren.
Es schlugen ihn Wunder und Mäherfleiß.
Jetzt hat er die Wette verloren.

Gemäht ist die Wiese, gerettet der Knecht,
ein stattliches Haus ist sein Eigen.
So kann er - die Wette war gar nicht so schlecht -
zufrieden ins Tal hinab steigen.

Rupert Pölzlbauer

Erst im darauf folgenden Jahr wurde auf der Bodenwiese wieder Vieh gehalten, und im Jahre 1951 die Brunnenzisterne weiter ausgebaut. Bis zum Jahre 1956 mussten die in Notställen untergebrachten Tiere zum Tränken zu den einzigen Wassertrögen vor dem Stall getrieben werden; dies änderte sich im Jahre 1956. Ab diesem Zeitpunkt standen den Tieren zu beiden Seiten des Stalles in einem größeren Abstand aufgestellte Viehtränken, welche durch Rohre verbunden waren, zur Verfügung.

Als Antriebsaggregat für die Pumpe dient nun Gas. Auch für den Wasserhaushalt des Almhalters wurde Sorge getragen, musste er früher den Brunnen selbst bedienen, so wird heute das benötigte Nass ebenfalls in seine Unterkunft gepumpt. 1956 war auch das Jahr, wo die Weidegenossen-

Bildstock am Weg zur Bodenwiese

Blick von der Bodenwiese in Richtung Schneeberg

Oben: *Die Waldburganger Hütte heute*
Links: *Die alte Waldburganger Hütte*

schaft durch Zimmermeister Josef Hecher aus Ternitz den Bau eines neuen Rinderstalles mit Almhalterunterkunft in Auftrag gab. In früheren Zeiten musste ein Genossenschaftsmitglied eine Kuh mit auftreiben, damit der Almhalter seine täglich frische Milch hatte, ferner erhielt er in früheren Zeiten als Entlohnung von der Genossenschaft 1 kg Mehl und 1 kg Schmalz; heute wird er von der Genossenschaft dementsprechend entlohnt.

Bis zu Beginn der 50er Jahre konnte die Anzahl der weidenden Kälber und Ochsen als ausgeglichen bezeichnet werden; mit dem Einzug des Traktors aber änderte sich dieses Bild; die Ochsenhaltung auf den Bauernhöfen sowie die Nachzucht von Jungochsen ging zurück und es gab fast ausschließlich weibliche Rinder auf den Weiden. Es dauerte bis zum Jahre 1994, wo mehrere Genossenschaftsmitglieder wieder Jungochsen auf die Weide brachten.

DIE WALDBURGANGER HÜTTE AM GAHNS

Das Ehepaar Josef und Eva Zottel pachtete seinerzeit von der Familie Rumpler vom Grillenberg, am Rande des Gemeindegebietes von Prigglitz am Gahns, einen Grund. Auf dem "Waldbuganger" welcher schon immer ein beliebter Rastplatz der Gahnsbesucher war, wurde von der Familie Zottel in den Jahren 1928/29 die in einer Seehöhe von 1 200 m gelegene Waldburganger Hütte, welche eigentlich "Waldbuganger Hütte" heißen sollte, erbaut und auch

geführt. Im Jahre 1937/38 konnte der Grund von der Familie Rumpler käuflich erworben werden und ist seither Eigentum der Familie Zottel. Ihr 1924 geborener Sohn Josef blieb während dieser Zeit und zu Beginn seiner Schulzeit bei den Großeltern in Eichberg bei Puchberg. 1931 kam der zweite Sohn Franz zur Welt. Da nun ihr ältester Sohn bereits neun Jahre alt war, beschlossen die Eltern ihn zu sich auf den Gahns zu nehmen, da ja auch der Schulweg nach Payerbach nicht allzu weit war. Er und später auch sein jüngerer Bruder benötigten für den Schulweg ca. eine Stunde zur Schule und ca. zwei Stunden von der Schule nach Hause und bewältigten dabei täglich einen Höhenunterschied von ca. 700 m.

Als im Jahre 1945 russische Soldaten am Gahns bis zur Waldburganger Hütte vorstießen, empfahl ein russischer Offizier der Familie, wegen bevorstehender Kampfhandlungen das Haus zu verlassen. Nach einem Gegenstoß der deutschen Soldaten wollten diese die Familie

Zottel nach Kaiserbrunn evakuieren, was jedoch Herr Zottel ablehnte, und auf die Frage des SS -Offiziers, ob sie vielleicht zu den Russen überwechseln wollten, erwiderte ihm Zottel, dass er unterhalb der Hütte eine Höhle wisse, wohin man sich vorübergehend zurückziehen könne. Noch am gleichen Tag, dem 17. April 1945, verließ das Ehepaar mit ihrem jüngsten Sohn Franz und den beiden Kühen die Waldburganger Hütte, zog jedoch nicht in die Höhle, sondern zu Bekannten nach Prigglitz-Obertal.

Ihr ältester Sohn, der sich seit Februar 1945 zu Hause verbarg, verließ schon Tage davor sein elterliches Versteck. Am 9. Mai 1945, einen Tag nach Kriegsende, stieg Frau Eva Zottel mit ihrem Sohn nach dreiwöchiger Abwesenheit wieder zur Waldburganger Hütte auf, um Nachschau zu halten. Als sie ihre Hütte am Gahns erblickten, bot sich ihnen ein verheerends Bild. Das Dach, durch einen Granateinschlag schwer beschädigt, war zerfetzt. Zum Glück entstand dabei kein Feuer, so dass der Rest mit zerbrochenen Fenstern noch stand.

Im Jahre 1946 erweiterte man diese Hütte, welche am Südrand der Bodenwiese liegt, so dass nun 8 Fremdenzimmer, 13 Betten und 20 Liegen zur Verfügung standen. Sie war von Ostern bis Pfingsten nur an Sonn- und Feiertagen, von Pfingsten bis zum 15. Oktober durchgehend und vom 15. bis 31. Oktober an Samstagen, Sonn- und Feiertagen geöffnet. Die Hütte hatte jedoch keinen Winterraum, keinen Strom, kein Telefon und kein Quellwasser, und so musste dasTrinkwasser aus dem Tal herangeschafft werden. Bei längerem Aufenthalt auf der Hütte bestand auch eine Transportmöglichkeit von der Bahnstation Pottschach per Jeep zur Hütte. Die Hütte ist über zahlreiche Anstiege, wie z. B. aus dem Schwarza- oder Sierningtal im S und O wie auch aus dem Rohrbachgraben im N, zu erreichen und ist auch Meldestelle alpiner Unfälle. Ferner ist sie Ausgangspunkt für die diversesten Wanderungen wie zum Beispiel Plateau- und Waldwanderungen, zum Friedrich Haller Haus, um von dort zur Station Baumgartner, zu den Unterkünften Kaltwasserwiese und in Richtung Hochschneeberg, oder auf den Gahns-Gipfel - den Schwarzenberg -, den Saurüssel, den Krummbachstein oder auch das Hochalpl zu gelangen.

Bis zum Jahre 1966 wurde die Waldburganger Hütte ganzjährig bewirtschaftet; seither ist sie nur mehr in den Monaten vom 1. Mai bis 30. September an Samstagen, Sonn- und Feiertagen geöffnet. 1970 bauten Franz und Margarete Zottel das Matratzenlager für 17 Personen aus. Eine Funkanlage für alle Notfälle wurde installiert und 1981 in der Nähe der Hütte eine Aussichtswarte errichtet.

Frau Eva Zottel schrieb das Gedicht an Frau Leopoldine Mies, Bürg Nr. 29, für deren Glückwunschschreiben anlässlich ihrer goldenen Hochzeit:

"Die Berge waren immer unser Sinn,
darum kamen wir dort hin,
oben ein Zuhause, in der Natur erstrebt,

darum haben wir das schöne Fest erlebt.
Dazu die schöne Aussicht auf Maria Schutz,
dass jeder Wanderer den Hut abnehmen muss.
Der Herrgott gab uns diese Gab',
bis wir abberufen werden
in das kühle Grab."

DAS ALPL

Wie die Bodenwiese, so dürfte auch zum ersten Mal vom Jahre 1867 bis zur Jahrhundertwende vom Reichenauer Hotelier Carl Waissnix das Alpl als Ziegenweide benützt worden sein. Für seine Sennerei, er erzeugte am Lackaboden Ziegenkäse, pachte-

Der Pürschhof

te er den Lackaboden sowie das Alpl von Ernst Graf von Hoyos-Sprintzenstein. Die bei der Herstellung von Ziegenkäse anfallende Molke verwendete er in seiner im Jahre 1867 errichteten Kuranstalt "Rudolfsbad". Bis zum Jahre 1938 wurde diese Anstalt als Kaltwasser-Heilanstalt geführt, ehe sie im Jahre 1938 zu einem Wehrertüchtigungslager umfunktioniert wurde, schließlich in den Kriegsjahren 1944/45 als Lazarett diente um 1945 von den Russen beschlagnahmt zu werden. Geschleift wurde diese Anstalt im Jahre 1950.

Die Ziegenhaltung am Alpl blieb nicht ganz ohne Folgen. So wurde z. B. die Bergkiefer, Latsche, durch den Verbiss fast gänzlich ausgerottet.

Zwölf Bauern, die für den Grafen am Gahns Lohndienst verrichteten, erlaubte dieser Tiere auf der Alplweide zu halten. Mitte der 80er Jahre waren es nur noch neun und seit

Sommergewitter im Schneeberggebiet
Links: *Der Almgeher*

Für den Halter errichtete die Genossenschaft unter ihren Obmann Josef Bock im Jahre 1928 nicht nur die erste Halterhütte, sondern auch einen Stall, gedacht als Unterstand für die Milchkuh, wobei der Stall anfangs der 50er Jahre und die Hütte für den Almhalter unter dem Obmann Alfred Alfanz im Jahre 1979 erneuert wurden. Zu seiner täglich frischen Milch bekam der Almhalter jede Woche von einem anderen Mitglied der Genossenschaft eine bestimmte Menge an Lebensmitteln.

Doch das Leben auf der Alm brachte auch Gefahren mit sich. So wurden bei einem schweren Nachtgewitter im Sommer 1940 drei Ochsen aus dem Besitz von Matthias Schauer, Josef Haider und Johann Mies, alle aus Bürg, vom Blitz getötet.

Bevor das Vieh auf die Weide getrieben wird, müssen die Mitglieder der Genossenschaft die notwendigen Zäune errichten, ferner müssen sich sie jedes Jahr am Alpl zum so genannten Schneeabdecken einfinden. Dabei wird der in den Mulden noch vorhandene Schnee mit Latschen so dicht abgedeckt, dass ihm eine Sonneneinstrahlung nichts anhaben kann. Erst wenn das Vieh oben ist, wird der Schnee felderweise abgedeckt, damit die Kühe den Durst mittels Schnee löschen können. Herrschte jedoch einmal Wassermangel, so musste das Vieh zum Krummbachsattel hinuntergetrieben werden.

Um einem Versickern des Wassers entgegenzuwirken, wurde von den Mitgliedern im Jahre 1949 der Boden der Mulde am Alpl ausbetoniert; ein schwieriges Unternehmen. Sand und Zement konnte man bis zum Alpleck mit dem Auto transportieren, aber von dort musste das Material mit den Mulis von Franz Zottel oder auf Kraxen von den Bauern auf das Alpl transportiert werden, und nicht selten zitterten den an harte Arbeit gewöhnten Bauern nach dreimaligem Transport der ca. 25 kg schweren Last die Knie.

Doch auch dieses Ausbetonieren nützte nichts, waren die Winter schneearm. So entschloss man sich in den Jahren 1962/63 unter Obmann Franz Mies zum Bau einer Zisterne mit einem Volumen von 31 000 l. Dazu war es notwendig, mit Zustimmung des Grundeigentümers vom Alpleck bis auf das Alpl einen Weg anzulegen, auf dem das notwendige Material mit dem Unimog des Herrn Franz Zottel zum Bestimmungsort transportiert werden konnte. Nach Fertigstellung dieser Zisterne konnte nun der größte Teil des Schmelzwassers in diese Zisterne abfließen und man benötigte nun nicht mehr so viele Latschen zum Schneeabdecken.

Bis zum Jahre 1955 war jeder Bauer verpflichtet, für jedes Paar Rinder, die zur Weide aufs Alpl getrieben wurden, der Gemeinde Wien einen Tag Ochsen- oder Pferdefuhrwerk als Kostenersatz am Gahns zu leisten. Ab diesem Zeitpunkt wird für die Alplweide wie auch für die Bodenwiese ein festgelegter Geldbetrag an die Gemeinde Wien entrichtet.

Im Jahre 1962 wurden die Tiere eine Woche vor dem Almauftrieb in die Wälder im Schneidergraben zur Weide getrieben. Ab dem Jahre 1963 gelang es durch Absprache mit der Gemeinde Wien, die Herr Mies führte, eine Vorweide für die Dauer von 8 bis 10 Tagen

1988 zählt die Weidegenossenschaft Alpl-Krummbachstein nur mehr 8 Bauern. Erster Obmann dieser Weidegenossenschaft war der aus Bürg stammende Josef Bock, während diese Stelle seit dem Jahre 1991 der ebenfalls aus Bürg stammende Andreas Fuchs innehat. Die jährliche Hauptversammlung dieser Genossenschaft wird in der Gemeindekanzlei in Vöstenhof abgehalten. Nach dem Erlass vom 14. Dezember 1926 der Agrarbezirksbehörde sollten alle im Besitze des Ernst Graf von Hoyos-Sprintzenstein in Stixenstein liegenden Grundstücke zur Alm erklärt werden; dagegen legte jedoch der Graf wegen der Größe der Fläche Einspruch ein. Danach erging ein neuerlicher Bescheid, der den ersten datiert mit 14. Dezember 1926 aufhob, und lt. Bescheid vom 22. Oktober 1932 ist im Alm- und Weidebuch eine Fläche von zusammen 16 ha eingetragen, die als Alm zusammen mit ihren notwendigen Einrichtungen erhalten und als solche bewirtschaftet werden dürfen und ohne Bewilligung der nö. Agrarbezirksbehörde weder entzogen noch ganz oder teilweise einer anderen Kulturart zugeführt werden dürfen.

Weidevieh am Alpl

am Sagholzschlag einzurichten. Hierher wurde das Vieh zur Nachweide Ende August, wo das Wasser am Alpl meist schon verbraucht, war getrieben. In weiterer Folge wurde das Vieh zum Pürschhof getrieben, 1970 auf die Untere und ab 1980 auf die Obere Brandstattwiese. Seit 1991 nun wird die Apflerwiese als Vor- und Nachweide benützt.

Mit Ende der 60er Jahre tat als letzter Almhalter Herr Rudolf Prenner aus Pottschach seinen Dienst. Seit dieser Zeit müssen sich die Mitglieder der Weidegenossenschaft selbst um ihr Vieh am Alpl kümmern und Nachschau halten, ob die Wasserversorgung auch in Ordnung ist und das Vieh keinen Schaden erlitten hat.

Auch die Hütte unterliegt einer Veränderung. Konnte diese früher von den Touristen im Frühjahr und Herbst als Notunterkunft genützt werden, so ist sie nun ganzjährig geschlossen, nur ein unversperrter Stall steht zur Verfügung, und die Mitglieder der Weidegenossenschaft müssen gegenüber der Gemeinde Wien den Nachweis in einem Kontrollbuch erbringen, dass diese auch nach wie vor genützt wird.

UNSER WALD

Die Eiszeit vernichtete auch die Wälder und drängte Bäume in kleine Refugien zurück. Einsetzende warme Zwischenzeiten ließen sie jedoch wieder vorrücken. Wald füllte erneut die Täler und begann Berghänge zu überwachsen. Die Zirbe wanderte über den Ural gegen die Alpen vor und in den wärmsten Perioden der beiden letzten Zwischenzeiten lag die Waldgrenze um mehrere hundert Meter höher, als dies heute der Fall ist. Vor rund zehntausend Jahren ließ eine rasch einsetzende Erwärmung die Gletscher schmelzen und in Wellen die Wärme liebenden Pflanzen und Tiere in die frei gewordenen Gebiete einziehen. Rasch breitete sich die Hasel aus und vergesellschaftete sich mit Föhren, Eschen und

Ahornen. Ulmen, Linden, Eichen, und weitere Laubbäume bildeten in tieferen Lagen ausgedehnte Mischwälder und verdrängten dort den Föhrenwald. In höheren Lagen wuchsen Fichten-, Lärchen- und Zirbenwälder und aus Südost wanderte die Buche, aus Südwest die Tanne zu. Vor 8000 Jahren begann in weiten Teilen Fichtenwald die Stelle des Eichenmischwaldes einzunehmen. Nicht nur immer wieder einsetzende Klimaverschlechterungen, sondern auch Rodungen dezimierten in der Folge vor allem Eichen und Stechpalmen, Eiben und Zirben. Da auch in den Lebensräumen der Wälder klare Naturgesetze herrschen, sollte der Mensch nicht durch profitorientiertes Stören oder Zerstören diese schädigen; denn die Folgen treffen seinen eigenen Lebensraum. Bis in bestimmte Höhen prägt der Wald das Bild der Alpen und ist für ungezählte Pflanzen und Tiere ein vielfältiger Lebensraum. Er wirkt nicht nur auf unser Gemüt, sondern wir haben längst erkannt, dass er auch lebenswichtig für uns Menschen ist. Wald erzeugt frische Luft, er sammelt Wasser und speist damit die Quellen, er regelt das Klima, reinigt die Luft, verhütet Verkarstungen, schützt vor Lawinen usw. Bereits im Mittelalter gab es in weiten Gebieten der Alpen so genannte Bannwälder. Eine der

400 Jahre alter Bergahornbaum

ältesten Urkunden, die uns Einblick in die Art und Handhabung solcher Schutzbestimmungen früherer Zeiten gibt, ist der Waldbannbrief von Andermatt am Gotthardhaus aus dem Jahre 1397. Sein Wortlaut ist wie folgt:

"Damals war die Talmarkgenossenschaft zu Urseren gemeinsam beratend und versprochen übereinkommen, für uns und für unser nachkommen der wald ob der Matt und die studen ob dem Wald und unter dem wald ze schirmen. Jegliches Holzfällen, Holz-, Reisigund Zapfensammeln war untersagt; daz in dem selben wald wachst oder gewachst ist, stand unter vollem Schutz."

Der im Schneeberg-Rax-Gebiet vorhandene Urwald wurde im Laufe der zunehmenden Industrieaeisierung großflächig abgeholzt. Bereits im Jahre 1852 sah man sich gezwungen,

Oben: *Windbruch*
Rechts: *Borkenkäfer*

zweitgrößte Waldbesitzer nach den Bundesforsten in Österreich. Das Trinkwasser bezieht sie aus den Quellen der Nördlichen Kalkalpen im Schneeberg-, Rax- und Hochschwabmassiv, und im Einzugsgebiet der I. und II. Wiener Hochquellenwasserleitung sind im Sinne einer nachhaltigen Trinkwasserversorgung 32 000 ha zu betreuen und zu bewirtschaften; hier steht der Wasserhaushalt im Mittelpunkt. Es ist daher die Aufgabe der beiden Forstverwaltungen Hirschwang und Nasswald, die Quellenschutzwälder der Stadt Wien effizient im Sinne der Trinkwassersicherheit zu bewirtschaften. Somit standen seit dem Erwerb dieser zwei Hochquellenwasserleitungen Überlegungen bezüglich zweckmäßiger Methoden des Waldbaues in den Einzugsgebieten im Vordergrund. Die ursprüngliche, von nicht forstlicher, aber kompetenter Stelle getätigte Aussage, nämlich die Wälder sich selbst zu überlassen und jede Schlägerung zu vermeiden, konnte sich durchsetzen. Man verwehrte auch die notwendige Aufschließung der Forstbestände, nur um dem Kraftfahrzeugverkehr und einer eventuelle Grundwasserverseuchung mit mineralischen Ölen entgegenzuwirken; wie sich im Laufe der Jahre herausstellte, eine trügerische Mentalität und Befangenheit, denn unter diesen Voraussetzungen überalterten nicht nur die schutzbedürftigen Wälder in den nicht bringbaren Lagen, sondern auch die standortmäßigen Fichtenreinbestände in den Hochlagen, daher war es in Zukunft notwendig, dass die gleichmäßige und dauerhafte Holzproduktion in den Quellschutzgebieten auf die anhaltende Erfüllung der Widmung der Forste zielbewusster und direkter verstanden und ausgerichtet werde. Dazu musste der Forstmann erst die vernetzten Entwicklungsprozesse im Ökosystem Wald aus anderer Sicht betrachten, unterstützen und lenken, die forstlichen Zielsetzungen auf eine Bestandserneuerung möglichst unter Ausnutzung der natürlichen Verjüngung, ausrichten; so distanzierte man sich von der starren Unterordnung waldbaulicher Methoden an althergebrachten Lehrmeinungen und schlug allmählich eigene Wege ein. Durch den Verzicht auf Kahlschläge geht gleichzeitig mit dem Einsetzen der natürlichen Verjüngung der Forstpflanzenbedarf für Kulturmaßnahmen zurück. Je nach Höhenlage wird die natürliche Verjüngung mit Saum- oder Femelschlag eingeleitet. Wird vom starken Ende des Durchmesserfächers her in den Altbestand eingegriffen, können über die Ernte sowohl schwächere Bestandsglieder des Altholzes als auch die Naturverjüngung gefördert werden und Altbestände erhalten eine lockere Gliederung. Durch seine Vielfalt unterstützt dieser permanente Lichtwuchsbetrieb die Bedingungen für die Sicherung des Quellschutzwaldes.

Betriebsdaten der Forstverwaltung Hirschwang 1993 in ha:

Gesamt Verwaltungsfläche	10 142
Wirtschaftswald	4 339
Schutzwald in Ertrag	1 129
Schutzwald außer Ertrag	750
Alpweiden und unproduktive Flächen	2 782

die alte Waldordnung außer Kraft zu setzen und durch ein neues, der Zeit entsprechendes Forstgesetz zu ersetzen, in dem eine Waldverwüstung als strafbare Handlung festgelegt wurde, die standortgerechte Holzartenwahl jedoch keine Beachtung fand. Es wurden großflächige Fichtenreinkulturen angelegt, die, wie man heute weiß, eine Menge Probleme mit sich bringen. Der Forstplanung obliegt es daher, aus den vorliegenden Informationsquellen aktuelle Daten für weitere Entscheidungen zu ermitteln, bereitzustellen und durchzuführen. Dies erfordert die Einführung neuer Techniken, um den quantitativ und qualitativ steigenden Arbeitsaufwand zu bewältigen.

Über 41 000 ha Wald befinden sich im Eigentum der Stadt Wien. Sie ist somit der

Sonstige Flächen	442

Die Baumartenverteilung in % ist folgende:

Fichte	50
Lärche	9
Tanne	2
Kiefer	12
Latsche	14
Buche	10
Sonstige Laubhölzer	3

Die Forstverwaltung Nasswald, südöstlich vom Schneeberg und nordöstlich von der Rax gelegen, umfasst eine Fläche von 7 993 ha, wobei sich das Verwaltungsgebiet in einer Seehöhe von 550 m bis 2 076 m, dem Klosterwappen am Schneeberg erstreckt und den Großteil der I. Wiener Hochquellenwasserleitung beinhaltet. Das angestrebte forstliche Bewirtschaftungsziel im Fichten-, Tannen-, und Buchenmischwald, der Aufbau mehrschichtiger stabiler Bestände mit teilweise natürlicher Beimischung von Bergahorn, Esche und

Kiefer ordnet sich diesen betrieblichen Vorgaben unter. Durch unterschiedlich starke Intensität der Einzelstammentnahme sowie durch die Förderung von bestandsstabilisierenden Baumindividuen wird dem noch zum Teil im vorletzten Jahrhundert entstandenen Alterswald ein plenterwaldartiger, dem Quel-lenschutz entsprechender Aufbau ge-geben.

Oben: *Lärche*
Unten: *Junge Buche*

Anfänglich waren es Erdgefährte und Holzriesen, die dem Holztransport dienten, wie z. B. die ca. 7 km lange Riese in der Eng, die bis 1949 betrieben wurde. Nach Auflassung wurde im Jahre 1981 ein ca. 70 m langes Stück dieser Riese mit einer kleinen Rasthütte für museale Zwecke restauriert; heute ist dieses Schaustück im verfallenden Zustand. Bereits in den 60er Jahren begann man höher gelegene abzustockende Waldbestände mittels

Seilbahnen zu erschließen, so z. B. jene am Krenkenkogel im Schneeberggebiet. Neben den Seilbahnen wurde aber auch der Ausbau der Forststraßen und Streifwege in Angriff genommen; so konnte die Holzbringung schonender für den Wald durchgeführt werden. Im Jahre 1993 waren im Gebiet der Forstverwaltung Hirschwang 134 km Forststraßen und 32 km Streifenwege erschlossen, das sind 13,2 lfm Forststraße und 3,2 lfm Streifwege pro Hektar. Ferner wurde, um die durch die Lichtstellung aufkommende Naturverjüngung nicht zu gefährden oder zu zerstören, bringungstechnische Innovationen wie z. B. die äußerst flexibl zu handhabenden Kippmastseilkräne, welche einen Aktionsradius von bis zu 450 m aufweisen, eingesetzt. Damit kann das zu bringende Holz nicht nur bergab, sondern auch bergauf zu den Forststraßen transportiert werden. Somit kann zusammenfassend bemerkt werden, dass bei dieser Art der Bewirtschaftung bei richtiger Lichtstellung und reguliertem Wildstand die Verjüngungszeiträume wesentlich verkürzt werden und das Aufforsten durch Forstpflanzensetzung nur mehr bedingt notwendig wird. Somit können auch Pflegeeingriffe in Kauf genommen werden, da diese einen artenreichen und gesunden Mischwald, der den Intentionen eines Quellschutzwaldes am nächsten kommt, garantieren.

Daten der Forstverwaltung Nasswald:

Hinternasswald:	1 807 ha
Oberhof/Preintal:	2 048 ha
Schneeberg:	1 556 ha
Rax:	2 684 ha
Gesamtfläche der Forstverwaltung:	8 095 ha
gesamte Waldfläche:	6 657 ha
davon Wirtschaftswaldfläche:	4 609 ha
davon Schutzwaldfläche:	2 048 ha
Alpe/unproduktive Fläche:	1 438 ha
davon Äsungsfläche:	564 ha
durchschnittlicher Holzvorrat:	
Wirtschaftswald:	277 Vfm/ha
Schutzwald:	156 Vfm/ha
jährlicher Einschlag, Durchschnitt der letzten 5 Jahre:	21 400 Efm
Forststraßen:	126,73 km
öffentliche Straßen mit Aufschließungseffekt:	22,31 km
Aufschließung bezogen auf die gesamte Waldfläche:	22,40 lfm/ha

HEINRICH INNTHALER ERZÄHLT

Es wird sehr viel von den Holzknechten der Vergangenheit gesprochen bzw. von den

Heinrich Innthaler mit seinem Vater
Links: *Heinrich Innthaler mit seinen Söhnen*

und ein Steirerröckerl. Am Rückweg über den Nasskamm fragte er uns des Öfteren: "No Buam, wollts amoll rost'n, seids no nit miad?" Wir aber sehnten uns nach Hause und sagten immer nein, obwohl wir fast nicht mehr gehen konnten, denn dies war ein langer Tagesmarsch. Nach einigen Tagen ließ uns dann der Vater in der neuen Kleidung von einem Fotografen aus Payerbach fotografieren.

War ich nicht im Wald, so war ich beim Bach und sah den Fischen zu. Eines Tages war ich auch dort und es sahen mich die Herren Dr. Franz Nabl (Schriftsteller) und sein Bruder Dir. Arnold Nabl, welche beide fischten, und luden mich ein, mit ihnen öfters mitzugehen. Es war ein sehr schöner Sommertag, als Herr Dir. Nabl am drübern Ufer und Dr. Franz Nabl am herübern Ufer der Schwarza unterhalb der Singerin bei der so genannten Fuchspass-Quelle fischten. Die beiden Herren warfen ihre Fliegen-Angeln aus und diese verhängten sich in der Flussmitte. Herr Dr. Nabl rief mir darauf hin laut zu: "Komm Heinerl und lös uns die Angeln. Ich mit meinen 5 Jahren dachte nicht daran, dass ich Kleider und auch Schuhe anhatte und watete bis zum Bauch im Wasser in die Mitte des Flusses, um die beiden Angeln auseinander zu lösen. Herr Dr. Nabl drückte mir danach ein paar Kronen in meine rechte Hand, woran ich mich heute mit meinen 70 Jahren noch immer gerne erinnere.

Auch ging ich des Öfteren mit Herrn Exzellenz Ernst Graf Hoyos sowie mit Herrn Grafen Rudolf und deren Söhnen, welche damals noch Kinder waren, fischen. Ein Tag blieb mir stets in Erinnerung, Frau Gräfin war auch dabei. Es war dies auch unterhalb der Singerin, wo Graf Hans eine für sein Alter übergroße Regenbogenforelle an der Angel hatte und mir laut zurief: "Helfen sie mir doch, ich kann's ja nicht dazieh'n." So hatten wir zusammen geholfen und das "Restl" ans Land gebracht.

In der Volksschule

Ich besuchte 8 Jahre die allgemeine einklassige Volksschule im Oberhof in Naßwald. In den ersten vier Jahren waren meine Unterrichtsstunden von 1 - 3 h bzw. 4 h, damals gab es kein 13 Uhr. In den letzten vier Jahren waren die Unterrichtsstunden von 8 - 11 h bzw. 12 Uhr. Ich erwähne dies nur deshalb, weil ich zur Zeit, wo ich nachmittags freihatte, verschiedene Arbeiten verrichtete.

Das Schutzhaus in Naßwald

Waldarbeitern und Waldfacharbeitern der Gegenwart, aber noch sehr wenig hab ich von den Holzknechten gelesen, außer der "Urbarmachung" des Nasstales durch Georg und Johann Hubmer (Raxkönig).

So will ich, als noch Abstammender aus der Hubmerzeit, die Holzknecht-Erlebnisse, wie sie tatsächlich waren, hier schildern. Ich, Innthaler Heinrich, geb. am 4. Mai 1907 in Hinternaßwald Nr. 13, evangelisch A. B., als ehelicher Sohn des Heinrich u. Marie Innthaler, geb. Wagner, lt. Matrikenbuch der evangelischen Pfarrgemeinde zu Naßwald. Mein Vater, Innthaler Heinrich, wurde am 19. Juni 1878, ebenfalls in Hinternaßwald Nr. 13, A. B., geboren; gestorben ist er am 19. Juni 1947 im Höllental, Singerin Nr. 71, war Forstarbeiter. Der Großvater, Innthaler Ignaz, geb. am 20. Juli 1847 in Hinternaßwald Nr. 13, A. B., und dort gestorben am 23. Juli 1894 war Bergknappe und Holzknecht. Auch der Urgroßvater, Elmer Gottlieb, sowie der Ur-Urgroßvater Elmer Leopold waren Holzknechte.

Seit meinem 4. - 5. Lebensjahr interessierte mich, wenn irgendwo Holz geschlägert, Holzriesen gebaut oder gar geriest wurde. Bereits als Kinder wurden wir abgehärtet. Ich war im 5-ten und mein Bruder Karl im 4-ten Lebensjahr, als Vater mit uns beiden von der Singerin durch Naßwald über den Naßkamm, Altenberg, Kapellen bis Mürzzuschlag zu Fuß ging, um "Gwand'l" zu kaufen. Er kaufte jedem eine "Teufelshauthose", einen Steirerhut

Ich erinnere mich noch an jenen Tag, wo ich und mein Bruder Karl zur Schule geh'n sollten, es aber in Strömen regnete. Dies war zu der Zeit, wo wir noch zu den kleineren Schülern zählten und der Unterricht von 1 - 3 h bzw. 4 h vorgeschrieben war. Die Mutter sagte: "Ihr könnt etwas zuwarten, aber wenn der Regnen nachlässt, müsst ihr zur Schule gehen." Wir blickten dauernd gegen den Himmel und dachten, wenn es doch nicht zu regnen aufhören würde. Auf einmal kam die Sonne durch die Wolken und die Mutter sagte: "Jetzt kommt ihr noch zurecht in den Schulunterricht, ihr müsst halt etwas schneller gehen als sonst." Mir fiel ein und ich sagte zur Mutter: "Was sollen wir aber machen, wenn es arg anfängt zu regnen?" Darauf antwortete die Mutter: "Dann geht's halt zurück, aber es muss wohl arg regnen." Wir gingen schleunigst zur Schule und zirka 200 m entfernt vom Schulhaus, beim Pehofer Kaufmann, fing es arg zu regnen an. Blitzschnell drehten wir um und gingen anstatt der 200 m zur Schule 1 000 m im strömenden Regen nach Hause. Als wir zu Hause ankamen, waren wir bis auf die Haut nass, aber es war schön, doch aus Mutters Mund kam erst ein Mal ein richtiges Donnerwetter über dieses Verhalten auf uns zu.

Nachdem ich in den Kriegsjahren des Ersten Weltkrieges 1914 - 1918, von der Singerin bis Naßwald-Oberhof zur Schule gehen musste, erinnere ich mich noch an die Spätherbste sowie an die Spätwinter, wo es des Öfteren unter null Grad hatte und ich barfuß zur Schule gehen musste, denn Schuhe gab es fast keine. So hatte ich oft Angst vor jedem Schritt, den ich zu machen hatte, da mir die gefrorenen Sandkörner an den Fußsohlen oder an den Zehen klebten. Zur Winterszeit gab es nur so genannte "Holzschuhe", d. h. die Sohlen waren aus Holz, Fichte oder Linde und die Oberteile aus Segelleinen. Bei grimmiger Kälte hab ich mir die Füße gefroren und bei Tauwetter konnte ich fast nicht vorwärts kommen, da ich den Schnee sehr schwer von den Holzsohlen wegbringen konnte.

Da ich einen Schulweg von einer Stunde und im Winter sogar 2 - 3 Stunden zu machen hatte, durfte ich in den Wintermonaten, wenn die Straße sehr verweht war, Schneepflug gab es ja keinen, von Woche zu Woche in einem "Schutzhaus" bleiben. Eine Gruppe wohltätiger Wiener Herren hatten sich zusammengefunden, welche sich die "Höllentaler" nannten. Diese Herren gaben jedes Jahr eine beträchtliche Summe an Geld aus, denn am Leopolditag jeden Jahres erhielten die "Höllentaler Schulkinder", es waren uns ca. 10 Kinder, im "Gasthaus zur Singerin" ein Essen und zwar Schnitzel mit Kompott und Kakao mit Kuchen. Bei dieser Feier waren die Wiener Herren persönlich dabei und beschenkten die Höllentaler Schulkinder sogar mit Kleidern, Wäsche und Schuhen. Wir freuten uns daher immer auf den Leopolditag, denn an diesem Tag durften wir Schulkinder, natürlich in Begleitung der Eltern, einige Stunden im Wirtshaus, wo wir uns sehr gut unterhielten, bei einem Grammofon sitzen und zuhör'n.

Während der Kriegsjahre 1914 - 1918 war es auch mit den Lebensmitteln sehr schlecht, mit Leiterwagerl und Kübel fuhren Kolonnen aus Naßwald und Schwarzau im Gebirge nach Reichenau in eine so genannte "Ausspeisung", "Kriegskuchl" hat's geheißen, dort bekam man aber nur eine Krautsuppe mit ein paar Kartoffeln; es war dies ein Fußweg von 30 km und mehr. Schon im 8. Lebensjahr nahm ich meinen um ein Jahr jüngeren Bruder Karl mit in den Wald, um Brennholz zu machen, da ja unser Vater eingerückt war. Wir nahmen dabei Zugsäge, Hacke, Holzkeil und Sappel mit. Vom 12. Lebensjahr an ging ich mit meinem Schulkameraden Spielbichler nach dem Schulunterricht in die Pflanzschule, dem Forstgarten der Stadt Wien in Naßwald-Reithof, und freute mich am Monatsende über einige Kronen, welche ich mir verdienen durfte. Ich hatte einen sehr strengen Vorgesetzten, Oberförster Grammelhofer. Waren diese Arbeiten vorbei, ging ich ebenfalls nach dem Schulunterricht mit drei meiner gleichaltrigen Schulkameraden, Spielbichler, Thalhammer und Flackl, in die Lohstampfe.

Verwertung der Rinde

Am 21. Juli 1921 trat ich aus der vorhin erwähnten Volksschule aus und bereits am darauf folgenden Tag kam ich mit Spielbichler zu einer Pass (Partie) von 10 Mann erfahrener Holzknechte zum Rindentransport, wobei wir Buben die Rinde von einem Hang zu Tal brach-

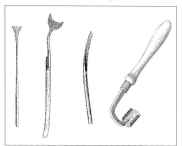

Oben: Diverse Werkzeuge zum Rindenschälen
Links: Beim Rindenschälen

Rindentrocknung

Ehemalige Lohstampfe in Schwarzau i. Geb.

ten. Die Rinde wurde mittels "Rind'n Schinder" in 1 m lange Stücke vom Stamm gelöst, zusammengetragen und auf zwei Arten von "Binkeln" transportiert. Der eine Binkel wurde ca. 2 - 3 m lang und mittels "Äst-Nägel" (Holznägel) genagelt, vorne eine Kette angebracht und so zu Tal transportiert. Bei der zweiten Art eines Binkels wurde auf ein geschältes Fichtenstangerl, ca. 2 m lang, Durchmesser von 3 - 5 cm, die erste Rinde mit der glatten Seite nach unten gelegt, dann legte man die Rinde nach Belieben bis ¾ m darauf. Am hinteren Ende des Stangerls wurde eine Kette angebracht, diese über die Rinde geworfen und zwischen dem "Zopf" des Stangerls und der Rinde befestigt. Die Kette wurde fest gespannt, so dass durch diese Spannung der Wipferl-Zopf etwas hochgezogen wurde, erstens konnte man dadurch besser angreifen, zweitens konnte sich das Wipferl nicht so leicht in den Erdboden bohren. Im Tal wurde die Rinde "geröhrlt", d. h., sie wurde von beiden Seiten eingerollt und zum Trocknen an Stangen gelehnt. Nach dem Trocknen wurde die Rinde ins Raummaß gestellt, d. h. 1 m lang, 1 m tief, und wurde nach Raummetern verkauft. In früherer Zeit wurde die Rinde nach "Klafter" verkauft und in letzter Zeit hauptsächlich nach Gewicht. Als nun Ende Juli - August die Rindenarbeit , d. h. die Saftzeit zu Ende war, erhielten wir zwei Buben eine beträchtliche Abrechnung und ein Lob wurde uns von den Holz-knechten ausgesprochen. Bis Ende der 20er Jahre hatten die Holzknechte ihren Hauptverdienst durch die Rindenbringung. Es war dies im Reithof, einem ehemaligen Hammerwerk und stillgelegter Säge der Forstverwaltung der Gemeinde Wien, in Nasswald. Die Fichtenrinden im trocke-nem Zustand wurden in einer Reiß-Maschine, welche von einem Benzinmotor betrieben wurde, zerrissen und als "Lohe" in Säcke gefüllt. Wir füllten an einem Nachmittag 30 - 40 Säcke. Die Lohe wurde zum Gerben des Leders verwendet.

gewonnenen Holzkohle belieferte man bis zu Beginn der 50er Jahre das Eisen- und Stahlwerk Schoeller Bleckmann in Ternitz, wo diese Holzkohle zum Ausheizen der Gussformen Verwendung fand.

In der Zeit des Zweiten Weltkrieges, im Jahre 1942, kamen ca. 100 kriegsversehrte Soldaten der Waffen-SS auf den Gahns und diese versuchten in einem eigenen Retortenverfahren Holzkohle zu erzeugen. Dazu bedienten sie sich dreier Eisenringe von verschiedenem Durchmesser und unterschiedlichen Höhen. Der unterste Ring war mit einem verschlossenen Boden versehen, hatte einen Durchmesser von ca. 180 cm und eine Höhe von 31 cm. Der mittlere Ring war oben und unten offen und hatte einen Durchmesser von genau 185 cm bei einer Höhe von 91 cm, und schließlich gab es noch den oberen Ring, ebenfalls oben und unten offen, mit einem Durchmesser von 175 cm und einer Höhe von 62 cm. In diesem Ring waren zum Regulieren der Sauerstoffzufuhr acht Löcher angebracht. Dieses Verfahren war sehr viel versprechend, denn durch die kontrollierbare Frischluftzufuhr gewann man in kürzester Zeit eine hochwertigere Holzkohle als in den üblichen Meilern. Mit Beginn des Winters 1944 dürfte aber diese Erzeugung von Holzkohle eingestellt worden sein.

An diesem Versuchsplatz, etwa 700 m vom großen Rinderstall am linken Waldrand in Richtung Waldburganger Hütte, bei den am Wiesenrand stehenden Fichtenbäumen, kann man noch heute kleine Stücke von Holzkohleresten aus diesen Versuchen finden.

Das Pechen

Oben: *Köhler mit seinen Werkzeugen am Langmeiler*
Links:
Holzkohlentransport

Der Pecher gewinnt das Rohharz aus dem Stamm der Schwarzföhre. Anfangs begann man mit dem "Schrottpechen", einer sehr primitiven, sehr mühsamen Form, die noch dazu sehr schlecht bezahlt wurde. Mit Schrott wird die kleine, längliche Vertiefung am Fuße des Stammes bezeichnet und sie schädigte das Leben der Bäume sehr.

Das nächste Verfahren war das nach dem Ersten Weltkrieg in Frankreich angewandte "Topfpechen", welches nicht nur mehr Harz lieferte, sondern auch eines mit größerer Reinheit. Auch in unseren Breiten waren die Pecher von dem alten Verfahren abgekommen und arbeiteten nach dieser Methode.

Pecherwerkzeuge

Die Köhlerei am Gahns

Es wird angenommen, dass nach der Errichtung der Gahnsstraße auch mit dem Kohlenbrennen am Gahns begonnen wurde, da es erst ab dieser Zeit möglich war, mit einer vollbeladenen "Kohlgränze", einem Wagen mit geflochtenen Seitenwänden, die gewonnene Holzkohle zu Tal zu bringen, wobei sich der ehemalige Kohlplatz auf der rechten Seite am Beginn der Straße in Richtung Lackaboden - Knofeleben befunden haben soll.

Man errichtete an dieser Stelle so genannte "Langmeiler" oder liegende Meiler, in denen etwa 100 Raummeter Holz in 5 bis 6 Wochen in Holzkohle umgewandelt wurden. Mit der

Beim Pechsieden

Eine weitere Verbesserung der Pechgewinnung, wobei eine noch größere Schonung der Bäume erreicht wurde, praktizierte man mit dem Ritzverfahren. Die zu den kleineren Bauerngehöften gehörenden Pechwälder wurden früher und auch heute noch vom Besitzer wie auch von den Familienangehörigen selbst genutzt. Bei den größeren Besitzungen wurde die Arbeit meist an einen so genannten "Halbpecher", dem für seine Arbeitsleistung die Hälfte des gewonnenen Harzes zustand, vergeben. Bei den Großgrundbesitzern arbeitete ein so genannter "Zinspecher", der gegen Entrichtung eines Pachtzinses die Pecherei in Eigenregie ausübt, über die Pechernte selbst verfügen und den Erlös zur Gänze behalten konnte. Mit der Zeit wurde, da die Preise für Terpentin und Kolophonium am Weltmarkt immer sehr großen Schwankungen und Absatzschwierigkeiten unterlegen waren, wechselten viele Berufspecher in die Industrie, so dass die Beschaffung von Arbeitskräften für diesen Erwerbszweig immer schwieriger wurde. Erst später war wieder eine größere Nachfrage nach Terpentin und Harz, so dass ein Pecher in Zukunft auch mit einer besseren Entlohnung rechnen konnte. Die vielen Pechsiedereien, die früher im Bereich von Schwarzföhrenvorkommen bestanden haben, sind nun völlig verschwunden. In diesen einfachen Pechhütten wurde in verzinnten Kupferkesseln das Rohharz über einem offenen Feuer zu minderwertigem Terpentinöl und Harz gesotten. Solche Pechhütten waren z. B. in Ober Piesting, Wöllersdorf, Peisching, Waldegg, Wopfing, Dürnbach, Pernitz, Muggendorf und Waidmannsfeld anzutreffen. Zusammen erzeugten diese nahezu 2 000 Zentner Terpentinöl und entsprechend Kolophonium, welche hauptsächlich in Wien und Wr. Neustadt ihre Abnehmer gefunden haben. Mit der Gründung der Landesgenossenschaft zur Verwertung der Harzprodukte in Piesting und Pottenstein verloren die kleineren Betriebe ihre wirtschaftliche Bestandsberechtigung und wurden innerhalb einer verhältnismäßig kurzen Zeit aufgelassen und die Produzenten lieferten ausschließlich an die Großdestillation in Piesting.

Die Harznutzungsverfahren

Wir unterscheiden zwischen vier Nutzungsverfahren - dem deutschen, dem amerikanischen, dem französischen und dem niederösterreichischen Verfahren. Nach der Art der Verwundung am stehenden Baum wird unterschieden:

1. Verfahren mit offenen Wunden: das Rissverfahren und das Lachtenverfahren
2. Verfahren mit geschlossenen Wunden: das Bohrverfahren

Das niederösterreichische Verfahren

Transport von Pechfässern

Das alte niederösterreichische Verfahren stand seit langer Zeit im Wienerwald an Schwarzkiefern in Anwendung. In den Stamm wurde in Stockhöhe eine den dritten Teil des Umfanges einnehmende 7 - 8 cm tiefe Kerbe mit einer senkrechten und einer waagrechten Fläche gehackt. In die Letztere wurde ein 8 - 10 cm tiefes Loch, das Grandl oder Schrott, ausgearbeitet und dann an die Kerbe nach oben anschließend die noch breitere Lachte bis aufs Holz angelegt. Am unteren Rand der Lachte wurden nur zwei schief gegen das Grandl herablaufende Rinnen ins Holz getrieben und mit flachen, langen Holzspänen - Scharten - oder Vorsteckscheitern oder Leitspänen besteckt. Diese sollten das Rinnpech in das Grandl leiten. Im weiteren Verlauf wurde die Lachte nach oben und seitwärts vergrößert, so dass sie schließlich zwei Drittel des Baumumfanges einnahm und fünf und mehr Meter hoch wurde. Inzwischen wurden die Scharten allmählich höher gesetzt. Das Auffassen des Harzes erfolgte mit einem Löffel. Dieses Verfahren war aber sehr unwirtschaftlich, denn durch den sehr langen Weg ging der meiste Teil Terpentin durch Verdunstung und Oxidation verloren. In den Balsam flogen Insekten und andere Verunreinigungen hinein, die Entleerung der Grandl war umständlich und die großen, unregelmäßigen Lachten verunstalteten den Baum außerordentlich. Die Gefahren für den Holzertrag wurden dadurch gemildert, dass nur in den nächsten zwei Jahrzehnten zum Abtrieb kommende Bestände geharzt werden sollten; sie waren aber noch immer groß. Darum war man bereits hie und da zu einem verbesserten Verfahren mit Auffanggefäßen übergegangen. Die Arbeit wurde in Österreich in Halbpacht vergeben, d.h. der Pecher wurde entweder mit der Hälfte des Jahresertrages in Harz oder Geld bezahlt, oder er zahlte die Pacht mit dem halben Wert des Ertrages in Geld, wobei der Harzertrag im Frühjahr veranschlagt und im Herbst mit dem dann geltenden Marktpreis berechnet wurde. Ein fleißiger Pecher schaffte höchstens 2 500 Stämme. Ein

80-jähriger Stamm einer Schwarzkiefer lieferte im Jahr ca. 3 kg Rohharz. Das Scharrharz betrug dabei in den ersten Jahren 30 %, stieg aber später bis 70 %.

Verwendung des Harzes

Die beiden Hauptergebnisse der Balsamdestillation, Terpentinöl und Kolophonium, werden sowohl unmittelbar als nach weiterer Verarbeitung mannigfach verwendet. Terpentinöl dient zur Lösung von Harz, Lack und Ölfarben, darum als Reinigungsmittel (Fleckenwasser). Verarbeitet wird es zu Lack, Schuhglänze, neuerdings zu künstlichen Riechstoffen, bei der Synthese von Kampfer, der zur Herstellung von Zellhorn viel Verwendung findet, und zu Kautschuk, alles wirtschaftlich höchst wichtige Großgewerbe. Im Krieg aber von besonderer Bedeutung und die Ursache der plötzlichen Entstehung der Harznutzung ist die Unentbehrlichkeit des Terpentinöls zur Bereitung neuzeitlicher Sprengstoffe für Heeresschießbedarf. Auch das Kolophonium wird bei der Herstellung von Schrapnellen gebraucht. Mit Paraffin gemischt füllt es die Zwischenräume der Kugelfüllung aus. Ferner dient es in unverarbeitetem Zustand als Geigenharz und findet Verwendung beim Pfropfen von Bäumen und beim Schlachten der Schweine. Verarbeitet wird es zu Papierleim, Brauerpech, Lack, Seife, Kabeldichtung. Die trockene Destillation ergibt: Schusterpech, Marinepech, Fasspech, in der Hauptsache aber Harzöle, die als Wagenfett (Blondöl, Grünöl, Blauöl), Maschinenöl zu Schmierzwecken oder als Rohstoff zu Linoleum, Druckfarben und Firnissen dienen. Endlich wird Kolophonium auf Trockenmittel (Sikkative) der Lackerzeugung verarbeitet. Während früher vom Fichtenharz kein Kolophonium gewonnen wurde, erzielt man jetzt bei der Destillation etwa 3 %. Wenn das Fichtenharz von seinen meist reichlichen Verunreinigungen - 30 % - 50 % - durch Sieben in geschmolzenem Zustand gereinigt ist, kann das Kolophonium fast zu allen Zwecken ebenso verwendet werden wie Kieferkolophonium.

Holzknechte am vorderen Gahns

Graf Ernst von Hoyos-Sprinzenstein, welcher zwecks Holzbringung aus dem Gebiet des vorderen Gahns eine Straße errichten musste, wandte sich deshalb um Bewilligung im Jahre 1908 an die Bauern von Bürg und Vöstenhof, da Teile der Straße auch über deren Besitz führen würden. Die Bauern waren einverstanden und diese Straße wurde laut Straßenservitutsbestellungsurkunde vom Grafen in Anlehnung an das 60-jährige Regierungsjubiläum von Kaiser Franz Joseph I. am 2. Dezember 1908 "Kaiser-Franz-Joseph-Jubiläumsstraße" benannt. Die Straße, welche durch italienische Straßenbauer ausgeführt wurde, konnte im Jahre 1911 ihrer Bestimmung übergeben werden. Für die

Oben: *Beim Abstocken*
Links: *Schöpsen - Stamm weiß machen*

Arbeiter, welche bei den Bauern in Bürg Quartier nahmen, wurde im Haus Nr. 29 eine Küche und ein Krankenzimmer eingerichtet. Nach Fertigstellung der Straße erfolgte am 8. März 1911 eine Grundstückteilung. 21 Bauern, erhielten im Jahre 1848 am Gahns auf der "Hohen Gemeinde" Waldanteile, da durch den Straßenbau ihre Parzellen durchschnitten wurde. Im Gegenzug mussten sie dafür eine 4 m breite Straße mit angrenzendem Straßengraben und Böschung an den Grafen abtreten; für die Abtretung erhielten sie nicht nur pro Quadratmeter 1 Krone, sondern hatten auch das Recht der Straßenbenützung bis zum Beginn der Herrschaftsgrenze, um ihre Wälder besser bewirtschaften zu können. Diese Straße war vorerst mit einem Schranken versehen, der vom Jäger Karl Wallner und seiner

Essenszubereitung in der Rauchkuchl *Brotzeit vor der Hütte* *Beim Asthacken*

Bäumchensetzerpartie *Holzknechtpass im Holzschlag* *Holzknechtsymbole, Schutz gegen Waldgeister*

Frau gemeinsam betreut wurde. Weitere "Schrankenwärter" waren Johann Haslauer mit seiner Gattin Elisabeth, wobei Letztere diesen Schranken noch bis zum Jahre 1956 betreute. Ab diesem Zeitpunkt verlegte die Forstverwaltung Stixenstein der Gemeinde Wien den Schranken bis kurz nach Beginn Ihrer Grundgrenze am Gahns. Im Jahre 1956 stellte die vorher genannte Forstverwaltung eine allgemeine Fahrverbotstafel mit Ausnahme für Anrainer auf, die im Jahre 1988 durch das Verkehrszeichen Einbahn ersetzt wurde. Die Anbringung einer Tafel anstatt eines Schrankens brachte eine Erleichterung für die Bauern in der Form mit sich, dass sie nicht immer, wenn sie diese Straße benützen wollten, sich erst den Schlüssel für den Schranken besorgen mussten.

Parallel zum Bau der Gahnsstraße ließ in den Jahren 1908/09 Graf Hoyos das so genannte "Hegerhaus" in Bürg errichten, in welches der im Jahre 1907 ins Gahnsrevier gekommene Jäger Karl Wallner einzog. Die Gahnsstraße war fertig und somit konnte Graf Hoyos mit dem Holzschlägern am vorderen Gahns beginnen. Von der Stixensteiner Meierei transportierte er es mittels Pferden in sein Sägewerk. Der Transport gestaltete sich jedoch nicht so einfach, da Steigungen und feuchte Straßenstücke, wo das Fuhrwerk einsank, zu überwinden waren; in solchen Fällen half nur ein Vorspann. Die vorher genannten Schwierigkeiten veranlassten darauf Graf Hoyos, bei der Bezirksstraßenverwaltung um den Ausbau der Bezirksstraße der Gemeinde Vöstenhof von der Rotkreuzstelle bis nach Prigglitz zu drängen; die Durchführung erfolgte in den Jahren 1912 bis 1914 und Graf Hoyos konnte mit der Abstockung des vorderen Gahns beginnen. Brachten täglich 12 Paar Pferde auf mit je 8 fm Holz beladenen Blochwagen das Holz zur Herrschaftssäge nach Stixenstein, so wurde das Kohlholz für die Meiler im Rohrbachgraben mit Pferden zum Pürschhof gestreift und dann bei der "Spering" über die Felsen in den Rohrbachgraben geholzt.

In den 30er Jahren waren am Gahns ca. 70 Holzknechte mit 30 Helfern ganzjährig beschäftigt, ergänzt vom Frühjahr bis in den Herbst durch weitere 150 Arbeiter, die in der Forstkultur tätig waren, wobei die Holzknechte von Montag bis Samstag im Holzschlag blieben und dort früher in einer Rindenhütte, später in einer Holzknechthütte ihre Essen- und Schlafstelle hatten. Die Rindenhütten waren rasch und einfach herzustellen, musste man nach dem Aufstellen des Hüttengerippes dieses nur mehr mit Rindenstücken verkleiden und dabei einen entsprechenden Rauchabzug freilassen und hatte nebenbei noch den Vorteil, dass man sie im Bedarfsfall auch weitertransportieren konnte. Wurde bis zu den 20er Jahren das Essen auf einer offenen Feuerstelle zubereitet, wo die Pfanne auf einem hölzernen oder eisernen "Gog" eingehängt wurde, der höher oder tiefer gestellt werden konnte, so gab es ab der Mitte der 20er Jahre bereits eiserne Öfen.

Mit dem Verkauf des Schlosses Stixenstein samt seinen Besitzungen an die Gemeinde Wien im Jahre 1937 hatte auch die Holzbringung mit Pferdefuhrwerken ein Ende; von nun an übernahm das Lastautounternehmen Paulischin aus Puchberg den ganzen Holztransport vom

Gahns zu den diversen Bestimmungsorten wie der Papierfabrik Stuppach oder zur Pappenfabrik Lautner nach Pottschach. Der größte Teil des Holzes aber ging vom Bahnhof Pottschach aus nach Ungarn zu den Besitzungen des Grafen Esterhàzy, bis schließlich nach dem Anschluss Österreichs an Deutschland im März 1938 die Ausfuhren beendet wurden. In den Jahren 1953 bis 1955 erfolgten zwei weitere Ausbauten der Gahnsstraße; zuerst von der Bodenwiese zum Lackaboden und später weiter bis zur Knofeleben. Bis in die 70er Jahre transportierte man das Rund- oder Scheitholz zu den Sammelplätzen auf der Hübl- bzw. Kaiserwiese noch mit Ochsen; danach kamen große Traktoren oder Raupenfahrzeuge zum Einsatz, welche die abgestockten Bäume samt ihren Ästen aus dem Wald ziehen konnten. Mitte der 80er Jahre stellte der Oberförster Knapil den Landwirt Josef Bock aus Sieding mit seinen Pferden neben den Maschinen zum Holztransport ein, da für beide genug Arbeit zu tun war. All die vorher beschriebenen Arbeiten hatten jedoch eines gemeinsam, sie waren gefährlich, und viele Mahnmale zeugen von den Unfällen, die sich bei diesen Arbeiten ereignet haben und noch immer ereignen. So sind, um hier nur einige zu nennen, Herr Johann Mühlhofer 1923 am Mitteberg, Herr Vornix 1938 am Kaltwasser, Herr Karl Waidhofer am 21. Mai 1938 beim Rottensteiner Stall, Herr Müllner 1941 auf der Bodenleiten und Heinrich Elias am 20. August 1986 am Lackaboden tödlich verunglückt, wobei sich die Reihe bis in die heutige Zeit noch weiter fortsetzen ließe.

Holzriesen

Nach der alten topografischen Detailkarte Nr. VI., Schneeberg und Raxalpe im Maßstab 1: 40 000, herausgegeben vom k. und k. militärgeografischen Institut in Wien, führte am vorderen Gahns seinerzeit eine Holzriese durch den Mitterberggraben, die Mitterbergriese, und als zweite die Gahnsriese, die sich in Höhe des Markgrabens mit der Erstgenannten vereinigte. Von dieser Zusammenführung führte nun eine Riese bis zum Scheiterplatz.

Holzriese in der Eng

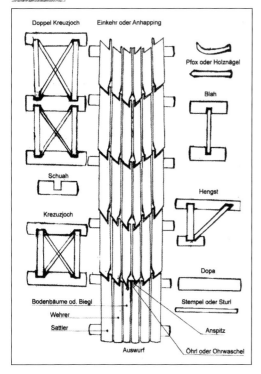

Links: Riesenplan - **Daneben:** *Holztransport zum Riesenanfang* **Rechts:** *Der Wolf - er dient zum Bremsen der Bloche in der Riese* **Unten:** *Aufarbeiten eines Windwurfes*

Riesen sind aber keineswegs eine Erfindung unserer Breiten, denn die Holzbringung in Holzriesen ist wie die Flößerei und Trift uralt und bei den ältesten Kulturvölkern - Indien - China - Japan u.a. - schon zu einer Zeit vorhanden gewesen, in der die Walderzeugnisse in Europa noch im Überfluss und überall zu Gebot standen, die Holzbeförderung sich daher auf die allernächste Entfernung beschränkte.

Eine Riese, Rutsche, Gleitbahn oder Laaß ist eine zu mehr oder weniger ständigem Gebrauch aus Holz hergestellte oder in die Erde gegrabene Rinne, die in geneigter Lage an einem Berggehänge angelegt ist, um das geschlägerte Holz durch seine eigene Schwere hinabgleiten zu lassen. Eine Holzriese besteht aus sehr vielen Teilen, und zwar: Doppa, Hengst, Kreuzjoch, Doppeljoch, der Blah, den Schuah, Pfoxen - Holznägel, Biedl - Laufbäume, Wehrer, Sattler, Übersattler, Öhrl - Ohrwasachl und Stempel oder Sturl genannt, welche zum Kreuzjoch, Übersattler u. a. m. gebraucht werden. Es ist bemerkenswert, dass der Bau der Riesenwerke dieser Völker, wie sie in uralten Schriften niedergelegt sind, mit unseren Bauarten ganz übereinstimmt.

Ist die Sommerschlägerung beendet, die Abmaß vorüber, so harren die Scheiter und Bloche des Bringens. Da die Holzschläge sich meist in den oberen Regionen befinden, oft

durch Zwischengräben, Bachläufe von der Talsohle getrennt und weder eine Straße noch ein fahrbarer Weg zur Verfügung steht, so stellt die Holzbringung zu den Bestimmungsplätzen wie Kohl- oder Nutzholzplätzen an die Holzknechte besonders hohe Anforderungen. Während über kurze steile Strecken das Holz händisch gebracht, im flacheren Gelände mittels Ochsen oder Pferden transportiert wird, so bedient man sich bei der Bringung über längere und schwierigere Strecken der Holzriesen. Mit viel Überlegung und Erfahrung muss die günstigste Laufstrecke der Riese gesucht werden und mit großer Genauigkeit deren Gefälle abgewogen werden.

All diese Arbeiten müssen bis vor Winterbeginn beendet sein, denn dann ist die Zeit des Holzens gekommen. Die in größerer Entfernung von der Riese gelagerten Scheiter und Bloche werden im Winter geholzt, wobei die Holzknechte beim ersten Schneefall den Zugweg fahrbar machen, schleppen dann ihre lang gehörnten Schlitten empor, um sie zu beladen. Die Bloche werden auf besonders starken, zweiteiligen "Bockschlitten" abgefahren, eine mühsame und gefährliche Arbeit, die vom Fahrer viel Geschick erfordert. Anhaltender Schneefall erschwert das Holzen, denn der Weg zur Riese muss frei sein und in einem solchen Fall haben die Schneeschaufeln mehr zu tun als die Schlitten. Schon das

Der Scheiterplatz - einst

Vordringen zum Schlag ist eine Plage. Sind die Scheiterstöße dazu noch mit Schnee bedeckt, so müssen tiefe Gräben geschaufelt werden, um an die Bloche zu kommen, die dann seitwärts vom Stoß gezogen werden; ein oft tagelanges Mühen. Wenn der Schneefall andauert, so sehen sich die Holzknechte gezwungen, das Riesen vorläufig einzustellen, da der Schneefall jede Arbeit zunichte macht. Solang die Bahn noch neu ist, müssen die Schlitten mit einigem Kraftaufwand gezogen werden, doch bald darauf kann sich der Fahrer auf die Kufen stellen und sich mit dem Rücken gegen die Ladung stemmen. Die nun beginnende Talfahrt ist nicht ungefährlich, auch wenn der einfache oder doppelte "Sperrkrall" keine allzu große Geschwindigkeit zulässt und, um die Fahrt bei einer "sehr schnellen Bahn" zu verringern, überdies Scheiterbünde an den Schlitten "angebinkelt" werden. Mit den erforderlichen Werkzeugen ausgerüstet, befördern die Holzknechte nun die zu riesenden Scheiter oder Bloche beim "Anhapping" (Riesenanfang) in die Riese.

Der ganzen Riese entlang sind in Rufweite Wächter zur Überwachung des Riesens postiert. Bleibt einmal ein Scheit oder Bloch hängen, so ertönt der Ruf "Hob auf"! und wird nach oben zum Anfang der Riese weitergegeben, ebenso kommt nach einer Weile von oben die Antwort "Er is' schon ohi!" zurück; ein Zeichen, dass mit der Beseitigung des Hindernisses begonnen werden kann. Der Holzknecht macht sich die jahrzehntelange Erfahrung zunutze. Die nur dem Holzen der Scheiter dienenden Riesen werden nicht mehr aus Stämmen, sondern aus Pfosten gefertigt, jene jedoch, die der Bringung von Langholz dienen, werden da und dort als so genannte "Rumpelriese", eine Riese mit Rollunterlage, erbaut. Scheint die Sonne, so kann es vorkommen, dass die Riese aufgetrocknet und die Fahrt der Scheiter verlangsamt wird oder sie bleiben überhaupt in der Riese liegen. Nun

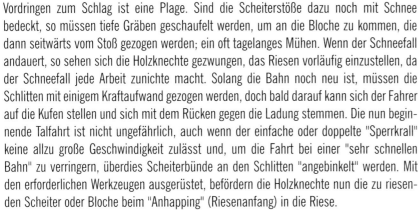

Oben: *Musikschule Hans Lanner*
Darunter:*Links Hans Lanner, rechts Frau Lanner als Holzmeisterin*
Links: *Das Ehepaar Gutschelhofer vor ihrem Haus am Scheiterplatz. Lanner und Gutschelhofer bauten und betreuten die Mitterberg- und die Gahnsriese.*

bindet sich einer der Knechte die Fußeisen an, füllt ein Holzgefäß, den "Wasserdotzen", und begibt sich in die Riese. Hier geht er Schritt für Schritt abwärts, während er mit einer Art Schöpfer, dem "Wasserkatzel", die Fächer reichlich bespritzt und das Riesen kann nun wieder fortgesetzt werden. Das so gerieste Holz wird nun vom Auswurf der Riese auf einem vorgesehenen Platz aufgeschlichtet, um von dort weiter zum Bestimmungsort transportiert oder der Schwemme zugeführt zu werden.

Klausen und Rechen *(Heinrich Innthaler erzählt)*

Zum Schwemmen waren so genannte Klausen und Rechen erforderlich. Die Klausen dienten zum Stauen des Wassers, wenn das vorhandene Wasser zum Schwemmen nicht ausreichte. Die Rechen mussten Widerstand leisten, wenn das Wasser durch Wolkenbrüche, zu rascher Schneeschmelze oder durch tagelanges Anhalten von Regengüssen aus den Ufern getreten war. Das Holz zum Bauen der Klausen war, soweit es ins Wasser gebaut wurde, nur Tanne, Lärche oder Schwarzföhre und wurde nur im grünen Zustand eingebaut. Dieses Holz blieb jahrzehntelang grün. Der Unterbau bestand aus starken, quer liegenden Stämmen, auf welchen das "Stichbett", die "Schoßtafeln" sowie die "Tore" und "Fallen"

Ehemaliger Holzrechen im Schneeberggebiet

angebracht wurden. Das meiste Holz, welches zum Bauen der Klausen verwendet wurde, wurde mittels Asthacke, Abbrechhacke und Breitbeil ausgehackt. Das Stichbett befand sich oberhalb d. h. stromaufwärts der Tore und Fallen und sah aus wie ein im Wasser versenkter Fußboden, so wurde das Durchsickern des Wassers unterhalb der Klaus verhindert. An das Stichbett wurden die Schoßtafeln angestoßen, auf welchen das Wasser stromabwärts floss. Die Schoßtafel sah ebenfalls aus wie ein Fußboden, aber mit Seitenwänden verbaut. Sie entsprachen der Breite der Fallen bzw. des Tores und hatten eine Länge von 5 - 7 m. Auf den Zusammenstoß des Stichbettes sowie der Schoßtafeln wurden die Fallen und Tore gebaut. Die kleineren Klausen bestanden nur aus einer Falle ohne Tor. Diese Falle konnte mittels einer festgemachten Leiter Sprosse um Sprosse hochgezogen werden. Natürlich waren diese Sprossen keine gewöhnlichen, sondern hatten einen Durchmesser von 10 - 12 cm.

Die Große Klaus, "Amon Klaus", welche mir noch gut in Erinnerung ist, bestand aus zwei Fallen, an welchen links und rechts starke Eisenketten angebracht waren und mittels "Hospeln" hochgezogen wurden. Das Maß der Fallen war ca. 2 x 2 m. Eine Falle hatte zusätzlich ein Tor, das "Klaustor", welches nach dem Absperren, d. h. Hinunterlassen der Falle, auf schnellstem Weg geschlossen werden musste, ansonsten wäre das Wasser über die Falle geronnen und durch den Druck des Wassers hätte man das Tor unmöglich schließen können. Das Klaustor bestand aus einem "Grindl", welcher 40 x 40 cm gemessen hatte und an welchem das Tor angebaut war. Das Tor selbst war sehr schwer, aber mittels des Grindls leicht zum Hin- und Herbewegen. Auch zum Verschließen des Klaustores benützte man einen Grindl, welcher mittels des "Spandls" das Tor fest verschloss. Spandl war ein Stück Holz von 60 - 80 cm Länge und hatte einen Durchmesser von ca. 12 - 15 cm. Nach dem Schließen des Tores wurde die Falle wieder hochgezogen, so dass der ganze Druck nur auf dem Klaustor lastete. Die Klaus wurde ein bis drei Mal pro Tag "geschlagen", d. h. geöffnet, wenn ein dementsprechender Wasserstand vorhanden war. Dazu wurde das Spandl mit einer ca. 3 m langen Stange hinuntergestoßen oder mit einem Sappel weggezogen. Mit einer Wucht flog das Klaustor auf, so dass der ganze Bau erzitterte. Durch diesen heftigen Schlag auf das Spandl floss das Wasser in einer Welle von 2 m Höhe über die Schoßtafel in den "Klaustumpf", welcher durch Abfall des Wassers eine Tiefe von 5 - 6 m erreichte. In diesem Klaustumpf hielten sich viele, aber auch große Forellen auf. War nach dem Zumachen der Klaus kein Fischereiaufseher zur Stelle, hatten es die Holzknechte, welche bei der Klaus beschäftigt waren, sehr eilig, denn sie mussten den Forellen, durch das momentane Absperren des Wassers, das Leben retten. An den Reparaturarbeiten der Klausen war meistens mein Großonkel und Bergführer Daniel Innthaler, welcher auch Zimmermann war, beschäftigt. Ihm zu Ehren befindet sich noch heute ein Gedenkstein neben dem Habsburghaus auf der Rax und auch ein Klettersteig in den Kahlmäuern, das

Innthaler Band, wurde nach ihm benannt. Ich erinnere mich noch an folgende sechs Klausen: "Die Fluar Klaus in Naßwald, die Mitterhofer und die Richter Klausen im Preintal, die Binder Klaus im Reißtal, die Sanfang Klaus im Heufuß und die Große Klaus, Amon Klaus genannt, zwischen Singerin und Reithof, wo es noch heute heißt, beim Klaus Bichl." Da die Aufstauung des Wassers eine Länge von ca. 500 - 600 m und eine Tiefe von 5 - 6 m aufwies, so kann man sich vorstellen, welcher Druck auf den Klaustoren lastete.

Die Schwemme oder Trift *(Heinrich Innthaler erzählt)*

Mit dem Einsetzen der Schneeschmelze beginnt auch die Zeit des Triftens. Zuerst werden Klausen errichtet, die Bäche und Flüsse von Hindernissen befreit, Stege errichtet und danach das Wasser aufgestaut. Die Klausen sind mit Eisenklammern und Schopffugen wasserundurchlässig gemacht und wölben sich in leichter Krümmung der Richtung des Wasserlaufes entgegen, kräftige "Spanner" stützen sich schräg hin zu den Uferfelsen ab. Der Raum zwischen den beiden Wänden wird mit groben Steinen ausgefüllt. An der Sohle bleibt eine dem gewöhnlichen Wasserstand entsprechende, durch eine Falle, das "Bodentor", verschließbare Rinne frei. In geringer Entfernung darüber zieht sich ein weiter und hoher, an allen vier Seiten mit Pfosten ausgekleideter Gang durch den Bau. Das massige "Haupttor", durch eine sinnreiche Vorrichtung von oben zu öffnen und zu schließen, legt sich vor diese dem Durchtritt der Wassermassen dienende Bahn. Beträchtlich über dem Haupttor schützt eine dritte Abflussöffnung, der "Überfall", die Klause vor Überflutung durch Hochwasser. Die Kammer des Klausmeisters mit dem "Schlagwerk" - seine Handhabung bewirkt das Öffnen oder Schließen der Klause - befindet sich im Obergeschoß, und ein dauerhaftes Schindeldach gibt dem Bauwerk ein stattliches Aussehen. Hunderte Raummeter von Scheitern oder Blochen harren in nächster Nähe der Klausen der Schwemme, des "Flötzens", des "Triftens". Sie werden knapp unterhalb der Stauwerke ins Bachbett geschafft und der Scheiterberg wächst aus der Tiefe empor.

Zu früher Morgenstunde begibt sich der Klausmeister zum Schlagwerk, betätigt dieses mit einem Griff und aus der Höhe saust ein schwerer, eisenbeschlagener Klotz nieder. Mit dröhnendem Aufschlag öffnet sich darauf das Haupttor, so dass der ganze Bau erzittert. Und nun donnern die Wassermassen aus dem Torgang ins Bachbett nieder, erfüllen die Felsenenge mit Getöse und wälzen sich dem Scheiterberg zu, aber dieser hält dem Wasserdruck stand, schäumend kommt die Flut zurück und prallt erneut gegen den Scheiterberg. Allmählich dringen die Fluten ein und drücken von unten herauf. Mit einem Mal hebt sich der Berg und macht einen Ruck vorwärts. Nun stürzen mit polterndem Getöse die Scheiter übereinander, die Holzmasse streckt sich und verteilt sich in der Flut. Besonders starkes Klauswasser erfordert die Hebung und Fortführung der in den

Oben: Holzknechte am Ofenrechen im Höllental
Unten: Holzknechte beim Schwemmbachl auf der Länd in Hirschwang

Schwemmbächen vorbereiteten Blochlager. Mit Getöse erfüllt die Blochschwemme die ganze Umgebung. Eine künstliche Brücke spannt sich von Ufer zu Ufer, wogt auf und nieder, schlägt drohend an die Stegpfeiler und wälzt sich über die ungezählten Stromschnellen

und Abstürze. Entlang der Schwemmstrecke sind Holzknechte verteilt, die mit ihren langstieligen Flötzbeilen, welche oft bis zur Mitte des Flusses reichen, verkeilte Bloche wieder in die richtige Bahn bringen; eine äußerst gefährliche Arbeit, die so manchem Holzknecht das Leben gekostet hat.

Es kam das Frühjahr 1922, wo ich zur Trift aufgenommen wurde. Zu dieser Zeit wurden meist 25 000 - 28 000 Fest- und Raummeter jährlich geschwemmt - getriftet. Das größte Quantum kam aus den Forsten der Gemeinde Wien und der Herrschaft Hoyos-Sprinzenstein. Geschwemmt wurde in den Gewässern von Nasswald, Hinternasswald, Preintal, Heufuß, Schwarzau und auch von der Vois. Bei der Trift waren 60 - 80 Holzknechte beschäftigt, welche von April/Mai bis September/Oktober im kalten, ja im Frühjahr sogar im eiskalten Wasser standen. Auch ich zählte mich zu den Holzknechten, obwohl ich erst 15 Jahre alt war, aber mit den Werkzeugen ebenso wie die alten Holzknechte ausgerüstet war und zwar mit Griesbeil, Sappel und ein paar 10-stollige Fußeisen. Am Anfang stieg ich mir wohl des Öfteren mit den spitzen Eisen von einem Fuß auf den anderen, so dass die Schuhe bald kaputt waren. Wie schon erwähnt standen die Holzknechte mit ihren 10-stolligen Eisen und ihren durchlochten Schuhen, die Schuhe durften ja nicht wasserdicht sein, so dass das Wasser nicht nur hinten hinein-, sondern auch herausrinnen konnte, im eiskalten Wasser. Sie mussten nach der Arbeit oft stundenlang mit ihren nassen Kleidern und Schuhen nach Hause gehen, besuchten aber in diesem Zustand des Öfteren auch ein Gasthaus und sagten: "Oans oda zwoa Viertl müaß ma trink'n dass uns warm wird."

Wenn sich das Holz durch Klammen - Felsenengen, durch das Höllental oder durch größere im Bach liegende Steine verklemmt hatte, war es oft sehr gefährlich, denn es mussten die Stämme oder Bloche durchgehackt werden, wo der Holzknecht oft bis zur Mannesmitte im Wasser stand und durch das Abbrechen des Stammes oder Auflösen eines "Hundes" - Verkeilung des Holzes, einige hundert Meter Holz mit einem Ruck in's Rollen kamen.

Waren aber einige tausend Meter Holz im Bachbett und kam ein Wolkenbruch, so mussten die Rechen geschlossen werden. Es bestanden 6 Rechen, an welche ich mich noch erinnern kann: "der im Preinbach - Hubmerrechen, der Gahndorfer-Rechen in Naßwald-Reithof, der im Höllental - Ant'n Stoa, der zwischen Weichtal und Kaiserbrunn bei der so genannten "Hochstegbrücke", der unter der Rechenbrücke und der große Rechen bei der Windbrücke in Hirschwang, der bei der Trift als letzter Rechen zum Auffangen des Holzes diente". Bei diesem Rechen war ich öfters dabei, wenn man drei bis fünf "Spindel" herausnahm und das Holz Stück für Stück in den Ländkanal einließ. Da das Triften sehr viel Geld kostete, wurde diese Arbeit ab 1924 im Akkord vergeben und es wurde ab dieser Zeit je nach Wasserstand, sonn- und feiertags gearbeitet und in einigen Monaten war die Trift zu Ende. In Hirschwang auf dem Ländplatz wurde das Holz sehr rigoros sortiert, und zwar: "Die Bloche nach Durchmesser, weiters Brenn-, Schleif- und Grubenholz." Das Brenn- und

Schleifholz wurde ca. 3 m hoch geschlichtet, wobei diese Arbeit meist mit Sappeln verrichtet wurde. War die Trift im Herbst zu Ende, kam das so genannte "Senkling Ziehn". Die Senklinge waren jenes Holz, welches beim "Anwassern", d. h. beim Ins-Wasser-Lassen noch halb oder ganz grün war. Dieses Holz ging, wenn es längere Zeit im Wasser lag, zu Boden und blieb auf jenen Stellen, wo das Wasser ruhig war, liegen. Dieses Holz wurde dann mit dem "Griesbeil", mit besonders langen Stangen, auch "Stanglbeil" genannt, aus dem Wasser herausgeholt, sodann auf Kreuzstöße geschlichtet und erst im nächsten Jahr wieder mit geschwemmt. Auf dem Ländplatz in Hirschwang fehlten jährlich 800 - 1 000 m Holz, erstens wurden viele Senklinge vermurt, d. h. man konnte sie nicht sehen, zweitens wurde viel gestohlen. Haushalte, die in der Nähe des Baches wohnten, füllten damit ihre Keller und Schuppen.

Es ist nicht allzu lange her, dass Holzknechte diese Arbeit verrichtet haben, aber mit dem Anwachsen der Industrie und ihrem Anspruch auf die Wasserkraft - die Schwemmprivilegien wurden nicht mehr erneuert - verschwand das Triften aus den Gebieten. Aus unwegsamem Gelände wurde das Holz mittels Aufzug oder aber über Gräben oder Schluchten mittels einer Seilbahn zu Tal gefördert. Heute aber führen zu den meisten Holzbringungsplätzen Forststraßen, wo das geschlägerte Holz mit Hilfe eines Kranes auf den Lastwagen gehoben und dann mit dem Lastauto dem Bestimmungsort, meist einem Sägewerk, zugeführt wird. Die letzte große Trift auf der Schwarza fand am 12. Mai 1937 statt.

Die Forelle Jonas *(Heinrich Innthaler erzählt)*

Nachdem ich vom Krieg heimgekehrt war, stand ich abwechselnd in Gutenstein und Horn im Dienste von Graf Hoyos-Sprinzenstein, um dann wieder nach Gutenstein zu übersiedeln, und hier kann ich von einem besonderen Erlebnis berichten: "der Bachforelle aus dem Kalten Gang".

Jahre hindurch konnte ich eine für den Kalten Gang übergroße Bachforelle, aber nur sehr zeitig frühmorgens, in der Nähe des Gasthauses Stocker Wirt in der Lorbeergasse an einer Bachmauer beobachten, welche sich vermutlich durch eine Regulierung einer so genannten "Bienert Wehr" geflüchtet hatte und an einer vom Hochwasser ausgeschwemmten Bachmauer ihren Einstand fand. Wieder durch ein Hochwasser wurde die Bachmauer mit Sand und Schotter zugeschwemmt, so dass der Fisch keinen Einstand mehr finden konnte. Er flüchtete sogar ca. 400 m stromabwärts, bis zum so genannten Rauckenberger Wehr, kam aber wieder zurück auf jenen Platz, wo er seinen Einstand suchte. So stand der Fisch nun an der vorhin erwähnten Bachmauer in einer Strömung, wo er von Tag zu Tag von Leuten gequält wurde, so dass mir der Fisch schon Leid tat. Ich ersuch-

Heinrich Innthaler und Graf von Hoyos mit Jonas

wanderte wieder in die Badewanne und schließlich in den Schlossteich. Neun Jahre betreute ich Jonas, möchte aber erwähnen, dass er über ein Jahr äußerst scheu war und als Nahrung nur Fische aus dem Teich verschlang. Mit der Zeit wurde Jonas, da ich fast täglich mit selbem Anzug, Hut und Hirschbart zu ihm kam, zutraulicher und nahm auch Leber, Kuddelfleck, Beuschel und Wurstradln, welche ich der Frau entwendete. Im Laufe der Zeit hatte er sich schon sehr an mich gewöhnt und er kam wie ein U-Boot auf mich zu, wenn ich ihm Futter brachte. So betreute ich Jonas bis zum 12. Juni 1980, wo er verendet am Teichboden lag. Man nimmt an, er sei an Altersschwäche eingegangen, da man ihn auf mindestens 20 Jahre schätzte. Dass er sich im Teich wohl gefühlt hatte, ging daraus hervor, dass er in dieser Zeit sein Gewicht auf 16,6 kg erhöhen konnte, die Länge war 1 m und sein Umfang nicht weniger als 72 cm. Jonas ist als einmaliges Erinnerungsstück aus dem Kalten Gang im Schloss zur Ansicht aufbewahrt. Gutenstein, am 28. November 1981, Heinrich Innthaler. Heinrich Innthaler starb in Gutenstein und mit ihm ging ein Zeitzeuge, der jedoch für die Nachwelt unwiederbringliche und wichtige schriftliche Aufzeichnungen aus dem Holzknechtleben seiner Zeit der Nachwelt erhalten hat.

WALDBAHNEN AM KUHSCHNEEBERG
Auszug aus dem Buch "Waldbahnen in Österreich",
Manfred Hohn, 2. ergänzte Auflage, Wien 1989

Der Kuhschneeberg mit seiner nach allen Seiten steil abfallenden Hochfläche und dem schönen Fichtenbestand konnte lange Zeit keiner forstwirtschaftlichen Nutzung zugänglich gemacht werden. Die ersten Versuche, das auf dem Kuhschneeberg vorhandene Holz

te meinen Vorgesetzten, Herrn Forstmeister Winter, diesen Fisch herausholen zu dürfen. Die antwort aber war, dieser Fisch ist für Gutenstein ein Schaustück, den lassen wir drinnen. Tage hindurch musste ich ansehen, wie Leute, die sogar aus Wr. Neustadt kamen, ihn quälten, mit Steinen bewarfen, weil sie sehen wollten, wie sich der Fisch bewegt. Dies konnte ich nicht länger mit ansehen und ich machte Herrn Grafen Heinrich den Vorschlag, um den Fisch von seinen Quälereien zu erlösen, herauszufischen. Dies geschah am 24. April 1971 und am Tag darauf, um 7.00 Uhr früh, konnten Herr Graf und ich diesen Fisch von seinen Qualen erlösen und fischten ihn heraus. Da es ein besonders großes Exemplar war, so entschlossen wir uns, er solle am Leben bleiben und der Graf sagte, geben wir ihn in den Schlossteich. Es gab kein Zögern und zuerst gaben wir ihn in einen betonierten Brunnentrog beim Stockerwirt. Dann holte Herr Graf eine Badewanne aus dem Schloss, in der Jonas dann schwamm. Nun war man neugierig wie lange und schwer dieses Prachtexemplar eigentlich war. Man schätzte sein Gewicht auf ca. 5 - 6 kg und seine Länge auf ca. 60 cm; weit gefehlt, er wog 8,5 kg und war 78 cm lang. Da an diesem Tag zufällig die Bundespräsidentenwahl stattfand und Bundespräsident Jonas wieder gewählt wurde, gab Frau Gräfin der Forelle den Namen "Jonas".

Nun erfuhr der Hotelier Pfeiffenberger von dieser großen Forelle und ersuchte mich, ob es nicht möglich wäre, diesen Fisch als Schaustück in sein Aquarium zu geben. Dies bewilligte Herr Graf, aber mit der Bemerkung: "Sie, 'das war ich', sind verantwortlich, dass der Fisch am Leben bleibt." So landete Jonas aus der Badewanne im Aquarium, wo ich ihn streng beobachtete. Schon am 2. Tag merkte ich, dass sich Jonas nicht wohl fühlte und er

Holzknechte beim "Ofedln" (Ausziehen) von der Bergstation der EONIT-Standseilbahn auf dem Kuhschneeberg. Personen vorne: Dirnböck, Lichtenegger, Zöchling, Haubenwallner, Kain, Steiner, Schenner, Tiefenbacher.

Aufnahme vom 12.9.1951. V.l.n.r: Diegruber, Binder, Herzog, Petnerik, Bammer, Schwaiger, Panzenböck, - ?, Weber, Baumann. Chauffeur und Holzführer war Rudolf Kleindl.

Vor der Unterkunftshütte Hinten v.l.: Pär, Kain, Dimböck, F. Lichtenegger, Haubenwallner, Zöchling Mitte v.l.: J.Tiefenbacher, W. Posch, Penker, Pehofer, Pilz, A.Tiefenbacher, J. Lichtenegger, Maderthaner, Kain jun. Vorne v.l.: F. Posch, Bammer, F. Posch jun., Steiner,. Schenner

Arbeiter beim Beladen der Waldbahn

planmäßig abzustocken, wurden bereits Anfang des neunzehnten Jahrhunderts unternommen. Die Unwegsamkeit des Gebietes erlaubte aber nur eine Nutzung der im Schwarzatal geschlagenen Hölzer.

In den Jahren 1918 bis 1938 wurde schon mehr Holz geschlagen, als forstwirtschaftlich vertretbar war. Von 1938 bis 1945 wurden noch zusätzlich einige hunderttausend Festmeter im Gebiet des Höllentales gewonnen. Durch die Überschlägerung war die Forstverwaltung der Gemeinde Wien nach Beendigung des Zweiten Weltkrieges gezwungen, die bis dahin so stark beanspruchten Wälder vorerst wieder aufzuforsten.

Bremsberg Singerin - Stadelboden (Kuhschneeberg)

Da die Hochfläche des Kuhschneeberges durch eine Straße zu erschließen zu der damaligen Zeit unmöglich erschien, so hatte der damalige Stadtforstdirektor Dipl.-Ing. Kolowrat den Plan, die Holzbringung mittels einer Bahn zu tätigen, und es wurde der Bau von zwei solcher Waldbahnen der Fa. EONIT Ges. m. b. H., die auch der Holzkäufer war, übertragen, wobei eine Strecke auf der Hochfläche des Berges gelegen war. Die zweite Bahn wurde als Bremsbahn ausgeführt. Zuerst wurde mit dem 1 536 m langen Bau des

Bremsberges begonnen, da hier schon während des Baues Material auf den Berg geschafft werden konnte. Der dabei zu überwindende Höhenunterschied betrug 718 m. Während die Bergstation in einer Höhe von 1 000 m errichtet wurde, befand sich die Talstation an der Straße neben der Schwarza. In diesem Bereich lag die Bahn fast in einer Waagrechten und endete an einem Prellbock bei der in zwei Etagen erbauten Verladeanlage. Von der Bergstation bis zu einer Holzhütte, in welcher der Bremsmechanismus untergebracht war, verlief die Bahn eben. Die Bremsstrecke mit einer Höchststeigung von 57,5 % war, bis auf eine Biegung etwa in der Mitte, gerade. Eine Jochbrücke über die Schwarza und eine ähnliche Konstruktion zur Überwindung der Felszone im oberen Teil der Strecke trugen zum gleichmäßigen Ansteigen der Trasse bei.

Der Unterbau war ausschließlich in Holz ausgeführt, wobei die Hauptlängsschwellen teils auf dem Boden, teils auf Holzjochen, die untereinander abgestützte Querschwellen trugen, lagen. 250 Festmeter Rundholz und 90 m³ Kanthölzer waren dazu nötig. Die Strecke, welche bis zur Mitte eingleisig angeordnet war, hatte in der Mitte eine vierschienige automatische Ausweiche und war im oberen Teil zweigleisig mit drei Schienen. Die eingesetzten Wagen waren so gebaut, dass sie auf jeder Seite unterschiedliche Räder besaßen; eine Seite mit zwei Spurkränzen, auf der gegenüberliegenden ohne Spurkranz. Diese Anordnung ermöglichte das selbständige Vorbeifahren an der Ausweiche. Wie bei anderen "Aufzügen" dieser Bauweise auch, genügte die zu Tal fahrende Last, um den bergwärts fahrenden Wagen mit einer angemessenen Nutzlast nach oben zu ziehen. Um die Geschwindigkeit regeln zu können, befand sich in der Bergstation eine aus zwei Seiltrommeln, die über Zahnräder einen großen Windflügel trieben, und mit auswechselbaren Holzbelägen versehene Vorrichtung, die vom Seil viermal umschlungen wurde, um so den zu Tal fahrenden Wagen auf einfache, aber wirkungsvolle Art zu bremsen. Solch eine Vorrichtung nannte man Propellerbremse. Die Bremsvorrichtung bewährte sich bis zu ihrer Stilllegung sehr gut und es gab nur vereinzelt Betriebszwischenfälle. Auch wurden die Wagen regelmäßig gegen zwei in Reserve stehende Wagen ausgetauscht und überprüft. Obwohl keine Genehmigung dafür vorhanden war, wurden auf dem Bremsberg auch Personen befördert. Die Verständigung der Tal- mit der Bergstation erfolgte durch eine Feldtelefonanlage.

Einige Daten über die Bremsbergstrecke:
erbaut November 1947 bis April 1948

eröffnet 1. Mai 1948
Baukosten ATS 300.000,--
Länge der Strecke 1 536 m
Spurweite 700 mm
Durchmesser der Stahltrommel 900 mm
Seilbruch bei einer Bahnlast von 15 t
maximale Fördermenge pro Wagen 3 Festmeter
maximale täglich Fördermenge 100 Festmeter

Johann Herzog

Herr Herzog war von 1951 bis 1953 als Holzfäller bei der Fa. WENER beschäftigt, deren Leiter Ing. Bachmann war. Es wurde im Akkord gearbeitet. Die Talstation befand sich hinter der Singerin und hatte in der Mitte eine Ausweiche. Die Fahrtgeschwindigkeit der Bahn wurde in der Bergstation mit einem Fliegerpropeller geregelt. Aufgestiegen wurde jeden Montag über den Schnellerwagsteig. An Fahrzeugen standen im Holzschlag ein Ferguson- und ein Puchtraktor zur Verfügung. Das geschlägerte Holz wurde auf ca. 4 m Länge geschnitten und mit einer Feldbahn zur Bergstation der EONIT-Waldbahn auf dem Stadelboden transportiert, nur aus dem unzugänglichen Gelände wurde das Holz mit Pferden transportiert. Auf der Bergstation der EONIT-Waldbahn war Buchner Engelbert aus Erlach beschäftigt, während Kleindl Rudolf für den Holztransport und die tägliche Verpflegung zuständig war. Geschlägert wurden insgesamt ca. 100 000 fm. In der Holzknechthütte waren 22 Holzknechte. Gefällt wurden die Bäume mit einer 2-Mann-Motorsäge mit 65 kg Gewicht oder mit der Zugsäge oder Fischhobelsäge. Teilweise wurde auch selbst gekocht und wenn, dann gab es einen kräftigenden Holzknechtsterz. Gearbeitet wurde jeweils von Montag bis Freitag und bergab ging es im Laufschritt entlang der Waldbahn. Man benötigte für die Strecke Bergstation - Talstation ca. 12 min bergab, und 40 - 45 min. wild bergauf durch den Wald war die schnellste Zeit, die erreicht wurde. Einmal hatte ein Holzfäller Glück, als sich eine Schiene in einen Stamm bohrte, vor dem er kurz davor gestanden hat. - Die geschlägerten und abgelängten Bloche wurden mittels einer Materialbahn, deren Zugmaschine eine Jenbacher Diesellok war, zur Bergstation auf den Stadelboden transportiert.

Engelbert Buchner

Herr Buchner war Seilbahnwärter auf der Bergstation am Kuhschneeberg und auch als Arbeiter im Frohnbachgraben tätig sowie auch für das Beladen mit Hr. Rodler zuständig. Auf die flachen Wagen, deren Ladefläche das gleiche Niveau wie die Verladerampe aufgewiesen

hat, wurden mittels Sapinen je nach Stärke der Bloche zwischen 2 und 5 Bloche aufgeladen und mit Ketten gegen Abrutschen gesichert. Ab und zu ist auch ein beladener Wagen entgleist. Mit der Bahn fuhren trotz Verbot auch manchmal Personen mit. Außer den Holzknechten waren bei der Bahn noch 5 Personen tätig. Gearbeitet wurde von April bis zum Eintreffen des ersten Schnees, meist Oktober, von Montag 6.00 Uhr früh bis Freitag 18.00 Uhr abends. Der Blochtransport erfolgte im ca. ½-Stunden-Takt. Mit der Talstation bestand eine Telefonverbindung. Als Jäger war damals Binder aus Nasswald zuständig. Heute ist das ehemalige EONIT-Gelände Areal des Bauunternehmers Fuchs. Die Firma EONIT hatte sich in späteren Jahren aufgeteilt; während EONIT als Bauunternehmen fungierte, so war die Firma WENAR Sägewerksbetrieb.

Die Waldbahn im Frohnbachgraben

Am Fuße des Schneeberges, im Frohnbachgraben, hatte die zuständige Forstverwaltung der Gemeinde Wien im Jahre 1954 einen größeren Waldbestand zur Abstockung freigegeben. Für die Bringung der Stämme wurde eine Holzriese bis zur Einmündung des Frohnbachgrabens in das Höllental errichtet. Wie sich dann herausstellte, war die Holzbringung mittels dieser Riese nicht möglich, da sie ein zu geringes Gefälle aufwies. Obwohl man die Bringung im Winter auf der vereisten Riese nochmals versuchte, blieb der gewünschte Erfolg aus. Da die Schlägerung aber fortgesetzt wurde, war der vorhandene Platz für die Lagerung der Stämme bald zu klein, außerdem befürchtete man durch eine längere Lagerung eine Wertverminderung.

Der Zufall wollte es, dass die Waldbahn am Stadelboden abgetragen werden sollte. Es war dann die gleiche Firma, die nun von der Frohnbach-Brücke zur Frohnbach-Mauer in vier Wochen die ca. 2 km lange Waldbahnstrecke mit einer Spannweite von 600 mm, die teilweise auf der vorher errichteten Riese verlief, wobei die Schienen, Wagen und Lokomotive von der Firma EONIT leihweise zur Verfügung gestellt wurden, errichtete. Die Bringung der Stämme verlief so, dass die leeren Wagen mit der Lokomotive zum geschlägerten Holz gezogen wurden, während die beladenen Wagen mit einem Bremser zu Tal rollten. Den Transport zu den einzelnen Bestimmungsorten besorgten Lastwagen. Als dann nach zwei Jahren von Betriebsbeginn an gerechnet die Schlägerung beendet war, wurde die Anlage abmontiert, die Fahrzeuge weiterverkauft und die Lokomotive vom Sägewerk Langenwang erworben.

Außer den oben genannten Waldbahnen gab es noch eine direkt am Stadelboden und eine ab dem Jahre 1937 vom Ende des Nesselgrabens zur Verladerampe der Zahnradbahnstation Ternitzerhütte. Verwendung fand das Holz als Grubenholz im Steinkohlenbergbau Grünbach, in der Papierfabrik Schlöglmühl, in der Firma Scherz in St. Johann und

dem Sägewerk Jägersberger in Puchberg. Die Bahn selbst war ca. 1,6 km lang und hatte eine Spurweite von 600 mm.

FORSTVERWALTUNG MA 49 DER STADT WIEN

Ob sommerliches Filmfestval auf dem Rathausplatz, Holzstandln entlang des beliebten Silvesterpfades, Holztribüne für den Eislaufplatz oder die Rindenschnitzel für die diversen

Blick vom Sägewerk Hirschwang in Richtung Mittagstein

Kinderspielplätze, das Holz und die Holzbestände stammen aus dem Sägewerk Hirschwang der Stadt Wien, welches für Wien alle "Holzwünsche" kurzfristig zu erfüllen vermag. Vom Forstbetrieb der Stadt Wien wird das Sägewerk Hirschwang als forstwirtschaftlicher Nebenbetrieb geführt und der überwiegende Teil an Nutzholz aus den Quellenschutzwäldern der beiden Forstverwaltungen Hirschwang und Naßwald hier verarbeitet. Um während eventueller Schlechtwetterperioden Produktionsspitzen abdecken zu können, besteht die Möglichkeit, auch Rundholz (Spezialsortimente) im geringfügigen Maße zuzukaufen. Die Schlägerung wie auch die Bringung wird von eigenen Forstfacharbeitern bewerkstelligt, die im Sinne der Quellenschutzmaßnahmen arbeiten und auf eine naturnahe Bewirtschaftung Wert legen. Der Standort des Sägewerkes Hirschwang als Nadelschnittholzsäge kann auf Grund seiner geografischen Lage am Rande des "alpinen Koniferenwuchsgebietes" im Einzugsgebiet des großen ostösterreichischen Siedlungsraumes, hinsichtlich des Absatzes am Binnenmarkt, als optimal bezeichnet werden. Die Führung des Betriebes als "forsteigene Säge", d. h. der enge Konnex mit der Rundholzgewinnung bietet die Möglichkeit, dem Bedarf des Baumarktes durch die Erzeugung von Spezialsortimenten mit kurzen Lieferfristen zu entsprechen. Dadurch ist auch eine hohe Wertschöpfung in jenen Zeiten gegeben, in denen der Absatz an handelsüblichen Sortimenten rückläufig ist. Die Nähe der großen Handelswege eröffnet auch chancenreiche Geschäftsverbindungen zu den traditionellen Auslandsmärkten. Das Bedürfnis, den Wald zu nutzen und gleichzeitig die Wasserresourcen zu erhalten sowie den anfallenden "Rohstoff" nicht sofort zu veräußern, sondern vorerst diesen so weit als möglich zu veredeln, muss das Ziel eines jeden verantwortungsbewussten und naturliebenden Menschen sein!

Der Beginn
Aauszüge aus dem
N o t a r i a t s a k t .
Gesellschaftsvertrag.
Die Firmen:
1.) Neusiedler Aktiengesellschaft für Papierfabrikation in Wien
2.) Schoeller & Co. in Wien
vereinigen sich zu einer Gesellschaft m. b. H. unter nachstehenden Modalitäten.
§ 1.
Firma, Sitz und Zweck.
Die Gesellschaft trägt die Firma "Hirschwanger Sägewerk, Ges. m. b. H." und hat ihren Sitz in Hirschwang. Sie behält sich die Errichtung von Zweigniederlassungen im In- und Auslande vor.
Zweck und Gegenstand der Gesellschaft ist:
1.) Die Pachtung und der Betrieb des der Firma Schoeller & Co. gehörigen Sägewerkes und des gleichfalls der Firma Sch. gehörigen Holzlagerplatzes in Hirschwang.
2.) Der Einkauf- und Verkauf von Holz, die Bearbeitung, Verwertung und Zerkleinerung desselben.
3.) Die Vornahme und der Abschluss aller einschlägigen Hilf- und Nebengeschäfte.
4.) Die Beteiligung an Unternehmungen gleicher oder ähnlicher Art.
§ 2.
Gesellschaft und Stammkapital.
Das Stammkapital der Gesellschaft beträgt K 300.000,--. Hievon übernimmt jeder der beiden Gesellschafter, nämlich die N. A. G. und Schoeller je die Hälfte, somit je K 150.000,-. Auf die Stammeinlage wurde bei Ausfertigung dieses Vertrages zu Handen der bestellten Geschäftsführer ein Betrag von je K 50.000,-- zusammen K 100.000,-- bar eingezahlt. Der

Rest von K 200.000,-- ist von beiden Gesellschaftern je zur Hälfte bei Bedarf über Anforderung der Geschäftsführer zur ihren Handen bar einzuzahlen.
§ 3.
Organe der Gesellschaft.
Die gesellschaftlichen Organe sind:
1.) Der Geschäftsführer
2.) Der Aufsichtsrat.
3.) Die Generalversammlung.
§ 4.
Übergabe und Übernahme, Stichtag.
Die Übergabe und die Übernahme ist mit dem Tage der Fertigung dieses Vertrages als erfolgt anzusehen. Mit dem Tage der Vertragsfertigung gehen Nutzungen und Gefahr auf die Käuferin über. Die wechselseitige Abrechnung über die Steuern und Umlagen und alle sonstigen, die Vertragsobjekte etwa betreffenden Leistungen dagegen ist unter Zugrundelegung des 1. Juli 1920 als dem vereinbarten Stichtag zu pflegen.
§ 13.
Subsidäre Anwendung des Gesetzes.
Soweit in diesem Gesellschaftsvertrag nichts anderes vereinbart ist, gelten die Bestimmungen vom 6. März 1906, R. G. Bl. Nr. 158.

1907 konnte die im Jahre 1905 geplante Sägeanlage, in der nur Holz aus den eigenen Forstbetrieben zur Verarbeitung gelangte, ihren Betrieb aufnehmen, wobei das für die damalige Zeit moderne "Tophamgatter 65" mit der entsprechenden Personalbesetzung einen Einschnitt von ca. 3 000 bis 4 000 fm Rundholz bewältigte.

Die noch heute bestehende Gatterhalle wurde 1917 mit einem etwa gleich großen Zubau, der "Hobelhalle", mit Bandsäge, Abrichtmaschine, Kreissäge, Hobel- und Fräsmaschine ausgestattet, erweitert, wobei die Antriebsmotoren auf Grund einer Klausel über die Neusiedler Papierfabrik gespeist wurden.

Im Jahre 1941 ging das Sägewerk Hirschwang und der in diesem Gebiet gelegene Waldbesitz des Bankhauses Schoeller in den Besitz der Gemeinde Wien über. Da bis zum Jahre 1943 die Sägespäne noch mit großen Körben aus dem Keller getragen werden mussten, so verrichtete diese Arbeit ab dem Jahre 1943 eine Absauganlage.

Das im Jahre 1947 in Betrieb genommene zweite Gatter, Pini & Key 50, brachte es mit sich, dass durch eine eigene Investition des bisherigen Stromlieferanten, der Neusiedler Papierfabrik, der Strom knapp wurde. Daraufhin kaufte sich o. g. Firma durch den Bau einer Trafostation und der Beschickung mit einem Transformator direkt im Sägewerksbereich von der entsprechenden Stromverpflichtung frei; über diese Station lieferte von nun an die NEWAG, jetzt EVN, den benötigten Strom.

Durch das im Jahre 1953 errichtete E-Werk der Wiener Wasserwerke mit Standort Hirschwang ergab sich nunmehr infolge billigen Stromes noch im selben Jahr die Möglichkeit der Aufstellung eines Gatters der Type Pini & Key 65 an der Stelle, wo das Tophamgatter einst stand. Mit diesem neuen Gatter konnte die Schnittleistung bis auf ca. 6 500 lfm gesteigert werden. Der Personalstand betrug im Schnitt 33 Arbeiter.

Im Jahre 1958 konnte das schon seit längerer Zeit angekaufte Seitengatter, mit dem auch Starkbloche verschnitten werden konnten, in Betrieb genommen werden.

1961 erfolgte die größte Investition, der Umbau des äußerst arbeitsaufwendigen und kräfteraubenden Rundholzplatzes. Durch den Bau einer Hochrampe in Form einer Erdaufschüttung mit anschließendem Hochgeleise, die von den Zubringer-LKWs befahren werden konnte, wurde die Arbeit des "Ganterns", Aufziehen des Rundholzes auf "Polter" bis zu 3 m Höhe, mit Hilfe der Schwerkraft nicht nur erheblich erleichtert, sondern brachte auch eine Personaleinsparung mit sich. Nun mussten die Bloche lediglich links und rechts von dem Hochgeleise auf die entsprechenden Lager abgeworfen werden - Planung einer neuen Sägehalle.

Weitere Begebenheiten:

1962: Ankauf einer Dreiseiten-Hobelmaschine. Abriss der im alten Sägehallenbereich befindlichen Bauten und Errichtung einer neuen, im Massivbau ausgeführten Halle, die mit modernsten Maschinen, Esterergatter SS71, Esterer Doppelsäumer, Förderanlagen der Fa. Springer, Kappsägen, Spannwagen, Rollgängen und Querförderern bestückt wurde. Diese Investitionen brachten auch eine Personalreduzierung von vorher 8 - 10 Mann auf nunmehr 3 Mann mit sich. Neben dieser Halle wurde eine in Holzbauweise ausgeführte Halle errichtet, wobei diese nun von der Sägehalle mittels Querförderer direkt beschickt werden konnte. Diese Anschaffungen wurden durch den Ankauf entsprechender Hubstapler, zunächst 3,5 t, später 6,5 t, einer modernen stationären Blochkappsäge, dem Bau eines mit der Lokalbahn verbundenen Schleppgeleises auf dem Schnittholzplatz, einer Dolmer Kettensäge sowie entsprechenden Hallen, Flugdächern und Platzasphaltierungen, ergänzt. Durch die Errichtung eines großen "Klotzteiches", von dem ein Schrägaufzug zur Halle lief und der zur Vorsortierung des Blochholzes diente, war fast der ganze Arbeitsablauf vom Abladen des Blochholzes bis zur Brettersortierung automatisiert und damit auch rationalisiert.

1963 ging dieses Werk in Betrieb und es konnte auf eine Schnittleistung von 10 000 bis 12 000 fm gesteigert werden, während dazu der Personalstand allmählich auf 19 Mann gesenkt werden konnte sowie ein neues Prämiensystem zur Leistungssteigerung beitrug.

1967: Installation eines den damaligen Verhältnissen entsprechenden modernsten "Weihs Schnellspannwagens", Errichtung eines neuen Sägespänebunkers für die Hobelhalle. 1967/68 wurde kurzfristig die Produktion nochmals gesteigert, da infolge der tristen Rundholzmarktlage auch das Blochholz von der Forstverwaltung Wildalpen verschnitten werden musste.

Durch die immer angespanntere Marktlage auf dem Schnittholzmarkt, speziell in Italien, war man zu weiteren Investitionen gezwungen und es wurde eine Rundholz-Entrindungs- und -Sortieranlage ins Auge gefasst. Dazu war es jedoch notwendig, das von der Perlmooser Zementfabrik angekaufte nachbarliche Grundstück, auf dem die neue Anlage errichtet werden sollte, von den Großbaulichkeiten wie Kalkringofen, Hydratwerk, Fabriksschornstein usw. zu befreien und das Gelände zu ebnen. Um Platz für die Blochholzzubringung zum Gatter mittels Blochquertransporteur über Auflöser, Schrägaufzüge, Längskettenförderern mit eingebautem Blochwender zu bekommen, wurde der aus dem Jahre 1963 stammende Klotzteich zugeschüttet.

1974: Ab 1. 11. ist der Ländplatz wieder im Besitz der Gemeinde Wien.

1975 verfügten im Westen Österreichs schon mehrere Sägewerke über Entrindungs- und Sortieranlagen. Im April des Jahres konnten die ersten Fundamente, welche die von der Fa. Springer erzeugten Förderanlagen und Maschinen aufnehmen sollten, errichtet werden, wobei der größte Teil der Maurer-, Zimmerer- und Tischlerarbeiten von den eigenen Professionisten ausgeführt wurde und damit eine große Kosteneinsparung erreicht werden konnte, da die angelieferten Maschinen nur mehr aufgesetzt und befestigt werden mussten. Bei all diesen Arbeiten erleichterte ein neu hinzugekommener Hubstapler mit einer Tragkraft von 8 t die Arbeiten erheblich. Das angelieferte Blochholz gelangte nunmehr über einen langen Querförderer mit Auflöser auf einen Längskettenzug, der es durch die "Cambio-Entrindungsmaschine" führte. Anschließend wurden die Bloche automatisch zentriert, durch die Doppelkappsäge geschleust und der berührungslosen zweiseitigen Durchmesserermittlung sowie einer Längsabnahme zugeführt. Danach gelangte es auf den elektronisch gesteuerten Sortierwagen, der es in eine der 24 Sortierboxen warf. Diese Anlage wurde am 3. Oktober offiziell ihrer Bestimmung übergeben.

1976 wurde die Kubatur des Rundholzes zunächst noch mit Tabellen ermittelt, so übernahm zuerst diese Arbeit ab Dezember 1976 ein Rechenzentrum mit angeschlossener elektronischer Schreibmaschine und darauf folgend ein Computer. Somit schaffte die gesamte Mani-

Holzbringung mit mobilem Seilkran

Links das ehemalige Eishaus vom Männergasthaus, rechts die Karolinensäge von Schoeller

Langholztransport

Wurzelreduzierer

Gattersäge

Kappsäge

pulation der Entrindung und Sortierung ein einziger Mann und der Arbeiterstand konnte um weitere fünf Personen gesenkt werden, wobei durch Umschichtung eine Entlassung unterbleiben konnte. Die 1961 errichtete und lange Jahre gute Dienste leistende Hochrampe musste nunmehr abgerissen werden, um nach Einebnung einem großen Rundholzlagerplatz zu weichen. Auch der Schnittholzplatz wurde adaptiert und mit einigen Stapelhallen versehen. Anlässlich des Katastrophenwindwurfes im Jänner d. Jahres mussten zwischen 30 000 und 40 000 fm Bloche entrindet und sortiert werden, somit war die Anlage zum richtigen Zeitpunkt fertig geworden.

1984: Da die Schnittholz-Manipulation weiterhin außerordentlich arbeitsaufwendig blieb, musste seitens des Wirtschaftsführers der MA 49 Hirschwang neuerlich ein Vorstoß zur Rationalisierung dieser Arbeiten unternommen werden. Eingeholte Pläne und Angebote wurde geprüft und diskutiert; Stapel- und Entstapelungsmaschinen mit Bretterkappsägen hätten weitere spürbare Einsparungen mit sich gebracht. Auch die Überlegung zur Anschaffung einer "Spreißelhackmaschine" anstelle der aufwendigen Spreißelmanipulation sowie der geplante Ankauf einer Rückschnittkreissäge konnten auf Grund der Stromknappheit nicht realisiert werden.

1992: In dieses Jahr fällt die Erneuerung des gesamten Maschinenparks, die Errichtung neuer Produktionslinien, die Inbetriebnahme einer Vielblatt-Kreissäge sowie eines Spreißelhackers und die Anschaffung eines neuen Radladers (Volvo).

1993: Durch den Bruch eines Bolzens entstand am Vollgatter ein Totalschaden und zwang zu einer Neuanschaffung. Die Inbetriebnahme des modernen Gatters erfolgte im Mai. Durch die Gründung der Hirschwanger Holzverarbeitungs GmbH. wurde dem Sägewerk auch ein Veredelungsbetrieb angeschlossen. Im Laufe der folgenden Jahre wurde eine neue Produktionslinie in Form eines neuen Sägegatters, einer Nachschnitt-Kreissäge sowie einer automatischen Besäumanlage errichtet, ferner eine Stapel-/Sortier-/Paketieranlage in Betrieb genommen und der Rundholzplatz erfuhr eine Neugestaltung. Auch wurde eine elektronische Vermessungsanlage eingebaut, neue Sortierboxen errichtet, eine neue Entrindungsmaschine sowie ein neuer Wurzelreduzierer, der den Erdstamm zylindrisch fräst, installiert.

Besondere Aufmerksamkeit wird seit dem Jahre 1997 der Lehrlingsausbildung gewidmet. So werden in der Forstverwaltung Hirschwang Jugendliche zu Forstfacharbeitern sowie Holz- und Sägetechnikern ausgebildet. Zusammenfassend kann man sagen, dass der Sägebetrieb all die Jahre für die jeweiligen Leiter eine interessante und herausfordernde Aufgabe mit Höhen und Tiefen, mit Sorgen, aber auch Genugtuung war. Käufer- und Verkäufermarkt wechselten immer wieder ab und prägten so die persönliche Beziehung zum Werk.

Personalstand der Forstverwaltung Hirschwang, MA 49 im Jahre 2002:
1 Wirtschaftsführer
1 zugeteilter Forstwirt
4 Revierförster
2 zugeteilte Revierförster

6 Forstaufseher

1 Kanzleiförster

1 Sägeleiter

3 Kanzleibedienstete

9 Sägearbeiter

25 Forstarbeiter

14 Professionisten

2 Fahrer

3 Forstfacharbeiter-Lehrlinge

1 Holz- und Sägetechniker-Lehrling

19 Saisonarbeiter

Diensthütten, Arbeiterunterkünfte, Halterhütten und Straßen der FV Hirschwang

- *Revier 3, Schneeberg - 3 157 ha*

Diensthütten:

Krottensee-Hütte, 1 660 m, erbaut 1980

Stadelwand-Hütte, 1 380 m, erbaut 1885

Herbert-Hütte, 1 420 m, erbaut 1983

Ernst-Hütte, 1 380 m, erbaut 1928

Franzl-Hütte, ehemals Waißnix-Hütte

Breite-Ries-Hütte

Schreiner-Hütte

Arbeiterunterkunft:

Feichter-Hütte

Halterhütte:

am Schneeberg hinter dem Damböckhaus

Außer den vorher genannten Hütten gab es seinerzeit nach der Franziszeischen Karte auf dem Kuhschneeberg zwei Sennereien, ferner die Ochsenhütte am Hochschneeberg, die Bockgrabenhütte (Bockgrubenhütte), zwischen beiden tiefer gelegen die Stuhlmanghütte und am Südhang des Waxriegels die Krummbachhütte und die Hütten der Inneren und Äußeren Almen wie auch die Höchbauernalm.

Forststraßen:

Krenkenkogelstraße

Weichtalstraße

Ochsenleitenstraße

Krummbachgrabenstraße

Schulleitenstraße

Wasserweg Haaberg

Haabergstraße

Feuchterstraße

Miesleitenstraße

Bärenbodenstraße und Krappenstraße

Oben: *Forsthaus zwischen Station Baumgartner und Krummbachsattel*

Oben: *Jagdhütte im Frohnbach*

Unten: *Ehemalige Prettschacherhütte*

Unten: *Stadelwand-Jagdhütte*

- *Revier 6, Gahns - 2 036 ha*

Diensthütten:

Pürschhof

Kaiser-Hütte

Hermanns-Hütte

Kolowrat-Hütte

Arbeiterunterkünfte:

Pürschhof

Lackaboden

Hübel-Hütte

Halterhütte:

Bodenwiese

Alpl

Straßen:

Gahnsstraße (Knofeleben)

Klausgraben - Kaiserhüttenstraße

Hübelwiese - Knofelebenstraße

Hengstleitenstraße

Saurüsselstraße

Kienberg - Hübelholzstraße

WALD, WILD UND JAGD

Während unsere Wälder früher noch einen urwaldähnlichen Charakter aufweisen konnten und somit einen idealen Lebensraum für die Tierwelt geboten haben, der letzte Wolf wurde im Jahre 1832 und der letzte Bär im Jahre 1834 erlegt, wurde durch die Urbarmachung und Besiedelung der fruchtbaren Gebiete der Lebensraum dieser Tiere derart eingeengt, dass sie in andere Regionen überwechselten. Als die oft in den Waldgebieten eingestreuten oder an den Waldrändern liegenden, als Acker- oder Grünland von den Landwirten oder Privatpersonen bewirtschafteten Grenzertragsböden meist als Fichtenreinkulturen aufgeforstet wurden, gingen diese als Äsungsflächen dem Wild verloren, somit erfuhren die Wälder eine Zweifachbelastung, einerseits durch die Schadstoffe, andererseits durch einen erhöhten Schalenwildbestand. Um diesem Zustand Abhilfe zu schaffen, war es notwendig, Forstleute, Jägerschaft und Landwirte auf einen Nenner zu bringen, nur dadurch könnte wieder eine harmonische Einheit zwischen Wald und Wild hergestellt werden.

Die in den vergangenen Jahrzehnten praktizierte Bejagungsart, die vorwiegend auf Einzelabschüsse ausgerichtet war, stellte ein weiteres Problem für die Wald-Wild-Beziehung dar. So geht zum Beispiel eine Verminderung des Jagddruckes konform mit einer Verringerung der Verbiss- und Schälschäden und man sollte in diesem Zusammenhang althergebrachte Bejagungsarten wie das Riegeln oder die Drückjagd nicht vorschnell verurteilen, ohne sie auf ihre Sinnhaftigkeit überprüft zu haben. Da anlässlich einer im Jahre 1960 gezeigten Trophäenschau die Böcke im Durchschnitt wesentlich stärker als heute waren, kann die in der Jägerschaft weit verbreitete Meinung, dass eine intensive Fütterung die Trophäenentwicklung beeinflusse, widerlegt werden, denn damals gab es kaum eine Futtervorlage, nur der Stellenwert des Wildbrets war bedeutend höher. Um nun ein annähernd ausgeglichenes Geschlechtsverhältnis zu schaffen, wurden nicht nur Böcke, sondern auch Geißen in ausreichender Anzahl erlegt.

Da sich heute das Vorkommen von Raubwild nur mehr auf Füchse, Marder, Wiesel etc. beschränkt, ist der nutzbare Wildbestand umso größer. In den auf der Südseite des Schneeberges befindlichen Schutzwäldern für die Hochquellenleitung zählen die Jäger an 300 Gämsen, während auf dem Kuhschneeberge etwa 50 - 70 und in den Gehegen des Gahns beiläufig 50 Gämsen ihren Stand haben dürften. Diese Tiere bevorzugen nämlich die Süd- und Morgenseite der Berge und bewohnen hauptsächlich die felsigen Reviere oberhalb des Hochwaldes. Auf der Puchberger Seite des Schneeberges, namentlich in der Hügelregion des hinteren Puchberger Tales, aber auch sonst im Schneeberggebiet sind die Rehe als Standwild so zahlreich, dass man gelegentlich einer Morgenfahrt mit der Zahnradbahn oft mehrere Stück sehen kann, wie sie über die Schienenstrecke setzen.

Abschuss der letzten Wildsau im Gebiet von Schwarzau im Gebirge

Berühmt war einst das Schneeberggebiet als Gehege für die Hähne. Der Birkhahn hat seine Lieblingsplätzchen in den Waldbeständen südlich von der Station Baumgartner, dann auf dem Gahnsplateau und dem Kuhschneeberg, während der Auerhahn mehr die Osthänge des Gahns bevorzugt. Seine Hauptbalzplätze sind deshalb auch die über Prigglitz und Sieding aufragenden Lehnen des Gahns "am Dobl" oder im Klausgraben und von hier angefangen die Abhänge gegen die Nordseite bis zum Pürschhof, an der Südseite bis zur "Eng". Im Höllental, wo diese Bedingungen fehlen, kommt er nur selten vor. Ein Hauptbalzplatz war bisher die Gegend des 34er Steines unweit der Fischerruhe. In der Krummholz- und Alpenmattenregion fliegen oft zur Überraschung des Wanderers die im Winter weiß, im Sommer braungrau gefärbten Schneehühner in Ketten auf und die schwarzen Alpendohlen, welche mit Vorliebe den Kaiserstein umkreisen, können kaum den Anbruch des Abends erwarten, um dann, wenn der letzte Gast die Fischerhütte verlassen, über die außerhalb dieses Schutzbaues liegen gebliebenen Speisereste herzufallen.

Die Sängerwelt ist durch zahlreiche Bergfinken und durch die selbst bei Unwetter nicht verstummenden Zeisige und Meisen vertreten. Im Walde hämmern die Spechte und in der Krummholzregion kommt die Ringamsel vor, welche durch einen weißen, halbmondförmigen Halssaum ausgezeichnet ist. In dem Steingeröll der sonnigen Gräben, welche aus den Tälern zu den Gipfeln des Schneeberges emporführen, hausen Schlangen und auf den

Oben: Reichenauer Jagdpersonal bei der Rast

Das Personal mit k. k. Hofjagdleiter Forstrat Eduard Grünkranz am Lackaboden

Proviantransport mit der "Kraxn" - v.l.n.r.: Karl Liebezeit, Fritz Neugebauer, Karl Puchner, Karl Gölles, Gotthold Spielbichler

Steigen an Waldrändern kann man insbesondere nach Regenwetter häufig den trägen Feuersalamander antreffen.

Der Alpendost mit den blassroten Blüten ist nicht selten der Träger des schönen, metallisch glänzenden Alpen-Blattkäfers, und auf den bunten Blumen der Bergwiesen schaukeln sich der Apollofalter oder rote Augenspiegel, der Schwalbenschwanz, der Segler und andere bunte Falter. Im Gegenteil zur Alpenflora ist das Tierwelt des Schneeberges ident mit jener der Raxalpe, wobei bei den Touristen die Gämse als beliebtestes Tier anzusehen ist. Durch den aufströmenden Tourismus hat es den Anschein, als sei die Zahl des Standwildes im Abnehmen begriffen. Ausschlaggebend dafür ist aber der rege Besucherstrom, der die Tiere in unwegsamere Gebiete zurückweichen ließ. Aber jedes noch so scheue Tier gewöhnt sich mit der Zeit an den Anblick des Menschen, und so hat der Touristenverkehr dem Wildreichtum des Schneeberges wenig geschadet. Im Revier des Hochschneeberges allein befinden sich gegen 300 Stück Gämsen als Standwild auf dem Boden der Gemeinde Wien. Dieses Gebiet reicht von der Knofeleben bis zum Turmstein und Krenkenkogel einschließlich des Alpengipfels. Seltener ist die Gämse auf der Puchberger Seite des Schneeberges anzutreffen, wo man kaum 50 Stück Standwild zählt. Der wahre Alpinist hat seine Freude an dem schönen Anblick, den uns das stolze Tier oft gewährt, wenn es mit schlafwandlerischer Sicherheit die unzugänglichsten Felswände erklettert. Während sich die

Gämse mehr in den höheren, unbewaldeten Felsgebieten des Berges aufhält, bewohnt der Hirsch die Regionen bis etwa 1 600 m abwärts. Seine Hauptstandorte sind die steilen Waldhänge und die dicht bewaldeten Hochflächen der Vorberge, die tieferen Lagen des Krummholzgebietes und die düsteren Waldschluchten. Auch dieses Tier ist im Schneeberggebiet nicht sonderlich scheu, und ungestört lässt es sich bei den so genannten Suhlplätzen oder den Fütterungen oft aus größerer Entfernung beobachten. Dergleichen sieht man beispielsweise am Eingange des Weichtales, wo sich bei der Fütterung vor den Augen der Gasthausbesucher, unbekümmert um den Lärm der Wagen und Leute vor dem Hause, oft ganze Rudel umhertummeln. Von der Furchtlosigkeit der Hirsche können übrigens die Feldeigentümer von Kaiserbrunn und Singerin so manches traurige Beispiel erzählen.

Das beste Hirschgehege bilden am Schneeberg die Abhänge des Krummbachsteines und Alpels gegen den Lackaboden sowie dieser selbst. Sehr zahlreich ist dieses Tier aber auch auf den anderen waldigen Kuppen der Gahnshochfläche, wie Schwarzenberg und Lärchbaumriegel, vertreten und nicht minder auf den bewaldeten Osthängen des Feuchters gegen Mitterberggraben und Knofeleben. Auf der Großwiese kann man, bei gegenströmendem Winde geräuschlos aus dem Walde tretend, oft Rudel von 30 Stück und mehr belauschen. Im Gebiet der Gemeinde Wien hält sich der Hirsch am liebsten am Krenkenkogel, im Hohen Weichtal, am Prettschacher und in der Miesleiten auf. Die Nordseite des Schneeberges bewohnt er nicht als Standwild, sondern als Wechselwild. Am nördlichen Kuhschneeberg und Hengst scheint das Hochwild gänzlich zu fehlen, und es bleibt als Standwild nur das Reh, welches am zahlreichsten in den bewaldeten Niederungen und im Hügelgelände des hinteren Puchberger Tales vorkommt. Oft hört man zur angenehmen Überraschung hoch oben in der Region des Krummholzes, wo man nur mehr ganz untergeordnete Tiere anzutreffen vermeint, den Gesang einer Ringamsel. Ihr Ruf ist auch Warnung, und deshalb ist die Ringamsel bei den Jägern nicht sehr beliebt, denn durch diesen Ruf gewarnt, flüchtet das Wild und für den Waidmann war der Pirschgang umsonst. Mit einem laut schnurrenden Geräusch macht sich das Schneehuhn bemerkbar. Der rebhuhnähnliche Vogel trägt in den warmen Jahreszeiten ein graues Gefieder, im Winter jedoch ein schneeweißes. Ein äußerst flinker, beweglicher Vogel ist der kleine, rot geflügelte Mauerläufer inmitten der Felswände. Ebenso treffen wir in den Regionen des Schneeberges den prächtigen rotköpfigen Schwarzspecht an. Ist schlechtes Wetter in Aussicht, so lässt er einen lang gezogenen, klagenden Ruf vernehmen. Man nennt ihn darob auch den Gießvogel.

Das Gejaidtpuech vom Schneeberg

"Ain Perg, genannt der Groß SchnePerg, daran ligt der Jung oder Clain SchnePerg, daran hats gern Hierß, Gämbßwildt unnd Peern. So die Khay Myt. An den Pergen Hierß will

Jagen, so soll man den Winnt unnd Jagdhundtwarth anlegen, auf dem Pach genannt die Trenckh, unnd annder windt unnd Jagdhundtwarth auf dem Pach, genannt die foyß, da die Schwarzach unnd die foyß zusammenfliessen. Unnd ist der besst lauff. Mag Ir Mt.(Mayestat) Von Guetenstain aus bejagen. Aber das Gämbsgejait mag Ir Mt. Von dem Marckht PuechPerg aus erlangen."

Das kaiserliche Leibgehege Reichenau in N. Ö.
Auszug aus der Jagd-Zeitung
Nr. 11 vom 15. Juni 1872, 15. Jahrgang

Seit dem Zustandekommen der Semmeringbahn ist das von Vorbergen malerisch umrahmte Reichenauer Gebirgstal ein Lieblingsausflug der hauptstädtischen Alpenfreunde, nicht minder ein Sommersitz vieler Fremder geworden, die jenen stimmungsvollen Zauber, den eine reizende Gebirgslandschaft in die Seele des vom großen Weltgetümmel ermüdeten Stadtbewohners zu legen pflegt, hier zu finden vermeinen.

Die kaiserliche Jagd und einigermaßen auch die aufrichtigen Sympathien, über welche

Der Kaiser mit seinem Jagdpersonal nach einer erfolgreichen Jagd

Reichenau derzeit nicht bloß "Touristen, Luftschnappern, Wasserschmeckern und Molken-lappern", sondern auch bei echtgefärbten Natur- und Jagdfreunden zum sichtlichen Vorteile verfügt, hat uns schon öfter zu dem Wunsche geleitet, nach positiven Quellen über die älte-re Vergangenheit des Gebirgsfleckens in Archiven und Chroniken zu forschen. Das kaiserli-che Leibgehege in Eisenerz und der dazu gehörenden Domäne Reichenau wurde durch den seitens des Aerars mit der neuen Innerberger Aktiengesellschaft abgeschlossenen Vertrag in hauptsächlicher Beziehung nur wenig alteriert, wie aus folgendem Paragraph des Kauf-kontraktes zu ersehen ist:

"§. 6. Die Käuferin (Aktiengesellschaft) ist einverstanden, dass zu Gunsten Sr. Ma-jestät des Kaisers Franz Josef und Allerhöchst dessen Thronfolgern auf sämtlichen der Innerberger Hauptgewerkschaft gehörigen Waldungen sowie auf den Ennstaler Realitäts-Waldungen das Jagdrecht vorbehalten und dessen bücherliche Sicherstellung veranlasst werde, jedoch ohne Beschränkung der Käuferin in der freien forstmäßigen Benützung der diesem Jagdrechte unterliegenden Forste."

Die Gründung eines kaiserlichen Leibgeheges in der kaiserlichen Domäne Reichenau stammt aus den 50er Jahren des 19. Jahrhunderts. Seine Majestät der Kaiser kam zum ersten Mal am 27. April 1851 zur Hahnenjagd nach Reichenau, von welchem Zeitpunkt die Idee, hier ein Leibgehege zu errichten, datieren dürfte. Infolge der Loyalen Courtoifle des Grafen Hoyos waren pachtweise einige bedeutende Komplexe auf dem Schneeberg und den angrenzenden Bergen dem Leibgehege zugefallen, gegen Süd und Ost wurde es anderer-seits durch Gemeindejagdpachtungen gut abgegrenzt und hat einen Umfang von ungefähr 27 000 Joch. Schon wenige Jahre nach der Gründung desselben hat sich der Wildstand in Folge der Umsicht des mit voller Manneskraft und jagdlichem Verständnis ausgerüsteten k. k. Waldmeisters Karl Fuchs merklich gehoben. Der Jagdschutz wurde energisch gehand-habt, es wurden Hütten gebaut, die Schlägerungen mit dem Interesse der Jagd in freund-lichen Einklang gebracht, schwer zugängliche Terrains zu den Hochjagböden mit passier-baren Steigen versehen, viele Vorkehrungen zur behäbigeren Existenz des Wildes getroffen, kurz im Jahre 1870 konnte man bereits annehmen, dass das Hochwild im Leibgehege sich bereits auf ungefähr 200 und das Gämswild auf 500 - 600 beziffert. Auch mit dem Auerwild, welches unmittelbar nach der Gründung des Leibgeheges nur bis auf wenige Exemplare in den besten Standrevieren heruntergekommen war, ging es bald rasch auf-wärts. Durch die ausdauernde Vertilgung des Schädlichen mit Blei, Gift und Eisen ward jeg-liches Raubzeug auf eine Geringheit verringert, und somit konnte es geschehen, dass im Jahre 1871 auch die Reichenauer Hahnenbalz einigermaßen schon mit jener in den jenseits des Semmerings bei Spital gelegenen zum kaiserlichen Leibgehege Neuberg gehörenden Forsten wetteifern konnte, da es dem allerhöchsten Jagdherrn im erwähnten Jahre ermög-licht war, in dem Reichenauer Revierteile Sitzbühel an einem Morgen 5 große Hahnen

Oben: *Erzherzog Karl auf dem Pirschgang*
Unten: *Als Unterkunft für die auf der Jagd befindlichen Landesherren wurde auf einem Felsvorsprung am Eingang des heutigen Reichenau ein Jagdhaus, das "Haus am Stain", errichtet.*

KAISERTOAST

VERFASST VON

BARON PHILIPP HAAS

GESPROCHEN VON

BARON GUIDO SOMMARUGA

BEI GELEGENHEIT DES

JÄGERBALLES IN REICHENAU

AM 10. FEBRUAR 1906.

abschießen zu können. Auch das Birkwild hat sich namentlich vermehrt, zum Vergnügen auswärtiger und heimischer Jagdfreunde, welche mit einem beinahe erschreckenden Eifer auf den Mord des kleinen Hahnes sinnen.

Die harten Winter mit ihren nordpolartigen Stürmen und die oft sehr gewaltigen Schneewehen, vielleicht auch das Schmerzensgeschrei der Reichenauer Sommergäste nach Wildbret verhindern zumeist ein fortschreitendes Gedeihen des Rehwildes, dessen Abschuss alljährlich auf 90 Stück zu beziffern sein dürfte. Auf den steinigen Höhen kommt das Schneehuhn, das Steinhuhn in mäßiger Anzahl vor, denn gleich dem weißen Hasen ist dieses Wild eigentlich nur eine Apanage des Raubzeugs, welchem auf den Höhen nicht leicht beizukommen, während in den Vorbergen und in der Talsohle der gewöhnliche Hase trotz zahlreicher Anfechtungen und plebejischer Jagdlust in ziemlicher Anzahl noch vorkommt, was sich von dem zur schweren Winterszeit einiger Hilfe bedürftigen Rebhuhn nicht sagen lässt. Der Abschuss von Hirschen und Tieren, die Jagd auf den Auerhahn und Gams im kaiserlichen Leibgehege unterliegt ausschließlich den allerhöchsten Bestimmungen Sr. Majestät des Kaisers. Hirsch und Gams in dem Reichenauer Leibgehege sind bedeutend stärker an Wildbret und in den Geweihen und Krickeln als das erwähnte Wild in den Leibgehegen Steiermarks und Oberösterreichs, es wurden schon Hirsche dort geschossen, die an Gewicht nur wenig gut jagbaren flachländischen Hirschen nachgegeben, und Gämsen, die gegen oder wirklich 80 Pfund gewogen. Im vergangenen Jahre am 25. September hat ein Jäger im überflüssigen Eifer einen 18-Ender Hirsch geschossen, dessen Stangen in der Länge 32, die Weite des Geweihes an den Kronen 42, der Umfang der Stangen oberhalb der Rosen 6 Wiener Zoll und das Gewicht des ganzen Geweihes 9 Pfund ausgewiesen.

Das Reichenauer kaiserliche Leibgehege wird von dem Hofjagdleiter und k. k. Waldmeister außer Dienst, Karl Fuchs, verwaltet, dem auch die Oberleitung des Eisenerzer

Leibgeheges zugewiesen wurde. Ihm unterstehen ein Oberjäger und drei Revierjäger, welch Letztere in keiner Weise für die Größe der ihnen anheimfallenden Jagdkomplexe ausreichen, welchem Umstande auch zugemessen werden kann, dass sowohl den Untrieben der Wildbretschützen, als jenen der Touristen nicht in genügender Weise vorgebeugt werden kann. Schließlich noch ein Wort. Noch dürften wir, wie es scheint, von dem erfreulichen Fortschreiten der Landwirtschaft keine besonderen Besorgnisse in Bezug auf den Wildstand der Hochgebirge hegen. Selbst dem ingeniösesten Scharfsinn der Agrikulturapostel, und sollten sie auch Erde und Guano mit pharaonenhafter Ausdauer im Buckelsack oder mit der Kraxn auf die sterilen Höhen befördern lassen, wird es nimmer gelingen, die von der Natur dem agrikolen Erwerbsfleiße gezogenen Grenzen zu überschreiten und sodann bei etwaigem Erfolge mit unseren bekannten und geheimen Erlässen in Wildschadenangelegenheiten nach und nach das Wild auch aus seinen letzten Zufluchtsstätten zu verjagen. Aber eine andere heutzutage fast unbesiegbare Macht, nämlich der in den verschiedensten Gestaltungen den Pelzrock unserer Zeitgenossen schwefelnde Schwindel scheint die eben negierten Besorgnisse in der Tat schon ernstlich rege zu machen. Nicht gemeint ist hier jener Schwindel, dessen Marke zumeist bei allen finanziellen, industriellen und merkantilen Unternehmungen ersichtlich, jene oft auf die brutalste Täuschung berechneten Manschereien, die in allen Sphären des gesellschaftlichen und öffentlichen Lebens ganz zwanglos sich gebärden und noch in keiner Zeitperiode so schöner morgenroter Tage sich rühmen konnten, doch nicht davon wollen wir sprechen. Ein anderer Schwindel beunruhigt uns. Die so genannte "Bergfexerei", ein zwischen Harmlosigkeit und alberner Mode erzeugter Zeitbalg, eine Manie, welche in den Augen der Touristen und namentlich in wildarmen Gebirgsgegenden eigentlich sehr unschuldige Zwecke hervorstellt, aber für das der Metropole zunächst gelegene wildreiche Reichenauer Hochgebirgsleibgehege mit einer bereits sehr lästigen Begeisterung um sich greift.

Tatsächlich wäre es eine unnütze und in unseren Tagen für einen friedliebenden Menschen sogar mit Unannehmlichkeiten gesegnete Mühe, gegen diese Manie anzukämpfen, da sie bereits bei dem großen Publikum und seinen Kommandanten einen gediegenen Anklang, ja selbst bei hochgestellten Herren eine schützende Teilnahme gefunden. Ankämpfen? Auch wir wollen dies nicht. Es gibt nichts Herrlicheres, nichts Erhebenderes für einen mit Vernunft und wahrer Naturehrfurcht begabten Menschen, als der zeitweilige Aufenthalt - auf die Dauer wird freilich alles monoton - auf einem Hochberge, wenn man mit Ruhe und ohne Übersättigung die großartigen Eindrücke der Außenwelt, fern von dem Stockfischgeruch der Tagespolitik und Alltäglichkeiten in sich aufnehmen kann. Geduldig, ja mit Freundlichkeit wird der Jäger in entfernteren Alpengegenden die wenigen und wirklichen Bergfreunde aus der Stadt betrachten, die den weiten Weg nicht scheuen, und in wirklicher Einsamkeit, fern von dem Strome der Touristenwelt es sich angelegen sein lassen, die geo-

grafische CHarakteristik des Hochgebirges in den mannigfaltigsten Richtungen zum Nutzen und zur Belehrung der Mitwelt zu erforschen oder ihrer Leidenschaft Gebirgsaszensionen Rechnung zu tragen. In der Tat wäre es wohl dringlich geboten, wenn die betreffenden Jagdvorstände sich die Frage stellen würden, ob bei dem Mangel jeglicher Disziplin und Vorschriften in dem zusammengewürfelten Wesen des so riesig heranwachsenden Wiener Bergfexentums die Eigentümer oder Schirmherren der Jagd auf den Hochbergen nicht etwa das Recht beanspruchen könnten, dass zum wenigsten an Sonn- und Feiertagen durch eine mit Beihilfe der Regierung solid organisierte Führerschaft, welcher jedermann Gehorsam schulden müsste, den gegenwärtig so häufig vorkommenden Ausschreitungen endlich ein Ziel gesetzt werde.

Trotz dem besten und eifrigen Willen des Reichenauer Jagdvorstandes, können wir derzeitig in Bezug auf die gegenwärtige Phase in Sachen der Präventivmaßregeln gegen die "Bergtartaren" nur so viel notieren, dass am Schneeberg ein Schutzhaus für die Wiener Verehrer des Schneeberges gebaut, und auch der Gedanke vielleicht schon bereits lebhaft ventiliert wird, ob es nicht an der Zeit wäre, in der Nähe dieses Asyls ebenfalls ein humanitäres Institut, nämlich eine Bierhalle zu errichten.

MA 31 DER STADT WIEN

Eines der kostbarsten Güter, welche die Erde zu bieten hat, ist trinkbares Wasser. Somit ist der Gebirgsstock des Schneeberges nicht nur Erholungsraum, Ausgangspunkt für sportliche Betätigungen wie Wandern, Klettern, Skifahren usw., sondern mit seinen Quellen auch Lebensspender für Millionen. Für die meisten Bewohner unseres Bundesgebietes ist das Vorhandensein dieses köstlichen Nass ganz selbstverständlich. Wurden früher damit Mühlräder angetrieben oder Wasserräder, welche die Hämmer der Eisenwerke in Bewegung setzten, so ist sein Verwendungszweck heute viel umfangreicher. Neben der Verwendung im Haushalt zum Kochen, Geschirrwaschen, Essenzubereiten, Baden, Duschen oder zum Autowaschen, Rasengießen usw. dient es in den kälteren Jahreszeiten als Wärmespender in Heizungsanlagen. Auch die Industrie macht sich dieses reine Nass zu Nutze, so zum Beispiel bei der Papier- oder Kartonerzeugung, zum Betrieb von Kesselhäusern, Turbinen zur Stromerzeugung oder zur Zubereitung der diversesten Getränke, nicht zu vergessen die Verwendung bei den Feuerwehren; die Reihe der Verwendungsmöglichkeiten könnte noch lange fortgesetzt werden und alles ist für uns ganz selbstverständlich. Richtig bewusst wird uns die Bedeutung von reinem Wasser erst dann, wenn durch eine längere Trockenperiode dieses köstliche Nass nur bedingt zur Verfügung steht. All die vorher genannten Ansprüche sind nicht nur mit einem zunehmenden Wasserbedarf verbunden, sondern sie bringen auch eine Bedrohung der Qualität des Wassers mit sich. Die

Institutionen, die heute dafür sorgen, sind die MA 31 und MA 49 der Gemeinde Wien, die seit der Übereignung durch den Kaiser im Jahre 1865 stets bemüht waren, die Qualität und Quantität des Wassers sowie die Sicherheit der diversen Einrichtungen aufrecht zu erhalten. Dass dies in den Quellgebieten mit Einschränkungen speziell für den Tourismus verbunden war und ist, gewisse Regionen sind abgesperrt, sollte uns nicht ärgerlich stimmen, sondern zum Nachdenken anregen, "warum" das so ist. Die Antwort liegt auf der Hand: "Die Qualität unseres Quellwassers muss erhalten bleiben und darf durch nichts beeinträchtigt werden !"

Der Kaiserbrunnen

Die Gebirgsmassive des Schneeberges und der Rax sind vergleichbar mit einem Schwamm, der nur dort Flüssigkeit abgibt, wo er aufliegt. Unterirdische Klüfte und Seen regten schon immer die Fantasie der Menschen an, und so ist es nicht verwunderlich, dass

Alte Ansicht Kaiserbrunn

Embel eine Geschichte, die er selbst glaubte, über ein "unergründliches Loch" niederschrieb, die ihm ein Führer vom Schneeberg erzählte. In dieses Loch sei einst einem Hirten ein Laib Brot hinabgefallen. Als er diesem nachkroch, sei er samt den Steinen unter seinen Füßen in unglaubliche Tiefen gefallen, wo er längere Zeit verwundet und bewusstlos liegen blieb. Nach dem Erwachen habe er sich an einem See befunden und sei über Klippen einem Loche zugeklettert, durch welches er glücklich am Fuße des Berges wieder ans

Kaiserbrunn - oben: die Messkammer, unten: alte Ansicht von Kaiserbrunn

Oben: Das Wasserschloss
Links: Kontrollstelle der
MA 31 in Hirschwang.

Tageslicht kam. Wie in den ganzen Nördlichen Kalkalpen bildet auch im Schneeberggebiet der Werfener Schiefer als die älteste Formation eine wasserundurchlässige Barriere, wo das Wasser, welches durch die oberhalb gelagerten, wasserdurchlässigen Schichten meist als mächtige Quellen zu Tage tritt, wie z. B. die Quelle von Kaiserbrunn.

Man schrieb das Jahr 1732, als anlässlich einer Jagd von Kaiser Karl VI. der ein ebenso leidenschaftlicher wie auch ungeschgickter Jäger war - er erschoss anlässlich einer Jagd sogar seinen Oberststallmeister, den Fürsten Adam Schwarzenberg - eine Quelle entdeckt wurde, deren Wasser vorzüglich mundete. Sein Leibarzt, Heräus, riet nun dem Kaiser, dieses Wasser von bester Qualität an den Hof nach Wien bringen zu lassen. Noch im selben Jahr wurde daher von Hirschwang aus zur Quelle ein Steig geschaffen, um täglich mittels der so genannten Wasserreiter dieses Wasser an den Hof nach Wien zu bringen. Wie in der Geschichte nachzulesen ist, waren sie drei Tage unterwegs, aber nicht nur wegen der großen Entfernung zur Residenzstadt, sondern weil sie angeblich jedem "Kittel" zwischen Kaiserbrunn und Wien nachstellten. Die Truppe der Wasserreiter, die zu Maria Theresiens Zeiten noch ihrer Beschäftigung nachging, wurde später von Kaiser Josef II. aufgelöst.

Im Jahre 1858 hatte unter dem Vorsitz des Ministers Baumgartner eine Kommission getagt, welcher mehrere Projekte, insbesondere das des Genieoffiziers Scholl zur Hereinleitung der Pitten und das des Ingenieurs Streffleur zur Wasserentnahme der Wiener Neustädter Ebene, zur Begutachtung vorlagen. Auch das Stadtbauamt beschäftigte sich zu dieser Zeit mit Studien über die Verbesserung der Wasserversorgung Wiens. Schon in der 23. Sitzung vom 27. August 1861 erschien Gemeinderat Wertheim am Referententisch, um namens der Kommission zu beantragen, "es sei eine Konkurrenz zu verlautbaren, um Offerenten für die Übernahme der künftigen Wasserversorgung von Wien aufzurufen". In der Folge langten nicht weniger als zwölf Offerte ein, wobei das erste die Donau, das zweite die Fischa - Dagnitz, betraf. August Zang, Gemeinderat, stellte am 11. November 1862 folgende Anträge:

1.   Der Bedarf der Bevölkerung an Trinkwasser ist mit dem besten erreichbaren Quellwasser zu befriedigen, wofern die Mächtigkeit der hiezu ausersehenen Quellen es gestattet, daraus gleichzeitig den Bedarf an Nutzwasser zu decken.

2.   Die zur Lösung dieser Aufgabe nötigen Untersuchungen sind zunächst auf das Quellgebiet des Steinfeldes nächst Wr. Neustadt zu richten.

Punkt eins wurde einstimmig angenommen, Punkt zwei jedoch abgelehnt. Damit erlitt Zang eine schwere Niederlage. Dieser Studie folgte am 21. November 1862 die Bildung einer Wasserversorgungskommission aus Mitgliedern des Gemeinderates.

Es war ein schöner Augusttag, an welchem drei Mitglieder der inzwischen gebildeten zwölfköpfigen Kommission, nämlich der Geologe Professor Eduard Suess, Regierungsrat Ritter von Fellner und ich (Kajetan Felder), eine Rundfahrt in das Hochquellengebiet unternahmen. Inmitten der rauen Felswände des Höllentales sah ich vor meinem geistigen Auge bereits über dem Kaiserbrunnen das Wasserschloss erstanden, das gewaltige Gestein durchbrochen, Täler und Ebenen von riesigen Viaduktbögen überspannt und das kostbare Quellwasser an den Mauern Wiens angelangt, vergaß aber ganz auf die Schwierigkeiten, die sich einem solchen Projekt in den Weg stellen würden. Wir hatten uns mehr und mehr in diese Betrachtung vertieft, als sich Suess mit den Worten erhob: "Lassen wir diese Stunde nicht nutzlos vorübergehen, meine Freunde. Geben wir uns, erfüllt von dem Eindrucke dieses reizenden Landschaftsbildes, das unser großer Gedanke beleben soll, das unverbrüchliche Wort, vereint mit all unseren Kräften, unverdrossen und beharrlich dahin zu wirken, dass die große

Idee, die uns hierher gebracht, auch ins Leben gerufen und durchgeführt werde"; wir haben alle unser Wort gehalten. Nur langsam, bedächtigen Ganges, näherte sich die Kommission dem Hochgebirge. Schließlich gelangte man nach Stixenstein zu den berühmten Quellen vorzüglichen Trinkwassers. Da jedoch dieselben samt der Alta-Quelle mit Rücksicht auf den intermittierenden Charakter der Letzteren die für den Bedarf Wiens nötigen Wassermenge nicht liefern konnten, drang die Kommission weiter vor, bis sie endlich beim Kaiserbrunnen im Höllental anlangte, welcher alle erforderlichen Eigenschaften in sich zu vereinigen schien.

Am 12. Juli 1864 beschloss diese Kommission auf Grund der Vorschläge des Geologen Professor Eduard Suess den Bau einer Fernleitung aus dem Rax-Schneeberg-Gebiet zur Nutzung der Hochquellen. In den folgenden Jahren entstand um diese Quelle eine kleine Ansiedlung mit Namen Kaiserbrunn. Das Wasserschloss in Kaiserbrunn trägt die Aufschrift:

"Kaiser Franz Joseph I. schenkte mit Allerhöchster Entschließung vom 30. April 1865 der Gemeinde Wien den Kaiserbrunnen zur Förderung des Baues der Hochquellen Wasserleitung".

Diese Schenkung fällt auch mit der Eröffnung der Ringstraße zusammen. Bevor es jedoch zur Schenkung durch den Kaiser kam, gab es bereits am 31. Juli 1861 eine Denkschrift des Wiener Stadtbauamtes zu einer geeigneten Wasserversorgung von Wien. Einer der hervorragenden Männer, Dr. Cajetan Felder, ab 1848 Gemeinderat, von 1861 bis 1868 Bürgermeisterstellvertreter und von 1868, nach dem plötzlichen Ableben von Dr. Andreas Zelinka, bis 1878 Bürgermeister von Wien, hatte sich große Verdienste um die Errichtung der Ersten Wiener Hochquellenleitung erworben. Felder gehörte der Wasserversorgungskommission ab 1862 als Mitglied an und hatte ab 1863 die Obmannstelle inne. Am 12. Oktober 1869 beauftragte man den Londoner Unternehmer Antonio Gabrielli mit den Bauarbeiten und bereits am 6. Dezember desselben Jahres ertönte der erste Sprengschuss im Höllental.

Geschichtlich nachweisbar ist, dass vor dem Bau der I. Wiener Hochquellenwasserleitung in Schlöglmühl eine Kaserne vorhanden war, in der Truppen mit der Aufgabe stationiert waren, täglich Trinkwasser von Kaiserbrunn nach Wien zu transportieren. Dieses Wohnhaus besteht noch heute, wurde dementsprechend adaptiert und hergerichtet, wobei die Struktur des Kasernencharakters noch immer gewahrt geblieben ist.

Am 21. April 1870 begann man in Wien mit den Bauarbeiten, und es erfolgte an diesem Tage der Spatenstich durch Kaiser Franz Joseph I. am Rosenhügel an jener Stelle des späteren Wasserbehälters.

Über den ersten Spatenstich verfasste ein damaliger Dichter folgenden Vers:

"Der erste Spatenstich zum großen Werke
Er ist gethan, nicht lange wird es dauern
Und mit dem Wasser zieht Gesundheit, Stärke
Hoch vom Gebirge ein in unsere Mauern."

Auch wurden die Arbeiten für das Rohrverteilernetz aufgenommen. Drei Jahre später, am 1. September 1873, erfolgte die erste Füllung des Behälters am Rosenhügel. Noch vor Einleitung des Hochquellenwassers wurde Wien im Wesentlichen von der Kaiser-Ferdinand - Wasserleitung, das heißt vom Schöpfwerk an der Spittelauer Lände mit Trinkwasser versorgt. Nach Einleitung der I. Hochquellenleitung wurde das Spittelauer Werk stillgelegt.

Über die feierliche Eröffnung der I. Wiener Hochquellenleitung durch den Kaiser schreibt Kajetan Felder: "Am 24. Oktober 1873 mittags war es dann soweit und niemals wird meinem Gedächtnis der erhebende Augenblick entschwinden, als Kaiser Franz Joseph I. recht spektakulär die I. Wiener Hochquellenwasserleitung eröffnete und sich auf dem Schwarzenberg Platze zum ersten Male majestätisch der Wasserstrahl des Hochstrahlbrunnens erhob, allmählich höher und höher stieg, um sodann in perlendem Schaum aufgelöst niederzustürzen; die Aufgabe ward gelöst." Dreieinhalb Jahre dauerte der Bau, an dem ca. 6 000 Menschen beschäftigt waren. Die Länge der Leitung beträgt von Kaiserbrunn bis zum Reservoir auf dem Rosenhügel fast 100 km. Diese Strecke wird in ca. 24 Stunden vom Wasser zurückgelegt. Das Wasser fließt mit einer Temperatur von 6° aus der Quelle und hat bei seiner Ankunft in Wien ca. 8°.

Da die Wassernot in den Wintermonaten 1876/77 und 1877/78, wo die Schüttung des Kaiserbrunnens und der Stixensteiner Quelle unerwartet stark rückläufig war, noch dazu die Ableitung weiterer Quellen aus dem Flussgebiet der Schwarza, die der Gemeinderat am 9. Februar 1877 beschlossen hatte, auf unerwarteten großen Widerstand stieß und somit eine Vergrößerung der Wasserlieferung aus diesem Gebiet in nächster Zeit nicht zu erwarten war, kam im Mai ein Angebot der Bauunternehmung des Freiherrn von Schwarz, bei Pottschach, neben der Schwarza, an der Südbahntrasse eine Wasserwerksanlage mit einer Leistungsfähigkeit von 300 000 Eimern oder 17 000 m³ in 24 Stunden um den Pauschal-preis von 650 000 fl. zu errichten und der Gemeinde Wien am 15. Dezember 1878 in betriebsfertigem Zustand zu übergeben, sehr gelegen. Alles, was für die Errichtung eines solchen Projektes sprach, wurde in 11 Punkten festgehalten und am 18. Juni 1878 der Bezirkshauptmannschaft Neunkirchen vorgelegt. Mit den Bauarbeiten wurde schon Anfang Juli 1878 begonnen. Am 23. Dezember 1878 folgte dann das Kommissionsprotokoll, aufgenommen durch die k. k. Bezirkshauptmannschaft Neunkirchen in Putzmannsdorf, Gemeinde Pottschach. Während vom Winter 1885/86 an die provisorischen Einleitungen erfolgten, so mussten, um eine Vergleichsbasis für den angestrebten Ableitungskonsens von zuerst 35 000 m³ täglich und dann 36 400 m³ täglich aus den oberen Quellen zu erlangen, fortlaufend Verhandlungen mit den in Frage kommenden Grundeigentümern, Gemeinden, Wasserwerksbesitzern und sonstigen Interessenten geführt werden.

Als Interessenten und Grundeigentümer kamen in Betracht: "Graf Hoyos von Sprinzenstein, die huebmerischen Erben und die Herrschaft Reichenau. Wasserinteressenten waren:

Oben: *Aquadukt im Höllental*
Links: *I. Wiener Hochquellenwasserleitung - der Schneealpenstollen*

"Neun Werke von Hirschwang bis Gloggnitz, neun Werke von Gloggnitz bis Ternitz, sechs Werke vom Wimpassinger Wehr bis zum Dunkelsteiner Wehr, ein Werk in der Gemeinde Rohrbach, dreizehn Werke in der Stadtgemeinde Neunkirchen, dreizehn Ortsgemeinden von Reichenau über Pottschach bis Natschbach, 151 Flasselbesitzer (Bewässerungsberechtigte) am Kehrbach, fünf Werke am Kehrbach, die drei Gemeinden Peisching, Breitenau, Schwarzau am Steinfeld, die Stadtgemeinde Wr. Neustadt, die k. k. Militärakademie, die Austro-Belgische Eisenbahngesellschaft, vierzehn Werke am Fischabach, ein Werk an der Leitha und elf Werke am Trautmannsdorfer Kanal". Durch die zweite Stadterweiterung und die Schaffung von "Groß Wien" im Jahre 1890/91 erhöhte sich die Einwohnerzahl Wiens von 817 000 auf 1 364 000 und die Zahl der Häuser stieg auf 29322. Dies hatte zur Folge, dass umfangreiche Ausgestaltungen der Wasserverteilungsanlagen durchgeführt werden mussten. Um den steigenden Bedarf an Trink- und Nutzwasser zu decken, wurden in den Jahren 1895 bis 1897 zur Sicherung noch mehrere kleinere Quellen in Hinternasswald, Albertwies-, Schütterlehne-, Übeltal-, Letting-, Sonnleiten- und Schiffauerquelle, gefasst. Von 1898 bis 1909 erwarb die Stadt Wien von den Schwarzawasser-Interessenten auch das Recht, oberhalb von Kaiserbrunn im Bedarfsfall täglich bis zu 15 000 m^3 - zusätzlich zu dem bereits zugestandenen Wasserquantum von 36 400 m^3 - gegen spezielle Vergütung zu entnehmen. Um dieses Quantum auch zu sichern, wurde in Naßwald die Heufußquelle gefasst und ein ca. 3 km langes Holzgerinne zur Ableitung dieser Quelle hergestellt.

Um dem steigenden Wasserbedarf Rechnung zu tragen, wurden im Laufe der Jahre immer neue Quellen gefasst, so auch die Fuchspassquelle am Fuße des Kuhschneeberges, deren Einleitung in den Stollen im Winter 1893/94 erfolgte. Die Ergiebigkeitsschwankungen der Quelle, bei einem Minimum von ca. 3 000 m^3 pro Tag, sind beträchtlich und hängen im Winter infolge ihrer Südabhanglage am Kuhschneeberg sehr stark von der Sonneneinstrahlung ab; die I. Wiener Hochquellenleitung wurde durch die Schneealpe bis zur Pfannbauernquelle in der Steiermark ausgebaut.

Auch die Anlagen wurden ständig modernisiert bzw. neu gebaut, wie z. B. die zentrale Kontrollstation im Jahre 1999 in Hirschwang. Damit ist nicht nur die ausreichende Versorgung, sondern auch die Qualität, Quantität des Wassers und Sicherheit der bestehenden Anlagen bestens gewährleistet und alle eingebundenen Gemeinden, einschließlich der Bundeshauptstadt Wien, verfügen damit über ein Trink- und Nutzwasser "erster Güte!".

Oben: *Familie Schnepf und das Hotel Kaiserbrunn*
Links: *Wasserleitungsmuseum in Kaiserbrunn*

Aber nicht nur "normales" Trinkwasser war im Schneeberg vorhanden. Nachdem sich das Fernsehen mit einer Wunderquelle in Jugoslawien beschäftigt hatte, kamen findige Reporter aus "Gaudi" auf die Idee, der Quelle im Stadelwandgraben, wo sie gerade den Durst gelöscht hatten, besondere Potenzsteigerung zuzuschreiben. Dies hatte zur Folge, dass bereits am nächsten Tag einige rasende Reporter zu dieser Quelle unterwegs waren, und von den "Sexhungrigen" konnte man sich kaum erwehren und am Wirtshaustisch wurde schon die Möglichkeit einer Verbreiterung des Zustieges diskutiert, da auch Frauen diese Stelle aufzusuchen begannen. So stauten sich an Wochenenden bereits

am Einstieg in den Stadelwandgraben die Autos, und mit Flaschen ausgerüstet ging es bergwärts . Als dann im Jahre 1974 die wahre Geschichte ans Tageslicht kam, war es schwierig, diesen Mythos wieder abzuschaffen, noch dazu, wo die Bezeichnung "Sexquelle" im "Wiener Hausberge Atlas" von Freitag & Berndt angeführt war.

Nahe des Wasserschlosses sind heute die zwei Gebäude des Wassermuseums zu sehen, welches an jedem Sonntagvormittag oder nach Voranmeldung von Gruppenreisen geöffnet hat. In diesem Museum ist alles Wissenswerte über die Hochquellenleitungen zu finden. Pläne, Schriften und Schaustücke vermitteln einen Eindruck von den komplizierten und arbeitsaufwendigen Projekten und deren Entstehen, Überwachung und Instandhaltung; für jeden Interessierten ist so ein Besuch fast ein Muss.

Oben: *Die Feuerwehr von Kaiserbrunn*
Rechts: *Die Kapelle in Kaiserbrunn, errichtet von Maria Schnepf um 1866*

DURCHS HÖLLENTAL
Abschrift

Nur wenige Täler in der gesamten Alpenwelt können sich mit dem wildromantischen Höllental, dass sich hart an der Südgrenze Niederösterreichs zwischen dem Schneeberg und der Raxalpe hinzieht, vergleichen. Seine oft über eintausend Meter von der Talsohle aufragenden Felsen in fast beispielloser Mannigfaltigkeit verleihen diesem Felsental einen eigenartigen Reiz landschaftlicher Erhabenheit, und nur wenige andere Täler weisen auf einer so langen Strecke eine solche Fülle an Naturschönheiten auf.

In der Zeit, da England die Entwicklung zum Schienenweg und zur Lokomotivbahn durchmachte, wandte man sich bei uns dem Straßenbau und der Ausgestaltung des Postwesens mit größter Aufmerksamkeit zu. Da das ganze Höllental für dieses Holzland immer lebensnotwendiger wurde, so kam auf Anregung des k. k. Hofrates Josef Fortunat Ritter von Sybold im Jahre 1829 die Bewilligung der k. k. Hofkammer im Münz- und Bergwesen zu dem Straßenbau durchs Höllental zustande, wobei die Pläne dazu ebenfalls von ihm stammten. Der Bau wurde von dem damaligen k. k. Kreisingenieur Joseph Baumgartner und dem Oberverweser Hr. Johann Pfob beaufsichtigt, wobei der Leobener Baumeister Herrn Jacob Aigner diese als "meisterhaft ausgeführt" im Jahre 1832 vollendete. Die Straße, bei Hirschwang beginnend, war durchgehend 12 Fuß = 3,792 m breit, teilweise aus dem Fels gesprengt und ist mit Geländern versehen. Die Straße zieht sich nun durch das an Naturschönheiten so reiche Höllental. Von Hirschwang aus erreicht man nach kurzer Wanderung den Ort Kaiserbrunn mit dem Haus des Holzmeisters Baumgartner, in welchem Reisende auch Unterkunft und

Bewirtung fanden. Am Fuße eines rasigen Hügels aus einer "höchst malerischen Kluft der Felswand" entspringt eine Alpenquelle - der Kaiserbrunnen, dies war auch der Grund, warum zuerst ein Weg von Reichenau hierher geschaffen wurde.

Vom Kaiserbrunnen aus wandert man auf schönen, soliden Brücken, bald links und bald rechts der Schwarza, bis zum Eingang in das Große Höllental. Weiter die Straße entlang, vorbei am Eingang in den Frohnbachgraben, geht es durch die herrliche Gebirgswelt zum Gasthaus "Zur Singerin". Als Singer hier seinen Posten als gräflicher hoyosscher Revierjäger antrat, war das Tal noch eine nur selten betretene Wildnis und ohne Straße. Die Axt der Holzknechte im Naßwald war noch nicht erklungen. Von Bären und Wölfen, Luchsen und Geiern war sie bevölkert und Singer, "der rüstige Alpensteiger, kühnste Jäger und treffliche Schütze", führte manchen Kampf mit den Raubtieren dieser Wildnis. Den Tod fand er, als er einen Hirsch erlegt hatte, ihn tot glaubte und sich diesem

Oben: *Rechenbrücke im Höllental*
Unten: *Die Singerin*

Oben: *Steg des Wasserleitungsweges von Hirschwang nach Kaiserbrunn*
Darunter: *Ehemaliges Maut- oder Steinhaus in Hirschwang (70 Kreuzer Maut)*

näherte. Der Hirsch jedoch warf sich noch einmal auf und stürzte samt Singer die Felswand hinab. Der Sturz war für Singer nicht gleich tödlich, doch er siechte dahin und verstarb nach einigen Wochen. Als sich dann die Witwe Singers zur Ruhe setzte, wurde das Haus von Herrn Spieß weitergeführt. Heute ist die Singerin, von Hirschwang aus kommend, Kreuzungspunkt der Straßen nach Naßwald und Schwarzau im Gebirge. In die ersten Dreißigerjahre des 19. Jahrhunderts fällt die Erbauung der Straße zwischen Gutenstein und Mariazell über Schwarzau im Gebirge; hier schloss die Reichenauer Straße durch das Höllental an. Sie verband nun oberes und unteres Schwarzagebiet und erschloss damit der Touristik neue Wege. Bescheiden berichtet ihr Schöpfer, Ingenieur Baumgartner, über sein Werk und schreibt Folgendes über das Tal von Reichenau "das wegen seiner lebhaft betriebenen Schmelz- und Eisenwerke und der bedeutenden Holzschwemme auf dem Schwarzaflusse, sowie auch seiner weiteren Fortsetzung besucht zu werden verdient, da sich hier die schauerlichsten Naturschönheiten entwickeln und nicht nur die nach fünfjähriger Bauzeit gegenwärtig vollendete Felsengalerie, sondern auch die unter meiner Leitung ausgeführte Kunststraße nicht ohne technischen Wert ist".

So lange nur Holzfuhrwerke, die in Hirschwang beim ehemaligen Mauthaus nahe der Windbrücke bis zum Jahre 1870 eine Maut in der Höhe von 70 Kreuzern zu entrichten hatten, und Kutschen diese Straße befahren haben, genügte die vorhandene Straßenbreite vollends. Doch als nun auch Automobile und in späterer Folge Postautobusse diese Straße befuhren, da konnte es schon einmal passieren, dass es bei einer Begegnung zu Schwierigkeiten kam, und dass eine Busfahrt in früherer Zeit immer ein Erlebnis war, sollen folgende Zeilen schildern. Einst führte die Fahrt eines Wiener Busunternehmens rund um den Schneeberg. Der Buslenker, der gleichzeitig auch Reiseleiter war, beschrieb den Mitreisenden die Route wie folgt: " Meine Damen und Herren, wir fahren jetzt ins Höllental, auf der schönsten, aber auch gefährlichsten Straße von ganz Österreich. Bitte schauen sie jetzt nur und reden sie kein Wort, denn ich muss mich voll und ganz auf die Straße konzentrieren, damit ich sie alle wieder gut nach Hause bringen kann!" Im Bus wurde es darauf hin immer ganz still und nach unfallfreier Fahrt gab es immer ein saftiges Trinkgeld. Mit der fortschreitenden Technisierung wurde die Höllentalstraße bald zu eng. Diesem Umstand Rechnung tragend, wurde die Straße verbreitert und stellt heute eine wichtige Verbindung zur Westautobahn dar. Doch mit dieser Verbreiterung ist auch der Großteil der Romantik des Höllentales verloren gegangen.

ROSA SPIELBICHLER ERZÄHLT.
Die Waldschenke im Höllental und die Jausenstation Spielbichler

Rechts an der Höllentalstraße stand einst gegenüber dem Eingang in das Große Höllental die Waldschenke, deren erster Bewirtschafter ein gewisser Hartberger war. Hartberger war viele Jahre auf dem Haus und ihm folgte Sachers. Er hatte in Payerbach ein Fiakerunternehmen und betrieb auch die Pferdepost von Payerbach nach Rohr im Gebirge. Sachers hatte im Höllenal, wo einst die Waldschenke gestanden hat, einen großen Pferdestall, wo die Pferde, welche er zum Wechseln benötigte, eingestellt waren. Die Pferde wurden sowohl von Rohr kommend wie auch von Payerbach kommend gewechselt. Sachers stellte als Bewirtschafterin eine gewisse Cilli ein, die später Karlitzky, einen Beamten der Schoeller Bleckmann Werke in Ternitz, heiratete. Nach der Heirat bewirtschaftete Karlitzky die Waldschenke. Frau Rosa Spielbichler, die diese Geschichte erzählte, war in Payerbach im Dienste der Familie Vetschera. Als diese Payerbach verließ, wurde Frau Spielbichler an die Familie Sachers vermittelt und kam von dort im Jahre 1919 als Serviererin in die Waldschenke zu Karlitzky. Frau Spielbichler blieb dort bis zum Jahre 1920, wo sie ihren Mann Alfred kennen gelernt und geheiratet hat. Die Waldschenke wurde im Jahre 1926 geschleift.

Anlässlich des Baues der I. Wiener Hochquellenleitung wurde von Hirschwang kommend am linken Schwarzaufer, unweit des Einganges in die Weichtalklamm, ein Kanzleigebäude errichtet. Als nun die Wasserleitung fertig gestellt war, hatte man für das Gebäude keine weitere Verwendung mehr und verpachtete es dem Touristenklub. Als der Pachtvertrag mit dem Touristenklub auslief und nicht mehr erneuert wurde, stellte man dieses Gebäude im Jahre 1927, da Alfred Spielbichler eine Anstellung als Heger bei der Gemeinde Wien bekommen hatte, als Wohnung zur Verfügung. Bevor sie jedoch einziehen konnten, wurden von der Gemeinde Wien alle Matratzenlager, 10 Bettenlager, 10 Strohsacklager, 15 Matratzenlager, sowie die Schlafmöglichkeiten aus den 2er, 3er und 4er Zimmern entfernt.

Während ihr Mann Alfred Hegerdienst verrichtete, betrieb Frau Spielbichler eine Jausenstation, die sich bald großer Beliebtheit erfreute und regen Zuspruch fand; Nächtigungen von Touristen waren jedoch untersagt, "Auskochen" war erlaubt. Einer der Besucher war Karl Lukan, der mit seiner Frau von Gutenstein zur Gscheidl Miatzl fuhr und dann in der Jausenstation einkehrte. Dr. Ungethüm, der seinerzeit in Stuppach eine Weberei besaß, war sehr oft zu Gast, wie auch Anton Schubert, der seine diversen Wanderungen und Besteigungen in einem handgeschriebenen Heft "Berggedenken III" niedergeschrieben hat. Ferner war Gräfin von Hoyos hier öfters anzutreffen, und für die Einheimischen war die Jausenstation ein gerne und oft besuchtes Ausflugsziel. Vier Mann aus Gloggnitz, Stattner Willi, Gailhofer Loisl, Valentini Poidl und Matouschek Kilian, nannten sich "Gruppe D' Weichtaler". Sie hatten eigene Statuten, wo sie sich verpflichteten, von jeder Wanderung eine Karte an die Jausenstation Spielbichler zu schreiben. Für das kühle Nass sorgte der in Gloggnitz ansässige Herr Schodl, Bierführer und Schnitzer.

Frau Spielbichler war aber nicht nur Wirtin, Hausfrau und Mutter, sondern, wie sie erzählte, auch eine begeisterte Kletterin. Der Stadelwandgrat war ihre erste Tour, gefolgt vom

Preintaler, mit den Weichtalern ging sie den Oberen und Unteren Zimmersteig, Akademiker und als sie dann den Neustädter gehen wollte, verbot ihr Alfred das weitere Klettern mit dem

Touristenheim und Fritz Frenzl's Restauration.

Links: Ehemalige Jausenstation Spielbichler im Weichtal
Unten: Ehemalige Waldschenke im Höllental

Hinweis, dass drei kleine Kinder im Hause seien. Bei der ersten Tour über den Stadelwand Grat war ihr Mann als Führer tätig und Frau Spielbichler erinnert sich, dass ihr beim Spreitzschritt ein "bisserl mulmig" wurde, aber es ging. Über diese Tour sagte sie ferner: "Do bin ih so richti auf 'n Gschmockn kumma". Weiters erzählt sie, dass sie so Kleinigkeiten wie den Hartbergerriss trotz Verbot begangen hatte.

Während des Zweiten Weltkrieges hausten hier die Russen. Frau Spielbichler war jedoch über die einquartierten Russen sehr froh, wenn auch das Inventar Schaden erlitten hatte,

wurden sie doch, ehe die Russen einquartiert waren, immer wieder von Räuberbanden überfallen. Da diese wenig Rücksicht auf das Inventar genommen hatten, war das Gebäude in einem sehr desolaten Zustand. Aber nicht nur innen litt das Gebäude, sondern auch außen, da es nur ein schwacher Rie-gelbau war, dessen Wände zur Isolierung mit Sägespänen gefüllt

waren. Und obwohl sich um die Instandhaltung kleinerer Schäden Posch Martin kümmerte, verfiel es zusehends.

Die Familie blieb auf diesem Haus ein Vierteljahrhundert, von 1927 bis 1952. Als dann das Haus im Jahre 1952 geschleift wurde, übersiedelte sie nach Nasswald, wo noch heute ihre Nachkommen wohnen.

Eine Bootsfahrt auf der Schwarza

Im Jahre 1924 wurde die Schwarza erstmals von dem Bergsteiger und Wildwasserfahrer Robert Kronfeld, geboren 1904 in Wien, verunglückt im Jahre 1948 in England, befahren, wobei als schwerste Stelle die so genannte Freiheit, der Name stammt noch aus der Zeit von Raxkönig Georg Hubmer, der Felsblöcke, welche die Trift behindern könnten, wegsprengen ließ, bezeichnet wurde und auch heute noch Respekt abverlangt. Über diese Befahrung hielt Robert Kronfeld auch einen Vortrag im Aeroclub, wo er mit dem Segelflugsport kon-

Robert Kronfeld

frontiert wurde. Daraufhin wurde er spontan zu einem Pionier dieser Sportart und brachte es zu hohem Ansehen. Er erzielte Weltrekorde, wurde Segelfluglangstrecken-Weltmeister und unternahm sogar von der winterlichen Rax seinen ersten Gebirgssegelflugversuch bei minus 35°. Er wollte bis nach Wien gelangen, musste aber in Pettenbach notlanden; trotzdem eine erstaunliche Leistung für die damalige Zeit.

Doch nun zu Alfred Kapfenberger. Als er im Jahre 1968 einmal ein Gespräch, bei dem es um die Gefährlichkeit der Freiheit beim Bootfahren ging, mit anhörte, meinte er: "So wild kann es nicht sein und ich wette, dass ich die Freiheit auch mit einem von der Wirtin des Weichtalhauses geborgten Waschtrog durchfahren kann." Gesagt, getan. Befragt man Kapfenberger jedoch heute über dieses Unternehmen, so bekommt man die Antwort: "So etwas macht man nur zwei Mal im Leben, zum ersten Mal und zum letzten Mal!"

Beliebtes Paddelrevier, die Schwarza im Höllental

Schneerose

Oben: Edelweiß - *Unten:* Bewimperte Alpenrose

Oben: Clusius Enzian - *Unten:* Aurikel

Wilde- oder Weberkarde

Oben links: *Grauer Alpendost*
Oben rechts: *Blauer Eisenhut*
Links: *Echtes Alpenglöckchen*
Rechts: *Steinröschen*

Weiße Taubnessel

Oben links: Pannonischer
Enzian
Oben rechts: Nestwurz
Rechts: Sendtners Alpenmohn
Daneben: Ganzrandige Primel

Große Schlüsselblume

Schneeberg

Oben links: Fliegenragwurz
Daneben: Kohlröschen

Unten links: Katzenpfötchen
Daneben: Frauenschuh

Gämsenkitz

Oben: *Alpensteinbock -* **Unten:** *Wolfsspinne*
Rechts: *Röhrender Hirsch*

Eichhörnchen

Oben: *Tagpfauenauge -* **Unten:** *Schwalbenschwanz*

Oben: *Apollofalter -* **Unten:** *Kaisermantel*

Silberreiher

Limks: Schwarzspecht - **Oben rechts:** *Alpendohlen*
Darunter: *Kohlmeise*

Links: Auerhahn
Oben rechts: Große Pechlibelle
Darunter: Feuersalamander

Kolkrabe

BERGBAU IM SCHNEEBERGGEBIET
Alte Anschauungen von Ernst Katzer

Der 2 076 m hohe Schneeberg wurde in der Zeit zu Ende des 18. Jh. zu einem viel besuchten Reiseziel und gewann als Forschungsobjekt an wissenschaftlichem Interesse. Einige wenige Männer versuchten sich an Hand der dort vorkommenden Mineralien, nach Archivquellen über Bergbau, erhärtet durch ihre persönlichen Beobachtungen, eine Meinung über die erdgeschichtliche Entstehung des Schneeberges zu bilden. Dabei stieß man anfangs mangels an Systematik der Mineralogie auf so widerspruchsvolle Tatsachen, dass noch um das Jahr 1800 keine Einigung darüber erzielt war, ob der Schneeberg durch Vulkanismus aus dem Erdinneren entstanden und daher aus Urgestein sei, oder ob eine sedimentäre Kalkablagerung nach Zurückfluten eines Meeres vorliege.

Am 27. Februar 1768 wurde das südliche Niederösterreich von einem schweren Erdbeben heimgesucht, was Weiskern zum Anlass nahm, die Wahrnehmungen der Landbewohner über dieses Naturereignis wiederzugeben. Diese Legenden und falsch beurteilten Naturbeobachtungen dürften die späteren Anhänger der Vulkan- oder Katastrophentheorie in allen Anschauungen noch bestärkt haben. Dazu kam, dass auch alte Archivquellen über Gold-, Silber- und Kupferbergbaue am Schneeberg bekannt waren, die das Vorhandensein von Urgestein zu bestätigen schienen. Es waren zwei Männer, denen man die endgültige Klärung dieser Frage, nämlich die Feststellung des Kalksteincharakters des Schneeberges, zu verdanken hat und die sich aus eigener Anschauung nach Besteigung des Berges ein Bild der tatsächlichen mineralogischen Beschaffenheit erarbeiten konnten, Andreas Stütz und Johann August Schultes.

Andreas Stütz, 1747 - 1806 in Wien, Chorherr des Augustiner Ordens zu St. Dorothea in Wien, seit 1786 am k. k. Naturalienkabinett tätig und seit 1802 dessen Direktor, hatte 1802 im Gefolge der Erzherzoge Anton, Johann und Rainer den Schneeberg erstiegen. Sein bekanntes Werk "Mineralogisches Taschenbuch enthaltend eine Oryctographie von Unterösterreich..." erschien 1807 nach seinem Tode. Es gibt die erste zusammenfassende Darstellung der Mineralogie des heutigen Niederösterreich und unternimmt den Versuch einer Bergbaugeschichte nach Akten des Wiener Hofkammerarchives, allerdings mit einem starken Vorbehalt. Er schreibt nämlich: "Überhaupt muss ich hier allen Liebhabern der älteren Bergwerksnachrichten die Wahrheit ans Herz legen, dass die meisten, selbst die aus dem kaiserlichen Archiv, so mit Märchen und Erdichtungen verbrämt sind, dass es kaum möglich ist, aus denselben irgend etwas Glaubwürdiges herauszufinden. Ein trauriger Beweis der verworrenen, transzendentalen Denkart unserer Vorfahren bis auf das letzte vergangene Jahrhundert, wo es auch hier wieder Licht geworden ist."

Die Auswahl der von Andreas Stütz zitierten Akten wirft ein bezeichnendes Licht auf seine Einstellung. Er führte in seinem Werk nur diejenigen Archivalien an, deren naturwissenschaftlichen Wahrheitsgehalt er von seinem Standpunkt aus positiv beurteilte. Als Kriterien im Bergbauwesen galten für ihn die wissenschaftliche Realität und der wissenschaftliche Erfolg. Daher blieb verschiedenes Aktenmaterial, das sich mit fragwürdigen, heute aber durchaus interessanten Bergwerksmutungen oder mit abenteuerlichen Schatzgräbergeschichten beschäftigt, in seinem Buche unberücksichtigt. Eine für die Landeskunde brauchbare Bergbaugeschichte konnte bei dieser Selektion daher nicht zustande kommen.

Bei gesteigerter Nachfrage nach Erz versuchte man noch bis tief in die Neuzeit hinein mangels besserer Kenntnisse im Bergwesen nach mittelalterlichen Prospektions- und Betriebsmethoden zu wirtschaftlich befriedigenden Ergebnissen zu kommen. Als grundlegendes Werk der Montantechnik galt durch zwei Jahrhunderte das Buch "De re matallica" von G. Agricola, 1556, welches zahlreiche Auflagen erlebte. Wenn man daher das Fehlen jeder kundlichen Grundlage über Lagerstätten berücksichtigt, so erscheint es uns heute verständlich, dass ein Gebirgsstock von der Größe des Schneeberges auf die Jahrhunderte dauernden Suche nach Gold, Silber, Kupfer und Eisen nicht übergangen werden konnte. Im Jahre 1750 erfolgte die erste amtliche Untersuchung der im Schneeberggebiet gelegenen alten Bergbaue, Pingen und einiger Orte, die man für erzfündig hielt. Unter anderem wurden zwei Schachthöhlen am Schneeberg, das Krottenseeloch und das heute verschollene Zerbetloch, befahren und mit negativem Resultat auf Erze geprüft. Welche Beweggründe für die Wahl der zu untersuchenden Örtlichkeit mitunter maßgebend waren, darüber gibt ein Schriftstück Aufschluss, dass der Kommission von 1750 vorlag: "Anfrage, weil derzeit favorable, auf den Schneeberg sich zu begeben, indem man von dem Oberjäger zu Kirchberg gehört, dass ein vorhin gewesener Husar, welcher schlecht dahergehen solle, sich nur mit diesem, was er auf dem Schneeberg in dem so genannten Zerwetloche etwa von einem reichen Gold oder Silbergang gewänne, und einem gewissen Juden solches verkaufe, reichlich ernähren tue. Diesen Menschen hat sich obgemelter Oberjäger verobligiret, auf das Schleunigste zu verhaften." Auf Grund der ausführlichen, im Wesentlichen aber negativen Gutachtens der Hofkommission über das Schneeberggebiet kam Stütz, im Widerspruch zu seiner anfangs geäußerten kritischen Ansicht über den Wert von Archivquellen, zu folgender Überzeugung: "Die meisten mineralogischen Merkwürdigkeiten müssen um den Schneeberg vorkommen, obschon selbe nicht genützt werden." Dem Bericht zufolge sei der Schneeberg "reich an geologischen Gegenständen". Nach seinem eigenen Eingeständnis fand er selbst jedoch auf dem Schneeberg nichts als Kalkstein, seltener Kalkspat und rotes Eisenoxid als Kluftausfüllung im Kalk. Die Widerlegung der Behauptung des Jos. Marx Freiherr von Liechtenstein im Archiv für Geographie und Statistik, VI. Heft, 1801 - 1804, dass Granit die Unterlage des Schneeberges sei, war damit gelungen. Stütz schreibt darüber: "Noch mehr Rüge verdient die Äußerung des nämlichen Schriftstellers, dass der Schneeberg und noch ein anderer kegelförmiger Berg bei Gloggnitz ausgebrannte Vulkane seien; denn hier ist auch nicht die mindeste Spur eines vulkanischen Produktes zu finden. Indessen dürfen wir diesen hohen Auswuchs der Erde eben so wenig für ein Urgebirge halten. Er besteht aus dichtem Kalkstein und gehört nicht zu den älteren Formationen."

In jedem Jahrhundert, sicherlich auch in den weiter zurückliegenden, versuchten bergbaulustige Männer am Schneeberg ihr Glück. Die vorhandenen Bergbauakten des Wiener Hofkammerarchives geben darüber mehrfach Auskunft. Die erste überlieferte Nachricht betrifft ein Ansuchen um Verleihung eines Bergwerkes "am Schneeberg" an den Bergmann Andree Färdich aus Neunkirchen. Er begehrt 1567 eine Bergbaufreiheit auf 10 Meilen im Umkreis, vom 1352 m hohen Schwarzenberg auf dem Gahnsrücken ausgehend, die den größten Teil des Schneebergstockes umfasst hätte. Welche Erze er abbauen wollte, gab er nicht bekannt. Es folgte im Jahre 1579 die Verleihung eines "Kupferbergwerkes am Schneeberg", betrieben durch die Gewerken Veit Parrach, Georg Khrailmair und Merth Pacheneder, der auch noch auf der Göstritz nach Kupfer baute. Ein bereits vorhandener alter Bau mit Schlackenhalden wurde reaktiviert, düfte aber nur kurz betrieben worden sein. Es wurde tatsächlich ein daumendicker Kupferkiesgang vorgefunden. Der Bau ist wahrscheinlich auf der Südseite des Schneeberges zu suchen.

Im Jahre 1594 kamen der Steinmetz Christoff Weegschaider und Hanns Püchler aus Admont um einen Schurfzettel für den Betrieb eines Silberbergwerkes ein "so sich nahent am Schneeperg bey einer Albm zaigen solle". Aus dem Jahre 1595 datiert ein Bericht des stellvertretenden Bergrichters Lorenz Khrottendorfer über die Supplikation des Gewerken Hanns Püchler um den begehrten Verlag auf sein Bergwerk. Die Kammer bewilligte die Befahrung desselben auf Püchlers Kosten und die Förderung dieses Unternehmens mit der üblichen Formel "zur Mehrung des Kammergutes und Aufnehmung der Mannschaft".

Der Handelsmann Bartholome Dissara aus Hainfeld baute 1609 - 1611 bei Puchberg auf Eisen. Er hielt sich nicht an die Bergordnung, kam mit dem Grundherrn in Konflikt und verlor durch die Entscheidung einer Kommission, welcher der Wr. Neustädter Bürgermeister Simon Tollasch und der Hofkammerrat Hanns Undterholzer, Herr der Hft. Kranichberg, als Sachverständiger angehörten, sein Bergwerk an den Grundherrn der Hft. Stixenstein, den Grafen Balthasar von Hoyos. Schmelzhaus und Hammer befanden sich bereits im Bau; 1615 enden bei Stütz die Berichte über diesen Betrieb. Der Berghäuer Johannes Erhardt erbot sich 1682, von ihm untersuchte für abbauwürdig befundene "schöne sichtbare Erzgänge auf der Pfennigwiese gegen ein Gebirge" (Hutberg bei Puchberg) in Bau zu nehmen. Er, der als erwerbsloser Bergknappe in diesem Gebiet prospektierte, war bei Silberbergbauen in der Herrschaft Weissenburg an der Pielach bis zu deren Stilllegung beschäftigt gewesen. Der Türkeneinfall dürfte sein Vorhaben in der Hft. Stixenstein vereitelt haben. Vermutlich an der selben Örtlichkeit wie Erhardt folgte im Jahre 1750 die ausführlich

behandelte amtliche Untersuchung des Schneeberggebietes durch den Bergrichter Morgenbesser und einiger Bergknappen. Sie blieb erfolglos, hinterließ aber sehr aufschlussreiches Aktenmaterial über die Tätigkeit dieser Kommission. Am Fuße des 969 m hohen Hutberges bei Puchberg wurde mit hohen Kosten ein Versuchsbau auf Silber begonnen, den man nach einem Jahr erfolgloser Arbeit einstellen musste.

Man sollte nun meinen, das diese letzte gründliche Begutachtung des Schneeberggebietes durch Bergbausachverstände allen weiteren Versuchen ein Ende gesetzt hätte. Jedoch erfährt man zum letzten Mal 1784 von einer Prospektion auf "reiche Gold- und Silbergänge, die sowohl im Schneeberge selbst als auch in den nahe daran gelegenen Bergen vorhanden sein sollen". Der Inhaber der Herrschaft Gutenstein, Johann Ernst von Hoyos, erbat vom Direktor des ärarischen Silberbergbaues in Annaberg zwei erfahrene Bergleute mit Sprengzeug, "um selbst mit ihnen den Augenschein der Klüfte vorzunehmen". Erscheint der Versuch mehr abenteuerlich als erfolgreich gewesen zu sein, so bleibt die Tatsache interessant, dass es dem Grafen Hoyos 1786 mit Hilfe von Vordernberger Montanfachleuten gelang, in Pitten einen Spateisenstein-Bergbau zu erschließen.

Die Hammerschmiede im Höllental am Schneeberg
Abschrift

Im Höllental, bei der Schmiede;
Sprach,- ein Wanderer zu
Ich hör'l ein Lied durch Tal u. Ried,
Hier, nun finde ich meine Ruh!

Das Hammerwerk soll schon im 15. Jahrhundert bestanden haben. Eingebettet in die Talschlucht der Rax und des Schneeberges, stand das ehemalige Streckhammerwerk als Türsteher zum Höllental. Die am Hammertor angebrachte Tafelschrift "Weg ins Höllental!" warnte den Wanderer, dass ein Weitermarsch nicht zu empfehlen sei, da die Inwohner vom bösen Geist besessen und deshalb keine Menschenfreunde sind. Die bösen Geister wurden vertrieben, als eines Tages im Jahre 1782 die Brüder Hubmer aus Gosau kamen und mutig durch die "Hölle" schritten. Von dieser Zeit an war die Hölle einladend für die Menschen, zur Schau, was die Natur im Verborgenen hält.

Der Schmiedegeselle Josef Streicher, geboren 1757 in Grossraming, war in seinen jungen Jahren auf der Wanderschaft und kam zum Hammerwerk in Krumbach am Schneeberg. Die Warnungstafel am Hammertor beachtete er nicht, da er sein Reiseziel erreicht und der Streckmeister ihn "willkommen" hiess. Josef Streicher war ein tüchtiger Hammerschmied und verstand auch die Köhlerei, die er gegenüber der Schmiede errichtete. Weil er fleißig und

Das Kleine Hammerhaus in Hirschwang

Die letzte Arbeiterkaserne, das Große Hammerhaus in Hirschwang

sparsam war, konnte er sich sehr bald ein kleines Haus am Knappenberg erbauen, das viele Generationen seiner Nachkommen ein Vaterhaus war. In den Diensten der kaiserl. königl. Gewerken wurde er für 50 Arbeitsjahre jubiliert, und bis ins hohe Alter war er noch in der Köhlerei tätig. Die Hammerschmiede in Krumbach (Höllental) hatte Wasserantrieb. Die zum Betrieb bezw. Antrieb benötigte Wassermenge wurde je nach Bedarf der Schlagstärke mittels Zugleitung befördert, die der Wassergeber, auch Hammerführer genannt, bediente. Nachdem aber mündliche Anordnungen während des Betriebes infolge des Dröhnen der Hammer nicht möglich waren, hat der Streckführer (Vorstrecker, auch Vorarbeiter) mit Kopfwendungen anzudeuten, welche Schlagkraft er bis zur Fertigstellung der Rund-, Flach- und sonstiger Ausführungsform des Arbeitsstückes, fallweise benötigt.

Vorstrecker und Hammerführer bedienten sich einer so genannten Taubstummensprache. War aber der Wassergeber manchmal unaufmerksam - und das ist vorgekommen, so wurde ihm mit trotzigem Blicke des Streckführers angedeutet, dass nach der Schicht "Beidler" (Kopfwaschungen) zu erwarten sind, die durchaus nicht angenehm waren. Im Hirschwanger Wörterbuch wird "Beidler" als Fremdwort bezeichnet, obwohl es deutschen Ursprungs ist. Wer viele Jahre in der Schmiede beschäftigt war, wurde schwerhörig; daher heute noch die spöttische Bemerkung für Schwerhörige: "Mit dein muast schrei'n, der is jo haumaterisch!" Die Krumbacher Schmiedeisen-Erzeugnisse waren von vorzüglicher Güte. An Heeresbedarf,

für Bau-, Land- und Forstwirtschaft gab es große Aufträge, so dass weitere solche Streckhammer installiert wurden. Die Hammer waren nach den Nummern bezeichnet. Die Strecker wiederum gaben den Hammern einen Namen, z. B. nach den Haustieren: "Da Bouk, die Goas, die Kotz" u. s. w.

Elementarereignisse, die noch in Erinnerung sind, waren die Hochwasserkatastrophen 1783, 1804, 1813, 1836, die das Höllhammerwerk für längere Zeit zum Stillstand des Betriebes zwangen und somit große Betriebsunkosten verursachten". Dies war auch die Begründung, das Höllhammerwerk im Jahre 1844 aufzulassen. Ein neues Eisenwerk mit größerer Anlage für Walz-, Dampfhämmer und Werkstätten wurde wegen günstiger Ausnützung der Wasserkraft im erweiterten Tale, im heutigen Ort Hirschwang, errichtet.

Das Krumbachtal, die "Insel der Seligen", wie es die Hammerschmiede bezeichneten, ist von vielen Sagen umwoben. Der Schweizer Dichter Joh. Gottfried. Seume (1763 - 1810) erinnert in seinen Reisebeschreibungen "Spaziergang nach Syrakus", dass er hier den Wassertrunk für Edelwein nicht tauschen würde. Diese Quelle befindet sich gegenüber dem Hause und ist die so genannte "Krumbacher-Brunnenhütte". Das Haus wurde 1787 als Gemeinschaftsraum für die Hammerschmiede erbaut, nachdem die kaiserl. Waldmeisterei die einzelnen Behausungen an den Berghängen wegen "Unsicherheit nicht mehr duldete. Karl VI., Josef der II. und Erzherzog Johann, ferner Dichter und Künstler, Bauernfeld, Lenau, der

Maler Löwe und andere Genius des Geistes waren in diesem idyllischen Tale auf Besuch. Diese lauschten gerne den schauerlichen Erzählungen der Schmiede und Forstleuten. Besondere Geschehnisse in der damaligen Zeit, die Luther-Reformationsbewegung, die Bauernkriege, die franzöś. Revolution u. s. w. waren den Hammerschmieden nur durch Berichte von reisenden Handwerkern bekannt. Von Interesse für die Schmiede und Waldämtler waren die Bestrebungen Josefs II., Erzherzog Johann. Andreas Hofer und Anton Wallner. Die von den Brüdern Hubmer durchgeführten genialen Taten kannte unsere Schmiede aus eigenem Erleben und Beobachtung. Ihr Streit mit den Helden der Arbeit, der für Johann Hubmer unglückliche Folgen hatte, haben die Schmiede lange Zeit tief bereut. Einen unerbittlichen Hass aber hatten die Schmiede gegen einen Mann, der glaubte, die ganze Welt müsse sich vor ihm beugen. Dieser große Korse, Napoleon Bonaparte (1769 - 1821), der es wagte, mit seinen Soldaten unsere Alpenheimat zu schänden, hatte erfahren müssen, dass Tirol, Salzburg, Steiermark und die Voralpen Söhne hat, die nicht gewillt waren, sich vor dem Kaiser der Franzosen in Demut zu beugen. Und so war es denn, dass die Krumbacher Schmiede gleichfalls ihre Entschlossenheit bekundeten, im Falle es der "Teifi" dem Franzosengeneral gestatten sollte, durch die Hölle (Höllental) nach der Kaiserstadt zu marschieren. "In Napulian und seini rothoserten Klachln, die jeikma (jagen) aussi!". Dazu entschlossen waren die jungen Schmiedegesellen in Krumbach, der Pink Jakob, Fink Hansl, Pointner Toni, Greiner Jakob, Huber Poidl und der Zeiler Michl. Aber es kam nicht dazu, den Napoleon zu "verjaik'n", weil dieser einen kürzeren und bequemeren Weg nach Wien wählte als das verrufene Tal der Hölle. Allerdings waren versprengte Soldaten des Napoleon aus Salzburg über die Alpen nach Lilienfeld, Hohenberg und Rohr i. Geb. gekommen und die dort den Schumachermeister Michael Fuchs als Geisel zur weiteren Wegweisung mitnahmen. Wegkundige Holzleute wurden von den Bauern in Schwarzau nach Gutenstein und Reichenau vorausgeschickt, diese brachten die Meldung von anrückenden Franzosen. Der Schuster Michael Fuchs wählte den Weg durch das Höllental, in der Meinung, die "Rothoserten" leichter auf Irrwege zu bringen, bei dieser Gelegenheit er selbst aber entwischen könne, was ihm nicht gelungen ist. Fuchs konnte ungehindert die Truppe durch das Krumbach-Hirschwanger und Reichenauer Tal leiten, weil vorher vereinbarte Bestimmungen des Durchzuges durch die Bürgerwehr gestattet wurden. Einzelne vom Marsche zurückgebliebene Soldaten wurden von den Hammerschmiedegesellen angehalten und nach Reichenau zum Herrschaftsamt eskortiert. Der Bauer

Noch begehbare Stollen

Adelpoller auf der Waag (Thalhof) hatte nach diesen Franzosen-Durchzug noch einige Zeit eine Art Vorposten-dienst zu verrichten, und tatsächlich konnte er auf seiner Waldeshöhung beobachten, dass am Wasserweg verdächtige Gesellen anrücken. Die Bürgerwehr an der Färberbrücke wurde verständigt und hat den Rest der durchziehenden Soldaten des Franzosenkaisers, bis weitere Befehle gegeben, vorläufig im Schlossturm gefangen halten. Michael Fuchs, der als Geisel seine Truppe nach dem Semmering brachte, benützte bei Nacht eine für ihn passende Gelegenheit zur Flucht. Das Pferd des Offiziers, das er zu betreuen hatte, leistete ihm zur Flucht gute Dienste, zumal er selbst bei der kaiserlichen Reiterei als Kürassier gedient hat und im Reiten geschult war. Man hat allerdings den Fliehenden verfolgt, doch konnte derselbe nicht mehr eingeholt werden und Fuchs kam bei der Krumbacher Höllhammerschmiede glücklich an. Nach einer kurzen Rast und Bericht an die Hammerleute wollt er wieder aufbrechen zur Heimreise. Der Streckmeister Stummer Georg fragte Fuchs noch: "Nau Schuastamoasta, host Napulian e' a oan Deiter geb'm?", worauf dieser antwortete, dass er dem Höllsakra Kaiser nicht unter der Truppe bemerkt habe. Der Streckmeister wollte den geretteten Schustermeister davon abraten, die Heimreise durch das Höllental zu wählen, weil, wie er meinte, dass wieder der "Teifi" drin sei". Der Schustermeister hat aber trotzdem seinem Ritt durch das Höllental genommen und kam glücklich nach Hause, wo er sich nachher noch einige Zeit versteckt gehalten hat.

Nach der großen Franzosenzeit, wie die alten Hirschwanger diese Zeitepoche genannt haben, bewegte sich das Krumbacher Hammerschmiedleben wieder nach altem Brauchtum viele Jahre fort. An jedem Samstag um 11 Uhr (damalige Mittagsstunde) verkündete die kleine Glocke des Hammerwerkes - "Feierabend". Von dieser Zeit bis Montagmorgen durfte außer der Betreuung der Haustiere keine Arbeit verrichtet werden. Der Haumabiegl (Hammerbühel) war der Krumbacher Prater. Dort wurden für Jung und Alt verschiedene Belustigungen abgehalten. "Tänze - (nicht nach Negerart wie heute), der Bux-umi, die Schuster- und Vermählungspolka, der Stad-stad u. s. w. -, Fingerhackl'n, Hahneschlag, Kreuzelwerfen und auch Wago-wago-den-do!" Die alten Männer kamen zum Tabakrauchen und Weiberanluig'n (lügenhafte Geschichten erzählen). Diese Feierabendstunden bzw. Freizeitgestaltungen müssen besonders belustigend gewesen sein, weil noch heute die scherzhafte Einladung: "Ge'h mit zum Haumabiegl Tabak rach'n" von älteren Hirschwangern ausgesprochen wird. Von den Liedern sind noch erhalten:

Hol'li übas Krumbach,
Hol'li übat Schneid;
Es geh't koan ander'a Schlankl,
Mit sei Sunntogsgwandl,
Hol'li übas Krumboch,
Do schleicht da Fuchs.

und:

Mei Voda hot gsogt,-
Und die Muda sogt 's a,
S' Derndl, wos i liab,
Sul Ih heirat'n a.

Viele andere Lieder, die Krumbacher Ursprungs waren, sind leider in Vergessenheit geraten, weil die moderne Zeit sich mit Naturechtheit nicht gerne befreundet und für exportierten Blödsinn mehr Verständnis hat. Es kommt schon vor, dass die Neuzeit in verschiedenen Belangen in Verlegenheit kommt und ein wenig alten Kram hervorholen muss, allerdings gibt man ihr einen anderen Namen, Schliff und Wert, damit niemand sagen könne: "Es sei alles schon da gewesen!"

Die Schneelawinenstürze vom Lahngraben im Jahre 1896 haben die Bevölkerung von Hirschwang in großer Aufregung gebracht - und ist Krumbach wieder in "Teifi sein Loch" gewesen. Die letzte Höllenfurcht wurde bekundet, als ein Daimlerwagen in der Tätigkeit des Scheinwerfers ein Abend aus dem Höllental gefahren kam. Seit dem Kraftwagenverkehr ist aber für immer während Zeit der "Teifi" in Verbannung getrieben. Grossen Schaden verursachten die Überschwemmungen im Jahre 1897 und 1899. Letztgenannte war für das Krumbachhaus, Schwemmholz-Rechenanlagen und Windbrücke sehr bedrohlich. Die Bevölkerung wurde im Dienst zur Abwehrmaßnahmen gestellt, an der Richard v. Schoeller, Tag und Nacht ohne Unterbrechung persönlich mitwirkte. Der Ort Hirschwang war von einer weiteren Auswirkung der Elemente verschont geblieben, während die Bevölkerung von Payerbach einen unglücklichen Ausgang diese Ereignisses verzeichnen musste. Die Kirchenbrücke wurde dort fortgetragen und drei Wache haltende Bürger haben dabei ihr Leben lassen müssen.

Als Ersatz für die ehemalige Hammerschmiede hat Krumbach eine Bergbahn zur Rax erhalten. 100 000 Menschen, die wahrscheinlich nicht alle vom "Teifi" Furcht haben, haben während der Zeit des Betriebes unsere schöne Alpenheimat besucht. Wir gönnen allen Raxbesuchern das Bisschen Einatmen von frischer Luft, noch mehr aber den gesegneten

Eindruck von dieser Naturschönheit. Damit aber unser Krumbach, die Insel der Seligen, nicht in Vergessenheit gerate, wünschen wir, dass es an allen Raxbahn-Anzeigtafeln, statt "Zur Raxbahn!" "Auf nach Krumbach"! heißen soll, schreibt ein Hirschwanger.

VOM BERGSTEIGEN UND DEN TRÄGERN DES GRÜNEN KREUZES MIT EDELWEIß
Unter Mitarbeit von Siegfried Krätzel

Als Fra Mauro 1459 die so genannte erste Weltkarte schuf, fehlten die Alpen fast zur Gänze. Die Berge waren den Menschen unheimlich, da zu dieser Zeit noch der Aberglaube, die Furcht vor der Rache der Götter und Dämonen, Folter, Hexenverbrennungen sowie Unfreiheit des Glaubens vorherrschten und sich nur Einzelne in diese unwirtlichen Berggegenden vorwagten; so konnten auch nicht die Taten und Erfolge dieser Einzelgänger ihre Umwelt beeindrucken, sondern der Zeitgeist. Daher musste die Einstellung des Menschen zum Berg eine grundlegende Änderung erfahren, um den Weg zum Gipfel im Sinne des heutigen Bergsteigens zu öffnen. In der alpinen Literatur wird dem kaiserlichen Hofbotanicus Charles d' Lecluse, lateinisiert Carolus Clusius, im Jahre 1583 die Besteigung der beiden nö. Berge Schneeberg und Rax zugeschrieben.

Ende des 18. und Anfang des 19. Jahrhunderts waren es Männer aus der oberen Schicht, die auch mit den notwendigen finanziellen Mitteln ausgestattet waren, um kleinere "Expeditionen" zusammenzustellen, um mit ortskundigen und wagemutigen Einheimischen die Gipfel unserer Alpen zu besteigen. Bei all diesen Unternehmungen stand noch die Abenteuerlust im Vordergrund. Die wissenschaftlichen und rein sportlichen Interessen kamen erst nach und nach dazu. Viele Namen von Schutzhütten, Steigen und Kletterrouten erinnern heute noch an die Erstbezwinger, wobei diese Zeit der ersten Besteigungen Hochachtung abverlangte, war man ja noch mit unzureichenden klettertechnischen Hilfsmitteln ausgerüstet. Auch das Schuhwerk ließ zu wünschen übrig; heute kann man sich eine Klettertour in Nagelschuhen nicht mehr gut vorstellen. Die ersten alpinen Leistungen, die in Vorträgen und der Presse dementsprechend publik gemacht wurden, brachten immer mehr Menschen zum Bergwandern oder Bergsteigen.

Der wirkliche Durchbruch erfolgte aber mit der verkehrsmäßigen Erschließung. Wollte man z. B. von der Bundeshauptstadt nach Puchberg am Schneeberg gelangen, so war dies zu jener Zeit eine Entfernung, wo man eine stundenlange Kutschenfahrt in Kauf nehmen musste und damit wertvolle Zeit verloren ging. Ganz anders war es ab jenem Zeitpunkt, als die Teilstrecke der Südbahn Wien - Gloggnitz und im Jahre 1854 die Strecke von Gloggnitz über dem Semmering nach Mürzzuschlag dem Verkehr übergeben wurden. Jetzt war man in ca. zwei Stunden bequemer Fahrt an einem der Ausgangspunkte für eine Wanderung oder Bergbesteigung. Nun kam es auch zur Gründung verschiedener alpiner Vereine; 1857 der

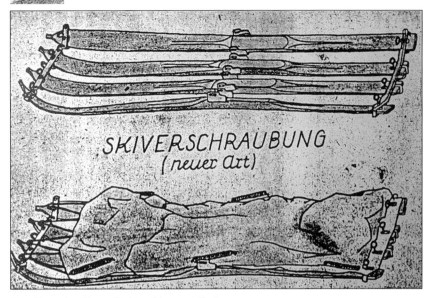

Damit wurden Verunglückte abtransportiert

Gebirgstrage mit Rad

englische Alpine Club, 1862 der Österreichische Alpenverein, 1863 der Schweizer Alpenclub, im Jahre 1869 der Club Alpino Italiano, der Österreichische Touristenclub und der Deutsche Alpenverein. Bis zur Jahrhundertwende reihten sich der Österreichische Alpenklub, Touristenverein die Naturfreunde, der Verein von Kunst und Naturfreunden Wien, die alpine Gesellschaft Altenberger, die alpine Gesellschaft Edelraute, die Preintaler, die Ennstaler u.s.w. in den Kreis der alpinen Vereinigungen ein. Konform mit der Gründung der Vereine ging auch der Hüttenbau. Heute stehen in den Alpen hunderte Hütten, Biwakschachteln und Notunterkünfte zur Verfügung und leisten zur Sicherheit in den Bergen einen entscheidenden Beitrag.

Wie bereits erwähnt, kann man den Bau der Südbahnstrecke, da dadurch eine Erleichterung des Reisens eintrat und somit die Berge in greifbare Nähe rückten, als die Geburtsstunde des allgemeinen Tourismus bezeichnen. Nun konnte man ohne größeren Aufwand ins Gebirge gelangen. Dies brachte jedoch mit sich, dass die Unfälle am Berg immer häufiger wurden, da viele der Touristen bergmäßig schlecht oder gar nicht ausgerüstet waren, ihre eigene Leistungsfähigkeit überschätzten oder führerlos unterwegs waren. Wesentlich hat auch der Wintersport dazu beigetragen. Auch die östlichen Ausläufer der Alpen blieben von dieser Entwicklung nicht verschont. Bergretter in Gestalt von Jägern, Holzfällern, Bauern und Almhirten, die mit ihrem Einsatz Menschen aus Schnee oder Fels geholt haben, hatte es schon gegeben, seit die Bergtäler bewohnt und die Almen und Wälder bewirtschaftet wurden. "Aber als die romantischen Schilderungen der Alpenwelt durch die im Naturalismus ergebe-

nen Schriftsteller sowie die an Kühnheit und Tapferkeit appellierenden herrlichen Bergspitzen und die steilen Felsabstürze eine immer größer werdende Zahl von Naturbegeisterten, vorwiegend aus den Städten, auf die Berge lockten, nahm auch die Zahl der Unfälle, aber auch das Streben, den in Bergnot Geratenen Hilfe und Rettung zu bringen, zu - nicht zuletzt auch, um die Toten zu bergen und ihnen eine würdige Bestattung zu ermöglichen." (Arthur Frölich: "Die Männer mit dem Grünen Kreuz")

Am 8. März 1896 verunglückten auf dem Reistalersteige der Rax drei Wiener Bergsteiger durch eine Lawine. Da sich anlässlich solcher Unfälle zu dieser Zeit außer den Angehörigen oder Freunden der Verunglückten niemand um diese kümmerte und auch die Angehörigen meistens keine Bergsteiger waren und der Sache rat- und hilflos gegenüberstanden, wurde in der nächsten Wochenversammlung im Österreichischen Alpenklub angeregt, eine so genannte freiwillige Rettungsmannschaft aus Mitgliedern des Österreichischen Alpenklubs zu bilden. Der noch am selben Abend gewählte Ausschuss, bestehend aus den Mitgliedern Th. Keidel, H. Kleinwächter und H. Krempel, übernahm die Aufgabe, die Angelegenheit vorerst zu beraten und dann dem Klub Vorschläge zu unterbreiten. Dieser provisorische Ausschuss beschloss nach reichlicher Überlegung, alle alpinen Vereine von Wien zur Mitarbeit heranzuziehen.

Die Vorgenannten setzten sich mit der Sektion "Austria" und der Akademischen Sektion Wien des DuOeAV, dem Gebirgsverein, den "Naturfreunden", dem Österreichischen Touristenklub und mit den alpinen Gesellschaften "Voitstaler" und "Ennstaler" ins Einvernehmen und ersuchten diese Vereine, ihrerseits je zwei Vertrauensmänner behufs Bildung eines beratenden Ausschusses zu entsenden. Die Anregung des Österreichischen Alpenklubs fand ungeteilten Beifall, und bald konnte der aus Vertretern obiger Vereine gebildete Ausschuss zu regelmäßigen, fast wöchentlich stattfindenden Sitzungen zusammentreten. Nach fast einjährigen Bemühungen und Arbeiten war der Alpine Rettungsausschuss Wien (ARAW) gegründet, an dessen Zustandekommen sich vornehmlich Ing. Kleinwächter die größten Verdienste erwarb.

Die Leitung der Geschäfte des ARAW wurde alljährlich in alphabetischer Reihenfolge einem der dem ARAW angehörigen Vereine übertragen, die Leitung und die Organisation der Rettungsarbeiten jedoch sollte möglichst lang in einer und derselben Hand bleiben und damit wurde Heinrich Krempel betraut, der diese Ehrenstelle durch siebzehn Jahre bekleidete und sie dann an Rudolf Hamburger abtrat, der sie bis zu seinem Bergtod am Großglockner im Jahre 1941 ausfüllte.

Nach dem Wiener Vorbilde schufen bald darauf Innsbruck, München und Graz ebenfalls alpine Rettungsstellen und der Zentralausschuss des DuOeAV, der sich dann in großzügiger Weise der Sache des Rettungswesens annahm, organisierte das alpine Rettungswesen im gesamten Gebiete der Ostalpen.

Großen Anklang fand der ARAW auch im Ausland. Der Club Alpino Italiano, der Club Alpine Francais sowie der Schweizer Alpenklub wandten sich an den ARAW, um Auskünfte über die ganze Einrichtung usw. einzuholen. (Heinrich Krempel: 30 Jahre ARAW.)

Bereits im Jahre 1896 ging der ARAW daran, so genannte Lokalstellen / Vorortstellen zu schaffen. Die Sektion Reichenau des DuOeAV erklärte sich als Erste bereit, diese Funktion zu übernehmen. Die ÖTC-Sektion östliches Schneeberggebiet mit Sitz in Ternitz übernahm diese Aufgabe mit der Auflage, sich direkt mit dem im Schneebergdörfl wirkenden Lehrer Ferdinand Bürkle in Verbindung zu setzen, um dort eine Lokalstelle zu errichten. Somit waren im Schneeberggebiet zwei Lokalstellen installiert, die aufs Engste mit dem ARAW zusammenarbeiteten. Der Vollständigkeit halber sei erwähnt, dass in Lunz, Semmering mit Sitz in Mürzzuschlag, Bruck a.d. Mur und Admont ebenfalls Lokalstellen der ersten Stunde zustande kamen. Infolge mussten die einzelnen Einsatzgebiete der Lokalstellen festgelegt und in diesen Einsatzgebieten vorgeschobene Rettungsposten (Meldestellen) eingerichtet werden, für die sich Gasthäuser, Hotels, Touristenheime und Schutzhütten zur Verfügung stellten.

So hat sich in den Ausläufern der Ostalpen aus dem anfänglich dünnen Rettungsnetz ein wohl durchdachtes, gut organisiertes entwickelt. Die Lokalstellen standen draußen vor Ort auf Posten und griffen sofort ein, wenn nötig, und der ARA in Wien sorgte für die Aufbringung der finanziellen Mitteln, für die unumgänglich notwendigen Ausgaben sowie für die Beschaffung der erforderlichen Rettungsgeräte für die diversen Rettungsstellen und vorgeschobenen Posten. Diese größte Sorge zog sich wie ein roten Faden durch die ganze

Geschichte des Bergrettungsdienstes. Der § 14 des ARAW-Statutes sah vor, dass Geldmittel durch Sammlungen, Beiträge der im Ausschuss vertretenen Vereine und Spenden aufzubringen seien. So konnten zäh, aber stetig die Lokal- und Meldestellen mit Rettungsgeräten ausgerüstet werden. Als Ergebnis heißt es in einem Brief von Fritz Frenzl, Pächter des Touristenheim "Weichtal", an die ARAW:

"Sehr geehrter Herr Doktor!
Erlaube mir mitzuteilen, dass die Krankentrage hier gut eingetroffen ist, und ich selbe zur Aufbewahrung übernommen habe. Auch Ihren geschätzten Brief habe ich erhalten und den Rettungsausschuss Sektion Reichenau hievon verständigt....
Indem ich in meinem Namen für dieses Hilfsmittel bestens danke, zeichnet hochachtungsvoll
Fritz Frenzl,
Restaurateur Touristenheim "Weichtal", Post Hirschwang
5. Mai 1900".

Eine einschneidende Situation im organisierten Rettungswesen brachte der Erste Weltkrieg mit sich. Viele der Rettungsmänner standen an der Front und viele sahen ihre Heimat nie wieder. Und dennoch kam der Bergrettungsdienst nicht völlig zum Erliegen. Dort, wo stabile Lokalstellen und bereits ältere Jahrgänge vorhanden waren, arbeiteten diese auch in den schwierigsten Jahren weiter. Die verwaisten Lokal- und Meldestellen mussten nach dem Zusammenbruch der Habsburger Monarchie mühsam neu erfasst und der Versuch unternommen werden, sie wieder zu aktivieren. Im Jahre 1922, nach einer Reorganisation des ARAW, gehörten ihm folgende Vereine an: "DuOeAV, Österreichischer Alpenclub, Österreichischer Gebirgsverein, die Naturfreunde und der ÖTK, wobei jeder der genannten Vereine zwei Vertreter im Ausschuss entsandte, welche die neuen Satzungen überarbeitet haben." Auch wurde eine zentrale Meldestelle für Unfälle am Schottenring 11 errichtet. Im Jahre 1926 übernahm der ARAW auch die Funktion einer Landesstelle Wien des DuOeAV, wobei aber die Art seiner Zusammensetzung nicht geändert wurde, der Ausschuss seine Selbständigkeit behielt und die im Jahre 1922 beschlossenen Satzungen weiterhin in Geltung blieben.

Kaum waren die Wirren des Ersten Weltkrieges überwunden, da breitete sich über Europa die am 24. 10. 1929 in den USA ausgelöste Weltwirtschaftskrise mit ihren verheerenden Folgen, Massenarbeitslosigkeit und Betriebseinstellungen im Gepäck aus. Das alpine Rettungswesen spürte allerdings wenig davon, denn die Unfälle am Berg verringerten sich dadurch kaum. Das Jahr 1938 brachte nach dem Anschluss Österreichs an Deutschland einige Änderungen. War das alpine Rettungswesen seit 1902 bzw. 1934 allein im Schoße des Deutschen und Österreichischen Alpenvereins gelegen, so nannte sich diese

Bergsteigervereinigung nun nur mehr Deutscher Alpenverein. Im Jahre 1920 war in München eine Bergwacht gegründet worden, die sich vorerst nur um den Naturschutz kümmerte. Später kam alpine Rettungstätigkeit dazu. Die Münchner Bergwacht übte auch die Funktion einer DuOeAV-Landesstelle für alpine Unfälle für Bayern aus. 1939 kam es zu Verschmelzung der Bayrischen Bergwacht mit dem alpinen Rettungsdienst des Alpenvereins und dieser fungierte von nun an als "Bergwacht im Deutschen Alpenverein". Zur alpinen Rettungstätigkeit wurde der Naturschutz mit übernommen, wobei es den nunmehrigen Bergwachtmännern freigestellt war, im Naturschutzdienst mitzuarbeiten.

Das Ende des Krieges spielte sich vom Semmering ins Schwarzatal und von Payerbach über die Vorberge des Schneebergs bis Puchberg und weiter ins Piestingtal ab. In der turbulenten Nachkriegszeit, in der russischen Besatzungszone, zerfiel das organisierte Bergrettungswesen. Die Meldestellen und Stützpunkte wurden größtenteils ausgeraubt und konnten vorerst nicht neu aufgebaut werden. Es war kein leichtes Unterfangen, da Kameraden, die mit der Materie vertraut, gefallen oder in Kriegsgefangenschaft waren. Es gelang jedoch einigen beherzten Männern im Jahre 1945, den Kontakt mit den Behörden und den neu zugelassenen alpinen Vereinen über den Wiederaufbau des Rettungswesens aufzunehmen und gleich dem Roten Kreuz sollte ein unpolitischer, für jeden Staatsbürger zugänglicher Verein geschaffen werden, und sehr schnell fanden sich Funktionäre der Bergrettung zusammen. Bereits am 8. Mai 1945 wurde Karl Swoboda in Wien von den nun nicht mehr verbotenen Naturfreunden mit der Sicherstellung der noch vorhandenen Ausrüstung der Bergwacht ermächtigt. Am 31. 10. 1945 wurde von Karl Swoboda eine Besprechung des alpinen Rettungsausschusses einberufen, deren Tagesordnung, trotz aller heute unvorstellbaren Schwierigkeiten der unmittelbaren Nachkriegszeit, von einer bereits umfangreich eingesetzten Aktivität zeugte. Bereits am 7. Oktober 1945 erhielt Josef Matouschek aus Reichenau die Vollmacht zur treuhändigen Verwaltung der früheren Ortsstelle Reichenau der Bergwacht, und Pöltl aus Puchberg teilte die Einsatzbereitschaft der Rettungsdienststelle Puchberg am Schneeberg mit. Vieles war noch provisorisch und geschah mit Hilfe der Erfahrung, welche die Bergrettungsmänner von einst mitbrachten, manches, wohl das meiste, musste improvisiert werden. Und so wurde schon vom 15. - 22. Februar 1946 am Hochschneeberg der erste alpine Rettungslehrgang durchgeführt, an dem sich der ÖAV, ÖTK, ÖGV und die Naturfreunde beteiligten, wobei das Standquartier im ehemaligen Baumgartnerhaus war. Als Kursleiter waren Alois Winter und Rudolf Rasko im Einsatz, Skilehrer war der damalige Pächter des Baumgartnerhauses, Stehr, für die Rettungstechnik war Alfred Hudec zuständig. Als Arzt wirkte Dr. Hans Szenes mit und als Sanitäter war Otto Oberdorfer tätig.

1946 schlossen sich die Landesverbände bei einer Länderkonferenz in Salzburg zu einem Dachverband zusammen und im Jahre 1949 konstituierten sie den Bundesverband

Eine Verletzte wird zur Haltestelle der Zahnradbahn abtransportiert

als selbständige und unabhängige Dachorganisation - "Bundesverband Österreichischer Bergrettungsdienst - ÖBRD". Die Arbeit des ÖBRD beschränkt sich im Allgemeinen auf alpines und unwegsames Gelände, dort wo andere Hilfsorganisationen ihre Tätigkeit beenden. Die Einsatzziele bestehen in der Hauptsache darin, verletzte oder gefährdete Personen zu bergen, ihnen erste Hilfe zu leisten, sie bis zum nächstgelegenen Beförderungsmittel zu transportieren bzw. in die Hände eines Arztes zu bringen. Eine unmittelbar drohende Gefahr abzuwenden oder ihr vorzubeugen, in Katastrophenfällen mitzuhelfen und nach vermissten Personen suchen. Der Bergrettungsmann selbst ist das ausübende Organ im ÖBRD und Träger der eigentlichen Einsatztätigkeit, wobei gewisse Voraussetzungen erfüllt werden müssen. So zum Beispiel das vollendete 17. Lebensjahr, gute Fähigkeiten als Bergsteiger und Skiläufer, die Bereitschaft sein Können in den Dienst der Nächstenhilfe zu stellen, sich in kameradschaftlicher Form in den ÖBRD einzufügen und sich das dafür notwendige Wissen und Können bei den bestehenden Ausbildungskursen anzueignen. Die Tätigkeit des Bergrettungsmannes ist freiwillig und ehrenamtlich. Er trägt im Dienst als sichtbares Zeichen seiner Tätigkeit das Abzeichen, das auf weißem Feld das grüne Kreuz mit dem Edelweiß in der Mitte und der Umschrift, "Österr. Bergrettungsdienst", zeigt. In den folgenden Jahren wurden zusammen mit dem Alpenverein die rettungstechnischen Entwicklungen der Kriegszeit fortgesetzt und gingen Hand in Hand mit der notwendigen

Neuausrüstung. Die zum Teil im Krieg in der Hochgebirgs-Sanitätsschule in St, Johann in Tirol entwickelten Rettungsgeräte, wie Grammingersitz, Gebirgstrage, Stahlseilgerät und für den Winter der Akja, wurden eingeführt und erhöhten sie Schlagkraft der Bergretter. Es war jedoch noch ein weiter Weg, um über Motorisierung, Funkgeräte-Entwicklung, Verfeinerung der Rettungstechnik, Bau von Einsatzzentralen, Helikopter-Unterstützung bis hin zu aktiven Flugretter-Einsätzen und vieles andere den heutigen Standard zu erreichen.

SO WIRD ZUR ZEIT DAS SCHNEEBERGGEBIET VON FOLGENDEN BERGRETTUNGSORTSSTELLEN BETREUT:

Ortsstelle Puchberg, Ortsstelle Reichenau und Ortsstelle Wien.

Das jeweilige Einsatzgebiet ist durch die Lokalität gegeben, und so betreuen die Reichenauer den südlichen und westlichen, die Puchberger den nördlich und östlichen Schneeberg. Die Ortsstelle Wien betreut im Winter speziell die Wurzengraben-Trenkwiesen- Skiabfahrt mit allen Varianten und als Stützpunkt dient dazu die Krempel-Diensthütte.

Die Bergrettungs-Ortsstelle Puchberg (Schneebergdörfl)

Als im Jahre 1896 der Alpine Rettungsausschuss in Wien Gestalt annahm, ging man daran in den Gebirgstalorten vorgeschobene Lokalstellen zu errichten. Während in Reichenau die dortige Alpenvereinsektion diese Aufgabe übernahm, trat man an die ÖTK-Sektion östlicher Schneeberg, mit Sitz in Ternitz, heran, man möge mit dem Lehrer Ferdinand Bürkle in Schneebergdörfl Kontakt aufnehmen, ob er dort, am Fuße des Schneebergs, eine aufzubauende Lokalstelle leiten möge. Er empfand dies als sehr ehrenvoll und sagte natürlich zu. Es dauerte nicht lange und Bürkle musste schon Rettungsexpeditionen auf die Beine stellen. Für den Leiter einer Lokalstelle war es eine Ehrensache, dass er sich die anfallende Arbeit bei einer Rettungsexpedition nicht vergüten ließ. Anders die Entlohnung der hinzugezogenen Hilfsmannschaft. Als Beispiel sei hier die Abrechnung im Anschluss an die erfolglose Suche nach Herrn Borde angeführt. Heinrich Krempel, der damalige Leiter des ARAW, telegrafierte an Ferdinand Bürkle, dass ein Tourist wahrscheinlich auf dem nach Ferdinand Bürkle benannten Bürkle-Pfad vermisst sei. Die Suche musste erfolglos abgeschlossen werden, denn der vermisste Herr Borde war bereits in Wien. Der Lokalstellenleiter schickte daraufhin an Krempel eine Rechnung über die angelaufenen Kosten, selbstverständlich ohne die eigene Person zu berücksichtigen. Der Wortlaut war folgender:

"Sehr geehrter Herr Krempel,

als am Montag nachts das Suchen nach dem Vermissten erfolglos war u. auf das beständige Rufen keine Antwort erfolgte, hielten wir - meine 2 Gefährten u. ich - den Vermissten für verloren. Am nächsten Tag schickte ich wieder 3 Mann auf die Suche. An diesem Tage nachmittags erhielt ich dann Ihr 2. Telegramm mit der freudigen Nachricht, dass Herr Borde in Wien eingetroffen sei. Erlaube mir nun Ihrem Wunsch gemäß die Auslagen bekannt zu geben:

Montag 2 Mann à 1 fl.............	*2*
Dienstag 3 Mann à 1 fl 50	*4.50*
Telegr. Porto.........................	*0.55*
	7.05
Zustellung	*0.05*
	7.10

Mit alp. Gruß F. Bürkle
Schneeberg 15. 12. 1898."

Ein andermal teilte ihm Hans Staiger, Rettungsstellenleiter in Reichenau, mit, dass ein gewisser Rudolf Schlichting tot auf der Fischerhütte liege; wahrscheinlich ein Opfer des Wettersturzes und an Erschöpfung und Unterkühlung gestorben. Über den Abtransport des Toten schreibt er: "Heute erfolgte der Abtransport der Leiche des in der Fischerhütte verunglückten Touristen durch den Schneidergraben. Ankunft im Schneebergdörfl 2.00 h nachm. An der Expedition nahmen teil: der Gemeindesekretär von Puchberg Herr Drassi, Privatier aus Wien, 2 Gendarmen, meine Wenigkeit, 4 gedungene Männer und ein Bauer mit einem Ochsengespann, der die Leiche vom Ausgang des Schneidergrabens nach Puchberg überführte. Das Leichenbegängnis findet wahrscheinlich am 14. d. M. vormittags statt. Ich erhielt die erste Nachricht am 11. nachmittags um 4 h von Leopold Pulling, Arbeiter in Puchberg. Der Fuhrmann wurde von mir aufgenommen, die 4 Männer von der Gemeinde Puchberg, welche auch ein einfaches Leichenbegängnis besorgt. Bitte um gütige Mitteilung, ob der löbl. A. R. A. alle Auslagen der Exped. u. Beerdigung übernimmt. Ergebenst Ferd. Bürkle. Puchberg 12. April 1898."

Auch von einer hochwinterlichen Bergung liegt in Puchberg ein Bericht auf, in dem geschrieben steht: "In einer eiskalten Nacht, in der fast ein Meter Neuschnee lag, hatte man am Schneeberg knapp unter dem Kaltwassersattel ein Licht bemerkt. Für Bürkle Grund genug, um einen Rettungstrupp zu organisieren, einen Ochsen einspannen zu las-

Die Ferdinand-Bürkle-Hütte am Nördlichen Grafensteig

Nächtliche Bergung eines Verunglückten

sen, der eine Spur durch den tiefen Schnee trampeln sollte, und zusätzlich, um diese noch zu vertiefen und besser gangbar zu machen, wurde ein so genannter "Sterzling", das ist das unterschiedlich dicke Stück eines Baumstammes zwischen dem Wurzelstock und dem eigentlichen geraden Stamm, hinten nachgezogen; so konnten die Männer mit nur geringer Anstrengung bis ins Mieseltal aufsteigen. Die Bergung des Verunglückten aus dem steilen Gelände gestaltete sich dennoch sehr schwierig. Der Verletzte wurde sodann nach Puchberg abtransportiert und mit dem Zug ins Spital gebracht."

Als Ferdinand Bürkle zu Weihnachten 1902 schwer erkrankte, ging er auf eigenem Wunsch zurück in seine Heimat Vorarlberg. (Näheres über die Persönlichkeit Bürkles an anderer Stelle.) Leider werden damit auch die Aufzeichnungen über die Lokalstelle Schneebergdörfl spärlicher. Im Jahre 1912 ereignete sich unter dem Klosterwappen ein großes Lawinenunglück, dem 11 Personen zum Opfer fielen. Eine zwölfköpfige Rettungsexpedition aus Puchberg, zuzüglich ein paar Personen von der Meldestelle Baumgartnerhaus, die damals zur Rettungsstelle Reichenau gehörte, könnten leider nur mehr Tote ausgraben. Einer der Unglücklichen war Dr. Aemilius Hacker, ein bekannter Wiener Skiläufer, nach dem die Hackermulde heute noch ihren Namen trägt. Nun dürfte es etwas ruhiger geworden sein in Schneebergs Reich, und während des Ersten Weltkrieges 1914 bis 1918 scheint der alpine Rettungsdienst sanft entschlafen zu sein. Anders ist es kaum verständlich, dass in den Tätigkeitsberichten des ARAW aus den Zwanzigerjahren das Gründungsjahr der

Ortsstelle Puchberg mit 1922 angegeben ist. Es dürfte bestimmt eine Wiedergründung gewesen sein, wie es auch in anderen Gebieten zu Reorganisationen kam. Nun aber ging es mit der Rettungsstelle stetig bergauf. Der Schneeberg war ein beliebter Skiberg und der Skisport nahm kontinuierlich zu. 1937 wurde die Krempel-Diensthütte unterhalb des Wurzengrabens eingeweiht. (Näheres darüber an anderer Stelle.)

Es würde zu weit führen, näher auf das Unfallgeschehen einzugehen. Aufsehen erregten die beiden Lawinenunglücke 1938 und 1951 auf der Kuhplagge mit acht bzw. zwei Toten. Aber auch auf der Puchberg zugewandten Seite des Schneebergs kam es immer öfters zu Unglücksfällen, so dass die nunmehrige Bergrettungsortsstelle Puchberg daranging, in der Nähe des Kreuzungspunktes Nördlicher Grafensteig - Breite Ries, am Hansenriegel, in 1287 m Seehöhe eine weitere Diensthütte, die Ferdinand-Bürkle-Hütte, zu errichten, die im Herbst 1958 ihrer Bestimmung übergeben werden konnte. Von dieser Stelle hat man eine gute Übersicht über die Breite Ries, in der oft, speziell im Frühjahr, hunderte Skifahrer ihrem Sport huldigen. Sollte sich dabei ein Unglücksfall ereignen, wäre man raschest zur Stelle, um Hilfe zu bringen.

Inzwischen trat am Schneeberg, um die Puchberger zu entlasten, die Ortsstelle Wien planmäßig in Erscheinung. Diese betreute speziell im Winter die Trenkwiesen- Wurzengraben-Skiabfahrt mit dem Stützpunkt Krempelhütte, während die Puchberger, seit der Errichtung der Losenheim-Skilifte, in der Lahning voll ausgelastet waren und dafür eine wei-

Oben: *Die Bergrettungsmann-schaft von Puchberg am Schneeberg*
Links: *Autoweihe der Bergrettung Ortsstelle Puchberg am Schneeberg*

Ferdinand Gabriel Bürkle
Lehrer, Wohltäter und Bergsteiger

Ferdinand Gabriel Bürkle wurde am 1. Jänner 1857 in Vorarlberg geboren. Seine alt-eingesessene Familie lässt sich bis in die Zeit um 1600 zurückverfolgen. Ferdinand Gabriel Bürkle ist das erste Kind von Anna und Gabriel Bürkle, einer Mühlenbauer- und Landwirtsfamilie in Bürs nahe Bludenz am Eingang des Brandnertales. Er hatte vier Geschwister, Ignaz, geb. 1858, Ludwig, geb. 1862, Emilia, geb. 1864, und Jakob, geb. und gest. 1866. Seine beiden Vornamen erhielt Bürkle von seinem Paten H. H. Ferdinand Bürkle, Pfarrer in Fontanella und Bruder seines Großvaters, und von seinem Vater. Römisch-katholisch getauft dürfte er, wie aus einer Urkunde ersichtlich, noch am Tage seiner Geburt worden sein. Entgegen den damals herrschenden Bräuchen musste er nicht als Ältester den Hof überneh-men, sondern durch seine Begabung gleich bei seinem Onkel Ignaz in Innsbruck die Lehrerausbildung machen. Da er seine Abschlussprüfung in Wien absolvierte, such-te er sich gleich in der Umgebung einen Posten. Bevor er im Jahre 1882 nach Schneeberg, dem heutigen Schnee-

Ferdinand Gabriel Bürkle

bergdörfl, kam, war er vom Jahre 1877 an provisorischer Lehrer in Pitten. In Schnee-bergdörfl, einem Ortsteil von Puchberg, trat er die Nachfolge von Karl Tisch, der nach Puchberg versetzt worden war, an. Die Volksschule, gegründet im Jahre 1879, befand sich in dem Gebäude, das neben dem Gasthaus Zwinz (Max) noch heute steht. Aus jener Zeit, die Ferdinand Bürkle im Schneebergdörfel verbrachte, ist ein Buch "Illustrierter Führer auf der Schneebergbahn Wr. Neustadt - Puchberg - Hochschneeberg mit Partien in diesem Gebiet und historischen Anmerkungen" von ihm, das er gemeinsam mit A. Adam verfasst hatte, im Jahre 1898 erschienen. Herausgegeben wurde es von der Betriebsdirektion der Schneebergbahn und umfasste 64 Seiten, wobei der letzte Absatz ganz im Stile der dama-ligen Zeit lautete: "Und so nehmen wir vom Wanderer Abschied, mit der Hoffnung, dass er - das bescheidene Büchlein in der Hand - oft und oft hierher komme, unsere Berge und Thäler durchstreife und jenes Vergnügen dabei finde, das Körper und Geist stärkt zum Ertragen der Mühsalen des Alltagslebens. Hiemit Gott befohlen!"

Über Bürkle selbst sind aber nur wenige private Informationen vorhanden; darin sind sein soziales Engagement, seine Hilfsbereitschaft und Verbundenheit mit den Menschen vermerkt. Bürkle war gerade in der Zeit des wirtschaftlichen und touristischen

tere Diensthütte dort errichteten. (Näheres darüber in der Festbroschüre "100 Jahre Berg-rettung Puchberg am Schneeberg, 1896 - 1996.) Ein Markstein in der Ortsstelle war die Errichtung einer Einsatzzentrale, die in der Talstation des aufgelassenen Himbergliftes durch freiwillige Arbeit der Rettungsmänner errichtet wurde. So kann man diese Einsatzgruppe, die natürlich mit Funkgeräten und einen Landrover als Einsatzwagen, neben den allgemein not-wendigen Rettungsgeräten, ausgerüstet ist, als ideal bezeichnen, so dass den Besuchern von Puchberg und den Touristen am Schneeberg gegebenenfalls jederzeit Hilfe geboten wer-den kann.

Die Ortsstelle Puchberg umfasste mit Stand von 1996:
17 Meldestellen, 57 Rettungsmänner und -frauen sowie 2 Lawinen- und Suchhunde.
Der nun folgende Beitrag gilt dem Pionier, der vor über hundert Jahren die erste alpine Rettungsstelle im Raume nördlicher Schneeberg errichtet hatte.

Aufschwungs tätig und unterstützte die Bevölkerung mit all seinen Kräften und zur Verfügung stehenden Mitteln. So bezahlte er z. B. für arme Kinder nicht nur die Schuhmacher-, sondern auch so manche Schneiderrechnung. Er half der Bevölkerung in vielen Bereichen, übernahm Behör-denwege, vermaß Grundstücke, kaufte Vieh im Ausland und propagierte Versicherungen. Seine Hilfe ging sogar soweit, dass er ohne Wissen der Bauern deren Feuerversicherung bezahlte. Als Lehrer selbst musste er am Anfang um die Zuneigung seiner Schüler "kämpfen". Er versuchte deren Zuneigung durch kleine Geschenke oder frischen Semmeln zu gewinnen und sie in den Unterricht zu locken. Da die meisten Kinder jener Zeit als kostenlose Helfer auf Bauernhöfen, Köhlereien, Sägemühlen oder zu anderen Arbeiten eingesetzt wurden, so war dieser pädagogische Idealismus vermutlich eine Notwendigkeit.

Ferdinand Gabriel Bürkle
und die alpine Rettungsstelle Schneebergdörfl

Als wissbegieriger Mensch wollte F. Bürkle natürlich auch über die Umgebung, in der er wohnte, Bescheid wissen, stand doch direkt vor der Tür der 2 076 m hohe Schneeberg, der höchste Berg Niederösterreichs. Dieser und manch andere Berge in der Umgebung wurden immer wieder von ihm bestiegen. Ferner erklomm er 1884, also zwei Jahre nach seiner Übersiedlung ins Schneebergdörfl, nicht nur den Rücken zwischen Schneidergraben und Hotelries, die allerdings damals noch nicht diesen Namen trug, da das Hotel Hochschneeberg erst viel später gebaut wurde, sondern überkletterte im schneearmen Dezember mit seinen Gefährten Julius Grossinger und Robert Hans Schmitt den türmereichen Grat, der den Schneidergraben von der Krummen Ries trennt. Aber nicht nur Berge hat Bürkle erstiegen, er war auch ein Weitwanderer. So soll er einmal die Strecke von Puchberg in seine Heimat Vorarlberg zu Fuß zurückgelegt haben. Bürkle galt als hervorragender Bergsteiger und wurde schon im Jahre 1897 zweiter Vorsitzender der Sektion Ternitz des ÖTK, die sich damals noch Sektion "Östliches Schneeberggebiet" nannte. Als der Alpine Rettungsausschuss Wien nach dem Lawinenunglück am Reistalersteig auf der Rax daranging, in den vorgeschobenen Gebirgsorten Lokalstellen einzurichten, trat man über die ÖTK-Sektion östliches Schneeberggebiet auch an Ferdinand Bürkle heran, der die Leitung dieser Stelle gerne übernahm.

Als leistungsfähiger Alpinist hatte Bürkle auch Neuland betreten und hinterließ als Erstbegeher seine Spuren. Die Stadelwand beging Ferdinand Bürkle das erste Mal am 4. Ok-tober 1899 mit seinen Gefährten Eugen von Crespi, Dr. Otto Kauer und Moritz von Statzer. Ein Steig zu Ehren der Frau von Dr. Kauer, Hermine, ebenfalls von ihm das erste Mal durchstiegen, wurde Herminensteig benannt. Über Bürkles Bergsteigertätigkeit wird

ferner berichtet, dass er einmal einige Tage den Unterricht ausfallen lassen musste, weil er anlässlich einer Schneebergtour im Oktober 1887 vom Schlechtwetter überrascht und zum Biwakieren gezwungen wurde und nach einer schrecklich verbrachten Nacht sich mühsam ins Klostertal schleppte, wo er um 11.00 Uhr vormittags anlangte. Nachdem er zuerst in einem Bauernhaus und dann im Putz-Wirtshaus liebevolle Aufnahme gefunden hatte, wurde er mit einem Karren am Samstag nach Hause gebracht.

Weihnachten 1902 war es, als Ferdinand Bürkle schwer erkrankte und auf eigenem Wunsch im April 1903 oder 1904, es gibt darüber zwei unterschiedliche Hinweise, in den Ruhestand ging. Danach kehrte er wieder in seine alte Heimat Vorarlberg zurück, wo er in Bürs als Landwirt lebte. Ziemlich spät ehelichte er seine um fast 40 Jahre jüngere Frau Maria, geb. am 17. Februar 1895. Maria schenkte ihm vier Kinder, Hermine, geb. 1918, Herbert, geb. 1919, Heimo, geb. 1922 und schließlich eine zweite im Jahre 1926 geborene Tochter namens Erna. Ferdinand Gabriel Bürkle verstarb zwei Tage vor seinem 89. Geburtstag am 30. Dezember 1945. Auch seine Frau Maria erreichte ein hohes Alter und verstarb mit 90 Jahren im Jahre 1986.

Bei der Weihe der Ferdinand-Bürkle-Diensthütte durch den Puchberger Pfarrer Bernscherer konnte auch die Tochter Bürkles, Frau Erna Volgger aus Vorarlberg, begrüßt werden und sich davon überzeugen, wie unvergessen ihr Vater in seinem ehemaligen Wirkungskreis geblieben ist. Wie verbunden mit Puchberg auch heute noch die Nachkommen Bürkles sind, geht daraus hervor, dass im Juli 1996 seine Enkelin Gudrun, die Tochter Heimos, mit ihrem Mann Manfred und den zwei Kindern Kristian und Franziska es sich nicht nehmen ließen, zur 100-Jahr-Feier der Bergrettung nach Puchberg zu kommen, und alle erkletterten den nach ihrem Groß- und Urgroßvater benannten Bürklesteig.

Die Bergrettungs-Ortsstelle Reichenau

Bereits am 26. 3. 1896, also vierzehn Tage nach dem Unglück am Reistalersteig auf der Rax, brachte Hans Staiger, der Vorstand der AV Sektion Reichenau, das Thema zur organisierten Hilfeleistung bei Alpinunfällen in einer Ausschusssitzung zur Sprache. Ferner wird der Antrag des Obmannes Staiger auf Schaffung eines Fonds zum sofortigen Eingreifen im Falle einer Verunglückung, zu dem die verschiedenen alpinen Vereinigungen beizusteuern haben, angenommen. So war in Reichenau ziemlich unbürokratisch der Grundstein für eine organisierte Rettungstätigkeit gelegt worden. Waren es am Anfang meist Tote, die es zu bergen gab, so mehrten sich im Laufe der Jahre die Hilfeleistungen und Rettungen von in Bergnot geratenen Personen, wozu in den Zwanziger- und Dreißigerjahren der enorme Aufschwung des Touristenverkehrs wesentlich beitrug. Durch die enge Zusammenarbeit mit dem Alpinen Rettungsausschuss Wien kamen die damals modernsten Rettungsgeräte, wie z. B. die Stieglertrage, zum Einsatz. Auch die Selbstbergetechnik von Dr. Karl Prusik wurde übernommen; die Rettungsmannschaften waren also gerüstet.

Es kam das Jahr 1938, in welchem aus der Alpinen Rettungsstelle eine Ortsstelle der Bergwacht im DAV wurde. Doch trotz des Krieges expandierte der allgemeine Tourismus und mit ihm leider auch die Unfälle in den Bergen. Ein gewaltiger Fortschritt zeichnete sich 1940 ab, als die Ortsstelle am 22. November ihren ersten Geländewagen Marke Mercedes G5 übernehmen konnte, der aber nach Kriegsende leider gestohlen wurde. In den Jahren 1941/42 bauten die Bergwachtmänner in unermüdlicher, freiwilliger Arbeit an die Raxgmoahütte auf der Rax eine Diensthütte daran, die den Namen Hans Nemecek erhielt. Im nächsten Jahr erreichten die Unfälle mit 101 getätigten Einsätzen, 10 Bergsteiger konnten nur noch tot geborgen werden, ihren Höhepunkt (siehe an weiterer Stelle). Im Jahre 1945, nach Kriegsende, wurde von den Besatzungsmächten alle Vereine aufgelöst und treuhändig verwaltet. Trotzdem konnte der Bergrettungsdienst bald wieder aufgenommen werden. Nach der Gründung des selbständigen Vereines "Österreichischer Bergrettungsdienst, Landesstelle Wien-NÖ" im Oktober 1946 in Salzburg war es in Reichenau nach der Namensänderung nur mehr eine Formsache, die Arbeit verstärkt weiterzuführen. Um die frühere Mobilität der Ortsstelle wieder zu erreichen, wurde aus zwei havarierten Amifahrzeugen der Marke Chevrolet ein einsatzbereiter Geländewagen zusammengestellt und außerdem für die Gruppe Gloggnitz noch ein Jeep erworben. Für den Dienstbetrieb waren beide Fahrzeuge gut geeignet, weniger jedoch für die Ortsstellenkassa; der Treibstoffverbrauch machte sich schmerzlich bemerkbar. Auf Grund dessen wurde der Chevrolet im Jahre 1955 an die Feuerwehr in der Vois verkauft. In der Folge gab es zwei Ford-Bus FK 1000 (1957 und 1960). Um die Kommunikation mit den Dienststreifen zu verbessern, wurde 1970 nicht nur die Diensthütte auf der Rax an das öffentliche Telefonnetz angeschlossen, sondern auch aus dem Ergebnis einer Haussammlung ein fabriksneuer VW-Bus angekauft. Mit Hilfe des Rotary und Lions Clubs konnte ein Funknetz im Kurzwellenbereich aufgebaut werden, das nach zehn Jahren durch eines im UKW-Bereich abgelöst wurde. Dazwischen gab es aber noch ein großes, wichtiges Projekt zu verwirklichen. Die Gemeinde Reichenau stellte das Grundstück zur Verfügung, die Bergrettungsmänner die Arbeitskraft, und die dazu benötigten Geldmitteln stammten großteils aus der Sammeltätigkeit des unermüdlichen Hans Pehofers, und so entstand in den Jahren 1971 bis 1976 eine repräsentative Einsatzzentrale in Reichenau. Als nächstes Projekt stand ein Geländefahrzeug mit Allradantrieb zu Buche. Kaum war ein gebrauchter Pinzgauer erstanden, als 1980 eine uns unbekannte Frau unser Gespräch suchte, um uns mitzuteilen, dass eine unbekannte Personengruppe der Bergrettung Reichenau eine größere Spende übergeben möchte; knapp zwei Monate später erhielt die Ortsstelle ein fabriks-

Hubschrauberbergung, heute fast selbstverständlich

neues Geländefahrzeug Marke Puch Mercedes-G. Somit stand die Ortsstelle in Bezug auf Mobilität bestens gerüstet da.

Seit mehreren Jahrzehnten (seit 1957) leisteten die Hubschrauberpiloten des Innenministeriums mit den Maschinen tatkräftige Hilfe bei den Bergungen von Verunfallten oder der Suche nach vermissten Personen. Für die Bergret-tung, wie auch für die Verletzten, brachte diese Möglichkeit eine wesentliche Erleichterung und Verkürzung der Bergedauer; 1984 mit der Einführung des Notarzthubschraubers Christophorus drei in Wr. Neustadt auch eine raschere ärztliche Ver-sorgung vor Ort. Ein paar Jahre später wurde dieses System erweitert durch Flugretter der Bergrettung, die im Einsatz, an einem Tau unterm Hubschrauber hängend, zum Verletzten im Gelände abgesetzt und beide dann wieder aufgenommen werden, so dass der Bergungsverlauf für den Bergretter, aber vor allem für den Verletzten, schneller und schonender vonstatten geht. So stehen die ca. 100 Bergretter zur Jahrhundertwende bestens ausgerüstet und ausgebildet bereit, um jederzeit Menschen in den Bergen Hilfe zu bringen, die Hilfe benötigen.

Die Ortstellenleiter der Ortsstelle Reichenau

1896 - 1905	Hans STAIGER
1905 - 1910	Ferdinand HÖLLERSBERGER
1910 - 1930	Franz HARTNER
1930 - 1935	Thomas IRSCHIK
1935 - 1941	Raimund THÄDER
1941 - 1957	Josef MATOUSCHEK
1957 - 1976	Bertrand KÖNIGSHOFER
1976 - 1982	Siegfried KRÄTZEL
1982 - 2001	Karl STRANZ
2001 - dzt.	Alfred PRATSCHER

Hans Staiger, einer der Mitbegründer der Ortsstelle Reichenau

Raimund Thäder

Raimund Thäder, verdienter Bergrettungsmann

Am Schluss dieses Beitrages über die Bergrettung Reichenau soll eines Mannes gedacht werden, der immer wieder sein Leben aufs Spiel setzte, um Menschen in Bergnot Hilfe zu leisten. Es war dies Raimund Thäder vom Rettungsausschuss Reichenau an der Rax, von Beruf Beamter der Neusiedler A.G. in Hirschwang, ein gebürtiger Wiener. 34 Personen verdanken diesem Mann ihr Leben. Kein Hilferuf von den Höhen des Schneeberges oder der Rax blieb von ihm ungehört. Zwei seiner besonderen Taten seien hier angeführt. Zu Ostern 1922 rettete er acht Personen aus den Krummbachwänden am Schneeberg, und in der Silvesternacht führte er in 15-stündiger schwerster Rettungsarbeit eine erfolgreiche Bergung von sechs Leuten vom Alpenvereinssteig durch. Raimund Thäder war auch der Erste, der mit dem neu geschaffenen Ehrenzeichen "Für Rettung in Bergnot" des Deutschen und Österreichischen Alpenvereines, dem "Grünen Kreuz", vom Präsidenten des Alpenvereines Sydow, persönlich für seine weit über unsere Grenzen hinaus bekannte und aufopfernde Rettungstätigkeit ausgezeichnet wurde. Wie schwierig es aber früher war, wo es noch keine Autos gab und die militärtauglichen Pferde im Esten Weltkrieg von der Heeresleitung requiriert waren, soll folgender Unfall beschreiben.

Raimund Thäder hatte nach der Bergung des tödlich in der Frohnbachwand abgestürzten Sohnes des Pächters der Kienthaler Hütte in der Nacht Weichtal erreicht. Er schreibt in seinem Bericht: "Alle waren wir müde. Der Wirt hatte einen alten kleinen Stellwagen und ein kriegsuntaugliches Pferd. Er lies es um 11 Uhr nachts einspannen. Der Tote wurde in Reisig verpackt und aufs Dach der Kutsche gelegt. Die anderen setzten sich alle in den Wagen und brachten den Toten um Mitternacht auf den Reichenauer Friedhof."

Im Jahre 1943 verzeichnete die Bergwacht Ortsstelle Reichenau die meisten Einsätze. In einer Werkszeitung der ehemaligen Neusiedler Papierfabrik in Hirschwang finden wir den Jahresbericht aus dieser Zeit:

"Dem umfangreichen Jahresbericht der DAV-Bergwacht, Ortsstelle Reichenau, entnehmen wir auszugsweise die wichtigsten Daten, die sicherlich auch einen Teil unserer Gefolgschaft, im Besonderen aber unsere im Wehrdienst stehenden Arbeitskameraden interessieren werden. Von dem Mitgliederstand der Ortsstelle mit 106 Mann sind 77 Mann eingerückt und 7 nach auswärts dienstverpflichtet, so dass für den Bergwachtdienst nur 22 Mann zur Verfügung stehen. Das abgelaufene Jahr brachte die bisher höchste Zahl, und zwar 99 Ausrückungen im Rettungsdienst für insgesamt 109 Verunglückte. Davon wurden 10 Personen tot, 9 nach Absturz verletzt geborgen, 39 erlitten Unfälle beim Schilauf und 22 in Bergnot geratene Personen konnten unverletzt zu Tal gebracht werden. Der schwärzeste Tag des Jahres war der 5. Feber 1944, an dem allein im Schneesturm 6 Personen ums Leben kamen, wovon drei bis heute nicht aufgefunden werden konnten. Die meisten schweren Unfälle waren auf Selbstverschulden durch mangelhafte Ausrüstung sowie Überschätzung der eigenen Kräfte und Fähigkeiten zurückzuführen. Vielfach bewährt hat sich bei diesen vielen Rettungsaktionen der geländegängige BW-Wagen, der mit 108 Ausfahrten wesentlichen Anteil an der Schlagkraft der Ortsstelle hatte. In der Wahrung des Naturschutzes sahen die BW-Männer ihre mühevolle Arbeit in dem bereits sichtbar gewordenen Erfolg belohnt, dass dem Bergwanderer nunmehr wieder unmittelbar an Steigen und auf Plätzen, die schon seit Jahren jene Alpenflora vermissen ließen, unsere herrlichen Alpenblumen wie Aurikel, Enzian und Alpenrosen in leuchtender Pracht entgegenlachen. Leider muss immer noch gegen Unbelehrbare eingeschritten werden. Viele Arbeitsstunden erforderte die Instandhaltung der verschiedenen Unterkünfte sowie der Steige und Skiabfahrten, vor allem auch der umfangreiche Ausbau der Schoeller-Abfahrt. Ebenso darf der Träger-

Der damals aktuelle Ausweis

hilfsdienst, der von BW-Männern geleistet wurde, nicht unerwähnt bleiben, wie auch die Mitarbeit in der Betreuung der einzelnen Schutzhütten an die BW-Männer zusätzliche Anforderungen stellte. Neun Mann haben an zweiwöchentlichen Lehrgängen der Heeres-Gebirgssanitäts-Schule teilgenommen. Alles in allem ein stolzer Bericht unserer Bergwacht. Somit möge die Qualifikation und Ausrüstung unserer Rettungsmänner dazu beitragen, die an sie gestellten Anforderungen auch in Zukunft nach bestem Wissen und Gewissen durchführen zu können."

Ein kurioser Einsatz am Schneeberg
Von Siegfried Krätzel

Noch waren wir im Jahre 1952 ein besetztes Land. Der große Krieg war noch für alle lebendig und unverfälscht in deren Erinnerung. Da seilten sich zwei Wiener Höhlenforscher am Schneeberg in den Schacht einer Höhle ab, um diese zu erforschen. Sie fanden dabei eine Wehrmachts-Erkennungsmarke, eine Pistole Type 08 und einige Stielhandgranaten von der deutschen Wehrmacht sowie etliche für sie undefinierbare Knochen. Der Schluss, dass hier ein Landser in den letzten Kriegstagen umgekommen sei, lag nahe. Wieder zurück ans Tageslicht zu kommen, kostete diesen Höhlenforschern drei Stunden schwerste Kletterei im 6. Schwierigkeitsgrad. Sie meldeten den Fund am Polizeiamt in Reichenau, damals gab es noch eines, das wiederum die Gendarmerie und die Bergrettung verständigte. Da rief mich Hans Pehofer an, dass ich morgen um ½ 6 Uhr früh beim Reichenauer Gemeindeamt sein solle, es gehe auf den Schneeberg. Dort würde ich dann Genaueres erfahren. So fuhren am 23. September um ½ 6 Uhr früh, Hans Pehofer, Gotthold Spielbichler, "Schwugi" Schwiegelhofer und ich von der Bergrettung Reichenau, die drei Gendarmen Walter Schröck, Karl Haider und Hackstock sowie der etwas beleibte Gemeindepolizist mit dem Gemeinde-

Hans Pehofer, Bergretter mit Leib und Seele

Lkw ins Höllental. Dort wurden das Stahlseilgerät und weitere Rettungsutensilien verteilt. Schwer bepackt stiegen wir, einem schmalen Steig folgend, bergwärts. Ich muss gestehen, das war damals auch für mich noch Neuland, aber so lernt man die Heimat kennen. In meinem Tourenbuch finde ich noch angemerkt, dass wir viele Gämsen beobachten konnten und hoch über uns ein Steinadlerpärchen majestätisch seine Kreise zog. Nach gut 2 ½ Stunden Aufstieg bei der Höhle angelangt, wurde der "Generalstabsplan" besprochen und dann eine Stahlseilverankerung aufgebaut. Man muss bedenken, dass wir damals weder Funkgeräte noch Kopflampen besaßen. So

traten Schwugi und Schröck Walter, ausgerüstet mit einer Taschenlampe und Fackeln sowie zwei Jutesäcken, die Stahlseil-Abfahrt in die große Finsternis an (½ 10 Uhr). Die Verständigung war durch die Schallbrechung äußerst mangelhaft, und so musste die "Bodenmannschaft" oben fast vier Stunden zuwarten, bis die beiden in 120 m Tiefe die Höhle gründlichst abgesucht hatten. Um ganz sicher zu gehen, ging die Parole nach unten: "Alles, was ihr findet, schafft herauf." Dann war es so weit. Vorerst wurden zwei Säcke voll mit Knochen ans Tageslicht gehievt, zwei Handgranaten blieben unten. Dann folgten die beiden "Höhlenforscher", zwei Mal je 120 m mit dem Flaschenzug heraufgezogen; wie praktisch wäre da eine Seilwinde gewesen. Wir konnten uns schon vorstellen, dass da die Wiener Höhlenforscher schwerste Felsarbeit verrichten mussten, um wieder ans Tageslicht zu gelangen. Aus diesem Grunde fehlen in diesem Bericht auch die Lokalitätsangaben, denn es soll niemand animiert werden, sich dort unten auf ein vermutlich "romantisches Abenteuer" einzulassen. Es könnte einen unvorhergesehenen Ausgang nehmen. Dann hatten wir unsere beiden Mannen wieder heroben und wir untersuchten die gefundenen Gebeine. Einwandfrei stellten unsere Jagdexperten fest, dass diese Knochen von zwei Gamskitz und einer Hirschkuh stammen und nicht von einem Menschen. Da diese Höhle außer dem von uns benutzten Abstieg, erst 20 m schräg abwärts, dann 100 m senkrecht überhängend in die Tiefe, noch eine weitere Öffnung lotrecht über dem Schacht hat, war anzunehmen, dass im Winter, wenn diese obere, kleinere Öffnung mit Schnee zugeweht war, sie für das Wild verhängnisvoll werden könnte; so erklärten wir das Vorhandensein der Gebeine in der Höhle. Das Rätsel um die Wehrmachts-Erkennungsmarke, die Pistole und die Handgranaten deuteten wir so, dass im Jahre 1945, als im April die Front quer über unsere Heimatberge verlief, vielleicht ein versprengter Landser, der vom Krieg genug hatte, seine soldatischen Utensilien dort oben in diesem Loch entsorgte. Mit dieser Gewissheit stiegen wir wieder ins Höllental ab. Um 7.00 Uhr abends war diese Aktion dann beendet.

Eine winterliche Bergung am Stadelwandgrat
Ein Bericht aus dem Archiv von Siegfried Krätzel

Dieser Bericht von der Bergrettung Reichenau soll die Schwierigkeiten anlässlich einer im Jahre 1942 durchgeführten Rettungsaktion deutlich machen.

"Am Montag, dem 20. Jänner 1942, versuchten Georg Juray und Anna Hafner über den ihnen unbekannten winterlichen Stadelwandgrat abzusteigen. Bei der Abseilfahrt vom Hackerturm rutschte Anna Hafner aus dem Abseilsitz, die beiden hatten nur ein 30 m langes Hanfseil zur Verfügung und daher auch keine Sicherungsmöglichkeit, und stürzte etwa 25 - 30 m ab. Der tiefe Neuschnee dämpfte den Aufprall. Sie blieb aber mit schweren Verletzungen - offener Knöchelbruch, offene Hüftverletzung mit Zersplitterung des

Hüftknochens und Bruch des rechten Handgelenkes - in der Steilrinne unterhalb des Steigbuches liegen. Ihr Begleiter, der die Verletzte nach bester Möglichkeit versorgt hatte, wollte sofort um Hilfe eilen. Aus Unkenntnis des Geländes verstieg er sich jedoch gewaltig, musste die Nacht in der Wand verbringen und erreichte erst Dienstag abends nach abenteuerlichem Abstieg den Wandfuß der Stadelwand beim Einstieg der Brunnerroute. Erst um etwa 20 Uhr konnte er deshalb die Bergwacht alarmieren. Sechs Mann der Ortsstelle Reichenau stiegen noch in der Nacht durch Fehlinformation - oberer Teil des Stadelwandgrates - zur Stadelwand-Jagdhütte auf. Begünstigt durch Mondschein, kletterten Hans Pehofer und Gustl Heuschober den winterlichen Stadelwandgraben ab und kamen Mittwoch um 2.30 Uhr zur bereits 35 Stunden in der Wand liegenden Anna Hafner. Diese hatte die überaus lange Zeitspanne in verhältnismäßig gutem Zustand verbracht. Nach Versorgung der Verletzten wurde diese im Grammingersitz von Hans Pehofer, gesichert durch Gustl Heuschober, bis zur Buchstelle des Stadelwandgrates hinaufgetragen. Dort musste die Morgendämmerung abgewartet werden. Dann konnte Verstärkung vom Wandfuß, zwei Mann, nachgeholt werden und in langwierigen Abseilmanövern ging es zum Wandfuß, wo Kameraden endlich Hans Pehofer ablösten. Der weitere Abstieg zum und durchs Gassl und weiter durch den Stadelwandgraben gestaltete sich sehr mühsam. Gab es doch damals noch nicht die praktische Gebirgstrage. Anna Hafner wurde deshalb im erst neu entwickelten Gramminger-Abseilsitz bis zur Höllentalstraße getragen. Mittwoch um 15 Uhr war die Bergung beendet, die nur durch die außerordentlichen Leistungen von Hans Pehofer und Gustl Heuschober so erfolgreich abgeschlossen werden konnte. Die Tragik bestand darin, dass Anna Hafner drei Tage nach ihrer Einlieferung ins Krankenhaus das rechte Bein amputiert werden musste und die Bedauernswerte drei Wochen danach an den Folgen der Hüftverletzung verstarb."

Die Bergrettungs-Ortsstelle Wien

Seit der Gründung des Alpinen Rettungsausschuss Wien (ARAW) im Jahre 1896 hatte dieser die eminent wichtige Aufgabe, die alpinen Rettungsstellen oder Ortsstellen, Vorortsstellen, Meldestellen, oder wie immer sie im Laufe der Jahre geheißen haben, bei ihrer Rettungstätigkeit zu unterstützen, die angefallenen Kosten zu ersetzen sowie die Entwicklung und Lieferung von Rettungsgeräten, wie Tragen, Schlitten o. Ä., zu tätigen und falls notwendig bei Großeinsätzen die Entsendung von Wiener Rettungsmännern zur Verstärkung der örtlichen Rettungsmannschaften zu veranlassen.

Als im Jahre 1934 politisch bedingt die Naturfreunde aus dem ARAW ausschieden, löste sich dieser formal auf und fungierte nur mehr als Landesstelle Wien des alpinen Rettungsdienstes des DuOeAV. (Die Vereine OTK und ÖGV waren längst Sektionen des

Oben: Seilbergung eines Verletzten
Unten: Skivergnügen am Hochschneeberg

Alpenvereins geworden.) Im Zuge dieser Umstrukturierung wurde als Nachfolger des ARAW eine Rettungsstelle Wien neben der Landesstelle Wien ins Leben gerufen. Diese hatte als Einsatzgebiet den Wienerwald, wo damals im Winter, als es noch genug Schnee gab, sich tausende Skifahrer tummelten. Im Rahmen des Winter Unfalldienstes (WUD) wurde mit anderen Samariterorganisationen auf jeweils bestimmten Skiwiesen ein Bereitschaftsdienst durchgeführt. Darüber hinaus stellte die Alpine Rettungsstelle Wien auch die Einsatzmannschaften, falls bei einen Großereignis Verstärkung vor Ort vonnöten war.

Nach dem Zweiten Weltkrieg bürgerte sich ein, dass Wiener Bergrettungsmänner an Wochenenden am Schneeberg Streifendienst verrichteten, so dass man zur Vereinbarung kam, dass die nunmehrige Ortsstelle Wien die Betreuung der Skiabfahrt durch den Wurzengraben mit allen Varianten und dem Stützpunkt die Krempel-Diensthütte übernahm, während den übrigen nördlichen und östlichen Schneeberg die Ortsstelle Puchberg zu betreuen hat. Der südliche und westliche Schneeberg fällt ja in das Einsatzgebiet der Ortsstelle Reichenau.

Heinrich Krempel und die Alpine Rettungsstelle Wien

Heinrich Krempel ist 1860 in Kreuznach geboren. Mit der Bergsteigerei fing "Tate", wie er im Kreise seiner Freunde, insbesondere der "Apachen", jener begeisterten Schar von Wiener Bergsteigern, die sich um ihn gefunden hatten und ihm stets auf seinen sorglos fröhlichen, abenteuerlichen Bergfahrten folgten, genannt wurde, erst in ziemlich reifem Alter an. In seinem 32. Lebensjahr trat er in den ÖAK ein und fand hier den Boden, auf dem er sich wohl fühlte, und die Kameradschaft, der er bedurfte und die er bald nicht mehr entbehren konnte. Krempel war ein ausgezeichneter Turner und Schwimmer von großer Ausdauer und Geschicklichkeit und fand in der Alpinistik bald das Betätigungsfeld, das ihm ungemein zusagte und auf dem er es rasch zu Namen und Ansehen brachte.

Es war im Jahre 1902, die "Platten- und Apachenseuche" hatte Wien und Paris erfasst. Da beschlossen einige Mitglieder des Ö. A. K. "vom langen Tisch" ebenfalls die Gründung einer "Platte", und zwar einer alpinen. Es waren dies Ing. Edmund Gütl, Gustl Schmidt, Fritz Panzer, Gustl Jahn, Otto Barth, Karl Mayr, Ing. Gustav Pfob und Heinrich Krempel. Das Betätigungsfeld dieser Gruppe wurde in die Westalpen verlegt, und um dem Ganzen einen amtlichen Anstrich zu verleihen, wurde ein k. k. privilegierter Gummistempel mit dem Wortlaut: "Alpine Platte D' Apachen" angefertigt. Heinrich Krempel war als ernster Kaufmann auch ein Mann der Pflicht und erfüllte diese im ÖAK und im alpinen Leben viele Jahre lang mit Hingabe und großem Erfolg. Seit 1892 ist er Mitglied des ÖAK, war zehn Jahre 1. und 2. Präsident und 22 Jahre Mitglied des Ausschusses. Als Anerkennung für sein verantwortliches Wirken ernannte man ihn 1921 zum Ehrenausschussmitglied und 1933 zum Ehrenmitglied des ÖAK. Krempel ist Autor des Bergbuches "Apachenfahrten", wobei die Taten dieses

"Stammes" meist in den Westalpen vollbracht wurden. Gemeinsam mit Franz Kleinwächter und Theo Keidl gründete er den Alpinen Rettungsausschuss in Wien. Heinrich Krempel leitete den Rettungsausschuss von seiner Gründung bis zum Jahre 1912, also 17 Jahre. Schlussendlich soll aber noch auf eine Tätigkeit Heinrich Krempels hingewiesen werden, mit der er vielen Menschen Stunden größter Freude und schönsten Vergnügens bereitet hatte, nämlich seine viele Jahre während Leitung des Alpenklub-Kränzchens, eines der Höhepunkte des Wiener Faschings, denn diese Veranstaltung war nicht nur Kurzweile für viele, sondern bedeutete für den ÖAK auch eine finanzielle Zubuße, um geplante Projekte durchführten zu können. Für seine langjährige, erfolgreiche Tätigkeit auf dem Gebiet des alpinen Rettungswesens wurde Heinrich Krempel mit dem Goldenen Verdienstkreuz mit der Krone ausgezeichnet. Heinrich Krempel verstarb am 26. 12. 1935 nicht an den Folgen eines Unfalles am Berg, sondern an einem in der Stadt erlittenen. Mit ihm ist auch ein Teil unseres Selbst verloren gegangen und für den ÖAK bildete sein Ableben den Abschluss einer Epoche, die eine glückliche war und uns in der Erinnerung immer so erscheinen wird.

Die Krempelhütte

Auf den frequentierten Skihängen des Schneeberges wurde ein Streifendienst organisiert und 1937 eine 10 Punkte umfassende "Fahrordnung für Skifahrer" verfasst, gewissermaßen die Vorläuferin der FIS-Skiregeln, die vorwiegend an die Vernunft des Skifahrers und auf die Rücksichtnahme gegenüber anderen appelliert. Unter der Leitung von Adolf Noßberger, der als Obmann dem Rettungsausschuss seit 1922 vorstand, wurde der Bau einer Diensthütte,

er Krempelhütte, an der Skiabfahrt vom Schneeberggipfel nach Losenheim, am unteren Ende des Wurzengrabens, beschlossen. Die Planung erfolgte 1936 und die Einweihung und feierliche Eröffnung erfolgte im darauf folgenden Jahr am 24. 10. 1937.

Einweihung und Eröffnung der Heinrich-Krempel-Rettungshütte

Ungeachtet der am Vortage und in den frühen Vormittagsstunden herrschenden stürmischen Witterung, hatte sich eine größere Anzahl von wetterfesten und berggewohnten Festgästen zur Eröffnung der Heinrich-Krempel-Rettungshütte eingefunden, die um 12 00 Uhr begann. Landesstellenleiter-Stellvertreter Nemecek konnte viele Anwesende begrüßen: Von Dompropst Dr. Alois Wildenauer über Forstrat Ing. Hofinger in Vertretung der Gemeinde Wien bis zu den Vertretern der Gemeinde Puchberg, den benachbarten Hüttenpächtern und den verschiedensten alpinen Vereinen.

Dompropst Dr. Alois Wildenauer würdigte in längerer Rede die großen körperlichen und seelischen Vorteile des Bergsteigens und des Skilaufs. Er schilderte die wahrhaft edle Tätigkeit der Rettungsmannschaft, die Großes und Hervorragendes im Interesse der Gemeinschaft leistet, und hob dabei besonders die ausgezeichneten Arbeiten, die Heinrich Krempel als erster Rettungsleiter und Mitgründer des Alpinen Rettungsausschusses Wien hatte, hervor. Nach der Weihe der Hütte hielt Noßberger folgende Ansprache: "Jedes Jahr zieht ein langer Trauerzug derer, die ihr Leben im Hochgebirge verloren haben, an uns vorüber. Frohes, junges Leben musste früh erkalten, Männer in der Kraft der Jahre streckte der Tod zu Boden, und wenn wir forschen, wie sie verunglückten, dann sehen wir in den allermeisten Fällen mit tiefem Mitleiden, dass der Tod sein Opfer nur rauben konnte, weil es nicht verstand, sich zu wehren!"

Weiter schreibt er: "Wir Nothelfer vom Grünen Kreuz wollen aber nicht richten mit diesen Unvorsichtigen, ja Leichtsinnigen; hier kann nur unermüdliche Aufklärungs- und Erziehungsarbeit der alpinen und Skivereine einigermaßen Abhilfe schaffen. Wir haben vor allem die Aufgabe, den Verunfallten rascheste und zweckmäßigste Hilfe angedeihen zu lassen und sie ins sichere Tal zu schaffen. Der alpine Rettungsdienst musste sich der sprunghaften Entwicklung des Skisports anpassen, musste vor allem in der Lage sein, mehrere, oft gleichzeitig auf viel besuchten Skibahnen sich ereignende Unfälle zu versorgen, und so kam es zur Einführung des Bereitschafts- und Streifendienstes, der ehrenamtlich, selbstlos und aufopferungsvoll von den Rettungsmännern versehen wird. So kam es in weiterer Verfolgung dieses Gedankens auch zur Erbauung dieser Hütte, vor der wir stehen, die zur Aufnahme der im Dienste stehenden Rettungsmannschaft zur geschützten Versorgung der Verunglückten und zur Bereitstellung einer größeren Anzahl von Rettungs- und Verbandsmitteln bestimmt ist. Die Heinrich-Krempel-Rettungshütte ist die erste in den österreichischen Alpen, die ein-

zig und allein zu diesen Zwecken erbaut worden ist und im Winter ihre Pforten an Sonn- und Feiertagen geöffnet hat. .... Besonderen Dank sagen wir aber Dompropst Alois Wildenauer, unserem Bergpfarrer, dass er diesem Werke heute die feierliche kirchliche Weihe gegeben hatte. Krempel, selbst ein ausgezeichneter Bergsteiger, verstand er es, aus seinem Freundeskreise werktätige Helfer für den alpinen Rettungsdienst zu gewinnen, der damals fast allein auf seinen Schultern ruhte, Krempel aber war nicht nur eine heitere, sonnige Natur, der schon deshalb seinen vielen Freunden unvergesslich bleiben wird, er war ein Mann mit tiefem Gemüt, voll Mitfühlens mit menschlichen Schwächen und menschlichen Leiden. Denn zum Nothelfer eignet sich nicht jeder - wenn auch tüchtige Bergsteiger. Der Nothelferwille ist vor allem eine Angelegenheit des Herzens und der Seele!

Und so wollen wir mit dieser Hütte dem Mahnen dieses seltenen Menschen ein würdiges Denkmal setzen und dadurch das Gedenken an ihn durch diese Hütte in der großen Bergsteigergemeinde und in der Öffentlichkeit wach halten und weiterleben lassen!" Diese Heinrich-Krempel-Rettungshütte, die ich hiermit eröffne und in den Besitz der Landesstelle Wien für alpines Rettungswesen des DuOeAV übernehme, sei Schirm und Hort für Retter und Hilfsbedürftige und sei nicht zuletzt bleibende Erinnerung an unseren Heinrich Krempel, im Sinne der Worte des Dichters:

> *"Was vergangen kehrt nicht wieder,*
> *Aber ging es leuchtend nieder,*
> *Leuchtets lange noch zurück!"*

Die mit allen notwendigen Einrichtungsgegenständen und Rettungsbehelfen ausgestattete Hütte ist ausschließlich für die Rettungsmänner und Verunfallten bestimmt. Nach Schluss der sehr würdig verlaufenen Feier verbrachten die Festgäste noch eine gemütliche Stunde in der Sparbacher Hütte.

Ehemalige Bergführer aus dem Schneeberg-, Rax- und Semmeringgebiet

Als Wege dienten den früheren Schneebergwanderern wie auch in anderen Alpengebieten Jagdsteige und Wirtschaftswege. Wie sich ein solcher Pfad durch die Wechselwirkung von Begehung und Beschreibung allmählich zur touristischen Verkehrsader verfestigt hat, kann heute anhand eines Weges über den Hengst nachvollzogen werden. Der seit alters benutzte Almabtrieb, der Puchberg mit dem Ochsenboden auf dem Schneeberg verband und den Schultes als bequem und genussreichen Aufstieg bezeichnete, wurde seit 1800 regelmäßig touristisch genutzt. Im letzten Drittel, wo man im Krummholz umherirren musste, wurde aus Anlass der Besteigung durch Königin Maria Luise im Jahre 1826 der

Oben v.l.n.r.: *Alois Baumgartner, Ignaz Haberler, Konrad Kain*
Mitte: *Daniel Innthaler und eine seiner Auszeichnungen*
Unten v.l.n.r.: *Josef Mühlhofer, Ferdinand Posch, Ignaz Spielbichler*

Weg so hergerichtet, dass ein Verirren nun nicht mehr möglich war. Die Sektion für Bergführer- und Rettungswesen des Österreichischen Touristenklubs gibt die Namen der behördlich autorisierten Bergführer in jenen Gebieten, in welchen sie namens des Zentralausschusses des Österreichischen Touristenklubs die Führeraufsicht ausübt, bekannt. Die Bergführer in diesen Gebieten sind - entsprechend dem Übereinkommen mit dem Deutschen und Österreichischen Alpenverein - verpflichtet, neben dem Bergführerzeichen des Klubs auch jenes des erstgenannten Vereines zu tragen. Andererseits genießen sie dieselben Rechte und Vorteile wie die Alpenvereinsführer.

1. D ö r f l bei Edlach: Anton Wurzl, geb.1872, Führer seit 1911.

2. G u t e n s t e i n: Carl Krüger vulgo Schuster, geb. 1836, Führer seit 1881, wohnte im Haus Nr. 18; Franz Knabl, geb. 1866, Führer seit 1912.

3. H i r s c h w a n g: Caspar Baumgartner, Werksarbeiter, wohnte im Haus Nr. 48, geb. 1844, Führer seit 1878 im Schneeberg-, Rax- und Semmeringgebiet; Josef Stix recte Polleruss, Wächter, wohnte im Haus Nr. 55, geb. 1833, Führer seit 1878 im Schneeberg-, Rax- und Semmeringgebiet; Jakob Wurzel, Werksarbeiter, wohnte im Haus Nr. 37, geb. 1839, Führer seit 1883 für die das Schwarzatal begrenzenden Teile des Schneeberg-, und Raxgebietes. Josef Postl, geb. 1866, Führer seit 1905.

4. K a i s e r b r u n n: Josef Postl, Werksarbeiter, wohnte im Haus Nr. 37, geb. 1834, Führer seit 1878 im Schneeberg-, Rax- und Semmeringgebiet; Ignaz Spielbichler vulgo Traugotten Naz, geb. 1883, Führer seit 1910, alle schwierigen Anstiege auf Rax und Schneeberg.

5. K l e i n a u bei Edlach: Ignaz Haberler, geb. 1873, Führer seit 1903.

6. N a ß w a l d: Anton Winter, wohnte im Haus Nr. 62, geb. 1851, Führer seit 1881 in der Umgebung von Naßwald; Daniel Innthaler vulgo Binder, wohnte im Haus Nr. 50, geb. 1847, Führer seit 1880, Besitzer des silbernen Verdienstkreuzes. Die schwierigsten Anstiege auf Schneeberg und Raxalpe, Hochschwab, Ennstaler Alpen, Steinernes Meer, Dachsteingebiet, Leoganger Berge, Glocknergruppe, Stubaier Alpen und Dolomiten (Kleine Zinne).

7. P a y e r b a c h: Sebastian Dutter, wohnte im Haus Nr. 32, geb. 1824, Führer seit 1878 im Schneeberg-, Rax- und Semmeringgebiet; Anton Hirant, genannt "Hirantschneider", wohnte im Haus Nr. 69, geb. 1927, Führer seit 1878 im Schneeberg-, Rax- und Semmeringgebiet. Lorenz Mauser, wohnte im Haus Nr. 68, geb. 1829, Führer seit 1878 im Schneeberg-, Rax- und Semmeringgebiet; Raimund Pribitzer, geb. 1889, Führer seit 1910.

8. P r e i n: Johann Darrer, wohnte im Haus Nr. 27, geb. 1828, Führer seit 1878; Josef Frisch, geb.1862, Führer seit 1891; Josef Mühlhofer, geb. 1875, Führer seit 1910; Adolf Rumpler, geb. 1861, Führer seit 1897, alle im Schneeberg-, Rax- und Semmeringgebiet tätig.

9. R e i c h e n a u: Michael Feinerer, wohnte im Haus Nr. 67, geb. 1832, Führer seit 1878 im Schneeberg-, Rax- und Semmeringgebiet; Georg Hausmann, wohnte im Haus Nr. 113, geb. 1822, Führer seit 1878 im Schneeberg-, Rax- und Semmeringgebiet; Carl Scheed,

wohnte im Haus Nr. 7, geb. 1839, Führer seit 1878 im Schneeberg- und Grünschachergebiet auf der Rax; Johann Waidhofer, wohnte im Haus Nr. 113, geb. 1833, Führer seit 1878 im Schneeberg-, Rax- und Semminggebiet; Jacob Wegerer, wohnte im Haus Nr. 22, geb. 1833, Führer seit 1878 im Schneeberg-, Rax- und Semminggebiet; Alois Baumgartner, geb.1856, Führer seit 1899 - Ennstaler Alpen, Großglockner, Cristallo, Zinne; Christian Reisenauer, geb. 1861, Führer seit 1893 im Schneeberg-, Rax- und Semminggebiet.

10. S c h n e e b e r g d ö r f e l: Franz Kropf, geb. 1868, Führer seit 1912; Peter Schmidt, geb.1883, Führer seit 1907.

Auszug aus der Bergführer-Ordnung für das Erzherzogtum Osterreich unter der Enns. Erlass der N. Ö. Statthalterei v. 14. Juni 1868, Z. 12469

§ 1. Als behördlich beglaubigter Bergführer ist nur jener anzusehen, der mit einem Bergführerbuche versehen ist. Anspruch auf die behördliche Beglaubigung als Führer hat jeder, welcher seine Befähigung zum Bergführergeschäfte, d. i. eine hinreichende Erfahrung, vollkommene Verlässlichkeit in geeigneter Weise dargetan hat.

§ 7. Der Bergführer ist verpflichtet, den Reisenden ohne Aufenthalt an das Endziel der Reise zu führen, jedoch steht es in der freien Willkür des Reisenden zu bestimmen, wann und wie oft ein Aufenthalt gemacht werde und wie lange derselbe zu dauern habe; für jeden halben Tag, um welchen die gewöhnliche Dauer einer Route überschritten wird, ist der Reisende einen Gulden über den tarifmäßigen Betrag zu zahlen verpflichtet.

§ 8. Das Bergführerbuch ist über Verlangen dem Reisenden, dem Gemeindevorsteher und der politischen Bezirksbehörde vorzuweisen.

§ 11. Die Taxe ist mit Einbeziehung des Rückweges festgesetzt und für Letzteren der kürzeste Weg in Anschlag gebracht.

§ 13. Für die in dem Tarife nicht aufgenommenen Touren bleibt die Bestimmung des Führerlohnes dem freien Übereinkommen überlassen.

§ 14. Leicht tragbares Gepäck bis zum Gewicht von 15 Pfund ist der Bergführer ohne besonderes Entgelt zu tragen verpflichtet, für jedes Pfund Mehrgewicht und für jeden halben Tag, welchen er dasselbe trägt, gebührt ihm eine Mehrentlohnung von drei Kreuzern. Die Entlohnung eines Gepäckträgers, welchen ein Reisender außer dem Führer oder auch allein zu seiner Begleitung aufnimmt, richtet sich nach dem von der politischen Bezirks-Behörde festgestellten Trägertarife.

Einige Führertarife vom Ausgangsort Puchberg am Schneeberg
- Zum Baumgartnerhaus und zurück, Kronen 7,-
- Auf den Hochschneeberg mit Abstieg nach Payerbach oder Reichenau, Kronen 15,-
- Auf den Hochschneeberg mit Abstieg bis nach Gutenstein, Kronen 18,-

Ausgangsort Payerbach oder Reichenau
- Durch die Eng oder über die Bodenwiese zum Baumgartnerhaus und retour, Kronen 7,-
- Durch die Eng auf den Hochschneeberg mit Abstieg zum Klostertaler Gscheid, Kronen 15,-
- Zum Baumgartnerhaus über den Nördlichen Grafensteig zur Sparbacher Hütte mit Abstieg nach Puchberg, Kronen 15,-

Ausgangsort Kaiserbrunn oder Höllental
- Über den Krummbachgraben oder Kuhsteig zum Baumgartner und zurück, Kronen 6,-
- Auf den Hochschneeberg und zurück, Kronen 10,-
- Auf den Hochschneeberg mit Abstieg zum Höchbauer Wirtshaus, Kronen 12,-

Ausgangsort Höchbauer Wirtshaus im Voistale
- Auf den Hochschneeberg und zurück, Kronen 10,-
- Auf den Hochschneeberg mit Abstieg bis nach Gutenstein, Kronen 16,-
- Auf den Hochschneeberg mit Abstieg nach Puchberg, Kronen 14,-

Ausgangsort Klostertaler Gscheid
- Auf den Hochschneeberg und zurück, Kronen 5,-
- Auf den Hochschneeberg, Abstieg Payerbach, Kronen 15,-
- Auf den Hochschneeberg, Abstieg Puchberg, Kronen 13,-

Einige Erstbegeher und ihre Routen

1885: Dr. G. E. Lammer und Fritz Leeder: neuer Abstieg zwischen Breiter und Krummer Ries.

1899: Bürkle, Eugen von Crespi, Dr. Kauer und von Statzer: Stadelwandgrat.

1906: 10. Mai. Franz Zimmer, Ferdinand Zsiolnay, Ing. F. Kleinhans und Dr. K. Kirschbaum: Stadelwand Zimmersteig.

1906: Ernst Roth mit Bruno Weiß, schlugen bei der Durchkletterung der Stadelwand einen neuen Weg, den Roth-Weiß-Weg ein.

1907: Rudolf Hamburger und Heinrich Herz, Erstbesteigung der Großen Frohnbachwand.

1908: Ing. Franz Kleinhans und Dr. Emil Förster: Umgehung des Gassels.

1914: Karl Hans Richter, Ing. Mano Mandel, Architekt R. Heger und Rudolf Heinisch: Stadelwand Richterweg.

1918: 13. Oktober. Dr. Georg Schwertberger: Hochgang, Wegänderung.

1919: 15. Oktober. Dr. Alois Wildenauer, Guido Wolf und Rudolf Riedel: Flug-Ries-Grat.

1919: 20. Juni. Dr. Hugo Fajkmajer und Franz Till: Hochgang, Wegänderung Fajkmajerweg.

1920: 2. Mai. Rudolf Reif, Franz Schmeidl, Walzl, Wohlmann und Prack: Stadelwand Reifweg.

1920: 12. November. Dr. A. Wildenauer, Guido Wolf und Hans Buchta: Novembergrat und Mittagsteinsüdwand.

1920: 1. Dezember. Dr. A. Wildenauer: Eleonorensteig, Mittagstein Nordwestgrat.

1920: 2. Mai. Ignaz Hocke und Georg Felix: Frohnbachwand Kamin.

1921: 27. November. Dr. Georg Schwertberger und Dr. Lene Dub: Salzriegelwände.

1921: Dr. A. Wildenauer, Adalbert Kautsky und Hans Buchta: Frohnbachwand Schlucht.

1921: Georg Krones: Irmasteig.

1921: Ing. Otto Langl, Ing. Bruno Heß, K. Kopf und M. Helm: Breite Ries, neuer Gratweg. Hermann Kubacsek, Karl Eder und Franz Ascher: Durchstieg durch die Wasserofen-Wand. Verunglückt sind: Dr. tech. Heinrich Renezeder, Ing. Karl Mayr und ein Mädchen am 26. Juni 1910 in der Stadelwand. Amelius Hacker und acht seiner Gefährten am 25. März 1912 bei der Abfahrt vom Kaiserstein in einer Lawine.

Bergsteigende Frauen

Rose Friedmann, geb. von Rosthorn zuerst Gattin von Dr. Bruno von Wagner, dann mit Louis Friedmann vermählt, wandte sich schon zeitlich der Bergsteigerei zu und begann mit Rax und Schneeberg. Ferner waren noch bergsteigerisch tätig Aurora Herzberg und ihre Tochter Jenny, Alba Helversen, Cenzi Sild, Frau Wilma von Haid, Vineta Mayer, Mizzi Wolf, Hannchen Capellmann, Elsa Pnzer, Mizzi Weiler, Frida Gomolka, Christel Breier, Emmy Hartwich, Maria Zeh, Hilde Führing und Mela Luckmann, um hier nur einige zu nennen.

Zuschläge für Felsen- und Klettersteige

- Über das Weichtal K 1,- mehr als der gewöhnliche Aufstieg von Kaiserbrunn.
- Über den Lerchkogelgrat K 1,- mehr als der gewöhnliche Aufstieg von Kaiserbrunn.
- Über den Hochlauf K 4,- mehr als der gewöhnliche Aufstieg von Kaiserbrunn.
- Über die Stadelwand K 15,- mehr als der gewöhnliche Aufstieg von Kaiserbrunn.

Steigverlauf des Bürklesteiges
Abschrift

Von Schneebergdörfl in die Krumme Ries bis vor den großen, schwalbenschwanzförmigen Zerbenfleck. Nun so hoch, als dessen rechte Spitze reicht, im nordwestlichen rechten Kar empor, dann eben nach rechts über das Schuttfeld zu einer steilen Geröllzunge, die sich rechts in die Wände hinaufzieht, und dann daran mühsam bis in den äußersten Winkel hinan, worauf man schräg rechts über leichte Felsen nach einigen Schritten eine schiefe

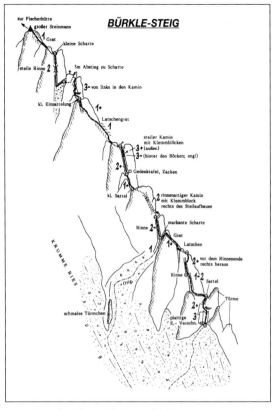

Einschartung des den weiteren Weg vermittelnden Felsgrates erreicht. Drüben 2 - 3 m hinab, dann einige Schritte eben nach rechts auf einen Vorsprung, wo sich der große Schutthang rechts unter uns offen ausbreitet. Schräg oben liegt eine höhere, glatte Wand mit einem schmalen, mit Rasenpolstern besetztem schräg rechts emporziehenden Band. Ganz leicht zum Beginn desselben, dann klettert man auf dem Bande vorsichtig aufwärts und steht nun an einer zweiten Ecke. Von hier endlich streben wir schräg links wieder der Gratlinie zu, erreichen über einen steilen, mit Rasenpolstern besetzten Hang ein kleine Einschartung und kurz darauf am rechten Steilhang

des nächsten Aufbaues schräg empor den eigentlichen Grat unmittelbar vor einem riesigen Felsklotz mit einem spaltartigen Kamin. Nun durch den Kamin 8 - 10 m sehr schwierig auf die Spitze des Turmes, wo sich die Schneide gleich wieder fortsetzt. Zur Umgehung des Turmes quert man von der kleinen Einschartung über die Felsrinne zur Rechten eben etwa 100 Schritt weit bis auf harmlosen Schuttboden und klettert dann links über leichte Schrofen gerade zur nahen Gratschneide empor. Der Turm liegt nun vor uns. Der ziemlich scharfe, links mit Zerben bewachsene Felsgrat zieht nun mäßig steil zu einem zweiten, großen Felsturm hinauf. Diesen umgeht man nach rechts und steigt dabei über eine breite Scharte einige Meter ab, um gleich darauf durch eine kurze Felsrinne die Scharte jenseits des Turmes zu erreichen. Nun an der linken Gratseite gerade über der Schlucht der nordwestlichen Krummen Ries wenige Schritte zum Rande der Hochfläche. Endlich auf den gegenüberliegenden, steilen Wall hinauf und rechts längs der Abstürze zum Kaiserstein. Schwierigkeitsgrad II. Felshöhe etwa 250 m, Kletterzeit vom Einstieg ca. 1 ½ Stunden. Gesamtzeit Schneebergdörfl - Kaiserstein ca. 4 ½ bis 5 Stunden.

Über den Herminensteig
Abschrift

Gleich am Ende von Schneebergdörfl teilt sich der Weg. Rechts neben dem Bächlein geht es ins Schrattental, links aber zu den Karnaleitenwiesen und in das Mieseltal. Ein schmaler Fußpfad schlägt die gleiche Richtung etwas mehr rechts über die Wiesen und Felder ein. Nun diesen oder den Fahrweg links in das Tal. Nach einer starken Viertelstunde zieht sich rechts hinter die Kuppe "Auf der Wiege" ein hoher Wiesenhang hinauf, die Karnaleitenwiese; sie erstreckt sich aber auch noch weiter in das Mieseltal hinein, bis an den Rand eines schwach ausgesprochen bewaldeten Grabens. Es ist dies der gleiche, der mit der Rinne unmittelbar links vom deutlich sichtbaren Schneeberg Hotel, heute Berghaus Hochschneeberg, am Rande der Hochfläche beginnt und in der Strecke vom Grafensteig abwärts unseren Weg vermittelt. Am Ende der Wiesenhänge also gleich rechts in den nächstliegenden Waldgraben hinauf und bei der ersten Verästelung links, so dass man die weiter oben sichtbaren, kesselartig gestellten Wände in der linken Ecke erklettern muss. Dort zieht ein Wandstreifen quer über den Graben und bildet so eine Art Felsschlucht mit schwierigem Absatz. Dieser besteht aus drei Stufen. Die erste bewältigt man auf einer Art Rampe schräg von rechts nach links, die zweite ganz am rechten Rand, und jetzt steht man in der Schlussnische vor dem letzten und höchsten Absatz. Nun an der linken Wand durch einen Riss ziemlich schwierig einige Meter auf ein schmales Band hinauf und dieses ganz nach rechts in die Fortsetzung des Grabens, den wir noch bis zum quer überziehenden Grafensteig aufwärts verfolgen. Diesen endlich nach rechts entlang, indem wir zwei Mulden hintereinander überqueren und am Grunde der dritten durch eine Gasse im Krummholz etwas rechts zur Grathöhe neben dem Schneidergraben ansteigen. Diese erreichen wir übrigens auch nach vollständiger Überquerung des dritten Grabens vom schuttbedeckten Eck unmittelbar vor dem Schneidergraben. Den arg verwitterten Felsrücken nun über Schuttflächen und leichtes schrofes Gestein bergan, wobei wir jeder schwierigen Graterhebung nach links ausweichen können. Nach 30 - 40 Minuten ist etwa die halbe Gratstrecke mit einem mächtigen, oben plattig geebneten Felsklotz, der sich besonders schön von höher oben zeigt, erreicht. Von hier aus übersieht man nunmehr das ganze Schlussstück des Felsrückens. Zuerst über den breiten, ebenen Sattel zu den nächsten Felsen, dann kommt eine niedrige, leichte Stufe, hierauf aber wird ein breiter, mäßig hoher Felsturm gerade durch die eingekerbte Mitte erklettert. Jenseits, etwas schwierig, ungefähr 3 m auf einen Sattel hinab und zum nächsten Turm empor, der aber rechts durch eine kleine Scharte mit darauf folgendem Quergang über eine abgespaltene Felsplatte umgangen wird. Dasselbe Spiel wiederholt sich noch einmal, dann verfolgen wir die Kammlinie nur mehr über Schutt und ganz leichtes schrofes Gestein bis auf die Erhebung der Hochfläche zwischen Schneeberghotel links und Damböck Haus hinten

rechts, wo die rote Steigbezeichnung in die grüne des Kaiser-Franz-Joseph-Weges einmündet. Nunmehr nach Wahl zu einem derselben. Unterer Herminensteig Schwierigkeitsgrad I+, Oberer Herminensteig Schwierigkeitsgrad I. Ab Grafensteig rund 300 Höhenmeter. Gehzeit ab Grafensteig ca. 1 bis 1 ½ Stunden. Gehzeit vom Schneebergdörfl bis Damböck Haus ca. 4 bis 4 ½ Stunden.

Die Stadelwand
Abschrift

Im Gegensatz zu den Steigen auf der Puchberger Seite enden jene aus dem Höllental im bewaldeten Gelände, weit unterhalb des Gipfels. Trotz dieses Umstandes kommen wir nun zu einer Wand, einem Grat, die ebenfalls im bewaldeten Gebiet endet, deren Durchkletterung aber so schön ist und jedem das Gefühl einer wirklichen Leistung vermittelt; die 450 m hohe und an ihrer höchsten Stelle fast 1 km breite Stadelwand und der Stadelwandgrat. Auf schmalem Weg steigen wir auf und sehen bald zu unserer Linken wuchtige Felsen aufragen. Wir gehen weiter und da stehen wir vor ihr, eine mächtige Mauer. Heute wollen wir über den Stadelwandgrat aufsteigen und quälen uns die nächste Stunde durch das Gassel, ein steiler Schuttstrom, ein gemeiner Schinder, bergwärts. Dann aber ist es soweit. Ein bis zwei Stunden genießen wir eine landschaftlich schöne, genussreiche Kletterei. Da wir keine Anfänger sind, so bereitet sie uns nirgends Schwierigkeiten, sie ist aber doch wieder nicht so leicht, dass wir uns langweilen müssten. Das Gestein ist fest und zuverlässig. Das Gelände wechselt von steilen Wandstücken, schmalen Bändern, Graten und auch einen echten, sehr schweren Überhang, wenn

Links: *Unterwegs am Stadelwandgrat*
Oben: *Eduard Hofer jun. am Ausstieg der Stadelwand*

Schneebergkletterei ist. Hier hindern nicht rutschige Graspolster den Kletterer, sondern der Fels ist steil, kleingriffig und schwer. Die Überkletterung der so genannten Richterplatte, über die man an winzigen, durch die vielen Begehungen glatten, abgeschmierten Haltepunkte sich in beachtlicher Ausgesetztheit gut fünfundzwanzig Meter emporarbeiten muss, ist auch für den ausgezeichneten Kletterer immer eine "kitzelige Angelegenheit"; die Stelle hat leider auch bereits Todesopfer gefordert. Wir betrachten daher den Richterweg nicht als harmlose Trainingstour, sondern gehen ihn erst an, wenn wir genügend geschult sind und sich unsere Muskeln dem Willen bedingungslos unterordnen. Dann freuen wir uns aber über diese schöne, zünftige Kletterei.

Heute selten oder nicht mehr begangene Aufstiege

Durch den Wasserofen

Von Kaiserbrunn den Weg gegen den Krummbachgraben, aber nach ca. 300 - 400 Schritt durch die Tür des Drahtgitters links in den breiten, malerischen "Wasserofen". Eine schwache Wegspur führt nun beständig an der Talsohle empor. Dabei formt sich der anfangs breite, waldige Graben immer enger und steiler und krümmt sich leicht nach links, hinter den Hochgang, wo er durch dessen Steilhänge sowie durch den gegenüberliegenden Zug der gewaltigen Brandmäuer schluchtartig eingeengt wird. Leider fehlt der großartigen Felswand das rauschende Wasser, und der kleine, mitunter ausbleibende Schleierfall am Talschluss kann kaum eine belebende Wirkung hervorbringen. Grobes Blockwerk bedeckt den Boden und macht den Anstieg immer beschwerlicher. Endlich erblicken wir bei einer Wendung des Grabens die glatte Schlusswand mit dem Wasserfall. Langsam nähern wir uns ihr und überschauen nun den ganzen Talkessel. Rechts und geradeaus ist ein Vordringen nicht möglich, davon überzeugt uns schon der erste Blick. Aber links zieht sich eine steile Rasenfläche, das so genannte "Schieche", hoch bis an die Wände hinauf und biegt dann, durch diese abgelenkt, in Gestalt einer sehr steilen, schrofigen, oben mit vereinzelten Tannen besetzten Rampe zum Rande des Wasserofenloches hinauf. Links ist dieser Rasenhang anfänglich durch einen stark ausgewaschenen Wassergraben begrenzt, der sich weiter oben schluchtartig in den Wänden des Hochgangs verliert. Über den Rasen gerade empor, streben wir nun gegen einen etwa 100 m höher stehenden, dicht belaubten Baum zu, wo sich an der glatten Wand des Hochganges die Rampe rechts abweichend eigentlich bildet. Oben vorsichtig links um den Baum herum, jedoch gleich wieder zurück und nun über die steile, breite Rasenrampe in einer Schleife empor, indem wir vorerst von der Wand weg schräg über eine plattige, stark verwitterte Stelle gegen den Absturzrand queren und dann dem schmalen Felsstreifen zustreben, der die Rampe weiter oben quer durchzieht. Er nötigt uns, wieder

man den Hackerturm direkt nimmt. Am oberen Ende des Grates angelangt nehmen wir auf einer kleinen Wiese ein Sonnenbad und haben dabei beschlossen, das nächste Mal über den Neustädtergrat die Stadelwand in Angriff zu nehmen.

Die Krone der Stadelwand bleibt aber der im Jahre 1914 von Karl Hans Richter, Ing. Mano Mandel, Architekt R. Heger und Rudolf Heinisch begangene rechte Pfeiler im linken Wandteil. Diese Begehung blieb aber infolge des beginnenden Weltkrieges unbeachtet, und erst nach Kriegsende sprach es sich sehr schnell herum, dass dieser Richterweg in Verbindung mit dem Stadelwandgrat nicht nur die längste, sondern auch eine faszinierende

schräg links bis unter die hohe Wand zu steigen, wo er auch einen leichten Durchschlupf gelassen hat. Dort überklettern wir einen Zaun und befinden uns schon auf leicht gangbarem Boden. Nun zwischen den vereinzelten Bäumen die Wegspur noch etwas hinan, dann über den darauf folgenden bewaldeten Riegel jenseits weglos hinunter in das Wasserofenloch und den Prettschachersteig oder vom Riegel die Wildspur schräg links sanft ansteigend in den Hochwald hinauf und später etwas rechts haltend zum Prettschachersteig. Gehzeit von Kaiserbrunn - Wasserofenloch ca. 1 ½ Stunden.

Die Wasserofenwand fand sehr spät Beachtung und 1967 fand hier Kurt Reha den "Gelben Riss", der dank seiner schlecht gesicherten Freikletterei im VI. Grad einen strengen Ruf genießst. Von Karl wurden gleich eine ganze Serie von Routen im VI. Grad durch diese Wand angelegt. Die derzeitige Toproute jedoch dürfte die vom Hirschwanger Ewald Putz, "Jenseits von Eden", sein. Ein weiterer Weg durch diese Wand nennt sich "Weg der Freunde", erstmals von Karl Kosa, Hans Hoffmann und Theddy Auterith 1974 durchklettert.

Über den Gaissteig

Von der Singerin die Höllentalstraße weiter und am Lenzbauerngehöft vorbei in 20 Minuten zur Lenzbauerbrücke. Unmittelbar dahinter, rechts steht ein Kreuz, den Fußsteig rechts auf den Riegel. Nun nicht drüben den ebenen Fußsteig weiter, sondern sogleich den Rücken bergan und immerfort in die Höhe. Die ersten Felsen umgehen die Spur nach rechts; bald darauf wendet sie sich längs des Zaunes scheinbar auf die linke Seite des Kammes, kehrt dann wieder auf die rechte Hangfläche zurück. Dann abermals links auf den Rücken und endlich unter den ersten größeren Felsstellen über Schuttlehnen schräg auf den rechten Abhang, in der Richtung gegen die über dem Graben sichtbaren, größeren Wände. Auf halbem Weg dahin liegt quer über dem Pfad eine Stange, vor welcher derselbe abermals schräg links wendet und den Kamm zum letzten Mal erklimmt, um dann endgültig scharf rechts auf die Hänge hinauszutreten, welche Richtung er bis zur Sohle des "Prügelgrabens" immerfort behält. Dabei queren wir eine plattige Stelle am Boden und den erwähnten, gegenüberliegenden Abhangrücken, worauf die Spur auf einer ausgedehnteren, offenen, steinigen Lehne fast eben in den Grund des Prügelgrabens hinüberführt. Fast auf dem ganzen Ausstieg bis hierher genießen wir die prächtigsten Tiefblicke in das Tal zwischen Lenzbauer und Singerin. Nun durch den Graben über den Rasen in steilem Zickzack etwa 60 -- 80 m hoch empor; dann leitet die Spur links hinaus auf den offenen Rasenhang und erreicht, daran schräg ansteigend, den steinigen Rand der Hochfläche bei einem Steinmännchen. Nun an dem mit Steinen gekrönten Baumstrunk vorüber, die sanft geneigte Böschung schnurgerade pfadlos in dem Wald hinauf und immer in gleicher Richtung auf eine freie, ebene Blöße mit einer so genannten "Sulz", einer Salzleckstelle. Von hier dann noch auf der Höhe weiter über einen flachen,

schütter bewachsenen Buckel fünf Minuten zum Sattel, nordwestlich vom Höhenpunkt 1 487 m, wo man schon die blaue Wegbezeichnung antrifft. Danach links in ¼ Stunde zum "Höchbauern-Wirtshaus". Gehzeit ca. 2 ½ Stunden.

Über den Nordwestgrat des Mittagsteines

Über die ehemalige Ofenrechen-Brücke, die zwischen der Wind- und Rechenbrücke über die Schwarza führte, und flussabwärts, bei einer Höhle vorbei, auf deutlichem Weg ansteigend. Dort, wo sich die Wegspur verliert, etwa 30 Schritte gerade ansteigend nach links, worauf man einen Futterstadel auf der Zistel erreicht. An diesem rechts vorbei, gelangt man nach wenigen Schritten auf einen gut ausgetretenen Jagdsteig, der rechts entlang des immer höher aufstrebenden Grates aufwärts verfolgt wird, bis man zur Linken eine Holzleiter

Gipfelkreuz am Mittagstein

- Leitermauer - erblickt, deren Ende auf einer schönen, waagrechten, rasenbewachsenen Bergstufe den Einstieg unseres Weges bildet. Der erste Zacken, der nicht als Turm gezählt werden wird, ist leicht zu überklettern und man gelangt in kurzem an den Fuß des ersten Turmes, der aus einer Reihe von Zacken besteht, deren erster nicht leicht über ein Wandel erstiegen wird, während die folgenden keine nennenswerten Schwierigkeiten bilden. Von der Spitze des Turmes durch die linke Rinne ziemlich tief und schwierig in die Scharte zwischen erstem und zweitem Turm, wobei ein kleines Bäumchen den Abstieg vermittelt. Der zweite

Hans Beran, der Sohn des ehemaligen Werksdirektors Albert Beran, verunglückte laut mündlichen Überlieferungen am Südturm des Mittagsteines beim Rucksackaufziehen.

Turm besitzt einen gelben Fleck im rechten Teil der Wand, von wo ein schönes, begrüntes Band nach links zieht, oberhalb dessen man nach einigen vorsichtigen Schritten eine kleine Scharte erreicht. Über die hier ansetzende etwa 20 m hohe, steile Wand gelangt man schwierig auf die Höhe des zweiten Turmes. Einige starke Bäume bilden hier eine treffliche Sicherung für den nachfolgenden Kletterer.

Von der Spitze des zweiten Turmes sieht man deutlich den weiteren Weg und bereits die Höhle am dritten Turm. Anfangs etwas absteigend, gelangt man nach einigen unschwierigen Schritten an den Fuß des dritten Turmes, der am besten durch den rechts von zwei Rissen erklettert wird. Anfänglich über dessen rechte Begrenzungskante mit Hilfe der Äste eines starken Baumes, worauf man sich in den obersten teil der Rinnen hineinschwingt. Nach einigen Schritten über Schutt zur Höhle. Diese wird rechts verlassen und nach leichter Gratkletterei der Gipfel des dritten Turmes erreicht. Von hier aus absteigend in die Scharte zum vierten Turm, der am besten an einem nach rechts weisenden Steinmann vorüber, in einen von rechts nach links ziehenden, steilen Gratbogen erklettert wird. Nun durch steilen Wald, wobei noch einige nicht zum eigentlichen Grat gehörende Zacken in die Kletterei einbezogen werden können, zum fünften Turm, der entweder sehr schwierig in seinem rechten Teil über ein ausgesetztes Band und einen anschließenden seichten Riss oder wesentlich leichter über ein Band, das zu einer in der linken Seite der Wand befindlichen Scharte führt, und über die darauf folgenden Schroten erklettert wird. Von hier über steilen Wald zum Schlusskessel, der am besten an seiner rechten Begrenzungswand durchstiegen wird, worauf man, sich scharf rechts haltend, in wenigen Minuten

den Gipfel des Mittagsteines erreicht. Kletterzeit bei Einhaltung des Steiges der Erstbesteiger ca. 4 - 5 Stunden.

Immer wieder werden neue Routen durchstiegen, und wir finden heute Namen wie Gamsgatterl, Bügeleisenkante, Gelber Riss oder den Rochefort-Gedächtnisweg unter den Klettersteigen, und ganz egal, welche Art des Besteigens man wählt, eine Tour auf den Schneeberg war und wird immer ein Erlebnis bleiben.

ALPINE UNTERKÜNFTE UND VEREINE AM SCHNEEBERG

Pachtvertrag Oberverweseramt Reichenau mit Georg Baumgartner

Welcher zwischen dem k.k. Eisenwerks Oberverweseramte zu Reichenau für die k.k. Innerberger Hauptgewerkschaft als Eigentümer und Bestandgeber einerseits und Herrn Georg Baumgartner als Bestandnehmer andererseits des sogenannten Kaiserbrunnen Wirtshauses in nachstehender Art abgeschlossen worden ist, als:

§ 1. Das k.k. Oberverweseramt zu Reichenau überläßt dem Herrn Georg Baumgartner das sogenannte hauptgewerkschaftliche Kaiserbrunnen Wirtshaus samt Beilass, welches demselben zufolge Vertrages vom 13. ratificirt 25. November 1843 auf eigene Kosten erbaut hat, aber nach 15 Jahren, somit am 25. November 1858 in das unbeschränkte Eigenthums- und Benützungsrecht der k.k. Hauptgewerkschaft übergegangen ist, und seither von ihm unentgeltlich benützt wurde, auf eine Dauer von drei nach einander folgenden Jahren, nämlich vom 25. November 1858 bis 24. November 1861 um einen jährlichen Zins von Zwanzig Gulden Ö. W. in Pacht.

§ 2. Das Pacht Objekt, wozu der Pächter Baumgartner die Personal-Ausschank Befugnis sich erworben hat, besteht aus folgenden Diesen: a. Aus dem einstöckigen gemauerten und meist mit Schindeln gedeckten Wohn- und Wirtschaftshause zu Kaiserbrunn im Höllentale Haus Nr. 31 bestehend im Erdgeschoße aus zwei geräumigen heizbaren Zimmern, einer Küche mit Sparherd, einem Keller und Sandkeller mit Speise, dem Vorhause, und im oberen Stocke aus 3 heizbaren Zimmern, einer Retirade und Vorgange, geräumigen, sperrbaren Dachboden, dann einem kleinen Zubau mit einem beheizbaren Zimmer, in welchem Getränke, Speisen, Thüren, Ofen, Boden und Treppen durchaus im guten Zustande sich befinden; b. aus einer gemauerten, mit Schindeln gedeckten Stallung in 3 Abtheilungen auf 5 Kühe, 3 Pferde und Kleinvieh samt Schweine und Wagenschuppen in gutem Zustande; c. aus der hölzernen Schießstätte mit Kegelbahn; d. aus der Trinkhalle um die Kaiserbrunnenquelle samt Felsenkeller und Gloriet auf der Anhöhe; e. aus dem von Georg Baumgartner an der Stelle des folglich bestandenen hptn. Waldgeher Häuschens an der Kaiserbrunn Brücke ganz neu verbauten in gutem Zustande befindlichen ebenerdigen Häuschens mit Zimmer, Küche, Vorhaus und Keller, endlich aus 1000 Quadrat Klaftern Grundfläche, nämlich aus 120° auf der Katastral-Grundparzelle Nr. 21 von der Kaiserbrunnbrücke hinauf am Wasser und unterm Steg gemessen, als Küchengarten, ferner aus 120° gegenüber von der ersterwähnten Grundparzelle am Gebirgsgehänge gegenüber der Brücke, auf welcher Grundparzelle Nr. 22 ½ auch das Haus erbaut ist, endlich aus 760° auf der Grundparzelle Nr. 22 ½ b. und c. über und unter dem von der Brücke nach Hirschwang führenden Höllthalstraße, wie der Pächter Baumgartner diese Grundfläche von 1 000 m² laut Vertrag vom 23ten November 1843 bereits durch 15 Jahre benützt hat.

§ 3. Der Pachtschilling ist in halbjährigen Raten im voraus an die hiesige kk. Oberverweseramtskasse baar zu erlegen; bei Nichteinhaltung dieser Zahlungs-Termine sind von dem rückständigem Betrage die 5% Verzugszinsen zu entrichten.

§ 4. Der Pächter ist verpflichtet, während der bedungenen Pachtzeit sowol für die Beschaffung der zum Betriebe des Wirtsgeschäftes, als zur Bebauung der Grundstücke erforderlichen Einrichtung und Geräthe selbst zu sorgen, und auf alle kleineren Reparaturen an Thüren, Fenstern und Ofen, so wie das Ausweißen, ferner aber auch jene größeren Reparaturen, welche durch das Verschulden des Bestandnehmers seiner Leute oder Gäste oder durch unordentlichen Gebrauch nothwendig werden aus Eigenem zu bestreiten. Andere größere Reparaturen hingegen, bei welchen kein solches Verschulden eintritt, müssen erst beim kk. Oberverweseramte angesucht werden, wonach erst auf Anerkennung der Nothwendigkeit die Ausführung auf hauptgew. Kosten erfolgen wird. Dem Bestandnehmer ist es ferner auch gestattet, mit oberverweseramtlicher Zustimung auf eigene Kosten und ohne einen Vergütungs- oder Entschädigungs-Anspruch, allfällige Verschönerungen oder Verbesserungen vorzunehmen, welche in der Erdmauer nieth- oder nagelfest angebracht werden, in das Eigenthum der k.k. Hauptgewerkschaft übergehen.

§5. Nimmt der Pächter alle Gefahren und außerordentlichen Unglücksfälle als Feuer- und Wasserschäden, Wetterschläge, Überschwemmungen, Viehseuchen, Mißwuchs u. s. w. auf sich, er ist daher in keinem wie immer gearteten Falle berechtigt, einen Zinsnachlass in Anspruch zu nehmen und leistet insbesonders auf die Einwendung einer Verletzung über die Hälfte Verzicht.

§ 6. Der Pächter ist verpflichtet die Polizei Vorschriften genau zu beobachten, die möglichste Reinlichkeit, Güte und Echtheit der Speisen und Getränke mit guter Bedienung, bequemer Unterkunft und billigen Preisen zu handhaben, für die Innensicherheit zu wachen, die Gebäude und Grundstücke jeder Art in guten Zustande zu erhalten, und für jeden sowol durch sein eigenes als seiner Leute und Gäste Verschulden der k.k. Hauptgewerkschaft verursachten Schaden mit seinem ganzen Vermögen zu haften.

§ 7. Die Erwerbs- Einkommens- und Verzehrungssteuer überhaupt alle der Ausschank und das Auskochen oder die Personen selbst treffenden, entweder schon bestehenden oder durch höhere Anordnung noch auferlegt werdenden Steuern, so wie die betreffenden Gemeinde- Lasten, dann die Militär- Einquartierung und Vorspannsleistung treffen den Pächter aus Eigenem ohne allen Ersatz-Anspruch.

§ 8. Ohne oberverweseramtliche Einwilligung darf keine After- Verpachtung weder im Ganzen noch in seinen einzelnen Theilen statt finden.

§ 9. Im Falle der Pachtzins nicht pünktlich geleistet oder überhaupt nie oder dem anderen Vertragspunkt genau erfüllt werden sollte, worüber die Beurtheilung nur dem k.k. Oberverweseramte zusteht, bleibt dem Verpachter das Recht eingeräumt, nicht nur alle gesetzlich zulässigen Schritte zu machen, insbesonders die gesamten Feldfrüchte und Natural-Vorräthe, dann die Viehnutzungen des Pächters zu perlustrieren und daraus die rückständige Zahlung hereinzubringen, sondern dieselbe ist auch berechtigt, den Pachtvertrag ohne erst ein gerichtliches Verfahren vorausgehen zu lassen, ohne weiters aufzulösen, mit dem Pachtobjekte nach Gutdünken weiter zu verfügen, (Folgezeile durchgestrichen), entspringenden Schadens zu verlangen.

§ 10. Außer den im S. G. vorgesehenen Falle steht es jeden der kontrahirenden Theile frei, gegen vorherige halbjährige Aufkündung diesen Pachtvertrag aufzulösen, widrigens derselbe überhaupt am 24. November 1861 erlischt. Für den Fall aber, als der Pächter Georg Baumgartner vor Ablauf der dreijährigen Pachtzeit mit Tod abgehen sollte, so übergehen die demselben aus diesem Vertrage zustehenden Rechte und Verbindlichkeiten auf seine Erben nur für die Dauer desselben Halbjahres, für welches der Pächter Baumgartner den Bestandzins nach § 3 bereits bezahlt hatte, oder letzterer zur Zahlung fällig war, für die weitere Zeit steht es dem Oberverweseramte frei, mit des Pächters Erben entweder einen Pachtvertrag fortzusetzen oder mit dem Pacht Objekte nach Ausfolgung des dem Pächter angehörigen beweglichen Inventars anderwertig zu verfügen.

§ 11. Es wird festgesetzt, daß die k.k. österreichische Finanz Prokuratur in allen aus den gegenwärtigen Pachtvertrage etwa entspringenden Rechtsstreitigkeiten wobei der Fiscus als Kläger auftritt so wie wegen Erwirkung der bezüglichen Sicherstellung und Executions-Mittel bei jenen Gerichten umzuschreiben befugt sein solle, welche sich am Amtssitze der niederösterreichischen Finanzprocuratur befinden und zur Entscheidung solcher Rechtsstreite und zur Bewilligung solcher Sicherstellungs - und Executions-Mittel kompetent sein würden, wenn der Geklagte im Amtssitze der k.k. österreichischen Finanz Procuratur seinen Wohnsitz hätte.

§ 12. Dieser Vertrag ist für den Pächter sogleich nach erfolgter Fertigung, für das k.k. Oberverweseramt aber erst nach erfolgter höherer Ratifikation rechtsverbindlich.

§ 13. Den Stempel zur Ausfertigung des Kontraktes hat der Pächter aus Eigenem herbei zu schaffen. Endlich wird noch bestimmt, daß das Originale des Pachtvertrages in Händen des k.k. Oberverweseramtes als Verpächter zu verbleiben hat.

Urkund dessen beiden Kontrahenten und zweier Zeugen eigenhändige Unterschriften.

Reichenau, am 30. November 1859

Von Seite des k.k. Oberverweseramtes - respve. der k.k. Innerberger Hauptgewerkschaft Georg Baumgartner, Gottfried v. Stenizer, Josef Hochwartner - k.k. Bergrath und Oberverweser als Zeuge; No b099 wird hiermit oberamtlich ratificirt. 139b

Eisenwerks-Direktion Eisenerz am 14. Dezbr. 1859

Die Familie Baumgartner und das Haus Nr. 1 in Hirschwang
Abschrift

Das vorliegende gesammelte Material der heimatkundlichen Forschung über den Bau des Hauses Hirschwang Nr. 1 stützt sich auf Erzählungen einiger bodenständiger Familien, die wiederum solche Begebenheiten aus den Angaben ihrer Eltern und Großeltern in Erinnerung haben. Eine Ortschronik, aus der man Hinweise von Begebenheiten aus "Alt Hirschwang" ersehen könnte, ist weder im Gemeindeamt noch sonst bei einheimischen Familien vorhanden. Es wird erzählt, dass ein ehemaliger Werksschreiber beim Oberverweseramt in Reichenau, der nebenbei auch Schulunterricht im Wasserbauernhaus in Hirschwang Nr. 23 gehalten haben soll, derartige Aufschreibungen führte, diese aber durch das große Hochwasser im Jahre 1813 vernichtet wurden. Die grundbücherlichen Eintragungen der Gemeinde Reichenau über das Haus datieren aus dem Jahre 1864 und die im Bezirksamt in Gloggnitz vom Jahre 1870, so dass vorher errichtete Bauarten und sonstige Begebenheiten nicht aufscheinen. Einem Vermerk aus dem Grundbuche in Reichenau ist seinerzeit nur der Vermerk eines im Jahre 1910 erfolgten Zubaues am Haus Nr. 1 zu entnehmen. Ähnliche Vermerke enthalten auch die Eintragungen der Bezirks-Grundbuchführung in Gloggnitz, Buch-Einlage 17/155,207/6.21. Übereinstimmend sind aber die mündlichen Überlieferungen zur Geschichte dieses Hauses. Das erste Anwesen des Bauern Jakob Hecher stand auf demselben Platz, auf dem im Jahre 1902 zum Andenken an die Schwiegermutter von Ritter Richard von Schoeller, Henriette von Siedenburg, die Henriettenkapelle errichtet wurde. Der Wasserbauer, Hirschwang Nr. 23, der Nauntel - Johann Adlpoller, Haus Nr. 7, später Ledolter, und der Eckbauer Josef Engleithner, Haus Nr. 6, später Richter, hatten mehrere Male beim Hecherbauer Beratungen wegen des Bären, der allzu oft vom Sängerkogel zu Besuch kam. Engleithner wollte dem "täppischen Herrn des Waldes" wissen lassen, dass sein Besuch beim Hecherbauer unerwünscht sei und wartete am Standplatz auf Meister Petz. Engleitner soll sich gedacht haben, er könne ruhig warten, rauchte inzwischen sein Pfeifchen und schlief dabei ein, so dass er vom Bären überrascht und beim Abwehrkampf von diesem getötet wurde. Das Gewehr des

Das Haus Nr. 1 in Hirschwang

Schützen soll hinter dem Standplatz an einem Baum angelehnt gefunden worden sein. Neben der Leiche des Bauern Engleithner soll man auch Spuren von Verletzungen des Bären konstatiert haben.

Das zweite Ereignis war die große Überschwemmung im Jahre 1813, bei der die Triftanlagen Georg Hubmers zerstört und die aus dem Naßtal kommenden großen Holzmassen das Anwesen des Bauern Hecher in Hirschwang vollkommen vernichteten. Der Bauer entschied sich im Jahre 1814 daher, das neue Anwesen höher hinauf, das heißt oberhalb des alten Platzes zu errichten. Von dieser Zeit an hatte er den Namen Höherbauer". Dies führte in den pfarramtlichen Vermerken zu einer zweifachen Namensgebung, Hecher - Höher. Nach mehreren Jahren des Mühens und Ringens im Kampf ums Dasein wurde die Bauersfamilie Hecher wiederum vom Unglück heimgesucht. Krankheiten und finanzielle Schwierigkeiten waren ständige Gäste im Haus, und anstatt die Wirtschaft vorwärts zu bringen, ging es stetig bergab. Als letzter männlicher Sprössling des Martin Hecher, Sohn des Jakob Hecher, wird am 17. 3. 1835 Patriz Hecher und dessen Pate, der Bauer Nauntel - Johann Adlpoller genannt. Patriz Hecher wurde im Jahre 1855 zur Militärdienstleistung einberufen und war an den Feldzügen im Jahre 1859 in Solferino und 1866 in Königgrätz beteiligt. Nach Beendigung seiner zwölfjährigen Militärdienstzeit wurde er im Eisenwerk Hirschwang als Schmelzofenhelfer eingestellt.

Die Jägerfamilie Baumgartner aus Kaiserbrunn, welche schon vor der Quellenentdeckung durch Kaiser Karl VI. hier ansässig war, hatte Ende der 40ger Jahre das Anwesen des Martin Hecher, Hirschwang Nr. 1, käuflich erworben. Baumgartner ließ sogleich in dem zum Besitz gehörenden Waldungen Schlägerungen durchführen. Der seinerzeit von Hecher errichtete Holzbau wurde abgetragen und aus den Einnahmen für verkauftes Bau- und Brennholz wurde nunmehr ein gemauertes Haus errichtet. In den 70iger Jahren des 19. Jh. verkaufte er das Anwesen der Werksgesellschaft Neuberg-Reichenau, und von dieser wurde es von der Fa. Schoeller & Neufeldt übernommen. Mehrere bauliche Veränderungen wurden für Verwaltungszwecke und Verwalterwohnung durchgeführt. Vom Jahre 1888 bis 1903 war es nunmehr das Wohnhaus des Fabriksdirektors Emmerich Tomischka. In Hirschwang war Tomischka im Eisenwerk Verwaltungsbeamter und ab dem Jahre 1888 Fabriksdirektor. Im Jahre 1901 wurde Tomischka zum Kaiserlichen Rat ernannt. Am Payerbacher Ortsfriedhof befindet sich die Ruhestätte Tomischkas neben der Familiengruft des Werksarztes Gustav Adolf Mayerhold.

Die Stein- oder Mauthausbrücke, heute Windbrücke genannt,
mit dem Schwarzawehr in Hirschwang

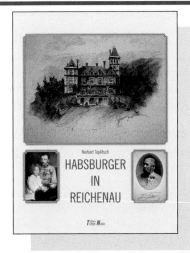

Norbert Toplitsch und die Habsburger - eine Verbindung, welche ein hervorragendes und komplettes Buch über diesen wichtigen Zeitabschnitt in der Geschichte vom Kurort Reichenau an der Rax entstehen ließ.

Auf 336 Seiten behandelt der Autor in akribischer Form und wunderbar lesbar das Leben und Wirken der Habsburger von ihrem ersten Aufenthalt in Reichenau bis hin zum eher gewaltsamen Abgang nach dem Ersten Weltkrieg. Erst mit diesem Buch wird dem Leser bewußt, dass Reichenau für geraume Zeit im Zentrum der Weltpolitik gestanden ist. Dies alles wird anhand von vielen Originaldokumenten und vielen erstmals veröffentlichten Bildern auch optisch dokumentiert.

336 Seiten, durchgehend illustriert, 160 Farbseiten, Preis Euro 39,80
Erhältlich im Buchhandel oder direkt beim Verlag Edition TERRA NOVA

DAS BAUMGARTNERHAUS
UND SEINE PÄCHTER

Während Weidmann im Jahre 1855 schreibt: "Das allgemeine Rendezvous aller Schneeberg-Besteiger ist das vom Holzmeister Georg Baumgartner 1839 erbaute Alpenhaus am tiefen Abhange des Waxriegels", berichtet Eduard Zetsche in "Aus den Umgebungen Wiens 1894". "Heute kann man an Abenden, welche Sonn- und Feiertagen oder gar Doppelfeiertagen vorausgehen, noch in der tiefen Abenddämmerung, ja die ganze Nacht hindurch die Touristen, vielfach etwas höher alpin ausgerüstet als gerade nötig - einzeln oder in Gruppen die Eng hinaufklimmen sehen, zunächst dem Baumgartnerwirtshause entgegen, dessen

gewiss stattliche Zahl von dreihundert Schlafstätten dann in solchen Nächten als völlig unzureichend befunden wird."

Georg Baumgartner wurde am 25. Mai 1788 als Sohn des Peter Baumgartner, Bergknappe aus Neuberg an der Mürz, und dessen Gattin Kunigunde Baumgartner, geb. Steiner, in Kleinau 22 geboren. Sein Heimathaus, welches damals als Domizil für die Bergleute des Knappenberges bestimmt war, ist heute im Besitz der Gemeinde Wien. In diesem Haus verstarb Peter Baumgartner am 15. September 1824.

Georg Baumgartner ergriff zuerst den Beruf des Bergmannes, dann den eines Holzmeisters, bewohnte im Krummbachgraben eine Alpenhütte, in die sich nur wenige Touristen verirrten, und war schließlich Wirt in Kaiserbrunn. Dass er bei seiner Tätigkeit als Holzmeister öfters auf den Schneeberg gekommen war, dürfte auch der Grund zur Errichtung eines Wirtshauses oberhalb des Krummbachsattels gewesen sein. Muchmayer schreibt im Jahre 1842: "Reine Betten und nach Wunsch auch reines Stroh waren immer vorhanden, ebenso wie ein kräftiger Imbiss und trinkbarer Wein." Unter großen Schwierigkeiten und aus eigenen Mitteln erbaute er gemeinsam mit seiner Frau Anna Maria,

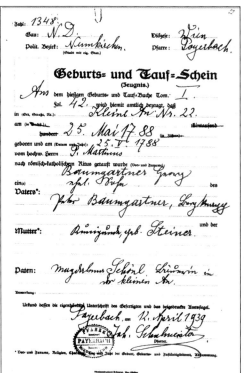

geborene Rottensteiner, aus Prein 3, im Jahre 1839 ein etwas oberhalb des Krummbachsattels in 1448 m Höhe auf dem Grund der Innerberger Hauptgewerkschaft und zur Katas-tralgemeinde Hirschwang Nr. 43 gehörendes Alpenwirtshaus aus Holz, das "Wirtshaus zum Baumgartner". Der Grund, auf dem dieses Haus stand, war Pachtgrund und eine Klausel darin besagte, dass alle auf diesem Grundstück errichteten Liegenschaften nach 30 Jahren in den Besitz des Grundeigentümers übergehen. In der Nacht vom 24. auf den 25. November 1850 wurde das Haus ein Raub der Flammen. Baumgartner jedoch, dem dieses Wirtshaus eine gute Einnahmequelle geworden war, errichtete statt dessen ein größeres, gemauertes Haus, welches aus drei Zimmern, einer Küche, einem Keller und einem Stall bestand. Nachdem Georg Baumgartner im Jahre 1861 in Kaiserbrunn verstorben war, übernahmen sein Sohn Johann, geb. am 16. 12. 1809 im Knappenhaus in Kleinau 22, Holzmeister, wohnhaft in Kaiserbrunn, und dessen Frau Magdalena Baumgartner, geborene Adlpoller, Tochter des Webers und Wirtschaftsbesitzers Johann Adlpoller und der geborenen Katharina Brunner in Waag Nr. 6 - Thalhof, Reichenau, das Almwirtshaus. Im Jahre 1869, nach Auslaufen des Pachtvertrages, kam das Wirtshaus Baumgartner in den Besitz der Innerberger Gewerkschaft. Da diese jedoch mit dem Haus nichts Rechtes anzufangen wusste, so ging es durch Vermittlung des damaligen Reichenauer Bürgermeisters Alois Waißnix am 6. Jänner 1872 samt einem Grundstück von 10 Joch in den Besitz des ÖTC über. Noch im selben Jahre wurde begonnen, das Haus in ein gastliches, mit allem Komfort ausgestattetes auszubauen und zu adaptieren. Am 6. Juli 1873 konnte das Haus, von dem es außer auf dem Schafberg und Dobratsch kein anderes mit derartigem Komfort in Österreich gab, eröffnet werden.

Die Klubleitung hatte mit dem Baumgartnerhaus jedoch viel Verdruss, da die Familie

Baumgartner nun nicht mehr Besitzer des Hauses war und daher auch nicht mehr nach eigenem Gutdünken schalten und walten konnte. Sie wollte einfach nicht zur Kenntnis nehmen, dass in dem Hause den Klubmitgliedern bevorzugt und zu ermäßigten Preisen Quartier zu geben war. Auch waren für Übernächtigungen, Speisen und Getränke feste Preise vorgeschrieben. Dies war dann auch Anlass, warum der Pachtvertrag mit 15. März 1873 gelöst wurde und an ihrer Stelle Anton und Josefa Mauck zusammen mit einer Dienstmagd als Pächter im Baumgartnerhause einzogen, wobei der Name Baumgartnerhaus aus touristischen Gründen beibehalten wurde. Johann Baumgartner verstarb am 2. Jänner 1875 um 10.00 Uhr vormittags an Lungensucht und wurde am 4. Jänner 1875 in Payerbach beigesetzt. Nach Mauck, die bis 1876 Pächter waren, kam August Suschnik mit seiner Frau als Pächterehepaar auf das Baumgartnerhaus und sie bewirtschafteten dieses bis zum 30. Juni 1884. Um nicht nur den Touristen einen bequemeren Anstieg zu ermöglichen, sondern auch die Materialbeschaffung zu erleichtern, baute er den Weg, der von Payerbach nach Reichenau zum Mariensteig hinführte. Suschnik war in den Sommermonaten Tag für Tag damit beschäftigt, mit seinen vier Hunden als Lastträger Einkäufe in Reichenau zu tätigen, ob es nun regnete oder schönes Wetter vorherrschte. Seit 1879 gab es am Baumgartnerhaus auch eine Wetterstation, wobei die gesammelten Aufzeichnungen vom Pächter in die Residenzstadt weitergeleitet wurden. Da die Besucherzahl von Jahr zu Jahr stieg, so begann man im Jahre 1879 mit dem Bau eines neuen einstöckigen, ca. 20 m vom Schutzhaus entfernten Schlafhauses, welches zehn Zimmer und 38 Pritschenlager auf dem Dachboden besaß und durch einen Gang zu erreichen war. Die Eröffnung dieses Schlafhauses fand am 14. August 1880 statt, wobei die 435 Gäste von Wien mit dem um 21.50 Uhr fahrenden Sonderzug eintrafen. Mit geschmückten Hüten, dem Vereinsabzeichen und Blumen traf diese Gesellschaft um 0.30 Uhr am Bahnhof in Payerbach ein und wurde von einer Musikkapelle mit dem Stück "Bergvagabunden" empfangen. Nach einem Willkommenstrunk begann um ca. 1.00 Uhr der Aufstieg durch die in bengalisches Licht getauchte Eng. Am folgenden Tag wurde in Anwesenheit von Erzherzog Carl Ludwig und seinem Sohn Ferdinand der Schlussstein gelegt und die feierliche Einweihung des Hauses vorgenommen. Nach der obligaten Mahlzeit ging es wieder zurück nach Payerbach, wo man um 20.30 Uhr den Zug nach Wien bestieg.

Als das Ehepaar Suschnik im Jahre 1884 das Baumgartnerhaus verließ, um nach Payerbach zu gehen, um dort die Bahnhofsrestauration zu pachten, war die Reihe der Pächter an der Familie Kronich. Der Grund, warum der Name Kronich in mehreren Generationen von Bergsteigern und Bergwanderern bekannt war, war daraus abzuleiten, dass die Familie zusammen über 70 Jahre als Hüttenwirte am Schneeberg und auf der Rax tätig war.

Julius Kronich, der als Reisender in einem kaufmännischen Berufe tätig war, wurde am 6. Dezember 1849 geboren und war seit 1873 mit der um fünf Jahre jüngeren Wirtstochter Gertrude Göschl verheiratet. Dieser Ehe entsprangen fünf Kinder, Julius,

Eintragung im Hüttenbuch   *Seite aus dem Bergführerbuch*

Aurelia Clothilde Catharina, Camillo Leo, Bruno Georg und Olga Melanie Anna. Nachdem Julius Kronich öfter seine Beschäftigung gewechselt hatte, gab er seinen Beruf im Jahre 1882 endgültig auf. Bis zum Jahre 1884 lebte die Familie in einem Vorort von Wien, wo Gertrude ein Café und damit Erfahrung in der Gastronomie besaß. Dies dürfte auch einer der Gründe gewesen sein, warum sich Kronich entschied auf den Berg zu gehen. Da er zudem auch Mitglied des ÖTC war, so kannte er die Lebensumstände, die auf einer alpinen Schutzhütte herrschten. Ausschlaggebend für seinen Entschluss aber war seine Krankheit; er litt an Lungentuberkulose. 1884/85 einem Rat seines Arztes folgend, übernahm er mit seiner Frau Gertrude am 1. Juli 1884 das Baumgartnerhaus. Hier oben brauchte er einige Zeit, um sich an den Umgang mit Gästen, die nicht nur aus der oberen Schicht der Residenzstadt stammten, sondern auch aus den Kreisen der Aristokratie, zu gewöhnen. Während Kronich Zither spielen lernte und volkstümliche Lieder vortrug, sorgte Gertrude, später Kronichmutter genannt, für das leibliche Wohl ihrer Gäste; sie wusste genau, mit welcher Speise sie die einzelnen Gäste verwöhnen konnte, und die Gäste schätzten dies auch und kehrten bei einer Schneebergtour immer wieder im Baumgartnerhaus ein. Am 10. Oktober 1886 wurde der Reitweg von Kaiserbrunn auf den Krummbachsattel fertig gestellt, und am Baumgartnerhaus gab es zu dieser Zeit bereits eine Wasserleitung. Ab 1888 gab es am Baumgartnerhaus ein Telefon, welches aber nur von österreichischen Staatsbürgern, wel-

Julius und Gertrude Kronich, 1887

Die Kinder Julius und Aurelia, 1887

che über 18 Jahre alt waren und einen einwandfreien Leumund sowie den Nachweis eines erfolgreich abgeschlossenen Bedienungslehrganges erbringen konnten, bedient werden durfte. Auch die Tablemänner waren am Baumgartnerhaus vertreten. Sie hatten sich besonders zahlreich am 7. und 8. Dezember 1890 zur Tafelrunde eingefunden, unter ihnen auch zwei "kühne Bergfahrerinnen". Vor allem aber waren es die Älteren, die diesmal stark vertreten waren; auch aus Amerika kam ein Repräsentant. Am 7. Dezember 1890 fand am Baumgartnerhaus in Kronichs Privatwohnung von 5.00 Uhr bis 7.00 Uhr ein Konzert statt, wobei von Bleiberg, ein Klavierspieler und Tablemann, mit seinen zwei Freunden, einem Tenor und einem Violinspieler, diese Stunden musikalisch gestalteten. Begonnen mit der Beethoven'schen Kreutzersonate über Gesänge aus Wagner'schen Opern, fand dieses Konzert großen Beifall. Daraus konnte man ersehen, dass Kronich sehr viel daran gelegen hat, das gesellige Beisammensein zu fördern. 1886, am Faschingssamstag, organisierte er einen "Ball auf der Alm", wozu sich fesche Dirndln aus dem Puchberger Tal und 20 Touristen aus Wien, darunter drei Damen, eingefunden hatten. Als Feuer- und Schwertschlucker, aber auch als Zauberkünstler präsentierte sich der Wiener Klavierfabrikant Hoffmann, der nebenbei mit eigenen Kompositionen zu dieser gelungenen Veranstaltung ein Wesentliches beitrug.

Nach außen hin hatte es den Anschein, als sei das Familienleben der Kronichs intakt; dem aber war nicht so. Julius Kronich trank gerne ein Gläschen zu viel und mit seiner ehelichen Treue nahm er es auch nicht so genau, dies wusste seine Frau schon aus der Wiener Zeit. Als im Jahre 1890 die Nichte von Gertrude Kronich, Barbara Göschl, auf das Baumgartnerhaus kam, um hier zu arbeiten, und ein intimes Verhältnis mit Julius hatte, und da die damals 15-jährige Tochter Aurelia angeblich an Asthma erkrankt war, trennte sich seine Frau von ihm und zog im Frühjahr 1893 mit ihren fünf Kindern auf die Rax und bewirtschaftete dort das neu errichtete Ottohaus. Julius Kronich und Barbara Göschl blieben auf dem Baumgartnerhaus, wo sie auch in den Jahren 1896 und 1897 zwei Kinder zur Welt brachte, deren Väter jedoch "nicht aktenkundig" waren. Mit 1. September 1897 gingen Julius Kronich und

Barbara Göschl nach Payerbach und mieteten dort die Villa Belvedere, die sie später kauften und umbauten. In dieser Villa wurden im Jahre 1899 und 1905 noch zwei Kinder geboren. Julius Kronich lebte vom Kräuterlikörverkauf, und weil dieses Geschäft kein durchschlagender Erfolg wurde, kam die Villa Belvedere im Jahre 1906 unter den Hammer. Nun pachteten die beiden den Orthof am Kreuzberg. Julius Kronich verstarb im Jahre 1922 im Alter von 72 Jahren. Als Pächter am Baumgartnerhaus folgte Kronich 1897 Anna Leber, 1898 Leopoldine Hietz, verehelichte Leber.

Der Touristenstrom zu den Schneeberghäusern nahm mit der Eröffnung der Zahnradbahn im Jahre 1897 stark zu; einer neuen Situation musste man sich stellen, und so errichtete der ÖTC im Jahre 1899 ein zweites einstöckiges Schlafhaus und im Jahre 1902 eine Veranda. Auf den Bekanntheitsgrad als Kronichmutter und auf ihre Erfahrung als Hüttenwirtin vertrauend, kehrte Gertrude auf Ansuchen des ÖTC im Jahre 1903 mit ihrem Sohn Bruno wieder auf das Baumgartnerhaus zurück. Sie blieb bis 30. September 1908 und wurde von Franz Oblasser, Wirt aus Johnsbach im Gesäuse, der ein Pferd besaß, welches vom Baumgartnerhaus zur Fischerhütte mühelos bis zu 180 kg Last transportieren konnte, abgelöst.

Im Verlauf der Jahre wurden die Hütten am Schneeberg durch Wegenetze verbunden, die nicht nur dem Wanderer, sondern auch dem Materialtransport dienlich waren. Im Jahre 1910 wurde ein Eishaus errichtet, 1915 die Wasserleitung neu angelegt und zwei Jahre später eine Toilettenanlage geschaffen. Ab 1925, wo man sogar schon über elektrisches Licht und nach einem neuerlichen Ausbau im Jahre 1930 über 65 Betten und 40 Matratzenlager verfügte, führten zuerst die Geschwister Geisler und von 1931 bis 1938 Friedl Geisler allein den Hüttenbetrieb. Danach war für kurze Zeit Franz Kutschera Hüttenwirt. Die Grafen Hoyos-Sprinzenstein, später auch die Gemeinde Wien, mieteten für die Jagdaufseher des Gahns- und Schneebergrevieres im Baumgartnerhaus das Zimmer Nr. 28, um im Bedarfsfalle bei ihren Pirschgängen übernachten zu können.

Im Winter 1942/43 befand sich ein Skilager für Jugendliche nicht nur auf der Knofeleben Hütte, sondern auch am Baumgartnerhaus wurden die 15- bis 16-jährigen Burschen vormilitärisch ausgebildet, und einer der Ausbildner, Ludwig Stehr, wirkte als Hüttenpächter bis zum Jahre 1949.

Seine letzte Hochblüte erlebte das Baumgartnerhaus im Jahre 1958 unter Stehrs Nachfolger, Walter und Herta Kaserer, die aus Nasswald kamen und bis Ende September 1958 blieben. Zu dieser Zeit besaß das Haus 80 Betten, 78 Matratzenlager und 76 Notlager. Dann aber brach die Konjunktur am Berg ein, nur Franz und Grete Graber, die von der Sparbacher Hütte kamen, fanden noch gute Zeiten vor. Für deren Nachfolger, Irmgard und Robert Dabergotz, die das Baumgartnerhaus am 1. Oktober 1963 übernahmen, traf dies alles nicht mehr zu. Nach einem Jahr schon folgten neue Pächter, Hilde und Robert Havranek, und danach in kürzeren Abständen Lucia und Egbert Grillitsch sowie Liesl und Gerhard Giesel. Ende der siebziger Jahre konnte für das Haus kein Pächter gefunden werden. Mit dem einsetzenden Wohlstand, der Motorisierung und der Tendenz zu weiteren Reisen ging auch der Besuch auf dem Baumgartnerhaus rapide zurück und das Fehlen von Seilbahnen oder Liftanlagen trugen das Ihre dazu bei. Schließlich war der ÖTC dem zunehmenden Druck der Wasserrechtsbehörde ausgesetzt, die wegen der vielen Besucher auf eine zeitgemäße Entsorgung der Abwässer bestand. Da es das gleiche Problem beim Damböckhaus gab, welches ebenfalls dem ÖTC gehörte, entschied sich der Vorstand zur Weiterführung des Damböckhauses, fasste im Jahre 1979 einen Veräußerungsbeschluss und man räumte das Baumgartnerhaus im Jahre 1980. Bereits am 21. Oktober 1980 fand die Verhandlung wegen der Demolierung an Ort und Stelle statt und in den Jahren 1981/82 wurde es abgetragen. Somit ist das älteste Schutzhaus des Schneeberges, dessen Erscheinungsbild geprägt war vom Willen der Besitzer und Pächter, nur mehr im Gedächtnis und auf alten Postkarten vorhanden.

Das Baumgartnerhaus wird abgerissen

Der Bernhardinerhund Eva

Vor der Stiege, die zur hölzernen Veranda des alten Baumgartnerhauses emporführte, stand eines schönen Morgens ein kleiner Bub und schaute mit gar bangen Augen zum Eingang empor. Diesen versperrte der mächtige Körper eines Berhardinerhundes. So strenge der auch aus seinen blutunterlaufenen Augen auf den kleinen Mann hinuntersah, so ließ doch wieder der treuherzige Ausdruck des Blickes und die langsam pendelnde Bewegung des buschigen Schweifes auf einiges, wenngleich verstecktes Wohlwollen für den kleinen Angstmeier schließen. Dieser war mit seinen Leuten in der Nacht über den Gahns heraufgekommen und auf das Baumgartnerhaus geschickt worden, um sich dort auszuschlafen, indes die anderen auf den Kaiserstein stiegen. War in diesem Auftrag eine kleine Bosheit versteckt oder hatte man bloß seine Selbständigkeit und Tapferkeit prüfen wollen? Sei dem wie immer. Nun stand er an der Stiege, eine Hand auf das Geländer gelegt, einen Fuß auf die erste Stufe gesetzt, und getraute sich nicht in das Haus zu treten. Am liebsten wäre er davongelaufen, aber da wäre ihm sicher der Hund nachgelaufen. Da fiel ihm ein, dass er irgendwo gelesen hatte, man müsse, wenn man einem Löwen begegne, dem Untier fest in die Augen schauen, damit es Respekt bekäme.

Möglicherweise nützte dieses Mittel auch bei dem Hund, der ja aussah wie ein Löwe. Und so starrte der Knabe krampfhaft in das gutmütige Hundegesicht. Das Tier schien den Ausdruck bodenloser Angst in dem blass gewordenen Kinderantlitz gelesen zu haben und Mitleid zu empfinden. Langsam, würdevoll und majestätisch stieg er die Stufen hinab, beschnupperte den zitternden Buben vom Gesicht bis zur Sohle und stieg wieder umständlich hinauf, wobei er ein paar Mal stehen blieb und sich umsah, als wolle er sagen: "So, jetzt kannst du heraufkommen!" Da fasste der Kleine ein Herz und stieg zur Terrasse empor. Nachdem er seine Botschaft ausgerichtet hatte, dass die andere Gesellschaft bald nachkäme, und eine Schale Milch getrunken hatte, tat die durchwachte Nacht und die freundliche Morgensonne das Übrige. Er kuschelte sich neben der warmen Mauer auf den Boden hin und war bald fest eingeschlafen. Da erhob sich der Hund, kam über die Stiege herab und legte sich knapp neben das schlafende Kind, als wolle er zeigen, dass dieses jetzt bis auf weiteres unter seinem Schutze stehe. Dies war meine erste Begegnung mit Eva, die damals auch noch recht jung war. Wir beide, die wir uns sozusagen als Kinder kennen gelernt hatten, schlossen einen Freundschaftspakt fürs Leben. Jedes Mal, wenn wir uns sahen, war die beiderseitige Freude groß. Während ich die Schulbank drückte, stand Eva in schwerem Dienste und übte Winter und Sommer ihr Rettungswerk an hilflosen, im Fels, im Schneesturm verunglückten Leuten aus. Nicht weniger als vierzehn Menschenleben entriss sie dem dräuenden Tode.

Siebzehn Jahre später war es, im Dezember. Da konnte mir, als ich aufs Baumgartnerhaus kam, die alt gewordene Eva nicht mehr wie sonst mit freudigem Gebell entgegenspringen, mir nicht mehr ihre Riesenpranken liebevoll auf die Schultern legen. Mühselig schleppte sie sich heran, wedelte als Zeichen der Begrüßung ganz matt mit dem Schweif und ging langsam wieder zu ihrem Ofenplatze zurück. Am Nachmittag aber kam die Nachricht, ein Tourist sei vom Damböckhaus herüber vom Wege abgekommen und in den Wänden nächst dem Krummholzsteig verunglückt. Da es schon spät war und die Dämmerung nicht mehr ferne, so tat Eile not. Wir kamen zu dem Entschlusse, die alte Eva als Führerin mitzunehmen. Zwei Männer mussten sie stützen und ihr behilflich sein, sonst wäre sie bei dem rasenden Sturm im tiefen Schnee nicht weitergekommen. Sie bot einen kläglichen und quälenden Anblick. Plötzlich aber wurde sie lebendig, konnte nur mit Mühe zurückgehalten werden und schließlich musste man sie an die Leine nehmen. Ungestüm zerrte sie vorwärts, riss sich los und stürmte den Wänden zu, wo sie bald im Schneetreiben verschwunden war. Gleich darauf vernahmen wir einen schwachen Standlaut. So rasch als möglich folgten wir den Spuren, stießen auf einen Hut und schon sahen wir oben an der Wand den Hund beim Verunglückten sitzen. Er war bemüht, diesen mit den Pfoten vom Schnee zu befreien und beleckte auch sein Gesicht. Der Mann aber war schon tot. Seine Uhr zeigte die dritte Stunde. Wir betteten ihn auf den Schlitten und die Eva ging getreulich neben ihm her. Erst als der Tote in einer Kammer des Schutzhauses untergebracht war, wich der Hund von ihm und nahm etwas Futter an. Diesen Anstrengungen aber war die alte Eva nicht mehr gewachsen gewesen und verstarb am nächsten Morgen. Als die müden Atemzüge des treuen Tieres zu Ende gingen, waren wenige im Zimmer, denen nicht Tränen in den Augen standen.

Das Touristenunglück am Schneeberg
Auszug aus "Das Neue Wiener Abendblatt", 1922

Über den Unfall, dem zu Ostern am 20. April 1922 Frl. Ilona Donath zum Opfer gefallen war, sind nur Einzelheiten bekannt. Außer ihr befanden sich noch acht weitere Personen bei der Gruppe. Die acht Personen befanden sich 15 Stunden in Lebensgefahr, ehe sie durch das Eingreifen des Obmannstellvertreters der Alpinen Rettungsstelle Reichenau, Herrn Raimund Thäder, gerettet werden konnten.

Die ursprünglich aus zwei Partien bestehende Gruppe, drei Damen bei der ersten und drei Damen sowie vier Herren bei der zweiten Gruppe, wollten am Schneeberg vom Baumgartnerhaus über den Südlichen Grafensteig zur Kienthaler Hütte wandern. Da der hohe Schnee vor der Bockgrube aber den weiteren Weg versperrte, so beschloss man wieder zum Baumgartnerhaus zurückzukehren. Doch einer der Gruppe hatte eine Idee, wenn auch eine sehr unglückliche, nämlich über ein unmarkiertes Felsgebiet in den Krummbachgraben abzusteigen; die ganze Gesellschaft geriet daraufhin in eine Falle. Während unter ihnen lauter Abgründe und glatte Felsplatten waren, war auch an ein Emporklettern nicht mehr zu denken; Hilferufe blieben ungehört. In diesem Verzweiflungs-kampfe stürzte eine Dame ca. 300 m tief ab und blieb auf einem Geröllfeld tot liegen. Auch ein Herr wagte einen Gewaltdurchbruch und es gelang ihm eine schwierige Traversierung, er kam ziemlich weit hinunter, fand aber dann den Weg versperrt und stürzte einige Meter tief ab und blieb zwei ca. Stunden bewusstlos liegen. Als er erwachte, kämpfte er sich bei stockfinsterer Nacht über ein Geröllfeld in den Krumbachgraben hinunter und folgte dann dem Wasserlauf nach Kaiserbrunn. Von dort wurde er nach Reichenau geschickt.

In Hirschwang angekommen, erzählte er den Vorfall dem Fabriksnachtwächter, der dann um 3 Uhr früh Raimund Thäder weckte. Bereits um ½ 4 Uhr marschierte dieser an die Unglücksstelle, um die noch Lebenden zu erreichen. Auf sich selbst bedacht nehmend suchte er einen Durchstieg durch die Wände, gleichzeitig jedoch auf den Rückweg achtend. Als er dann sprechen hörte, erkundigte er sich zuerst ob es Verletzte gäbe. Da dies verneint wurde, ließ er seinen Rucksack mit dem Verbandszeug zurück. Um 9 Uhr vormittags hatte er die Gruppe erreicht und er brachte eine Person nach der anderen um 20 bis 30 m vorwärts und machte auf diese Weise den Weg achtmal. Um 2 Uhr nachmittags hatten alle glücklich und unversehrt das Geröll erreicht. Vorbei an der Leiche, welche einen furchtbaren Anblick bot, erreichten sie um 4 Uhr Kaiserbrunn und um 5 Uhr Hirschwang, wo nach langer Zeit die erste Mahlzeit eingenommen werden konnte.

DAS DAMBÖCKHAUS DES ÖTK

Zu Beginn des 19. Jahrhunderts schrieb Schultes in seinem Buch - Ausflüge nach dem Schneeberge: "Der österreichische Botaniker schläft auf seinem Schneeberge noch in den Regionen des Krummholzes unter freiem Himmel auf Steinen bei wärmendem Feuer und wünschte sich, dass sich ein Menschenfreund fände, der dort eine Hütte baue", und Adolf Schmidl, der sich ebenfalls diesem Problem widmete, schrieb im Jahre 1831 in einem Reisebericht: "Möchte doch bald irgendein Alpenmäzen die pia vota all der durch Sturm und Wetter überraschten Reisenden erfüllen und hier auf den Luchsböden durch Gründung einer Hütte sich ein Denkmal stiften zum innigsten Dank aller Vaterlandsfreunde"; so geschah es dann auch wenig später. Graf Hoyos ließ auf dem Luchsboden eine kleine Unterstandshütte erbauen, die aber nach mehreren Jahren Bestandes ein Raub der Flammen wurde, und abermals war der Schneeberg ohne Unterkunftsmöglichkeit. Dieser gehegte Wunsch vieler Schneebergbesucher wurde aber erst nach einundvierzig Jahren Wirklichkeit. Im Jahre 1872 wurde im Auftrag des ÖTK zwar nicht auf dem Luchsboden, sondern auf dem Ochsenboden mit dem Bau einer festen Unterkunft auf dem Hochplateau des Schneeberges begonnen.

Versorgung für das Militär am Damböckhaus

Anfangs ging alles gut, doch dann nahm die Gewinnsucht einiger an dem Bau Beteiligten überhand. So forderte nicht nur der Sägewerksbesitzer in Rohrbach, sondern auch die Bauern, die mit ihren Ochsenkarren Holz transportierten, und die Knechte, die das Bauholz zur Höhe brachten, höhere Preise. Dies alles überstieg die finanziellen Mitteln des Klubs und um den kommenden Winter ohne größere Schäden überstehen zu können, musste dieser bereits weit fortgeschrittene Bau unbedingt unter Dach gebracht werden. In dieser kritischen Lage war das Klubmitglied Ludwig Damböck, ein Wiener Fabrikant und späteres Ehrenmitglied, Retter in der Not. Obwohl er bereits an der Spitze der Geldspenderliste für diesen Hausbau stand, stellte er dem Klub ein Darlehen von 3 000 Gulden für die Fortsetzung des Baus zur Verfügung. Auf dessen Rückzahlung verzichtete er später großzügig. Nur so konnte das Haus fertig gestellt werden. Ludwig Damböck wurde Ehrenmitglied und ihm zu Ehren dem Haus auf dem Ochsenboden des Hochschneeberges der Name "Damböckhaus" gegeben. Am 6. Juli 1873 konnte das Haus feierlich eingeweiht werden, und ein Chronist schreibt darüber: "Ein Sonderzug, der kurz vor Mitternacht des 5. Juli in Wien abfuhr, brachte an die 500 gebirgsfreundliche Menschen, Mann und Frau, Jung und Alt, Anhänger der Hetz und idealistische Bergschwärmer, gute und schlechte Steiger, stilgerechte Kniehosen- und Joppenträger und philiströse Zivilisten, nach Payerbach-Reichenau. Anschließend ging es im Gänsemarsch durch die Eng auf den Schneeberg." Anlässlich der Eröffnung hielten der Alpinist und Schneebergkenner Eduard Fischer von Röslerstamm, nach ihm ist die Fischerhütte am Kaiserstein benannt, sowie der 1. Prä-

sident des ÖTK, der diese Funktion zwischen 1870 und 1880 innehatte, die Festansprachen.

Das Haus war zu Beginn nicht bewirtschaftet, sondern wurde von Viehhirten beaufsichtigt oder vom Baumgartnerhaus mitbetreut. Sturm- und Wetterschäden konnten nur notdürftig behoben werden und im Jahre 1897 befand sich das Damböckhaus, das weder Fenster noch eine Tür aufzuweisen hatte, in einem erbärmlichen Zustand und bot so keine ausreichende Unterkunft gegen die Unbilden des Wetters. Man ging also daran, die alpine Behausung zu adaptieren, bewirtschaftete es an Sonn- und Feiertagen, bis es schließlich im Jahre 1898 von Leopoldine Hietz voll betreut wurde.

Da die Klubleitung auch Anstiegswege auf den Schneeberg verbessern und durch Markierungen leichter auffindbar machen ließ, überdies bei der Südbahn-Gesellschaft für Mitglieder des Klubs die Auflage einer Fahrkarte nach Payerbach zu einem um ein Drittel ermäßigten Fahrpreis erwirken konnte, blühte der Besuch des Schneeberges, und eine immer größere Menge begeisterter Skiläufer die an den Hängen und Flächen des Ochsenbodens dem weißen Sport nachgingen, trugen bald zur Popularität des Damböckhauses bei.

Da ein Haus in einer solch exponierten Lage verständlicherweise durch die Unbilden der Wetter stärker beansprucht wird als im Tal, so mussten im Laufe der Jahre immer wieder Ausbesserungsarbeiten oder kleinere Erneuerungen durchgeführt werden. Im Jahre 1919 wurden diese Arbeiten unter dem Pächter Johann Zenz durchgeführt und innen heimelig ausgestaltet. Die feierliche Eröffnung des umgestalteten Hauses fand am 16. September 1923 statt und bot durch einen Zubau nunmehr Unterkunftsmöglichkeit für 27 Personen. Zwischenzeitlich wurde das Damböckhaus immer wieder vom Baumgartnerhaus oder der Fischerhütte mitbetreut, bis schließlich Sepp Apfler die Pacht bis zum Jahre 1956 innehatte. Ihm folgte am 1. Oktober 1956 Rudolf Holzer, der als Pächter bis 1980 tätig war. Ab dem Jahre 1981 gab es wieder einen Pächterwechsel und bis 1997 kümmerte sich Herr Franz Schanner um das Wohl seiner Gäste und um das Haus. Seit dem Jahre 1998 ist als Pächter Herr Wilhelm Zottl auf dem Damböckhaus.

Im Jahre 1982 gab es wieder einen Anlass zum Feiern, denn die Renovierung und Erweiterung des Damböckhauses waren planmäßig abgeschlossen und die Eröffnungsfeier für Sonntag, den 26. September 1982 festgesetzt werden. Bedingt durch die begrenzte Übernachtungsmöglichkeit, wurde der Vorabend im kleinen Kreis gemütlich verbracht, wozu eine Jugendmusikgruppe, welche vom Hüttenreferenten Fritz Ströb verpflichtet wurde, viel dazu beitrug. Bei dieser Gelegenheit konnte der Bauausschuss der Zentrale dem ersten Präsidenten des ÖTK, Dr. Hans Bössmüller, eine kleine Überraschung bereiten, denn ein neu geschaffenes "Stüberl" wurde nach ihm Dr.-Hans-Bössmüller-Stüberl", benannt. Am darauf folgenden Tag, dem 26. September, wurde bei strahlendem Wetter vor

Wilhelm Zottl und Frau, Pächter Damböckhaus

dem Haus eine Bergmesse von dem damaligen Geistlichen Rat Ludwig Preisegger, Ortspfarrer von Edlach, unter zahlreicher Beteiligung zelebriert und anschließend die Räumlichkeiten geweiht. In der Festrede mit einem Rückblick über die Entstehung des Schutzhauses bedankte sich der erste Präsident nicht nur bei den Behörden für ihr Verständnis den alpinen Vereinen gegenüber, sondern auch bei den zahlreichen ehrenamtlichen Mitarbeitern, ohne die ein solches Vorhaben nicht zu realisieren gewesen wäre. Nicht zuletzt galt der Dank auch dem Pächterehepaar, welches tatkräftig mitgearbeitet hatte. Von den zahlreich erschienenen Gästen konnten der Vizebürgermeister von Puchberg und Vertreter des TVN, Herr Knabl, der geschäftsführende Gemeinderat aus Reichenau, Herr Wilhelm Fronek, der Leiter der MA 31 in Hirschwang, Herr Ing. Walter, von der Bergrettung Herr Ing. Graf, der Bahnhofsvorstand von Puchberg, Herr Rumpler, vom ÖTK der Ehrenpräsident Dr. Hermann Hiltscher mit Gattin, der Präsident Dr. Hans Bössmüller, Günter Gruber und Josef Vogrin, zahlreiche Mitglieder des Zentral- und Bauausschusses, zahlreiche Ausflugsleiter mit Frau Prok. Edith Täuber an der Spitze sowie Vertreter unserer Sektionen begrüßt werden. Bei solchen Dankesreden gibt es immer besonders verdiente Personen namentlich zu erwähnen: den dritten Präsidenten Josef Vogrin mit zahlreichen Neunkirchner Mitarbeitern, den Hüttenreferenten Fritz Ströb, den bei keiner Arbeit fehlenden Franz Strau und nicht zuletzt den Obmann des Bauausschusses Herrn Baumeister August Enzelberger, der jedoch krankheitshalber dieser Feier fernbleiben musste. Was wäre eine solche Feier ohne Musik. Der Musikverein Sieding mit einer stattlichen Kapelle verschönte nicht nur die Bergmesse, sondern erfreute mit seinen Klängen die Anwesenden bis in die späten Nachmittag, wo es hieß Abschied zu nehmen, und teils zu Fuß oder mit der Zahnradbahn ging es mit der Erinnerung, an einem schönen Bergsonntag teilgenommen zu haben, heimwärts.

Aus dem Leben von Ludwig Damböck
Österr. Touristenzeitung Nr. 5, Seite 54

Ludwig Damböck war Besitzer einer Spitzenfabrik in Wien Gumpendorf, die sein Vater als der Erste auf dem Kontinent im Jahre 1820 errichten ließ. In den sechziger Jahren über-

Ludwig Damböck

nahm er die selbständige Leitung des Unternehmens, in welchem zu dieser Zeit ca. 500 Arbeiter beschäftigt waren. Für diese fühlte und sorgte er mit wahrer Herzenswärme, so dass es wirklich keine Phrase war, wenn man ihn einen "Vater seiner Arbeiter" nannte. Wie herzlich dieses Verhältnis zwischen Fabrikant und Arbeiter war, davon gab das schöne Fest im Oktober vorigen Jahres Zeugnis, bei welchem die fünfzigjährige Dienstzeit zweier und die vierzigjährige von sechs Arbeitern derselben gefeiert wurde. Damböcks Wohltätigkeitssinn beschränkte sich jedoch keineswegs auf seine Fabriksarbeiter, nach Tausenden zählen die Armen, die er unterstützt hat. Er wartete auch gar nicht, bis seine Hilfe direkt erbeten wurde. Tagtäglich suchte er in den Zeitungen die Notrufe derer, welche sich an die Mildtätigkeit ihrer mit Glücksgütern gesegneten Mitmenschen wandten, unterrichtete sich sodann insgeheim über die Würdigkeit der Betreffenden und spendete in einem solchen Falle meist einen Betrag von 25 fl. Unzählige Tränen hat er bei diesem stillen Wohltun getrocknet und manche Familienkatastrophe verhindert.

Ein Grundzug seines ganzen Wesens war ferner die Liebe zur Kunst, namentlich zur Malerei und zur Musik, wobei er besonders die jungen Talente mit freigiebiger Hand unterstützte. Er zählte zu den Stiftern des Künstlerhauses und des Musikvereinsgebäudes und besaß in seinem Hause eine ganze Galerie auserlesener Gemälde, hauptsächlich des landschaftlichen Genres, die er auch wiederholt in liebenswürdigster Weise dem Klub bei Veranstaltungen von Ausstellungen zur Verfügung stellte. An den Schönheiten der ländlichen Natur erfreute er sich aber nicht nur im Bilde. Neben seinen großen Reisen nach Italien, Deutschland, Frankreich, England und Russland stieg er mit Vorliebe in den österreichischen Bergen und Tälern herum; nirgends verweilte er jedoch lieber als im herrlichen Puchberg am Fuße des Schneeberges, auf dessen Höhen das nach ihm benannte "Damböckhaus" steht, ein "Denkmal", das seinen Namen in der Touristenwelt, deren Zwecke er so gerne förderte, über das Grab hinaus verkündet. Noch am Tage vor seinem Tode war Damböck wohlauf. Erst am 19. Jänner äußerte er zu seinem Fabriksdirektor, Herrn Matitsch, er fühle sich nicht ganz wohl. Als er kurz danach bei seinem Freunde, Herrn Johann Krämer, in der Wallgasse in Mariahilf eintraf, eintrat und diesen kaum begrüßt hatte, brach er zusammen und war nach wenigen Minuten tot. Die herbeigerufenen Ärzte konnten nur mehr den in Folge eines Herzschlages eingetretenen Tod feststellen. Ludwig Damböck, der nur das 48. Lebensjahr erreicht hatte, ist unverheiratet gestorben. Er hinterließ weder Frau noch Kinder; dessen ungeachtet wurden an seiner Bahre aufrichtige, vom Herzen kommende Tränen geweint; seinen Freunden sowie seinen Arbeitern und seinen Armen ist er unvergesslich geblieben. Der Österreichische Touristenklub aber wird seinem dahingeschiedenen Ehrenmitgliede für alle Zeit ein ehrendes, dankbares Angedenken bewahren.

ÖTK SEKTION TERNITZ
Wie es begann

Am 27. Juli 1884 wurde in Stixenstein im Schlossgasthof unter Vorsitz des Herrn Wilhelm Förstl die Sektion "Puchberg-Stixenstein" gegründet, und am 11. Jänner 1885 unter den beiden Vorständen Johann Cl. Riegler und Oberlehrer Johann Kugler wurde die erste Jahreshauptversammlung abgehalten. 1885 umfasste die Sektion 51 Mitglieder. Am 14. Jänner 1886 anlässlich der zweiten Jahreshauptversammlung wurde auch der Wegbau durch den Schneidergraben am Schneeberg beschlossen. Am 17. Februar 1887 wurde in Ternitz die Plenarversammlung abgehalten und als erster Vorstand Joh. Cl. Riegler und als zweiter Vorstand H. Buchecker aus Ternitz gewählt.

Sektion Pottschach - Putzmannsdorf

Am 11. Juli 1885 fand unter Anwesenheit von Dr. Schiestl, Präsident der Zentrale, die konstituierende Versammlung der Sektion "Pottschach - Putzmannsdorf" statt. Dabei waren 26 Mitglieder aus Pottschach, Putzmannsdorf, Vöstenhof, Wimpassing, Grafenbach, Wörth und Köttlach anwesend. Zum ersten Vorstand wurde Hans Zamponi und zum zweiten Vorstand Heinrich Ostermann gewählt. Noch im selben Jahr, am 26. Oktober, wurde eine Generalversammlung einberufen, bei der als erster Vorstand Hans Zamponi und als zweiter Vorstand Franz Masonitz hervorging.

Am 28. Jänner 1886 wurde abermals eine Generalversammlung abgehalten, bei der zum ersten Vorstand H. Zamponi und zum zweiten Vorstand F. Masonitz gewählt wurden.

Am 1. September 1887 wurden dann auf Initiative von Ing. Franz Leonhard die beiden vorgenannten Sektionen unter dem Namen "Östliches Schneeberggebiet" mit dem Sitz in Ternitz zusammengeführt, wobei der erste Vorstand Johann Kugler und der zweite Vorstand Johann Cl. Riegler war. Diese Zusammenführung war auch Anlass zur Errichtung einer 13 m hohen Aussichtswarte - der Gfiederwarte *(Bild rechts oben)* auf dem Hausberg der Ternitzer, dem 607 m hohen Gfieder. Den Baugrund dafür stellten Johann Lang aus Pottschach und Ferdinand Wezel aus St. Johann zur Verfügung.

Die neue Sektion "Östliches Schneeberggebiet" hatte am 6. Jänner 1888 ihre

Generalversammlung, wo Johann Kugler als erster und Johann Cl. Riegler als zweiter Vorstand gewählt wurden.

Nach dem Ableben des Oberlehrers Kugler, er starb im Alter von 48 Jahren, war laut Bericht der Ö. T. Z. am 1. Mai 1892 als erster Vorstand Josef Eisert gewählt worden, während zweiter Vorstand nach wie vor Johann Cl. Riegler blieb.

1896 wurde das erste Touristenkränzchen veranstaltet. 1896 war aber auch das Jahr, wo der zweite Vorstand Johann Cl. Riegler verstarb und der Lehrer Ferdinand Bürkle, der Erstbegeher des Bürklepfades am Schneeberg, seine Stelle einnahm.

Im Jahre 1900 erschienen zur Hauptversammlung nur der erste Vorstand Schredl und der Schriftführer Koritnig. Satzungsgemäß hätte dies nach der zweiten Einberufung und dem Nichterscheinen der notwendigen Anzahl an Mitgliedern zur Auflösung der Sektion geführt. Dass es nicht soweit gekommen ist, ist den beiden vorher Genannten zu danken, die zwar die Geschäfte weiterführten, der Vereinsbetrieb jedoch bis zum Jahre 1903 ruhte.

Im Jahre 1904 traten die beiden verdienten Mitglieder Schredl und Koritnig zurück. An ihre Stelle traten als erster Vorstand Oskar Fiedler und als zweiter Vorstand E. Czepek. Am 1. Mai wurde die Gfiederwarte zur Begehung wieder freigegeben, und zur Eröffnungsfeier hatten sich ca. 1 000 Teilnehmer sowie Dr. Spannagel von der Zentrale in Wien eingefunden.

1905 übernahm die Sektion wieder ihr Markierungsgebiet. Auch eine Skivereinigung wurde in diesem Jahr ins Leben gerufen. Bis zum Jahre 1907 herrschte das übliche Vereinsleben vor.

Am 19. Jänner 1907 wurde bei der Generalversammlung als erster Vorstand Oskar Fiedler und als zweiter Vorstand Ob. Ing. Karl Forner gewählt. Nachdem Fiedler jedoch den ersten Vorstand abgelehnt hatte, so trat an seine Stelle Ob. Ing. Karl Forner, Fiedler wurde zweiter Vorstand. In diesem Jahr konnte man auch das 20-jährige Bestandsjubiläum feiern, wobei Fr. Leonhard, K. Schredl, Fr. Koritnig und H. Preineder besonders geehrt wurden. Die Sektion hatte zu dieser Zeit 66 Mitglieder.

Am 9. Jänner 1909 fand wieder ein Touristenkränzchen statt, dabei wurden Vorträge von Kamillo Kronich und anderen gehalten. Mitgliederstand 79.

Franz Koritnig war Baumeister und über 60 Jahre Mitglied der Sektion Ternitz und auch dessen Ehrenmitglied. Bei der Hauptversammlung am 27. Jänner 1910 wurde Ob. Ing.

*Ehemalige
Vorstandsmitglieder*

Die Vereinsführung setzte sich in diesem Jahr wie folgt zusammen:

1. Vorstand	Adolf KÖGLER
2. Vorstand	Dr. Franz HEMMELMAYR

ferner die Ausschuss- und Bauausschuss-Mitglieder:
Karl BÖHM, Alois BIERBAUMER, Ernst DROBETZ, Franz GRUBER, Michael KARNER, Karl KNARR, Erwin PODSTENSKY, Michael PRIMES, H. SELHOFER sowie Othmar und Peter WATSCHINGER.

Die Eröffnung des Vereinshauses, welches oberhalb der Trasse der Schneebergbahn unweit der Station Baumgartner am Kaltwassersattel steht, wurde am 17. Oktober 1937 gleichzeitig mit dem 50-jährigen Bestehen der Sektion begangen. Adolf Kögler, dessen Namen dieses Haus trägt, wurde im Jahre 1884 geboren und war Kaufmann in Ternitz. Er konnte sich des Hauses nicht sehr lange erfreuen; er starb am 22. Februar 1938 an den Folgen einer Blutvergiftung.

Wie bei manch anderen Vereinen, so sind auch hier alle Berichte während der Kriegswirren in den Jahren 1938 - 1947 verloren gegangen. Bekannt ist nur, dass nach Adolf Kögler Alfons Sterk bis zu seinem Ableben im Jahre 1945 die Sektion geführt hat.

Im Jahre 1948. in dem Ternitz zur Stadt erhoben wurde, fand auch die erste Hauptversammlung nach dem Krieg, die 61. Jahres Hauptversammlung insgesamt statt, wobei Erwin Podstensky zum ersten Vorstand und Franz Gruber zum zweiten Vorstand gewählt wurden. Bei dieser Versammlung wurde darauf hingewiesen, dass das arg in Mitleidenschaft gezogene Adolf-Kögler-Haus mit viel Aufwand wieder in Ordnung gebracht wurde und es konnten bereits wieder 30 Personen nächtigen. Besondere Verdienste um das Haus haben sich in der damaligen Zeit Frau Erna Sterk und Frau Rosa Gruber erworben.

1949 musste die Gfiederwarte wegen Baufälligkeit gesperrt werden. Bei der 62. Hauptversammlung am 5. Jänner 1949 stellte Schriftführer Sepp Koisser den Antrag, die Sektion "Östliches Schneeberggebiet" in "Sektion Ternitz" umzubenennen; der Antrag wurde angenommen.

1951 wurde die Umbenennung behördlich genehmigt. Bei der am 3. Mai 1951 stattgefunden Hauptversammlung zählte die Sektion bereits wieder 220 Mitglieder.

1953 wurde die Gfiederwarte abgerissen, von der Firma Hecher neu aufgebaut und am 8. Juli 1953 wieder eröffnet. Kostenaufwand S 29.500,--. Die Eröffnung nahmen Bürgermeister Dinhobl, Vorstand Podstensky und Ing. Heft von der Zentrale des Ö. T. K. vor. Besondere Verdienste um die Neuerrichtung der Warte hatte sich Baumeister Karl Gansterer erworben. Auch wurde in diesem Jahr der endgültige Abschluss des Kaufes des Hüttenbaugrundes am Schneeberg erledigt.

Erwin Podstensky musste aus gesundheitlichen Gründen sein Amt niederlegen und an seine Stelle trat Michael Karner, zweiter Vorstand wurde Franz Gruber. In der Amtszeit von

Forner zum ersten Obmann bestellt. Bürkle folgte Julius Glanz als zweiter Vorstand. 1912 - 1926 hießen die beiden Vorstände Fritz Ruedl und Michael Preineder.

Am 17. Jänner wurde als erster Vorstand Hans Atzler und als zweiter Vorstand Josef Koisser gewählt. Die Sektion besteht nun schon vierzig Jahre.

Ing. Franz Leonhard, der eigentliche Gründer der Sektion, verstarb hochbetagt im Jahre 1928 in Teplitz-Schönau. Bei der am 16. Jänner 1928 abgehaltenen Hauptversammlung wurde H. Atzler als erster und Franz Breitfellner als zweiter Vorstand gewählt.

1929 scheinen als erster Vorstand Franz Rauniher und als zweiter Vorstand G. Wimmer auf. In diesem Jahr wurden auch drei Markierungen zum Naturdenkmal "Edelkastanie" in Prigglitz angebracht. Bei der am 5. Oktober stattgefunden Jubilarehrung war das Zentralausschussmitglied Hafner aus Wien anwesend.

1931 konnte ein Mitgliederstand von 292 Personen verzeichnet werden. Von 1935 bis zu seinem plötzlichen Tod war Adolf Kögler sen. erster Vorstand, zweiter Vorstand im Jahre 1935 war Dr. Franz Hemmelmayr.

Eine außerordentliche Sitzung fand am Sonntag, dem 25. Oktober 1936 in Anwesenheit von 56 Mitgliedern und des 3. Präsidenten Dr. Haberl und Arch. Berkan von der Zentrale sowie der Vorstände des Ö. T. K. Neunkirchen und Gr. Triestingtal statt. Dabei ging es um die Liquidierung des Hüttenbaues. Obwohl man von der Zentrale keine Bewilligung zum Bau der Hütte erhielt, wurde nach vielen Wechselreden der Mitglieder und der Gruppenleitung eine Einigung erzielt, die Hütte auf jeden Fall weiterzubauen; dies geschah dann auch, und bei der Hauptversammlung vom 17. Dezember 1936 wurde der Hüttenbau von der Hauptleitung genehmigt.

Am 4. Dezember 1937 fand die 50. Jahreshauptversammlung statt. Man konnte einen Zuwachs von 22 Mitgliedern verzeichnen, so dass die Gruppe derzeit über einen Mitgliederstand von 250 Mitgliedern verfügte.

Vor dem Köglerhaus v.l.n.r.: Toni Hackl, Karl Prohaska, Leopold Fallenbüchl, Janette Prohaska, Frieda Püribauer, Hermine Hackl, Hans Höller

Gemütliches Beisammensein v.l.n.r.: Herr Mühlhofer, Herr Ringhofer, Hans Höller, Franz (Täddy) Gruber

Michael Karner wurde in der Hauptversammlung vom 13. September 1953 der Beschluss über die Quellfassung beim Adolf-Kögler-Haus und deren Finanzierung beschlossen.

Weitere Begebenheiten:

1956: Erwin Podstensky wird Ehrenvorstand und Erna Sterk Ehrenmitglied. Durch Sepp Hadinger wird eine Jugendgruppe ins Leben gerufen. Mitgliederstand 287

1957: Am 9. November fand die 70. Hauptversammlung statt. Abhaltung der 70-Jahr-Feier am 5. Oktober. Für 36 Mitglieder werden Mietkästchen von Herrn Hans Schwarzer aufgestellt. Alle notwendigen Darlehen für die Wasserversorgung sind zurückbezahlt. Der Bau abgeschlossen.

1958: Anlässlich der am 9. November durchgeführten Hauptversammlung wurde eine Feier zum 20-jährigen Bestehen des Adolf-Kögler-Hauses durchgeführt.

1959: Am 7. November wurde Baumeister Koritnig für seine 70-jährige Mitgliedschaft geehrt.

1960: Abhaltung der 73. Hauptversammlung, wo Micheal Karner als erster und Frau Prof. Grandosek als zweiter Vorstand gewählt wurden. Verbesserungen am Adolf-Kögler-Haus wurden durchgeführt und am Bahnhof Ternitz und Pottschach je eine große Orientierungstafel aufgestellt. Mitgliederzahl 347.

1961: In diesem Jahr wurde das Adolf-Kögler-Haus im Mai und Juni mit Eternit verkleidet.

1962: Am 10. November wurde die 75. Hauptversammlung abgehalten und am 18. März erstmalig nach 1939 eigene Vereinsskimeisterschaften durchgeführt, wobei 40 Läufer am Start waren. Ferner wurden 28 km neu markiert. In diesem Jahr wurde auch das 75-jährige Bestandsjubiläum begangen, wobei sechs Mitglieder, die 1937 beim Hüttenbauausschuss waren, mit einem Bild vom Adolf-Kögler-Haus geehrt wurden.

1963: Die 76. Hauptversammlung wurde am 9. November in Anwesenheit von Herrn K. Königmann von der Zentrale abgehalten. Am 17. März wurden wieder die Vereins-Skimeisterschaften durchgeführt. Am Hüttengrund des Adolf-Kögler-Hauses wurden 200 Bäume aufgeforstet. Ferner wurden verschiedene Verbesserungen am Haus durchgeführt; durch Herrn Girfink erhielten die Gastzimmertische neue Platten und von der Firma Primus wurde ein Trockenlöscher zur Verfügung gestellt. Ferner wurden 22 km im Gösing-Gebiet neu markiert.

1964: Das in diesem Jahr durchgeführte Touristenkränzchen war ein Erfolg. Am Hause wurden wieder verschiedene Verbesserungen durchgeführt, nachdem am 2. April eingebrochen worden war und man dabei ein Radio entwendet hatte. Auch Jubilare gab es zu ehren. Für 60-jährige Mitgliedschaft wurden Herr Dir. i. R. Karl Walch und Herr Julius Glanz, für 50-jährige Mitgliedschaft Herr Alfred Selhofer geehrt.

1965: Am 6. November wohnten der 78. Hauptversammlung der erste Präsident Dr. Hiltscher und die Hüttenwarte Ströb und Rath bei. Das Touristenkränzchen wie auch die Vereinsskimeisterschaften waren wieder ein voller Erfolg. Im Adolf-Kögler-Haus wurden neue Toilettenanlagen installiert und die Propangasanlage den neuesten Vorschriften entsprechend geprüft und überholt. Auch wurden wieder 16 km neu markiert und sechs neue Hinweistafeln angebracht.

1966 legte nach dreizehnjähriger Tätigkeit Vorstand Karner, ebenfalls aus gesundheitlichen Gründen, sein Amt nieder und wurde im selben Jahre zum Ehrenmitgliede ernannt. Erster Vorstand wurde Hans Keim junior und zweiter Vorstand Hans Prettner. Es sei hier erwähnt, dass die vorher Genannten die jüngsten Vorstände einer Sektion im Ö. T. K. waren.

1967: In diesem Jahre konnte die Sektion den 80-jährigen Bestand festlich begehen. Ebenso lange bestand die Gfiederwarte, das Adolf-Kögler-Haus nahe dem Kaltwassersattel am Schneeberg war zu dieser Zeit dreißig Jahre alt geworden. Die Hauptversammlung 1967 ernannte Karl Knarr für sein jahrzehntelanges verdienstvolles Wirken zum Ehrenmitglied.

1968: Neuerlich umfangreiche Ausbesserungsarbeiten am Adolf-Kögler-Haus; Anbringung eines Hangverbaues zur Sicherung gegen herabfallendes Gestein; die Gfiederwarte wurde mit einem witterungsbeständigen Anstrich versehen; Abhaltung eines Touristenkränzchens; Vereinsskimeisterschaften und diverse Bergfahrten wurden durchgeführt. Mitgliederstand 341.

1969: Markierungswarte führten zahlreiche Ausbesserungsarbeiten in unserem Markierungsgebiet durch; Routinearbeiten auf der Hütte; Abhaltung eines Touristenkränzchens.

1970: Die Vereinsskimeisterschaften konnten das erste Mal im Stadtgebiet - Thann - durchgeführt werden; Touristenkränzchen in der Stadthalle; die ÖTK-Mannschafts-Skimeisterschaften wurden von unserer Mannschaft gewonnen; Die Sektion hat 342 Mitglieder.

1971: Hans Keim jun. legt aus geschäftlichen Gründen die Vorstandsstelle zurück, ihm folgt Karl Knarr jun. Bei der diesjährigen Hauptversammlung konnten Bürgermeister Dr. Karl Holoubek sowie die Stadträte Kurt Rabè, Robert Binder und Dieter Prettner begrüßt werden. Durchführung der Vereinsskimeisterschaften und des Touristenkränzchens; Durchführung der Mannschafts-Skimeisterschaften und des ÖTK-Sektionen-Tages; derzeit zählt die Sektion 366 Mitglieder.

1972: Durchführung der Vereinsskimeisterschaften und des Touristenkränzchens; Abhaltung des Sektionen-Tages für Wien, NÖ und Burgenland sowie der ÖTK-Mannschaftsmeisterschaften am Schneeberg.

1973: Anlässlich der Feier "25 Jahre Stadt und 50 Jahre Gemeinde Ternitz" war unser Beitrag die Durchführung eines Wandertages mit Start und Ziel im Kindlwald; die Länge der Strecke war 10 km.

1974 organisierte die Sektion die ÖTK-Skimeisterschaften in Spital am Semmering; neben der Hütte wurde ein nicht rostender Regenwasserbehälter aufgestellt und die Balkonfenster erneuert, das benötigte Holz erhielten wir von der VEW AG Ternitz gratis; Betonplattenverlegung; neues Alublechdach für die Hütte; Stiegenaufgänge erneuert; Markierungsarbeiten am Gahns, Gösing und Forst durchgeführt und über 20 Tafeln angebracht, unser besonderer Dank gilt hier unserem Markierungswart Gerhard Dellamea.

1976: Betonplattenverlegung beim Stiegenaufgang des Adolf-Kögler-Hauses; Installation einer neuen Geschirrwaschanlage; Mitfinanzierung beim Ausbau des Hengstweges zur Forststraße bis zum Adolf-Kögler-Haus.

1977: 90-Jahr-Feier in der Stadthalle; Mitgliederstand: 352; sonst obligate Veranstaltungen.

1978: Übliches Vereinsleben; neue Gasbeleuchtung in der Hütte installiert; Anfertigen der Balkonfenster durch Felix Girfink und Alois Hainfellner.

1979: 80. Touristenkränzchen in der Stadthalle; Kitzsteinhorn-Fahrt anlässlich 100 Jahre Salzburger Haus.

1980: Instandhaltungsarbeiten auf der Hütte; am 31. Mai ÖTK-Sektionen-Tag am Baum-gartnerhaus, war zugleich Abschiedsveranstaltung für dieses ehrwürdige Haus; das Adolf-Kögler-Haus wurde mit Prefta-Alu-Schindeln neu eingedeckt.

1981: Zubau zu unserem Holzschuppen; davor Errichtung einer neuen Steinmauer.

1982: Großübung des "Roten Kreuzes" im März mit Standort Adolf-Kögler-Haus; Betonplattenverlegung zwischen Holzhütte und Hütteneingang; Kamin im Schlafraum neu verfliest.

1983: Diverse Instandhaltungsarbeiten an der Hütte und der Gfiederwarte; ÖTK-Sektionen-Tag im Juni am Damböck Haus.

1984: Installation eines neuen Schaukastens am Bahnhof Ternitz durch das Mitglied Kurt Kirchberger; Wegemarkierungen von Gerhard Dellamea ausgebessert; sonst übliche Vereinstätigkeit.

1985: Jugendzeltlager von unserer Sektion beim Bodenbauer durchgeführt; von H. Eibl, unserem Mitglied, hervorragend organisiert.

1986: Skimeisterschaften am Preiner Gscheid durchgeführt; Teilnahme von Kindern und Schülern an zahlreichen Wintersportveranstaltungen.

1987: Jubiläumsjahr - 100 Jahre Ö. T. K. Sektion Ternitz.

1. Vorstand:	Karl KNARR
2. Vorstand:	Hans KEIM
Kassier:	Hans KARNER, Fritz PÜRIBAUER
Schriftführer:	Hubert KRONSTEINER, Gerhard HAINFELLNER
Hüttenwart:	Hans EIBL, Franz ZUMPF sen.
Markierungen:	Gerhard DELLAMEA, Fritz EIBL
Beisitzer:	Hans SEELHOFER, Hans WAGNER, Kurt KIRCHBERGER, Edwin HECHER, Anton HAINFELLNER, Hans KINDL, H. ZUMPF
Ehrenvorstand:	Michael KARNER
Veranstaltungen:	Touristenkränzchen
	Vereinsskimeisterschaften
	Jugendzeltlager
	event. Gfiederwarteneubau
	100-Jahr-Feier

Ehrenmitglieder der Sektion:

Michael KARNER	Felix GIRFINK
Rosa GRUBER	Walter JEITLER
Friederike KARNER	Johann GERSTHOFER
Josef KOISSER	SR Peter ALFONS
Oskar ZOTTL	Alfred STAURNHIRZ
Karl KNARR sen.	Karl GÖTZINGER

Peter WATSCHINGER Dipl.-Ing. Erich WOCHESLÄNDER

Karl WINDBACHER   Paul HANDL

1992: Bei der am 28. 03. im Gasthof Schwarz durchgeführten 105. Jahreshauptversammlung legte Karl Knarr nach 21-jähriger Vorstandstätigkeit seine Funktion zurück. Für 50-jährige Vereinszugehörigkeit wurden Fr. Frida Püribauer, Fr. Anna Hartmann und Hr. Hans Brauneis zu Ehrenmitgliedern und Karl Knarr zum Ehrenobmann ernannt. Am 4. und 5. April wurden die Kögler-Haus-Skirennen durchgeführt. Das 93. Touristenkränzchen brachte nicht den erhofften Erfolg. Abhaltung des Frühjahrs-Sektionen-Tages in Neunkirchen; Umweltschutz, Wasserentsorgung im hochalpinen Raum und Müllbeseitigung waren die Hauptthemen. Teilnahme am Jugendleitertag vom 23. - 26. Oktober in San Lugano in Südtirol. Markierungsarbeiten im Rohrbachgraben und auf der Bodenwiese vom Markierungswart Gerhard Dellamea durchgeführt. Mutwillige Beschädigungen an der Gfiederwarte ausgebessert. Mitgliederstand 270.

1993: Dieses Jahr stand im Zeichen der Jugend. Im Rahmen des Ferienspieles von der Stadtgemeinde Ternitz kamen 29 Kinder, und es war die erfolgreichste Jugendveranstaltung, die nun jedes Jahr durchgeführt wurde. Am 24. 10. ging es im Rahmen einer Familienwanderung von Breitenstein zur Speckbacher Hütte und nach einer kurzen Rast nach Payerbach. Die Jugend nahm wieder am Bundesjugendzeltlager teil. Der diesjährige Sektionsausflug führte in das Freilichtmuseum Stübing mit anschließendem Stubenbergsee-Rundgang und als Abschluss zu einem Heurigen. Das traditionelle Kögler-Haus-Skirennen wurde von Kassier Edwin Hecher gewonnen. Reparaturarbeiten sowie Erneuerung der Stützmauer vor der Hütte und des Blitzableiters auf der Gfiederwarte. Mitgliederstand 260.

1994: Erneuerung der Holzbänke und des Tisches am Grillplatz und der Anstriche, Verlegung eines neuen Belages in der Speisekammer sowie Beteiligung an der Schwarzauferreinigung. Familienwanderung zum Kummerbauerstadl. Jugendwanderung zu unserer Hütte, Wanderungen auf die Rax und Schneealpe rundeten dann das Programm ab. Sektionsausflug in die Waldviertler Blockheide. Raftingtour auf der Salza. Seniorenwanderung zum Köglerhaus. Beim Kögler-Haus-Skirennen war dieses Mal der Jugendwart Markus Böhm erfolgreich. Besuch von Veranstaltungen der Zentrale, welche ganz im Zeichen 125 Jahre ÖTK standen. Besonderer Dank gilt dem Markierungswart Gerhard Dellamea für die Markierung vom Bahnhof Pottschach zur Pottschacher Hütte. Mitgliederstand 260.

1995: Installation einer Solaranlage am Adolf-Kögler-Haus durch die Firma Elektro Haberler und unserem Mitglied Franz Schabauer. Wanderung entlang der Südbahn vom Semmering nach Klamm. Während der Sektionsausflug in die Steiermark auf die Grebenzenhütte durchgeführt werden konnte, fiel die Großglocknertour dem schlechten Wetter zum Opfer. Einem unangenehmen und nicht der Wahrheit entsprechenden Bericht über

Das Adolf-Kögler-Haus heute

unsere Hütte im Schwarzataler Bezirksboten konnte eine vernünftige Entgegnung gegenübergestellt werden und die BH Neunkirchen konnte sich vom Zustand der Hütte selbst überzeugen; sie fand nichts Beanstandenswertes. Mitgliederzahl 250.

1996: Wieder gab es einiges auf der Hütte zu bewerkstelligen, Kellerfenster-Erneuerung, Brunnenstubentüre isoliert, Eingangstür neu ausgerichtet, Senkgrubendeckel erneuert, neuer Fußboden verlegt sowie Reinigung aller Decken durch die Fa. Schneider. Anschaffung einer Kettensäge. Leitungsrohre anschaffen. Ausbesserungsarbeiten an der Gfiederwarte sowie die Kanzel und Stiegen neu gestrichen. Ferienspiel, Bundesjugendzeltlager und Wanderungen rundeten das Freizeitprogramm ab. In der Zentrale wurde eine Kletterwand zu Trainingszwecken eröffnet, die sich großer Beliebtheit erfreut. Mitgliederstand 250.

1997: Neue Laden zur Unterbringung der Schlafsäcke wurden vom Hüttenwart angefertigt und kleinere Reparaturarbeiten in und um die Hütte von Karl Spanblöchl durchgeführt. Im Herbst konnte die Holzschlägerung und -bringung durchgeführt werden und der "Oberholzfäller" Franz Eibl war bei dieser Arbeit nicht zu schlagen. In diesem Jahr konnten wir auch das 60-jährige Bestehen des Adolf-Kögler-Hauses mit einer kleinen Feier begehen. Ähnlich wie in den Vorjahren verhalten sich die verschiedenen Veranstaltungen, nur das Kögler-Haus-Skirennen konnte nicht durchgeführt werden. Der Sektionsausflug ging dieses Jahr auf die Rosenburg zur Greifvogelschau. Mitgliederstand 230.

1998: Am 27. Februar und noch einmal am 5. März wurde in unsere Hütte eingebrochen und dabei die Fensterläden und Fensterscheiben in der Speisekammer eingeschlagen. Für den Holztransport zur Hütte waren zwei Einsätze notwendig; je einer im Frühjahr und Herbst. Am 29. März war das Reiseziel der Sektion das Hochkar und alle geplanten Abfahrten konnten auf Grund der guten Schneelage durchgeführt werden. Betreuung einer Labestation anlässlich 50 Jahre Stadtgemeinde Ternitz, und mit Traktor und Anhänger, auf dem ein Modell des Adolf-Kögler-Hauses montiert war, zogen wir bei herrlichem Wetter durch die Stadt. Der Sektionsausflug führte nach Leoben und von da aus gingen wir über den Mugel und besuchten das Hans-Prosl-Schutzhaus der ÖTK Sektion Leoben-Niklasdorf. Am 26. Oktober ging es zum neu erbauten Schöpfl-Schutzhaus. Für die Beteiligung am Bundesjugendzeltlager stellte die Fa. Spreizhofer kostenlos ein Fahrzeug zur Verfügung. Neumarkierung der Wege Gaadenweith-Klamm durch Ehrenvorstand Karl Knarr, Alois Hainfellner und Markierungswart Gerhard Dellamea. Mitgliederstand 220.

1999: Von größeren Reparaturarbeiten blieben wir dieses Jahr verschont. Der Schwerpunkt in diesem Jahr lag auf der Renovierung der Gfiederwarte. Einige der tragenden Teile mussten ausgetauscht werden. Die Fa. Gscheider aus Rohrbachgraben tauschte 10 Streben und Kanter aus und erneuerte das Plateau komplett. Die Fahrt "zum Schnee" führte uns dieses Jahr auf den Kreischberg und unser Sektionsausflug führte uns ebenfalls in die Steiermark nach Seckau und zur höchsten Holz-Aussichtswarte Österreichs, dem "Turm im Gebirge", mit 32 Metern. Teilnahme am Frühjahrs-Sektionen-Tag in Maria Alm, am Herbst-Sektionen-Tag auf der Hohen Wand wie auch bei der Hauptversammlung der Zentrale. Die Jugendlichen nahmen an den ÖTK-Skimeisterschaften in St. Lamprecht in der Steiermark teil. Mit Farbe und Pinsel war heuer Ehrenvorstand Karl Knarr unterwegs und hat nicht weniger als 30 km Wanderwege markiert. Mitgliederzahl 220.

In diesem Jahr wurde des verunglückten 1. Präsidenten des ÖTK, Dr. Helmut Erd , gedacht. Der angebrannte Fußbodenbelag in der Küche musste erneuert werden; herzlichen Dank dem Spender. Im Damenschlafraum wurden die alten Matratzen ausgetauscht. Beitritt der Sektion der Abwasser-Genossenschaft-Hochschneeberg, die den Abwasserkanal von Puchberg bis zum Hotel Hochschneeberg errichtet. Auch wurden wieder etliche Kilometer markiert und teilweise mit neuen Wegweisern versehen. Die Fahrt "zum Schnee" führte uns am 26. März abermals zum steirischen Kreischberg. Im Mai fand der Frühjahrssektionentag des ÖTK in Ternitz statt. Neben den behandelten Themen wurde dieser mit einer Wanderung zur Gfiederwarte abgeschlossen. Der Herbstausflug führte zur burgenländischen Landesausstellung auf der Burg Schleining und anschließend ging es zum höchsten Berg des Burgenlandes, dem Geschriebenstein. Den Abschluss bildete ein Heurigenbesuch. Am 26. Oktober wanderten wir entlang des Wasserleitungsweges von Hirschwang nach Kaiserbrunn, um dort die Kaiserbrunnquelle und das Museum zu besichtigen. Mitgliederstand 220.

Vereinsvorstand im Jahre 2002:

1. Vorstand:	Ing. Alfred Metzner
2. Vorstand:	Hans Eibl
Kassier:	Edwin Hecher
Schriftführer:	Werner Halbauer
Hüttenwart:	Karl Spanblöchl

DIE FISCHERHÜTTE

Der Wiener Neustädter Touristenklub bildete sich im letzten Viertel des Jahres 1876 aus einer Wiener Neustädter Tischgesellschaft. Im Herbst des Jahres 1878 wurde diese Gesellschaft eine Sektion des Österreichischen Touristenklubs in Wien. Professor Wilhelm Eichert war in den Jahren von 1884 - 1902 erster Obmann und Richard Grafenberg zweiter Obmann und Kassier. Weitere Vorstände waren Prof. Jüttner und Schulrat Hermann Binder, der die Sektion bis 1944 leitete.

Am 19. Juli 1885 wurde in Anwesenheit von mehr als 500 Personen die Unterstandshütte oder Windschutzhütte, wie sie auch genannt wurde, am Kaiserstein, gebaut nach den Plänen der 1884 eröffneten Wiener-Neustädter-Hütte auf der Zugspitze, feierlich eröffnet und zu Ehren des hochverdienten Alpinisten und Naturforschers Fischer von Röslerstamm Fischerhütte getauft. Im gleichen Jahr erfolgte auch die pachtweise Überlassung des Grundstückes durch Graf Hoyos-Sprinzenstein. Die Fischerhütte hatte damals den Zweck, dem Touristen bei Wetterunbilden, die am Schneeberg sehr rasch eintreten können, einen Unterstand zu bieten. Ein Umstand, der bei fast allen neu errichteten Schutzhütten zu bemerken war ist, sie wurden von Anfang an zu klein geplant und errichtet. Um nun dem stetigen Anstieg des Tourismus Rechnung zu tragen, musste auch die Fischerhütte vergrößert werden und sie erhielt im Jahre 1886 einen Zubau. Die Hütte blieb unbeaufsichtigt und man sollte meinen, Menschen die sich in der Natur bewegen, wissen auch, wie sie sich dort zu verhalten haben; dass es nicht so war, bewiesen Einbrüche oder Beschädigungen an der Hütte, auch an der Fischerhütte, weshalb diese im Jahre 1899 wegen der hohen Instandhaltungskosten und anderer Hüttensorgen der Sektion Wr. Neustadt an die Zentrale in Wien abgetreten wurde. Um solchen Beschädigungen vorzubeugen, wurden nun ständige Kontrollen vorgenommen, zu denen sich die Alpine Gesellschaft "Die Alpenfreunde" bereit erklärten.

Die Inbetriebnahme der Zahnradbahn im Jahre 1897 und der damit verbundene sprunghafte Anstieg an Besuchern der Fischerhütte machte einen Neubau erforderlich. Am 6. Oktober 1901 wurde dieser auf gemauertem Grund stehende doppelwandige und mit einem Kostenaufwand von 11.400,-- Kronen errichtete Holzbau feierlich eingeweiht. Die Alpenfreunde leisteten zu dem Neubau einen finanziellen Zuschuss von 1.400,-- Kronen. Zu dieser

Oben: *Eröffnung der Fischerhütte*
Unten: *Transport zur Fischerhütte*

Zeit verfügte die Hütte über drei Räume. "So trotze denn auf diesen Höhen den Stürmen und sei fest und stark, wie Fischer es war", waren die Worte, welche der Präsident des ÖTC in seiner Eröffnungsrede gebrauchte. Unter den Festgästen war auch ein Enkel Fischers anwesend, der sich schon beim ersten Bau finanziell beteiligt hatte. Im Jahre 1912 musste die Hütte abermals vergrößert werden. Mit dieser Erweiterung wurde die Möglichkeit geschaffen, dass die Hütte an Winterwochenenden bewirtschaftet werden konnte. Diesem Zubau widmete auch das "Illustrierte Wiener Extrablatt" vom 2. 10. 1913 den folgenden Artikel: "Der Touristenklub hat die allen Besuchern des Hochschneeberges bekannte Fischerhütte am Kaiserstein durch einen Zubau bedeutend vergrößert. Dieselbe soll von nun an auch während der Wintermonate an Sonn- und Feiertagen bewirtschaftet werden. An Wochentagen steht den Touristen ein heizbarer, allgemein zugänglicher Raum zur Verfügung. Zur feierlichen Eröffnung der neuen Fischerhütte, die am 12. d. M. stattfindet, wird ein Sonderzug der Aspangbahn mit Anschluss bis Hochschneeberg am 12. d. M., um 6 Uhr 50 Minuten früh verkehren."

Im Jahre 1916 war die Fischerhütte erstmals in den Sommermonaten ständig bewirtschaftet, wobei die Bewirtschaftung kurze Zeit der legendäre Hüttenwirt des Karl-Ludwig-Hauses auf der Rax, Karl Souschek, innehatte. Ab 1925 führte Otto Karlitzky vom Weichtalhaus an den Wochenenden den Hüttenbetrieb. Da im Winter der Hüttenbesuch sehr schwach war, so konnte die Hütte in dieser Jahreszeit nicht offen gehalten werden. Abhilfe schaffte der nach dem Ersten Weltkrieg einsetzende Skilauf; die Hütte war nun über die Winterwochenenden wieder bewirtschaftet. Aufgrund ihrer exponierten Lage war die Hütte in einem desolaten Zustand. Auch war ein stetiges Ansteigen der Besucher zu verzeichnen, so dass die Hütte wieder einmal vergrößert werden musste; dies geschah im Jahre 1927. Sie hatte nun ein Stockwerk, einen Vorbau, war mit einer Zisterne ausgestattet und wurde von nun an ganzjährig bewirtschaftet. An schönen Wintertagen sollen oft bis zu 1 000 Besucher hier oben gewesen sein, ein Umstand, der eine weitere Vergrößerung notwendig machte; diese geschah durch einen großzügig ausgelegten Verandazubau kurz vor Ausbruch des Zweiten Weltkrieges. Am 27./28. Juni 1945 wurde die Fischerhütte vermutlich infolge von Kriegshandlungen ein Raub der Flammen. Es konnte nicht genau ergründet werden wodurch, obwohl der letzte Pächter mit einigen seiner Leute im Pächterzimmer schlief und durch den Rauch, der aus dem unteren Teil der Hütte kam, geweckt wurde. Alle mussten sich damals durch einen Sprung aus dem ersten Stock ins Freie retten, die Hütte aber war nicht mehr zu retten. Acht Jahre später, nachdem alle Schwierigkeiten und Widerstände beseitigt worden waren, ging man daran die Fischerhütte neu zu bauen. Um den Aufbau leichter bewerkstelligen zu können, wurde dazu eine Materialseilbahn errichtet, die aber im Laufe der Zeit dem Verfall preisgegeben war. Auch die finanziellen Probleme konnten durch die Bereitschaft der Sektionen, auf einen Teil ihrer Subventionen zu verzichten, sowie durch Spenden und Darlehen der Mitglieder in der bewährten Opferbereitschaft des ÖTK mit ste-

Die tief verschneite Fischerhütte

tem Gemeinschaftsgeist beseitigt werden und die neu errichtete Hütte wurde am 18. Oktober 1953 ihrer Bestimmung übergeben. Die erste Etappe der neuen Fischerhütte wurde durch Domprälat Dr. Alois Wildenauer eingeweiht. Anlässlich dieser Eröffnung waren eine Vielzahl von Ehrengästen anwesend und der dritte Präsident Otto W. Steiner hielt die Festansprache. Im Zuge des Wiederaufbaues wurde für die Dauer des Baues auch eine Seilbahn von der Hackermulde zur Hütte errichtet, die bis zum Jahre 1964 in Betrieb war. Dieser Neueröffnung widmete die Dezembernummer 1953 der Österreichischen Touristenzeitung einen von dem seinerzeitigen Schriftleiter Dr. Robert Hösch verfassten Artikel. Er schreibt:

"Dieser Tag verdient als ein Glückstag ganz besonderer Art in die Geschichte unseres Klubs eingefügt zu werden. Ganz abgesehen davon, dass das Wetter an diesem Tag unvergesslich schön war, dass die Herbstsonne vom blauen Himmel schien, während draußen im Vorland und auch in den Voralpen lang gestreckte Wolkenballen lagen und man sich auf dem Hochschneeberg hoch über sie hinausgehoben fühlte. Aber auch die Feier selbst ist wohl allen Teilnehmern als ein Familienfest unseres Klubs und seiner Freunde vorgekommen, und es wird kaum einer der Beteiligten diese schöne Feierstunde auf stolzer Bergeshöhe aus seiner Erinnerung verlieren." Es war also einer jener Tage auf dem Schneeberg, der jedem Bergsteiger den Besuch zu einem Erlebnis macht und ihn immer wieder heraufzieht. Nach den

Erweiterungen in den Jahren 1961 - 1963 hatte die Fischerhütte im Grundriss bereits ihr heutiges Aussehen. Da die Hülle bedingt durch ihre Lage extremen Witterungseinflüssen ausgesetzt war, so waren immer wieder Ausbesserungs- oder Renovierungsarbeiten erforderlich. So musste z. B. im Jahre 1973 die Hütte neu eingedeckt werden; ein Prefadach, welches man mit dem Hubschrauber zur Höhe transportiert hatte, wurde auf die alte Dachkonstruktion aufgesetzt. Ab dem Jahre 1974 obliegt die Verwaltung des Hauses der

ÖTK Sektion Neunkirchen

Die unpolitische Sektion des ÖTK Neunkirchen, als selbständige Körperschaft und Verbandsmitglied des Österreichischen Touristenklubs, mit derzeitigem Sitz in Neunkirchen, Brabetzgasse 8, wurde im Jahre 1906 gegründet, musste aber infolge der Wirren der beiden Weltkriege wieder aufgelöst werden. Die Neugründung der Sektion erfolgte am 26. März 1949 durch so genannte "minderbelastete Personen" (auf Grund der Amnestie zum Verbotsgesetz) im Gasthof "Goldener Löwe" (Jagersberger) in Neunkirchen, wo auch der frühere Sektionsvorstand, Herr Friedrich Werner, wieder gewählt wurde. Weitere Vereinsvorstände waren bzw. sind:

Friedrich WERNER	1949 - 1962
Josef VOGRIN	1963 - 1986
Arthur MEMBIER	1987 - 2001
Gerhard MEMBIER	2002 -

1975, als die vorhandene Straße von der Hackermulde zur Hütte verlängert wurde, konnte man auch an weitere Reparaturen denken, die dann auch bewerkstelligt wurden; auch die Versorgung der Hütte gestaltete sich nun wesentlich einfacher.

Das Jahr 1981 war wieder ein Meilenstein in der Geschichte der Fischerhütte, erhielt sie doch elektrischen Strom und einen Anschluss an das öffentliche Telefonnetz. Dazu waren jedoch mehrere Adaptierungsarbeiten notwendig. Es wurde der vorhandene Holzvorbau abgerissen und durch einen Massivbau ersetzt, in dem eine Trafostation und ein Winterraum mit einem Eingangsvorraum untergebracht wurden. Um gegen die Wetterunbilden besser geschützt zu sein, erhielt auch die Hütte selbst eine Prefaverkleidung. Mit all den vorher genannten Neu-erungen und Erleichterungen war auch das Pächterproblem leichter zu lösen.

Im Jahre 1983 wurde die Erweiterungen der Zisternen um 5 000 l und 1986 um 4 000 l durchgeführt. Ein Winterraum mit Heizgerät wurde 1984 eröffnet und neue Fenster im Bereich der Küche und der Waschräume eingebaut. 1988 wurden die restlichen Fenster erneuert. Durch die exponierte Lage blieb die Hütte von den Wetterunbilden wie Blitzschläge und die damit verbundenen Stromausfälle nicht verschont. Solche Ereignisse sind in den Jahren 1990, 1991, 1999 und 2000 eingetreten. Mehrere kleinere Adaptierungen mussten laufend durchgeführt werden. So wurde z. B. im Jahre 1988 eine kleine Materialseilbahn gebaut, um bei schneeverwehter Straße die Versorgung der Hütte, wenn auch nur im kleinen Rahmen, durchführen zu können. 1991/92 wurden Zubauten für Pächterzimmer, Kohlenraum und Tankraum sowie ein Küchenumbau durchgeführt. Zu erwähnen wäre noch, dass die Fischerhütte zwei Funkrelais für den Bergrettungsdienst und das Rote Kreuz aufzuweisen hat. Heute präsentiert sich die Fischerhütte am Hochschneeberg als eine modern geführte und gerne besuchte Touristenunterkunft und ist am bequemsten von der Bergstation der Zahnradbahn in einer ca. einstündigen Wanderung zu erreichen. Damit bleibt nur noch ein Wunsch offen, möge uns auch in Zukunft die Fischerhütte als beliebte Einkehrmöglichkeit erhalten bleiben.

Aus den Aufzeichnungen geht hervor, dass die Hütte von

1926 - 1939	Elise DENGG und Franz GRUBER
1939 - 1943	Franzi GRUBER
1943 - 1945	Wilhelm ROTTENSTEINER
1953 - 1954	Wilhelm ROTTENSTEINER
1955 - 1956	Sepp APFLER
1957 - 1967	Karl LICHTENEGGER
1967 - 1968	über den Winter durch Franz GRAF und Leopold BERGER provisorisch bewirtschaftet
1968 - 1970	Peter ZOTT
1971 - 1973	Ulrike HIRSCH
1973 - 1974	über den Winter provisorisch bewirtschaftet von den Mitgliedern der Zentrale TERNITZ, KIENTHALER und NEUNKIRCHEN.
1974 - 1976	Peter FRITSCH
1976 - 1980	Siegfried THEUERMANN
1981 - 1982	Familie HARTBERGER bewirtschaftet wurde.

Seit 1. 7.1982 ist Renate BERNDORFER, geb. JAROSCH, als Pächterin tätig.

Die ÖTK Sektion Neunkirchen hat derzeit einen Mitgliederstand von mehr als 520 Personen mit ausgewogener Altersstruktur. Das Vereinslokal, wo wöchentlich jeden Freitag

um 20.00 Uhr die Klubabende abgehalten werden, befindet sich in Neunkirchen, Schwangasse 3. Der Vereinsvorstand im Jahre 2002:

Vorstand	Gerhard MEMBIER
VST.-Stellvertreter	Anton BERNHARD
Kassier	Johann KOHL
Schriftführer	Alfred JANISCH

DIE ALPINE GESELLSCHAFT D' SPARBACHER

Als das 19. Jh. zu Ende ging, war zu bemerken, dass sich immer häufiger Mitglieder von größeren Vereinen zu kleineren Gruppen zusammenschlossen, mit der Absicht, im engeren Freundeskreis das Wandern und Bergsteigen noch intensiver betreiben zu können. Dies war auch der Anlass zweier Gruppen, Mitglieder der Sektion Wienerwald und des Österreichischen Touristenklubs, die nach einer Wanderung um Sparbach bei Mödling im Wienerwald den Entschluss zur Gründung einer eigenen Tischgesellschaft unter dem Namen "D' Sparbacher" gefasst hatten. Am 26. Jänner 1886 wurde nach längerer Überlegung der damaligen Proponenten die erste Sitzung einberufen, bei der zehn Personen anwesend waren und folgende provisorische Leitung gewählt wurde:

Obmann	August UHLEMANN
Kassier	Albert SCHROTT
Schriftführer	Johann RAUSCHER
Arrangeur	Anton RAUSCHER
Bibliothekar	Leopold BRAUN

Mit großem Eifer und Einsatz ging diese Leitung an die ihr gestellten Aufgaben und am 14. Mai 1886 konnten die Statuten bei der k. k. NÖ. Statthalterei eingereicht werden. Bereits bei der am 7. Juli 1886 abgehaltenen konstituierenden Versammlung konnte die Geneh-migung der eingereichten Statuten bekannt gegeben werden. Gleichzeitig wurde auch die Vereinsleitung, welche sich nun aus den folgenden Funktionären zusammensetzte, gewählt:

Obmann	August UHLEMANN
Obmann-Stv.	Hans SCHMIDT
Kassier	Albert SCHROTT
Schriftführer	Johann RAUSCHER
Bibliothekar	Heinrich SILBERBAUER

Bei den Sparbachern standen Geselligkeit, Wandern, Bergsteigen sowie soziales Engagement an erster Stelle. Bereits im Jahre 1888 wurden in Sparbach und in den Jahren 1889 und 1890 in Gutenstein und Klostertal Weihnachtsbeteilungen armer Kinder vorgenommen, und so gering die Mitgliederzahl der Gesellschaft auch war, so groß war deren Unternehmungslust. Im Jahre 1890 fand der erste "Sparbacher Kirtag" beim Weigl in Meidling statt, das eines der beliebtesten Tanzfeste wurde und dem Verein viele Anhänger zuführte. Am 26. Dezember 1893 war es den Sparbachern bei ihrer dritten Weihnachtsbeteiligung in Gutenstein möglich, unter Anteilnahme der Gemeinde Gutenstein, des Ortsschulrates und der Schulleitungen 56 Kinder mit Kleidungsstücken und Schuhen auszustatten. Auch für das leibliche Wohl war bestens gesorgt; es gab 150 Paar Würstl, große Mengen Brot und Obst. Kinder aus Rohr im Gebirge und Neusiedl bei Pernitz wurden mit Geldspenden bedacht.

Nun galt es an die Errichtung einer vereinseigenen Hütte zu denken. Am 6. Oktober 1895 wurde in einer Plenarsitzung dieser Entschluss gefasst und man wählte dazu einen Platz etwas südlich oberhalb des Fadensattels aus, da dieser auch im Markierungsgebiet der Sparbacher lag. Bezugnehmend auf die Eröffnung der Hütte ein kurzer Ausschnitt aus der Österreichischen Touristenzeitung: "Die Alpine Gesellschaft D' Sparbacher, welche sich bekanntlich um die Förderung der Touristik in den niederösterreichischen Bergen ganz besonders verdienstlich gemacht hat, vollendete in diesem Sommer das zehnte Jahr ihres Bestandes. Um dieses freudige Ereignis in entsprechender Weise zu feiern, hatte die sehr rührige Gesellschaft den Beschluss gefasst, sich ein eigenes Heim zu schaffen, und es gelang ihr auch, dieses Unternehmen mit Unterstützung ihrer zahlreichen Freunde und Anhänger zur Ausführung zu bringen.

Am Sonntag, dem 30. August 1896 wurde die Sparbacher Hütte der allgemeinen Be-

Die alte Sparbacher Hütte

nützung in feierlicher Weise übergeben, und trotz der ungünstigen Witterungsverhältnisse war die Beteiligung seitens der Wiener Touristenkreise eine sehr lebhafte; ein Sonderzug der Südbahn brachte ca. 200 Touristinnen und Touristen nach Gutenstein, wo sich auch viele Landleute aus der nächsten Umgebung eingefunden hatten. Der Obmann der Gesellschaft, Hr. Grob, begrüßte in warmen Worten sämtliche Anwesende, insbesondere die erschienenen Vertreter des Ö.T.K. der Sektion Wienerwald, des NÖ. Gebirgsvereines und fast sämtlicher alpinen Gesellschaften Wiens und gab dankend der Freude Ausdruck, dass die Beteiligung trotz des herrschenden Regenwetters sich zu einer so lebhaften Sympathiekundgebung für die Sparbacher und ihr Werk gestaltet hat. Weitere Redner waren der Arrangeur der Gesellschaft, Herr Rauscher, sowie Delegierte mehrerer anderer alpiner Korporationen. Die kirchliche Einweihung der Hütte erfolgte durch den Gutensteiner Pfarrvikar P. Michael. Der Österreichische Touristenklub war durch seinen 1. Vizepräsidenten, Herrn Dr. Klotzberg, vertreten, welcher in kurzen markanten Worten die Sparbacher zu dem gelungenen Werke herzlichst beglückwünschte."

Die Tätigkeit der Sparbacher war lange Jahre von gutem Erfolg begleitet, bis der Erste Weltkrieg mit all seinen Auswirkungen begann; jüngere Mitglieder mussten an die Front. Doch auch diese Schicksalsschläge konnten der Schaffenskraft der Sparbacher nichts anhaben. Dem durch Bahnbauten vernachlässigten nördlichen Teil des Schneeberges und damit auch der touristischen Erschließung begegnete man, indem man gut markierte Wege vom Klostertal bis Puchberg und zur Hütte führte.

Ein dunkler Tag in der Geschichte der Sparbacher war der 14. Oktober 1925. Die Hütte, welche zum 40-jährigen Vereinsjubiläum einen Zubau erhalten sollte, war durch die Unvorsichtigkeit eines Jagdpächters abgebrannt, und obwohl darüber Gerichtsverhandlungen stattgefunden haben, kam die wahre Ursache nie ans Tageslicht. Das Entsetzen darüber hielt nicht lange an und unter dem Obmann Leopold Eichelseher, dem Hüttenwart Julius Klosak, den Mitgliedern Gustav Mauler, Matthias Käs, Theodor Kahler schritt die Gesellschaft unverdrossen zu einem Neubau, und am 5. November 1927 konnte die Eröffnungsfeier im kleineren Kreis begangen werden, wobei auch dankend die Mühe und Sorge der Bewirt-schafter Resi und Leopold Gscheider sowie all jener Mitglieder und Freunde, die durch finanzielle Hilfe oder geleistete Arbeit zum Gelingen ein Wesentliches beigetragen haben, erwähnt werden muss. Am 24. Juni 1928 wurde unter Mitwirkung des Wiener Neustädter Männergesangsvereines sowie im Beisein von Ehrengästen durch Dompropst Dr. Alois Wildenauer die Weihe des Hauses vorgenommen. Es war gut ausgestattet und bot Unterkunft für ca. 75 Personen. Die Baukosten betrugen S 34.825,-- zuzüglich S 6.000,-- für die Einrichtung.

Die Sparbacher Hütte war Ausgangspunkt, um über den Fadensteig zum Kaiserstein und weiter zum Klosterwappen zu gelangen oder über den Fadenweg zum Fleischer Gedenkstein auf den Kuhschneeberg zu wandern. Aus den Berichten über die Nächtigungs-zahlen ist zu ersehen, dass von 1927 bis 1935 im Durchschnitt 5 000 Personen pro Jahr diese beliebte Hütte aufsuchten, wobei sich die Nächtigungszahlen auf 800 Betten- und 850 Matratzennächtigungen aufgeteilt haben. Freude und Sorge waren im Alltag des Ver-einslebens dicht beieinander, und man musste darauf bedacht sein, den Verpflichtungen so gut wie nur möglich nachzukommen. So zog man ein Tanzfest in Erwägung, wie es schon vor Jahren der Fall war. Der erste Versuch war ein voller Erfolg und so findet seit 1930 all-jährlich dieses Kränzchen, nicht nur als Unterhaltung für unsere Mitglieder, sonder viel-mehr als Werbung für unsere Sparbacher Hütte am Schneeberg, statt.

1935: 50 Jahre D' Sparbacher. Aus diesem Anlass wurde am 29. Juni zu einem Almfest auf der vereinseigenen Hütte am Schneeberg geladen und am 26. Oktober folgte ein Festabend im Wiener Rathauskeller unter Beteiligung vieler Festgäste und des Künstlerquintetts Eduard PFLEGER. Den Abschluss der Feierlichkeiten bildete am 25. Jänner 1936 ein "Sparbacher Jubiläums-Kränzchen" in den Sälen des Hotels "Zum Auge Gottes". Die Wirt-schaftskrise der dreißiger Jahre und die Vernichtung des selbständigen Österreichs brachte auch das Ende der Vereinsselbständigkeit mit sich und am 11. Mai 1939 wurde in der Jahreshauptversammlung die Eingliederung der Gesellschaft in den Deutschen Alpenverein beschlossen und gleichzeitig Verhandlungen mit dem Zweig Austria aufgenommen, eine Gruppe Alpine Gesellschaft Sparbacher des Deutschen Alpenvereines zu bilden. Im nun folgenden Zweiten Weltkrieg wurde die Hütte von Granaten getroffen und später vollständig ausgeplündert. Noch im Jahre 1945 fanden sich einige treue Mitglieder, die den Wiederaufbau der Alpinen Gesellschaft "D' Sparbacher" in die Wege geleitet haben. Die Herren Hans Bauer, Hans Muth und Rudolf Kalab wurde zu Proponenten ernannt, um die notwendigen Schritte zur Wiedererlangung der Selbständigkeit des Vereines einzuleiten. Mit dem Bescheid des Bundesministeriums für Inneres, Zl. 78.664-4/46 vom 2. Mai 1946, wurde die seinerzeitige Eingliederung in den Deutschen Alpenverein außer Kraft gesetzt, und mit der Bestellung einer provisorischen Vereinsleitung gemäß Bescheid des Innen-ministeriums, Zl 96.246-4/46 vom 21. Juni 1946, setzte eine intensive Vereinstätigkeit zur Behebung entstandener Schäden ein. Decken wurden angekauft, die Lager instand gesetzt um das Notwendigste für Übernachtungen bereit zu haben. Wegen der knappen finanzi-ellen Mitteln wurden zunächst an der Hütte selbst nur die allergrößten Schäden behoben.

In den Jahren 1949/1950 erfolgte ein Anbau, bestehend aus einer Schiablage, einem Holzlager und einem später auszubauenden Notlager für rund 20 Personen. In den Jahren 1950/51 wurde das Hauptdach und das Dach des Anbaues mit Eternit eingedeckt. In wei-terer Folge werden unter Obmann Rudolf Kalab nicht nur alle Kriegsschäden beseitigt, son-dern auch der weitere Ausbau des Hauses einschließlich der Neuerrichtung der Terrassen-mauer im Jahre 1958 bewerkstelligt.

Weitere Begebenheiten:

- 1961: 75 Jahre D' Sparbacher.
- 1961: Da die nahe der Hütte liegende Herminen-Quelle ein zu geringes Gefälle aufweist, um damit die selbständige Spülung der WC-Anlagen durchzuführen, gab es Verhandlungen bezüglich Abwasser- und Abfallbeseitigung mit den Wasserwerken der Stadt Wien.
- 1963: Anschluss an das öffentliche Telefonnetz. Eigenleistung - Graben von 23 Masten-löchern sowie eine Kostenübernahme von S 11.400,--
- 1964: Bei der 78. Hauptversammlung am 20. Mai wurde Franz Dworzak zum geschäfts-führenden Obmann gewählt. In diesem Jahr verstarb auch das Ehrenmitglied Kommerzialrat Dipl.-Ing. Kurt Hofer
- 1965 verstarb der Hüttenpächter Leopold Gscheider und der Ehrenobmann Rudolf Kalab. Neue Matratzen für den Damen- und Herrenschlafraum werden angeschafft.
- 1967: Neueindeckung des Hauses mit einem Kostenaufwand von S 39.200,--.
- 1967: Ehrenmitglied Domprälat Dr. Alois Wildenauer verstarb am 21. Juli.
- 1968: Man schließt sich mit anderen kleineren Vereinen in der Bergsteigervereinigung zusammen.
- 1969 - 1972: Kleinere Investitionen, Küchenherd, Heißwasserboiler und auch ein Not-stromaggregat wurden angeschafft.
- 1972: Der von Losenheim auf den Fadensattel führende Doppelsessellift wurde in Betrieb genommen und sorgte für den touristischen Aufschwung in diesem Bereich des Schnee-berges. Den Freunden des weißen Sports wurde die schneereiche Lahning, ein Schigebiet mit alpinem Charakter, erschlossen.
- 1975: Die Förderungsmittel für alpine Vereine wurden seitens des Bundes erheblich erhöht.
- 1977: Am 30. Juni verstarb der Obmann der Österreichischen Bergsteigervereinigung, Oberstaatsanwalt Dr. Ferdinand Nagl.
- 1979: In diesem Jahr wurde die unzureichende Propangasanlage durch den Bau eines Flüssiggas-Flaschenlagers ersetzt .
- 1980: Nochmalige Aufstockung der Förderungsmittel für alpine Vereine.
- 1981: Obmannstellvertreter Hermann Zirovicic verstarb.
- 1982: Am 1. Jänner trat das "Abkommen über das Gegenrecht auf Schutzhütten alpiner Vereine in Österreich" in Kraft. Beginn der Erneuerung der Fassadenverkleidung und Einbau von Energie sparenden Fenstern.
- 1984/85: Diverse Fußböden wurden verlegt und die WC-Wandverkleidung erneuert, Anschaffung eines Kühlschrankes, Tische und Bänke für die Terrasse. bestellt.
- 1986: 100 Jahre D' Sparbacher. Fortsetzung der Fassadenverkleidung, der Fenster- und Dachrinnenerneuerung. Gesamtkosten der in den Jahren 1982 bis 1986 durchgeführten Sanierungsarbeiten S 380.000,--

Die Sparbacher Hütte heute

- 1986 - 1998: Durchführung der am Anfang genannten Vereinstätigkeiten.
- 1998: Anschluss an das öffentliche Stromnetz wie auch an die Abwasserentsorgung.

Die Sparbacher Hütte ist ein wichtiger Stützpunkt an der Nordseite des Schneeberges sowie Ausgangspunkt für Begehungen des Nördlichen und Südlichen Grafensteiges, für Aufstiege auf den Hochschneeberg - Klosterwappen, Kaiserstein oder Dürre Leiten, um hier nur einige zu nennen, sowie Meldestelle alpiner Unfälle. Sie ist im Osten von Losenheim, im Nordosten vom Gasthof Mamau Wiese, im Norden vom Voistal und Klostertal und von Westen und Nordwesten vom Höllental aus zu erreichen. Durch Sanierungs- und Instandhaltungsarbeiten wurde die Hütte auf den heutigen Standard gebracht, und aus der einst schlichten Unterkunftsstätte wurde ein Schutzhaus mit gemütlichen Galsträumen sowie großem Gastgarten geschaffen. Der Wanderer, Bergsteiger, Skifahrer oder Tourengeher findet hier nicht nur eine gemütliche Unterkunft vor, sondern kann sich auch kulinarisch verwöhnen lassen.

Weitere Pächter:	von 1924 bis 1940	Leopold GSCHEIDER
	von 1940 bis 1952	Ehepaar WIESAUER
	von 1952 bis 1955	Ehepaar GRABNER

von 1955 bis 1962	Leopold HEIDRICH
von 1962 bis 1969	Ehepaar RATTNER
von 1969 bis 1975	Sigrid RODER
vom 29. 4 bis 3. 10. 1975	Heinrich PRATSCHKER
1975	Gerhard SCHÖN
derzeit	Zsuzsanna und Michael GERSZI

Die Vereinsführung im 100. Bestandsjahr:

Obmann	Franz DWORZAK
Obmann-Stellvertreter	Stefan VIT und Franz BRAND
Schriftführer	Elisabeth DWORZAK und Sabine STOCKINGER
1. Kassier	Anni BRAND
2. Kassier	Therese STOCKINGER
Hüttenwarte	Stefan VIT und Engelbert PFAFFEL
Ausflugsleiter	Engelbert PFAFFEL
Archivar	Dipl.-Ing. Franz DWORZAK
Rechnungsprüfer	Eric BERRYMAN und Gerti PFAFFEL
Beiräte	Friedrich MATL und Hans GRÜNBERGER

Die Wende

Leider sieht das weitere Vereinsgeschehen nicht ganz so gut aus, wie man es nach der abgelaufenen Vereinsgeschichte erwartet hätte. Die Gesellschaft "D' Sparbacher" sieht sich nach ihrem nun mehr als hundert Jahre dauernden Bestehen gezwungen, einen Zusammenschluss mit einem anderen alpinen Verein vorzunehmen. Dies war der Grund, warum bereits zu Jahresbeginn mit dem Österreichischen Touristenverein - ÖTV -, bezogen auf die Zusammenführung, Gespräche geführt wurden. In der außerordentlichen Generalversammlung vom 25. April 2001 wurde der einstimmige Beschluss zur freiwilligen Auflösung der alpinen Gesellschaft D' Sparbacher am 30. November 2001 und die Übernahme der Mitglieder wie auch sämtlicher Sach- und Geldwerte, so auch der Sparbacher Hütte am Schneeberg, durch den ÖTV gefasst. Der ÖTV seinerseits hat dem Antrag der Gesellschaft auf Zusammenlegung zugestimmt, so dass die bisherige alpine Gesellschaft D' Sparbacher ab 1. Jänner 2002 als "Gruppe Sparbacher" des ÖTV geführt und auf diese Weise weiter bestehen wird.

DIE KIENTHALER

Maßgeblich beteiligt an der Gründung alpiner wie auch nichtalpiner Vereine waren die so genannten "Tischgesellschaften", wo Gleichgesinnte regelmäßig Ausflüge und Wanderungen vereinbarten oder das gesellige Beisammensein förderten. Eine dieser alpinen Gruppen im NÖGV war die 1892 gegründete Gesellschaft "D' Kienthaler", welche an jedem Donnerstag im Hotel Landgraf in Wien Fünfhaus ihre Wochenversammlung abgehalten hat. Die Namensgebung "D' Kienthaler" erfolgte nach dem schattigen Kienthal in der Hinterbrühl, dem bevorzugten Ausflugsziel dieser Gruppe. Der erste Vorstand der Gesellschaft setzte sich wie folgt zusammen:

Obmann   Wilhelm DANGLI
Stellvertreter Eduard BAUERNFEIND
Zahlmeister   Anton LAUSCH
Schriftführer   Josef CHYDRACK.

Bei der ersten Jahreshauptversammlung im Jahre 1893 wurden Ferdinand Mayr zum ersten Obmann, Wilhelm Dangl zum Zahlmeister und Alfred Beste zum Vergnügungs-Arrangeur gewählt. Aus dem Bericht der Jahreshauptversammlung geht hervor, dass die Gesellschaft zu dieser Zeit 33 aktive und 8 unterstützende Mitglieder aufzuweisen hatte, die viele Bergtouren zwischen Peilstein und Ortler gemacht hatten.

Dem Wunsche der Allgemeinheit entsprechend, beschäftigte man sich mit dem Bau einer vereinseigenen Hütte. Sie sollte auf dem Weg vom Weichtal auf den Schneeberg, am Turmstein erbaut werden, wobei man den Großteil der Kosten aus den Einnahmen von Veranstaltungen und Gründungsfesten heranziehen wollte. Eigentlicher Urheber des

Ferdinand Mayr

Gedankens zu diesem Hüttenbau war Eugen Brietze, Mitglied des NÖGV und zugleich Kienthaler. Das Vorhaben wurde an die zuständigen Stellen der Gemeinde Wien herangetragen. Mit Stadtratsbeschluss vom 11. Juli 1894 erhielt der Verein die Bewilligung, einvernehmlich mit dem städtischen Forstverwalter einen geeigneten Platz zwischen Turmstein und Klosterwappen für den Bau einer Wetterschutzhütte festzulegen. Im Jahre darauf wurden die Vorbereitungsarbeiten für den Hüttenbau fortgesetzt. Nun galt es die finanziellen Mittel sicherzustellen. Man veranstaltete zu diesem Zweck Kienthaler Kränzchen. Mit dem zweiten Kränzchen, bei dem 700 Besucher gezählt werden konnten und dem Heinrich Weber die Polka Mazur "Almröserl" gewidmet hatte, sowie dem dritten Kränzchen im Jahre 1896, einer Spende der befreundeten alpinen Gesellschaft Alpenrose, welche den halben Reinertrag von ihrem eigenen Kränzchen den Kienthaler Hüttenbau gestiftet hatte, ferner 500 Gulden Spende des NÖGV, stand dem Hüttenbau nichts mehr im Wege, und bereits im Juli 1896 begann Zimmermeister Weinzettl aus Payerbach, unterstützt von der städtischen Forstverwaltung, die unentgeltlich das gesamte Bauholz zur Verfügung gestellt hat, mit den Arbeiten. Bereits am 13. September desselben Jahres konnte vom Obmann Ferdinand Mayr im Beisein von rund 400 Gästen aus Hirschwang, Reichenau, Wr. Neustadt und Wien die feierliche Eröffnung

der am Turmstein in 1380 m Höhe und an den südlichen Abhängen des Schneeberges gelegenen, ca. 5,3 x 8,8 m großen Kienthaler Hütte begangen werden. Ausgestattet war die Hütte mit einer offenen Stube, einem größeren, als Sitz- und Schlafraum dienenden Zimmer mit sieben Matratzen sowie einem Damenschlafraum mit zwei Schlafstellen. Zur Hütte führen vom Höllental aus zwei Wege; durch die wildromantische Weichtalklamm oder über den bequemeren, ca. 1m breiten, vom Weichtal über den Krenkenkogel bis zur Jakobsquelle führenden und im Jahre 1906 erbauten und nach dem verdienten Obmann der Kienthaler benannten Ferdinand-Mayr-Weg. Daran war jedoch eine Bedingung des Magistrates geknüpft; man musste die verfallene Holzknechthütte am Krenkenkogel wieder in Stand setzen. Diese so genannte Weichtalhütte wurde im selben Jahr unter der Leitung des Forstmeisters Schönpflug von Holzknechten auf Kosten

Holzknechthütte am Krenkenkogel

der Kienthaler neu aufgebaut. Sie diente in weiterer Folge lediglich als Unterstandshütte und ist in den letzten Kriegstagen 1945 abgebrannt und nie wieder errichtet worden; sie fehlt im heutigen Landschaftsbild.

Ferner ist die Kienthaler Hütte noch von Losenheim über den Kuhschneeberg, von der Zahnradbahn Station Baumgartner über den Südlichen Grafensteig, wie auch im Abstieg vom Klosterwappen zu erreichen. Die Hütte war und ist auch heute noch Mittelpunkt des Vereinsgeschehens. Sie war in der Wanderzeit an Wochenenden bewirtschaftet; die restliche Jahreszeit lag der Schlüssel im Tal bereit. Mit dem zunehmenden Tourismus stiegen auch die Unfallzahlen auf Rax und Schneeberg. Ein besonders tragischer Unfall ereignete sich bei einer Winterbegehung des Reistalersteiges auf der hinteren Rax am 8. März 1896, wobei Josef Pfannl, Max Schottig und Fritz Waniek in einer selbst losgetretenen Lawine den Tod fanden. Dieser Unfall gab Anlass zur Gründung eines organisierten Rettungswesens. Bereits 1897 führten der Lehrer Hans Staiger aus Reichenau und Ferdinand Bürkle in Schneebergdörfl Rettungsmannschaften an, wo als Neumitglieder die alpinen Gesellschaften Kienthaler und Ennstaler aufgenommen wurden. Wenn auch in weiterer Folge der Namen Kienthaler im Rettungsdienst nicht mehr aufscheint, so wird nach wie vor die Nächstenhilfe am Berg tatkräftigst unterstützt, und heute sind einige aktive Mitglieder des Bergrettungsdienstes.

Das Vorhandensein der Schutzhütte nahm die Hoyos'sche Forstverwaltung zum Anlass, um mehrere Wege nicht nur auf dem Schneeberg, sondern auch auf der Rax zu sperren. Andere wieder wurden mit den Hinweistafeln "Bis auf Widerruf gestatteter Weg" versehen. Diese Wegeverbote verband nun auch die beiden Vereine ÖTC und NÖGV, welche vorher über die Notwendigkeit weiterer Schutzhütten am Schneeberg nicht das beste Verhältnis hatten. Sehr rasch und noch im selben Jahre gelang es, die Hoyos'sche Forstverwaltung zu der Zurücknahme dieser Verordnung zu bewegen.

Im Jahre 1898 traten sieben alpine Gesellschaften, darunter auch die Kienthaler, aus dem NÖGV aus und wurden selbständig. Daraufhin mussten die seinerzeit vom NÖGV als Bauzuschuss erhaltenen 500 Gulden zurückbezahlt werden. Ferner behielt sich der NÖGV das moralische Recht vor, da die Kienthaler Hütte auf seine Anregung und mit seiner Mitglieder Beihilfe erbaut wurde, als eine "Schöpfung des NÖGV" zu betrachten.

Unter dem Obmann Ferdinand Mayr, der seit 1893 fast 40 Jahre hindurch wirkte, von den Kienthalern liebevoll "Vater Mayr" genannt, wurde ein Hüttenzubau angeregt.

Im Jahre 1903 wurde mit dem ÖTK ein Übereinkommen getroffen, das den Kienthalern ein Wegenetz am südlichen Schneeberg als Arbeitsgebiet zugestand. Dieses umfasste alle Wege, die innerhalb des Gebietes Vois, Höchbauernalm, Schauerstein, Kaiserstein, Klosterwappen, 43er Grenzstein, Baumgartnerhaus, Südlicher Grafensteig, Prettschacherweg, Schwarza und zurück zur Vois lagen.

Im Jahre 1906 gab es eine Lücke in den vereinsgeschichtlichen Unterlagen; nur das Bestehen des Vereines unter Obmann Ferdinand Mayr stand fest.

1920, mit dem Erlangen der Gast- und Schankgewerbekonzession seitens der BH Neunkirchen, zog erstmals ein Pächter, Hermann Reisenauer, für eine durchgehende Sommerbewirtschaftung in die Hütte ein. 1923 erschien versuchsweise die "Alpine Rund-schau" als Nachrichtenblatt der alpinen Gesellschaft D' Kienthaler.

Durch die steigenden Besucherzahlen reiften im Jahre 1924 Pläne zur Erweiterung der Hütte, zum Bau einer Wasserleitung von der Annaquelle zur Hütte, eines kleinen Holzschuppens und eines Zauns um den Hüttenplatz. Diese Vorhaben mussten jedoch wieder verworfen werden, da die Hütte in exponierter Lage im Schutzgebiet der Ersten Wiener Hochquellenwasserleitung lag und 1925 der Vertrag mit dem Magistrat der Gemeinde Wien widerrufen wurde. Von 1929 bis 1940 betreute das Ehepaar Posch aus Kaiserbrunn vom 15. Mai bis Ende September die Hütte. Der gebürtige Naßwalder Albrecht Posch, der seit 1920 bei der Gemeinde Wien beschäftigt war, und seine Frau versorgten in der Freizeit die Hütte mit allem Notwendigen. Dabei musste er oft zweimal am Tag über den Ferdinand-Mayr-Weg 50 Flaschen Bier am Rücken zur Hütte hochbringen. Erst im Jahre 1935 gelang es nach vielen Interventionen, die Genehmigung zu einer Hüttenerweiterung zu erhalten. In den Jahren 1936 und 1937 wurde die Hütte auf ihre jetzige Größe, zwei Galerie, Küche, Winterraum, vier

Zimmer, ein Matratzenlager und ein Vorratskeller, ausgebaut und auch die von der Gewerbebehörde verlangten neuen Toilettenanlagen errichtet.

Dann kam das Jahr 1938, die Vereinigung Österreichs mit Deutschland, welche einschneidende Veränderungen im gesamten Vereinswesen mit sich brachte. Die alpinen Gesellschaften verloren ihre Eigenständigkeit und mussten sich dem Deutschen Alpenverein anschließen oder sich auflösen; die Kienthaler schlossen sich der Sektion Austria im DAV als Klubgesellschaft an, und als das Übereinkommen in Kraft trat, wurde Anton Duchan als Gruppenführer bestätigt. In diesem Jahr ermöglichten großzügige Spenden der Mitglieder eine Ausweitung der alpinen Tätigkeit und eine Vermehrung des Gesellschaftseigentums. Die Alpenrosenhütte auf der Sauwand wurde samt einer bestehenden Gastgewerbekonzession von der befreundeten ehemaligen alpinen Gesellschaft "Alpenrose" angekauft; Hauptinitiator und ab diesem Zeitpunkt auch Hüttenwart war Baumeister Dipl.-Ing. Ferdinand Fuchsik.

Da die Zeiten immer schlechter wurden, war die Kienthaler Hütte von 1940 bis 1942 ohne Pächter. Ferner hatte man auch mit Schwierigkeiten den Ferdinand-Mayr-Weg betreffend, da dieser durch Holzbringungsarbeiten teilweise unpassierbar war. Auch mehrten sich die Hütteneinbrüche und Beschädigungen des Inventars, so dass man überlegte, das Inventar im Tal zu deponieren. 1943, nach dem Ableben des 80-jährigen Gruppenführers Anton Duchan, trat Baumeister Dipl.-Ing. Ferdinand Fuchsik an dessen Stelle. Bis zum Jahre 1946 war Elisabeth Krickl die neue Pächterin, wobei sie mit einem Hausburschen und ihrem Esel Dolli und dem Hund Rex auch das Jahr 1945, ohne größeren Schaden zu erleiden, überstand. Da der Ferdinand-Mayr-Weg im Bereich der Jakobsquelle für Tragtiere zur Hüttenversorgung ungangbar war, wurde mit Einverständnis der städtischen Forstverwaltung der Jagdsteig am Krenkenkogel, auch als "Weiße" bekannt, ausgebaut und die Annaquelle neu gefasst. Am 29. Juli 1945 verstarb der ehemals langjährige Obmann der Gesellschaft Ferdinand Mayr. Von seinem Ableben erfuhren die Mitglieder erst viel später, da es zu dieser Zeit keine Vereinstätigkeit oder Zusammentreffen der Mitglieder gab. Sechzehn Mitglieder erschienen zu einer außerordentlichen Hauptversammlung am 14. November 1946 und beschlossen unter Vorsitz des Obmannes Dipl.-Ing. Ferdinand Fuchsik die Namensänderung des Vereines. Die Gesellschaft nannte sich nun "Alpine Gesellschaft Kienthaler", Sektion des Österreichischen Touristenklubs. Bei der am 16. Jänner 1947 abgehaltenen konstituierenden Hauptversammlung im Hause des ÖTK wurde Ing. Leopold Mann zum neuen Obmann gewählt und hatte diese Stelle bis zu jenem Zeitpunkt inne, wo er zum Liquidator des aufgelösten Vereines DAV, Sektion Austria, Gruppe alpine Gesellschaft D' Kienthaler bestellt wurde und die Rückführung des Eigentums in den neuen Verein durchzuführen hatte.

Die Betreuung der Hütte wurde in den Nachkriegsjahren, da einige Mitglieder vom Krieg nicht zurückgekehrt waren und andere der Gesellschaft fern blieben, nicht besser. Sie trafen sich zwar zu den Monatsversammlungen, doch auf den Schneeberg gingen nur wenige. Unter

ihnen waren der zweite Obmann und Hüttenwart Otto Kijacsek, Kassier Alfred Tinter und Karl Dohnal. Besonders Otto Kijacsek, der sich schon beim Hüttenzubau in den Jahren 1936/37 verdient gemacht hatte und damals zum jüngsten Ehrenmitglied der Gesellschaft ernannt wurde, war die treibende Kraft.

Nach und nach konnte man auf der Hütte auch wieder Besucher begrüßen. An schönen Sonntagen zählte man oft bis zu 100 Personen, wobei an den großen Feiertagen wie Ostern oder Pfingsten diese Zahl noch übertroffen wurde. Ehe der Neunkirchner Anton Witzani in das Vereinsgeschehen eingriff, wechselten die Pächter häufig; 1947 Theresia Reisenauer, 1950 Karl Kunetits und 1954 Friedrich Kysela. Als dann kein Pächter gefunden werden konnte, unterstützte Anton Witzani mit aller Entschlossenheit den Hüttenwart des Vereines. Der gelernte Buchdrucker und Schriftsetzer, nach seiner Heimkehr aus der Gefangenschaft als Landbriefträger tätig, sicherte durch seine Eigenleistungen den Fortbestand des Hauses. Ob es die schöne Lage der Kienthaler Hütte oder die Freude am Vereinsleben war, die Witzani bewog, um sich unter größtem Einsatz für den Fortbestand der Hütte zu bemühen, kann man nicht sagen. Schließlich wurde er im Jahre 1953 Mitglied der Vereinigung und betreute in den Jahren 1955 und 1956, als kein Pächter gefunden werden konnte, an den Wochenenden das Schutzhaus. Dabei besorgte er nach seinem täglichen Dienst als Landbriefträger den Transport der benötigten Güter zur Hütte.

Aber nicht nur am Berg warb Witzani für "seinen Schneeberg", auch in Wien in der Urania, bei verschiedenen Vereinsabenden, in Schulen, Pensionistenklubs und auch beim ÖTK war er mit Wort und Bild vertreten. Dies war auch der Grund, warum die alpine Gesellschaft D' Kienthaler sich regen Zuspruchs erfreuen konnte. Unerwartete Hilfe kam, als unter der Führung des Postbeamten Franz Nagl eine Schar junger Turner aus Neunkirchen die Kienthaler Hütte besuchten. Anton Witzani konnte die Jungen sofort für seine gemeinnützigen Ideen begeistern. Daraufhin wurde 1956 die Kienthaler Jugendgruppe ins Leben gerufen, die ihre ganze Tatkraft vorerst der Kienthaler Hütte widmete, aber bald auch unter der Führung von Herwig Riedl bergsteigerische Erfahrung sammelte.

Oben: Anton Witzani
Unten: Das Witzanikreuz

1957 war Ferdinand Grohmann als letzter Pächter auf der Kienthaler Hütte; danach übernahm Anton Witzani als Geschäftsführer die Konzessionsausübung und Karl Dohnal wurde Obmann der Gesellschaft.

Besonders am Schneeberg setzte nun die Jugendgruppe mit Anton Witzani ihre größten Aktivitäten. Obwohl sich die Gruppe zusehends vergrößerte, so wurde nicht gleich ein jeder Mitglied der Gesellschaft, denn Anton Witzani, der von sich selbst immer den größten Einsatz verlangte, sich auch als "Hüttenhund" der Kienthaler bezeichnete, verlangte von jedem Anwärter ein so genanntes Probejahr. Die Jugendgruppe war eine verschworenen Gemeinschaft geworden, und als das Gipfelkreuz am Hochschneeberg durch einen Sturm gebrochen wurde, stellten die jungen Kienthaler ihr Gipfelkreuz am Turmstein auf, wobei Bergpfarrer Ludwig Preisegger die Einweihung vornahm und mit den zahlreich erschienen Besuchern die erste Bergmesse bei der Kienthaler Hütte feierte. Konsistorialrat Pfarrer Ludwig Preisegger verstarb am 12. Juni 1983.

Bergmesse mit Konsistorialrat Pfarrer Ludwig Preisegger

Die Jugendgruppe gewann mit steigender Mitgliederzahl und auf Grund ihrer Tätigkeit nach und nach mehr Einfluss im Verein. Als im Jahre 1967 Anton Witzani zum Obmann der alpinen Gesellschaft gewählt wurde, gab es nur noch junge Kienthaler im Vereinsvorstand. In dieser Zeit gab es eine Zweiteilung der Jugend in eine Neunkirchner Gruppe und in eine Wiener Gruppe. Da sich die Vereinstätigkeit aber immer mehr nach Neunkirchen verlagerte, so war die Sitzverlegung im Jahre 1973 nach Neunkirchen eine logische Folge dieser Entwicklung. In diesem Jahr gab Anton Witzani die Obmannstelle an einen Jüngeren ab und wurde auf Grund seiner außerordentlichen Verdienste um die Gesellschaft zum Ehrenobmann ernannt. Anton Witzani war einer der Herbergsväter, der mit höchstem persönlichen Einsatz, ohne jedoch daraus einen eigenen Nutzen zu erzielen, seine Vorhaben im Interesse derer verfolgte, die seiner Hilfe bedurften. Anton Witzani verstarb im Februar des Jahres 1981. Ihm zu Ehren wurde bei den "Drei Fichten" nahe der Kienthaler Hütte ein Gedenkkreuz errichtet. Die 25. Bergmesse stand ganz im Zeichen des Gedenkens an Anton Witzani und Pfarrer Ludwig Preisegger.

Nicht unerwähnt sollte bleiben, dass sich die Arbeiten nicht nur auf den Hüttendienst beschränkten. In unzähligen freiwillig geleisteten Arbeitsstunden wurde nach und nach das Mobilar sowie die Ausstattung der Hütte erneuert und bauliche Veränderungen vorgenommen. So zum Beispiel wurden Ausbesserungsarbeiten oder Erneuerungen an einzelnen Wänden der Hütte getätigt oder der Ofen ausgetauscht, wobei das notwendige Material auf dem Rücken zur Hütte transportiert werden musste.

Anfang der 70er Jahre trat ein Problem auf, nämlich das Müllproblem. Es war sehr mühsam, weggeworfene Dosen oder Müll zu entsorgen, und gestern wie heute versuchen die Mitglieder an alle Besucher der Hütte zu appellieren, den mitgebrachten Müll doch wieder ins Tal mit hinunter zu nehmen; ein kleiner Erfolg ist zu bemerken.

Im Jahre 1975 stürzte ein Großteil der Stützmauer vor der Hütte den Hang hinunter. Die Wiederherstellung des Urzustandes hatte den Beteiligten viel Kraft und Ausdauer abverlangt. Unter Obmann Franz Bele wurde 1977 mit diesen Arbeiten begonnen. Anfangs schien es so, dass man ohne fremde Hilfe nicht zurecht kommen würde. Man wandte sich deshalb an das Österreichische Bundesheer, das aber eine Hilfe abgelehnt hat, und so musste diese Arbeit von den Mitgliedern selbst in Angriff genommen werden. Was vorher für unmöglich erschienen war, wurde dann in nur vier Tagen vollendet; die Stützmauer war wieder hergestellt und die Gefahr für die Hütte gebannt.

Im Jahre 1978 wurde von der Annaquelle eine Schlauchleitung zur Hütte gelegt und damit eine wesentliche Erleichterung für den Hüttendienst geschaffen; Küche und Schank wurden damit mit Frischwasser versorgt.

1984 und 1985 musste nochmals mit großem Arbeitsaufwand die Stützmauer vor der Hütte renoviert werden. Nicht lange blieb Zeit, um sich von diesen Strapazen zu erholen. Verursacht durch einige Stürme war die Weichtalklamm durch ca. 100 - 300 umgestürzte Bäume unpassierbar und ein Durchsteigen lebensgefährlich; der schönste und beliebteste Anstieg zur Hütte musste gesperrt werden. Wieder wurde zwecks Aufräumungsarbeiten vom Obmann Franz Bele mit dem Bundesheer Kontakt aufgenommen, da jedoch der Einsatz des Bundesheeres viel zu teuer gekommen wäre, war wieder einmal der "Kienthaler Geist" gefragt, und alleine wurden diese Arbeiten unter Einsatz der ganzen Energie und unter Mithilfe

aller verfügbaren Schutzengel in 14 Tagen geschafft und man konnte die Sperrtafeln wieder entfernen; ein herrliches Gefühl. Um das Erbe der Vorfahren bestmöglich zu erhalten, ja zu verbessern, darum bemühen sich die der "Jugendgruppe 1956" entwachsenen Kienthaler. Auch alle, die später dazugekommen sind, mit ihren Obmännern Edi Windbichler, Ernst Diwald und seit 1976 Franz Bele hatten dieses Ziel vor Augen. Sichtbare Zeichen sind der Zustand der Vereinshütten, die freundschaftlichen Beziehungen der Mitglieder untereinander, Berg- und Skifahrten, Familienausflüge, Kinderweihnachtsfeiern, Skimeisterschaften und natürlich die nicht mehr wegzudenkende Bergmesse am Schneeberg.

Reparatur der Stützmauer

Abschließend muss noch vermerkt werden, dass die Aktivitäten in den letzten zwei Jahrzehnten in der idealistischen Einstellung aller Kienthaler ihren Ausgang genommen haben, von diesen ausgeführt, zum Teil aber erst mit großzügigen Förderungen seitens des ÖTK möglich waren, wobei sich diese nicht nur auf Subventionen zu Hütteninstandsetzungen am Schneeberg, sondern auch auf die vielen beratenden und freundschaftlich gemeinten Gespräche mit den Funktionären der Zentrale bezieht. Auch die gut nachbarlichen Beziehungen zu anderen Sektionen, hier besonders zur Sektion Neunkirchen, waren und sind unserem Tun förderlich. Dazu tragen seit einigen Jahren die regelmäßig durchgeführten Arbeitsbesprechungen aller in Neunkirchen ansässigen Alpinvereine bei.

Im Jahre 1992 galt es ein schon lange währendes Hindernis, nämlich die morschen Bäume des vor 16 Jahren erfolgten Windbruches, zu beseitigen. Durch die ca. 130 morschen Bäume musste für kurze Zeit auch der schönste Zugang zur Kienthaler Hütte, die Weichtalklamm, gesperrt werden. Franz Bele versuchte abermals dieses Hindernis mittels Militär entfernen zu lassen, doch der Kostenvoranschlag von ÖS 260.000,- war für den Verein zu viel, so dass man wieder einmal, wie schon öfters, mit dem vereinseigenen Personen und Mitteln an die Arbeit gehen musste. Der Arbeitseinsatz dauerte von Donnerstag bis Sonntag, wobei sich jeden Tag zwischen 8 und 12 Personen unter größter körperlicher Anstrengung daran machten, die Weichtalklamm wieder gefahrlos begehbar zu machen. In den folgenden Jahren war es notwendig geworden, diverse Reparaturen und Neuanschaffungen zu tätigen. So wurden z. B. zwei Rauchfänge im oberen Bereich neu aufgemauert, einbruchhemmende Fenster eingebaut, neue Fußböden verlegt, ein neues Schlaflager erstellt und eine neue Kücheneinrichtung samt Ofen sowie ein zusätzlicher Werkzeugschuppen aufgestellt.

Die Kienthaler Hütte am Fuße des Turmsteines

Im Jahre 1998 wurde bei der Jahreshauptversammlung beschlossen, die alte Gasversorgung für die Beleuchtung durch eine Voltaikanlage zu ersetzen. Die Installation erfolgte im Mai 1999 durch die Puchberger Firma Gschaider unter Mithilfe der Kienthaler. Da auch der Ofen durchgebrannt war, so wurde dieser durch einen Kachelofen ersetzt, wobei all diese Einrichtungen mittels Hubschrauber zur Höhe gebracht wurden.

Durch die sich häufenden Einbrüche und Beschädigungen an der Kienthaler Hütte war man gezwungen, um diesem Übel entgegenzuwirken, beim Holz- und Werkzeugschuppen einbruchhemmende Stahltüren einzubauen. Weiters wurde auch die Hüttenwand in Richtung Turmstein beim Pächterzimmer erneuert, verkleidet und zwei neue Stockbetten montiert. Aber nicht nur auf der Hütte sind die Kienthaler aktiv, sie betreuen auch ca. 35 km Wegenetz, wobei der intensiven Arbeit von Ernst Nagl, die er fast wöchentlich ausführt, besonderer Dank gebührt. Auch sehr umweltbewusst handeln die Kienthaler, denn seit ca. 15 Jahren gibt es, dem Ausspruch - Wenn man die vollen Packungen bergwärts tragen kann, so kann man die leeren auch wieder ins Tal mitnehmen - folgend, auf der Hütte keinen Müll. Angebrachte Hinweistafeln auf dieses Problem haben bereits gewirkt, so dass auch auf den Wanderwegen fast kein Müll zu finden ist.

Das Kienthaler Jahr hat viele Fixtermine. Skitouren, Extrembergsteigen, Hüttenreinigung, Stadtreinigung, Hüttendienste, Versorgungsarbeiten, Arbeits- und Holzbringung auf der Kienthaler wie auch auf der Alpenrosehütte, Ferienspiel der Stadtgemeinde Neunkirchen, Sonn-

wendfeier, Familienausflüge, Bergmesse, Theaterbesuche, Monatsversammlungen und Vorstandssitzungen. Besuche bei den Veranstaltungen des Dachverbandes ÖTK und den befreundeten Neunkirchner Vereinen stehen auf dem Programm. Abgeschlossen wird das Kienthaler Jahr mit einer Weihnachtsfeier.

Das Jahr 2002 ist ein besonderes Jahr für die Kienthaler, gibt es doch das "110-jährige Bestehen" zu feiern, und dies tat man am 14. Juni 2002 in Form einer Jubiläumsveran-staltung im Kulturhaus in Neunkirchen, wobei der Reingewinn der Errichtung eines Spitals in Nepal zugute kam. Nach einem Diavortrag von Helmut Dittler über die Aktivitäten des Vereines folgten die einführenden Worte des Obmannes Franz Bele zu einem weiteren Diavortrag über die Entstehung und Entwicklung der Kienthaler. Im Anschluss daran wurde von der Stadtgemeinde Neunkirchen dem verdienstvollen Obmann der Kienthaler, Franz Bele, die "Goldene Ehrennadel" der Stadtgemeinde Neunkirchen verliehen. Von Wolfgang Nairz wurde zu diesem Anlass Franz Bele ein Buch als Geschenk überreicht. Höhepunkt dieser Veranstaltung war die Multimedia Schau von Wolfgang Nairz über die Geschichte der Ballonfahrt in den Alpen und im Himalaya-Gebiet. Abschließend gab es noch eine Verlosung, wo eine Reise nach Meran zu gewinnen war. Franz Bele hob im Rahmen dieser Feier auch die steigende Mitgliederzahl hervor und betonte besonders den erfreulichen Zu-gang bei der Jugend. Gilt es doch für die weiteren Jahre Idealisten heranzubilden, die den Gedanken der Kienthaler einst weiterführen sollen.

Die Kienthaler am Berg

Vor nun fast 47 Jahren begeisterte unser im Jahre 1981 verstorbener Ehrenobmann Anton Witzani eine kleine Gruppe Neunkirchner Turner für die Berge. Im Weichtal, am Fuße von Schneeberg und Rax, herrschte jedes Wochenende Hochbetrieb. Bergsteiger, Wanderer, aber hauptsächlich Kletterer, vom Anfänger bis zum Könner und Draufgänger, und so mancher "alte Meister" tummelten sich beim Weichtalhaus, um die Stadelwandverschneidung und die Kletterrouten im Großen Höllental in Angriff zu nehmen. Dies war auch der Grund, warum sich die jungen Kienthaler für das Bergsteigen mehr und mehr zu interessieren begannen, und viele Partnerschaften oder Freundschaften wurden in diesen ersten Jahren geschlossen. Die Ausrüstung für die diversen Unternehmungen war, verglichen mit dem heutigen Standard, mehr als einfach; ein Seil, ein paar Haken und Eisenkarabiner mussten genügen. Der Reifweg auf der Rax und der Richterweg in der Stadelwand am Schneeberg waren die ersten Touren. Ihnen folgten in den fünfziger Jahren der Ortler, und bald darauf wurde der Großglockner über den Stüdlgrat bestiegen. Die Heimfahrt war rasant, saß doch der Rallyefahrer aus Leidenschaft und heutige Obmann Franz Bele am Steuer. Anfang der sechziger Jahre beschlossen die Kienthaler, neben den Wochenendfahrten jedes Jahr zumindest eine

Woche in den Bergen des Alpenhauptkammes zu verbringen und dabei immer weiter nach Westen vorzudringen, bis zum Mont Blanc. Auch das Tourengehen auf Schiern begann zunächst in der engeren Heimat, am Schneeberg. 1974 folgte die erste Befahrung der klassischen "Haute Route" von Argentiere nach Saas Fee. Danach wurden in den folgenden Jahren neben zahlreichen kleineren Unternehmungen auch einige Schiviertausender mit den Schiern befahren. Auf Grund zunehmenden Könnens, wachsender Erfahrung und der Verwendung moderner Ausrüstung sowie die Kenntnis optimaler Sicherungsmethoden wurden nun längere und schwierigere Routen wie Hochschwab oder Gesäuse-Berge häufig besuchte Tourenziele. Ja sogar der höchste Berg Afrikas, der Kilimandscharo mit seinen fast 6 000 m Höhe wurde von einer Gruppe der Kienthaler am 2. 12. 1991

Ein Kienthaler im Fels

erfolgreich bestiegen, wobei bei all diesen Unternehmungen stets die Sicherheit Vorrang hatte. Waren diese Touren auch noch so beeindruckend, wieder daheim zieht es uns nach wie vor auf den Schneeberg, stellt doch unsere dort befindliche Kienthaler Hütte so etwas wie ein alpines Zuhause dar. Nach so manchen großartigen Bergfahrten ging es gleich wieder in die Stadelwand oder zur Bügeleisenkante. Auf den Touren, die wir vor einem Vierteljahrhundert noch als die "jungen Kienthaler" befahren haben, wird in ein paar Jahren die jüngere Generation unterwegs sein. Ihnen wünschen wir vom Herzen, dass sie ebenso schöne Tage in den Bergen erleben können und auch wieder gesund und dankbar heimkehren mögen wie einst wir.

Obmänner der Alpinen Gesellschaft Kienthaler:

1892 - 1893	Wilhelm DANGL
1893 - 1933	Ferdinand MAYR
1933 - 1943	Anton DUCHAN
1943 - 1947	Dipl.-Ing. Ferdinand FUCHSIK
1947 - 1954	Ing. Leopold MANN
1954 - 1957	Richard SCHAUKAL
1957 - 1967	Karl DOHNAL
1967 - 1973	Anton WITZANI
1973 - 1974	Eduard WINDBICHLER
1974 - 1976	Ernst DIWALD
ab 1976	Franz BELE
Ehrenmitglieder:	Rupert BAUMER, Barbara DOHNAL und Ferdinand HERZOG

ALPINE GESELLSCHAFT ALPENFREUNDE *(Auszug aus den Jahresberichten)*

Unter diesem Motto trafen sich vier Freunde, Josef Schibl, Hans Paschek, Franz Prohaska und Franz Pitzka, anlässlich einer gemeinsamen Wanderung durch die Hagenbachklamm im Wienerwald, wobei der Gedanke gefasst wurde, eine alpine Gesellschaft unter dem Namen "Alpenfreunde" zu gründen. Dieser Idee schlossen sich sofort die Kollegen Karl Rist, Ludwig und Wilhelm Zenk, Karl Hochmuth, Heinrich Pitzka sowie Franz und Mitzi Kauba (Langer) an.

So wurden der k. k. Statthalterei für Niederösterreich am 28. Mai 1896 die Statuten vom damaligen Proponenten Heinrich Pitzka vorgelegt. Bei der am 1. Juli 1896 in Franz Sattler's Gastwirtschaft "Zur Hoffnung" in Wien 16., Lerchenfelder Gürtel 48 abgehaltenen konstituierenden Sitzung wurden die Statuten vorgelegt, der Vorstand gewählt, und man beschränkte sich vorerst auf eine Mitgliederzahl von 15 Personen. Ferner schloss man sich als Zweigverein dem Niederösterreichischen Gebirgsverein an.

Der erste gewählte Vorstand setzte sich wie folgt zusammen:

Obmann	Josef SCHIBL	Fabriksbeamter
Stellvertreter	Heinrich PITZKA	Privatbeamter
Kassier	Franz TRAUNMÜLLER	Goldarbeiter
Schriftführer	Franz PITZKA	Privatbeamter

Entwurf der Statuten der Alpinen Gesellschaft "Alpenfreunde"

§ 1.

Die Gesellschaft führt den Namen "Alpine Gesellschaft Alpenfreunde" und hat ihren Sitz in Wien.

§ 2.

Zweck der Gesellschaft ist: Förderung des Alpinismus sowie jeder alpinen und alpinhumanitären Unternehmungen und der geselligen Unterhaltung.

§ 3.

Als Mittel zur Erreichung dieses Zweckes gelten vorzugsweise: a) gesellige Zusammenkünfte und Versammlungen zur Bewertung alpiner Fragen; b) Gründung, eventuell

Erweiterung von Bibliotheken und Sammlungen; c) gemeinschaftliche Ausflüge; d) Veranstaltung von Festlichkeiten und Überweisung von den Reinerträgnissen an das Gesellschaftsvermögen; e) die Mitgliedsbeiträge der Mitglieder und die Eintrittsgebühren.

An Touren konnten im Jahre 1896 in der Zeit von Juni bis Dezember 10 Alpentouren sowie 25 Wienerwaldtouren bei einer Teilnehmerzahl von 225 Personen verzeichnet werden.

Die Mitgliedschaft im Niederösterreichischen Gebirgsverein wurde im Jahre 1898 gelöst und eine selbständige alpine Gesellschaft gebildet. Die Gesellschaft hatte bis zum Ende des Jahres 1899 30 Mitglieder, 11 aktive und 19 unterstützende, zu verzeichnen.

Am 2. März 1901 wurde im Saal "Zum goldenen Luchsen" in Wien 16., Neulerchenfelderstraße 43 das erste Alpenfreunde-Kränzchen abgehalten, und es dürfte schon damals eine sehr enge und positive Zusammenarbeit mit dem Österreichischen Touristenklub unter dem Präsidenten Dr. E. Klotzberg und Direktor F. E. Matras bestanden haben. Durch Vermittlung des damaligen Zentralausschusses des ÖTK konnte das am Lieblingsberg der Wiener, dem Hochschneeberg, frei gewordene Markierungsgebiet erworben werden.

Am 6. Oktober 1901 wurde vom ÖTK unter Beteiligung vieler Alpenfreunde am Kaiserstein die mit einem Kostenaufwand von 11 400 Kronen erweiterte Fischerhütte feierlich eröffnet, wobei die Alpenfreunde einen Zuschuss von 1 400 Kronen geleistet haben. Auch lag die Fischerhütte bis zum Jahre 1916 in der Verwaltung der Alpenfreunde. Im dritten Neubau dieser Schutzhütte erinnert ein "Alpenfreunde-Zimmer" an die Dankbarkeit des ÖTK unserer Gesellschaft gegenüber.

Auf Grund des zunehmenden Tourismus am Schneeberg und somit auch auf der Fischerhütte war eine durchgehende Bewirtschaftung unumgänglich, noch dazu, wo wöchentlich jeden Donnerstag vom ÖTK Fahrten auf den Hochschneeberg durchgeführt wurden. 1916 traten die Alpenfreunde ihr Alpenfreunde-Zimmer in der Fischerhütte zur Einrichtung eines Pächterwohnraumes ab.

Ein neues Kapitel in der Geschichte der Alpenfreunde wurde geschrieben, als es den Mitgliedern Julius Barany und Karl F. Pschikal unter der Förderung des Wiener Bürgermeisters Dr. Karl Lueger gelang, das zur damaligen Zeit für den Touristenverkehr verbotene Jagdgebiet des Kaisers am Krummbachstein zu erschließen. So konnte im Jahre 1906 die durch das Mitglied, den Wiener Zimmermeister Hermann Müller, in nur neun Monaten erbaute Alpenfreunde-Hütte am Krummbachstein anlässlich des 10-jährigen Vereinsjubiläums, welches am 29. September in den Sälen des Hotels Wimberger und unter Mitwirkung der Salonkapelle Krempel gefeiert wurde, eröffnet werden. Die feierliche Einweihung der Hütte sowie des vom Krummbachsattel zur Hütte führenden Schiblsteiges wurde am 26. August 1906 begangen. Zu diesem Ereignis war in der Österreichischen Touristenzeitung Nr. 15, 1906, folgender Artikel zu lesen: "...an welchem Tage, ab 5.14 früh, Hauptzollamt, ein Sonderzug auf den Hochschneeberg zu dem besonders ermäßigten Preisen von 7,- Kronen

(Hin- und Rückfahrt) eingeleitet wird. ...zugleich werden die Touristen gebeten, durch ein ruhiges und besonnenes Benehmen dazu beitragen zu wollen, dass das gute Einvernehmen mit der k. k. Hof Jagdleitung und der städtischen Forstverwaltung keine Störung erleide."

Bei dieser Eröffnungsfeier konnten über 400 Vertreter alpiner Vereinigungen und Freunde der Alpenfreunde von Vorstandsmitglied Herrn Josef Schibl begrüßt werden. Die kirchliche Einweihung wurde von Hochwürden Pfarrer Anton Falk aus Puchberg durchgeführt. Anschließend sang das Quartett des Wiener Männergesangsvereines "Zwölferbund". Durch die ungünstigen Wetterverhältnisse wurde der weitere offizielle Teil der Feier auf das Baumgartnerhaus verlegt, wo ein gemeinsames Mittagessen die Teilnehmer vereinte, so geschrieben in der Österreichischen Touristenzeitung Nr. 18, 1906. Mit der Eröffnung der Hütte traten auch die gewählten Hüttenwarte Julius Barany, Hans Kornherr, Alois Dobrowa, Michael Imitzer und Hans Paschek ihre Dienste an. Auch Markierungsarbeiten gehörten zum Programm der Alpenfreunde. So konnte z. B. durch Verträge mit der Gemeinde Puchberg am Schneeberg und dem Grundeigentümer, Herrn Freiherrn von Sommaruga, das Markierungsgebiet bis zum Öhler ausgedehnt werden. Der Weg vom Schobergut bis zum Öhlerkreuz wurde nach dem Mitglied Michael Imitzer benannt.

Besonderer Beliebtheit erfreuten sich diverse Festveranstaltungen und Kränzchen. So wurde z. B. am 2. November 1909 im Hotel Wimberger ein Herbstfest veranstaltet, welches durch Konzertpiecen der Kapelle des k. u. k. Inf. Reg. Erzherzog Ferdinand d' Este Nr. 19 und unter der Leitung des Kapellmeisters Herrn Karl Wetaschek eingeleitet wurde. Großen Beifall für seine Parodien berühmter Tänzerinnen erntete auch der Tänzer der k. k. Hofoper, Herr F. Fossati; Bericht in der Österreichischen Touristenzeitung Nr. 22, 1909. Am 7. Jänner 1911 wurde wieder im Hotel Wimberger ein gut besuchtes Alpenfreunde-Kränzchen abgehalten. Die Veranstaltungen der Gesellschaft der Alpenfreunde zählten damals zu den beliebtesten und gemütlichsten in der Residenz. Zu diesem Kränzchen hatte "Meister Derflinger" die Säle in eine Gebirgslandschaft umfunktioniert. So zeigte der Prospekt die meisterhaft nachgebildete Riffelwand- und Zugspitze. Auch die Damenspende aus dem Atelier Hans Vikovsky, ein Ansichtskartenständer aus Altsilber mit der Alpenfreunde-Hütte als Emblem, erntete Lob. Aus Puchberg am Schneeberg konnten Bürgermeister Landtags-Abg. Stickler und Vertreter des Lehrkörpers begrüßt werden. Bericht in der Österreichischen Touristenzeitung Nr. 5, 1911.

Getreu dem Paragraph 2 der Statuten wurden auch humanitäre Ziele verfolgt. So wurde zum Beispiel Puchberg am Schneeberg als Weihnachtsbeteilungsort auserwählt. Bei diesen humanitären Beteilungen, die bis in die dreißiger Jahre durchgeführt wurden, kleidete man Schulkinder teilweise oder ganz ein, oder man beschenkte sie reichlich.

Aber nicht nur Erfreuliches gab es in der langen Vereinsgeschichte zu berichten. Es war am 25. März 1912, wo zehn Skifahrer am Hochschneeberg verunglückten, und unter den

Opfern waren außer dem bekannten Hochalpinisten Dr. Amelius Hacker, nach dem auch die Hacker-Mulde unterhalb des Verbindungskammes Kaiserstein - Klosterwappen benannt wurde, auch zwei Mitglieder der Alpenfreunde, Emerich Neuner jun. und Karl Werl. Im Gedenken an diese Verunglückten wurde an der Unglücksstelle ein Steinobelisk mit einer Marmorgedenktafel errichtet. Die folgenden Jahre in der Vereinsgeschichte waren geprägt von vielen Ideen, von denen jedoch nur wenige verwirklicht werden konnten. So wurde im August 1912 die Gründung eines Vereinsorchesters beabsichtigt und im Winter 1913 gründete man eine Schneeschuhriege, in der Skikurse angeboten wurden und Leihskier zur Verfügung standen. Auch trug man sich im Jahre 1913 mit dem Gedanken, am Öhler auf dem Weg von

Oben: *Bergfest am Krummbachstein*
Rechts: *Arbeitspartie am Krummbachstein*

Puchberg nach Gutenstein, eine Wetterschutzhütte zu errichten; dieses Vorhaben wurde niemals in die Tat umgesetzt. Von einer anfangs festgelegten Mitgliederzahl von 15 Personen ist man schon längst abgegangen, und so zählte die Gesellschaft bis vor Ausbruch des Ersten Weltkrieges bereits 200 Mitglieder.

Im Hüttenbuch, welches in den Kriegswirren leider verloren gegangen ist, konnte man am 23. Mai 1914 Eintragungen Sr. k. u. k. Hoheit, des Herrn Erzherzog Thronfolger Karl Franz Josef und seiner begleitenden höheren Offiziere vorfinden. Dieses Ereignis wurde auch auf einer Ansichtskarte festgehalten.

Mit Ausbruch des Ersten Weltkrieges wurde im September 1914 nicht nur der Zahnradbahnverkehr auf den Schneeberg zur Gänze eingestellt, sondern auch die Vereinsaktivitäten und Hüttenkontrollen. 154 Männer aus den Reihen der Alpenfreunde mussten an die Front. Mit ihnen blieb der Vorstand Josef Schibl stets in schriftlichem Kontakt; acht der 154 Eingerückten sahen ihre Heimat nie wieder. Im Oktober 1914 wurde ein Unterstützungs-fonds für Kriegsopfer gegründet. Trotz der Kriegsereignisse konnten 55 Mitglieder bei der am 28. Juni 1916 abgehaltenen Hauptversammlung begrüßt werden, auch einige aus Brünn und Budapest. Doch auch diese Zeit ging vorüber und es war erneut ein reger Zustrom zur Gesellschaft der Alpenfreunde zu verzeichnen. Ein Beweis dafür waren die steigenden Mitgliederzahlen, die im Jahre 1919 350 und 1920 über 500 Personen betrugen, den höchsten Stand in der 100-jährigen Vereinsgeschichte.

Die Zeit ist an der Alpenfreunde-Hütte am Krummbachstein nicht ohne Spuren vorübergegangen, und so wurde diese im Sommer 1920 durch den Erbauer Hermann Müller mit einem Kostenaufwand von 27 000 Kronen generalsaniert. Die Schlafräume wurden neu gestaltet, der Herren- und Damenschlafraum mit einheitlichen Pritschenlagern ausgestattet, das Dach neu gedeckt wie auch das WC als Zubau des Vorraumes errichtet. Auch der Schiblsteig wurde instand gesetzt und ein Rastplatz mit einer Bank, die "Schiblrast", errichtet, und im Hüttenbuch der damaligen Zeit konnte man folgendes lustige Gedicht über den Steig finden:

Der Herr Obmann tut uns Leid,
dass man benannt hat diesen Steig,
das ist ein Schinder ärgster Sorte,
man findet darüber gar keine Worte.
Doch ist man glücklich dann heroben,
fängt man wieder an zu loben,
denn man ist hier wunderbar aufgehoben.

Auch bergsteigerisch waren einzelne Mitglieder der Gesellschaft tätig, so gelang dem damaligen sehr bekannten Alpinisten und Mitglied der Alpenfreunde Erwin Radwein die

Erstbegehung des Blechmauernrisses im Großen Höllental. Einen erneuten Versuch, mit der Absicht diese Route zu markieren, bezahlten er und sein Seilgefährte Hans Meurer mit dem Leben; sie stürzten vermutlich durch Seilriss ab. 1925 hatte die Gesellschaft 250 Mitglieder.

Im Jahre 1929 wurde die Hütte von 800 bis 1000 Personen besucht und im Mai wurde von der Leitung der Zeitschrift "Radiowoche" ein Zweiröhren-Apparat mit Lautsprecher für In- und Auslandsempfang gespendet.

Auch von der südlichen Seite des Schneeberges war die Alpenfreunde-Hütte zu erreichen. Von Kaiserbrunn aus durch den Krummbachgraben, den Prettschacher- oder den Kuhsteig auf den Krummbachsattel und von dort über den Schiblsteig, wobei als landschaftlich reizvollster Steig jener durch den Krummbachgraben wie folgt im "Führer auf den Schneeberg" von Fritz Benesch bezeichnet wurde: "Der Schlossalpengraben, der oberste Teil des Krummbachgrabens, ist unstreitig der schönste, denn das großartige Tal trägt hier das Gepräge wirklichen Hochgebirges und gestattet überdies die ersten freien Ausblicke auf den malerischen Gebirgsstock der Raxalpe." Der als kürzester Aufstieg zum Baumgartnerhaus bezeichnete Steig ist jener durch den Krummbachgraben. Da dieser jedoch im Juli 1929 auf Grund der Eingliederung in das Quellenschutzgebiet der Ersten Wiener Hochquellenleitung gesperrt wurde, so musste man von dieser Seite den blau markierten und unter dem Wassersteig führenden Kuhsteig zum Aufstieg benützen.

Anlässlich einer am 7. September 1930 durchgeführten Feier zum 60. Geburtstag des Vorstandes Josef Schibl wurde auch der "Hans-Paschek-Steig" von der Knofeleben über den Gipfelgrat des Krummbachsteines bis zur Alpenfreunde-Hütte feierlich bei der zweiten Gratabstufung, wo auch die Hans-Paschek-Rast errichtet worden war, eröffnet. Hans Paschek zählte zu den eifrigsten Mitarbeitern der Gesellschaft, war Vorstandsstellvertreter, Obmann des Wege- und Bauausschusses wie auch in anderen Funktionen tätig. Er war ein treuer Weggefährte von Josef Schibl. Am 19. Oktober 1930 konnte ein weiterer Weg der Gesellschaft, der "Michael-Imitzer-Weg" am Öhler, feierlich seiner Bestimmung übergeben werden. Damit wurde dem spendenfreudigen Michael Imitzer ein ehrendes Angedenken gesetzt.
Im Jahre 1933 waren damit elf Wege, wie z. B. der
- grün markierte vom Bahnhof Puchberg zum Baumgartnerhaus
- gelb markierte von Puchberg-Schneebergdörfl zum Kaltwassersattel
- blau markierte vom Rohrbachgraben über die Rohrbachklamm zum Kaltwassersattel
- blau markierte vom Rohrbachgraben zum Hauslitzsattel
- grün markierte vom Schobergut zum Öhlerkreuz (der Imitzer-Weg)
- grün markierte vom Krummbachsattel zur Alpenfreunde-Hütte am Krummbachstein (der Schiblsteig)
- grün markierte von der Knofeleben zur Alpenfreunde-Hütte (der Paschksteig)
Das 40-jährige Bestandsjubiläum der Alpenfreunde wurde am 7. März 1936 mit einem

Jubiläumskränzchen im Hotel Wimberger begangen, wobei 1 200 Gäste und Mitglieder willkommen geheißen wurden. Auch konnte im Jubiläumsjahr der 60 000. Besucher der Alpenfreunde- Hütte begrüßt werden.

Bei guter Schneelage war man auch alpin tätig, so konnte zu Ostern 1937 der erste Schneegrabenslalom am Alpl nahe der Alpenfreunde-Hütte am Krummbachstein durchgeführt werden. Diese Veranstaltung erfreute sich bis in die 60er Jahre großer Beliebtheit.

Das Jahr 1938 und der Anschluss Österreichs an Deutschland brachten es mit sich, dass die Gesellschaft dem Deutschen Alpenverein als nicht selbständige Zweigstelle eingegliedert wurde. Auch mussten zahlreiche Alpenfreunde Kriegsdienst leisten, wovon 15 von ihnen nicht wieder heimkehrten. Auch Hans Paschek, der treue Weggefährte des Vereinsgründers Josef Schibl, wurde ein Opfer der Kriegshandlungen; er fand im Luftschutzraum des Philippshofes mit 27 Amtskollegen bei einem Fliegerangriff den Tod. Seine Leiche konnte erst nach sechzehn Tagen und nur deshalb, weil er seinen Alpenfreunde-Ausweis mit sich trug, identifiziert werden. Im Schneeberggebiet wurden einige Hütten als Stützpunkte oder Ausbildungslager verwendet, so auch die Alpenfreunde-Hütte; sie musste der Waffen-SS zur Verfügung gestellt werden. Als Stützpunktleiter meldete sich freiwillig der damalige Vorstand der "Alpinen Gesellschaft Payerbacher", Herr Peinitz. Peinitz hatte auch den Auftrag, falls sich der Feind zeigt, die Hütte zu sprengen. Da er jedoch abschätzen konnte, welcher Mühe es seinerzeit bedurft hatte, die Hütte zu errichten, so führte er seinen Auftrag nicht aus. Als die Russen im Zuge des Einmarsches im Jahre 1945 auf den Krummbachstein gelangten und am Alpl mit ihren Gebirgshaubitzen in Stellung gingen, fügten sie der Hütte an der Ostseite einen Granattreffer zu. Auch Peinitz selbst erlitt bei einem Granattreffer eine schwere Splitterverletzung und rettete sich mit Hilfe von Krücken zum Hallerhaus auf der Knofeleben. Von dort wurde er ins Lazarett nach Edlach überstellt, wo ihm das Bein amputiert werden musste. An dieser Stelle möchten sich die Alpenfreunde bei Peinitz bedanken, dass er das Juwel der Gesellschaft, die vereinseigene Hütte, vor der Zerstörung gerettet hat. Die Wirren des Weltkrieges brachten es mit sich, dass die Hütte ausgeplündert wurde und erst nach dem Ende des Krieges von den Mitgliedern Theodor Woitsche, Zemla und Karl Mayrhofer unter Einsatz ihres Lebens, da der Krummbachstein völlig vermint war, wieder instand gesetzt wurde.

Am 31. Mai 1945 wurden die Alpenfreunde als Zweigverein des Deutschen Alpenvereines offiziell aufgelöst und nach fast einjährigem Bemühen von Theodor Woitsche und Dr. Andreas Adelhofer am 25. April 1946 reaktiviert. Der provisorische Vorstand Dr. Andreas Adelhofer übernahm die Leitung der Gesellschaft bis zu der am 3. August 1946 abgehaltenen 50. Jahreshauptversammlung, bei der Theodor Woitsche einstimmig zum neuen Obmann gewählt wurde,

Hans Paschek

und Ehrenobmann Josef Schibl bedankte sich bei Woitsche und Adelhofer für ihre Bemühungen; nun war sein Lebenswerk gerettet.

Im Jahre 1948 fusionierte sich die "Alpine Gesellschaft Bergfreunde 1918" unter ihrem damaligen Obmann Robert Ullianich und den Vorstandsmitgliedern Cerny, Janovsky, Kron-fellner und Sandtner mit den Alpenfreunden. Auf Grund des Verlustes der meisten Mitglieder im Zweiten Weltkrieg hatte die Gesellschaft kaum 20 Mitglieder und der Verein musste seine Selbständigkeit aufgeben. Die Alpenfreunde übernahmen auch die von den Bergfreunden im Jahre 1921 erbaute Bernhuberhütte am Großen Kitzberg bei Waidmannsfeld, welche damals durch einen Pächter ständig bewirtschaftet war.

Josef Schibl

Am 17. Jänner 1949 hatten die Alpenfreunde einen großen Verlust zu verzeichnen; Josef Schibl verstarb im Alter von 79 Jahren.

Da sich im Winter 1950 nahe der Alpenfreunde-Hütte drei Skiunfälle ereigneten, so beschloss die Vereinsleitung am Krummbachstein eine Bergrettungsstelle einzurichten. Die Mitglieder Max Starka, Hans Fordinal, Hans Radon, Karl Mayrhofer und Günther Bosch wurden daraufhin vom Österreichischen Bergrettungsdienst ausgebildet und in der Hütte ein modernes Rettungsgerät zum Abtransport von Verletzten deponiert. Die von den Bergfreunden übernommene Bernhuber Hütte wurde ab 1950 als Selbstversorgerhütte geführt. In diesem Jahr wurden auf beiden Hütten umfangreiche Renovierungsarbeiten vorgenommen, um jene Schäden, welche durch Kriegseinwirkungen entstanden sind, zu beheben. Zur Finanzierung wurden Baudarlehensscheine im Wert von S 50,-- und S 100,-- aufgelegt.

Bei der im Jahre 1952 durchgeführten 56. Jahreshauptversammlung, konnten für das Jahr 1951 auf der Alpenfreunde-Hütte 500 Besucher und auf der Bernhuber-Hütte 660 Besucher nachgewiesen werden.

Nun ging man daran, durch die verschiedensten Aktivitäten das Vereinsleben wieder in Schwung zu bringen und auch neue Mitglieder zu gewinnen. So gründete man z. B. im Jahre 1953 eine Bergsteigergruppe, deren erste hochalpine Bergfahrt eine Eistour, der Durchstieg des Gaisloches auf der Rax, geführt von Hans Fordial vom 1. bis 3. Mai 1953, war. Einen Fixpunkt im Vereinsprogramm stellte der sehr beliebte Alplauf am Krummbachstein dar und am Kitzberg wurden Vereinsskimeisterschaften durchgeführt.

Im Jahre 1955 kaufte der Verein vom bisherigen Grundeigentümer, Herrn Wagner aus Waidmannsfeld, das 1 400 m² große Grundstück, auf dem die Bernhuber-Hütte erbaut wurde, an.

1963 waren wieder einige Renovierungsarbeiten an der Alpenfreunde-Hütte durchzuführen. So wurde im Sommer 1963 von Hans Radon und einigen Kollegen das Dach der Al-

Die Alpenfreunde-Hütte am Krummbachstein

penfreunde-Hütte mit Blech eingedeckt, wofür ihm herzlichst gedankt sei. Er, der im Jahre 1936 der Gesellschaft beitrat, hatte sich in vielen Funktionen, wie Hüttenwart-Stellvertreter, Sportwart, Obmann des Hütten- und Wegeausschusses und auch als Obmannstellvertreter, bestens bewährt. Er war auch Initiator verschiedener Feste am Krummbachstein, wie z. B. das Lichtfest, die feierliche Inbetriebnahme des Stromaggregates, oder das Oktoberfest 1970, bei dem von der Knofeleben ein Fass Bier zur Hütte getragen wurde.

Am 3. Oktober 1971 konnte 75 Jahre Alpenfreunde und 50 Jahre Bernhuber-Hütte mit 350 Gästen gefeiert werden. Seit dem Jahre 1973 finden die wöchentlichen Zusammenkünfte im Restaurant Heiss, Koppstraße 2, Wien 16 statt, und schon damals wurde von den Mitgliedern, die zu diesen Treffen wieder zahlreicher erschienen waren, bevorzugt Karten gespielt. Als am 22. September 1975 die Bernhuber-Hütte am Großen Kitzberg völlig abgebrannt ist, konnte unter dem Vorstand Rudolf Fordinal am 18. September 1977 das neue, als Ziegelbau errichtete Alpenfreunde-Haus feierlich eröffnet werden.

Als ab dem Jahre 1980 die Zahnradbahn während der Wintermonate eingestellt wurde, so blieb in dieser Zeit auch die Betreuung der Alpenfreunde-Hütte bis auf wenige Kontrollen eingeschränkt. Bedurfte es doch im Winter, um auf die Hütte zu gelangen, eines anstrengenden Aufstieges von Payerbach oder Puchberg.

Anlässlich der 90-Jahr-Feier am Großen Kitzberg fand am 14. September 1986 eine Feier und ein Jubiläumsmarsch vom Krummbachstein zum Großen Kitzberg statt an dem

sich 16 Mitglieder beteiligten. Im Gedenken an den Altvorstand Rudolf Fordinal, der im Jahre 1991 verstarb, erhielt das Alpenfreunde-Haus am Kitzberg den Namen Rudolf-Fordinal-Haus.

Aus dem Vereinsleben nicht mehr wegzudenken ist das jährlich stattfindende Alpenfreunde-Kränzchen, das sich durch die große Tombola mit wertvollen Preisen und der tatkräftigen Unterstützung zahlreicher Mitglieder, vor allem der Ehrenmitglieder Karl Weimann und Ludwig Adler, großer Beliebtheit erfreute. Im Jahre 1996 gab es das 100-jährige Bestehen der Alpenfreunde zu feiern, und obwohl es in der Vereinsgeschichte nicht nur Erfreuliches zu berichten gab, so wurden die vielen Schwierigkeiten mit großem Einsatz und Ausdauer der Mitglieder getreu unserem Leitspruch,

In Lieb' und Treu' dem Alpenland,
weih'n wir uns stets mit Herz und Hand,
als Alpenfreunde jederzeit,
mit frohem Sinn und Einigkeit.

gemeistert. Bis zum Jahre 2001 waren außer dem üblichen Vereinsgeschehen keine besonderen Vorkommnisse zu vermerken und wir blicken daher voll Zuversicht in die Zukunft.

Die Österreichische Bergsteigervereinigung

Bereits vor dem Ersten Weltkrieg schlossen sich 30 alpine Vereine auf Grund der im großen Ausmaß einsetzenden Wintersportbewegung nach der Jahrhundertwende zur "Wintersport-Vereinigung der alpinen Gesellschaften Wiens" zusammen, die jedoch durch den Ausbruch des Ersten Weltkrieges zerstört wurde. Doch auch hier gab es Idealisten, die nach Kriegsende begannen die Vereinigung wieder aufzubauen. Am 27. September 1920 fand auf Anregung des Gründungsmitgliedes der Alpenfreunde, Josef Schibl, eine Vorbesprechung zur Gründung eines Verbandes alpiner Gesellschaften Wiens statt. Wie groß das Interesse an einer solchen Vereinigung war, geht daraus hervor, dass an dieser Vorbesprechung nicht weniger als 90 Gesellschaften mit über 300 Delegierten teilnahmen. Es gab zahlreiche Ziele, wie z. B. Bahnermäßigungen für Bergsteiger, Ermäßigungen bei Hüttenbesuchen anderer alpiner Vereine, um hier nur einige zu nennen, die gemeinsam leichter erreicht werden konnten.

Am 14. Jänner 1921 war es dann soweit. In der Gründungsveranstaltung wurde folgender Vorstand gewählt:

Vorstand	Viktor POLEGEG	Haller
1. Stellvertreter	Albert APPEL	Christl. Arbeiter-Touristenverein
2. Stellvertreter	Adolf SCHERER	Schneerose
1. Schriftführer	Josef SCHIBL	Alpenfreunde
2. Schriftführer	Hermann LILIE	Halltaler

Der Vereinigung schlossen sich 46 Vereine mit zusammen über 10 000 Mitgliedern an. Man beabsichtigte auch die Veröffentlichung einer Zeitung, in der alle Veranstaltungen der einzelnen Vereine aufscheinen sollten. Im Jahre 1931 wurde eine Unfallversicherung für Touristen abgeschlossen. Ferner führte man positive Verhandlungen mit der Bahnverwaltung, um den Mitgliedern Ermäßigungen zu verschaffen.

Zum 10-jährigen Gründungsfest der "Österreichischen Bergsteigervereinigung" im Jahre 1931 war die Zahl der angeschlossenen Vereine bereits auf 62 angestiegen. Dann jedoch kam der Zweite Weltkrieg; ein schwerer Schlag für diese Vereinigung. Die Österreichische Bergsteigervereinigung wurde aufgelöst und konnte sich erst wieder im Jahre 1948 neu gründen, wobei sich 15 Vereine mit 10 bewirtschafteten und 3 unbewirtschafteten Schutzhütten zusammentaten. Im Jahre 1950 entstand durch Zusammenlegung des "Verbandes zur Wahrung allgemeiner touristischer Interessen" und des "Verbandes der österreichischen Bergsteiger- und Touristenvereine" der Verband Alpiner Vereine - VAVÖ. Ihm gehörten neben den großen alpinen Vereinen Österreichs, wie Österreichischer Alpenverein, Touristenverein Naturfreunde, Österreichischer Touristenklub etc., auch kleinere alpine Vereinigungen wie z. B. der Alpenklub, die Peilsteiner oder die Österreichische Bergsteigervereinigung an.

Zur Zeit besteht die Österreichische Bergsteigervereinigung aus 24 Vereinen mit ca. 6 000 Mitgliedern. In den vergangenen Jahren wurde mit der Einführung der "Österreichischen Hüttenmarke" ein wichtiger Beitrag zum gemeinsamen alpinen Gedanken geschaffen. Dadurch hat jedes Mitglied die Möglichkeit, zu ermäßigten Preisen auf Schutzhütten anderer alpiner Vereine zu nächtigen.

Ein vergessenes Bergsteigerdenkmal, Wien 1915

Es wird gewiss das große Unglück, das sich am 25. März 1912 am Wiener Hochschneeberg ereignete, wobei zehn Bergsteiger auf einem gemeinsamen Skiausflug durch einen Lawinensturz ihr Leben einbüßten, noch in jedermanns Erinnerung sein. Kurz danach fasste die Alpine Gesellschaft "Alpenfreunde" den Entschluss, gemeinsam mit den Angehörigen und Freunden der Verunglückten und nachdem auch drei Mitglieder der Alpenfreunde damals ihr junges Leben verloren hatten, an jener Stelle, wo der Lawinensturz erfolgte, ein bescheidenes Bergsteigerdenkmal zu errichten. Nach vielen Schwierigkeiten ist es gelungen, dieses schlichte Denkmal treuen, freundschaftlichen Angedenkens im Sommer vergangenen Jahres durch den bekannten Wiener Bildhauer Karl Rous fertig stellen zu lassen. Infolge der eingetretenen kriegerischen Ereignisse war es bisher nicht möglich, durch eine Erinnerungsfeier diesen Gedenkstein der Öffentlichkeit zu übergeben. Diese Zeilen sollen bezwecken, auf das erwähnte Denkmal aufmerksam zu machen, um demselben bei Besteigung des Wiener Hochschneeberges einen kurzen Besuch zu widmen. Das Denkmal befindet sich nächst der Fischerhütte. Die Alpenfreunde haben den Gedenkstein in ihre Obhut übernommen und werden für seine ständige Erhaltung Sorge tragen. Zum 40. Gedenktag an dieses Lawinenunglück in der Hackermulde am Hochschneeberg wurde beschlossen, das durch Kriegseinwirkung zerstörte Bergsteigerdenkmal nahe der Fischerhütte wieder aufzubauen.

NATURFREUNDE ORTSGRUPPE TERNITZ
Auszüge aus den Festschriften
75 Jahre Naturfreunde Ortsgruppe Ternitz

Am 8. Dezember 1907 erfolgte die Gründung der Ortsgruppe Ternitz, die sich anfangs Ortsgruppe St. Johann am Steinfelde nannte, dabei wurde im damaligen Vereinslokal, Gasthaus Buchleitner, Johann Krieger zum ersten Obmann und J. Scherz zum ersten Kassier gewählt. Ziel der Ortsgruppe war es, Gleichgesinnte für das Wandern und Bergsteigen wie auch für den Wintersport zu gewinnen. Es entwickelte sich eine rege Vereinstätigkeit, wobei auch gesellige Veranstaltungen nicht fehlen durften. Im ersten Vereinsjahr konnten 70 Mitglieder verzeichnet werden.

Bei der am 10. Jänner 1909 durchgeführten ersten Generalversammlung, begrüßte Obmann Krieger die Anwesenden und ließ das Protokoll verlesen. Der Bericht, aus dem hervorging, dass sich die Ortsgruppe kräftig entwickelt hatte, wurde mit viel Beifall aufgenommen. An Einnahmen gab es 370,62 Kronen zu verzeichnen, denen Ausgaben in der Höhe von 291,92 Kronen gegenüberstanden; daraus resultierte ein Kassastand von 78,70 Kronen. Der Mitgliedsbeitrag wurde um 20 Kreuzer auf 2,60 Kronen erhöht. Der bei dieser Versammlung gewählte Vorstand setzte sich wie folgt zusammen:

Obmann:	Johann KRIEGER
Stellvertreter:	Franz PATERAUSCH
1. Kassier:	Eduard WAGNER
2. Kassier:	Franz VÖLKERER
1. Schriftführer:	J. SCHERZ
2. Schriftführer:	Johann FINK
Kontrollore:	F. SCHABAUER und A. SCHELLMANN
Sachwarte:	J. GREINER und J. WENINGER
Ersatzmänner:	D. SCHIRK und J. HAIDER
Führersektion:	Anton PFLANZER, J. SAMM, Peter RATH jun., L. JEIDLER, D. INNTHALER, Markus BALBER, J. MÜLLER, F. SALMUTTER und F. GUTTMANN.

Angeregt wurde bei dieser Generalversammlung die Mitgliederwerbung zu verstärken, und auch der Termin für die monatlichen Zusammenkünfte wurde mit dem jeweils vierten Sonntag im Monat, wo dann neue Mitglieder aufgenommen werden, beschlossen.

Nachdem Obmann Krieger im Jahre 1910 nach Pilsen übersiedelt war, nahm Franz Völkerer diese Stelle ein und hatte sie bis zum Jahre 1913 inne. In der Folge gab es einen häufigen Obmannwechsel; im Jahre 1913 war es J. Scherz, ab dem 25. Jänner 1914 Herr Steurer, im Jahre 1919 Hans Windbichler und schließlich 1921 als letzter Obmann vor dem Zweiten Weltkrieg Constantin Lernpaß. Bald wurde der Wunsch nach einer vereinseigenen Hütte immer stärker, und nach längeren Verhandlungen mit dem Grundeigentümer, dem Bergbauern Herrn Peter Schmied aus Rohrbach im Graben, konnte im Jahre 1921 auf der Kaltwasserwiese ein Grundstück von 10 000 m² auf 30 Jahre, mit der Gegenleistung, darauf einen Stadel im Ausmaß von ca. 10 m x 6 m zu errichten, gepachtet werden. Nach langen Verhandlungen konnte dieses Grundstück käuflich erworben werden.

Der "Stadelbau" wurde in Angriff genommen; jeden freien Sonntag waren die Mitglieder von Ternitz über Sieding, Gaadenweith, Breitensohl nach Rohrbach imGraben unterwegs, und dies meist schon um 3.00 Uhr früh. Nach einer kurzen Rast beim Gastwirt Schanner wurden sodann die Bretter und Pfosten geschultert und in einem zwei Stunden dauernden Marsch zur Baustelle getragen. Da zu dieser Zeit in den Fabriken noch die Sechs-Tage-Woche vorherrschte, so kann man die Leistung der an der Errichtung der Hütte Beteiligten nicht hoch genug einschätzen. Im Jahre 1922 war es so weit, die Hütte konnte ihrer Bestimmung übergeben werden, und bereits in diesem Jahr war der Andrang so groß, dass man an die Er-richtung einer zweiten Hütte, die dann im Jahre 1924 be-werkstelligt wurde, denken musste.

Im Jahre 1923 hatte die Ortsgruppe mit einer Mitgliederzahl von 667 Personen ihren höchsten Stand vor dem Zweiten Weltkrieg zu verzeichnen. 1932 wurde der Gfiederschanzenbau in Angriff genommen. Bereits im Winter 1932/33 konnte das erste Springen durchgeführt werden. Danach wurden sol-

Die alte Ternitzer Hütte

che wie auch andere Aktivitäten verboten und erst im Winter 1946/47 mit drei Springen wieder durchgeführt.

Das am 12. März 1933 durchgeführte Schifahrertreffen auf dem Schneeberg, wobei Arbeiterskifahrer aus Wien und Niederösterreich teilnahmen, war ein voller Erfolg und beim Abfahrtslauf der Herren gab es folgendes Ergebnis:

1. Harry KÖCK	Naturfreunde Wien	1:26,5
2. Sepp BRUCKMEISTER	Arbeiterturnverein Wien	1:40,5
3. Franz HOFER	Naturfreunde Ternitz	1:43,5

Auch ein Damenbewerb wurde durchgeführt und er brachte folgendes Ergebnis:

1. Rosa KRAUSNER	Naturfreunde Ternitz	3 : 40,0
2. Hilda HAIDER	Naturfreunde Ternitz	3 : 41,0
3. Mitzi KOLLER	Naturfreunde Ternitz	3 : 43,5

Diese Ergebnisse brachten im Mannschaftswettbewerb den Naturfreunden Ternitz den ersten Platz mit einer Gesamtlaufzeit von 3 : 14,5 und den zweiten Platz mit einer Gesamtlaufzeit von 3 : 22,0 ein. Leider konnte man sich der Hütte und der Vereinstätigkeit nur bis zum Jahre 1934 erfreuen. Denn dann wurde diese zuerst vom "grünen" und 1938 vom "braunen Faschismus" in Besitz genommen und der Verein zur Auflösung gezwungen. Nach dieser Zeit rief Constantin Lernpaß im Jahre 1945 abermals die Ortsgruppe Ternitz mit einigen Mutigen neu ins Leben, die am Schneeberg nach dem ehemaligen Besitz der Ortsgruppe Ausschau hielten und weder vom Kanonendonner noch Gewehrfeuer zurückgehalten werden konnten, um an der bestehenden Hütte eine Tafel mit der Aufschrift "Eigentum der Naturfreunde Ternitz" zu befestigen. Da die Hütte während der Kriegsjahre oftmals geplündert wurde, mussten, um den Hüttenbetrieb wieder aufnehmen zu können, Neuanschaffungen von Geschirr, Essbestecken und Decken getätigt werden.

Bei der ersten Generalversammlung nach dem Zweiten Weltkrieg wurde Hr. Florian Kahofer zum Hüttenobmann bestellt. Die Eröffnung der renovierten Hütte am Pfingstmontag 1946 nützten viele, um die geschmückte Hütte zu bewundern; es war ein schöner Tag. Das erste Naturfreundekränzchen nach der Wiedergründung des Vereines wurde im Jahre 1947 durchgeführt. Durch den zunehmenden Besucherstrom musste die Hütte abermals vergrößert werden; sie wurde um sechs Meter verlängert und im Juli 1949 mit einem Almkirtag eröffnet. Nun standen neben 10 Betten und 30 Matratzenlagern auch 15 Notlager zur Verfügung. Weitere Begebenheiten, die Ortsgruppe betreffend:

1949 - 1951 wurden abermals Skispringen auf der Gfiederschanze durchgeführt und danach der Sprungbewerb im Jahre 1951 eingestellt. Vereinsschimeisterschaften, Landesschimeisterschaften, ÖSV-Meisterschaften, Phönix- und Schneebergrennen standen auf dem Programm. Der Mitgliederstand der Wintersportgruppe war im Jahre 1951 74 Mitglieder.

1950: In diesem Jahr wurde die Petroleumbeleuchtung durch den Ankauf einer Lichtanlage

Links oben: Bau der Gfiederschanze 1932
Rechts oben: Kampfrichter beobachten den Springer
Links: Teilnehmer an der Sprungkonkurrenz

ersetzt, ferner die Kommissionierung der Lichtanlage wie auch der erweiterten Hütte durchgeführt; auch der Vertragsabschluss mit Herrn Bielec, um Quellwasser zur Hütte zu leiten, wurde getätigt.

1951: Ein Meilenstein in der Geschichte der Ortsgruppe war die in Eigenregie errichtete eigene Haltestelle Ternitzerhütte der Zahnradbahn, ermöglicht durch die Bewilligung der Bundesbahn. In den Jahren bis 1953 wurden die Installation einer Blitzschutzanlage, der Anbau eines Waschraumes sowie diverse Reparaturen durchgeführt.

1954: Am 19. September fand auf der Ternitzer Hütte das Naturfreundertreffen anlässlich des Internationalen Naturfreundetages statt.

1955: Durch den Schneemangel konnten auf der Gfiederschanze im Laufe der Zeit nur wenige Springen durchgeführt werden, und so wurde sie wieder abgetragen.

1956: Einen schönen Erfolg konnte Harald Jurka feiern, er wurde bei den nö. Landesmeisterschaften 1. im Riesentorlauf und 2. in der Kombination, womit er auch nö.. ASKÖ-Meister wurde. Die Wintersportgruppe blieb auch weiterhin aktiv und beschickte nicht nur mehrere Rennen jedes Jahr, sondern es wurden auch Lehrwarte ausgebildet.

1957: Die durch eine Hagelkatastrophe beschädigten Eternitplatten mussten erneuert werden. Der Ankauf konnte durch Spenden von Mitgliedern und Gönnern wie durch eine Baustein-Aktion ermöglicht werden. In dieses Jahr fällt auch das 50-jährige Bestehen der Ortsgruppe. Die Festversammlung fand unter dem Ehrenschutze des Herrn Bürgermeisters Hans Wegscheider und Nationalrat Hans Czettel am Samstag, dem 1. Juni 1957 um 19.00 Uhr im Lokal Buchleitner, verbunden mit Ehrungen langjähriger Mitglieder, statt. Die Festansprache hielt Landesobmann Herr Schubert. Weitere Mitwirkende waren die Werkska-pelle Ternitz wie auch der Arbeitersängerbund "Liederkranz" Ternitz. Im Anschluss daran wurde zum Tanz geladen. Am Pfingstsonntag, dem 9. Juni um 11 00 Uhr, gab es anlässlich 35 Jahre Ternitzer (Grassinger) Hütte ein Berg- und Hüttenfest unter dem Ehrenschutze der Herren Bürgermeister Hans Wegscheider und Nationalrat Hans Czettel, der auch Festredner war, auf dem Schneeberg. Für den musikalischen Teil sorgten "Die Lustigen Schwarzataler".

1959: In diesem Jahr wurde wieder ein Almkirtag abgehalten. In der Sitzung vom August beschloss man, um dem Eindringen des Wassers in den Keller und Motorraum vorzubeugen, die Terrasse zu überdachen. Weiters wurden bei der Kleinbahn 300 Schwellen ausgetauscht und der Ankauf eines Jeeps ins Auge gefasst.

1960: Der langjährige Hüttenobmann Josef Dannheimer hat für immer die Augen geschlossen. Im August wurde die Wasserleitung in die Hütte eingeleitet. In diesem Jahr, wo Constantin Lernpaß seine Obmannstelle zurücklegte, die er von 1921 bis 1934 und von 1945 bis 1960 innehatte, fand auf der Ternitzer Hütte der Naturfreunde-Tag statt, an dem ca. 1 800 Personen teilnahmen. Constantin Lernpaß wurde zum Ehrenobmann ernannt und an seine Stelle trat Karl Leeb, den im Jahre 1964 Josef Weik ablöste.

1961 - 1965 wurden die nötigsten Reparaturen und ein Hüttenumbau durchgeführt, bei dem anstatt der bisherigen Matratzenlager zehn Zimmer mit je einem Stockbett für vier Personen und einem Inspektionsraum errichtet und von Mitgliedern der Wintersportgruppe die elektrischen Leitungen eingeleitet, ferner eine Terrasse mit Lärchenholzrost erbaut und ein WC-Neubau getätigt. Die Wintersportgruppe führt seit 1965 jährlich einen Kinderschikurs durch, wobei bis zum Jahre 1967 ca. 1280 Kinder durch unsere Lehrwarte betreut wurden. Diese Schikurse mussten im Jahre 1983 wegen Schneemangels wieder eingestellt werden.

Almkirtag

1967: Obmann und Ehrenobmann Constantin Lernpaß verstarb mit 82 Jahren.

1969 fanden die ersten Ternitzer Stadtschimeisterschaften am Schneeberg statt, wobei Josef Schober erster Ternitzer Stadtschimeister wurde.

1974 wurde in der Küche und in den Gasträumen der Fußboden verfliest sowie Küche und Schankraum neu eingerichtet, die Wetterseite mit Eternit verkleidet, Verbundfenster eingebaut und 60 neue Batterien gekauft und aufgestellt. Ferner gab es in diesem Jahr einen Wechsel an der Obmannstelle; Johann Rasner wurde gewählt und er hat diese Funktion bis heute inne, also schon über 27 Jahre.

1976: Neben Veranstaltungen, wie den im September durchgeführten nö. Naturfreundetag, an dem 2 500 Personen teilnahmen, sind auch die verschiedenen Fachgruppen jedes Jahr sehr aktiv. Sei es nun Jugend, Wandern, Bergsteigen oder Naturschutz, der Mitgliederstand erhöhte sich ständig und man verzeichnete 1980 einen Höchststand von 962 Personen.

1977 wurde im Gastraum ein Kachelofen aufgestellt und eine Duschkabine installiert.

1979 wurde eine neue Werkzeughütte aufgestellt.

1982: In diesem Jahr, am 4. September, konnte nach einem vorangegangenen Hüttenfest der 60-jährige Bestand der vereinseigenen Hütte und am 21. November in der Stadthalle in Ternitz das 75-jährige Bestehen der Ortsgruppe mit einem Festkonzert gebührend gefeiert werden.

1987 - 1995: Bis zum Jahre 1992 mussten wieder Arbeiten, wie die Verlegung von Waschbetonplatten zur Toilette, Verlegung von Bodenfliesen, Aufstellen eines Tischtennistisches, Verfliesen der WC-Böden, Bau eines großen Gartengrillers, die Erneu-erung aller Fenster sowie das Streichen aller Fußböden in den Schlafräumen durchgeführt werden.

1995: Installation einer Photovoltaik-Anlage. Für diese Anlage, zu deren Eröffnung Obmann Johann Rasner am 15. Juli einlud, erhielten die Naturfreunde Ortsgruppe Ternitz den Hans-Czettel-Förderrungspreis in der Höhe von ATS 200.000,-- für besondere Leistungen im Natur- und Umweltschutz verliehen. Die Anlage war eine der größten auf einer österreichischen Schutzhütte. Musikalisch wurde diese Anlage von Sepp Fallenbügel von den Wimpassinger Naturfreunden mit dem von ihm komponierten "Licht Lied" gewürdigt.

1996 - 1997: Bau eines Abwassersammelbehälters und einer Garage sowie Sanierung der durch die Bauarbeiten des Sammelbehälters in Mitleidenschaft gezogenen Wiese vor der Hütte. Weiters sind auch die Aktivitäten der "Bergsteigergruppe", die eine der aktivsten war, zu erwähnen. Touren in Österreich - Dachsteingebiet, Glocknergruppe, Ötztaler Alpen, etc., in Europa - Julischen Alpen, Dolomiten, Wallis, etc., sowie in den Bergen der Anden, des Kaukasus, in Mexiko und 1995 ins Himalaja-Gebiet standen auf dem Programm.

Weiters wird seit einigen Jahren mit den Kindern, die am Ternitzer Ferienspiel teilnehmen, ein Klettern auf der Kletterwand in Wimpassing durchgeführt.

Die Gruppe "Reisen und Wandern", deren Wandersaison jedes Jahr am Ostersonntag beginnt, führt zahlreiche Fahrten und viele Wanderungen durch die nähere Heimat wie Wechselgebiet, Schneeberg, Gahns, Hochschwab, Schneealpe etc. durch. Auch die seit dem Jahre 1993 durchgeführten Radausflüge nach dem Seewinkel, erfreuen sich großer Beliebtheit. Von der "Wintersportgruppe" wurden Tagesfahrten zum Schilaufen auf die

Links: Karitative Aktion der Ortsgruppe
Unten: Hans-Czettel-Preis für die Ortsgruppe

Tauplitzalpe und Turracher Höhe unternommen und seit 1992 wird jährlich eine Schiwoche abwechselnd in den Gebieten des Arlberg, Ischgl, Südtirol und Flirsch durchgeführt; 1996 führte diese Tour nach Tschagguns.

Weitere jährliche Aktivitäten der Ortsgruppe sind:

Die monatliche Ausschuss-Sitzung, die Durchführung der Ternitzer Stadtschimeisterschaften, Besuche der nö. Naturfreunde-Tage, Besuche der Hüttentagungen, Grillabende auf der Ternitzer Hütte, eine Bergmesse sowie Weihnachtsfeiern. Aber auch karitativ ist die Naturfreunde Ortsgruppe Ternitz tätig. So wurden z. B. Steppdecken und Pölster zur Weiterverwendung nach Nyireghàza transportiert und dort im Kamillianer-Kloster vom Gründer P. Dr. Anton Gots dankbar entgegengenommen.

Der Vereinsausschuss 2002:

1. Obmann	Johann RASNER
2. Obmann	Kurt WAITZBAUER
1. Hüttenobmann	Helmut HAUSLEBER
1. Schriftführer	Ewald DÖRFLER
1. Kassier	Karin WAITZBAUER

NATURFREUNDE ORTSGRUPPE HIMBERG

Die Vereinsgründung der Ortsgruppe Himberg erfolgte im April 1920, wobei zum ersten Obmann Leopold Sicheritz und als Stellvertreter Hans Seifert gewählt wurden. Sie hatten

Die Ternitzer Hütte heute

diese Funktion bis zum Jahre 1934 inne. Kassier und Schriftführer war Frau Rosa Platzer. Als Vereinslokal diente das Kinderfreundeheim Himberg; heute steht das Volkshaus Himberg als Vereinslokal zur Verfügung.

Auf Grund der Vorkriegsereignisse erlitt die österreichische Naturfreundebewegung im Jahre 1934 einen schweren Rückschlag; sie wurde aufgelöst. Es mussten das Inventar wie auch die Vereinshütten an andere Vereine abgetreten werden. Im Falle der Naturfreunde Ortsgruppe Himberg verhielt es sich so, dass das vorhandene Geld durch den damaligen Schriftführer und Kassier, Frau Rosa Platzer aus Himberg, bei der hiesigen Polizei abgeliefert werden musste.

1945: Doch auch diese Zeit ging vorüber und am 14. Juli war es wieder so weit, die Neugründung der Himberger Naturfreunde wurde im Gasthaus Hillinger "Zum grünen Baum" gefeiert. Neuer Obmann war bis zum Jahre 1948 Benno Preisnecker. Gemeinsam mit Lorenz Muzik und Rosa Platzer fand er im Rohrbachgraben eine kleine Holzhackerhütte, die vergrößert wurde und ihm zu Ehren den Namen "Benno-Preisnecker-Hütte" erhielt. Sie war bis zum Jahre 1978 Unterkunft der Ortsgruppe.

1946 bis 1954 waren Ludwig Heinrich aus Himberg und Franz Kopecek Himberg - Wien als Hüttenwarte tätig. Ihnen folgten im Jahre 1955 Alfred Schleis aus Himberg, weiters Karl Fellinger und Josef Gablerits. Auch mussten bis zum Jahre 1954 viele Umbauarbeiten und Renovierungen durchgeführt werden.

1948: Am 15. Oktober wurde die Fotogruppe durch Alfred Jörg und einigen Fotointeressierten gegründet. Sie widmeten sich intensiv ihrem Hobby, und so konnten sie im Laufe der Jahre zahlreiche Preise und Annahmen bei nationalen und internationalen Wettbewerben erringen. Ab dem Jahre 1977, wo sich die Fotogruppe neu konstituierte, übernahm Herbert Pfolz als Obmann die Leitung, die er über 17 Jahre erfolgreich innehatte. Ihm folgte im Jahre 1994 Hans Haumer, der aus beruflichen Gründen diese Stelle nach drei Jahren wieder abgeben musste. Seither leiten diese Gruppe Herbert und Riki Pelikan. Die Gründung der Volkstanzgruppe fällt ebenfalls in dieses Jahr. Diese Gruppe, der bis zu 12 Tanzpaare angehörten, existierte bis zum Jahre 1953.

1949: Von nun an nahm Hans Hellerschmidt die Geschicke als Obmann der Ortsgruppe in die Hand und hatte diese Funktion bis 1955 inne. Am 17. Dezember wurde von der Gemeinde Puchberg am Schneeberg die Baubewilligung für den Ausbau der Himberger Hütte erteilt. Bauführer war der aus Maria Lanzendorf stammende Zimmermann Gottlieb Feigel. 12 Betten und ein Dachraum mit Matratzenlagern, ein Küchenzubau und der Hüttenwarteraum in der Mansarde sowie ein kleiner Waschraum wurden hinzugefügt. Ferner wurde die Quelle vor der Hütte für das Trinkwasser gefasst und die Stützmauer für die Terrasse errichtet. All diese Arbeiten konnten im Jahre 1954 als abgeschlossen bezeichnet werden.

1955: In diesem Jahr konnte der Pachtvertrag um weitere 18 Jahre, verlängert werden.

1956 wurde Gottfried Kedziersky zum neuen Obmann der Ortsgruppe gewählt, der diese Funktion bis zum Jahre 1963 ausübte. An Aktivitäten gab es Wanderungen, ein Kränzchen, Vereinsabende sowie Krampusfeiern, denen Maibaum-Setzungen, Radpartien und Lichtbilder Vorträge folgten, zu verzeichnen.

Von 1964 bis 1972 hatte die Obmannstelle Franz Schuh inne.

1972 musste an eine Pachtvertragsverlängerung für die Himberger Hütte gedacht werden, und so begann Obmann Franz Schuh mit den Verhandlungen.

1973: Obmann Franz Schuh wurde Landesnaturschutzreferent der nö. Naturfreunde und erhielt auf Grund seiner Tätigkeit im Naturschutzreferat von der NÖ Landesregierung im Jahre 1977 den Josef-Schöffel-Preis verliehen.

Das Himberger Haus heute

1974 wurden die Vorverhandlungen für eine Pachtverlängerung ohne Ergebnis abgebrochen und man beschloss, ein neues Grundstück für ein Haus am Schneeberg zu suchen und eventuell anzukaufen. Ein solches, mit einer Größe von 2 000 m², konnte vom Landwirt Anton Schmidt aus Rohrbach erworben werden; der Hausbau wurde in Angriff genommen. Zuerst entwarf Baumeister Alois Jelinek kostenlos einen Plan. Dann galt es die notwendigen finanziellen Mitteln für den Neubau aufzutreiben. Viele Spenden der Himberger Bevölkerung, die Unterstützung vieler Himberger Firmen, Subventionen der Gemeinde Himberg sowie des Hüttenfonds der Naturfreunde trugen dazu bei, dass das neue Himberger Haus schuldenfrei gebaut werden konnte. In diesem Jahr begann sich nach längerer Pause wieder eine Wintersportgruppe der Ortsgruppe zu bilden. Unternahm man zuerst mit den Schwechater Naturfreunden gemeinsame Skifahrten, so stießen immer mehr skibegeisterte Naturfreunde hinzu. Ferner konnten Thomas Haidegger und Manfred Koch als Skilehrwarte gewonnen wer-

den. Die Tätigkeiten der Wintersportgruppe waren Fahrten zum Schnee, Skigymnastik und Langlaufen.

1978: Nach 4-jähriger Bauzeit und 74 000 geleisteten freiwilligen Arbeitsstunden konnte das neue Himberger Haus in 980 m Seehöhe am 10. Juni 1978 unter Beisein des damaligen Himberger Bürgermeisters Herrn Rudolf Wieser und der Gemeinderäte feierlich eröffnet werden. Die Eröffnung selbst nahmen der damalige Landesobmann der Naturfreunde NÖ, Aman Kysala, wie auch Bürgermeister Rudolf Wieser vor. Seit diesem Zeitpunkt war das Himberger Haus ein beliebtes Ausflugsziel und beliebter Erholungsort für die Himberger Bevölkerung geworden. Gemeinsam mit der Gemeinde Himberg wurde die Idee "Himberger Skimeisterschaft" verwirklicht. Ausgetragen wurde der Bewerb auf der Weltcupstrecke am Hirschenkogel. Anschließend fanden die Siegerehrungen im Volkshaus in Himberg unter tosendem Applaus für die Sieger statt.

1980: In diesem Jahr wurde das 60-jährige Bestehen der Ortsgruppe gefeiert. Bei der Skimeisterschaft konnte eine Rekordbeteiligung verzeichnet werden; 110 Teilnehmer waren am Start.

1986 wurden 70 Kinder das erste Mal zum Pressegger See in Kärnten in das Kinderferienlager mitgenommen und von der damaligen Betreuergruppe, zu der Ronald und Andrea Schuh, Christian Schuh, Martina Loub-Knabl und Kollegen aus St. Pölten gehörten, betreut; weitere Aktivitäten folgten. So z. B. Kindertreffen am Schneeberg, Jugendcamp am Klopeiner See mit Bungy Jumping, Sommerrodelbahn und Grillabend. Teilnahmen an Bundesjugendtreffen, Rafting in Wildalpen, Rad-Rätsel-Rallye in Himberg, Adventbasteln, Spielenachmittag, Kinderdisco, Jugend Clubbing, Erlebniscamps, Kinder-Olympiade, Fußballturniere, Sommerfest, Zeltfest und Silvesterparty zeigen, wie vielseitig diese Jugendgruppe agiert. Auch für die Gesundheit wurde einiges getan, so z. B. die regelmäßig durchgeführten Langsam-Lauf-Treffs, erstmals veranstaltet am 2. Mai, Fitmärsche, Fitläufe, Radfahrten wie auch Kräuterwanderungen. Sinn dieser Veranstaltungen war es, nicht nur das Gemeinwesen, sonder auch die Gesundheit und die Freude am Erleben zu fördern. All diese Aktivitäten wurden von der Bevölkerung wie auch von den Mitgliedern der Naturfreunde Gruppe Himberg mit Begeisterung angenommen, so dass man oft bis zu 50 Teilnehmer zählen konnte. Besonders gut besucht waren die am 26. Oktober traditionell um 9.00 Uhr gestarteten Fitmärsche, wo je nach Witterung 100 bis 500 Teilnehmer an den Start gingen. Groß und Klein war dabei, um gehend oder laufend die vorgeschriebene Strecke zu absolvieren. Auch die Radfahrer haben ihre Fixplätze im Sportprogramm, so wird jährlich zu einer Halbtags- oder Tagestour eingeladen, wobei es Streckenlängen zwischen 30 und 80 Kilometern zu bewältigen gab.

1990: Die Laiendarstellergruppe "RAURACHL'N", die anlässlich 70 Jahre Naturfreunde Ortsgruppe Himberg am 2. 5. gegründet wurde, spielte zu diesem Anlass ihr erstes Stück, betitelt "Liebe und Blechschaden". Die Namensgebung geht auf Ronald Schuh zurück, der

anlässlich einer geselligen Runde diesen ausgefallenen Namen kreierte. Für das erste Stück wurde neun Monate geprobt; es hatte sich gelohnt, denn der Erfolg war überwältigend.

1991 wurden 70 Hainbuchensträucher in Himberg gepflanzt.

1992: Neuer Obmann der Ortsgruppe Himberg ist Manfred Schmiedbauer. Bis zum heutigen Datum wurden zahlreiche Umbau- und Erweiterungsarbeiten am Himberger Haus vorgenommen, wie z. B. Kellerausbau, neue Quellfassung und Trinkwasser-Entkeimungsanlage, Solaranlage sowie eine Pergola, neue Fenster und eine Kegelbahn. "'s Blattl", die halbjährlich erscheinende Mitgliederzeitung, wird erstmals ab Juni 1993 veröffentlicht.

1994: Die offizielle Übergabe der Himberg-Fahne an die Ortsgruppe mit anschließender Fahnenweihe am Himberger Haus erfolgte am 5. Juni. In diesem Jahr gab es auch zum ersten Mal eine Laterndl-Wanderung auf das Himberger Haus, wie auch die erste Teilnahme am "Himberger Fasching". Im Sinne des Umweltschutzes wurde die Stromversorgung auf Solarenergie umgestellt und in diesem Jahr auf eine Spannung von 220 Volt erweitert.

1995: Am 4. 11. fand die feierliche Eröffnung des "Benno-Preisnecker-Parks" am Schrebergarten statt. In dieses Jahr fällt auch der 100. Geburtstag der Naturfreunde Österreichs. Dass der Naturfreunde Ortsgruppe Himberg um die Zukunft nicht bange sein braucht, geht schon daraus hervor, dass sie in diesem Jahr 650 Mitglieder aufzuweisen hatte; sie war somit der größte Verein in Himberg und Umgebung.

1997: Neben Almkirtag, Kulturfahrt, Pfingstreise, Kränzchen, Stelzen Schnapsen, Mitgliederabenden und Diavorträgen gab es einen Adventstand im Benno-Preisnecker-Park.

1999: Mit der Gemeinde wurde die 1. Himberger Skimeisterschaft durchgeführt.

2000: Nach 10-jährigem Bestehen konnte die Laiendarstellergruppe "RAURACHL'N" den 10 000. Gast, Herrn Peter Stanch, begrüßen. In dieser Zeit wurden Stücke wie "Liebe wie's im Büchl steht", "Eine verrückte Familie", "Himmel und Hölle", "Mord am Hauptplatz" und im Jahre 2000 "Der verhinderte Casanova", um nur einige zu nennen, zum Besten gegeben. Aber nicht nur in Himberg war man auf den Brettern zu Hause, auch in Fischamend und im Forum Schwechat konnten sich die Zuseher von der Qualität der Darbietungen überzeugen. Mitwirkende bis zum Jahre 2000 waren: Manfred und Ingrid Schmiedbauer, Norbert und Sabine Papai, Ernst und Johann Bernsteiner, Sabine Krist, Christa, Jürgen und Karin Rad, Markus Reidl, Christian Hartlauer, Sabine und Robert Rehlicki, Eva Kerber, Martina Thallmaier, Franziska und Irene Hnilitzka, Rudi Schwarzenbarth, Cornelia Krüger, Renate Gablerits, Peter Liebert, Robert Neveril, Manuela Lachnit, Natascha Cejka und Sabine Skriwanek. Für den Bühnenbau, den Kartenvor- und Programmverkauf etc. waren Manfred und Gerald Hnilitzka, Traude und Hans Papai, Erika Schuh, Josef Gablerits, Reinhard Thurner, Wolfgang Grasneck, Elli Schmiedbauer und Erika Schmidt verantwortlich. Ferner wurde in diesem Jahr zu Ehren von Franz Schuh und allen freiwilligen Helfern, die am Bau des Himberger Hauses beteiligt waren, eine Steintafel enthüllt. Wie beliebt das Himberger Haus ist, zeigen die folgenden Zahlen: 16 925 Nächtigungen und 11 110 Tagesbesucher konnten bis zum heutigen Tage verzeichnet werden.

Auch die Reisefreudigkeit der Naturfreundemitglieder soll Erwähnung finden. So fand unter dem Reiseleiter Franz Schuh die traditionelle Pfingstreise über den Loiblpass nach Ljubliana und Porec statt. Am nächsten Tag ging die Fahrt zum Limski Kanal, einem fjordartigen Einschnitt, wo eine Schifffahrt zu den Austernbänken und den Felsenhöhlen unternommen wurde. Am Abend stand der Besuch einer Folkloreveranstaltung auf dem Programm. Weiter führte die Reise in den folgenden Tagen in die Stadt Pula, vorbei am U-Boot-Hafen, um dann in Pula den Marinefriedhof, das Kolloseum oder die diversen Märkte zu besuchen. Am 13. Juni ging es über Opatija und Rijeka wieder heimwärts; ein Erlebnis war zu Ende und wir lassen uns überraschen, wohin die nächste Pfingstreise führen wird. Das Freizeitprogramm der Ortsgruppe umfasst ferner noch Wanderungen, Kränzchen, Vereinsabende und Krampusfeiern. Besonders erwähnenswert ist das Naturfreundekränzchen, das sich großer Beliebtheit erfreut und seit Jahren die bestbesuchte Tanzveranstaltung in Himberg ist.

Durch ihr langjähriges, verdienstvolles Wirken wurden die Mitglieder Franz Schuh, Gott-

Links: *Eröffnung des Benno-Preisnecker-Parks*
Unten links: *Laiendarsteller der "Raurachel'n"*
Unten rechts: *Laterndlwanderung*

fried Kedziersky, Alfred Schleis und Johann Papai mit der Silbernen Ehrennadel und Hans Hellerschmidt, Franz Schuh und Anna Zahm mit der Goldenen Ehrennadel ausgezeichnet.
Der Vorstand im Jahre 2002:

Obmann	Manfred SCHMIEDBAUER
Stellvertreter	Helmut MAYER, Johann PAPAI und Franz SCHUH
Schriftführer	Gabriele MAYER
Stellvertreter	Erika SCHUH
Kassier	Barbara KRACHER, Christian HARTLAUER
Kontrolle	Renate GABLERITS und Franziska HNILITZKA
Referate:	
Archiv	Herbert PFOLZ, Robert RAD und Franz SCHUH
Foto	Friederike und Herbert PELIKAN
Hütte	Josef GABLERITS, Johann PAPAI und Gerhard CHOBOT
Jugend	Ronald SCHUH
Kultur	Christian HARTLAUER
Sporttreff	Ingrid SCHMIEDBAUER
Naturschutz	Franz SCHUH
Presse	Gabriele MAYER
Reisen	Franz SCHUH und Helmut MAYER
Wandern	Dieter SUPANTSCHITZ
Werbung	Christian MAYER
Wintersport	Manfred KOCH

Erreichbar ist das Himberger Haus über die Südautobahn, Abfahrt Wr. Neustadt oder Neunkirchen, und dann weiter nach Ternitz-Sieding und vor Puchberg nach Rohrbach im Graben. Von dort ist man nach ca. 1 Stunde Gehzeit am Ziel, oder man fährt mit der Zahnradbahn bis Haltestelle Hengstsattel und erreicht von dort in ca. 45 Minuten Gehzeit das Haus. Es ist Ausgangspunkt für Schneebergwanderungen, wie z. B. in ca. 3 ½ Stunden auf den Hochschneeberg oder über den Krummbachstein in ca. 2 ½ Stunden zum Friedrich-Haller-Haus auf der Knofeleben. Das Himberger Haus ist Selbstversorgerhaus und es werden nur Getränke verabreicht. Man verfügt über 60 Sitzplätze im Haus, 7 Schlaflager und 50 Betten, 1 Matratzenlager und 2 Waschräume.

Abschließend ist zu bemerken, dass der Erfolg der Naturfreunde Ortsgruppe Himberg dem Bestreben für eine gemeinsame Idee und dem Zusammenwirken der Funktionäre untereinander zu verdanken ist, wenngleich die Ideen ohne die nötige Unterstützung, ob materieller oder finanzieller Art, oder in Form von Hilfeleistungen nicht umsetzbar wären. Deshalb möchte sich die Naturfreunde Ortsgruppe Himberg an dieser Stelle bei allen Gönnern und Helfern recht herzlich bedanken.

NATURFREUNDE ORTSGRUPPE WIMPASSING
Auszug aus 75 Jahre Ortsgruppe, 1922 - 1997

Die Gründung der TVN Ortsgruppe Wimpassing erfolgte im Jahre 1922. Aber nicht nur Wandern stand auf dem Programm der Ortsgruppe, auch eine eigene Fotosektion, welche jeweils ab den 30er Jahren zu den Weihnachtsferien eine Ausstellung in der Volksschule ver-

Altes Gemäuer im Rohrbachgraben

anstaltete, war vorhanden. Sie musste sich mit einer Dunkelkammer, die im Petroleumkammerl des ehemaligen Konsums untergebracht war, begnügen.

Nun kam das Jahr 1934, wo auf Grund der politischen Situation das Vereinswesen verboten war; dies war auch das vorläufige Aus der Ortsgruppe; der Verein musste aufgelöst werden. Doch als die Wirren des Nationalsozialismus und des Zweiten Weltkrieges überstanden waren, konstituierte sich der Verein 1946 unter dem Obmann Karl Lorenz neu. Die ersten gemeinsamen Aktivitäten nach der Neubildung waren Ausflüge und Wanderungen, wobei der erste gemeinsame Ausflug am 10. August 1947 stattfand. Auf einem LKW wurden Bänke aufgestellt, und mit diesem behelfsmäßig ausgestatteten Fahrzeug ging es zum Grünsee, von dort weiter zur Pfarrlacke und Pfarreralm. Dies war der erste von den nun folgenden gemeinsamen Ausflügen unter der Leitung von Herrn Anton Hackl. Es folgten Badefahrten zum Neufelder See, Ausflüge auf die Hohe Wand oder in die Wachau, die zum Mitmachen einluden. In den folgenden Jahren stand mit den Fixterminen unseres Wanderwartes ein interessantes Programm zur Verfügung. Jährlich wurden vier bis fünf verschiedene Ausflüge organisiert; von

der gemütlichen Wanderung bis zur alpinen Tour, vom Badeausflug mit Spaziergang bis zum 2-Tage-Marsch. Dabei wurden sowohl die Berge der näheren Umgebung wie auch entferntere Ziele ins Auge gefasst.

1949 war das Jahr, wo einige Mitglieder bestrebt waren, den Vorstand zur Errichtung einer vereinseigenen Hütte zu bewegen, wobei als Standort ein Platz in der Nähe des Kummerbauerstadls ins Auge gefasst wurde; es kam anders. Man nahm nämlich die Gelegenheit wahr und übernahm die "Waldhütte" der Naturfreunde Ternitz. Die ehemalige Holzknechthütte befindet sich in einer Seehöhe von 1 200 m am Kaltwassersattel und ist als Selbstversorger Hütte ausgelegt. Sie ist im Sommer an Wochenenden geöffnet und besitzt 20 Lager, Terrasse mit einigen Bänken und Tischen, jedoch weder einen Winterraum noch Strom, Wasser oder Telefon, ist aber bis zum heutigen Tage das Herzstück des Vereines. Seit 1949 sind die Naturfreunde Wimpassing Pächter und Betreiber dieser Hütte. Nach mehrmaligem Pächterwechsel ist die Familie Bleier aus Rohrbachgraben unser jetziger Grundherr. Um 1949 die nötigen Geldmittel für die Ablöse und Renovierung aufzubringen, ließ sich die Ortsgruppe etwas einfallen; ein zünftiger Maibaumumschnitt wurde veranstaltet. Im Juli 1949 fand ein richtiges Spektakel statt, denn ein Umzug mit Musik brachte den ganzen Ort auf die Beine, und der Umschnitt des "Kirtabaumes" war sowohl gesellschaftlich wie auch finanziell ein voller Erfolg. Nach Durchführung der wichtigsten Ausbesserungs- und Reinigungsarbeiten im November und im Dezember konnten bereits am 26. 12. 1949 die ersten Einnahmen der Hütte verbucht werden. Für weitere geplante Instandsetzungs- und Verbesserungsarbeiten mussten mehr Mittel aufgebracht werden, als die Hütte selbst an Ertrag abwarf. So wurden in den Jahren 1950 bis 1957 alljährlich Touristenkränzchen abgehalten. Mit diesen zusätzlichen Mitteln konnten bis zum heutigen Tage die verschiedensten notwendigen Investitionen, wie z. B. die Installation einer Gaslichtanlage, die Erneuerung des Daches, der Zubau von Vor- und Vorratsraum sowie einer Holzhütte vorgenommen werden. Die Anschaffung neuer Herde, die Neugestaltung von Schlaf-, Aufenthalts- und Inspektionsraum standen ebenso auf dem Programm.

Einen Rückschlag erlitt die Ortsgruppe dann zur Jahreswende 1975/76, als heftige Stürme einen katastrophalen Windbruch verursachten und die Hütte den ganzen Sommer lang an Holzarbeiter vergeben werden musste. Weiters wurde durch einen Einbruch im Herbst 1976 erheblicher Schaden angerichtet. So stand die Hütte der Ortsgruppe erst wieder ab dem Jänner 1977 für Beherbergungszwecke zur Verfügung. Seit 1978 wird auf der Wimpassinger Hütte von Samstag 14.00 Uhr bis Sonntag 14.00 Uhr von unseren Mitgliedern Hüttendienst versehen. Als Selbstversorgerhütte ist sie ein gern besuchtes Ziel von Tagesausflüglern oder wird für ein entspannendes Wochenende genützt.

Im Jahre 1981 fand erstmals eine Bergmesse statt. Da der damalige Pfarrer von Wimpassing, Pater Josef Klementh, die Messe am Berg aus gesundheitlichen Gründen nicht hal-

Die von der Ortsgruppe Ternitz erworbene 1. Wimpassinger Hütte

Ausflug der Ortsgruppe

ten konnte, sprang der ehemalige Kaplan Pater Alfred Ertle ein. Auch diese Veranstaltung ist zu einem Fixpunkt im Jahresprogramm der Ortsgruppe geworden.

Wintersport

Als ein Winterurlaub für jedermann noch nicht selbstverständlich war, wurden von der Ortsgruppe Wimpassing ab dem Jahre 1968 bereits Wochenendskikurse abgehalten, wobei unsere eigens dafür ausgebildeten Lehrwarte den Kindern und Jugendlichen die ersten Lektionen auf zwei "Brettln" erteilten. Im selben Jahr wurde der erste Skikurs am Schneeberg, in den folgenden Jahren am Bärenkogel, in Miesenbach und beim Moassa durchgeführt. Der Andrang war so groß, dass man in der Zeit zwischen Weihnachten und Hl. Drei Könige jeweils zwei Kurse abgehalten hatte. Aber auch für die Erwachsenen wurden Skiurlaube, teilweise in Zusammenarbeit mit anderen TVN-Ortsgruppen organisiert und durchgeführt. Den Höhepunkt der Winterveranstaltungen bildete die Dachsteinüberquerung mit Tourenskiern.

Durch die vielen skibegeisterten Mitglie-der wurden in der Folge auch Skirennen veranstaltet und bis zum Jahre 1995, soweit es die Schneelage zuließ, auch Skimeisterschaften durchgeführt. Meist erfolgten diese im Rahmen des "Volksskilaufes" zusammen mit der Markt-gemeinde Wimpassing bzw. dem Kulturverein Wimpassing. Austragungsorte waren unter anderem die Teufelsmühle in Ganabach, der Schneeberg, der Gruberlift in der Fröschnitz oder der Erzkogel am Sonnwendstein. 1996 konnten wir beim 1. ER & SIE-Lauf eine stattliche Anzahl Starter verzeichnen. Diese ließen sich auch nicht abschrecken, als das Rennen wegen Schneemangels im Freizeitzentrum in Wimpassing als "echter Lauf" durchgeführt werden musste.

Die Obmänner der TVN Ortsgruppe Wimpassing:

1922 - 1934	Emil PFLANZER
	und Josef MAYERHOFER
1946 - 1968	Karl LORENZ
1968 - 1977	Johann LUGER
1977 - 1986	Johann HAAG
1986 - 1995	Walter JEITLER

seit 1995 Franz PÜRER

NATURFREUNDE ORTSGRUPPE POTTSCHACH

Der Verein wurde 1903 gegründet. Nach dem Zweiten Weltkrieg konnte am Gahns ein Grund gepachtet und in den folgenden Jahren darauf eine Hütte errichtet werden. Nach mehreren Um- und Zubauten wurde 1962 die Pottschacher Hütte dann feierlich eröffnet.

Naturfreunde Wimpassing

Dank und Anerkennung für die langjährige Treue

Die Vereinsleitung

NATURFREUNDE WIEN
*Auszug aus der Eröffnungsrede
von Dr. Karl Renner, Wien 1931*

Am 21. März 1931 fand die festliche Eröffnung des von der Ortsgruppe Wien angekauften und für ihre Zwecke umgebauten Hauses in der Diefenbachgasse statt. Außer dem Bürgermeister Seitz und demm Präsidenten Richter sprach auch Staatskanzler a. D. Dr. Karl Renner, ein Gründungsmitglied unseres Vereines. Hier ein kleiner Auszug davon.

Mit freudigem Stolz erfüllt es mich, Wiens Naturfreunde heute in diesem geräumigen und prächtigen Eigenheim begrüßen zu können. Bin ich doch einer aus der kleinen Schar, die vor etwa 35 Jahren sich im Extrazimmerchen eines kleinen Vorstadtgasthauses als "Touristische Gruppe" von Parteigenossen zusammengefunden hat, um Angehörige der Arbeiterklasse aus der kümmerlichen, von Krankheitskeimen geschwängerten Enge der Großstadtbehausung hinauszuführen ins Freie und ihnen die Herrlichkeiten der Natur zu erschließen. Aus dieser

*Die alte und
die neue
Pottschacher
Hütte*

touristischen Gruppe von wenigen Dutzenden ist heute eine Weltorganisation von ebenso vielen Zehntausenden geworden, die sich über mehrere Erdteile erstreckt. Wie schmerzlich ist es, dass der begeisterte Arbeiterapostel aus jenen Anfängen, unser Rohrauer, diesen Augenblick nicht miterlebt hat! Er, der in seiner Person die lebendige Verkörperung der Schwung- und Tatkraft des Proletariats, seiner Naturliebe und seines Wissensdurstes gewesen ist!

Für die paar Dutzend Leute der touristischen Gruppe war die Naturpropaganda ein reiner Siegeszug. In wenigen Jahren wurden aus den Dutzenden Hunderte, aus den Hunderten Tausende, aus den Tausenden Zehntausende. Aus der bloßen Naturbetrachtung, deren Pioniere wir waren, wurde bald die Liebe zur Naturwissenschaft, die Freude an der Naturforschung. Naturfreunde erschlossen und erforschten Höhlen, bestiegen und erstiegen

Gipfel, befuhren mit dem Paddelboot Flüsse und Ströme und vertrauten sich bald auch mühselig und primitiv zusammengezimmerten Segelflugzeugen an. Naturfreunde wurden Korrespondenten von Naturforschern und ihren Instituten. An den geselligen Abenden, die man in der Stadt zu verbringen gezwungen war, führten die jungen Forscher im Lichtbild ihre Erfahrungen vor, brachten Gelehrte neueste Entdeckungen vor die verständnisvoll gewordenen Massen. Ein Zweig der Wissenschaft hatte so eine Gefolg- und Hörerschaft gewonnen, die bereit war, nicht nur aufzunehmen, sondern auch mitzuschaffen.

Damit aber entrollt sich eine Perspektive der Zukunft, die heute noch nicht jedem vertraut ist, die sich aber deutlich aus dem wirren Wandel unserer Zeit heraushebt. Zusammengehalten mit allen anderen Organisationen, welche die Arbeiterbewegung geschaffen hat, ergibt sich folgendes Bild. Die Gemeinde der Schul- und Kinderfreunde übernimmt von unten her das Erzie-hungsproblem, dem ein Ministerium von oben her dient.

Wir sehen, wie diese künftige Gesellschaft nicht mehr diktatorisch beherrscht, nicht mehr bürokratisch regiert wird, sondern in einer Fülle von freien Organisationen sich selber regiert...........

Die Eröffnung des neuen Heimes der Naturfreunde ist ein stolzer Tag. Ihm wird ein noch stolzerer folgen, wo diese ihre Heimstätte mit den naturwissenschaftlichen und technischen Hochschulen sich verschwistert, wie Praxis und Theorie, wie die schaffende Hand und der planende Geist.

Die Knofelebenhütte, heute Friedrich-Haller-Haus

Nach dem Ersten Weltkrieg stieg die Mitgliederzahl der Wiener Naturfreunde sprunghaft an und der Wunsch nach einem Schutzhaus im Rax- und Schneebergebiet wurde immer stärker. Auf der Knofeleben im Schneeberggebiet stand eine seinerzeit dem Grafen Hoyos gehörende alte Jagdhütte, welche von der Ortsgruppe Wien gepachtet wurde und die ein Schlafhaus dazugebaut hat, was in der damaligen Zeit der Geldentwertung den Verantwortlichen sehr viel Mut und Opferbereitschaft abverlangte. Das Vorhaben wurde von den Wiener Naturfreunden im Jahre 1922 in Angriff genommen, und Baufondsspenden der Mitglieder, freiwillige Mitarbeit derselben bei der Bringung des gesamten Baumaterials vom Scheiterplatz in Reichenau und Mitwirken beim Aufbau der Hütte waren beispielgebend. Alt und Jung, Frauen und Männer wetteiferten beim Lastentragen, und alle Beteiligten werden sich gerne an diese schöne Zeit erinnern. Die Eröffnung des Hauses am südlichen Schneeberg wurde im

*Alois Rohrauer,
Mitbegründer der NF*

Jahre 1923 feierlich begangen. Als dann in der Weihnachtszeit des Jahres 1926 die alte Jagdhütte in Flammen aufging, wurde sie durch einen größeren Neubau ersetzt und bot nun mit 30 Betten in 2- und 3-Bett-Zimmern und 29 Matratzenlagern eine gastliche Unterkunft.

Im Winter 1943/44 errichtete man am Gahns in diesem Haus ein Schilager für Jugendliche. Es waren 40 bis 50 fünfzehn- bis sechzehnjährige Jugendliche aus Wien, die mit ihren Ausbildnern 14 Tage hindurch eine vormilitärische Ausbildung absolvierten. Mitte April 1945 musste das Ehepaar Mies in der Schoeller-Jagdhütte am Feichter mit ihrer Kuh und dem Kalb Zuflucht nehmen. Das Haus wie auch die Lackabodenhütte wurde von deutschen Soldaten der Waffen-SS beschlagnahmt. Die russischen Soldaten standen schon am Mitterberg und auf der Bodenwiese. Große Flächen der Umgebung von der Knofelebenhütte wurden durch das deutsche Militär vermint. Erst nach Beendigung der Kampfhandlungen am 8. Mai 1945, dem Ende des Krieges, konnte man darangehen, die Minen zu sammeln. Herr Reinhofer aus St. Johann sammelte die Minen in der Nähe der Hütte und sprengte sie. Herr Mies suchte selbst mit einer langen Holzstange den Weg nach Minen ab. Nachdem die Wege und die nähere Umgebung der Hütte entmint worden waren, zog das Ehepaar Mies wieder in die Hütte. Über den Winter 1944/45 hatte die Familie Mies zwei weitere Rinder bei einem tiefer liegenden Bauernhof eingestellt. Dabei hatte sie großes Glück, denn die Tiere auf dem Bauernhof wurden von den russischen Soldaten nicht beschlagnahmt. So konnte man 1945, da ein warmes Frühjahr war, die Tiere wieder im entminten Teil auf die Weide treiben und die Almwirtschaft aufnehmen. Heu gab es auf der Hütte keines, das verwendeten zuerst die deutschen, später die russischen Soldaten in den Schützengräben. Einmal brachen die Tiere aus der Umzäunung aus und liefen in Richtung Lackaboden weiter, dabei trat eine Kuh auf eine Mine und wurde getötet.

Oben: *Das Friedrich-Haller-Haus auf der Knofeleben heute*
Rechts: *Die alte Knofelebenhütte*

Im Herbst 1945 kamen die ersten Wanderer an der Hütte schon wieder vorbei. In den darauf folgenden Jahren wurde die Hütte zu einem beliebten Ausflugsziel. Da die Eltern der Frau Mies, Matthias und Maria Schauer, Bürg Nr. 2, die Wirtschaft nicht mehr allein betreuen konnten, mussten sie 1955 nach Bürg zurückkehren, um den Bauernhof zu übernehmen.

Zu Ehren des am 23. 09. 1874 geborenen langjährigen, verdienstvollen Obmannes des Wiener Bauausschusses und Leiter der Bauarbeiten, Friedrich Haller, trägt das Haus seit Anfang der 50er Jahre seinen Namen. Friedrich Haller verstarb am 31. 05. 1943. In den folgenden Jahre wurde das Haus mehrmals erweitert und präsentiert sich als ein auf die Anforderungen des heutigen Tourismus abgestimmtes Haus. Umgeben von einem prächtigen Hochwald, ist es nicht nur für den Ruhe- und Erholung Suchenden ein schöner Platz, sondern auch für kleinere oder größere Schneebergtouren ein idealer Ausgangspunkt. Vom Tal aus ist es über folgende Steige zu erreichen:
- Vom Bahnhof Payerbach über die Waldburganger Hütte und Bodenwiese - Gehzeit ca. 3 Std., oder über das Schneedörfl durch die Eng und den Promisquegraben - Gehzeit ca. 2 ½ Std.
- Vom Thalhof über die Eng - Gehzeit ca. 2 Std.
- Von Kaiserbrunn aus - Gehzeit ca. 2 ½ Std.
- Von Puchberg mit der Zahnradbahn bis zur Haltestelle Baumgartner und von dort in ca. 1 ½ Std. zu erreichen.
Einige der meistbegangenen Steige vom Hallerhaus ausgehend:
- Auf den Krummbachstein - 1 603 m, in ca. einer Stunde.

- Über den Wassersteig auf den Krummbachsattel - Gehzeit ca. 1 ¼ Std., und von dort in ca. drei Stunden auf den Hochschneeberg. Nach der blauen Markierung zum Lackaboden, weiter auf die Bodenwiese und zur Waldburganger Hütte.

Das Haus selbst besitzt keine Quelle, obwohl es im Grundwasserschongebiet liegt. Es muss daher dieses vom Tal aus mit Kanistern herbeigeschafft werden. Ferner gibt es auch eine Einrichtung zur Nutzung des Regenwassers. Zur elektrischen Versorgung besitzt das Friedrich-Haller-Haus eine Solaranlage. Die Pächter am Hallerhaus:

Zwischenkriegszeit	REISENAUER - WALLNER
ab Kriegszeit	Anton MIES
ab April 1955	Frieda ROTTENSTEINER
ab April 1960	Frieda KÜRNER
ab August 1960	Johannes SCHMIDT
ab November 1961	Rosa PFEFFER
ab 20. Dezember 1961	Anna RIEGLER
ab Juni 1976 - 30. 4. 1981	Rudolf MELKES
ab Juli 1981 - 15. 9. 1983	Eva Maria FLIEDL
ab Juli 1983 -Oktober 1985	Thomas LONCNAR
ab Dezember 1985 - 15. 5. 1986	Karoline SCHNOPFHAGEN
ab August 1987 - Oktober 1989	WVB - PAULIS
ab April 1990 - März 1992	Erna KOGLER
ab April 1992 - Februar 2000	Manfred ROTTENSTEINER
seit April 2000	(Josey) Willfried KRENN

Die Weichtalhütte

Am Anfang der Weichtalklamm war im Jahre 1880, als Fickeis und Kritschker diese zum ersten Mal touristisch durchstiegen hatten, eine Tafel mit dem Hinweis:

Weichtalklamm - Der genickbrechende Anstieg zum Schneeberg beginnt!

angebracht, denn zu dieser Zeit galt der Aufstieg auf den Schneeberg durch diese Klamm als der schwierigste. Wenn auch von den Jägern fallweise angebrachte Eisenstifte diese Tour etwas erleichterten, so musste man doch meist über Steigbäume die feuchten Schlucht-abgründe überwinden.

Am Eingang in die Weichtalklamm steht in unmittelbarer Nähe der Schwarza die im Jahre 1920 vom Touristenverein "Die Naturfreunde", Ortsgruppe Wien erbaute Hütte. Sie war das ganze Jahr bewirtschaftet und hatte außer einem Damenzimmer mehrere gemeinsame Schlafräume mit Matratzenlagern für etwa 150 Personen. 1922 wurde die Weichtalhütte eröffnet, erfreute sich bald großer Beliebtheit und wurde sehr schnell Ausgangspunkt für alle Kletterer und Wanderer, die den Schneeberg oder die Rax besteigen wollten. Dass diese Hütte noch steht ist, ein kleines Wunder.

Die Weichtalhütte hatte vom 21. Mai 1922 bis 1. Jänner 1926 nicht weniger als 26 485 Besucher zu verzeichnen, von denen 23 108 auch übernachtet haben; wieder ein Beweis für die Notwendigkeit solcher Unterkünfte. Im Jahre 1944 begann es erst im März so richtig zu schneien und dies hielt bis zum 2. April, dem Palmsonntag, an. Als es dann an diesem Tag ganz plötzlich warm wurde, hatte dies zur Folge, dass sich am Schneeberg von den Krottenseemauern eine mächtige Lawine von ca. 25 m Höhe löste, mit großer Wucht ins Tal raste und die alles, was sich ihr in den Weg stellte, mitriss. An vielen Stellen war durch diese mächtige Lawine die Höllentalstraße meterhoch mit Schnee und entwurzelten Bäumen bedeckt und das Höllental ist zur Schneehölle geworden. Dass von dieser außer-gewöhnlichen Lawine die Weichtalhütte verschont blieb, verdankt sie dem Umstand, dass in diesem Bereich die Schneemassen ca. 60 m an dem letzten Felsriegel zum Stillstand kamen.

Auch heute trifft man sich "im Weichtal", wenn man die Stadelwand am Schneeberg, die Loswand im Großen Höllental durchsteigen will, über den bequemeren Ferdinand-Mayr-Weg oder durch die Weichtalklamm zur Kienthaler Hütte aufsteigt.

Im Tourenbuch aus dem Jahre 1975 ist zu lesen: "Klatsch und Tratsch und Neuig-keiten, alles kann man hier verbreiten!"

Lawinenabgang

Eisenleiter in der Weichtalklamm

In der Weichtalklamm

Oben: Die Pächterfamilie Manfred Rottensteiner, der neue und der scheidende Hüttenreferent der NF Wien
Links: Das Weichtalhaus

Pächter bis Oktober 1999 war Karl Kramer, und ab November 1999 ist Manfred Rottensteiner Pächter auf diesem Haus. Die Naturfreunde Wien besitzen neben dem Weichtalhaus auch noch ein Haus im Bereich von Losenheim.

AM LACKABODEN

Eine der alpinen Gesellschaften im ÖTC, die eine eigene Hütte anstrebten, war die im Jahre 1884 gegründete Gesellschaft D' Veitschtaler. Die Namensgebung rührt daher, dass viele der Mitglieder, Kaufleute oder Architekten, gerne durch das Veitschtal auf das Graf-Meran-Haus wanderten. Bei diesen Wanderungen fiel ihnen besonders die Armut der Bevölkerung, aber besonders die der Schulkinder auf. Daher beschlossen sie, so gut es ging, hier Hilfe zu leisten und wohltätig zu sein. Mit dem Lackaboden kamen D' Veitschtaler erstmals im Jahre 1892, genau am 17. Juli, in Berührung, wo sie ein Fremdenbuch spendierten. In diesem Buch fanden sich vornehmlich Namen jener Personen, die von Reichenau aus aufgestiegen sind. Auch die Namen der beiden Kronichkinder Aurelia und Olga waren darin zu lesen. Der Verein löste sich in den Kriegswirren des Ersten Weltkrieges am 24. Jänner 1917 auf, wahrscheinlich gaben finanzielle Sorgen Anlass dazu; sie konnten ihrer karitativen Tätigkeit nicht mehr im gewünschten Umfange nachgehen.

Im Jahre 1886 wurde von der Familie Waissnix am Lackaboden eine Touristenunterkunft errichtet, die immer wieder von Gästen des Thalhofes, aber auch von Jägern und Wanderern

wegen ihrer günstigen Lage, sie lag am Anstiegsweg von Reichenau zum Baumgartnerhaus, gern aufgesucht wurde. Für das leibliche Wohl der Gäste war bestens gesorgt. Von frisch zubereiteten Speisen über Kaffee, Tee und anderen Getränken bis hin zur "selbstgewonnenen" Alpenmilch war alles vorrätig. Während zum Tal ein täglicher Postverkehr bestand, hatte man zum Baumgartnerhaus eine Telefonverbindung.

Nach dem Ersten Weltkrieg war als Hüttenwirt der allseits bekannte Schöckl Fritz, oder liebevoll auch Berggeist genannt, der wochentags in der Schlöglmühler Papierfabrik seinem Broterwerb nachging, tätig. Mochte das Wetter auch noch so schlecht sein, am Samstag packte er entweder seinen Rucksack oder die Trage, um damit ein Fass Bier auf die Hütte zu transportieren. Er war ein lustiger Bursche, der Schöckl Fritz, immer zu einem Späßchen aufgelegt. Einmal, als ein Gast nach einer Schokoladentorte verlangte, antwortete ihm Fritz: "Drobn auf der Bodenwiesn liegns glei dutzendweis im Gras. Zehn Minuten von da. Aber paßts auf, dass net einisteigts." War jedoch alles versorgt, ging es ans Abwaschen. War auch diese Arbeit erledigt, so setzte er sich zu den Gästen, zu denen sich auch Jäger und Holzknechte aus der Eng gesellten. Er fand einen tragischen Tod; er wurde bei der Arbeit in der Schlöglmühler Fabrik von einem Holzbloch erschlagen. Einer der nächsten Pächter war der im Waissnix'schen Dienst stehende Michael Burger. Er bewirtschaftete die mit einem

Oben: Touristen und die Pächter der Hütte
Links: Frau Pfügel und Frau Flug beim Butterrühren

Gastraum und einem "Schlafhaus" ausgestatte Hütte vom Frühjahr bis in den späten Herbst hinein. Wie auch viele andere Touristenunterkünfte, so hatte auch die Hütte am Lackaboden einen Stammgast, den Oberlandesgerichtsrat Alfred Pick, Sohn des durch das Fiakerlied bekannt gewordenen Gustav Pick.

Reichenau mit seiner Umgebung ist Alfred Pick zur zweiten Heimat geworden. Das geht daraus hervor, dass er mit seiner Familie von 1875 an 44 Jahre hindurch seine Urlaube im Thalhof verbrachte und Olga Waissnix wurde nicht nur von Arthur Schnitzler, sondern auch von Alfred Pick sehr verehrt. Er war ihr zu Dank verpflichtet, organisierte sie doch kleine Feste auf dem Luxboden, dem Lackaboden oder der Knofeleben, wobei Picks Lieblingsessen, Hühnerkroketten mit Erbsen und Zitronenauflauf, serviert wurden. Dazu gab es Champagner.

Pick war ein passionierter Jäger und bei seinen Ausflügen waren auch immer die drei Söhne Burgers anwesend. Die Burgers dienten dem Hause Waissnix über 60 Jahre, wobei die Hütten am Lackaboden bis zum 21. Oktober 1926 von ihnen betreut wurden. Zu dieser Zeit bestanden ein Wirtschaftsgebäude mit Gästezimmer, eine Küche und Vorratskammer, ein Schlafhaus mit vier Zimmern und zwölf Betten, ein Mansardenzimmer mit vier Betten, ein Nebengebäude mit Stallungen, eine Wirtschaftswohnung und auch eine gedeckte Veranda.

Anschließend hatte diese Hütten der ÖTC im Pacht. 1927 wurde zugebaut. Nun standen 22 Betten und acht Matratzenlager zur Verfügung und sie waren ganzjährig bewirtschaftet. Dies trug auch zu einem regen Besuch bei.

Weitere Pächter: 1931 Hans Geyer. Zwischendurch war die Familie Zottel aus Bürg, welche 1928 - 29 die private Waldburganger Hütte bei der Bodenwiese errichteten, für die Geschicke am Lackaboden verantwortlich. Christian Gat bis 1945, ab hier fehlen die Aufzeichnungen, da sie durch einen Brand vernichtet wurden.

Besucht man heute diesen einst so beliebten Platz, so ist von dem geselligen Treiben früherer Jahre nichts mehr bemerken. Heute findet man nur eine nicht öffentlich zugängliche Quartierstelle der Forstverwaltung der Gemeinde Wien vor.

SCHUTZHÜTTE ZENZ

Westlich der Ternitzer Hütte, auf einer nach Süden gegen den Rohrbachgraben vorspringenden baumfreien Schulter gelegen, steht die Schutzhütte Zenz "Zur Kaltwasserwiese". Die in 1 215 m Höhe gelegene Unterkunft mit dazugehörender Sennerei, der Bilekalm, wurde

1923 von Georg Bilek errichtet. Besitzer ist Michael Zenz und Pächter sind Herr Bernhard und Frau Elfriede Zenz. Sie ist eine der wenigen Unterkünfte am Schneeberg ,die ganzjährig geöffnet sind. Außer 20 Lagern kann man auch noch notdürftig im benachbarten Stall übernachten. Es gibt nur Gaslicht, keinen Strom, dafür aber Fließwasser aus eigener Quelle - Kaltwasser. Da vom 15. Juni bis 15. September Almbetrieb ist, so erhält man dort Milch, Butter oder Käse. Die Tourenmöglichkeiten gleichen jenen der Ternitzer Hütte.

DIE BERGSTEIGERGILDE D'STEINFELDER TERNITZ

Die Vereinsgründer waren: Karl und Emma SCHERZ, Hans und Ida HOLZER, Karl und Angela FRÜHSTÜCK, Gustav WAHL.

Durch Zufall wurde von einem der Gründer 1930 ein Geldstück gefunden, welches den Grundstock zur Errichtung einer vereinseigenen Hütte auf der Grabenwiese im Jahre 1931 bildete. Die Eigenmittel zum Bau dieser Hütte wurden durch einen monatlichen Mitgliedsbeitrag von 50 Groschen aus der damaligen Arbeitslosenunterstützung beigesteuert. Trotz dieser geringen zur Verfügung stehenden Eigenmittel ging der Bau zügig voran, so dass noch im Dezember desselben Jahres die Hütte, die den Namen "Grabenwiesenhütte" erhielt, fertig gestellt werden konnte.

1934 wurde die Hütte von der Heimwehr durchsucht. Im Jahre 1938 verzeichnete man 11 Mitglieder. Auch die Grabenwiesenhütte blieb von den Kriegswirren und dem in dieser Zeit herrschenden Vandalismus nicht verschont; sie wurde ausgeplündert und teilweise zerstört. Im Jahre 1945 wurden diese Schäden behoben und die Hütte wieder in Stand gesetzt.

Da ein stetiger Mitgliederzuwachs zu verzeichnen war, so wurde im Jahre 1947 ein Zubau beschlossen und auch in Angriff genommen. Im August 1948 wurde ein Pachtvertrag mit Mathias und Franziska Hainfellner abgeschlossen. Dass der Hüttenzubau bis Ende 1948 fertig gestellt werden konnte, verdankte man dem Fleiß der Mitglieder. Die offizielle Eröffnung, bei der die Hütte auf "Steinfelder Hütte" umbenannt wurde, fand am 2. Jänner 1949 durch den Gründer Karl Scherz statt. In den folgenden Jahren ging man daran, die Hütte zu verschönern und zu vervollständigen, wobei ein besonderer Dank den u. a. Personen, die diese Arbeit mit Eifer durchzuführen wussten, gilt. Es waren dies: Rottensteiner, Ostermann, Vappetic, Czamsky, Hofer, Zenz, Hillebrand, Hardinger, Koisser, Scherz und Wedl.

Am 30. April 1951 langte die Genehmigung der BH Neunkirchen zur Vereinsgründung ein und am 13. Juni 1951 erfolgte die Gründung der "Bergsteigergilde D' Steinfelder Ternitz", wobei sich der Vereinsvorstand wie folgt zusammensetzte:

1. Obmann	Karl SCHERZ
2. Obmann	Sepp CZAMSKY
1. Schriftführer	Sepp ZENZ

2. Schriftführer Otmar OSTERMANN
1. Kassier Hans HOFER
2. Kassier Kurt JAUZ
Hüttenwart Sepp KOISSER
Rechnungsprüfer Hans VAPPETIC und Richard PUHR

Der Beitritt als selbständiger Verein der "Österreichischen Bergsteigervereinigung" erfolgte am 1. Februar 1952. In den folgenden Jahren war ein steter Anstieg an Besuchern zu verzeichnen, so dass im Jahre 1960 der bereits 10 000 Gast begrüßt werden konnte.

Steinfelder Hütte

Weitere Begebenheiten:

1957 wurde für die Hütte eine Gasthauskonzession erteilt.

1981: Am 5. und 6. September konnte eine denkwürdige Feier, "50 Jahre Steinfelder Hütte", begangen werden. Eine Feldmesse, eine Feuerwehr Einsatzübung, Darbietungen einzelner Folkloregruppen, Musik, Tanz und Frühschoppen trugen zum Gelingen dieser Feier bei.

1985 wurde die Hütte renoviert, ferner ein Getränkelagerraum, Wasch- und Umkleideraum sowie ein Abstellraum dazugebaut.

2000 und 2001 waren jene Jahre, wo der Geräteraum und die zwei Toiletten renoviert, bzw. neu gebaut wurden.

2001: Der 15. September gab erneut Anlass zu einer Feier. "70 Jahre Steinfelder Hütte" wurde mit Musik, einer Feuerwehreinsatzübung und einem gemütlichen Nachmittag gefeiert.

Der Vorstand im Jahre 2002 setzt sich wie folgt zusammen:

Geschäftsführender Obmann	Susanne SEITLER
Obmann	Friedrich LASSER
Obmann-Stellvertreter	Maria BAAR und Günther HAMETTER
Hüttenwart	Manfred BAUER
Hüttenwart-Stellvertreter	Hermann BECK
Schriftführerin	Ulrike BECK
Kassier	Franz EITLER
Kassier-Stellvertreter	Sissy FILIPPI
Kassaprüfer	Marianne BAUER und Wolfgang SUBERA

OEAV SEKTION EDELWEISS
50 Jahre Skiclub Edelweiß, 1946 - 1996

Die Sektion Edelweiß wurde am 29. September 1946 gegründet, wobei die Feier im Festsaal des Rathauses stattfand. Zu Beginn hatte diese Sektion weder Vereinserfahrung noch eine eigene Hütte und auch keine bergsteigerische Tradition aufzuweisen, und so war es Aufgabe des damaligen Vorstandes, 1. Vorsitzender Heinz König, 2. Vorsitzender Dr. Hawlik und 3. Vorsitzender DI Wismeyer, trotz dieser Mängel die vorhandenen Mitglieder an den Verein zu binden, wobei sich dazu der einzige Weg in einer intensiven Mitgliederbetreuung anbot. In der ersten Zeit war daher fast jedes Vorstandsmitglied mit einer Aufgabe betraut, um die Ideen und die Verwirklichung der Ideen in die Tat umzusetzen.

Da Dr. Hawlik schon bald seine Funktion als 2. Vorsitzender zur Verfügung stellte, hatte diese Funktion in den ersten vier Jahren DI Wismeyer inne. Um den Kontakt zu den einzelnen Mitgliedern noch zu vertiefen, erschien bereits einige Wochen nach der Gründung die Broschüre "Wir laden ein", wo vor allem eine Fülle von Winteraktivitäten angeboten wurden. Im Jahre 1947 folgte dieser Broschüre unter dem Motto "Mit Edelweiß in Schnee und Eis" eine ähnliche, die jedoch zum Unterschied der ersten nicht nur Winterangebote beinhaltete, sondern auch Fahrten in fast alle Gebirgsgruppen von Österreich, und man konnte z. B. im Sommer alleine 30 Fahrten in 22 verschiedene Gebirgsgruppen verzeichnen. Im Jahre 1949 begann man auch Gebirgsgruppen außerhalb Österreichs zu befahren, wie die Südtiroler Dolomiten, und im Jahre 1950 wurde die erste Fahrt in die Schweiz durchgeführt.

Aber auch Österreichs Gebirgsgruppen wurden weiterhin befahren. Im Februar 1949 ging es mit dem Sonderzug nach Mürzzuschlag, um von dort die Hinteralm zu besteigen. Bei nebeligem Wetter und der Suche nach der Hütte trafen das erste Mal Franz Hiess und Anton Konhäuser aufeinander, und das war, wie sich später herausstellen wird, ein Glücksfall, denn Anton Konhäuser war ein hervorragender Bergsteiger und Skiläufer, der noch im fortgeschrittenen Alter als einer der ersten im Alpenverein die staatliche Skilehrwarte-Ausbildung machte. Immer mehr zog es Toni zum Skilauf hin, denn er hatte erkannt, dass das Skiniveau im Osten Österreichs einen Nachholbedarf hatte, und hier im Besonderen in den Alpenvereinssektionen, wo zwar sehr gute "Tourenbergaufgeher", aber keine guten Abfahrer aktiv waren.

Dieser Umstand war es dann auch, der Toni bewog eine "Skigilde Edelweiß" ins Leben zu rufen. Sein Verdienst war es, dass bereits im Jahre 1954 fünfzehn staatlich geprüfte Skilehrwarte der Sektion zur Verfügung standen, dessen Stamm laufend vergrößert wurde. Im Laufe der Zeit agierte er dann überregional und legte seine ganze Kraft und sein Wissen in den Aufbau einer gesamt OeAV Skilehr- und Skitourenwarte-Organisation, die bis heute bestens funktioniert, deren Ursprung aber in der Sektion Edelweiß zu finden ist.

1948 unternahm Bertl Katschtaler, der gebürtige Südtiroler, einer der ersten staatlich geprüften Skilehrer Österreichs, Stuntman bei Tiefschneefilmen, hervorragender Skiläufer und Kursorganisator, als erster (Wahl) Wiener im Sommer eine Autobusfahrt zum Stilfser Joch und hielt ebenso Semester-Familienkurse im Grödnertal ab. In die Reihe der so genannten Stars gehörten auch Harald Engel und Emo Gassenbauer, die sich bis in die 60er Jahre dem Skiwesen der Sektion Edelweiß widmeten, und so manches Reisebüro war über die gewaltige Bewegung, welche die Sektion Edelweiß auf dem Gebiet des Skisports in Bewegung brachte, überrascht.

Nach ca. 24 Jahren Vereinsgeschichte kam Ende der 60er Jahre mit Helmfried Thalhammer, Peter Gretzmacher, Roland Maruna, Peter Zehetmeyer und einigen anderen eine neue Generation und frischer Wind in die Sektion; sie hatten nicht nur Lehrwarte-Ausbildungen, sondern auch Berufsskilehrer-Ausbildungskurse besucht. Bereits seit dem Jahre 1948 gab es Sektionsabfahrtsläufe, die seit 1970 zum Gedenken an den Leiter der Edelweiß - Dhaulagiri IV Expedition in "Richard-Hoyer-Gedenklauf" umbenannt wurden. Die-se Läufe wurden in der Mehrheit von Skilehrern der Winterführerschaft dominiert.

Im Jahre 1976 stellte Toni Konhäuser seine Funktion zur Verfügung und dabei kam es zu einer Teilung des Sektionsfahrtenwesens. Während Dr. Roland Maruna anfangs gemeinsam mit Arch. Mag. Helmfried Thalhammer die Leitung des neu gegründeten "Skiclubs" in die Hände nahm, so kümmerte sich Walter Gleichentheil um die "Sommerfahrtenleiter", und mit Günther Wagner stand ein rennsportbegeisterter Trainer zur Verfügung, der damit beauftragt war, Rennerfolge für die Sektion herauszuholen, was ihm auch gelang, denn die Sektion Edelweiß errang bei den Wiener Meisterschaften innerhalb weniger Jahre Titel bei Schüler-, Jugend- und Erwachsenenbewerben. Waren bis zum Jahre 1975 23 staatlich geprüfte Mitglieder im Skilehrer-/ Skilehrwarte Team tätig, so stieg diese Zahl bis zum Jahre 1992 auf 62, und das Kurswesen wurde derart erweitert, dass es nahezu kein Wochenende und keine Woche im Winter gab, wo nicht irgendeine Veranstaltung durchgeführt wurde. Daraus kann man ersehen, wie sehr die Sektion dem Win-tersport verbunden war. Das Kurs- und Schulungsprogramm der OeAV Sektion Edelweiß wurde zu einem Aushängeschild im gesamten OeAV. Skikurse für Anfänger wie auch für Fortgeschrittene gehörten zum Programm, wobei der Schwerpunkt bei den Skitourenführungen lag. So wurden im gesamten europäischen Alpenraum solche Touren durchgeführt, wie z. B. eine Überschreitung der "Haute Route", die bereits zum Standard gehörte. 1980 bis 1983 war man drei Mal in British Columbia in Kanada, ferner gab es in dieser Zeit Skikurse für Anfänger wie auch für hochsportliche Tiefschneefahrer.

1991 übernahm die bestehende Skiabteilung des OeAV DI Werner Langhans von Dr. Maruna, trat diese aber aus beruflichen Gründen im Jahre 1994 an Mag. Csaba Szèpfalusi ab. Auch in der Skirennabteilung gab es eine "Wachablöse", denn dort übernahm im Jahre 1991 Mag. Wolfgang Fiedler die Trainingsleitung des Nachwuchses mit Erfolg, und eine großartige neue Jugendmannschaft trat in die Fußstapfen von Erika Zimmermann, Peter Hold sowie von Bernhard und Alexander Wagner; man konnte also beruhigt in die Zukunft blicken, denn ein gut ausgebildetes und engagiertes Team ist und bleibt der Garant für weitere Erfolge sowie für die Ausbildung und Betreuung der Mitglieder.

In der OeAV-Sektion sind weiters vertreten: Gruppe für Natur- und Hochgebirgskunde und alpine Karstforschung. Diese Gruppe ist von einem unserer Gründungsmitglieder, Dr. Erik Arnberger, im Jahre 1947 aufgebaut und bis 1967 geführt worden. Paddelklub Edelweiß, gegründet am 24. Juni 1946; Alpinschule Edelweiß, gegründet 1986; die Hochtouristengruppe; der Wanderbund; der Seniorenbund; die Radfahrergruppe, gegründet 1950; die Kraftfahregilde, gegründet 1956; die Gruppe Bergkameraden, gegründet am 12. September 1952; die Volkstanzgruppe, gegründet 1952; die Gruppe Berg- und Weitwandern, gegründet am 27. Juli 1977; die Singrunde; die Rennlaufgruppe, gegründet 1975; Bike Touren mit dem Alpenverein, gegründet 1992.

Sportklettern in der Sektion Edelweiß

Sportklettern als Trendsportart und Freizeitvergnügen erfreut sich vor allem bei der Jugend eines ständigen Zulaufs, und es ist nicht nur die Freude an der Bewegung und Anstrengung, die eine Faszination ausübt, sondern auch die Möglichkeit zur persönlichen Entfaltung und Verwirklichung am Rande einer Konsumgesellschaft, begleitet von einem gewissen Leistungsdenken. Den Begriff Sportklettern kann man im Großen und Ganzen so definieren: Sportklettern ist freies Klettern, ohne künstliche Hilfsmittel zur Fortbewegung am Fels oder an Kunstwänden, sowie planmäßiges kontrolliertes Training, der physischen, technischen, taktischen, intellektuellen, psychischen und moralischen Voraussetzungen unter Anleitung ausgebildeter Trainer. Die Sportklettergeschichte der Sektion Edelweiß kann bis

Edelweiss Hütte

etwa Anfang der 80er Jahre zurückverfolgt werden, wo Mitglieder der damaligen Hochtouristengruppe bei der sportklettermäßigen Erschließung des Peilsteins sowie anderer ostösterreichischer Klettergärten beteiligt waren. An diese Zeit erinnern Namen wie Wolfgang Holzer, Gerhard Kremser und Michael Schierhuber, die als Wegbereiter des 8. Schwierig-keitsgrades tätig waren. Ferner reihen sich noch Martin Kind, Karl Reicht und Heidi Krejci in die Reihe der Sportkletterer ein. Als Ausnahme bei den weiblichen Sportkletterern kann Agnes Kubista-Nugent bezeichnet werden, denn sie schrieb mit ihrer Route "Busen mit Docht, 9+/10-" am Peilstein Geschichte; war es doch die erste Damenbegehung in Österreich. Ihre ausgezeichnete körperliche Verfassung fand durch weitere 9er und On-sight-Begehungen bis 9- ihre Bestätigung. Somit waren vorderste Plätze bei österreichischen Meisterschaften und Weltcupteilnahmen keine Seltenheit.

Wie Agnes Kubista-Nugent bei den Damen, so leistete Arthur Kubista bei den Herren Beachtliches in der Sportkletterei. Seiner ersten Begehung im 10. Schwierigkeitsgrad anlässlich eines Südfrankreichaufenthaltes im Winter 91/92 folgte eine lange Liste von Begehungen im 10. Schwierigkeitsgrad im In- wie auch im Ausland, so z. B. "Lo schiaccialiste del Peilstein" - 10+, in Laste, einem Gebiet in den Dolomiten 1994; "Work in progress 10", die Toptour von Isili, Sardinien 1995; oder "Highlander" - 10-/10 in Osp, Slowenien, um hier nur einige zu nennen. Den vorläufigen Höhepunkt seiner Kletterkarriere setzte Arthur im Juni 1995

mit der Eröffnung der ersten 11- (8c)-Route am Peilstein: Kancel All Durogonal, 11-, die als eine der schwierigsten in Ostösterreich gilt. Um auch optimale Trainingsmöglichkeiten zu bieten, wurde im Jahre 1990 im Trainingscenter Edelweiß unter maßgeblicher Beteiligung von Martin Kind (Planung) und Karl Reicht (Aufbau) eine Boulderwand errichtet und durch den im März 1991 ausgetragenen Boulderwettbewerb nationale Bekanntheit erlangt. Der Grund, warum sich das Sportklettern auf breiter Ebene immer größerer Beliebtheit erfreut, ist auf die immer neuen Herausforderungen, seine enorme Bewegungsvielfalt sowie das spielerische Element, die Möglichkeit zur Selbsterfahrung und -entfaltung zurückzuführen.

Unsere Jüngsten

Nach heutiger Sicht kann man den damaligen Führungsstil folgendermaßen beschreiben: "Die Betonung lag auf der Gemeinschaft und dem gemeinsamen Bergerleben. Auch lernte man damals die ersten Ansätze zur Vereinsverbundenheit, zu den ideellen Werten des Bergsteigens und zur Übernahme von Verantwortung und Verpflichtung für diese Gruppe; körperliche Ertüchtigung ohne Leistungsdruck stand im Vordergrund, wobei das spielerische Element dem Alter entsprechend noch vorhanden war. Gleichzeitig konnten die Kinder ständig ihre alpine Leistungsfähigkeit steigern.

Die erste Fahrt unter der Gruppenleiterin Lisl Thalhammer ging in das Irenental im westlichen Wienerwald. Alle hatten Getränk und Proviant mit, und nach einem "zünftigen" Geländespiel ging es mit viel Vorfreude auf die nächste Fahrt wieder zurück zum Bahnhof Purkersdorf. An diesem Tag wurde die erste Kindergruppe "Unsere Jüngsten" im Sinne des Gruppenlebens gegründet, das in der Hauptsache aus Fahrten und Heimabenden bestand und man dabei so nach und nach mit den Einrichtungen der Sektion wie Kanzlei, Vereinsheim, Programm für die Sektionsnachrichten, dem Kennenlernen anderer Funktionäre wie auch der Vorbildwirkung der Erwachsenengruppen vertraut gemacht wurde. Nach Lisl Thalhammer bemühten sich um die 9- bis 14-Jährigen in weiterer Folge Herr Heinz König und Prof. Josef Dörr. Hörte man nach einem getätigten Ausflug von den Kindern: "Es war super, Mami!", so konnte man gewiss sein, der Ausflug war gelungen.

Das Haus auf der Fadenalpe

Zum vertrauten Bild der Fadenalpe gehörte durch Jahrzehnte die Hüttenwirtin Theresia Gschaider, deren blitzsauber gehaltener kleiner Berggasthof, der Sparbacher Hütte benachbart, auf Puchberger Grund stand. Unvergesslich bleibt all ihren Gästen und Freunden, wie vertraut diese außergewöhnliche Frau mit Pflanzen und Tieren ihrer Umgebung war und welche Begeisterung für die Bergwelt ihre Persönlichkeit ausstrahlte. Mit dieser Frau, liebevoll auch Resi Tant genannt, wurde, nachdem man in einer Versammlung den Beschluss zum Ankauf eines Hauses gefasst hatte, am 16. 11. 1959 der Kaufvertrag abgeschlossen. Die Edelweißhütte war das einzige Haus, das von der Sektion angekauft wurde. Die Konzessionserteilung zur Führung und Bewirtschaftung des Hauses wurde am 22. 9. 1961 erteilt.

Pächter auf der Edelweißhütte, 1 235 m, Kategorie I:

01. 11. 1960	bis	30. 11. 1962	Adolf SCHEIKL und Grete LUGER
04. 06. 1963	bis	31. 10. 1963	Alexander KIESER
01. 11. 1963	bis	Pachtende nicht bekannt, Josef KÖLLNER	
09. 12. 1965	bis	21. 08. 1969	Karoline LEBER - Pudelmutter
26. 11. 1969	bis	01. 09. 1970	Valentin SALZER

Von 1970 bis 1971 gesperrt und nur fallweise von Mitgliedern zum Wochenende betreut.

28. 06. 1973	bis	31. 10. 1974	Rudolf KLEM	
01. 11. 1974	bis	14. 03. 1975	(01. 10. 1976)	Maria HÖDL
01. 11. 1976	bis	31. 10. 1986	Rudolf HÖDL	
01. 08. 1987	bis	31. 10. 1989	Herta SPIELMANN	
01. 11. 1989	bis	30. 06. 1993	Anneliese GLATZ	
01. 07. 1993	bis	heute	Christine u. Hannes WÜRCHER,	
Hüttenwart:			Karl SICHTARS	

Erster Vorstand und Vorstand im Jubiläumsjahr der OeAV Sektion Edelweiß, 1946:

1. Vorsitzender	Heinz KÖNIG
2. Vorsitzender	Dr. Karl HAWLIK
3. Vorsitzender	DI Rudolf WISMEYER
Schriftführer	Kurt HAZDRA, DI Albert SAPIK
Kassier	Hans QUANTSCHNIGG
Beiräte:	ARNBERGER, HIESS, KUNTNER, NEUHAUSER

Der Vorstand im Jahre 2002:

Vorsitzender und Alpinwart-Stv.:	Ing. Bernhard STUMMER
Vors.-Stv. und Hüttenreferent:	Dir. Hans OGRISEGG
Vors.-Stv. u. EDV u. O	Ing. Helmut MAYERHOFER
Schatzmeister:	Georg LENZ
Schatzmeister Stv.:	Mag. Martin GÖTTLICHER
Schriftführerin:	Peter BERGHUBER
Schriftführerin-Stv. u. Stv. Jugend:	Doris HUMMEL
Jugendwart u. Stv. Trainingscenter:	Norbert NEUMÜLLER
Alpinwart u. Stv. Bergrettungswart:	Dr. Roland MARUNA
Bergrettungswart:	Dieter STURSA
Naturschutz:	Dr. Andrea SCHWALLER
Paddelklub:	Armin PLANK
Wegereferent u. Stv. Hüttenreferent:	DI. Hellfried SCHARF
Rechtsreferentin:	Dr. Ines SCHEIBER
Mitgliederservice u. Stv. Öffentlichkeitsarbeit:	Mag. Csaba SZEPFALUSI
Öffentlichkeitsarbeit, TC u. Stv. Mitgliederservice:	Alexander GÖLLES
Sonderbeauftragter für audio-visuelle Geräte u. Sektionsübergreifende Veranstaltungen:	Wolfgang NEUMÜLLER
Rechnungsprüfer:	DI. Emmerich TRAXLER
	Dr. Josef STREICHER

DER BERGGASTHOF MAMAUWIESE

Die Mamauwiese, Moamauwiese oder Mumenwiese - abgeleitet von Mumen, gute Geister - stellt mit der Schoberwiese, neben der Bodenwiese, die größte zusammenhängende Wiesenfläche im Schneeberggebiet dar. Sie bildet eine weite Sattellandschaft zwischen dem Schneeberg im Südwesten und der Dürren Wand im Nordosten. Der alte, aus dem Puchberger Tal über die Mamauwiese in das Vois- und Schwarzatal führende Handelsweg -

Berggasthof Mamauwiese

DIE NÖ. BERG- UND NATURWACHT ORTSSTELLE GLOGGNITZ IM RAX- UND SCHNEEBERGGEBIET, *Auszug aus der Vereinschronik*

Da unser Gebiet zu den beliebtesten und schönsten Ausflugsgebieten von NÖ gehört und hier auch der höchste Berg unseres Bundeslandes, der 2 076 m hohe Schneeberg, anzutreffen ist, der mit seinem Wasserreservoir ein Wesentliches dazu beiträgt, dass die Bundeshauptstadt über Trinkwasser erster Güte verfügt, so ist es nahe liegend, dass diesem Gebiet bezugnehmend auf Naturschutz und Reinhaltung besonderes Augenmerk gewidmet werden muss.

Es ist eine unabänderliche Tatsache, dass in der heutigen Zeit der Naturschutz bereits zu einer Überlebensfrage geworden ist und daher nicht mehr alleine die Obsorge um einige schützenswerte Pflanzen oder Tiere, sondern viel mehr aus Sorge um die Erhaltung des Erholungsraumes im Ganzen geworden ist; Naturschutz ist Selbstschutz!

Auszüge aus der Vereinsgeschichte der Naturwacht
Vorwort von LR Emil Kuntner

Nach langwierigen Vorbereitungen und Erkundigungen ist es nunmehr gelungen, im Bereich von Gloggnitz einen ideell gesinnten Naturfreund für den Naturwachtdienst im Gebiete von Rax und Schneeberg zu gewinnen. Der lokale Initiator ist Franz Hauer, Obmann der Naturfreundegruppe Gloggnitz, wohnhaft in Gloggnitz, J. Grubergasse 15. Er garantiert, dass etwa 10 geeignete Personen für diesen Naturwachtdienst gewonnen werden können, eine Zahl, die nach meiner Meinung für den Anfang eine maximale Ziffer sein soll. Am 29. und 30. August habe ich über Wunsch des Herrn Hauer eine Informationstour quer über die Rax geführt und den Leuten an Ort und Stelle die Probleme ihrer Aufgaben erörtert.

Die Gründungsversammlung der Berg- und Naturwachtgruppe Rax-Schneeberg in Gloggnitz fand am 13. Dezember 1964 im Hotel Loibl unter dem Vorsitz von Prof. Dr. Lothar Machura - Vorsitzender des NÖ-Naturschutzbundes sowie unter Anwesenheit des Naturwachtreferenten des NÖ-Naturschutzbundes Prof. Friedrich Rihs statt. Dabei wurden folgende Funktionäre gewählt:

Obmann	Franz HAUER, Gloggnitz
Schriftführer	Franz FÜRSATZ, Gloggnitz
Kassier	Friedrich MÜCKE, Gloggnitz
Die Naturwachtmänner:	Hans PEHOFER, Leopold SCHIRAUS, Franz HAUER, Friedrich MÜCKE, Gerhard DEDITZ, Karl KAPPLER, Hans BENDER, Erich KODYM, Georg DOMINIK, Franz FÜRSATZ, Rolf GROISS, Karl LUKASOURITSCH

früher Römerstraße, über den in der Römerzeit angeblich Salz, Eisen, Wein und Getreide befördert wurde - ist heute eine der Wallfahrtsrouten nach Mariazell. Das seit 1948 existierende Haus auf dieser Wiese wird seit 1950 als Berggasthof geführt und ist im Besitz von Friedrich Wilsch. Es liegt am nördlichen Rand der lang gestreckten Mamauwiese und ist mit einem landwirtschaftlichen Betrieb gekoppelt. Der Gasthof ist ein gerne und viel besuchtes und vom Klostertal auf einer Naturstraße zu erreichendes Ausflugsziel mit Nächtigungsmöglichkeit. Außer den Routen auf den Öhler, Schober oder die Dürre Wand ist der Berggasthof auch Ausgangspunkt für die Gipfelbesteigungen wie z. B. über die Dürre Leiten zur Sparbacher und Edelweißhütte und von dort über den Fadensteig zum Kaiserstein und Klosterwappen oder über den Fadenweg auf den Kuhschneeberg, vorbei am Fleischer Gedenkstein hin zum Saukogel.

Fleischer Gedenkstein

Anschließend an die Versammlung wurde der Ausweis durch Prof. Rihs überreicht. Nun wurde ab dem Jahre 1965 mit der Überwachung des Raumes von der Bergstation der Raxseilbahn über Höllentalaussicht bis zur Seehütte und Überwachung des Schwarzatales von Gloggnitz bis Hinternaßwald begonnen.

Niederösterreichische Bergwacht

Am 16. September 1972 wurde im Bezirk Neunkirchen eine Bergwachtgruppe gegründet, die es sich zur Aufgabe gemacht hat, in freiwilliger Arbeit ihren Dienst in der NÖ-Bergwacht zu tun. Da in deren Gebiet, das es zu betreuen gibt, auch Schneeberg sowie Raxalpe liegen, die jährlich von vielen tausend Besuchern aufgesucht und bevölkert werden, ferner das Tal zu den führenden Fremdenverkehrszentren von NÖ gehört, so ist es notwendig, dieses Kleinod der Natur dementsprechend zu schützen und zu pflegen. So werden die Männer der NÖ-Bergwacht stets bemüht sein, diese Natur, soweit es möglich ist, rein zu halten und die Steige und Wege der Berge überwachen; eine zeit- und kostenintensive Arbeit.

Einigkeit macht stark

Da sowohl die NÖ-Bergwacht wie auch die NÖ-Naturwacht die gleichen Ziele verfolgen, war es nahe liegend, dass es im Laufe der Zeit einmal zu einem Zusammenschluss kommen wird. Wenn man einen uneigennützigen Dienst an der Gemeinschaft zu Wohle seiner Mitmenschen verrichten will, so kann dies nur dann erfolgreich geschehen, wenn persönliche Interessen in den Hintergrund rücken. Uns geht es dabei weder um Ämter noch Positionen, sondern ausschließlich um die Erhaltung der Schönheiten

unseres Heimatlandes Niederösterreich. Auf Grund dessen haben wir uns alle sofort bereit erklärt, um einer Fusion von NÖ-Bergwacht mit NÖ-Naturwacht zuzustimmen. Heute ist der Zusammenschluss praktisch vollzogen und die nö. Berg- und Naturwacht hat ihre Tätigkeit zum Wohle unseres Heimatlandes und seiner Bewohner aufgenommen. Tätigkeitsbereiche der Ausübenden der Berg- und Naturwacht (*Anweisungen, herausgegeben von der Landesleitung der NÖ-Naturwacht, Burgring 7, 1010 Wien.*):

- Blumen- und Sträucherschutz
- Verschmutzung der Landschaft durch ungeregelte Mistablagerung
- Autowaschen bei Bächen und Flüssen (Gefährdung der Fischereigewässer)
- Radiospielen und Lärmen im Walde
- Auto- und Mopedfahren auf verbotenen Wegen
- Sammelausweise für NÖ beachten (Blumen, Tiere, Ameisen, Schnecken und Vogelfang)
- Feuermachen und Abbrennen von Wiesen und Sträuchern
- Vogelfang mit Leimruten und Luft- oder Flobert Gewehren
- Betreuung der Tischbänke, Tafeln und Wegweiser in den Schutzgebieten
- Im Walde gehören Hunde an die Leine (Hetzen des Wildes)
- Wilde Reklame in der Landschaft
- Schutz seltener Tiere und ihrer Einstände (Fledermäuse, alle Eidechsen, alle Schlangen und Nattern, alle Salamander und Molche, alle Kröten, Unken, Frösche und Laubfrösche, alle Arten des Apollofalters, Hirschkäfer)
- Quellenschutz und Reinhaltung des Waldes (Ausflügler zur Ordnung anhalten). Wenn in den jeweiligen Gebieten Naturdenkmale bestehen, so ist auf deren Erhaltung zu achten.
- Es ist besonders darauf zu achten, dass die Umgebung von Schutzhütten und Rasthäusern sauber gehalten wird
- Die Dienstabzeichen der Naturwacht sind links zu tragen!

Auszug aus einem Einsatzbericht
Rudolf Schwarzer und Franz Macheiner

27. und 28. 9. 1967: Von Ternitz über Bürg - Hals, Pürschhof, Knofeleben, Krummbachstein, Krummbachsattel, Damböckhaus, Ternitzer Hütte, Breitensohl Gadenweith, Sieding.

Im oberen Drittel des Fischersteiges wurde festgestellt, dass Latschen zugeschnitten, bzw. fast gänzlich abgeschnitten wurden. Ursache leider unbekannt.

Immer größeres Ausmaß nimmt die Verschmutzung durch allerlei Unrat im Bereich des Bahnkörpers der Südbahn ab der Übersetzung "Raglitzer Straße", ca. 200 m in Richtung Ternitz, zu. Ebenso das Ablagern von Unrat entlang der Blätterstraße zwischen Neunkirchen und Neusiedl am Steinfeld. Dazu kommt noch, dass der Wind Papier von diesen Ablagerungs-

stätten im Wald verträgt, ja sogar bis zur Bundesstraße 17 ablagert.

Weitere Aktionen: Im Jahre 1971 wurden nicht weniger als 50 Fahrten auf die Rax und 25 auf den Schneeberg getätigt. Ferner wurden ca. 4 000 km mit dem eigenen PKW in diesem Gebiet von den Naturwächtern durchgeführt, die von den Naturwächtern selbst oder von der Gruppenkasse bezahlt wurden. Erwähnt soll in diesem Zusammenhang auch werden, dass die Naturwächter ihre Ausrüstungsgegenstände und Bekleidung selbst bezahlen. Der Zeitaufwand für diese Tätigkeiten belief sich im Jahre 1971 auf nicht weniger als 1 400 Stunden, die unentgeltlich verrichtet wurden, und dabei wurde immer wieder aufklärend auf die Bevölkerung hinsichtlich der Wasserverschmutzung sowie des Naturschutzes hingewiesen .

20 Jahre nö. Berg- und Naturwacht

1963 war das Gründungsjahr und bereits 1964 konnte Herr Hauer diesen Verein bei der Landesleitung am 8. September konstituieren. Die Registrierung als Verein erfolgte am 13. Dezember desselben Jahres. Herr Hauer wurde Präsident und der Verein zählte damals zwölf Gründungsmitglieder.

Die Ortseinsatzleitung Gloggnitz der nö. Berg- und Naturwacht feierte am 9. Dezember 1984 im Gasthaus Weiss in Gloggnitz ihr 20-jähriges Bestehen. Dass man uns in gewissen Bevölkerungsschichten Wichtigtuerei und Schikaniererei nachsagt, entbehrt jeder Grundlage, wenn man die vielen freiwilligen Stunden und den dabei anfallenden finanziellen Aufwand berücksichtigt, die zur Rein- und Aufrechterhaltung unserer Natur aufgewendet werden.

Die Mitgliederanzahl war in den folgenden Jahren immer einem Auf und Ab unterworfen, wobei der Höchststand 48 Personen betrug, während im Jahre 1984 der Tiefstand mit nur 28 Mitgliedern zu verzeichnen war. Wie bei anderen Vereinen auch, so ist so ein Jubiläum auch Anlass, um verdiente Mitglieder oder Gönner zu ehren. In diesem Jahr waren es: Franz FÜRSATZ und Rolf GROISS, welche vom Bürgermeister der Stadtgemeinde Gloggnitz, R. Fortelny, geehrt wurden. Auch Ehrenmitglieder gab es zu ernennen, und der Landesleiter ernannte folgende Personen: H. ARCHLEB und Obmann H. CONT, Bgm. R. FORTELNY, FVV - Obmann Helmut GANSTER, GGR W. GRÖSSL, die leitenden Männer der Raxseilbahn Dipl.-Ing. W. SCHRAFFL und Betriebsingenieur Walter VEITH wie auch den ehemaligen Obmann F. BRETTNER.

Im Jahre 2002 konnte das 40-jährige Bestandsjubiläum der Berg- und Naturwacht Ortsstelle Gloggnitz begangen werden.
Der Vereinsvorstand im Jahre 2002:

Obmann	Franz MAYER
Stellvertreter	Gerlinde HAJEK
Kassier	Johann ANDRASCHKO
Stellvertreter	Franz STRABLER
Schriftführer	Helga GAMMAUF

BERGSTEIGER IM GEISTLICHEN GEWANDE
Dr. Alois Wildenauer

Dr. Alois Wildenauer, geboren am 29. 4. 1877, von 1911 bis 1921 Pfarrer in Grünbach am Schneeberg, von 1922 bis 1929 Propst in Wr. Neustadt und anschließend Domherr zu St. Stephan und Propst in der Votivkirche in Wien, reihte sich würdig in die Reihen seiner berühmten Vorfahren im geistlichen Gewande, Stanig, Steinberger, Thurnwieser und Kurant Senn, ein und gleich denen widmete er seine ganze Freizeit den Bergen, zu denen es ihn immer wieder mit Begeisterung hinzog. Er kannte das Wichtigste im Gesäuse, vieles in den Dolomiten und im Wilden Kaiser. Eistouren hat er in den Hohen Tauern, in den Ötztaler und den Westalpen unternommen. 1915 machte er in Gesellschaft von Franz Weninger und Rudolf Riedl vom alten Südwandweg aus einen neuen Durchstieg durch die Torsteinsüdwand. Auch die Schweiz sah ihn von 1923 bis 1926 jährlich, wo Monte Rosa, Matterhorn, Mont Blanc und Dent du Gèant auf dem Programm standen.

Aber selbstverständlich war er auch im Schneeberg-Rax-Gebiet anzutreffen, wenngleich sein Herz an der Hohen Wand hing, die er planmäßig erforschte und dort mehr als 30 neue Kletterpfade eröffnete. Dr. Alois Wildenauer starb am 21. 7. 1967 und liegt in der Domherrengruft zu St. Stephan in Wien begraben.

DIE ENTWICKLUNG DES WINTERSPORTES IN UNSEREN BREITEN

Wann und wo das Skilaufen seinen Ursprung nahm, lässt sich kaum feststellen, dass wir den Skilauf aber zu den ältesten menschlichen Errungenschaften zählen können, beweisen Funde am Vygfluss am Weißen Meer, am Onegasee wie auch in Lappland. Überall dort fand man Felszeichnungen aus der Steinzeit, die Menschen mit skiähnlichen Geräten an den Füßen darstellen. Die Möglichkeit, sich mit diesen Geräten im Schnee besser fortbewegen zu können, hatte man im Norden Europas, aber ebenso in China und Übersee schon frühzeitig erkannt. Carl J. Luther, Skipionier, und auch die Skihistoriker haben in vielen Forschungen und Berichten den Ursprung des Skilaufs zum Teil nachweisen können.

Luther schreibt: "Die zwischen der 40. und 60. waldreichen Breitegradzone nomadisierende Menschheit, die zum Schnee ein besonderes Verhältnis hat, da sie stark auf die Winterjagd angewiesen war, stand am Anfang der Entwicklung."

Dr. Fridtjof Nansen, der am 10. Oktober 1861 auf Gut Store-Fröen in Oslo geborene Forscher, Konservator am Museum in Spitzbergen, Professor an der Universität in Oslo und Leiter des internationalen Laboratoriums für Meeresforschung, war im Jahre 1906 nicht nur als Botschafter Norwegens in London, sondern wurde nach dem Ersten Weltkrieg in aller Welt durch die Heimtransporte der Gefangenen zwischen Russland und Deutschland bekannt. Hilfsmaßnahmen für die Hungergebiete gehörten ebenso zu seinem Lebenswerk wie die Schaffung des Nansen-Passes, der den russischen Flüchtlingen eine Dokument der Anerkennung war. Er hatte im Jahre 1888 Grönland von Osten nach Westen durchquert, dabei die Bedeutung der Schneeschuhe kennen gelernt und schrieb in seinem 1891 veröffentlichten, ins Deutsche übersetzte Buch "Auf Schneeschuhen durch Grönland" : "....wenn irgendeiner den Namen des Sports aller Sporte verdient, so ist es das Schneeschuhlaufen. Nichts stählt die Muskeln so sehr, nichts macht den Körper elastischer und geschmeidiger, nichts verleiht eine größere Umsicht und Gewandtheit, nichts stärkt den Willen mehr, nichts macht den Sinn so frisch wie das Schneeschuhlaufen!" Dieses Buch entfachte einen Sturm der Begeisterung und wurde überall zum Lehrbuch einer neuen Sportart, die in aller Welt Anerkennung gefunden hat; Nansen war nicht der Erfinder der Skier, sondern nur jener, der den Anstoß zur Verbreitung des Skilaufs gab. Aus dem Versuch, sich im Schnee leichter fortbewegen zu können, wurde ein Gleiten und aus dem Gleiten ein Fahren. Skilaufen blieb aber nicht nur auf die nordischen Gebiete beschränkt, sondern auch in Mitteleuropa wurden es in Erwägung gezogen. So zum Beispiel schildert Graf Valvasom im Herzogtum Krain in einem Buch, das 1689 in Laibach erschienen war, dass die Bauern des Herzogtums die steilsten Hänge mit "zwey hüllzernen Brettlein" hinunterfahren konnten; sie dürften auch die ersten Skiläufer in Mitteleuropa gewesen sein. Kein anderer Sportzweig ist seiner ganzen Herkunft nach mit den nordischgermanischen Völkern so eng verknüpft wie der Ski- und Eislaufsport. Die Wurzeln einiger der Wintersportgeräte, die wir heute benützen, liegt zweifellos im bäuerlichen Fuhrwerk und Fortbewegungsmittel. Den rasanten Aufschwung, den der Wintersport in unseren Breiten genommen hat, ist nur als Massensehnsucht einer in den Großstädten bisher gefangenen Menschheit zu deuten. Mit Genugtuung registrierte man, dass es Männer gab, die sich der Bedeutung des Wintersports frühzeitig bewusst waren und dass unsere Heimat ein klassisches Wintersportland geworden und bis heute geblieben ist. Besonders in den Landschaften um Semmering, Rax, Schneeberg, Lilienfeld, Türnitz und Mariazell hatte der Wintersport sehr rasch Fuß gefasst, und für die Skitouristik ist ein Name zum Begriff geworden:

Matthias Zdarsky

Wer immer die Geschichte des Wintersports schriebe, müsste nicht nur in Beziehung auf Niederösterreich, sondern überhaupt dieses Mannes gedenken, der wie selten ein Zweiter durch sein eigenes Beispiel, durch die schöpferische Kraft seines Wesens und durch seine Lehrbegabung die dem Winter gegenüber bestehenden Vorurteile in der breiten Masse zerstreute. Matthias Zdarsky, 1856 bei Trebitsch - Iglau geboren, kam als zehntes Kind eines Müllers zur Welt. Ein Bubenscherz kostete ihm als Zehnjährigen ein Augenlicht. Wer Zdarsky kennen gelernt hat, war erstaunt von der Zähigkeit und Lebenskraft dieses überlegenen Geistes. Zum Schilauf war er, der Weitgereiste, der sich 1889 auf der Gute Habenreith in Lilienfeld niedergelassen hatte, zunächst theoretisch gekommen. Er ging den Skilauf mit wissenschaftlichen Grundlagen an. Im November 1896 kam sein erstes Buch, die "Alpine Lilienfelder Skilauftechnik", in Hamburg heraus, weil sich in Österreich niemand dafür fand.

Dieser einsame Mann, dem es nichts ausmachte, wenn man ihn Einsiedler nannte, hatte Nansens Buch über die Durchquerung Grönlands auf Schneeschuhen gelesen. Der landschaftliche Charakter seiner Wahlheimat legte ihm einen praktischen Versuch mit den Skihölzern nahe, die er aus Norwegen kommen ließ. Mit denen wusste er freilich nichts Rechtes anzufangen, bis ihm klar wurde, dass die norwegischen Skier hinsichtlich Länge und Bindung für alpines Gelände ungeeignet waren. Mit den von ihm entwickelten "Brettln" bildete er dann den nach ihm benannten Skilauf aus, der in ganz Österreich seither die maßgebende Fahrweise geworden ist. Zdarsky, der Erfinder der Lilienfelder Skibindung, sah nunmehr seinen Beruf darin, möglichst viele Menschen an dem Glücksgefühl teilhaben zu lassen, das ihm das Bergwandern im Winter mit dem "Skiholz" bereitete. So wurde er, der anfangs nur auf Spott und Hohn stieß, zu einem Lehrer und Pionier der körperlichen Ertüchtigung. Ihm ist es zu verdanken, dass nach zäher Aufklärungsarbeit sich immer größere Massen für den gesunden, Körper und Herz erfreuenden Skilauf zu erwärmen begannen. Man muss sich vor Augen halten, dass Zdarsky sein mutiges Aufklärungswerk in den neunziger Jahren des 19. Jahrhunderts, also in einer Zeit begann, wo es fast nur Stubenhocker gab. Zdarsky war auch überzeugter Abstinent, der den Rauschgiften sowie dem Rauchen einen fanatischen Kampf angesagt hatte.

Die Kunde von dem Lilienfelder verbreitete sich rasch. "Bar aller turnerischen Grundbegriffe, mit verblüffender Unwissenheit, mit lächerlichem Eigendünkel, mit geschäftlichem Neide, mit unglaublicher Bosheit fielen die Kritiker über meine neue Lauftechnik her. Der Angriff geschah mit solcher unverfrorenen Dreistigkeit, dass die Fernstehenden diese Ausfälle für berechtigt ansahen. Nach altbewährter Buschkleppermanier verweigerten die meisten der mich angreifenden Zeitungen eine Erwiderung. Es blieb mir also nur der lange Weg offen, Interessenten durch persönliche Leistungsfähigkeit zu überzeugen. Nach und nach kamen

Zdarskys Skitechniken
Links: *Die Schenkelbremse*
Unten: *Die Einstocktechnik wird geübt*

tet durch die überaus heftigen Angriffe, wirklich meine Sache für Schwindel hielten. Die einzig berechtigte Kritik, zuerst sich durch die Tat zu orientieren, ehe man ein Urteil fällt, hat keiner meiner Angreifer durchgeführt, deshalb wähle ich das folgende Vorwort zur zweiten Auflage:

> 'Zwietracht herrscht im Lager meiner einstigen Gegner:
> die meisten sind meine Freunde geworden,
> die wenigen Übrigen sind die - Blamierten.'"
> Habernreith, Januar 1903
> M. Zdarsky.

Zdarsky (1856 - 1940) war der Ansicht, dass man für unsere Alpenländer mit wesentlich steilerem Gelände eine andere Art des Fahrens anwenden müsse. Für seine Lilienfelder Technik gab es viele Widersacher, deren Aussprüche oft sehr beleidigend waren. Es waren gerade die ersten Jahre des zwanzigsten Jahrhunderts, in denen dieser Kampf immer mehr entbrannte, denn nicht alle Skiläufer waren für Zdarsky. Charakteristisch dafür war der Ausspruch von Willi Rickmer-Rickmers, der sagte. "Das Scheit verbindet uns und die Bindung scheidet uns."

Norweger oder alpine Skilauftechnik, eine Streitfrage, die sich manchmal zur Leidenschaft ausgebildet hat. Die Norweger Methode stammt aus dem Heimatland des Skis, wo er als Fortbewegungsmittel benützt wird. Wie hat sich aber diese norwegische Methode bei uns ausgewachsen? Sie wurde allmählich in eine Schwung- und Sprungtechnik umgewandelt. Matthias Zdarsky in Lilienfeld aber hat längst erkannt, dass der lange Norweger Ski für das Alpengelände nicht das geeignete Gerät ist und hat nicht nur kürzere Ski mit der Lilienfelder Bindung erdacht, dazu auch eine sehr brauchbare alpine Fahrweise, eben die Lilienfelder Skilauftechnik, sondern auch die Technik des Skifahrens der Bodenbeschaffenheit unserer Alpenländer und dem alpinen Gelände angepasst. Um die Berge in ihrer kristallenen Winterpracht kennen zu lernen, kann nur die Lilienfelder Methode empfohlen werden.

Es gab vehemente Anfeindungen, aber W. R. Rickmer-Rickmers gab Schützenhilfe. Er befuhr mit Gefährten auf Alpenski einige Dreitausender im Engadin und bewies die Vorteile von Zdarskys Ideen. In dem Bericht "Skilaufen und Bergsteigen" bringt Rickmers eine wissenschaftliche Abhandlung über den derzeitigen Stand des Skilaufes und Gerätes, und Vorträge von A. Schönwetter vom Alpinen Ski Klub München unter dem Motto "Die Beherrschung der Ski im alpinen Gelände, ihre Erlernung nach der Lilienfelder Technik" bestätigen den richtigen Weg Zdarskys. Die Angriffe gegen den Alpenski aber gehen weiter, und vielleicht spielte damals das Skiexportgeschäft der Norweger eine Rolle. Da fordert W. Rickmer-Rick-mers die besten Norweger zwecks Prüfung der Abfahrtsmethoden heraus und setzt 10 000 Mark dem als Preis, der vom Mont Blanc mit norwegischer Bindung in

Herren und Damen zu mir und konnten meistens schon nach einigen Tagen alles das wirklich durchführen, was meine Gegner als Blödsinn und Schwindel brandmarken wollten. Mühsam, durch jahrelange Arbeit, gewann ich so meine jetzt nach Hunderten zählenden Anhänger. Die meisten waren ehrlich genug, mir zu sagen, wie bitter Unrecht sie mir taten, dass sie, verleider Spur Zdarskys und in der selben Zeit abfährt. Treffen ist am 9. März 1904 in Chamonix. Aber keiner der Gegner Zdarskys wagte es.

Die Breite Ries des Schneeberges ist denkwürdiger Skiboden Österreichs, an den Prof. Dr. Erwin Mehl in einem Bericht erinnert. Nun fordert M. Zdarsky vom 6. bis 8. Jänner 1905 die norwegischen und schwedischen Skiläufer zu einem Wettkampf am Schneeberg heraus und Rickmers stiftete für den Sieger über Zdarsky 3 000 Kronen. Aber auch dieser Aufforderung folgt kein Norweger. Daraufhin lädt der Alpenskiverein den norwegischen Holmenkollensieger Ing. Harra Horn ein, und am 5. Jänner 1905 macht Zdarsky mit ihm eine Vergleichsabfahrt. Das war das Ende des "Lilienfelder Zwistes", der 1897 begonnen hat, und der Skiunterricht wurde rasch umgestellt von der norwegischen Form auf Zdarskys Geländefahren und den Stemmbogen. Da der Wettkampf in der Breiten Ries aber nicht zustande kam, so führte ihn Zdarsky am 19. März 1905 auf dem Muckenkogel bei Lilienfeld durch, den ersten Riesentorlauf der Skigeschichte; Länge 2 km, 500 m Gefälle und 85 Tore, von denen 10 über 35° und 2 über 45° Hangneigung aufwiesen.

Sein Wort fiel trotz der Nörgler und Widersacher auf fruchtbaren Boden. Oft mussten drei Sonderzüge geführt werden, um all jene zu befördern, die sich Schüler Zdarskys nennen wollten. Damals war Lilienfeld auf dem besten Wege, allen Wintersportorten ein für alle Mal den Rang abzulaufen. Zdarsky, der als Obmann des Alpenskivereines zusammen mit der Gemeinde Lilienfeld ein großes Wintersporthotel in seiner Heimat errichten wollte, mit dieser Absicht jedoch scheiterte, verlegte seine Kurse nach dem aufnahmefähigeren Türnitz und entdeckte danach noch Mariazell als Wintersportort. Er trug in Mariazell auch dazu bei, dass durch den Wintersport jene Gasthöfe, die in dieser Jahreszeit normaler Weise geschlossen hatten, ein gutes Geschäft machten. Zdarskys Methode fand auch beim Militär Verwendung. Der Einsiedler des Habernreithhofes wurde in diesem Zusammenhang kurz vor seinem Tode, er starb am 20. Juni 1940, mit dem großen Ehrenbrief, der höchsten Auszeichnung des nationalsozialistischen Reichsbundes für Leibesübungen, ausgezeichnet. Bei einer der Abfahrten in Kärnten, die er mit Gefährten durchgeführt hatte, wurde er von einer Lawine erfasst und 500 m mitgeschleift, blieb aber an der Oberfläche und erholte sich sehr rasch von seinen Verletzungen. Wie weit sich die Kenntnis von der Bedeutung der Lilienfelder Skilauftechnik und der Lilienfelder Bindung in alle Welt verbreitet hat, geht daraus hervor, dass dieser kleine Markt des Alpenvorlandes im Zusammenhang mit diesen Errungenschaften selbst in Japan bekannt geworden ist. Ein Japaner erzählte, dass im Lande der aufgehenden Sonne besonders zwei Städte, Hamburg, wo die Schiffe anlaufen, und Lilienfeld, das mit dem Skilauf so innig verbunden ist, allgemein in das Bewusstsein der japanischen Menschen gedrungen ist. Der wirkliche Durchbruch aber fand im Jahre 1891 statt, als Dr. Fridtjof Nansen sein Buch mit dem dritten Kapitel des Schneeschuhlaufes veröffentlichte, und er und sein Buch dürfen für sich in Anspruch nehmen, für die Verbreitung des Skisportes gesorgt zu haben.

Schönheitslauf - bewertet wurde die gleichmäßige Fahrweise der Paare

SKILAUF IN DEN ALPENLÄNDERN

Wo liegt nun die Wiege des Skisports im Alpenraum? Obwohl darüber keine Klarheit herrscht, so war zu beobachten, dass fast gleichzeitige Bemühungen stattgefunden haben, den nordischen Skisport in den Alpenländern einzuführen. Es ist bekannt, dass der Schweizer Konrad Wild aus Glarus schon vor 1870 die "Nordischen Hölzer" ausprobierte, konnte aber ebenso wenig damit anfangen wie der französische Bergsteiger Henry Duhamel. Zwei Jahrzehnte mussten vergehen, ehe sich der Skilauf in den Alpenländern durchsetzte. Im damaligen Österreich, zu dessen Gebiet auch der böhmisch-mährische Raum zählte, wurden die ersten Versuche gestartet, als der einer österreichischen Polarexpedition angehörende Forscher Julius Payer ein Paar Skier mitbrachte. Graf Harrach hatte auf seinen Gütern schon bald darauf sein Jagd- und Forstpersonal damit ausgestattet und die Musterskier aus Norwegen wurden nachgemacht. Aber auch in Deutschland und in der Schweiz trafen die ersten norwegischen Bretter, meist aus der Hauptstadt des Landes, Kristiania, die 1924 den Namen Oslo erhielt, ein.

Die Skiläufer um 1885 in der österreichisch-ungarischen Monarchie waren meist "Laufstabreiter", also Fahrer, die zum Lenken wie auch zum Bremsen einen langen Stab benützten. Einer von diesen, Viktor Heger, gründete den "Mährisch-Schlesischen Schneeschuhläufer-Verein" in Olmütz. Aus dem Jahre 1893 wird berichtet, dass eine Skipatrouille

des Infanterieregimentes 31 von Hermannstadt in Siebenbürgen über die rumänischen Südkarpaten nach Petroseny marschierte und dabei nicht nur 150 km zurücklegte, sondern auch einige 2 000 m hohe Berge erstieg.

Als das erste Exemplar dieses Buches in Wien eintraf, war die Begeisterung darüber so groß, dass noch im gleichen Jahr unter Obmann Fritz Theurer der "Erste Wiener Skiverein" gegründet wurde; er war gleichzeitig der erste Skiverein im heutigen Österreich. Die Mitglieder des Vereines bildeten eine sehr exklusive Gesellschaft, so exklusiv, dass sich der Verein nach einem Jahr Bestand wieder auflöste. Aber schon im November 1892 wurde unter Baron Wangenheim eine Sitzung abgehalten und die Gründung eines neuen Vereines beschlossen. Am 25. Jänner 1893 fand die Gründungsversammlung des "Österreichischen Skivereines" im Hotel Kaiserin Elisabeth in Wien statt. Ab dieser Zeit trafen sich all jene, die eine wirkliche Beziehung zum Skilauf hatten oder haben wollten; Bergsteiger, Radfahrer, Reiter oder Eisläufer, alles war dort beisammen, wobei die Hänge von Neuwaldegg das beliebteste Skigebiet der Wiener war.

Eine der Wiegen des Skisports stand in der Steiermark. Max Kleinoscheg, ein begeisterter Grazer Bergsteiger. Als Kleinoscheg mit seinem Begleiter den Abstieg vom Hochschwab im Winter nur sehr mühsam schaffte, wurde der Wunsch nach einem Gerät, welches ein Fortbewegen im tiefen Schnee erleichtern sollte, immer stärker. Als er nach seinem Abstieg in einem Kaffeehaus in einer englischen Zeitung den Artikel "Sport in Norway" fand, schrieb er dem bekannten Norweger Nikolai Noodt in Trondjem, ihm ein paar der "neuen Latten" zu übersenden. Mit diesen fuhr er zu Weihnachten auf den Semmering und "skierte" auf einer einsamen Wiese, bis er zu einem kleinen Häuschen am Semmeringsattel kam. Als die Besitzerin Kleinoscheg mit den Skiern sah, rief sie bestürzt aus: "Jessas na, jetzt kommen die Stadtleut scho im Winter zu uns und no dazua mit so narrischen Hölzern!" Weiter ging die Fahrt Kleinoschegs hinunter nach Mürzzuschlag zu seinem Freund, dem jungen Postwirt Toni Schruf, dem er auch gleich den Brief von Nikolai Noodt zeigte, der darin schrieb: "Schneelaufen steht über alles"; dieser Brief befindet sich heute im Wintersportmuseum in Mürzzuschlag. Schruf, begeistert, machte sogleich mit Kleinoschegs Skiern Rutschversuche, und noch heute kann man auf einer Gedenktafel auf dem Hotel Post in Mürzzuschlag lesen: "In diesem Haus ward in der Weihnachtswoche des Jahres 1890 von Max Kleinoscheg und Toni Schruf beschlossen, den Skilauf von Norwegen in die österreichischen Bundesländer zu verpflanzen. Landesfremdenverkehrsamt in Steiermark." Am 1. Februar 1893 wurde im Posthotel der "Verband steirischer Skiläufer" gegründet, und bereits am Tag darauf gab es eine Großveranstaltung, ein alpines Rennen, wobei "Star" der Veranstaltung der Wiener Herr Samson war, der auch den Abfahrtslauf vor Toni Schruf gewann. Bei den Damen konnte die Langenwangerin Mitzi Angerer den Sieg erringen. Aber nicht nur Skilauf gab es an diesem Tag, auch ein Skispringen, wobei ein verschneiter

Carvingtechnik anno dazumal

Misthaufen als Bakken, diente und man "flog" drei bis fünf Meter. Ein Jahr darauf waren schon fünf in Wien lebende Norweger am Start und die Wettkämpfe trugen den Titel "Meisterschaft der Alpenländer". Diese Veranstaltung nützten auch Firmen aus Deutschland und Norwegen, um ihre Artikel anzupreisen. Da alles neu war und begeistert aufgenommen wurde, so wurde der Umfang der Mürzzuschlager Skitage immer größer. Nicht nur Privatpersonen begannen sich für den Skisport zu interessieren, auch das Militär wurde auf diese Fortbewegungsmittel aufmerksam. Das erste militärische Skilehrbuch verfasste ein Freund von Max Kleinoscheg, der k. k. Oberleutnant Raimund Udy. In der Militärakademien von Wr. Neustadt, in Kärnten, in Klosterneuburg und in Steyr erfolgte die skimilitärische Ausbildung der Soldaten. In Graz, wo das Infanterieregiment 27 eine eigene Schneeschuhabteilung hatte, wurden 200 Paar Skier hergestellt. Diese Abteilung legte bald darauf in zwölf Stunden die 83 km lange Strecke von Villach über den Wurzenpass nach Tarvis und über das Gailtal wieder retour zurück. Überall wurden eigene Truppenteile mit Skiausrüstungen geschaffen, in Österreich die Gebirgsjäger und in Italien die Alpinis. Sogar die Türkei holte sich einen Spezialisten, Wilhelm Paulke, um einen Spezialisten für den militärischen Einsatz mittels Skier zu haben. Im heutigen Skiland Tirol war es Franz Reisch, ein Gastwirt in Kitzbühel, der sich in die Gruppe der Skipioniere einreihte. Er ist der Urahn der Kitzbühler Skischule und er verhalf Kitzbühel zum Weltruf. In weiterer Folge hatte Kitzbühel neben dem

Mit dynamischer Schrittstellung um die Torstange

Arlberg so viele Skiläufer hervorgebracht, dass es sich zu einem internationalen Wintersportzentrum entwickelte. Bevor Reisch das Buch Nansens las und damit von den "Brettln" hörte, hatte er schon sechzig Mal das Kitzbühler Horn erstiegen. Angeregt durch Kleinoschegs Bergfahrten, kaufte er sich ein Paar "Norweger" und keiner im Ort konnte die langen Latten besser meistern als er. In einer Münchner Zeitung war zu lesen. "Er skierte nach Herzenslust und erkannte dabei auch die Bedeutung des Skilaufs für den Fremdenverkehr." Zum Ruf Kitzbühels trugen auch die Freunde von Reisch, der vom Arlberg stammende Viktor Sohm und Willi Rickmer-Rickmers bei, und bereits im Jahre 1893 kamen die ersten Wintersportgäste nach Kitzbühel. Am Arlberg sah man das erste Mal im Jahre 1895 als erste Pfarrherren Pfarrer Müller in Warth am Lech, Pfarrer Schilling und Schmidinger auf Skiern. Als ersten Skitouristen konnte man am Arlberg den Münchner Direktor Paul Martin begrüßen, den Vorgänger jener Millionen, die seither dieses Skiparadies besuchten. Er war es auch, der Ende 1895 als Erster über den Arlbergpass fuhr und dabei die Strecke Stuben - St. Anton in 2 ½ Stunden zurücklegte. Eine Weiterentwicklung der Skier, eine Synthese aus Lilienfelder und Norweger Technik, entwickelte der Vorarlberger Georg Pilgerie (1873 - 1934). Er fuhr bereits mit zwei Stöcken und einer eigens von ihm entwickelten Bindung. Zwischen Zdarsky und Pilgerie entbrannte ein erbitterter Methodenstreit, der aufs Härteste ausgefochten wurde; sogar Duellforderungen soll es gegeben haben. Doch beider Bemühen brachte für den

Skisport wesentliche Fortschritte. Wie Zdarsky, so bildete auch Pilgerie im Krieg viele Soldaten aus, die dann den Sport in ihre Heimatgemeinden mitbrachten, wie z. B. das Naturtalent, der Vorarlberger Hannes Schneider (1890 - 1955), Gründer der Arlbergschule. Der Film des Freiburgers Arnold Franck, "Der Weiße Rausch", vermittelte in weiterer Folge die Faszination des Wintersports in alle Länder. In den dreißiger Jahren wurde die Technik des Skilaufs wieder variiert, nach dem Zweiten Weltkrieg tief greifend gewandelt; die österreichischen Skitheoretiker, seit 1934 stand an ihrer Spitze Stefan Kruckenhauser, schufen den "Wedelstil" und arbeiteten Skilehrpläne aus, die für die ganze Welt richtungsweisend wurden und blieben.

Der Skilauf erfasste in der Zwischenkriegszeit bereits weite Kreise, seine begeisterten Anhänger kamen aus allen Bevölkerungsschichten; es war nicht mehr nur ein Sport der Begüterten. Es war auch noch ein billiger Sport, nicht nur weil die Ausrüstung bescheiden war; oft hatte der Wagner des Dorfes die "Brettln" gemacht, und es bedeutete eine Revolution, als der Halleiner Lettner die Stahlkanten erfand. Billig war der Skilauf deshalb, weil es noch keine Lifte oder Seilbahnen gab und der Après-Skibetrieb sich noch in Grenzen hielt. Mit dem Bau von Bergbahnen begann sich der Winterfremdenverkehr so richtig zu entwickeln und man sprach von einer zweiten Saison, obwohl all diese Skiläufer noch nicht auf bestens präparierten Pisten, mit Carving Skiern und dementsprechender Bekleidung, ihrem Vergnügen nachgehen konnten.

Der Schneeberg als Skiberg

Wenn man das Wort Skiberg hört, so denkt man zuerst an den Semmering, an Kitzbühel, an den Präbichl oder den Arlberg, aber nicht an den Schneeberg. All die dort vorhandenen Annehmlichkeiten treffen auf den Schneeberg nur in bedingter Weise zu. Die Zahnradbahn macht Winterpause, und so bietet sich nur der Lift von Losenheim aus, als einzige Möglichkeit bequem bis in eine gewisse Höhe zu gelangen, an, um anschließend seinem Skivergnügen nachzukommen; weit gefehlt, denn der Schneeberg hat im Wintersportlerlager seine Lieblinge, die nur darauf warten, in unberührter Natur ihrem Vergnügen nachgehen zu können. So z. B. auf der Trenkwiesenabfahrt, die man bei guter Schneelage den ganzen Winter befahren kann, oder vom Gipfel weg durch den Wurzen- oder Schneegraben abzufahren. Für besonders "Schneidige" bieten sich bei Firn die Breite oder die Lahningries, die Rote Schütt oder der Schneidergraben an, wobei die Letztgenannten als die schwierigeren zu bezeichnen sind, wenngleich durch die Beschaffenheit des heute verwendeten Materials wie auch durch den steigenden Standard des Fahrkönnens diese Routen den Ruf als "besonders schwierig und gefährlich" verloren haben; glaubt man, denn immer wieder kommt es zu Unfällen in diesen Gebieten, wo Verletzte und sogar Tote zu beklagen sind, wobei als Ursachen, neben dem

Überschätzen seines eigenen Könnens, auch die Schneeverhältnisse oder Ahnungslosigkeit eine große Rolle spielen.

Der Schneeberg ist im Laufe der Jahre, abgesehen von der o. a. Liftanlage, immer mehr zum Skiberg für Individualisten, welche die Abgeschiedenheit und Ruhe suchen, über das nötige Können wie auch die Einschätzung der vorherrschenden Verhältnisse und des eigenen Leistungsvermögen verfügen, geworden. Für sie ist und bleibt der Schneeberg als Skiberg ein fester Bestandteil in ihrem Wintersportprogramm.

Einige Skitouren und deren Begeher:
1922 Saugrabenflanke, Karl KNARR
1930 Mittagsteinschritt, Johann REIFBÖCK und Oskar RAINER
1931 Krummbachstein Nordflanke, Franz GRUBER, Franz LINSHALM, Karl KNARR und Franz LERNPAß
1969 erste Befahrung der Grohs-Rinne durch Hans GROHS
April 1971 erste Befahrung der Lahningries-Flanke durch Hans GROHS
8. April 1982 Befahrung der Jugendschütt im Rahmen eines Kinder-Skibergsteiger-Kurses

Links: *Einst verkehrte die Zahnradbahn auch im Winter*
Oben: *Der Bahn entlang zur Abfahrtspiste - Willi Alltaler und Hans Höller*
Darunter: *Frühlingsskilauf im Saugraben*

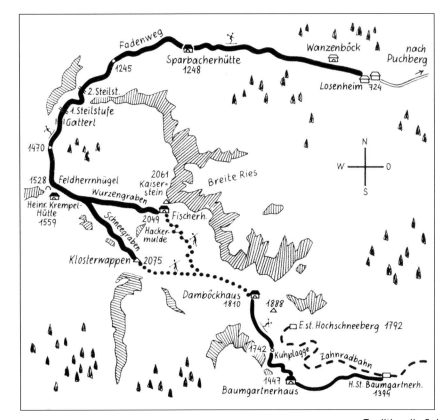

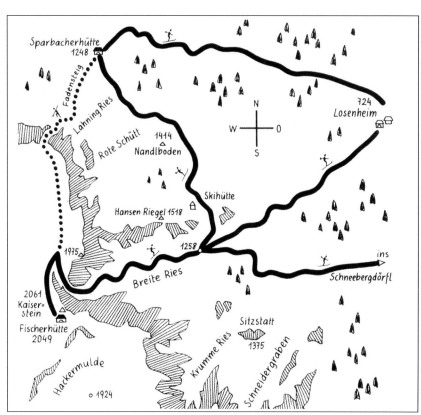

Traditionelle Schneebergabfahrten

Die ersten Skiveranstaltungen der Welt:

1843	Norwegen	Langlauf
1853	Australien	Skispringen
1864	Finnland	Schülerrennen
1868	USA	Skispringen
1877	Schweden	Schülerrennen
1888	Russland	Langlauf
1891	Österreich	Kombinationslauf
1894	Deutschland	Langlauf und Springen
1896	Tschechoslowakei	Langlauf
1902	Schweiz	Langlauf
1904	Chile	Skispringen
1904	Italien	Skispringen
1904	Afrika	Skispringen und Langlauf
1906	Frankreich	Skispringen

Die ältesten Skiklubs der Welt:

1861	Norwegen	Trysil Skytte- und Skilöberforening
1861	Australien	The Snow-Club
1864	Finnland	Helsingfors
1879	Schweden	Stockholm Skidlöparklubb
1886	Dänemark	Extraclubben
1890	Deutschland	SC München
1890/91	Österreich	SC Präbichl
1891	Österreich	Wiener Skiverein
1893	Schweiz	SC Glarus
1895	UdSSR	Moskau-Skiclub
1895	CSSR	Cesky-Ski-Club
1896	Frankreich	Ski-Club de Alpes
1901	Italien	Ski-Club Torino
1903	Kanada	Montreal Ski-Club
1903	England	Ski-Club of Great Britain
1905	Afrika	Ski-Club Algerien

Skifahren am Schneeberg - einst das Vergnügen für Jung und Alt

DIE SCHNEEBERGBAHN

In der Österreichischen Touristen Zeitung Nr. 10, Wien, am 16. Mai 1897, XVII. Band steht über die Schneebergbahn Folgendes zu lesen: "Bekanntlich ist der Bau der Lokalbahn von Wr. Neustadt auf den Schneeberg, nachdem schon im Sommer 1895 die Trassierung stattgefunden hatte, mit Konzessions-Urkunde vom 25. September 1895 staatlich genehmigt worden, und zwar den Herren Dr. Carl Haberl, Bürgermeister und Advokat in Wr. Neustadt, und Ingenieur Josef Tauber aus Wien, welch Letzterer die Pläne geliefert hatte. Eigentlich handelt es sich um den Bau von zwei Bahnen, einer gewöhnlichen Adhäsionsbahn von Wr. Neustadt nach Puchberg und einer Zahnradbahn von Puchberg auf den Waxriegel."

Zum ersten Mal stoßen wir auf den Namen Schneebergbahn im Zusammenhang mit der von Ing. Josef Tauber im "commerziellen Bericht" peinlichst genau und getrennt errechneten Rentabilität der normalspurigen Adhäsionsstrecke Wiener Neustadt - Puchberg bzw. Wöllersdorf und der schmalspurigen Bergstrecke Puchberg - Hochschneeberg. Für die Normalspurbahn errechnete er unter Berücksichtigung der Bevölkerungsdichte und -struktur sowie des zu erwartenden Berufs-, Touristen- und Marktverkehrs eine jährliche Frequenz von rund 150 000 Personen. Der Umfang des Güterverkehrs wurde nach Umfrage bei den benachbarten Industrien, insbesondere beim Puchberger Gipswerk, dem Kalkwerk in Winzendorf und als eine der großen Hoffnungen des Bahnunternehmens, beim Grünbacher Kohlenrevier, der mit 8 000 Waggonladungen pro Jahr angenommen, eingeholt. Genau wie bei der Normalspurstrecke errechnete Tauber auch für die Bergstrecke die zu erwartenden Gästezahlen aus. Beim Studium der Hüttenbücher verschiedener alpiner Vereine fand er heraus, dass die Anzahl jener, die den Schneeberg besuchten, weit größer war, als man angenommen hatte. Als Beispiel führte er das Baumgartnerhaus an, welches im Jahre 1893 nicht weniger als 34 000 Gäste aufzuweisen hatte. Auch die anderen Schutzhütten wiesen überraschend gute Besuchsziffern auf, womit die Idee, auf den Schneeberg eine Zahnradbahn zu bauen, durchaus begründet erschien. Auch von dem Neubau eines Hotels bei der Bergstation war ein weiteres Anwachsen des Touristenstroms zu erwarten. Schlussendlich konnte man auch noch mit einem geringen Güterverkehr, Proviant transport für die Schutzhütten und Holztransport talwärts, rechnen. Alles in allem rechnete Tauber bei jährlichen Einnahmen von 145 000,- Gulden mit einem Reinertrag von 87 000 Gulden. Nun galt es das finanzielle Problem zu lösen, und hier hatte er Glück, als ihm 1886 der Rechtsanwalt, Landmarschall-Stellvertreter von Niederösterreich und damaliger Bürgermeister von Wiener Neustadt, Dr. Karl Haberl, ein Eisenbahnfan, der nicht nur von der Nützlichkeit und Notwendigkeit des Bahnbaues überzeugt war, sondern sich auch bereit zeigte, seine Arbeitskraft und sein gesamtes Vermögen dafür einzusetzen, zu Hilfe. Der von Ihm aufgestellte Finanzierungsplan bestimmte ein Anlagekapital von 2,372.000,- Gulden, wovon auf

Die Schneebergbahn Wiener Neustadt - Puchberg, unten Bahnhof Puchberg

die Normalspurstrecke 1,622.000,- Gulden und auf die Zahnradstrecke 750.000,- Gulden entfielen. Diese Geldmittel wurden in den folgenden Jahren durch die Ausgabe von Wertpapieren im Gesamtbetrag von 2,670.000,- Gulden beschafft. Diese teilten sich wie folgt auf: 450.000,- Gulden Stammaktien, 820.000,- Gulden Prioritätsaktien und 1,400.000,- Gulden Prioritätsobligationen, wobei Ing. Tauber und Dr. Haberl die beiden letzt-

Grünbach am Schneeberg

Die Kirche von Höflein

Bahnhof Willendorf

genannten Wertpapierarten zur Gänze selbst übernahmen. Die Stammaktien wurden von den örtlichen Bahninteressenten wie z. B. von der Stadtgemeinde und der Sparkasse Neu-stadt gezeichnet. Schließlich verpflichtete sich auch der Staat durch ein Gesetz vom 19. Juni 1895 "betreffend die im Jahre 1895, sicherzustellenden Bahnen niederer Ordnung", an der zu bildenden Aktiengesellschaft durch Übernahme von Stammaktien in der Höhe von 150.000,- Gulden (bzw. 300.000,- Kronen nach dem inzwischen erfolgten Übergang von der Gulden-Kreuzer-Währung auf die Kronen-Heller-Währung) zu beteiligen.

Es dauerte zehn Jahre, bis zum 9. Juli 1893, bis Dipl.-Ing. Josef Tauber eine erneute Vorkonzession erhielt. Diese wurde am 3. Jänner 1894 verlängert, und am 20. August desselben Jahres erhielten der Landmarschall und Bürgermeister von Neustadt Dr. Carl Haberl und Dipl.-Ing. Josef Tauber die vom Kaiser persönlich unterzeichnete Konzessionsurkunde "zum Bau und Betrieb der Schneebergbahn" überreicht. Noch am gleichen Tage wurde dies auch im Reichsgesetzblatt Nr. 156/1895 öffentlich bekannt gegeben. Mit der Durchführung der Arbeiten wurde die Firma des Wiener Ingenieurs Leo Arnoldi betraut, ein "rühmlichst bekanntes Unternehmen", wie die Neustädter Zeitung ihren Lesern zu berichten wusste. Die Überwachung des am 5. November 1895 unterzeichneten Bauvertrages oblag dem Berliner Bankhaus v. d. Hayd & Co., mit dem sich die Konzessionäre am 20. November zur Bildung eines Finanzkonsortiums zusammenschlossen. Der Bauvertrag bestimmte, dass die beiden Bahnen ebenso wie die Hotelanlage am Schneeberg bis spätestens 15. März 1897 betriebsfertig herzustellen seien. Für den Fall einer größeren Fristüberschreitung verpflichtete sich Arnoldi zur Zahlung einer Konventionalstrafe für die ersten zwei Monate in der Höhe von 200 Kronen und darüber hinaus täglich 600 Kronen, zuzüglich der Ersatzleistung für alle durch die Bauverzögerung bedingten finanziellen Schäden.

Am 4. Dezember 1895 war es dann so weit; die ersten Arbeiter, vorwiegend Italiener und Kroaten, zogen hinaus zu der markierten Trasse; der Bau begann. Feierlich wurde am 9. De-

zember 1895 der erste Spatenstich zum Bau des Puchberger Bahnhofes durch Bürgermeister Frey in Anwesenheit vieler Ehrengäste durchgeführt und bei dem anschließenden Festbankett gab es unzählige "Lebe Hochs" auf alle, die sich bisher um die Projekte verdient gemacht hatten und dies auch weiterhin tun werden. Programmgemäß und ohne Zwischenfälle ging der Bau der 32 km langen Adhäsionsstrecke vonstatten und das, obwohl die Strecke am 678 m hohen Grünbacher Sattel eine Steigung von 4,5 % aufzuweisen hatte.

Pünktlich, nach 16-monatiger Bauzeit, fuhr am 15. April 1897 der erste mit Fahrgästen besetzte Zug von Wiener Neustadt nach Puchberg; Anlass genug, um sich "fein herauszuputzen". Alles wurde aufgeboten, um die erschienenen Ehrengäste, an ihrer Spitze der Eisenbahnminister Ritter von Gutenberg, zu begrüßen. Alle waren zur Stelle - der Gemeinderat, die Feuerwehr, die Veteranen, der Gesangsverein und die Schuljugend -, um "einer glücklichen Zukunft entgegenzujubeln, in der Puchberg durch die länderverbindende Eisenstraße an die große Welt geknüpft sein wird"; so niedergeschrieben in der Ortschronik. Am 1. Jänner 1899 wurde die Betriebsführung der Schneebergbahn von der k. k. Priv. Eisenbahn Wien - Aspang übernommen.

Seinerzeit führte auch eine Verbindung vom Aspangbahnhof in Wien nach Puchberg, wobei Der Bahnhof der Eisenbahn Wien - Aspang, welcher sich im III. Bezirk, Aspang Gasse 2, unweit des Rennweges, Straßenbahnhaltestelle Steingasse befand. Er war an jener Stelle erbaut worden, wo sich einst der Hafen des Wr. Neustädter Schifffahrtskanales befunden hat. Das Gebäude lag 178,55 m über dem Meeresspiegel. Ein Doppelgeleise verband die Bahnhofsanlage mit der Wiener Verbindungsbahn bzw. der Stadtbahn.

Die Lokomotiven der Normalspurbahn

In den ersten Jahren ihrer Selbständigkeit trugen die eingesetzten Loks neben einer

Weikersdorf *Bahnhof Winzendorf* **Oben:** *Bahnhof Bad Fischau -* **Unten:** *Wiener Neustadt*

Nummer auch noch Namensschilder, die jedoch, als diese Bahn in den Besitz der EWA überging, entfernt wurden. Erst seit den 80er Jahren tragen die Loks wieder Namensschilder, so z. B. hieß die Lok mit der Nummer 999.05 Puchberg und mit der Nummer 999.01 Schneeberg. Bie Bahn ging im Jahre 1937 an die Bundesbahn über, wobei der Maschinenpark 12 Loks - neun IVd und drei IId - umfasste. Ein Heizhaus in Puchberg am Schneeberg stand sowohl für die normalspurige Bahn wie auch jener mit einem Meter Spurweite zur Verfügung. Die dafür notwendigen Lokschuppen befanden sich in Sollenau und Bad Fischau. Seit 1970 sind sämtliche die Normalspur betreffenden Dieselfahrzeuge in Wr. Neustadt eingestellt. Die in Bad Fischau stationierten kleinen Bt-Loks der Nr. 1 - 3 wurden fast ausschließlich auf der kurzen und nur mäßigen Steigung aufweisenden Strecke Wr. Neustadt - Wöllersdorf eingesetzt. In Puchberg stationiert waren die Loks Ct Nr. 11 und 12. Schon im ersten Jahr zeigte es sich, dass diese für die Strecke Willendorf - Puchberg zu schwach waren, und der berühmte österreichische Lokomotiv-Konstrukteur Karl Gölsdorf konstruierte eigens für diese Gebirgsstrecke die vierfach gekuppelte Tenderlok der Serie IVd, welche sich hervorragend bewährt hat. Sie diente auch als Muster für die von der k. u. k. österreichischen Staatsbahnen ab 1900 beschaffte Reihe 178. Diese Lok wurde in großen Stückzahlen gebaut und kam in der ganzen Monarchie, vor allem auf den gebirgigen Nebenbahnen, zum Einsatz. Nach der Verstaatlichung kamen die ab 1927 gebauten stärkeren IDlt-Loks der Reihe 378 und später 93 zum Einsatz. Sie hatten sich ebenfalls bestens bewährt und trugen bis zur Einstellung des Dampfbetriebes im Jahre 1970 die Hauptlast des Betriebes. Bis 1937 war die Lok IVd die Schneebergbahn-Lok. Anfänglich fuhr die IVd noch mit Güterzügen, bevor sie in alle Richtungen zerstreut wurde und andere Loks sporadisch zum Einsatz kamen. Erst in den folgenden Jahren sah man andere Reihen wie z. B. die Reihe 77 vor Personenzügen und die Kriegslok 52 vor Güterzügen und fallweise auch vor Personenzügen. Eine der Schneebergbahnloks, die 92.2220, ex "Klaus", wurde

vom Österreichischen Eisenbahnmuseum übernommen und konnte so erhalten werden. Sie steht seit ihrer Ausmusterung in Puchberg am Schneeberg in der Nähe der Einfahrt zum Bahnhof.

Die wichtigsten Lok-Typen auf der Steilstrecke von Willendorf nach Puchberg am Schneeberg: Reihe IId - IVd, Reihe 92(IVd), Reihe 93 (378), Reihe 77 (629), Reihe 52 und Reihe 2143.

PUCHBERG UND DIE ZAHNRADBAHN AUF DEN SCHNEEBERG

Bereits im Jahre 1872 lagen Pläne zur Erbauung einer Zahnradbahn auf den Schneeberg vor. Im Frühjahr 1896 wurde mit den Arbeiten zum Bau der Bergstrecke von Puchberg auf den

Hochschneeberg nach dem vom Schweizer Ingenieur Roman Abt entwickelten System, welches im Gegensatz zum Riggenbach'schen Zahnstangenschienen aufwies, begonnen. Um die volle Betriebssicherheit zu gewährleisten, wurden ab einer Steigung von mehr als 8 % die Zahnstangen verdoppelt und um eine halbe Zahnstange versetzt, damit bei einem eventuellen Bruch einer Stange die daneben liegende noch im Eingriff bleibt und auch ein Herausspringen des Zahnrades in den Kurven vermieden wird. Auch sollte dadurch ein ruckfreieres Fahren gewährleistet sein, was aber böse Zungen widerlegen, denn sie behaupten, dass die Zahnradbahn in den Puchberger Kurbetrieb aufgenommen gehöre, "wegen der angeblich wohltuenden Wirkung, welche die unablässigen Stöße während der Fahrt auf das verkrampfte Muskelsystem ausüben sollen...." Der Zahnstangenoberbau liegt auf stählernen Schwellen in einem 2,2 m breiten Schotterbett. Um zu verhindern, dass bei dem starken Gefälle der Oberbau "zu Tal wandert", sind in gewissen Abständen alte Schienenstücke senkrecht in den Unterbau gerammt, an denen sich die Schwellen zusätzlich abstützen. Als besondere Windschutzvorrichtungen, die ein Abstürzen der Züge bei starkem Sturm verhindern sollen, besitzen die Waggons Vorrichtungen in Form von senkrechten Gestängen, die in seitlich der Schwellen befestigte U-Eisen eingehängt werden können. Der Oberbau, Schienen, Zahnstange, Schwellen und

Befesti-gungsmaterial, wog 138,6 kg pro m Länge. Die beiden am Berg befindlichen Wasserstationen bestehen aus je einem Wasserbottich mit 25 m³ Inhalt, wobei die Füllung dieser von Puchberg aus getätigt werden muss. Mit Ausnahme der beiden Haltestellen Puchberg und Hochschneeberg tragen alle Stationen das Zeichen "Hu". Es bedeutet, dass diese Stationen unbesetzt sind.

Man betrat zwar nicht gerade technisches Neuland, aber es war ein kompliziertes und verantwortungsvolles Unterfangen. Dies war auch der Grund, warum der Bau eine relativ längere Zeit in Anspruch nahm; vor allem, als dieser die Hochgebirgsregion erreichte. Obwohl diese komplizierte und verantwortungsvolle Arbeit im Frühjahr 1896 begonnen wurde und bis zum Herbst der Unterbau sowie die Tunneldurchbrüche fertig gestellt waren

und auch ein Teil des Oberbaues verlegt war, so wurden die Arbeiten durch den lang andauernden Winter 1896/97 verzögert. Die ersten bestellten Zahnradlokomotiven der Firma Krauß & Co. in Linz trafen zeitgerecht noch vor dem Wintereinbruch ein, so dass noch Probefahrten durchgeführt werden konnten, wobei es sich die Funktionäre des Puchberger Verschönerungsvereines nicht nehmen ließen, an einer der ersten "Exkursionen" teilzunehmen, und zeigten sich daraufhin äußerst beeindruckt von der Leistungsfähigkeit der kleinen, schief stehenden Dampfmaschinen.

Die technisch-polizeiliche Prüfung der 1. Teilstrecke, Puchberg - Baumgartner, erfolgte am 30. Mai 1897 durch die Generalinspektion der österreichischen Eisenbahnen. Dabei musste der Zug, bestehend aus einer Lokomotive und zwei mit acht Tonnen beladene Waggons, einen Tag lang verschiedene Versuche über sich ergehen lassen; Bergfahrten, Talfahrten, Anfahren und Anhalten in der Steigung usw. standen auf dem Plan. Besonderes Augenmerk wurde bei diesen Tests den Bremsen gewidmet, diese wirkten aber so energisch, dass bei den Anhalteversuchen die Beamten "fast aus dem Wagen fielen". Die Ursache dafür war, dass die Pufferfedern der Waggons zu schwach ausgelegt waren, um den Druck der Lokomotive auffangen zu können; sie wurden später durch kräftigere ersetzt, wobei das Stoßen nicht ganz beseitigt werden konnte. Bis auf den vorhin angeführten kleinen Mangel war die Kommission zufrieden und erteilte die Genehmigung zur Aufnahme des Personenverkehrs. Am 1. Juni 1897 fuhr der erste planmäßige Zug, nachdem ihn der Pfarrer von Puchberg gesegnet hatte, bergwärts bis zur Station Baumgartner; der Andrang war sehr groß und um die Fahrkarten gab es "harte Kämpfe". Während nun von nah und fern die Menschen herbeiströmten, um die Bergfahrt mit der Zahnradbahn auszukosten, dabei auch erbitterte Sitzplatzkämpfe in Kauf nehmen mussten, ging die Fertigstellung der zweiten Teilstrecke, Baumgartner - Hochschneeberg, dem Ende zu. Die Wiener Neustädter Zeitung berichtete am 11. September, "dass man schon längs der Geleise durch die Tunnel bis zum Waxriegel-Hotel gehen kann und auf den Alpenmatten ringsum an Sonntagen ganze Gesellschaften lagern". Besonderes Interesse

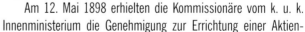

erweckten in der Krummholzregion die vielen windschiefen Bretterhütten der Arbeiter und die italienischen Werkleute selbst, die sich gegen ein kleines Geldgeschenk immer bereit zeigten, eine "Canzonetta" anzustimmen.

1897 erfolgte dann die Fertigstellung des schwierigeren oberen Streckenabschnittes mit den beiden Tunnels. Arnoldis Einstellung, "Sicherheit hat Vorrang" folgend, wurden die Tunnel entgegen der ursprünglichen Planung ausgemauert, da die Struktur des Gesteins dies erforderte. Er nahm dafür gerne einen Zeitverlust und eine Baukostenüberschreitung in Kauf.

Am 22. September fuhr der "Polizeizug" mit Oberingenieur Ritter von Eisenach und Statthalter Sekretär Hans Hruschka auf der zweiten Teilstrecke Baumgartner - Hochschneeberg; auch diesmal wurde besonderes Augenmerk auf die Bremsanlage gerichtet. Voraussetzung war, dass in der größten Steigung von 19,7 % ein normal belasteter Zug innerhalb von zwei Metern zum Stillstand kommen musste und ein talwärts fahrender Personenwagen allein mit der Handbremse angehalten werden konnte. Nach bestandener Prüfung wurde die gesamte Bergstrecke, Puchberg - Hochschneeberg, am 25. September 1897 dem öffentlichen Verkehr übergeben. Puchberg war wieder in Festtagsstimmung, Fahnenschmuck und nach "rühmlichen" Reden über die technische Meisterleistung, den Fleiß und die Ausdauer der Arbeiter lobend, wollte die ehrliche Begeisterung kein Ende nehmen. Mit der Bergstation, welche in einer Höhe von 1 795 m liegt, hatte man die höchstführende Zahnradbahn Österreichs gebaut, die eine Höhendifferenz von 1 218 m bei einer Streckenlänge von 9,85 km überwindet. Sie übertraf um ganze 63 m die bisherige "Titelhalterin", die Schafbergbahn. Trotz der Bemerkungen wie "die Züge würden stecken bleiben oder gar abstürzen" wurden die Bauern eines Besseren belehrt; das, was in ihren Köpfen übrig blieb, war ein Staunen über das Unglaubliche. Ein kleines Unbehagen ist aber diesen Leuten, "dass das Locamativ" einwandfrei funktioniere, geblieben. Namensgebungen wie "Eiserner Fritzl" oder "Hatscherte Kathl" waren genauso wenig aus dem Alltag wegzudenken wie das schrille Pfeifen oder die Rauchwölkchen.

Die erste Sonderfahrt unternahmen am 4. Oktober 1897 Mitglieder des Wiener Lehrerhausvereines, ebenso wollten Schulklassen, Vereine oder Stammtischgesellschaften in Sonderzügen zur Höhe gebracht werden. Durch die herrliche Bergszenerie des Schneeberges vergaß so mancher die Heimreise. Dies war auch einer der Gründe, warum sich die Talfahrt verzögerte, dazu kam noch, dass der Zug mit dem Lehrerhausverein in einen Schneesturm kam, und in der Betriebsleitung herrschte Sorge um den Verbleib des Zuges. Mit den Worten dass "so was einen ordentlichen Weaner net genieren könne..." stieg der Lehrerhausverein in stockfinsterer Nacht und bis auf die Knochen durchgefroren aus dem Zug.

Auch an Prominenz fehlte es der Zahnradbahn nicht. Erzherzog Franz Ferdinand, Eugen, Friedrich und Heinrich, Wiens populärster Bürgermeister Dr. Karl Lueger, der Handelsminister Dr. Bärnreiter, der deutsche Staatssekretär Graf Posadowsky, die beiden Söhne des Königs Nikita von Montenegro, die Prinzen Mirko und Danilo, usw. zählten zu den Fahrgästen der Zahnradbahn.

Im Wiener Neustädter Bezirksblatt vom 30. Juni 1897 stand zu lesen:

Lokalnachrichten:

"Se. kais. Hoheit Herr Erzherzog Heinrich unternahm am Fronleichnamstage die Bergfahrt mit der Schneebergbahn bis zur Haltestelle Baumgartner, worauf er das Hotel Baumgartner besuchte. Der Erzherzog äußerte sich höchst schmeichelhaft über die Bahn und kehrte erst mit dem letzten Zuge vom Hochschneeberge zurück."

Einer der Ersten, der sich die "Klimaschaukel" zu Nutze machte, welche durch das langsame Überwinden von Höhenunterschieden einer Schockwirkung entgegenwirkt, war der Wiener Weihbischof Dr. Johann Schneider, der nach Überwindung einer schweren Krankheit von den Ärzten einen Aufenthalt in Puchberg empfohlen bekam.

Dem Erbauer der Bahn, Kommerzialrat Ing. Leo Arnoldi, war es nicht lange vergönnt, sich seiner Meisterleistung zu erfreuen. Er verstarb völlig unerwartet 55-jährig, am 4. Mai 1898 in Wien. Puchberg errichtete dem Erbauer der Schneebergbahn ein Mausoleum, in dem er im Jahre 1899 zur letzten Ruhe gebettet wurde. Heute existiert seine Grabstätte nicht mehr. Sie wurde im 2. Weltkrieg schwer beschädigt, verfiel in den folgenden Jahren gänzlich und es fand sich niemand bereit, diese wieder instand zu setzen.

Das Erbe Arnoldis

Carl Arnoldi, der Sohn des Erbauers, übernahm das Erbe, und es war nicht leicht, da die Firma nun auch die Betriebsführung der Zahnradbahn übernommen hatte und mit der Bewältigung verschiedener administrativer, rechtlicher und auch finanzieller Gegebenheiten Anfangsprobleme hatte.

Am 12. Mai 1898 erhielten die Kommissionäre vom k. u. k. Innenministerium die Genehmigung zur Errichtung einer Aktiengesellschaft, deren Eintragung in das Handelsregister unter dem offiziellen Namen "Aktiengesellschaft der Schneebergbahn", mit Sitz in Wr. Neustadt, vermerkt wurde. Die konstituierende Versammlung fand am 21. Juni im Wr. Neustädter Rat-haus statt, wobei auch Bürgermeister Franz Kammann, der Dr. Haberl als Stadtoberhaupt abgelöst hatte, anwesend war. Zu einer Entscheidung von größter Tragweite kam es am 26. November 1898, wo der Verwaltungsrat mit 7 zu 3 Stimmen den Vertrag mit der Firma Arnoldi kündigte und die Betriebsführung ab 1. Jänner 1899 der k. k. privilegierten Eisenbahn Wien - Aspang - EWA, übertrug. Zu diesem Wechsel war es zwangsläufig gekommen, weil die Aspangbahn, die sich im Besitz der "Société Belge de Chemins de fer" befand, im Laufe des Jahres 1898

sämtliche Prioritätsaktien der Schneebergbahn aufgekauft hatte und sich so einen entsprechenden Einfluss in der Gesellschaft sichern konnte. Schon nach kurzer Zeit geriet diese Gesellschaft in finanzielle Schwierigkeiten und musste deshalb auch ihr Vorhaben, die Bahn von Wien bis Saloniki zu führen, verwerfen.

Weitere Schwierigkeiten ergaben sich durch die Streckenbenützung der k. u. k. privaten Südbahn-Gesellschaft zwischen Felixdorf und Wr. Neustadt. Dadurch kam ihr in diesem Bahnabschnitt der Betrieb sehr teuer. Dazu kam, dass der Schneebergbahnhof in Wr. Neustadt so unglücklich angelegt worden war und von der Südbahn aus in direkter Fahrt nicht erreichen werden konnte. Das bewog die Gesellschaft zu einer 8,4 km langen Verbindungsstrecke Sollenau - Feuerwerksanstalt und dem 0,2 km langen Verbindungsbogen in Bad Fischau. Nach Eröffnung dieser Strecke am 27. August 1900 konnten nun die Züge direkt zum Wiener Aspangbahnhof und zeitweise bis zum Hauptzollamt fahren. Dies führte dazu, dass Wr. Neustadt als Zentrum dieser Region abermals ausgeklammert wurde. Dieser verkehrpolitische Auswuchs verschlechterte die Bilanz der Schneebergbahn noch weiter, obwohl die EWA den Ausflugsverkehr von Wien nach Puchberg geschickt anzukurbeln versuchte. Im Geschäftsbericht des zweiten Geschäftsjahres war deshalb zu lesen: "Das finanzielle Ergebnis der Schneebergbahn in diesem Jahr ist hinter unseren Erwartungen zurückgeblieben und können wir dasselbe nicht als günstig bezeichnen," dadurch mussten, bedingt durch vertragliche Garantien, erheblich Zuschüsse geleistet werden. Der Richtigkeit halber muss hier bemerkt werden, das entstandene Defizit war allein durch den Betrieb der Adhäsionsbahn von Wr. Neustadt nach Puchberg entstanden und betraf nicht die Zahnradbahn. Um hier Abhilfe zu schaffen, baute die Aspangbahn eine 6 km lange Verbindungslinie zwischen Sollenau und der Station Feuerwerksanstalt, die am 10. Februar 1900 konzessioniert und am 27. August 1900 eröffnet wurde; heute besteht diese Linie nicht mehr. Nun konnten von Wien aus direkte Züge nach Puchberg verkehren. Für die Fahrgäste fiel das Umsteigen in Wr. Neustadt weg und brachte eine Fahrzeitverkürzung von ca. einer Stunde mit sich. Jetzt umfahren die Züge Wr. Neustadt nicht mehr über Sollenau, sondern auf der Strecke Wien Südbahnhof - Leobersdorf - Wittmannsdorf - Puchberg.

Dass diese Lösung bei den Stadtvätern von Wr. Neustadt für Empörung sorgte, war nur zu verständlich, führte doch die direkte Verbindung den Touristenstrom an der Stadt vorbei und es war genau das eingetreten, was man verhindern wollte, als man den Bau der Schneebergbahn so tatkräftig unterstützte, die Ablenkung des Verkehrsstromes. Mit dieser Angelegenheit beschäftigte sich eingehend der Gemeinderat, ohne jedoch dagegen etwas unternehmen zu können; es blieb lediglich bei einer Ermahnung. Doch der Ausbau der Strecke von Sollenau zur Feuerwerksanstalt war kein echter Gewinn, da dazu Geldmittel aufgebracht werden mussten, deren Verzinsung und Tilgungsraten jährlich 125 000 Kronen ausmachten, dies war mehr als der gesamte Frachtverkehr im Jahre 1901 einbrachte; die-

ses Betriebsjahr schloss mit dem gigantischen Verlustsaldo von 500 000 Goldkronen, ganz im Gegenteil zur Zahnradbahn, dort klingelten die Kassen und das einzige Problem, das dort vorherrschte, war, wie bewältigt man den Ansturm der Fahrgäste.

Das k. k. Innenministerium genehmigte die Errichtung der "Aktiengesellschaft der Schneebergbahn" mit Sitz in Wr. Neustadt. Am 1. Jänner 1899 übernahm die k. k. privilegierte Eisenbahn Wien - Aspang die Betriebsführung der Schneebergbahn und am 27. August 1900 wurde die Ergänzungslinie Sollenau - Feuerwerksanstalt und der direkte Zugsverkehr Wien - Puchberg eröffnet.

Allerhöchsten Besuch hatte die Schneebergbahn am 18. Juni 1902 zu verzeichnen; den Besuch des Kaisers. Den in Puchberg mit der Volkshymne empfangenen Hofzug erwartete eine begeisterte Menschenmenge. Nach kurzer Begrüßung durch den Bürgermeister Frey setzte der Monarch mit der Zahnradbahn seine Fahrt bei sprichwörtlichem "Kaiserwetter" fort. Abends verabschiedete sich der greise Herr mit den schon zur Gewohnheit gewordenen Worten "Es war sehr schön, es hat mich sehr gefreut", dabei schien es, als hätten diese Worte überzeugender geklungen als bei manch anderen Anlässen.

Da die seit dem Betrieb vorhandenen Fahrbetriebsmittel, 3 Lokomotiven und 6 Waggons, nicht mehr ausreichten, so wurden noch vor Beginn des Ersten Weltkrieges zwei weitere Lokomotiven und sechs Waggons angeschafft. Auch Schäden an der Strecke waren vorhanden, so z. B. mussten Ausbesserungsarbeiten an der so genannten "Hohen Mauer" durchgeführt werden sowie sehr kostspielige Sanierungsarbeiten.

In der Vorkriegszeit war die Personalfrequenz ohne wesentliche Rückläufigkeit, und man zählte durchschnittlich an die 18 000 Fahrgäste. Nur einmal gab es auf Grund von schlechter Witterung im Jahre 1909 einen Einbruch; man zählte damals nur 14 389 Fahrgäste. Ganz anders verhielt es sich jedoch im letzten Friedensjahr. Mit fast 20 000 Personen und Einnahmen in der Höhe von 54 000 Kronen war es das beste Jahr seit der Bahneröffnung; umso schmerzlicher war die Zäsur, die der Ausbruch des Ersten Weltkrieges im Jahre 1914 mit sich brachte; am Schneeberg selbst wurde es still. Der Verkehr ging zurück und man beförderte nur mehr ca. 9 000 Personen, also nur mehr die Hälfte. Dies reichte gerade aus, um die Fortführung des Betriebes noch verantworten zu können.

Ganz im Gegensatz zur Schneebergbahn. Sie spielte im ersten Weltkrieg eine wichtige Rolle, führte diese Strecke doch zur größten Munitionsfabrik der Monarchie, der Feuerwerksanstalt, in der zu dieser Zeit bis zu 12 000 Menschen beschäftigt waren; zum Güterverkehr kam daher auch noch der Arbeitertransport hinzu.

Nach dem Kriegsende wurde Österreich kleiner und eine neue Konjunktur schien zu beginnen; eine Scheinkonjunktur. Dabei hatte es gar nichts zu sagen, wenn die Kassiere der Zahnradbahn wie etwa 1923 mehr als 500 Millionen Kronen einnahmen; das Geld war wertlos. Erst im Jahre 1924, als die Schillingwährung eingeführt wurde, stabilisierte sich die

Oben: *Zwei der vier Zahnradloks -* **Unten:** *Bahnhof Puchberg*

Ausflug mit der Zahnradbahn

Schneebergbahn. Haltestelle Baumgartner.

Schneeräumung mit der Zahnradbahn

Finanzlage, und nicht nur die junge Republik, sondern auch die Zahnradbahn hatte ihre schlimmste Zeit überwunden und es war sogar ein jährlicher, wenn auch bescheidener Betriebsüberschuss zu verzeichnen. Nicht zuletzt war es aber auch der gewaltige Aufschwung, den der Wintersport, Schilauf wurde zum Volkssport, mit sich brachte. 1925 war das Berghotel erstmals auch im Winter geöffnet., da die Zahnradbahn auf ganzjährigen Betrieb umgestellt hatte; die Züge fuhren dann so weit, bis es auf Grund von zu gewaltigen Schneemassen nicht mehr weiter ging, und es dauerte nicht allzu lange, da war der Berg im Winter stärker als in den Sommermonaten besucht.

In den dreißiger Jahren brachte die Weltwirtschaftskrise und die beginnende Konkurrenz der Straße die Gesellschaft an den Rand des Ruins, so dass mit 1. Juli 1937 die ÖBB den

Betrieb übernehmen mussten. Die Geldentwertung wirkte sich katastrophal aus, da die Tariferhöhungen vom Staat nur sehr zögernd gestattet wurden, und so grotesk es auch erscheinen mag, zu dieser Zeit konnte man um den offiziellen Preis eines Hühnereies von Wien bis hinauf auf den Hochschneeberg fahren. Österreich wurde kleiner, doch im einzigen bedeutenden Steinkohlenbergwerk, in Grünbach, förderte man jährlich ab den späten zwanziger Jahren um die 200 000 t, die mit der Bahn abtransportiert wurden; dies brachte der Schneebergbahn nun namhafte Erträge.

Im Jahre 1942, genau am 1. Jänner, machte das Deutsche Reich vom Recht der vorzeitigen Konzessionseinlösung Gebrauch; damit hörte die Schneebergbahn als Rechtspersönlichkeit zu existieren auf. Während und nach dem Zweiten Weltkrieg wurden mit dieser

Bahn große Transportleistungen bewältigt, bis nicht nur sie, sondern auch Grünbach ein folgenschwerer Schicksalsschlag traf; die Grünbacher Kohlenförderung wurde im Jahre 1965 eingestellt. Da zudem noch der Ausflugsverkehr auf dieser Strecke eingestellt wurde, so waren die Schneebergbesucher gezwungen, mit dem Auto anzureisen. Um hier Abhilfe zu schaffen, wurde mit dem Umbau des Wr. Neustädter Hauptbahnhofes auch die Schneebergbahnstrecke direkt in den Hauptbahnhof eingebunden. Am 21. Mai 1966 war diese Einbindung vollzogen, doch unverständlicherweise wurden die Züge weiter über die alte Strecke geführt. Dies mag auch der Grund zu der am 21. Mai 1966 erfolgten Schließung des Schneebergbahnhofes in Wr. Neustadt gewesen sein. Es dauerte bis zum Sommer des Jahres 1972, ehe alle Züge wieder über Wiener Neustadt fuhren. Nachdem die Schneebergbahn eine zeitlang wie andere Regionalbahnen auch ein eher tristes Dasein gefristet hatte, gab sie 1982 wieder ein kräftiges Lebenszeichen. In diesem Jahr feierte man das 85-jährige Bestehen der Bahn und es wurden aus diesem Anlass von der Firma Knotz in Wien zwei neue Vorstellwagen für die Zahnradbahn gebaut; nun hatte man für jede der sechs Loks zwei Vorstellwagen zur Ver-fügung. Auch gedachte man bei der am 5. September durchgeführten Feier des Erbauers Leo Arnoldi und es wurde aus diesem Anlass ein Gedenkstein enthüllt und eingeweiht, um den die Gewerkschaft der Eisenbahner, Ortsgruppe Puchberg, bemüht war. Das Jubiläumsjahr konnte aber auch als eines der besten Betriebsjahre der Zahnradbahn bezeichnet werden. 1987 feierte man abermals ein Jubiläum, nämlich das 90- jährige. Anlässlich dieser Feier gab es am 5. September ein Rahmenprogramm mit einem Dampfsonderzug, einer Münzprägung

Bei der Haltestelle Baumgartner, Blick in Richtung Elisabethkircherl

und einem Sonderpostamt. Die vielen Ehrengäste, an der Spitze Verkehrsminister Dr. Rudolf Streicher sowie ÖGB Präsident Fritz Verzetnitsch, konnten in Puchberg begrüßt werden, und es wurde auch erstmals über einen Ankauf von neuen Loks für die Zahnradbahn gesprochen. Aber auch diverse Verbesserungen an den bestehenden Anlagen wurden durchgeführt, so baute man zum Beispiel anstatt der Handbremse eine Federspeicherbremse ein. Nach einem Jahr des Probebetriebes wurden auch die anderen Wagen auf diese Bremsart umgestellt und es konnte dadurch der Zugbegleiter des zweiten Wagens eingespart werden. Auch die Zubringerbahn erfuhr einige Neuerungen, so z. B. wurden die Unterwegsbahnhöfe Grünbach, Willendorf und Winzendorf zu Zugleitstellen umgebaut.

Am 1. Jänner 1997 ist die Zahnradbahn aus den Österreichischen Bundesbahnen ausgegliedert worden Das Unternehmen trägt die Firmenbezeichnung "N.Ö. Schneebergbahn GmbH".

Streckenbeschreibung der Zahnradbahn 577 - 1 795 m

Die Gleisanlage dieser Bahn beginnt rechts, in Fahrtrichtung Schneeberg gesehen. Nachdem der Zug Puchberg verlassen hat, führt die Strecke leicht bergan und man erreicht nach einer Fahrzeit von ca. 8 Minuten und nach 1,1 km die Bedarfshaltestelle Schneebergdörfl, wobei der Ort selbst 4 km weit entfernt, hart am Fuße des Schneeberges liegt. Auf dem ersten Stück beherrscht das Panorama des Schneeberges das Bild. Nun beginnt die Trasse an der dem Schneeberg abgewandten Seite des Hengstes emporzusteigen. Die anfangs mäßige Stei-gung wird jetzt stärker und die kleine Lokomotive benötigt nun ihre volle Leistung. Ständig auf der gleichen Hangseite bleibend wird die bei km 3,0 und in einer Höhe von 830 m liegende Haltestelle Hauslitzsattel erreicht, wo sich auch die erste der drei Betriebsausweichen befindet. Hier war bis vor dem Zweiten Weltkrieg ein Wasserfass aufgestellt, wo der Wasservorrat der Loks ergänzt werden konnte. Der Hauslitzsattel, welcher den Buchberg und Kienberg mit dem Hengst verbindet, wird links unten sichtbar, und gleich danach hat man einen Tiefblick in das Arbestal und den Rohrbachgraben. Bei km 4,5 erreicht man die in einer Höhe von 1 012 m gelegne Haltestelle Hengsthütte. Nach dieser wird die bei km 5,03 errichtete Wasserstation erreicht. Weiter geht die Fahrt bis zur nächsten, der Bedarfshaltestelle Ternitzerhütte. Oberhalb dieser Haltestelle sehen wir den Waxriegel, jenen Teil der Zahnradbahn, wo die Strecke enden wird. Doch bevor dies geschieht, sind noch einige Anforderungen an die Loks gestellt. Blicken wir von hier aus nach links, so sehen wir die Nachbarin des Schneeberges, die Raxalpe, ferner das Stuhleck und den nahen Krummbachstein. Wir nähern uns nun km 6,8 und erreichen hier den 1 324 m hohen Kaltwassersattel, von wo aus die Trasse über einen niederen Steindamm vom Hengst zum Sitzstättenkamm führt. Hier sind besonders die Nordwesttürme gefürchtet, die bei einer

Jahre 1964 an die ÖBB übergeben. Ausgestattet mit zwei Wurfrädern und Vorschneidpropellern, bewältigte sie in einer Höhe zwischen 1 000 m bis 2 000 m ca. 5000 Tonnen pro Stunde, wobei eine Lok zum Schieben notwendig war. Dadurch konnte die Strecke nur jeweils bei einer Bergfahrt geräumt werden. Da die Strecke im Winter eine sehr niedrige Frequenz aufzuweisen hatte, die Schneeräumung aber sehr kostspielig war, wurde der Betrieb zuerst eingeschränkt und schließlich gänzlich eingestellt.

Die Lokomotiven der Zahnradbahn

Im Jahre 1897, als die Zahnradbahn eröffnet wurde, glaubte man mit einem Fahrzeugpark von drei Lokomotiven und sechs Personenwagen zu je 50 Sitzplätzen und drei Güterwagen das Auslangen zu finden; weit gefehlt, man hatte die Personenfrequenz tüchtig unterschätzt. Es mussten daher in den Jahren 1898 und 1900 je eine komplette Zugsgarnitur, bestehend aus einer Lokomotive und zwei Personenwagen, nachgeschafft werden.

Die Lokomotiven 1 - 4 trugen in den ersten Jahren neben ihren Bahnnummern auch Namen: Nr. 1 - Kaiserstein; Nr. 2- Klosterwappen; Nr. 3 - Waxriegel; Nr. 4 - Hengst.

Bei der zuletzt im Jahre 1900 gelieferten Lok verzichtete man auf eine Namensgebung, die ja auch bei den anderen vier im Ersten Weltkrieg verschwand. Schnelligkeit wie auch Bequemlichkeit sind nicht die Stärken der Zahnradbahn. Dies ist daraus ersichtlich, dass

Schulausflug zur Hengsthütte im Jahre 1925 mit Frau Lehrer Buchmeier

bestimmten Windstärke die sehr leichten Personenwagen aus den Schienen heben können. Noch einmal muss die Lok ihre ganze Kraft aufbieten, um den extremen Anstieg zur Station Baumgartner zu schaffen. Diese Station liegt bei km 7,3 und in einer Höhe von 1 394 m. Hier befindet sich auch die dritte Ausweiche und der zweite Wasserbehälter, ferner sorgt der Restaurationsbetrieb für das leibliche Wohl der Reisenden. Von hier aus dauert es nur noch zwanzig Minuten und man ist am Ziel. Nach Ausfahrt aus dieser Haltestelle übersetzt die Bahn die Hohe Mauer, einen Steindamm, der den Sitzstättenkamm mit dem Schneeberg verbindet. Von hier aus hat die Lok mit einer fast ständigen Steigung von 19,7 %, dem Steilhang der Kuhplagge, zu kämpfen. Die Baumgrenze wird verlassen, an ihre Stelle treten die Legföhren, und wir nähern uns dem 177 m langen 1. Kehrtunnel, km 8,532 - 8,709; nun werden die Fenster geschlossen. Danach ist der herrliche Ausblick über den Puchberger Talkessel nur von kurzer Dauer, denn schon nähern wir uns dem 202 m langen 2. Kehrtunnel, km 8,886 - 9,088. Nach Verlassen dieses Tunnels wendet sich die Trasse nach rechts, um nach kurzer Zeit den bei 9,85 km und in einer Höhe von 1 795 m liegenden Endpunkt der Zahnradbahn, die Station Hochschneeberg, zu erreichen.

Um den Betrieb auch im Winter zu gewährleisten, kam zur Schneeräumung zuerst ein Keilpflug, der im Jahre 1965 ausgemustert wurde, zum Einsatz. Da die im Winter eingesetzte kleine Schneeschleuder nicht den Anforderungen gerecht werden konnte, erteilten die ÖBB im Jahre 1962 der Firma Beilhack in Rosenheim den Auftrag zum Bau einer Hochleistungs-Schneeschleuder. Diese mit der Seriennummer 96810 versehene Schneeschleuder wurde im

Voll unter Dampf im Bahnhof Puchberg

man bei einer Bergfahrt mit einer Höchstgeschwindigkeit von 10 km/h fährt und bei der Talfahrt die Höchstgeschwindigkeit eines mit Personen besetzten Zuges 8 km/h nicht überschreiten darf, nur leere Züge dürfen auch bei der Talfahrt mit 10 km/h fahren.

Auf der Zahnradbahnstrecke waren bis 1956 nur fünf eigens für diese Strecke gebaute Loks im Einsatz. 1956 kam im Winter erstmals eine Lok der Schafbergbahn, die 999.101 (Kraus & Co. 2744/1893), kurze Zeit als Verstärkung nach Puchberg; seit 4. Juni 1970 ist diese Lok ständig in Puchberg stationiert. Im Winter 1964/65 war es ein Triebwagen der Schafbergbahn, welcher hier im Wintereinsatz erprobt wurde; auch seine Fahrleistung war überzeugend. Als Beispiel sei hier angeführt, dass die Fahrzeit Puchberg - Baumgartner nur halb so lange dauerte wie mit den üblichen Zügen.

Betrachtet man die Konstruktion einer Zahnradbahn-Lok, so wird man unwillkürlich an den Körperbau einer Gämse erinnert, "lange Hinterbeine, kürzere Vorderbeine", ideal dem steilen Gelände angepasst. Bei der Lok sind Kessel und Führerhaus stark nach vorne geneigt, damit sie in der Steigung annähernd waagrecht zu stehen kommen, genau geschieht dies bei einer Steigung von 12 %. Nur bei der Serie 999.101, der Schafberg-Lok, beträgt sie wegen der größeren Neigung ihrer Heimatstrecke 17 %. Auch das Triebwerk hat seine Eigenheiten, denn anstatt für die Kraftübertragung einen im Durchmesser großen

Kurzhubzylinder zu verwenden, bedient man sich eines ausgeklügelten Hebelsystems, welches sich bestens bewährt hat. Ein weiteres Kuriosum ist, dass die Schienen, um den Radreifenverschleiß so gering wie nur möglich zu halten, geschmiert werden, ganz im Gegensatz zu denen einer Adhäsionsbahn, die möglichst trocken gehalten werden müssen.

Und nun zum Bremssystem. Bei der Talfahrt dient eine Gegendruckbremse der Bauart Riggenbach zur Bremsung der Lok, wobei die bei einer Bremsung entstehende Hitze, die binnen kürzester Zeit zum Heißlaufen der Zylinder führen würde, durch Einspritzen von Wasser bei jedem Hub abgeleitet wird. Zusätzlich wurde aus Sicherheitsgründen noch eine Druckluftbremse installiert, die wie die Handbremse auf die Bandbremse der Triebachsen wirkt. Sie ist mit einem Geschwindigkeitsmesser verbunden, der bei Überschreitung der zulässigen Geschwindigkeit über ein Relais die Druckluftbremse auslöst. Als weitere Sicherheit sei noch erwähnenswert, dass pro Lok nur zwei Wagen mitgeführt werden dürfen, die untereinander wie auch mit der Lok durch eine Schraubenkupplung verbunden sind. Bei

einem Bremsversagen der Lok kann diese Kupplung vom Führerstand aus mittels eines Hebels ausgekoppelt und die Wagen mit der eigenen Federspeicherbremse zum Stillstand gebracht werden. Dieser Fall ist bisher noch nie eingetreten.

Eine weitere Eigenheit ist: Da die Lok nur über einen Wasservorrat von 1,2 m³ verfügt, befindet sich unter dem Wagenboden des unmittelbar vor der Lok befindlichen Waggons ein Wassertank mit weiteren 1,7 m³ Inhalt; dennoch muss nachgetankt werden, da zur Kühlung der Zylinder während der Talfahrt weitere 300 l Wasser benötigt werden. Der Kohlenvorrat beläuft sich auf ca. 600 kg. Weil die Z 5 bei ihrer Lieferung mit einer Ölfeuerung ausgestattet war, die sich auch bestens bewährte, wurden auch die übrigen Loks mit dieser Feuerung ausgestattet. Da es jedoch während des Ersten Weltkrieges Versorgungsschwierigkeiten gab, wurde diese Art der Feuerung eingestellt und später auch nie wieder aufgenommen. Auch die Schornsteine unterlagen in der Nachkriegszeit einer Änderung. Hatten die Loks ur-sprünglich zylindrische Schornsteine, so wurden diese kurz nach der Jahrhundertwende durch kegelförmige Funkenfängerkamine ersetzt. Zum zweiten Male änderten sie ihr Gesicht in den Jahren 1954/55, als die so genannten Giesl-Ejektoren mit ihren schmalen und flach gedrückten Schornsteinen eingebaut wurden. Durch deren Einbau wurde der thermische Wirkungsgrat der Maschinen bis zu 40 % verbessert und gleichzeitig der Brennstoffverbrauch bis zu 20 % gesenkt. Dieses neue "Lokomotiv-Blasrohrsystem" hat seinem Erfinder, dem Wiener Hochschuldozenten Dr. Adolph Giesl-Gieslingen, weltweite Anerkennung gebracht. Bei der Erprobung der Ejektoren gelang ihm, durch die Herstellung eines wirksamen Funkenfängers zur Beseitigung der ständig drohenden Brandgefahr ein zweites Problem zu beseitigen, und da die Zahnradlokomotiven zu den höchstbeanspruchten der ganzen Welt zählten und der Funkenflug immer wieder Waldbrände verursachte, lag es nahe, dass Giesl seine Erfindung auf der Zahnradbahnstrecke erprobte. Giesl schildert dann auch in der Zeitschrift "Eisenbahn, Heft 4 und 5" sehr anschaulich den Verlauf der entscheidenden Probefahrten, die zu einem durchschlagenden Erfolg führten. Während die Waggons der zweiten Klasse 20 Sitzplätze und die der dritten Klasse 30 Sitzplätze hatte, so war ein im Jahre 1898 gelieferter Waggon sogar mit einem Salonabteil ausgestattet. Die Klasseneinteilung ist in der Zwischenzeit längst gefallen und es gibt heute nur mehr Waggons der zweiten Klasse. Man muss berücksichtigen, dass die Fahrtdauer Puchberg - Hochschneeberg - Puchberg zu dieser Zeit noch volle drei Stunden in Anspruch nahm, zudem auch noch ein beschränktes Angebot an Zügen bestand. Dies führte dazu, dass die Bahn an Schönwettertagen total ausverkauft war. Um die Abfertigung der Reisenden einigermaßen in den Griff zu bekommen, wurde ein Zählkartensystem eingeführt, welches jedoch auch keine optimale Lösung darstellte. So setzte man große Hoffnungen in die neu entwickelten Lokomotiven und Vorstellwagen.

Im Jahre 1988 wurde von den Österreichischen Bundesbahnen als Betreiber der Zahnradbahn auf den Schneeberg bei der Schweizer Lokomotiv- und Maschinenfabrik SLM in Winterthur ein Prototyp dieser neu entwickelten, ölbefeuerten, mit Kesselisolation ausgestatteten Zahnrad-Dampflokomotive bestellt. Einmannbedienung war bei dieser Lokomotive mit Totmann- und Wachsamkeitseinrichtung möglich, und Dank dem neuen Betriebskonzept konnten damit bis zu 120 Personen pro Zug zur Höhe befördert werden. Ein externes elektrisches Vorheizgerät ermöglichte ein unbeaufsichtigtes Anheizen der Maschine und garantierte damit eine kurzzeitige Einsatzbereitschaft, was dazu beitrug, dass Kapazitätssteigerungen schneller bewältigt werden konnten. Diese Lokomotive war mit drei voneinander unabhängigen Bremssystemen ausgestattet. Als verschleißfeste Beharrungsbremse diente eine Riggenbach'sche Gegendruckbremse. Als mechanische Bremsen waren federspeicherbetätigte auf die Zahnradachsen wirkende eingebaut, und schließlich gab es noch handspindelbetätigte Bandbremsen, die auf die Kurbelwelle wirkten. Die Lieferung dieses Prototypen sollte 1992 erfolgen. Der Erprobung auf dem Schneeberg sollte dann auch eine Tauglichkeitsprüfung am Schafberg folgen.

Hightech am Schneeberg.

Gemeint sind damit die erstmals im Jahre 1999 in Betrieb genommenen und nach modernsten Richtlinien ausgeführten "Salamander-Triebwagen". Diese modernen Fahrzeuge bewältigen die Strecke der Zahnradbahn in wesentlich kürzerer Zeit als die "Hatscherte Kathl" und entsprechen den strengsten Umwelt- und Abgasnormen. Damit wurde nicht nur eine umweltfreundliche Betriebsabwicklung gewährleistet, sondern auch ein flexiblerer Einsatz und eine wesentliche Kapazitätssteigerung. Der verwendete Dieselmotor ist einer der modernsten der Welt. Seine Abgase werden über einen Katalysator geführt und erreichen die kalifornischen Abgasbestimmungen, welche die strengsten Abgasnormen enthalten. Durch entsprechende Schalldämmung wird ein maximaler Lärmpegel von 76 Dezibel erreicht und dieser entspricht in etwa dem eines modernen Komfort-Reisebusses. Die Sicherheit betreffend, sind diese neuen Fahrzeuge mit drei, von einander unabhängig ausgestatteten Bremssystemen versehen. Die beiden Personenwagen sind mit Luftfederung ausgestattet und erreichen damit eine optimale Laufeigenschaft und Laufruhe.

Der Salamander vor der Einfahrt in den ersten Kehrtunnel

Technische Daten des Salamander-Triebwagens:

Länge des Zuges:	30.416 mm
Gesamtgewicht:	41,25 t
Motorleistung:	544 kW
Höchstgeschwindigkeit:	15 km/h
Sitzkapazität:	115 Personen

Endstation Berghotel Hochschneeberg

Das bahneigene Hotel, Ausgangspunkt für Wanderungen auf der weitläufigen Hochfläche des Schneeberges, wurde am 28. Juni 1898 seiner Bestimmung übergeben. Mit die-

ser Herberge wurde zum Programm hochstilisiert, was durch Jahrzehnte das Baumgartnerhaus gewissermaßen "en passant" kultivierte: "Hotelcharakter in einem eigenen Haus".

Es wurde nach den Plänen der Theaterarchitekten Fellner und Helmer im Schweizer Alpenstil errichtet. Das Untergeschoss aus Mauerwerk trug einen Holzbau, der aus 60 Zimmern bestand, die mehr als 100 Gästen die Möglichkeit zur Nächtigung boten. Außerdem hatte das Haus Bäder, Terrassen, Musik-, Konversations-, Billard-, Gesellschaftsräume und Spielzimmer sowie einen Damensalon mit Klavier, und ein größerer Speisesaal, Vorhalle, Veranda und eine Post- und Telefonstelle rundeten das Angebot ab. Das Berghotel profitierte vor allem von dem sich rasch entwickelnden Skisport, bei günstiger Schneelage brachte der Winter höhere Umsätze als die Sommersaison. 1925, mit dem Ganzjahresbetrieb der Zahnradbahn, stellte auch das Berghotel seinen Betrieb auf ganzjährig um.

In den Jahren 1969 bis 1972 erfolgte ein Umbau. Als 1980 über den Betrieb der Zahnradbahn die Wintersperre verhängt wurde, kehrte auch dieses Alpenhospiz zur sommerlichen Saisonwirtschaft zurück.

Im Bereich der Bergstation der Zahnradbahn in 1 795 m Seehöhe wurde für auf einer Fläche von ca. 5 000 m² eine Kinder-Bergwelt errichtet; eine für den Osten Österreichs einmalige Einrichtung. Die Spielgeräte wurden mit Unterstützung von Experten geschaffen und dabei vorwiegend natürliche Materialien verwendet. Dadurch fügt sich diese Kinder-Bergwelt harmonisch in die alpine Landschaft ein, und während sich die kleinen Gäste vergnügen, können Eltern oder Betreuer auf Bänken mit Tischen aus massivem Lärchenholz

Oben: Das ehemalige Hotel Hochschneeberg, im Hintergrund das Elisabethkircherl
Links: Das Billardzimmer im ehemaligen Hotel Hochschneeberg

Die neu errichtete Kinder-Berhwelt, gleich neben der Station

Links: Das ehemalige Hotel Hochschneeberg, heute Berghaus Hochschneeberg
Rechts Eine der Stationen der Kinder-Bergwelt

Platz nehmen, um sich auszuruhen. Geführt wird das Berghaus derzeit von Jaroslav Stasny. Den kleinen Gästen stehen ein Hochstand mit Hängebrücke, Kletterwand und Kletterbaum, Tunnel mit Dampfzug, Gipfelkreuz mit Kletteraufstieg, Seilbahn und vieles mehr zur Verfügung, so dass eine Fahrt mit der Zahnradbahn und der Besuch der Kinder-Bergwelt für Erwachsene wie auch für Kinder immer ein Erlebnis bleiben wird.

Das Kaiserin-Elisabeth-Gedächtniskircherl

Seit dem Jahre 1840 war auf dem Schneeberg ein Observatorium geplant, wofür sich der verdienstvolle Schneeberg-forscher A. Schmid besonders eingesetzt hatte. Der "Club der Schneebergfreunde", welcher mit der Eröffnung der Zahnrad-bahn im Frühjahr 1898 gegründet wurde, hatte als erstes Ziel, dem Erbauer der Zahnradbahn, Leo Arnoldi, auf dem Hoch-schneeberg ein Denkmal zu errichten, doch es kam anders.

In der Oesterreichischen Touristen-Zeitung Nr. 8 - 89, 1899 - XIX ist folgender Auszug darüber zu lesen: "Das namenlos

Die geplante Kaiserin-Elisabeth-Hochwarte

traurige Ereignis, die Ermordung von Kaiserin Elisabeth am 10. September 1898 durch den italienischen Anarchisten Luccheni in Genf, brannte noch in aller Herzen der zur ersten Ver-sammlung Erschienenen und entzündete die Flamme des innigsten Wunsches, der erhaben-sten und hochsinnigsten Naturfreundin weiland Kaiserin - Königin Elisabeth "in futuram rei memoriam" in der Gipfelregion unseres Schneeberges ein dauerndes Denkmal zu errichten durch den Bau einer Kaiserin-Elisabeth-Hochwarte mit Aussichtsturm und Votivraum, in wel-chem an ihrem Todestage alljährlich eine Gedenkmesse gefeiert werden sollte."

Die Höhe des Aussichtsturmes wurde mit 30 bis 35 m angenommen, um nicht nur von der bis zu 2 100 m aufstrebenden Zinne (Plattform) die beiden derzeitigen Gipfel, Kloster-wappen 2 076 m, Kaiserstein 2 061 m, zu überragen, sondern auch um über die auf dieser Höhe oft lagernden Nebelschichten sicher hinauszukommen. Der Grundriss wurde in Kreuz-form gedacht, so dass man bei dem Betreten der ersten Halle einen Vorraum zur Erholung und zum Schutz gegen Stürme und Unwetter finden würde, und obwohl Fachleute wie Architekten, Astronomen, Meteorologen, Flugtechniker und Bauingenieure sich zu dieser

Oben: Wallfahrer im Jahre 1909 vor dem Elisabethkir-cherl
Unten: Renovie-rung des Elisa-bethkircherls 1932 zum 30-jährigen Jubiläum

Verwirklichung geeinigt hatten, scheiterte das Vorhaben an den hohen Kosten, worauf von dem Regierungs-rat und Geographen, Herrn Zehden, der Vorschlag kam, den Bau eines Kirchleins zuerst ins Auge zu fassen.

In der Zwischenzeit löste sich der Club der Schneebergfreunde wieder auf und Architekt Rudolf Goebel aus Wien, der bereits die Pläne für den Bau eines Kirchleins am Schneeberg entworfen hatte, versuchte nun mit zwei Freunden die Durchführung dieses Vorhabens in die Hand zu nehmen, wobei der damalige Pfarrer von Puchberg, Anton Falk, diesem Plan von Beginn an wohlwollend gegenüberstand. Weihbischof Dr. Johann Schneider, der seine Ur-

1898/99 und als Bauplatz wurde vom Obmann Pfarrer Anton Falk der im Graf Hoyos-Sprinzenstein'schen Besitz befindliche Luxboden südöstlich der Endstation der Zahnradbahn vorgeschlagen. Graf Hoyos-Sprinzenstein verpachtete, das 700 m² große Areal zu einem Anerkennungspreis. Da Architekt Rudolf Goebl aus Wien sich bereits im Jahre 1898 kostenlos für die Anfertigung der Einreichpläne zur Verfügung stellte, konnte Pfarrer Anton Falk bereits im Frühjahr 1899 den Grundstein legen. Der Bau musste jedoch am 9. September 1899 wegen des frühen Wintereinbruches eingestellt werden.

Zu Beginn des Jahres 1900 beschloss das Wiener Baukomitee wegen Geldmangels den Bau zu sistieren. Um aber keine Zeit verstreichen zu lassen, übernahm Pfarrer Anton Falk die Verantwortung für den Weiterbau, den die Puchberger Baufirma Lorenz Dirtl am 22. Juni desselben Jahres fortsetzte. Am 22. Oktober kam es wegen des einsetzenden Winters zum erneuten Baustopp. Bis zu diesem Zeitpunkt war nicht nur der Rohbau, sondern auch der Außenputz fertig gestellt. Am 4. September 1901 konnte die feierliche Schlusssteinlegung vorgenommen werden und die Weihe des Kirchleins fand am 5. September 1901 durch Weihbischof Dr. Gottfried Marschall aus Wien, unter Anwesenheit von Adel und Amtsträgern aus dem öffentlichen Leben statt. Die Innenausstattung war schlicht und einfach gehalten. Über dem Altar leuchtet, mit Alpenblumen verziert, der Psalm:

"Ihr Berge und Hügel lobet den Herrn."

Der Marmoraltar beinhaltet die Gottesmutter, die von zwei Engeln umgeben ist. Die Steinwand links neben dem Eingang ziert die Statue des heiligen Leopold, Landespatron von Niederösterreich. Die Figur gegenüber zeigt die hl. Elisabeth, wie sie Brot verteilt. Die vier halbkreisförmigen färbigen Glasfenster illustrieren die Werke der geistigen und lieblichen Barmherzigkeit im Leben der hl. Patronin sowie des Apostels der Armut, des hl. Franz von Assisi.

Die weiteren Jahre

Am 18. Juni 1902 besuchte Kaiser Franz Joseph I. Puchberg und auch das Kirchlein am Hochschneeberg, welches zu Ehren seiner ermordeten Gattin errichtet worden war. Peter Rosegger schrieb aus diesem Anlass zwei Sinnsprüche, die als Gedenktafeln in zwei Felspyramiden den Vorplatz zierten. Eine dieser Tafeln steht jetzt im Inneren des Kirchleins und zu lesen ist folgender Spruch:

"Sei mir gegrüßet, o schönes reines
auf einsamer Höh' erblühendes Edelweiß.
Erhaben trauerndes Sinnbild du
der herrlichen Frau."
(Peter Rosegger)

laubstage vom 1. bis 11. September 1898 in Puchberg verbrachte und diese dazu nützte, um mit der Zahnradbahn auf den Schneeberg zu fahren, äußerte den Wunsch, an Sonntagen den Ausflüglern Gelegenheit zu geben, auf dem Schneeberg den Gottesdienst zu besuchen.

Ein Baukomitee wurde von den Förderern zum Bau einer Kapelle in der Nähe der Endstation der Schneebergbahn gegründet, um den Plan so rasch als möglich in die Tat umzusetzen, wobei der Ortspfarrer von Puchberg, Anton Falk, sich sofort bereit erklärte, die Obmannstelle dieses Komitees zu übernehmen. Im III. Wiener Gemeindebezirk bildete sich parallel dazu ein Damenkomitee mit dem Ziel der Beschaffung der notwendigen Geldmittel. Das Protektorat über den Bau übernahm Frau Erzherzogin Marie Rainer. Wöchentliche Beratungen des Baukomitees folgten in den Wintermonaten

Das Kircherl innen

Von den k. k. Hof-Dekorationsmalern Knaus und Pruszinsky erhielt der Innenraum im Jahre 1907 ein prachtvolles Aussehen. Am 5. September 1911 wurde anlässlich des 10-jährigen Bestandes ein Festgottesdienst gefeiert. Im Jahre 1928 wurde der "Verein zur Erhaltung der Elisabeth-Gedächtniskirche auf dem Hochschneeberg" gegründet, und dieser Verein war es auch, der dem Kirchlein wieder ein ehrwürdiges Aussehen verlieh.

Die Auswirkungen des Zweiten Weltkrieges sind auch am Kirchlein nicht spurlos vorübergegangen und der Verein rief seine Mitglieder und Freunde bei der Wiederherstellung zu Hilfe. 1949 bemüht sich die "Wiener Tageszeitung" um Geld- und Materialspenden für die Renovierung. Im Jahre 1955, die Teilsanierung war anscheinend nicht zielführend, bittet der Verein den Niederösterreichischen Wirtschaftsbund, die Generalrenovierung dieses Kleinods am Schneeberg zu übernehmen. Der Wirtschaftsbund sagt seine Unterstützung zu und so konnte zwei Jahre später, am 11. Oktober 1957, Kardinal Dr. Franz König von den Verantwortlichen des Wirtschaftsbundes den Schlüssel für das sanierte Kirchlein entgegennehmen; die Witterungsverhältnisse in dieser Höhe machten bald eine neuerliche Sanierung notwendig. Da sich der Club der Schneebergfreunde außer Stande sah diese Sanierung durchzuführen, so löste er sich am 30. 12. 1968 freiwillig auf; seither ist die Gemeinde Puchberg für die Instandhaltung des Kaiserin-Elisabeth-Kircherls zuständig. Die aufgetretenen Schäden konnten in den Jahren 1974 bis 1981 mit Hilfe des Landes Niederösterreich, des Bundesdenkmalamtes, der Gemeinde und Pfarre Puchberg am Schneeberg und vieler Freunde behoben werden. Heute wie vor 100 Jahren ist das Kirchlein Mahnmal, Zuflucht und Heiligtum für Wanderer, Bergfreunde und Gläubige.

PROJEKTE AM SCHNEEBERG

Zur Erschließung des Hochschneeberges mittels einer modernen Autostraße wurden von der Bauunternehmung Carl Arnoldi zwei Varianten vorgelegt.

- Variante I: Payerbach - Bodenwiese - Krummbachsattel - Hotel Hochschneeberg - 17,5 km.
- Variante II: Pottschach - Bodenwiese - Krummbachsattel - Hotel Hochschneeberg - 21,6 km.

Carl Arnoldi, der Sohn des Erbauers der Zahnradbahn auf den Schneeberg, hielt zum Zwecke seiner Präsentation am 28. Oktober 1937 einen Vortrag, wobei er ankündigte, dass die Finanzierung durch ausländische Geldgeber günstig stünde. Gleichzeitig mit dem Projekt wies er auch darauf hin, dass man auf der Bodenwiese nicht nur ein Wintersportgebiet ersten Ranges errichten könnte, sondern auch ein schon projektierter Flugplatz auf dem Hochschneeberge würde wieder in ein aktuelles Stadium treten und beides würde zur Belebung der Region ein Wesentliches beitragen.

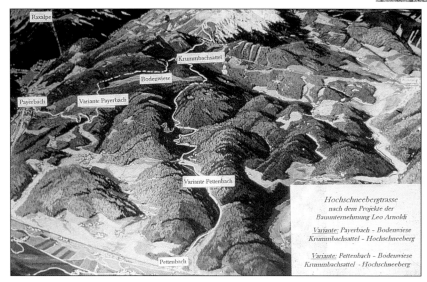

Hochschneebergtrasse nach dem Projekte der Bauunternehmung Leo Arnoldi

Variante: Payerbach - Bodenwiese Krummbachsattel - Hochschneeberg

Variante: Pettenbach - Bodenwiese Krummbachsattel - Hochschneeberg

Straßenbau auf den Schneeberg
Reichspost vom November 1935

Dem Bericht zufolge soll bei dem Bauunternehmen Arnoldi, das im Jahre 1898 auch den Bau der Zahnradbahn auf den Hochschneeberg und die dazugehörigen Hotelanlagen am Hochschneeberg und in Puchberg produziert und ausgeführt hatte, der Plan bestehen, über den Schneeberg einen das Puchberger mit dem Schwarza- (Höllen-)tal verbindenden Straßenzug zu legen. Und zwar sieht das Projekt zwei Lösungen vor: Die eine Variante von Puchberg über das Baumgartnerhaus (soll wohl richtiger Krummbachsattel heißen) nach Reichenau im Schwarzatal mit einer Abzweigung vom Baumgartnerhaus auf den Hochschneeberg, Endpunkt Hotel Hochschneeberg. Die zweite Variante von Losenheim bei Puchberg über die Sparbacher Hütte ins Voistal, einem Seitental des Schwarzatales, ebenfalls mit einer Abzweigung von der Sparbacher Hütte zum Ochsenboden auf den Kuhschneeberg. Zur Begründung dieses Projektes werden zuerst handelswirtschaftliche Interessen angeführt. Der Schneeberg, so heißt es, riegelt ein Gebiet von etwa 600 Quadratkilometern gegen Westen ab. Dieses Gebiet ist in der Niederung von einer fleißigen, industriell tätigen Bevölkerung, im Oberlande von Gebirgsbauern besiedelt. Die berechtigten Wünsche der östlich und westlich des Schneebergmassivs ansässigen Bevölkerung gehen dahin, sich von der durch die Abriegelung verursachten Wirtschaftsbehinderung durch verbindende Straßenzüge endlich zu betreten. Anschließend aber stehen dem Projekte zugrunde liegenden wahren Zwecke schon etwas verhüllter ausgesprochen: "Die Aktionäre der Schneebergbahn A. G. könnten auch ein gutes Erträgnis ihres Aktiensatzes erhoffen, wenn die geplante Straße auf den Hochschneeberg gebaut wird und der nicht mehr rentable Zahnradbahnbetrieb zur Einstellung kommt. Die im Besitze der Schneebergbahn A. G. befindliche Hotelanlage 'Hochschneeberg' würde durch den zu erwartenden bedeutenden Autoverkehr aller Voraussicht nach durch Autogaragen, Reparaturwerkstätten und dergleichen erweitert werden müssen und eine starke Prosperität erfahren. Vom materiellen Standpunkt aus gesehen sollten somit die Aktionäre der Schneebergbahn A. G. besonderes Interesse an der Verwirklichung der geplanten Straße auf den Hochschneeberg nehmen. Soweit der Bericht, den wir kaum ernst genommen hätten, wenn er nicht in einem Blatte der 'Reichspost' veröffentlicht worden wäre."

Einen weiteren Bericht über das Projekt einer Autostraße auf den Hochschneeberg brachte das Neue Wiener Tagblatt vom 30. Oktober 1937, wobei eine Trasse, in Payerbach beginnend, unter dem Geyerhof über Buchtal zur Waldburganger Hütte und oberhalb der Bodenwiese zum Krummbachsattel und von dort mittels acht Kehren zum Hotel Hochschneeberg geplant war und die zweite Variante in Pottschach beginnend und am Krummbachsattel mit der Variante von Payerbach zusammentreffen sollte. Wobei die Kosten für die Variante Payerbach - Hochschneeberg sich auf 5.250.000,- Schilling belaufen würde. Zur Deckung der Straßenbaukosten war eine Maut vorgesehen, für welche seitens des Finanzministeriums bereits die Bewilligung vorlag. Warum diese Projekte wieder verworfen wurden konnte nicht nachvollzogen werden.

Wir glauben auch nicht, dass die Erschließung des Hochschneeberges für den Auto- und Motorradverkehr im so betonten Interesse des Fremdenverkehrs liegt, denn für den Fußgeher und Wanderer wäre damit der Schneeberg endgültig verschlossen, ein Umstand, der sich auf Bahnen, Talorte und Schutzhäuser in diesem Gebiet gleich verderblich auswirken würde. Man bedenke ferner, welch zerstörende Wirkung an Gesundheit und ideellen Gütern dies bedeuten würde, wenn das Hauptausflugsgebiet einer Millionenstadt wie Wien, denn der Schneeberg zählt neben der Rax zu den Wiener Hausbergen, den Tausenden erholungsbedürftigen Menschen, welche die unberührte Natur und den Gottesfrieden in den Bergen suchen, geraubt würde. Seinerzeit haben die alpinen Verbände in einmütiger Weise die Gefahr abgewendet, die aus der Absperrung der Quellschutzgebiete den Wienern drohte. Sie werden auch dies Mal gewiss in Einheit zusammenstehen, um die neuerliche Bedrohung des Touristenverkehrs, und eine solche würde die Verwirklichung des Projektes bedeuten, abzuwehren. Der ÖTK im Besonderen fühlt sich zu dieser Stellungnahme berechtigt, denn es gilt eines seiner ältesten Arbeitsgebiete, dem er seit jeher seine besondere Obsorge zugewendet hat, den Bergsteigern zu erhalten. Er weiß sich mit dieser Stellungnahme der Zustimmung und des Dankes aller wahren Freunde unserer schönen Bergwelt sicher!

Kabelfähre Schneeberg - Raxalpe

Außer den o. a. Projekten wurde auch überlegt, Schneeberg und Rax durch eine Kabelfähre zu verbinden, um so beide Gebirgsstöcke besuchen zu können, ohne dazwischen ins Höllental absteigen zu müssen. Das Projekt, dessen Distanz von 2 800 m betragen würde, wäre lt. Ing. Carl Arnoldi mit zwei hohen Stützen durchaus realisierbar; doch es kam nicht dazu.

Schneeberg-Gondelbahn in Sicht
Auszug aus "Neues Österreich", Seite 5, Jahrgang nicht mehr ersichtlich

Wer heute den Schneeberg besucht, wird glauben, in einer alpinen Reservation zu sein. Wie schon früher, so "zuckelt" noch immer die Zahnradbahn zur Höhe und kehrt nach dem ersten Schneefall bereits beim Baumgartner um. Die Hütten bieten noch immer jenen "Komfort", den die Alpinisten der Jahrhundertwende hier vorfanden. Auf dem Schneeberg hat das Vieh eher das "Fließwasser" erreicht als der Mensch, denn der moderne Stall am Fuße der Hackermulde ist nach den neuesten Richtlinien eingerichtet.

Das Skidorf Losenheim, fünf Kilometer von Puchberg entfernt, Endpunkt der bekannten Trenkwiesenabfahrt, ist noch immer ohne Telephon, obwohl an schönen Sonntagen 3 000 bis 4 000 Personen dieses Dörfchen passieren. Die Rettung, und Unfälle gibt es leider jeden Sonntag, muss, wie zu Urgroßvaters Zeiten, durch einen Läufer verständigt werden. Diese so oft geplante und noch nicht durchgeführte Telephonverbindung, die immer wieder an der Aufteilung der Kosten scheitert, ist, gelinde gesagt, ein kleiner Skandal. Aber der Schneeberg soll kein alpines Reservat bleiben, dies ist erfreulicherweise die einhellige Meinung aller maßgebenden Stellen, und die sind in großer Zahl vorhanden. Nur über den Weg ist man sich noch nicht einig.

P r o j e k t 1 war der Sessellift durch die Hackermulde auf den Kaiserstein, den die Gemeinde Puchberg errichten wollte. Planung und sogar schon die Vorfinanzierung waren bereitgestellt, doch die Gemeinde Wien erhob Einspruch. Das Hochquellwasser der Wiener ist in Gefahr. Obwohl man eine moderne Tal- und Bergstation mit Kläranlagen errichten wollte, blieb es bei der Ablehnung.

P r o j e k t 2 sieht eine Modernisierung der Zahnradbahn vor. Doch wird auch dieses Projekt nicht so bald in die Tat umgesetzt werden, da scheinbar bei den Bundesbahnen zwei Gruppen für die Neugestaltung des Schneeberges bestehen. Ein Teil ist für den Ausbau der Zahnradbahn, der andere für die Errichtung einer Standseilbahn vom Schneebergdörfl zum Hochschneeberg. Wer gewinnt, ist gegenwärtig nicht abzusehen, doch dauern solche "Papierkriege" oft sehr lang, da beide Parteien über reichliche "Munition" verfügen.

Projekt 3 kommt von privater Seite und sieht den Bau eines Sesselliftes von Losenheim zur Sparbacher Hütte und von dort eine Gondelbahn zum Kaiserstein vor. Kostenpunkt 24 Millionen. Die Hälfte des Betrages soll aus der Schweiz, der Rest aus dem ERP-Fonds kommen. Gegenwärtig liegt das Projekt im Handelsministerium und man hofft, dass es positiv erledigt wird.

Leider sind in diesen wenigen Zeilen bereits alle Neuerungen des Schneeberges aufgezählt. Dabei hätten wir so gern eine ganze Spalte für die Liste der Modernisierung verwendet, denn wir wissen genau, dass Tausende Wiener Skifahrer darauf warten, dass auf ihrem Hausberg etwas geschieht.

Infrastruktur am Schneeberg
Auszug aus einem Bericht des ÖTK
Österr. Touristenzeitung Nr. 8/9, August/September 2002

In einem derart umweltsensiblen Gebiet, wie es der Schneeberg darstellt, ist es notwendig, gewisse Grundvoraussetzungen für den Betrieb von Schutzhütten oder -häusern zu schaffen. So erhält nun der Schneeberg als wichtigster Wasserspender für die Bundeshauptstadt nach jahrelangen Verhandlungen eine der Bedeutung dieses Gebirgsstockes entsprechende Infrastruktur.

Mit dem Bau eines Abwasserkanales und der Verlegung einer Trinkwasserleitung bis zum Berghaus sowie einem neuen leistungsstärkeren Stromkabel des Bundesheeres, mit dem nicht nur die Radarstation, sondern auch alle Hütten und Häuser mit verlässlicher Energie durch die EVN versorgt werden können, werden mit diesen "Jahrhundertprojekten" die bedeutungsvollsten Investitionen für die Bevölkerung und Umwelt der Schneebergregion getätigt; auch wird es bei Wasserknappheit eine Trinkwasser-Entnahmestelle beim Berghaus geben.

Die Durchführung solcher Projekte ist natürlich mit erheblichen Kosten verbunden, so werden rund 2 Mio. Euro an Gesamtkosten anfallen, die erst Dank der großzügigen Förderung von ECO-plus, dem Land Niederösterreich, der Republik Österreich, der Stadt Wien, des Österreichischen Bundesheeres, der Gemeinde Puchberg am Schneeberg sowie der Österreichischen Bundesbahnen ermöglicht wurden.

Für den ÖTK bedeutet dies, dass dadurch sowie durch eine großzügige Unterstützung der Stadt Wien die Eigenleistung für das Damböckhaus und die Fischerhütte insgesamt nur 15.000,-- Euro betragen werden; ist also relativ gering. Der feierliche Spatenstich zu diesen Projekten, durchgeführt von Herrn Dipl.-Ing. Dr. Wolfgang Zerobin, Abt.-Leiter in der MA 31, in Anwesenheit von Herrn Ing. Hans Tobler, neuer Betriebsleiter der Wiener Wasserwerke Hirschwang, dem bisherigen Betriebsleiter der Wiener Wasserwerke in Hirschwang, Herrn Ing.

Helmut Walter, sowie des Puchberger Bürgermeisters Herrn Direktor Michael Knabl, erfolgte am 4. Juni 2002, wobei die Fertigstellung im Jahre 2003 vorgesehen ist.

DAS ADELSGESCHLECHT VON HOYOS

Der Name Hoyos ist mit dem Schneeberggebiet sehr eng verbunden. Nicht nur Stixenstein oder Gutenstein war in deren Besitz, sie besaßen ferner große Wald- und Jagdgebiete am und um den Schneeberg.

Johann Babtist Baro Hoyos, dessen Familie ihren Stammsitz in Spanien in Burgos hatte, zog 1520 mit Kaiser Karl V. nach Deutschland. Dort musste er im Jahre 1545 vor den kaiserlichen Kommissaren die Ahnenprobe ablegen, wobei er seine Abstammung vom westgotischen König "Chindaswind" nachwies. Sein Sohn, Johann Babtist II., kaiserlicher Obrist und Hofkriegsrat, zeichnete sich in den Kriegen gegen die Türken und Franzosen aus und dessen Sohn Ludwig Gomez Freiherr von Hoyos erwarb am 25. April 1595 die Herrschaft Gutenstein, somit war das Gebiet der oberen Schwarza als Teil der Herrschaft Gutenstein an das sechste Geschlecht gelangt.

Das Geschlecht der Hoyos ist aus dem Bergland Kantabrien gekommen, wo der Stammsitz der alten Burg im Orte Hoyos, in der Provinz Estremadura, lag. In der zu Burgos am 5. Mai 1545 von acht Granden Spaniens und von Kaiser Karl V. zu Worms im selben Jahre verifizierten Urkunde wird dies bestätigt.

Von Bedeutung für Anton und Hanns von Hoyos war ihr Vater Juan de Hoyos. Er ist 1481 geboren und seit 1503 mit Ines de Salamanca vermählt. Das Ehepaar hatte acht Kinder. Nach dem Tode Kaiser Maximilians begab sich im Jahre 1522 Ferdinand, sein Enkel, dem die österreichischen Ländereien zufielen, nach Österreich, Mit ihm kamen auch: Anton von Hoyos, er wurde Bischof von Gurk und 1551 ermordet, Elisabeth von Hoyos, die Gemahlin des Erasmus von Puchhaim - Freiherr zu Raabs und Krumbach, Katharina von Hoyos, auch von Salamanca genannt, sie wurde in erster Ehe Gemahlin von Gotthard Strein - Freiherr von Schwarzenau, Hanns von Hoyos, geboren wahrscheinlich in Burgos im Jahre 1506. Er kam vermutlich 1522 im Gefolge Erzherzog Ferdinands, nach Österreich.

1539 erließ Ferdinand an die Untertanen seines Schlosses in der Herrschaft Stixenstein einen Gehorsamsbrief, und es heißt darin: "Er habe der Katharina von Salamanca (Hoyos) weiland Gotthard streins gelassener Wittib das Schloss und Herrschaft von weiland Barbaren, Marxen Treitz - Saurwein gelassen Wittiben Erben als diezeit Inhabern um den Pfandschilling, den sie darauf haben, abzulösen und ihr am 25. September 1539 einzuantworten bewilligt." Demnach wurde die Übertragung bis dahin nicht durchgeführt.

Vom 1. August 1544 stammt eine Generale König Ferdinands an die Umsassen von Stixenstein, dass sie "in der königl. Majest. Gehülz und Wiltpan daselbst an dem Perg, der

Johann Ernst Graf von Hoyos

Oben: *Dr. Graf Heinrich von Hoyos -* **Unten:** *Das Grab von Hoyos in Gutenstein*

Gennz (Gahns) genannt, der zur Herrschaft gehört, weder Holz abzumässen noch das Wiltpret zu jagen sich unterstehen sollen."

Katharina von Hoyos war Inhaberin der Burg und Herrschaft Stixenstein bis zur Verpfändung an ihren Bruder Hanns von Hoyos im Jahre 1547. Sie vermählte sich ein zweites Mal mit Longinus von Puechhaim. Am 13. Juni 1547 wurde Hanns von Hoyos in den Reichsfreiherrnstand mit dem Prädikate "Freyherr von Stüchsenstain" erhoben.

Laut Intimat vom 18. September 1595 erhob der Kaiser die Herrschaften Stixenstein und Gutenstein vereint zu einer Baronie mit der Berechtigung für Ludwig Gomez und seine männlichen Erben, sich fortan "Freiherren von Stixenstein und Gutenstein" zu nennen und schreiben. Ludwig Gomez starb unerwartet am 14. Jänner 1600 und wurde in der Pfarrkirche Neunkirchen in der von ihm gestifteten Gruft beigesetzt. Nach ihm verwaltete seine Witwe, geborene Freifrau zu Sprechenstein und Schroffenstein, die Güter.

Heinrich Graf von Hoyos-Sprinzenstein, geboren am 24. März 1804, wurde nun der neue Besitzer von Stixenstein. Er war im Staatsdienst, wurde Gubernalrat und k. k. Kämmerer. Er vermählte sich mit Felicie Gräfin Zichy-Vasonyköe und starb am 18. November 1854. Sein Sarg befindet sich in der Gruft unter dem Peterskirchlein bei Neunkirchen, der jetzigen Grabstätte der Familie Hoyos. In der aus zwei Räumen bestehenden Gruft stehen insgesamt 13 Särge. Über dem Eingang ist eine Tafel mit folgender Inschrift angebracht:

> +
> Ernestus Comes
> b
> Hoyos - Sprinzenstein
> sibi et suis 1880

Schloss Stixenstein heute

Seine Gemahlin starb am 27. Juni 1880. Ihr Sarg steht in der Gruft neben dem ihres Gemahls. Ernst Graf Hoyos-Sprinzenstein, geboren am 18. Juni 1830, übernahm nun die Güter seines Vaters. Er war k. k. Kämmerer, Wirkl. Geh. Rat, erbliches Mitglied und Vizepräsident des Herrenhauses des österreichischen Reichsrates u. s. w. Er schenkte die Stixensteiner Quelle der Gemeinde Wien, die eine Leitung nach Ternitz baute, wo sie in die Leitung von Kaiserbrunn mündet. Zu Ehren seiner Frau wurde die Quelle Eleonorenquelle benannt. Die Quelle lieferte täglich 300 000 hl sehr kalkhaltiges, 9° warmes Wasser.

Graf Ernst starb am 11. August 1903 und seine Frau Eleonore, geborene Gräfin von Paar, am 16. März 1913. Beide ruhen in der Gruft am Petersberg.

Das Erbe trat nun Ernst jun. Graf Hoyos-Sprinzenstein, geboren am 28. November 1856, an. Er war k. k. Kämmerer und Oberleutnant des Landwehr-Dragoner-Regiments Nr. 3 und vermählt mit Maria Gräfin Larisch-Moemrich.

Nach dem Thronfolgermord in Sarajewo fand in Stixenstein eine wichtige Besprechung zwischen englischen, französischen und österreichischen Diplomaten statt.

Nach dem Ersten Weltkrieg wurde das Schloss einige Jahre an einen holländischen Grafen Daym verpachtet, ehe es mit allem dazugehörigen Besitz am 15. Juli 1937 von der Gemeinde Wien gekauft wurde, ausgenommen ein Jagdhaus am Gahns, wo der Sohn des Grafen noch Jahre die Jagd besaß.

Der letzte Besitzer, Ernst Reichsgraf Hoyos-Sprinzenstein verstarb, am 10. Juni 1940 und ruht ebenfalls in der Familiengruft unter dem Peterskircherl.

In den Jahren 1943/44 war das Schloss Aufbewahrungsort für 30 Autoladungen Kunstgegenstände wie Bilder und Ritterrüstungen aus dem Museum der Stadt Wien, welche Ende 1945 wieder rückgeführt wurden.

In dem nach dem letzten Brand errichteten Wohngebäude wohnen Beamte der Forstverwaltung Stixenstein der Gemeinde Wien. Das eigentliche Schloss steht vollkommen leer, wie auch die Kapelle, in der sich nur ein schöner, in Stein gehauener Kreuzweg und ein beschädigtes Bild der hl. Maria Magdalena befinden. Beim Eingang in den oberen Schlosshof steht ein mehrere Jahrhunderte alter Efeustamm; er steht unter Naturschutz.

Das Schloss Stixenstein wurde renoviert und ist heute wie damals "Wahrzeichen und Wächter auf dem Asandberg".

Ein neues Schloss entsteht in Gutenstein

Laut einem zeitgenössischen Bericht von Leeder begann Graf Johann Balthasar II. mit dem Bau der herrlichen hufeisenförmig angelegten Anlage auf Grundstücken, die zum Meierhofe gehörten, in den Jahren 1670 - 1674. Der Bau, der im Jahre 1681 zum Stillstand kam, wurde erst 1718 von Joseph Philipp Innozenz Graf Hoyos zu einem dreiflügeligen Bau von drei Geschoßen weitergeführt. In den Jahre 1817 - 1819 kam unter Johann Ernst Graf Hoyos, dem Urenkel, die regelmäßige viereckige Form zustande, wobei die Mittel dazu wahr-

Schloss Gutenstein heute

scheinlich aus dem Verkauf von Frohsdorf stammen dürften; auch der Garten wurde in dieser Zeit zu einem Park umgestaltet. Anlässlich der Vermählung seiner ältesten Tochter Marie im Jahre 1819 stellte Graf Johann Ernst diesen neu gestalteten Schlosspark der Bevölkerung mit einem Volksfest vor.

Aus den geringen Abweichungen im Abstand der linken Fensterachsen der Hauptfront wie auch im Hof ist zu erkennen, dass der Osttrakt, an dessen Stelle das barocke Schloss stand, zuletzt errichtet wurde. Keine tempelartigen Säulenvorbauten, wie in dieser Zeit üblich, waren hier vorzufinden. Da aber nach wie vor die Nordseite niedriger war, zog die Familie Hoyos den Ringstraßenbaumeister Julius Deininger heran, der im Jahre 1912 dem ganzen Bau ein französisches Mansardendach auflegte. Ferner wurde dem bescheiden wirkenden Nordtrakt mit seinen sechs Lisenen ein repräsentativer Dreiecksgiebel aufgesetzt und davor ein stockhoher Balkon errichtet. Durch diese Zubauten gab der Architekt dem Schloss ein vornehmes Aussehen. Vom Arkadenhof führte eine weite Treppe zum ersten Stock empor und ein breiter mit Jagdtrophäen geschmückter Gang an der Nord- und Westseite führte zu den Empfangsräumen. Neben den Stilmöbeln aus dem 18. und 19. Jahrhundert befanden sich im Schloss auch wertvolle Bilder wie die Miniaturen von Füger, Daffinger und Kriehuber, die Mitglieder des Hauses Hoyos darstellten.

Das neue Schloss im Familienbesitz wurde nicht nur von der gräflichen Familie, sondern auch von deren Gästen, für die das alte Bergschloss zu unbequem war, genutzt. In diesem Schloss waren auch Verwaltung, Gericht, Steueramt und Getreidespeicher untergebracht. Graf Hoyos hatte seinerzeit dieses Schloss um 400 000 Gulden an Karoline, die Schwester Napoleons und Frau des französischen Marschalls Joachim Murat, Sohn eines Gastwirtes, der um 1800 mit Bonaparte in Ägypten war und später zu hohem Ansehen gelangte, verkauft.

Das Schloss, inmitten des englischen Parkes gelegen, lässt die Vornehmheit der Adelssitze aus dem Biedermeier erkennen, und Kunsthistoriker hielten es noch im Jahre 1955 für ein echt klassizistisches Bauwerk.

BUCHBERG 1807 - 1840
Auszüge aus
"Ausflüge nach dem Schneeberg", von J. A. Schultes
"Der Schneeberg in Unteröstreich", von Adolf Schmidl
"Streifzug durch die Norischen Alpen", von L. Freiherr von Augustin
"Puchberger Heimatbuch", von Rudolf Krenn

Ehe wir die Merkwürdigkeiten des weltberühmten Märktleins alias Dörfleins Buchberg beschreiben dürfen, müssen wir den müden Wanderer und Leser daselbst einquartieren. Und nun fühlen wir lebhafter als auf der ganzen bisherigen Reise die Kamalitäten, die einem

Generalquartiermeister seine hohe Würde verbittern. Hier ist es nicht nur um ein Marschquartier, hier ist es um ein Standquartier zu tun. Drei Positionen sind hier möglich: denn es gibt hier ebenso viele Wirtshäuser. Das erste Wirtshaus ist das Meierwirtshaus (Marwirtshaus), eine eingegangene herrschaftliche Meierei; das zweite liegt unfern der Kirche der Mühle gegenüber, man darf nur dem Winke des alten Kirchturmes, den man schon am Öhler entdeckte, folgen, um es zu erreichen; das dritte liegt in der nordwestlichen Bucht dieses Tales, rechts drei viertel Stunden von der Säule bei dem Wasserfalle am so genannten Hühnerbühel. Hier ist man zu weit von dem bequemsten Wege nach dem Schneeberge, obschon man übrigens vor den gefährlichsten Anfällen der Feinde, des Geizes der Wirte, des Hungers und Durstes, gesichert ist. Dem Schneeberge auch näher, bequemer und besser ist man in dem Wirtshause an der Kirche: man hat aber keine Aussicht. Bei der schönsten Aussicht nach dem Schneeberge hin, im Meierwirtshause, wird man, so lange wenigstens der herrschaftliche Binder Strobl dort Wirt ist, am schlechtesten bedient, ohne die elende Bewirtung teuer genug bezahlen zu können. Nach diesem Rapporte des Generalquartiermeisters mag nun der kommandierende General seine Armada nach Belieben aufstellen.

Da seit vier Jahren Exkursionen nach dem Schneeberge häufiger zu werden anfingen und die Insolenz der Wirte zugleich mit dem häufigen Zusprche der Reisenden im wachsenden Verhältnisse liegt, ward der Pfarrherr zu Buchberg zugleich Priester der holden Göttin Gastfreundschaft und empfing, gegen Ersatz der Auslagen, die Fremden, die bei ihm zusprachen. In einem Orte, wo derjenige, der an Gemächlichkeit und reinen, wohlbesetzten Tisch gewohnt ist, keine Aufnahme findet, war die gute Bewirtschaftung, die man bei dem Pfarrer fand, eine Wohltat. Dieser Ehrenmann ist aber im Hornung laufenden Jahres gestorben. - Möchte sein Nachfolger, nur so lange wenigstens, bis ein Einkehrhaus auch die bequemeren Reisenden aufzunehmen vermag, die Rechte der Gastfreundschaft üben und sich und den Fremden dadurch jenes Vergnügen verschaffen, das jeder Ehrenmann empfindet, wenn er jemanden froh und zufrieden gemacht hat. Wenn die Armada klein ist und allenfalls nur aus zwei oder drei Corps besteht, so findet sie bei dem Jäger der zugleich Müllermeister, unfern der Kirche wohnt, bei dem Schullehrer oder bei dem Schuster, dem Meierwirtshause gegenüber, ein sicheres und gegen alle feindlichen Angriffe der Wirte wohl verschanztes Lager: denn beide sind herzensgute Leute. Bei dem Schuster ist die Aussicht nach dem Schneeberge und in die Gegend umher reizender.

Es ist ein seltenes Glück, den Gipfel des Schneeberges eben heiter zu finden, wenn man nach Buchberg kommt. Träfe dieser Zufall glücklicherweise mit der Ankunft in Buchberg zusammen, so müsste man ungesäumt sich um einen Führer bewerben und die Reise nach dem Berge selbst antreten. Hier ist ein Führer nicht bloß der Gefahr des Verirrens wegen, sondern auch als Träger nötig; und wenn die Gesellschaft aus mehr denn drei Personen besteht, hat man auch zwei Träger nötig. Wein, Brot, kalter Braten u. s. w. muss für jene, die nicht hungern können, reichlich mitgenommen werden: der Appetit steigt, mit jedem Schritte bergan, dem Hunger näher zu und wird oben an der Alpe bei einigen Menschen sogar Heißhunger, der, wenn man ihn nicht befriedigen kann, Schwäche, Schwindel, Ohnmachten erzeugt. Diesen Heißhunger bemerkt man auch bei Fußreisen im Winter, beim Schlittschuhlaufen, auf Reisen im Norden. Noch ein anderes Bedürfnis macht einen Träger nötig: "man kann bei einer Exkursion auf den Gipfel nie, auch beim heiteren Himmel nicht, mit Sicherheit seinen Mantel entbehren." Zwei Mal ließ ich mich von der azurnen wolkenlosen Decke, die am Morgen über den Gipfel hin gespannt war, verführen, den Mantel zurückzulassen, und zwei Mal ward ich zur Strafe für meine Unbesonnenheit bis auf die Haut durchnässt. Man vergesse ferner nie, auch wenn man keine Nachtpartie am Schneeberge unternehmen will, Feuerzeug und einen Vorrat von Schwefelfaden und Papier mit sich zu nehmen, um bei einem oft plötzlich entstehenden Alpengewitter, das jeden Schritt rückwärts oder vorwärts unmöglich macht, wenigstens ein wärmendes Feuer anrichten zu können. Ich hatte einmal bei einer Exkursion auf den Gipfel meine Schwefelfaden verloren. Ein Gewitter überraschte uns, und wir mussten in dem heftigen kalten Alpenregen, in einer Finsternis, die sich nicht schwärzer denken lässt, von 6 Uhr abends bis 1 Uhr morgens, zitternd vor Kälte und heulend und zähneklappernd, durchnässt bis auf die Haut, mitten auf dem Berge unter freiem stürmenden Himmel sitzen bleiben. Erst um 3 Uhr früh erreichten wir Buchberg.

Der gewöhnliche Preis eines Führers und Trägers ist für den Tag ein Gulden. Man tut sehr wohl, wenn man sich von dem Förster einen Jägerjungen ausbittet, oder einen Bauer wählt, der die Erlaubnis hat, schießen zu dürfen, z. B. den Lippel, der dem Meierwirtshause gegenüber wohnte. Man genießt dadurch nebenher das Vergnügen der Jagd.

Wenn der Gipfel des Berges, was wenigstens in vier Fünftel des Jahres sich trifft, in Nebelwolken gehüllt ist, dann wagt es nicht einmal der Gämsenjäger und der Botaniker, den Berg zu besuchen. Man muss sich mit den Merkwürdigkeiten der Gegend um Buchberg begnügen, bis der alte Schneeberg seine Schlafmütze, wie der Schneeberger-Bauer sagt, abgezogen hat. Die Bauern dieser Gegend des Schneeberges, so wie jene des Ötschers, in den Karpaten, in der Schweiz u. s. w., scheinen ihre Berge sich als belebte Wesen zu denken und sie mit einer Art von Religiosität zu verehren. Der Berggeist (Bergmandl), sagen die Bauern, kann die Wurzelgräber und Schatzgräber nicht leiden: er hüllt sich in Nebel, so wie diese anfangen zu graben.

Zwei Funde, 1900 das Bruchstück einer jungsteinzeitlichen Lochaxt aus Stein nahe der Fischerhütte, und 1970 ein ca. 12 cm langes steinzeitliches Lochbeil aus Serpentin, gefunden am Gipfel des Schneeberges, sowie diverse Funde am Geländ und Hausstein, ferner nachweislicher Erzabbau und dessen Verhüttung lassen auf eine Besiedelung um Puchberg schon in urgeschichtlicher Zeit schließen.

MARKTGEMEINDE PUCHBERG AM SCHNEEBERG

Über die Entstehung des Namens Puchberg herrscht Unklarheit. 1306 wird ein "Wolfger von Puechperch" genannt, und es war üblich, dem Taufnamen auch den Ortsnamen hinzuzufügen, da Familiennamen nur die Adeligen besaßen. Es ist daher nicht festzustellen, ob der Ortsname Puchberg schon da war und von den "Herren von Puchperch" entliehen war, oder diese Herren dem Ort ihren Namen gaben.

Über die erste urkundliche Nennung Puchbergs als Pfarre scheiden sich die Meinungen. Während bei Lukan 1069, bei Menschick 1107 und bei Becker 1264 als Jahreszahlen angeführt sind, berichtet die Gemeindechronik von Puchberg aus dem Jahre 1069 nur über Besitzveränderungen der Burgherren sowie deren Geschlechter und über die Gerichtsbarkeit und die Geschichte der im selben Jahre gegründeten Pfarre.

Adolf Schmidl schreibt im Jahre 1831: "Puchberg an sich bietet zwar nichts Merkwürdiges, sein einziger Schatz ist das herrliche Tal, in dem es liegt. Die Ruine des alten Schlosses bei der Kirche, auf einem kleinen Hügel am Bache, ist so unbedeutend, als die Geschichte derselben unbekannt; nur eine Sage lässt das Schloss von den Templern erbaut werden."

Weiter schreibt Adolf Schmidl: "Puchberg ist eigentlich ein Markt, steht aber an Größe manchem Dorfe nach. Die Einwohner sind meistens Holzarbeiter, denen die Wanderungen auf den Schneeberg auch manchen Träger- und Führerlohn verschaffen. Der Pfarrbezirk zählt nicht weniger als 1 800 Seelen, die aber bis auf 2 ½ Stunden weit zerstreut sind. Den Vorgrund bildet das altertümliche Puchberg am Hügel und Bache, zwischen Gärten und Wiesen malerisch gruppirt. Hinter demselben dehnt sich das Tal, wo Sägemühlen, verfallenen Hüten, Zäune, Kohlenmeiler, Obst- und Weidenbäume, Orchideenwiesen, Ruinen, Brücken, Bäche und kleine Waldpartien ein lustiges Durcheinander bilden, bis zum Fuße des Schneeberges hin."

L. Freiherr von Augustin schreibt in seinem Buch "An Marie": "Ich übergebe Dir hiermit einige Blätter aus meiner Reisemappe. Sie enthalten teils die Beschreibungen solcher Gegenden meines lieben Vaterlandes, die ich durchwanderte, und die mir besonders lieb geworden, teils die Empfindungen, welche während dieser Wanderungen meine Brust bewegten." Ferner schreibt er: "Zu Mittag oder gar erst am Abend in Buchberg angekommen, wird man flüchtig auf einen Punkt gewiesen, wo man einen Totalblick des Berges hat; dann eilt man zurück in das Wirtshaus, besorgt sich einen Führer für den kommenden Morgen, bestellt sich ein Mahl für seinen in der scharfen Gebirgsluft ungestümer fordernden Magen und genießt dieses in einem der winzigen zwei Zimmerchen, welche in diesem Hause leider die Einzigen zur Aufnahme der ziemlich zahlreichen Reisenden sind. Hin und wieder blickt man aus dem Fenster, um zu beobachten, ob der Gipfel frei ist, oder wie die Buchberger zu sagen pflegen: 'ob der Schneeberg eine Schlafhaube aufgesetzt hat' und dadurch die Besteigung verhindert."

Der Schneeberg und sein Gebiet scheint eine eigene Herrschaft gebildet zu haben, so kommt 1150 ein "Udalrich von Schneeperch", 1230 scheint ein "Colo de Sneperc" und ein "Rüdiger de Puchperch" in einer Urkunde vom 30. August 1230 auf, 1260 finden wir einen "Eberhart von Puchperch" mit "Rüdiger von Losenheim" als Zeugen eines Kaufaktes zusammenhängend mit der Burg Losenheim, 1261 ein "Wulfingus de Puchperch" unterzeichnet in einer Urkunde bei einer Streitsache mit dem Heiligenkreuzer Abt Pilgrimm. Am 3. September 1264 wird abermals ein Eberhart von Puchperch genannt, 1266 wird Rüdiger von Losenheim erneut als Zeuge und Bürge seines Vetters von Losenheim in einem Kaufakte mit dem Stift Heiligenkreuz erwähnt, 1306 scheint ein "Wolfger von Puchperch" auf, 1620 ein "Gundaker von Polheim", Herr der Herrschaft Schneeberg, welche nachmals mit "Stüxenstein" vereinigt wurde. Erst 1306 kommt ein "Ulrich von Buchberg, Puechberg" vor, ferner scheint im Jahre 1264 ein Herr "Friederich" als weiterer Zeuge und Pfarrer in Puchberg auf.

Puchberg war schon seit der Mitte des 11. Jahrhunderts im Bereich des Formbacher Herrschaftsbereiches und dann bis 1379 innerhalb der Grenzen des Landgerichts Wiener Neustadt. 1379 erhielt durch eine neuerliche Teilung, Leopold III. Steiermark, Wiener Neustadt, Neunkirchen und somit auch Puchberg. Erstmalig wurde in einer Karte 1570 Puchberg und 1595 als "Buchberg" und "Schneperg" von Wolfgang Lazius eingezeichnet. Ferner findet

Puchberg am Schneeberg um 1920

man auf einer aus den Jahren 1540/50 stammenden Karte auch ein Puchberg, jedoch in der Nähe von "Vischa", dem heutigen Bad Fischau, angeführt, wobei es sich auf Grund von geographischen Ungenauigkeiten der damaligen Zeit durchaus um das heutige Puchberg am Schneeberg handeln könnte. Genauere geographische Aufzeichnungen waren erst aus einer im Jahre 1800 von Ludwig Schmid veröffentlichten Karte erkenntlich, wo sogar die jetzigen Ortsteile von Puchberg, wie z. B. Sonleiten, Schnedörfl, Losenbunt, Arbesthal, Rohrbach, Hengstberg, Pfeningvbach, Breitensol oder Raizenberg, angeführt waren. Die erste bildliche Darstellung dürfte von Georg Matthäus Vischer stammen, der 1669 und 1670 Niederösterreichs Gebiete bereiste, um in 511 Ansichten im Auftrag der Stände die wichtigsten Lokalitäten zu zeichnen.

Die Pest wurde in Puchberg von Fuhrleuten, die aus Wien kamen, eingeschleppt. Anfangs suchte man das Auftreten der grässlichen Seuche geheim zu halten; allein gar zu bald hatte sie so um sich gegriffen, dass sich nichts mehr verheimlichen ließ. Über den verseuchten Ort wurde nun eine zwanzigwöchige, von Ende August 1713 bis Ende Jänner 1714, Kontumaz verhängt. In dieser Zeit starben 102 Personen an der Pest.

Erschüttert von dem grauenvollcn Walten des Todes, versammelte sich die Pfarrgemeinde Puchbergs in der Pfarrkirche und man machte das Gelöbnis, alljährlich eine Prozession auf den Schneeberg zu veranstalten und dort zu Ehren der Allerheiligsten Dreifaltigkeit ein Hochamt halten zu lassen. Die Pfarrgemeinde gelobte auch das Fest der Pestfürbitter, des heiligen Rochus und der heiligen Rosalia, mit einem Hochamte feierlich zu begehen; die Pest erlosch.

Der Sage nach wurde einmal bei einem solchen Gottesdienste auf dem Schneeberge die Hostie vom Winde fortgeweht und der Kelch umgestürzt. Infolgedessen schritt die Pfarrgemeinde bei der Kirchenbehörde um Abänderung dieses Gelübdes ein, und schon im Jahre 1721 wird die abgeänderte Gelübde-Prozession nach Gutenstein (Maria-Hilf) ge-macht.

Von den Begräbnisplätzen der Pestopfer aus jener Zeit sind noch drei bekannt. Einer befindet sich auf der so genannten Grazenhöhe, ein zweiter ist auf der Grünbacher Straße und die dritte und größte Begräbnisstätte ist die so genannte "Lastergrube" in Sierning.

Puchberger Tracht um 1831

Die Männer trugen einen großen schwarzen Hut mit sehr flachem Kopf und sehr breiter Krempe, der an Festtagen mit Bändern und Blumen geschmückt wurde, und dazu um den Hals ein schwarzes Tuch, eine rote Weste und darüber grüne Hosenträger, schwarze, knielange lederne Hosen, die unter dem Knie gebunden wurden. Um den Leib ein breiter gestikkter Gürtel, an dem an der linken Seite Löffel, Messer und Gabel im dafür vorgesehenen Hosenschlitz steckten. Der dazupassende Rock, mit sehr kurzer Taille und ohne Kragen, war

meist von sehr grobem, schwarzbraunem Tuch und mit kugelförmigen metallenen oder silbernen Knöpfen besetzt und bisweilen pelzgefüttert. Daneben trug man auch eine weiße Jacke von rauem groben Zeug und blaue Strümpfe. Bei kaltem Wetter leistete eine Pelzmütze gute Dienste.

Die Frauen verbargen zu dieser Zeit ihre Haare unter einem weißen Kopftuch, über die sie bei festlichen Anlässen große runde, flache Hüte von grauem oder schwarzem Filz mit blauen oder schwarzseidenen Bändern trugen.

Im Sommer ging die Jugend meist ohne Jäckchen und in Hemdsärmeln. Auch trugen sie einen eckigen, abgenähten Brust-latz, einen kurzen, die Waden nur halb bedeckenden klein gefalteten gestreiften Rock von schwarzem Zeug oder dunklen Kattuns, ein blaues Vortuch und blaue oder rote Strümpfe.

Schmidl äußerte sich zu dieser Zeit folgendermaßen: "Die Weiber tragen ganz nach deutscher Sitte den Kopf in große weiße Tücher eingebunden, deren Zipfel weit abstehen. Eine Jacke aus dunklem Zeug, rote kurze Röcke, in unzählige Falten gelegt, und ein Vortuch, blaue oder rote Strümpfe, sauber mit Zwickel ausgenäht, und hohe geschnürte Schuhe." Über die Tracht um 1900 steht zu lesen: "Nur in den Seitentälern tragen die Bewohner noch die frühere Kleidung. Die Männer gerne ausgedehnte Lederhosen, kurze schwarze Janker, bunte Samtwesten, grüne Hosenträger und Röhrenstiefel. Die Weiber bunte Röcke, kurze Spenzer aus schwarzem Tuche oder Atlas mit dickwandigsten weiten Puffärmeln, welche am Handgelenk geschlossen sind.

Musik und Gesang in Puchberg am Schneeberg

Wie lange in Puchberg schon gesungen, musiziert und Theater gespielt wird, lässt sich nicht mit Sicherheit feststellen und man ist in dieser Hinsicht auf hier bekannte Aufzeichnungen angewiesen. Während eine erste allgemeine Publikation, der im Jahre 1819 von Franz Tschischka (Ziska) und Julius Schottky veröffentlichter Band "Österreichische Volkslieder mit ihren Singweisen" war, so sind in dieser Richtung speziell für das Schneeberggebiet Karl Kronfuß, 1858 - 1923, Hofrat und Münzdirektor in Wien, Alexander Pöschl, 1865 - 1943, Prokurist in Wien sowie der Amtsrat in Wien, Georg Kotek, 1865 - 1943, zu nennen, wobei Letztgenanntem die Volkslieder des Schneeberggebietes besonders am Herzen lagen. Als besonderen Kenner des Ge-bietes kann Prof. Deutsch bezeichnet werden.

Puchberger Theatergruppe um 1923

Da man schon ab dem Jahre 1896 begann, Lieder und auch Jodler aufzuzeichnen, so wurde das Schneeberggebiet zur wahren Fundgrube für Liederforscher und in Puchberg waren dies der Wirtschaftsbesitzer Johann Kindl, der Gastwirt Johann Hödl und der Jäger Johann Zwinz und in Miesenbach der Schmiedemeister Franz Hütterer, Wirtschaftsbesitzer Rupert Gaber und Leopold Grabner, die mit den Liederforschern in enger Verbindung standen. Die begonnene Tradition wurde fortgesetzt, in Schneebergdörfl von den Hödl-Buam Franz Hödl, Karl Hödl und dem Gastwirt Franz Kropf, in Miesenbach von den Sängern Franz Stücklerr vulgo Apfelbauer, Josef Gaber und Simon Kaiser, in Puchberg der Dreigesang Zottl mit Bertl Zottl, Hans Postl vulgo Behm und Karl Krenn aus Pernitz, den singenden Schneebergbuam, die zu jenen gehören, die das Puchberger Lied nicht nur singen, sondern auch bewahren. Erwähnenswert ist auch der vom Musik- und Volksschuldirektor F. Heinz Schemitz geleitete Kirchenchor mit seinem Obmann, Hauptschullehrer Walter Rudloff.

Ein weiterer Chor war die "MVG Singgemeinschaft Puchberg", die aus dem im Jahre 1896 gegründeten Männergesangsverein hervorging, und ihr Repertoir reichte vom Kunst- bis zum Volkslied. Obmann der Singgemeinschaft war Rudolf Krenn, seine beiden Stellvertreter waren Peter Zenz und Helmut Pinkl, Chorleiter ist Direktor Wolfgang Klefasz, der auch Obmann der N.Ö Heimatpflege ist, sein Stellvertreter ist Hannes Ebner. Die Zeit vom 7. - 9. Juni 1996 war ein denkwürdiges Datum für die Singgemeinschaft, konnte doch "100 Jahre MGV Singgemeinschaft Puchberg" gefeiert werden.

Auch auf dem musizierenden Sektor waren einige Gruppen im Puchberger Gebiet vertreten. An der Spitze jene, die aus der im Jahre 1877 gegründeten Feuerwehrkapelle hervorging. Damals aus sechs Mann bestehend und von Leopold Zwinz angeführt, konnte bereits beim Feuerwehrball am 7. Februar 1877 im Gasthaus Toppler aufgespielt und im Jahre 1997 das 120-jährige Gründungsfest begangen werden. Kapellmeister war 30 Jahre lang Peter Brenner und seit 2001 ist es Andreas Taschner, Obmann Martin Hausmann und sein Stellvertreter Herbert Stickler, und so manche Gruppe ging aus diesem Ensemble hervor, wie z. B. die Gruppe Franz Bock, Johann Stickler, Karl Stickler, Stefan Zenz, Franz Brenner und Sepp Postl. Bei den verschiedensten Veranstaltungen spielte auch die "Heher-Banda", bestehend aus Franz, Hans und Gustav Heher sowie Franz Brenner, auf.

Weiter in der Reihe der Musizierenden finden wir "Die Schneebergbuam" Johann Taschner, Friedrich Pfeffer, Heinz Schemitz, Erich Straker, Johann Franzl, Peter Brenner, Friedrich Ebner, Kurt Lesar und Hermann Zottel; "Das Schneebergsextett", anfangs mit Peter Jägersberger vulgo Ax, Hans Stickler, Bernhard Heher, Christian Dungl, Martin Panzenböck und Ernst Knabl, ab dem Jahre 1981 mit Martin Panzenböck, Hans Stickler, Bernhard Heher, Kapellmeister Peter Brenner, Ernst Knabl, Christian Dungl und Peter Jägersberger, die sich nach Erweiterung auf nunmehr acht Mann, Peter Jägersberger, Martin Ohr, Harry Hainfellner, Christian Janisch, Bernhard Heher, Hans Stickler, Ernst Knabl und Helmut Auer, "Die Schneeberger" nannten, sich jedoch am 25. Oktober 1996 aufgelöst haben.

Eine weitere Gruppe, die bei zahlreichen Veranstaltungen anzutreffen ist, ist die unter der Leitung von Markus Schönthaler musizierende "Standerllpartie" mit Bernd Wanzenböck, Walter Bock, Barbara Kindl, Harald Kindl, Josef Stickler, Helmut Hackl, Andreas Wanzenböck, Tisch, Robert Wanzenböck, Christoph Hausberger, Hans Stickler und Christoph Wanka.

Puchbergs Vereine

In Puchberg gab es immer schon viele verschiedene Vereine, und dies hat sich bis in die Gegenwart fortgesetzt: ARBÖ Puchberg, ATSV Puchberg, Bergrettung, Burgverein Puchberg, Bäuerinnenchor Puchberg, Bike Alliance Puchberg, Crash-Team 161 Puchberg, Eisschützenklub, Elternverein, FF Rohrbach, FF Schneebergdörfl, Flugklub Ikarus, Jägerrunde, Kirchenmusikverein, Kneippbund, Ländl. Reit- und Fahrverein, LJ Volkstanzgruppe, LC Running Puchberg, Miniaturgolf Sportklub, Motorrad Club Puchberg, Museumsverein, Ortsbauernbund, Quintett der Singgemeinschaft Puchberg, Pensionistenverein, PUMUKI, Schuhplattlerverein Almrausch, Seniorenklub Puchberg, Singgemeinschaft MGV, Sportverein für Reiten und Lamatrekking, Theatergruppe Puchberg, Tourismusverein, Trachtenkapelle Puchberg, Turnverein, TV Naturfreunde, UTC Puchberg, WSV Puchberg.

Zu den oben angeführten Vereinen gesellt sich auch die schon sehr früh ins Leben gerufene Freiwillige Feuerwehr Puchberg am Schneeberg. Sie wurde 1876 gegründet und kann somit auf mehr als 125 Jahre ihres Bestehens zurückblicken. Derzeitiger Kommandant ist Franz Skopek. Die Feuerwehr ist, wie auch nicht anders zu erwarten war, eine gut ausgerüstete Truppe und aus dem Markt nicht mehr wegzudenken. Wie bei allen freiwilligen Hilfsorganisationen, so gehört auch zu einer Feuerwehr Disziplin, Können und Wissen, und viele freiwillige Stunden werden dazu verwendet, um der Bevölkerung Sicherheit zu geben unter dem Motto: "Einer für alle und alle für einen".

Reihe links v.o.n.u.:
Die Feuerwehr Puchberg in den
Anfangsjahren.
Das Praterfest um 1910.
Einzug der Wallfahrer, 1923.

Reihe Mitte v.o.n.u.:
Die alte Hofmühle, heute steht an dieser
Stelle das Postgebäude.
Almauftrieb auf den Schober, 1926.
Lederhandlung Stickler, 1909, zum
Schluss Buch- und Papierhandlung
Schauer.

Postl Simon vulgo Gstetten-Sepp

Puchberg - heilklimatischer Kurort

Entlang des Westrandes des Wiener Beckens, über Bad Fischau, Winzendorf, Willendorf, schließlich von Grünbach nach Puchberg und über die Mamauwiese ins Voistal und weiter über den Walchbauer und das Gscheidl in das Gebiet von Mariazell und der Salza, zog schon im frühen Mittelalter ein Verkehrsweg, ein Saumpfad, der zweifellos auch schon von den Römern benutzt wurde, worauf die Bezeichnung "Römerweg" in Puchberg, Winzendorf und Willendorf schließen lässt. Auf diesem Saumpfad wurden Salz und Eisen in die Ebene und Getreide und Wein ins Gebirge transportiert.

Heute führt eine gut ausgebaute Bezirksstraße von Wr. Neustadt durch das Steinfeld über Weikersdorf, Saubersdorf nach Willendorf und entlang der Trasse der Schneebergbahn nach Grünbach und über den 678 m hohen Klaus-Sattel nach Puchberg am Schneeberg. Aber auch über die Bezirksstraße von Neunkirchen aus durch das Sierningtal gelangt man nach Puchberg am Schneeberg, ebenso kann Puchberg am Schneeberg über den 738 m hoch gelegenen Ascher-Pass von Piesting aus erreicht werden.

Der heilklimatische Kurort Puchberg am Schneeberg befindet sich als einer der letzten Ausläufer des Alpenostrandes 80 km südlich von Wien am Fuße des mit 2 076 m höchsten Berges von Niederösterreich, des Schneeberges. Puchberg hat ein heilklimatisches Reizklima, wobei dieses durch eine so genannte Klimaschaukel - Zahnradbahn auf den Hochschneeberg und Doppelsesselbahn in Losenheim auf die Fadenalpe - im gezielten Maße noch verstärkt konsumiert werden kann. Puchberg am Schneeberg ist somit ein Kurort, wo man unabhängig von der Jahreszeit ganzes Jahr über Urlaub machen kann.

Das Gemeindegebiet von Puchberg mit dem in 585 m Seehöhe liegenden Ort Puchberg umfasst 83,11 km^2 und liegt im weiten, von Almwiesen und Nadelwäldern begrenzten Becken des Sierningbaches im politischen und Gerichtsbezirk Neunkirchen und hat ein gemäßigtes, subalpines Klima aufzuweisen. Puchberg umfasst eines der größten Gebiete Niederösterreichs, wobei Viehzucht und Waldwirtschaft die Haupteinnahmsquellen der Bevölkerung sind. Aber auch der Fremdenverkehr gewinnt von Jahr zu Jahr immer mehr an Bedeutung, wobei außer den Hotels, Pensionen und Gasthöfen auch eine große Anzahl Privatvermieter den jetzigen Anforderungen des Gastes voll und ganz entsprechen. Auch die klimatischen Verhältnisse im Gebiet des Schneeberges sind für die Erholungsbedürftigen eine Quelle echten Naturgenusses und bestens zur Kräftigung der Gesundheit geeignet. Eine nicht unwichtige Rolle spielen für das Klima auch die umliegenden Berge, welche die rauen Winde vom Tal fernhalten. Nur abends bringen talwärts streichende Bergwinde die von den Städtern so sehr geschätzte Kühle. Das Sommerklima ist angenehm temperiert und etwas niedriger als im Tiefland, wobei die meisten Niederschläge in den Monaten Mai und Juni verzeichnet sind. Der Herbst wieder bietet mit seiner Reinheit und Klarheit der Luft eine ideale

Voraussetzung für Wanderungen oder Nachkuren. Herbstnebel trifft man hier sehr selten an, denn die Tiefnebel reichen meist nur vom Steinfeld bis Grünbach-Klaus. Im Winter verzeichnet man keine allzu tiefen Temperaturen. Die Schneedecke im Tal mit einer Höhe von ca. 50 cm hält im Mittel ca. 90 Tage. Aus dem feuchten, kalten und sonnenlosen Winterklima der Großstädte sowie aus dem Frostwetter treten wir höher steigend und diese Grenze überschreitend plötzlich in eine sonnendurchstrahlte Landschaft ein und genießen in vollen Zügen die nur mit der in höheren Lagen anzutreffenden klaren Alpenluft, wobei die Transparenz der Luft und die Lichtfülle im ersten Moment auf den Menschen überwältigend wirken.

Wenn der Schneeberg noch sein weißes Haupt trägt und im Tal bereits die ersten Frühlingsboten die Fluren bedecken und auch in den Wäldern es zu sprießen beginnt, dann ist dies in Puchberg der Beginn der auf das Wohl der Gäste abgestimmten Saison.

Rorenstein

Die Puchberger Ruine, deren Entstehung in die Zeit zwischen 1160 und 1190 fallen dürfte, kann als ein mittelalterliches Bauwerk angesehen werden, das gegen Ende des Mittelalters in Verfall geraten war. Den Burgfried bildet ein ca. 14 m hoher wuchtiger Turm, der auf der flachen Seite des Hügels angeordnet ist. In den Jahren 1220 soll ein Rüdiger von Puchperch und 1260 ein Eberhart von Puchperch darin gehaust haben, wobei dieses Geschlecht im 13. Jh. ausgestorben sein dürfte. Die Burg führte bis zum 17. Jh. den Namen

Rorenstein, ging dann in den Besitz der Stüchse von Trautmannsdorf über, ehe sie im Jahre 1381 Herzog Leopold III., der im Jahre 1386 an der Spitze eines Ritterheeres in der Schweiz fiel, erwarb. Fürst Herzog Albrecht III. belehnte die Liechtensteiner mit der Herrschaft Puchberg. Da diese im Jahre 1395 beim Fürsten in Ungnade fielen, so kam die Herrschaft an verschiedene Vögte und büßte dabei immer mehr an Bedeutung ein. Johann Baptist Freiherr von Hoyos erwarb die Burg und die dazugehörigen Liegenschaften im Jahre 1549 käuflich; er war der letzte Pfandinhaber. Im Laufe der Zeit verfiel die Burg immer mehr und im Jahre 1996 wies die Burg schon starke Verwitterungserscheinungen auf, so dass, um dieses "Denkmal" zu erhalten, dringende Sanierungsarbeiten notwendig wären. Ein neu gegründeter Burgverein hat sich dieser Aufgabe nun angenommen und bereits mit den ersten Renovierungsarbeiten begonnen.

Die Pfarrkirche

Eine weitere Sehenswürdigkeit von Puchberg ist die Pfarrkirche zum hl. Veit. Vom spätgotischen Bau aus dem Jahre 1526 sind noch die Strebepfeiler, eine Wendeltreppe sowie zwei Tore erhalten. Ein Netzgewölbe überspannt die Turmhalle und der zweistöckige Turm ist mit Schießscharten versehen. Die Ursachen, warum das ursprüngliche Aussehen nicht beibehalten werden konnte, waren Brände und Erdbeben. Davon am stärksten betroffen war

Oben: Fahnenweihe am 17. Oktober 1926

Unten: Der alte Pfarrhof, er wurde 1970 abgerissen und neu aufgebaut

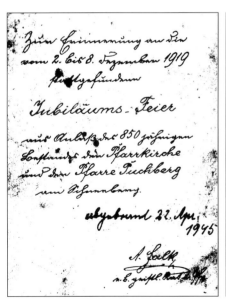

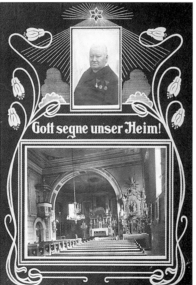

Originaldokumente von Pfarrer Falk, 1945

der Turm, welcher sich den Baustiländerungen anpassen musste. Anfänglich mit einem spitzen Dach, war er im 16. Jahrhundert mit einem Zwiebeldach versehen, ehe er später wieder seine ursprüngliche Form angenommen hat. Jedoch musste sein spitzes Dach im Laufe der Zeit einem Kuppeldach weichen. 1945, während der Kriegsereignisse, wurde die Kirche samt dem Turm bei einer Beschießung des Ortes und infolge eines Brandes bis auf die Mauern zerstört, wurde jedoch wieder aufgebaut.

Die Pfarrkirche

Das Schneebergmuseum

Puchberg als traditionsreicher Markt verfügt seit dem Jahre 1985 über ein eigenes Museum. Damit ein solches verwirklicht werden konnte, gilt der besondere Dank der Bäckerei Stickler, die ein altes Bauernhaus am Kirchenplatz zur Verfügung gestellt hatte. Der Dank gilt aber auch der NÖ. Landesregierung, der Gemeinde, jenen Puchberger Privatpersonen und den Mitgliedern, deren Hilfe die Schaffung eines solchen Museums erst möglich gemacht haben.

Im Museum selbst werden bäuerliche Handwerkszeuge, Einrichtungsgegenstände, Exponate aus dem Gipswerk sowie eine komplett eingerichtete Schuhmacherwerkstätte zur Schau gestellt. Das Museum ist vom Mai bis Oktober geöffnet.

Fremdenverkehr in Puchberg

"Die geographischen Grundlagen des Fremdenverkehrs sind Relief und Klima als die beiden wichtigsten Faktoren der Naturlandschaft in ihrem Zusammenwirken und ihrem Einfluss auf Körper, Geist und Gemüt des Menschen", so schreibt Randolf Rungaldier in seinem Werk "Landschaft und Wirtschaft in Puchberg am Schneeberg". Das weite Puchberger Talbecken ist ein ehemaliger Seeboden, erfüllt mit zahlreichen Rotten und Bauerngehöften, in seinem Zentrum eine stattliche Kolonie von Villenbesitzern und Sommerfrischler bergend, welche Dank der würzigen Wald- und Wiesenluft, den prachtvollen Urforsten und dem herrlichen Trinkwasser den Erholungszweck ihres Aufenthaltes hier vollauf erreichen.

Mit so einem Stellwagen wurde die Strecke Wien - Puchberg - Wien befahren

Im Jahre 1879 wurde ein Verschönerungsverein gegründet und im Jahre 1894 ein Schwimmbad errichtet. Obwohl Puchberg schon sehr früh Botaniker, einzelne Wanderer, Reiseschriftsteller und Maler aufgesucht hatten, so setzte der Fremdenverkehr Puchbergs erst so richtig mit der Eröffnung der beiden Bahnlinien, der Schneebergbahn, seinerzeit vom Aspangbahnhof über Wr. Neustadt nach Puchberg am Schneeberg, und der im Jahre 1897 eröffneten Zahnradbahn von Puchberg am Schneeberg auf den Hochschneeberg, sowie der Errichtung von guten Zufahrtsstraßen ein.

Dieser positiven Entwicklung wurde durch den Ersten Weltkrieg 1914 - 1918 ein jähes Ende bereitet und die Tausendmarksperre in der Zwischenkriegszeit verhinderte, dass ein Hoch erreicht werden konnte. Dann kam der Zweite Weltkrieg, und als Wien gefallen war, rückten rus-

Puchberger Notgeld , 1920

sische Einheiten von Sieding aus langsam nach Puchberg vor. Im Ödenhof gab es bereits Kämpfe mit der SS und von Seiten der Ortsparteileitung sollte das E- Werk gesprengt werden. Major Keitel, der Kommandant für den hiesigen Heeresabschnitt zuständig, tat den Ausspruch: "Wir haben schon schönere Orte als Puchberg in Schutt und Asche gelegt." Da aber der Russe bereits bis Ödenhof vorgedrungen war, so unterblieb dieses Vorhaben.

Nach dem Zweiten Weltkrieg setzte dann wieder langsam der Aufschwung im Fremdenverkehr ein und immer mehr Besucher waren in Puchberg zu verzeichnen, um hier nicht nur Sommer-, sondern auch Winterurlaub zu machen, wobei der damalige Bürgermeister Rudolf Gschweidl gemeinsam mit Hans Stickler den Fremdenverkehr in

Oben: Bergstation des ehemaligen Himbergliftes
Rechts: Franz Lebel, am Sessel Johann Stickler (1973)
Unten: Das Himberghaus

Schwung hielt. 1948 wurde auf dem Himberg der damals erste Sessellift in Niederösterreich errichtet.

Die Aufgaben des ehemaligen Verschönerungsvereines wurden in der Folge vom neu gegründeten Fremdenverkehrsverein übernommen. Puchberg am Schneeberg ist Dank seiner heilklimatischen und einzigartigen landschaftlichen Lage wieder zu einem der wichtigsten Luftkurorte des Landes geworden. Die zielbewusste Zusammenarbeit zwischen der heimischen Gastronomie und dem Fremdenverkehrsverein tragen ein Wesentliches dazu bei, dass sich der Gast wieder wohl fühlt. Puchberg am Schneeberg bietet auch ein modernst eingerichtetes Kurmittelhaus für Kneippkuren, Bädertherapien, Massagen, Inhalationen, Sauna mit Kalt- und Warmwasser, Ruheraum und Schwimmbecken. In der Amtszeit von Bürgermeister Direktor Michael Knabl wurde unter anderem nicht nur die "Schneeberghalle" und das neue Freizeitzentrum gebaut, sondern Puchberg bekam auch ein neues Ortsbild. Neue Straßen, ausreichend Parkplätze und Blumen sind die markanten Eindrücke, welche der Gast sofort bemerkt und schätzt. Zu einem Schmuckstück wurde der renovierte Kurpark im Zentrum von Puchberg. Blumen und gepflegte Vegetation machen diesen Park zu einer Oase der Ruhe und Entspannung. Der Teich ist Heimat vieler Fische, und lieblicher Enten und Leihboote ermöglichen dem Gast auch als "Kapitän" eines Ruderbootes aktiv zu sein. Ein Kneippparcours *(Kneippbrunnen Bild oben)*, Tennisplätze, Miniaturgolf, ein geheiztes Freischwimmbad, Hallenbad und Reitsportmöglichkeiten runden das Angebot ab.

Namhafte Gäste in Puchberg - einst und jetzt

Kronprinz Rudolf schreibt über Puchberg: "Ein Seitenbach, der der Schwarza am linken Ufer zufließt, die Sierning, führt uns auf einem Wege, der an sich durch den Wechsel überraschend schöner Naturbilder zu den genussreichsten gehört, in das eigentliche Paradies der Voralpenwelt, in das Hochtal von Puchberg, das von den Hängen des Schneeberges in seiner ganzen imponierenden Größe und seinen Vorbergen gesäumt ist." F. Haas schreibt: "Vorstehende Worte aus der Feder unseres unvergesslichen Kronprinzen Rudolf in 'Österreich-Ungarn in Wort und Bild' bieten die Gewähr, dass es sich der Mühe lohnt, jenes 'Paradies' zu besuchen, und entschuldigen das Unterfangen, eine Schilderung dieses Stück vom Himmel gefallener Erde dem Wanderfreudigen in die Hand zu drücken."

Friederike Mayröcker hält fest: "Ich mochte es damals nicht sehr, den Ort, die Witterung und die Zwänge........jetzt aber, so viele Jahre danach, jetzt sehne ich mich öfter danach, ich meine ich sehne mich danach, dort gewesen zu sein........."

Im Jahre 1804 zählten Erzherzog Johann und Erzherzogin Marie Louise, die spätere Gattin Napoleons, zu den Gästen von Puchberg, und Erzherzog Johann ließ nicht unweit der heutigen Endstation der Zahnradbahn eine primitive Unterkunftshütte errichten.

Der wohl berühmteste Gast in Puchberg war Kaiser Franz Joseph I. Er lernte anlässlich einer Repräsentationsfahrt am 18. Juni 1902 Puchberg und die Schönheit der Landschaft rund um den Schneeberg kennen. Bei dieser Gelegenheit fuhr er auch mit der Zahnradbahn auf den Schneeberg.

Die ersten Berichte über Vorbereitungsarbeiten, den Kaiserbesuch betreffend, gehen auf den 10. Juni 1902 zurück, wo Bürgermeister Ing. Wilhelm Frey ein große Versammlung anberaumte, um den Ablauf des Festaktes festzulegen. Auf Grund dieser Besprechung erging am 12. Juni 1902 u. a. Mitteilung an die Einwohner des Schneeberggebietes:

Die Gemeinde Puchberg benützt den sie beglückenden Anlaß eines Besuches Seiner k. und k. Apostolischen Majestät in Puchberg und am Hochschneeberge, Euer Wohlgeboren zu ersuchen am Tage des Eintreffens seiner Majestät d. i.

am 17. Juni 1902

An dem Empfange Allerhöchstderselben theilzunehmen. Seine Majestät trifft in der Station Puchberg der Schneebergbahn um 9 Uhr 52 Minuten vormittags ein.

Die zum empfange Erscheinenden werden gebeten, zuverlässig um 9 Uhr Früh in der genannten Station anwesend zu sein.

Es wird ersucht, im Festkleide (schwarzer Frack, Gehrock, weißer Cravatte, Cylinder, beziehungsweise Uniform) zu erscheinen.

Den Festtheilnehmern stehen am 17. Juni nachstehende Zugsverbindungen zur Verfügung:

Abfahrt	*Wien (Aspangbahnhof)*	*6 Uhr*	*10 Min.*
	Wr. Neustadt (Schneebergbahnhof)	*7 Uhr*	*12 Min.*
	Willendorf	*8 Uhr*	*10 Min.*

Dieser Zug trifft um 9 Uhr Früh in Puchberg ein.

Bemerkt wird, daß neueren Dispositionen zu Folge die ehrfurchtsvolle Begrüßung Seiner

Majestät seitens aller Theilnehmer am Empfang Allerhöchstdesselben nur in Puchberg stattfindet.

Puchberg, am 12. Juni 1902

Gemeinde Puchberg, Der Gemeindevorsteher Wilhelm Frey

Nachdem am 16. Juni alle Vorbereitungsarbeiten abgeschlossen waren, bot die Strecke der Schneeberg-bahn einen beeindruckenden Anblick, hatte man doch ganze Ladungen von Bäumen herbeigeschafft, und die Dekorationsarbeiten wurden von Stadtzimmermeister Otte persönlich überwacht; jetzt konnte der Kaiser kommen. Einzig und allein am Schneeberg herrschte kein Kaiserwetter und der Gipfel des Schneeberges war in Nebel gehüllt.

Über die herrschenden Wetterverhältnisse musste stündlich die General-Adjutantur in Wien informiert werden; Regen im Tal, Nebel am Schneeberg. Daraufhin er-reichte um 7.00 Uhr früh folgende Depesche Puchberg: "Besuch des Kaisers unterbleibt heute. Bitte um Bestätigung dieser Mittheilung. Bolfras, FBM." Diese Nachricht war in kurzer Zeit an alle Ortschaften weitergeleitet worden, leider kam sie zu spät. Schulkinder, Forstleute, Veteranen mit ihren Musikkapellen und Fahnen, Feuerwehren und Festgäste waren seit einigen Stunden zum Empfang bereit, und man kann sich denken, dass sie auf Grund der Absage des Kaisers sehr deprimiert waren. Da sich jedoch das Wetter an diesem Tage von Stunde zu Stunde besserte, so erging eine neuerliche Anfrage an den Adjutanten, ob der Besuch des Kaisers nicht am nächsten Tag erfolgen könnte. Man erhielt darauf eine positive Zusage und der Hofzug stand

Erinnerung an Kaiser Franz Joseph

am 17. Juni ab 5 Uhr morgens für die Abfahrt bereit und, wie nicht anders zu erwarten, gestaltete sich die Fahrt des Kaisers, der Wien planmäßig um 7 Uhr 33 Minuten vom festlich dekorierten Aspangbahnhof verließ, zu einer "Reihe herzlicher Ovationen der Bevölkerung für den Monarchen", und wenngleich sich alle Ortschaften für diesen Besuch besondere Mühe gegeben hatten, so konnte sich Puchberg dank einer Spende von 15 000 Kronen, bereitgestellt von Großgrundbesitzern und Großindustriellen, am schönsten präsentieren.

Böllerschüsse und das Läuten der Kirchenglocken kündeten das Eintreffen des Kaisers in Puchberg an, die Musikkapelle spielte die Volkshymne und im Anschluss daran sangen die Schulkinder die Kaiserhymne. Dieser Zeremonie folgte nun durch den Statthalter Graf Kielmannsegg die Vorstellung des Bezirkshauptmannes von Neunkirchen, Friedrich von Hentl, des Bezirkshauptmannes von Wr. Neustadt, Statthaltereirat Ritter von Stahl, sowie von Puchbergs Bürgermeister Ing. Wilhelm Frey, der auch die Ansprache an den Kaiser hielt. Nach dieser Begrüßung ging seine Majestät zu einem seiner Ärzte, Hofrat Neusser, und begrüßte ihn mit den Worten: "Es freut mich sehr, Herr Hofrat, Sie hier zu treffen! Sie wohnen hier?" Die Antwort war: "Jawohl Majestät!"

Ein weiterer Programmpunkt war die Fahrt im Salonwagen auf den Hochschneeberg, wo der Kaiser schon von 70 in der Puchberger Tracht gekleideten Mädchen und Fräulein Grete Frey, der Tochter des Bürgermeisters, mit einem Alpenblumenstrauß und einem "Glück Auf" für die Bergfahrt empfangen wurde, die dafür von seiner Majestät mit einem Armband als Geschenk belohnt wurde.

Bei der Station Baumgartner musste Wasser nachgefüllt werden, und diesen kurzen Aufenthalt nutzten zwei Flügelhornisten, um dem Kaiser ein Ständchen zu bringen. Genau um 11 Uhr 45 Minuten fuhr der Hofzug unter zahlreichen Böllerschüssen, dem Glocken-geläute des Elisabethkirchleins und der von der Feuerwehrkapelle Puchberg gespielten Kaiserhymne im Bahnhof Hochschneeberg ein. Von hier aus führte ihn der Weg zum Elisa-bethkirchlein. Auf dem Weg dorthin bildeten nicht weniger als siebzig Forstleute des Grafen von Hoyos-Sprinzenstein ein Spalier. Unter den Festgästen waren unter anderem Graf Hoyos, Fürst Liechtenstein, Graf Wurmbrandt sowie Frau Käthe Dreher, die maßgeblich zum Entstehen und der Erhaltung des Elisabethkircherls beigetragen hatte.

Dann kam es vor dem Kircherl zu einem denkwürdigen Ereignis. Fräulein Leopoldine Riegler, die Tochter eines Puchberger Gemeinderates, überreichte ein herrliches Blumen-bouquet und sprach für den Kaiser die von Peter Rosegger verfassten Begrüßungsworte, wobei sie zum Erlernen dieser eigens nach Krieglach fuhr.

Heunt' kunnt' i schier jauchzat wird'n,
Heunt' kema d' Weanaherrn;
Oana is extra dabei,
Auf den I mi saggrisch,
Saggrisch g'freu !

Heunt' han i wa's beinand',
D'Landsleut und s'Hoamatland,
D'Alma in sunnigem Strahl,
Und endli mein Kaiser,
Mein Kaiser amal.

Denkt han i oft af Di,
G'wart han i lang af Di,
Hätt' Dir freili allerhand z'sagen -
Hiazt, weilst dostehst vor mir,
Hat's mir mei Red' vaschlog'n.

G'statt dass mir reden viel,
Woll'n mir fein beten still,
Für unsern güatigen Herrn,
dass er uns lang no bleibt -
Wir ham Ihn gern.

Für diesen Vortrag erhielt Leopoldine Riegler ein goldenes Halsketterl samt Medaillon, welches die Kaiserkrone und die Initialen des kaiserlichen Namens trug.

Anschließend ging es in das Hotel Hochschneeberg, wo der Monarch vom Pächter Jo-seph Panhans begrüßt und durch die Räumlichkeiten geführt wurde. Bevor man sich jedoch zu Tisch begab, machte Kaiser Franz Joseph I. noch einen ausgiebigen Spaziergang. Wieder im Hotel Hochschneeberg angekommen, widmete man sich dem Festmahl, das die Gänge "Potage à la Royale, Fruites à la Hollandaise, Filets de boef à la Richelieu, Chapons de Styrie, Compote Americain, Soufflè aux apricots, Fromage, Fruits et Pattiserie und Cafè" aufzuwei-sen hatte. Auch Joseph Panhans erhielt ein Geschenk des Monarchen für das Festtagsmahl überreicht, eine Brilliantenbusennadel.

Als es nun Zeit war vom Schneeberg Abschied zu nehmen, erklang die Volkshymne und unter dem Kommando "Also Feuer" wurden die Fotografen von seiner Majestät aufgefordert, noch ein paar Erinnerungsbilder zu "schießen". Um 1.00 Uhr wurde die Rückfahrt angetreten und der Monarch bedankte sich beim Bezirkshauptmann und dem Bürgermeister für die gelungene Reise und das schöne Arrangement sowie die erwiesenen Huldigungen. "Ich werd Puchberg im besten Andenken behalten", mit diesen Worten verabschiedete sich der Monarch und fuhr unter dem Jubel der Bevölkerung gegen ½ 3.00 Uhr nachmittags zurück nach Wien; damit geht einer der denkwürdigsten Tage in der Geschichte Puchbergs zu Ende.

Einige weitere bekannte Gäste in Puchberg: Edmund von Neusser, der Heilkünstler, geboren am 1. Dezember 1852 in Swoszowice in Galizien und gestorben am 30. Juli 1912 in Bad Fischau.

Hofrat Univ.-Prof. Dr. med. Ottokar Freiherr von Chiari, geb. im Jahre 1853, gest. am 12. Mai 1918 in Puchberg. Er wurde am 14. März 1917 in den Adelsstand erhoben.

Carl Michael Ziehrer, österreichischer Operettenkomponist, wurde im Jahre 1908 kaiser-licher Hofballmusikdirektor, geboren am 2. Mai 1843 in Wien, gest. am 14. November 1922 in Wien. Er schrieb neben 600 Tänzen auch 22 Operetten, wie z. B. 1899 "Die Landstreicher" oder 1908 "Der Liebeswalzer".

Dr. Paul Kammerer, Biologe, geboren am 17. August 1880 in Wien, seine Leiche wurde am 23. September 1926 in Puchberg gefunden; er beging Selbstmord. Seine Frau war die Baronesse Felicitas Wiedersperg.

Gäste und Gönner Puchbergs waren ferner Nikolaus Lenau, Franz Grillparzer, Anastasius Grün, Ernst Freiherr von Feuchtersleben wie auch Peter Rosegger.

War einst der Kaiser prominentester Gast in Puchberg am Schneeberg, so war dies in der Gegenwart der spanische König Juan Carlos, der Puchberg am Schneeberg besuchte; und die Reihe ließe sich noch lange fortsetzen.

Puchberg - Ausgangspunkt für Wanderungen

Da das Puchberger Tal von weiten Wiesen, welche wie Almen erscheinen, Wald und

Bergen umgeben ist, bietet sich eine geradezu unerschöpfliche Abwechslung von Ausflugs- und Wanderzielen an. Gut markierte Wanderwege helfen stets am rechten Weg zu bleiben.

Einige Beispiele:
- ins Schneebergdörfl oder zum Sebastiani-Wasserfall und weiter nach Losenheim.
- auf die Mamauwiese
- zum Oedenhof und weiter nach Stixenstein
- in den Rohrbachgraben zum Hauslitzsattel
- über die Ruine Schrattenstein nach Grünbach
- über den Oehler oder durch das Blättertal nach Gutenstein

Das Ziel vieler Besucher von Puchberg ist jedoch der Schneeberg, einer der Zauberberge im Süden von Niederösterreich.

Eine Variante den Berg kennen zu lernen ist mit der Zahnradbahn hinaufzufahren und dann entlang der Bahn zu Fuß nach Puchberg zurückzukehren. Dazu folgende Wegbeschreibung:

Wandergebiet Puchberg am Schneeberg und der Schneeberg - *Übersichtskarte*

NEU in Puchberg: Der Fitpfad und der Geschichts- und Kulturpfad

Information: *Tourismusbüro Puchberg a. Schneeberg A-2734 Puchberg, Tel. 02636 2256, Fax DW 12*

Das weite Wanderland zwischen Puchberg und Losenheim

Rechts: *Der Sebastiani-Wasserfall*

Unweit des Bergbahnhofes der Zahnradbahn, vorbei am Kaiserin-Elisabeth-Gedächtniskircherl, führt der Weg durch ausgedehnte Latschenfelder in Richtung Station Baumgartner. Dabei hat man einen herrlichen Blick auf den 1 450 m hohen Hengst und den Puchberger Talkessel. Nun werden über der Ausfahrt des 1. Kehrtunnels die Gleise der Zahnradbahn überschritten, und weiter geht es abermals durch Latschenfelder zur Hohen Mauer. Auf diesem Steindamm überwindet die Zahnrad-bahn den Sitzstättenkamm und man befindet sich in diesem Wegabschnitt bei der Baumgrenze, und nur einzelne vom Wind geprägte Bäume überwachsen hier die Latschen. Nun geht es entlang des Bahndammes bis zur Station Baumgartner. Dieser Abschnitt ist durch seine abwechslungsreiche Landschaft ein Eldorado für Fotografen und Filmfreunde. Bei der Station Baumgartner ist eine Einkehr, um die legendären Buchteln zu verkosten, fast ein Muss. Nach dieser Stärkung geht es weiter entlang der Bahn zum Kaltwassersattel, wo links oberhalb der Gleise das Adolf-Kögler-Haus, mit den Drachenwänden im Hintergrund, liegt. Nun wendet sich der Weg nach rechts und man kommt nach der Ternitzer Hütte auf eine großflächioge Almwiese mit einer Sennerei. Durch Hochwald geht es der Hengsthütte entgegen, wo man wieder auf die Strecke der Zahnradbahn trifft. Unterhalb der Gleise wandert man nun weiter in Richtung Hauslitzsattel, wo sich kurz davor ein herrlicher Ausblick in das Arbestal mit dem Dorf Rohrbachgraben bietet. Über den Hauslitzsattel kommt man wieder in den Talkessel von Puchberg am Schneeberg. Das Ortszentrum von Puchberg erreicht man, indem man entlang des Zahnradbahngleises durch die Ortsteile Hengsttal und Muthenhof weiterwandert.

Eine weitere Variante ist, den Schneeberg mit dem Schneeberg-Rundwanderticket (Pauschalangebot inklusive Bahn- und Liftbenützung und Konsumationsgutschein) zu erforschen. Dazu folgender Tourenvorschlag: Mit der Zahnradbahn von Puchberg auf den Hochschneeberg zu fahren. Von dort die Wanderung beginnen, und es geht vorbei am Damböckhaus hinauf zur Fischerhütte. Dort lohnt sich ein Abstecher zum Kaiserstein, der zweithöchsten Erhebung vom Schneeberg. Der Blick hinunter nach Losenheim ist im ersten Eindruck Schwindel erregend, geht es doch fast senkrecht bergab. Die legendäre Breite Ries liegt vor einem, für Schifahrer eine der größten Herausforderungen in den Zauberbergen. Nicht weit ist es auch zum Klosterwappen, der höchsten Erhebung des Schneeberges. Dort steht symbolisch das Gipfelkreuz und gleich daneben die Funkstelle des österreichischen

Bundesheeres. Nun führt der Weg weiter über den Fadensteig oder Kuhschneeberg zur Sparbacher Hütte und zur Bergstation der Doppelsesselbahn Schneeberg. Mit ihr fährt man hinunter nach Losenheim und von dort mit dem Postbus zurück nach Puchberg.

Puchberg und der Wintersport

Mitglieder des im Jahre 1892 gegründeten Österreichischen Skivereines wagten die ersten Abfahrten vom Schneeberg und machten mit ihrer sportlichen Leistung den höchsten Berg Niederösterreichs auch als Skiberg weit über die Grenzen unserer Heimat bekannt. Als die Schneeschuhe in unseren Ländern ihren Einzug hielten und die Großstadtjugend eroberten, war es bald um die Wintereinsamkeit geschehen. Seit dieser Zeit wurde Puchberg jährlich immer mehr als Wintersportplatz aufgesucht, und als die 14 km lange Trenkwiesen-Abfahrt immer beliebter wurde, war der Schneeberg zum Lieblings-Skiberg vorgerückt. Puchberg und der Schneeberg besaßen auch alle Vorzüge des österreichischen Bergwinters, günstige Schneelage, trockene Luft und viel Sonnenschein. Der Schutz der umliegenden Berge schirmte das Tal nach allen Seiten ab, so dass die Berghänge bis Ende März eine geschlossene Schneedecke bis zur Talsohle aufwiesen. Besonders beliebt war aber auch das Skifahren auf dem Schneeberg in seinen zahlreichen Mulden und Blaggen. In sonniger Höhe auf glitzerndem Firn konnte oft bis in den Mai eine günstige Schneelage vorgefunden werden. Der projektierte Bau eines Gondelaufzuges von Losenheim zum Kaiserstein sollte den Berg noch besser erschließen und mehrmalige Abfahrten über die Trenkwiese oder über die Breite Ries ermöglichen.

Dazu kam es aber nicht, und in den letzten Jahren wurde aus dem einst eher elitären Skisport ein Massensport. Die sich ändernden Klimasituationen haben auch zu weit weniger Schnee als früher geführt, und so ist der Schneeberg heute zwar noch immer ein beliebtes Ziel für Ruhe und Herausforderung suchende Skitourengeher, aber nicht mehr das Ziel der breiten Masse.

Puchberg hat dem Rechnung getragen und in Losenheim ein neues Schizentrum entstehen lassen. In Zusammenarbeit mit dem ansässigen Forellenhof wurde eine Schleppliftanlage mit beschneibaren Abfahrten und ein Stück weiter in Richtung Talende ein Doppelsessellift hinauf bis fast zur Sparbacher-Hütte gebaut. Stets gepflegte Abfahrten machen in beiden Fällen somit Losenheim auch im Winter wieder interessant.

Links: Skigebiet Losenheim - **Rechts:** *Die Doppelsesselbahn*

Ski- und Bergsteigerschule Puchberg am Schneeberg

In der Hochblüte des Skilaufes am Schneeberg genoss die damalige Skischule wegen ihrer idealen Übungsfelder und Abfahrtsgebiete einen guten Ruf, zu dem die Skilehrer Sepp Steiner, Hans Eichberger und Leopold Schmidhofer ein Wesentliches beigetragen haben.

Die große Leidenschaft des am 14. August 1950 in Puchberg am Schneeberg geborenen Hans Groß *(Bild)* galt dem Bergsteigen und Skilauf. Dies war auch der Grund, warum der staatlich geprüfte Skilehrer, Berg- und Skiführer im Jahre 1975 wieder eine Ski- und Bergsteigerschule in Puchberg am Schneeberg gegründet hat. Mit dem Schneeberg, dem

höchsten Berg von Niederösterreich, stand ein ideales Trainingsgebiet zur Verfügung, um seinen Schülern die Grundbegriffe mit auf den Weg zu geben, die ihnen bei späteren Touren in den Ost- und Westalpen zugute kamen.

Um so tragischer war die Nachricht von seinem Tod am 28. März 2000 während eines Ausbildungslehrganges für Skilehrer am Kitzsteinhorn. Heute wird die Ski- und Bergsteigerschule in Puchberg von seiner Frau Elisabeth und seinem Sohn Peter Groß, geprüfter Skilehrer und Skiführer, im Sinne von Hans Groß weitergeführt.

Sehenswürdigkeiten rund um Puchberg

Die Allelujahöhle
Abschrift aus der Chronik

Eine Stunde von der Kirche, vom Grünbacherwege rechts, befindet sich ziemlich hoch im Walde eine Höhle. An der Decke gewahrt man nur hier und da mikroskopische Stalaktiten.

Abgesehen von der unbedeutenden Größe der Höhle, ist der Weg dahin so beschwerlich, meist im Rinnsal eines Gießbaches, ohne eine Aussicht ins Tal, die man nicht überall anders bequemer finden könnte, so dass nur bei hinlänglicher Muße dieser Ausflug zu empfehlen ist.

Bei weitem interessanter als die Höhle selbst ist die Sage von ihr. Vor den türkischen Streitparteien flüchteten

die Puchberger in den Jahren 1526 und 1683 hierher und waren lange sicher, bis ein unvorsichtig vor der Höhle angezündetes Feuer sie verriet, worauf alle von den Barbaren niedergehauen wurden.

In Hagens Chronik (Pez. T. I. S. 1097) steht Folgendes zu den Türkeneinfällen 1526 und 1683 geschrieben: "Zu der Zeit (unter Albrecht, Rudolph von Habsburgs Sohn) zugen die Tartrer mit grosser Menig untz gen Vngern für den Sueberg, vnd wollten ziehen gen Chöllen auf an dem Rein, vnd da nemen mit Gewalt die heiligen 3 Ghünig. Des besambten sich die Vngern, vnd fechten mit In, und erslugen Ir ein grosse Menig zu Tod, die andern fluhen veber den Sneberg. Da cham ain solcher Schawr vnd flug Ir als viel zu tod, daz Ir chawn daz hunderdist tail haim chamen."

Noch vor 30 Jahren zeigte man die Reste von sechs Skeletten, jetzt sind kaum noch ein paar Knöchelchen zu sehen. Die Höhle versprengt sich immer mehr, einst konnte man, wie die Bauern versichern, mit einer Goasel (Peitsche) zu 4 Ochsen darinnen schnalzen.

Burg Stolzenwörth

Die Stolzenwörther Burg am Romaikogel dürfte sehr alt gewesen sein und ist heute total verfallen. Sie war bestens dafür geeignet, um den Verkehr auf den Handelsstraßen zu überwachen, und es war anzunehmen, dass von so manchem Burgherrn Wagenzüge mit Maut und Stapelrecht belegt wurden. In der Mitte des 12. Jh. war die Feste durch Heirat brandenburgisches Lehen der Burggrafen von Nürnberg, bevor im Jahre 1298 Ulrich von Perigow (Pergau), der Hedwig von Stolzenberd (Stolzenwörth) zur Gemahlin hatte, damit belehnt wurde. Die weiteren Besitzer der Burg waren die Hovenfelder (Hohenfelder), die Ebersdorfer und schließlich die Pögel und Schafenberge.

Freiherr Johann Baptist II. von Hoyos erwarb im Jahre 1578 die Güter und Schlösser Rothengrub, Schrattenstein und Stolzenwörth als brandenburgische Lehenschaft von Erasmus und Ulrich und verleibte sie seiner Baronie Stüchsenstein ein. Die letzten Reste der Burg Stolzenwörth auf dem Romaykogel wurden im Jahre 1850 abgetragen. Häuser, die in späteren Jahren um die Burg entstanden sind, tragen den Namen dieser Burg, und heute liegt die Rotte Stolzenwörth zwischen Puchberg und Grünbach.

Burg Losenheim

Wenn man von Puchberg westwärts wandert, so ist bei Losenheim zur Linken ein hoher bewaldeter Felsrücken, der im Westen endet und eine steile Felsnase aufweist, zu bemerken. Auf dem abgetrennten gewölbten Grat sind die letzten Reste der einstigen Burg Losenheim zu sehen. Das Datum der Erbauung dieser Burg kann um das 12. Jh. angenommen

werden und ebenso kann angenommen werden, dass sie während der 150 Jahre, in der die Herren von Losenheim dort hausten, ebenso wenig eine Veränderung erfahren hatte wie unter deren Nachfolger. Man nimmt auch an, dass die Burg schon eine Ruine gewesen war, als im Jahre 1553 Freiherr von Hoyos die Herrschaft Losenheim aus dem Pfandbesitz als freies Eigentum erwarb.

Der Name Losenheim könnte am ehesten von dem Wort "los" - frei - abgeleitet werden und somit "Freies Heim" bedeuten. Leitet man den Namen jedoch von "losen" - lauschen, lauern - ab, so könnte der Name im Zusammenhang mit der nahen Handelsstraße in Verbindung gebracht werden.

Was den ersten Losenheimer veranlasste, in dieser Abgeschiedenheit eine Burg zu bauen, ist wohl dem Umstand zuzuschreiben, dass ihm möglicherweise durch die Gunst des Landesfürsten Grund und Boden als Lohn für seine Kriegsdienste geschenkt wurden und ein armer Ritter damit vorlieb nehmen musste. Ein anderer Umstand könnte jedoch gewesen sein, dass ihm der Schutz der Handelsstraße übertragen und das Recht eingeräumt wurde, einen Wegzoll einzuheben.

Das Geschlecht der Losenheimer, welches mit dem der Herren von Puchberg verschwägert war, kann vom 13. bis zur Mitte des 14. Jh. nachgewiesen werden, und es hat sich weder durch Güterbesitz noch durch besondere Taten hervorgetan. Wulfing von Losenheim scheint derzeit als das älteste Mitglied des Hauses Losenheim um 1222 auf. Auch ein Dietmar von Losenheim ist in den Jahre 1222 - 1225 urkundlich nachgewiesen. Wulfing und Dietmar von Losenheim gehörten dem Dienstadel des Babenberger Herzogs Leopold VI. an. Um 1260 scheint ein Rudger von Losenheim, der mit Tuta vermählt war und mehrere Kinder hatte, wiederholte Male als Urkundenzeuge auf. Bekannt ist nicht nur Johann, der in einer Heiligenkreuzer Urkunde vom 1. Mai 1313 aufscheint und dessen Frau Margareta von Ebenthal war, auch ein Otto von Losenheim wird im Jahre 1278 erwähnt. Es wird angenommen, dass die bisher genannten Losenheimer um Losenheim selbst und um Bruck an der Leitha begütert waren, die Nachkommen von Johann von Losenheim aber in Klosterneuburg ein Haus erworben hatten. Die Informationen über die Familie von Losen-heim enden zu dem Zeitpunkt, wo Elisabeth von Losenheim eine Stiftung realisierte und dazu von ihren Kindern Otto und der Gemahlin Stefans von Toppel, Margareta, die Zustimmung erhielt.

Es kann angenommen werden, dass im Jahre 1350 die Herren von Trautmannsdorf von ihren Verwandten, den Losenheimern, die Burg erwarben, denn Herzog Leopold III. kaufte im Jahre 1381, neben anderen Festen des Puchberger Tales, auch Losenheim von einem Albero von Trautmannsdorf.

Als die Salinen bei Mariazell um die Mitte des 16. Jh. aufgegeben wurden, verlor damit auch der alte Handelsweg an Bedeutung und die Geschlechter, die seinerzeit auf den Burgen

Die Burgruine Losenheim

Rothengrub, Wulfingstein, Schrattenstein, Stolzenwörth, Puchberg und Losenheim anzutreffen waren, starben im Laufe des 14. Jh. aus und in der Folge wurden die kleineren Herrschaftsgebiete um diese Burgen zu größeren verschmolzen. Sie wechselten daraufhin mehrmals ihre Besitzer, bis dann Freiherr von Hoyos in der zweiten Hälfte des 16. Jh. allmählich sämtliche vorher genannten Besitzungen durch Kauf erworben hatte und mit seiner Herrschaft Stixenstein vereinigte.

In jener Zeit wurden die Burgen Schrattenstein, Stolzenwörth und Losenheim, da sie die Bedeutung als Herrschaftssitze und feste Plätze einer wichtigen Handelsroute verloren hatten, verlassen und dem Verfall preisgegeben. Die Burg Losenheim, so wird angenommen, hat dieses Schicksal schon früher ereilt.

Bei einer später durchgeführten Erdaushebung wurden am Fuße des Burghügels 300 Silbermünzen wie auch ein aus dem 11. Jh. stammender Sporn und eine aus dem 15. Jh. stammende Feldschlange gefunden. Der Großteil der Mauersteine der Burg fand Verwendung beim Bau der rings um die Burg im Tale erbauten Bauernhäuser.

Gipsbergbau in Puchberg
Auszüge aus der Chronik und von Zeitungsberichten

Wie in den meisten Betrieben der heutigen Zeit, so musste auch das Gipswerk Puchberg, um konkurrenzfähig zu bleiben, im Laufe der Zeit in maschinelle Anlagen, Förder- und Transportmittel auf Kosten der Arbeitsplätze investieren.

Während in den Jahren von 1723 bis 1795 Franz Fuchs und von 1795 bis 1837 Ignaz Fuchs Besitzer der Liegenschaft waren, so ging diese durch den zwischen Ignatz und Juliane Pulling und Wenzel Günter geschlossenen Kaufvertrag in das Eigentum von Wenzel Günter über.

Auch Johann Clemens Riegler erkannte den wirtschaftlichen Wert dieses Rohstoffes und errichtete im Jahre 1867 zwei weitere Gipswerke.

Anfänglich und auf Grund der Kohlenfunde in den umliegenden Gebieten wurde im Areal von Wenzel Günter ebenfalls nach Kohle gesucht; gefunden aber hat man Gips. Darüber keinesfalls enttäuscht, und da er schon damals den Wert dieses Rohstoffes erkannt hatte, so errichtete er eine kleine Gipsmühle und eine Brennerei und weitere sollten folgen. Die Bedeutung der Gipsproduktion geht auch daraus hervor, dass sie Arbeitsplatz für damals 300 Personen war, und wie sehr man sich für diese Produktionsstätten zu interessieren begann, geht aus der u. a. Namensnennung der diversen Besitzer hervor.

1871 verkaufte Wenzel Günter zu gleichen Teile an Anton Graf Attems und Marie Gräfin Attems.

1880: Am 22. Dezember wurde der Betrieb der Attems an Dr. Alfred Ritter Surnitschek von Wehrstedt und Marie Surnitschek von Wehrstedt verkauft.

1888: Am 14. November war im Grundbuch das Besitzrecht des Wiener Architekten Hermann Helmer eingetragen, das jedoch schon 15 Tage danach, also mit 29. November gleichen Jahres, in den Besiitz von Wilhelm Frey überging.

1910: In diesem Jahre kaufte Frey auch die Schürfrechte von Johann Clemens Rieglers Nachkommen. Damit war er Besitzer des gesamten Gipsabbaues im Puchberger Becken.

1918: Der gesamte Besitz ging am 30. März 1918 an Emanuel Slama über.

1926: Am 15. März hieß der neue Eigentümer "Gipswerke Schottwien-Semmering AG".

1940: In diesem Jahr, genau am 12. Dezember, wurde das Eigentumsrecht für die Firma Schottwiener Gipswerke Franz Xaver Welsbacher einverleibt.

Da in weiterer Folge keine grundbücherlichen Aufzeichnungen gefunden werden konnten, ist die weitere Besitzfolge nicht einwandfrei zu dokumentieren. Einzig und allein konnten ein Herr Deisinger und die Ungarische Kohle AG bis zu Ende der 40er Jahre als Besitzer nachgewiesen werden. Anschließend scheint als Eigentümer Seine Durchlaucht, der Fürst von Liechtenstein auf, ehe Ende der 60er Jahre der Betrieb in das Eigentum des Schweizer Financiers Schmidt überging. Schmidt erwarb 1980 auch die restlichen Anteile aus dem Besitz Liechtensteins. In weiterer Folge wurde das Puchberger Gipswerk der Rigipsgruppe eingegliedert, die seit dem Jahre 1987 im Besitz der Firma British Plaster Board, einem Konzern mit über 10 000 Mitarbeitern, ist und trägt ab diesem Zeitpunkt die Firmenbezeichnung "RIGIPS". Es werden drei große Produktgruppen wie Gipsputze, Zementputze und Fließestriche produziert.

Im Jahre 2000 konnte nicht nur der neue Mischturm, sondern auch das neue Gipswerk, welches spezielle Halbfabrikate wie Stuck- und Basisgips herstellen wird, in Betrieb genommen werden. Beide Projekte brachten es mit sich, dass der Mitarbeiterstand erhöht werden musste. Ferner wird lt. Mitteilung des Werksleiters Hr. Thomas Frömmer bis zum Jahre 2002/03 eine Umsatzsteigerung von derzeit ca. 150 Millionen auf 330 Millionen Schillinge angestrebt.

Was also zu Beginn der Gipsproduktion von mehr als 300 Arbeitern bewerkstelligt wurde, wird heute mit modernen Maschinen sowie einem auf 53 Personen reduzierten Personalstand bewältigt.

Die Nutzung der Wasserkraft

Im Puchberger Tal wurde nicht nur Bergbau betrieben und die gewonnenen Materialien weiterverarbeitet, ebenso wurde die vorhandene Wasserkraft genützt und zwar in der Art, dass man damit Mühlen und Sägen in Betrieb setzte. Typisch für deren Antrieb war das aus Holz gefertigte Wasserrad, bei den Mühlen auch Mühlrad genannt. Um die durch das Wasserrad gelieferte Kraft auch optimal für den erforderlichen Zweck übertragen zu können, wurden ebenfalls aus Holz gefertigte "Zahnradgetriebe" zwischen der in Betrieb zu setzenden Maschine oder Vorrichtung und dem Wasserrad gesetzt. Wie daraus ersichtlich, war der Werkstoff Holz in der damaligen Zeit ein unentbehrlicher "Werkstoff", der einer vielseitigen Verwendung zugeführt werden konnte und auch wurde.

Wie sehr aber die Wasserkraft im Puchberger Tal genutzt wurde, zeigen folgende Zahlen, so gab es nicht weniger als 38 Sägewerke, 8 Mühlen, 6 Gipswerke und 3 andere Betriebe wie ein Rohrwerk, E-Werk und Hammerwerk. Bei den Betrieben scheinen Namen wie "Riabla Säge, Teich Säge, Mittersäge, Hausmann Mühle, Bäckersäge, Hofmühle oder Bäckermühle" auf, um hier nur einige zu nennen. Aber auch für das im Jahre 1909 mit einem Kostenaufwand von 250 000 Kronen erbaute "Elektrizitätswerk Puchberg" wurde die Wasserkraft genützt. Anfangs versorgte das E-Werk die gesamte Gemeinde und das Gipswerk mit elektrischer Energie. Die feierliche Grundsteinlegung zelebrierte Pfarrer Anton Falk.

War es früher im Besitz der Gemeinde, so wurde es später privatisiert und speist noch heute jährlich an die 300 000 KWh in das Netz der EVN ein.

Marktgemeinde Puchberg am Schneeberg

Impressionen

Der Teich im Kurpark von Puchberg

Winter in Puchberg

Der Teich im Kurpark - tiefgefroren, trotzdem Tummelplatz der heimischen Enten

PUCHBERG AM SCHNEEBERG

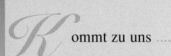

*K*ommt zu uns ....

... in ein sonniges Naturparadies. Die Berge rücken hier nahe aneinander, rund um den idyllischen Talschluss von Puchberg. Die Geborgenheit des heimeligen Ortes lädt zum Bleiben ein - eine Welt, wo die Zeit nicht läuft, sondern in dem Tempo wandert, das du bestimmst.

Herzlich willkommen!

Tourismusbüro Puchberg am Schneeberg
A-2734 Puchberg am Schneeberg
Tel.02636 2256, Fax 02636 2256-12
tourismusbuero@puchberg.at; www.puchberg.at

EIN VERLÄSSLICHER PARTNER,
die Raiffeisenbank in Puchberg

Die Raiffeisenkasse Puchberg am Schneeberg wurde am 22.1.1889 als eine der ersten "Spar- und Darlehenskassenvereine" als Genossenschaft mit unbeschränkter Haftung nach dem System Raiffeisen gegründet. Bei der Gründungsversammlung erklärten 26 Mitglieder ihren Beitritt zur Genossenschaft, erwarben ihren Geschäftsanteil, der damals mit 10 Gulden zu Buche stand, und erklärten gleichzeitig, sich den Statuten des Vereines, welche lt. Protokoll genau bekannt waren, und den Beschlüssen der Vollversammlung zu unterwerfen. Zum ersten Zahlmeister wurde Herr Kooperator Johann Schandl mit 22 Stimmen gewählt. Weiters wird in der Gründungsversammlung beschlossen, dass der Darlehenszinssatz dem zur Verrechnung kommenden Spareinlagenzinssatz um nicht mehr als 1,5 % übersteigen darf.

Im Jahr 1931, man war immer noch ein Spar- und Darlehenskassenverein, wurde ein neuer Buchhalter nominiert. Der Lehrer Wilhelm Laschke erhält laut Vertrag eine jährliche Entschädigung von S 100,-- für seine Mühewaltung.

Wurde der Bankbetrieb lange Zeit als Sonntagskasse in verschiedenen Lokalitäten geführt, so konnte man Anfang der 1950er Jahre endlich eine ständige Lokalität benützen. Im neu errichteten Gebäude der Milchgenossenschaft Puchberg wurde ein Büroraum angemietet, der von nun an der Abwicklung der Bankgeschäfte diente.

Ein besonderer Tag für die Raiffeisenkasse Puchberg war der 13.9.1964. Anlässlich des 75-jährigen Bestandsjubiläums der Genossenschaft wurde endlich ein eigenes Bankgebäude in der Bahnstraße seiner Bestimmung übergeben.

Das 1964 eröffnete Bankgebäude in der Bahnstraße

Wie rasant sich der Geschäftsumfang entwickelte, zeigt die Tatsache, dass bereits nach nur 19 Jahren dieses Gebäude in seinem Konzept hoffnungslos überaltet war und auch durch Umbauten keine befriedigende Lösung gefunden werden konnte. Im Jahr 1982 wurde daher das ehemalige Gasthaus Pirkner in der Wiener Neustädter Straße angekauft. Nach einjähriger Umbauzeit in ein modernes Bankhaus erfolgte am 26.6.1983 die feierliche Eröffnung des neuen Betriebsstandortes.

Das Bankgebäude heute

"100 Jahre Raiffeisenkasse Puchberg am Schneeberg" - unter diesem Motto standen im Jahr 1989 ein Reihe von Feierlichkeiten. Ein schöner Grund zum Feiern für eine der ältesten Raiffeisenkassen in Niederösterreich.

Im Jahr 1998 erfolgte dann die Fusionierung mit der Raiffeisenbank Neunkirchen - Schwarzatal-Mitte.

Heute am Anfang eines neuen Jahrtausends präsentiert sich die Raiffeisenbank in Puchberg am Schneeberg als eine moderne Bank, die alle Arten des Bankgeschäftes zur Zufriedenheit seiner Kunden abzudecken vermag. Aber nicht nur als Geldinstitut, sondern auch als Förderer von Wirtschaft, Sport, Kunst und Kultur (z. B. Raiffeisen Schneeberg-Lauf, Jazz-Herbst Puchberg, Bilderausstellungen heimischer Künstler im Bankgebäude uvm.) tritt die Raiffeisenbank oft als verlässlicher Partner in Erscheinung.

MARKTGEMEINDE KURORT REICHENAU

Wenn man in der Geschichte des Reichenauer Tales zurückblickt, so waren schon in der Urnenfelderzeit, 1200 bis 800 v. Chr., dauernde menschliche Ansiedlungen vorhanden. Diese Menschen führte die Suche nach Kupfererzen in das Urwaldgebiet von Rax und Schneeberg. Sie spürten dort Lagerstätten auf und förderten das Kupfererz zu Tage, welches sie an Ort und Stelle verhütteten. Mit dem gegen Ende der Urnenfelderzeit anscheinend zum Erliegen gekommenen Bergbau war auch ein Rückgang des Siedlungsraumes aus dem Bergland zu beobachten, und das Tal von Reichenau trat erst wieder im 9. Jahrhundert in die Geschichte ein; wieder war es die Suche nach Erzen, diesmal nach Eisenerz. Es waren Angehörige des Köttlacher Kulturkreises, welche in diese Gegend kamen, und auf den Anhöhen am Fuße von Rax und Gahns fand man noch Hinweise ihrer Tätigkeit und damit Beweise dafür, dass es damals bereits Besiedelung gegeben hat.

In den Kriegswirren des 15., 16. und 17. Jahrhunderts blieb Reichenau weitgehend verschont und gehörte rund 450 Jahre zum Stift Neuberg, welches eines der reichsten war, denn neben den Erträgnissen der Land- und Forstwirtschaft brachte auch der Bergbau auf Eisenerz großen Gewinn und Nutzen.

Das Stift Neuberg verkaufte das zur Herrschaft Reichenau gehörige Amt zu Fischau, ferner Weingärten zu Weikersdorf, Brunn und Fischau an verschiedene und schließlich das ganze Eisenwerk an die Innerberger Hauptgewerkschaft kraft eines Kontraktes vom 5. Dezember 1780, welcher von der k. k. Hofkammer in Münz- und Bergwesen am 19. Jänner 1781 ratifiziert wurde, mit dem Vorrechte des Rückkaufes samt Vorräten und Entschädigungen, zusammen um 21 581 fl. 14 kr., sowie die an der Schwarza von Hirschwang hinein anliegenden herrschaftlichen Waldungen zum Abtriebe gegen den Waldzins, dann einen mäßigen Tarif für Bau-, Nutz- und Brennholz, dann Waidzins für die Werksarbeiter in "recognitionem Domini".

1780 waren die Berg- und Hüttenwerke in Reichenau. 1784 wurde unter Leitung des k. k. Bergrates von Grubern zur Organisation des Werks- und Forstbetriebes eine Kommission abgehalten, bei welcher mit dem Abte Benedikt Schultz des Stiftes Neuberg auch der Verkauf der Herrschaft Reichenau, deren Jahresertrag auf 3 535 fl. geschätzt wurde, um einen Kaufschilling von 67 000 fl. an die Innerberger Hauptgewerkschaft, der Vorgängerin der Alpine Montan Gesellschaft, zustande kam. Am 4. September 1784 wurde dieser Verkauf getätigt. Das Stift wurde im Jahre 1786 durch Kaiser Josef II. aufgehoben und dessen Besitzungen dem Religionsfonds übergeben.

Von der Hauptgewerkschaft wurde sodann eine Herrschaftsverwaltung eingesetzt, welche den politischen Bezirk, dann das Dominium und das Rentwesen verwaltete. Sie hatte ihren Amtssitz im Schloss Reichenau, in dem neben den Kanzleien auch Wohnungen für die Beamten untergebracht waren.

Schloss Reichenau

Am 21. September 1298 wurde Herzog Albrecht von Österreich aus dem Hause Habsburg zum deutschen Kaiser gewählt und am 1. Mai 1308 ermordet. Er hinterließ 5 Söhne, nämlich: Friedrich den Schönen, Leopold, die Blume der Ritterschaft, Albrecht den Weisen, Heinrich den Leutseligen und Otto den Fröhlichen. Der Letztere, wie auch ein in der Reichenauer Kirche befindliches Porträt darauf hindeutet, war ein sehr jovialer Herr, verehelichte sich mit einer nahen Blutsverwandten, mit der Herzogin Elisabeth, Tochter des Herzogs von Bayern, und da er in solchem Falle die päpstliche Dispens benötigte, so ward ihm dieselbe unter der Bedingung zuteil, dass er drei Klöster stifte.

Infolgedessen und als Dank für den ihm geborenen Sohn gründete sonach Herzog Otto der Fröhliche die Zisterzienserstifte Heiligenkreuz, Lilienfeld und am 13. 8. 1327 stiftete Herzog Otto der Fröhliche mit Zustimmung seiner Gattin Elisabeth im Mürztal in der Steiermark das Kloster Neuberg und besetzte es mit Zisterzienser Mönchen, die er aus Heiligenkreuz berief.

Das Schloss Reichenau um 1645

Herzog Otto der Fröhliche schenkte mit Urkunde ddto. Graz, 6. Juni 1333, dem Stifte und Konvent Neuberg "das Schloss Reichenau, gelegen in der Prein, samt einem Walde, genannt 'Heuperg' und zunächst dem Schlosse Reichenau, ferner eine Wiesmat, soviel 15 Mäher in einem Tag abmähen können, fünf Weingärten, zwei am Silbersberg, einen an der 'Ableithen', einen am Rosenbusch und einen am 'Peunt', beide Letztere zu Stuppach gelegen, ferner alle zum Schlosse gehörenden Bauerngründe sie seien auf dieser oder der anderen Seite des Wassers gelegen; mit allen Rechten, Weiden, Blumsuch, Wasserbächen, Fischweid u. s. w., doch mit der Bedingung, dass die Geistlichen für seine Gemahlin Elisabeth einen Jahrestag in Vigilia und Messen halten und den armen Leuten ein Fass Wein geben sollten".

Ein anderer Stiftsbrief ddto. Graz, am 6. Juni 1333, des Herzogs Otto des Fröhlichen bestimmte, "dass alle und jede Lehensgüter, die am 20. 4. 1333 von der Frau Albayde des Edlen Herrn Chunrach von Valbach hinterlassenen Witwe und seiner Erben erkauft, wenn selbe durch Todesfall verfallen, dem Stifte Neuberg heimlassen sollten". Seit dem Jahre 1333 erscheint demnach das Gut und Schloss Reichenau als Eigentum des Stiftes Neuberg und zugleich auch als Dominium, welches von einem im Reichenauer Schlosse wohnenden geistlichen Verwalter aus dem Stift Neuberg verwaltet wurde. Im 17. Jahrhundert wurde es zu einem stattlichen Wasserschloss umgebaut. Im Jahre 1813 durch ein verheerendes Hochwasser teilweise zerstört. 1829 wurden wegen Baufälligkeit einiger Teile diese demoliert und 1830 um- bzw. neu gestaltet. Die letzten kriegerischen Auseinandersetzungen sah das Schloss Reichenau im Jahre 1848, als hier die zum Bau der Semmeringbahn erforderlichen Gelder aufbewahrt wurden und der Bewachung der "Reichenauer Nationalgarde", deren Hauptmann der allseits beliebte k. k. Waldmeister Herr Karl Fuchs war, anvertraut waren. Fast wäre es ihr vergönnt gewesen, in ein weltgeschichtliches Ereignis handelnd einzugreifen, denn eine fahnenflüchtige Eskadron Husaren sollte einem Gerücht zufolge die Gegend von Reichenau passieren. Jedoch beteiligte sich die ganze Streitmacht des Tales mit größter Seelenruhe am Fronleichnamsfest, um die üblichen Salven abzugeben, und nach erfolgter Magenstärkung konnten die wenigsten Gardisten der Verlockung eines Mittagsschläfchens widerstehen, und so konnten die flüchtigen Ungarsöhne durchs Höllental unangefochten gegen Gloggnitz gelangen, das sie ebenfalls ohne Widerstand passieren konnten, da sie das zu deren Gefangennahme bereitgestellte Militär in Schottwien erwarteten. Einen Gefangenen hatte die Reichenauer Garde aber doch aufzuweisen, einen Nachzügler, dem das Wasser in Kaiserbrunn so sehr schmeckte, dass er den Anschluss zu seiner Abteilung verpasste. Er wurde ins Schlossverlies geworfen, erhielt aber durch Verwendung des derzeit anwesenden Magnaten Grafen Sandor und durch Fürsprache seiner Pflegerinnen schließlich "Pardon". Als Baujahr des neuen Schlosses wird in den Gemeindeunterlagen das Jahr 1860 genannt. Im Jahre 1870 kam das Schloss samt Nebengebäuden und den in der Nähe des Schlosses am linken Schwarzaufer befindlichen Gründen sowie einem Waldkomplex an die Reichenauer

Das Schloss Reichenau vor der Renovierung im Jahre 2002

Industriellen Gebrüder Waißnix. Das um 1615 an den Glockenturm der einstigen Notkirche angebaute Gebäude war seinerzeit ein herrschaftlicher Pferdestall, in dem während des Schlossumbaues die Kanzlei des Oberverweseramtes und dessen Archiv untergebracht waren. 1877 eröffnete man in diesem Gebäude ein Kaffeehaus, in welches 1912 das bis dahin neben der Schwarzabrücke bestandene Schlosswirtshaus übertragen wurde. 1981 wurde nach einem Umbau das "Restaurant Schlossstuben", so wie es sich heute präsentiert, eröffnet.

Die weiteren Eigentümer des Schlosses Reichenau:

11. 5. 1876	Je zur Hälfte Waißnix Johann Michael und Anna sowie Waißnix Alois und Maria.
20. 1. 1880	Alleinbesitzer Johann Michael Waißnix.
29. 3. 1887	Je zu einem Fünftel Maria Eichenauer, Luise Markowitsch, Johann Michael Waißnix, Roman Waißnix und Anna Waißnix.
26. 4. 1891	Alleinbesitzer Johann Michael Waißnix
29. 6. 1906	Alleinbesitzer Jonann Michael Waißnix
18. 6. 1910	Je zu einem Drittel Bader (Waißnix) Margarete, Michael Franz Waißnix und Paul Waißnix.
Ab 14. 1. 1924	statt Paul Waißnix Marie Waißnix.
03. 4. 1924	Je zur Hälfte Bader Margarete aus Seewalchen a. Attersee, OÖ., und Michael Waißnix.

1951	erfolgte unter Zahl 78/51 eine Grundteilung.
1958	unter Zahl 4/58 eine Grundabtretung für die Wohnhausanlage "Alpenland".
1993	ging das Schloss samt Besitz durch Notariatsbeschluss vom 25. Mai in den Besitz der Bader-Waißnix-Stiftung der Marktgemeinde Kurort Reichenau über.

Zwecks der im Jahre 2003 in der Marktgemeinde Kurort Reichenau stattfindenden Landesausstellung wurde das Schloss einer Generalsanierung sowie einem teilweisen Um- und Neubau unterzogen.

Pfarrkirche Reichenau

Zu Zeiten des Stiftes Neuberg wurde in der Schlosskapelle die heilige Messe für die Bevölkerung von Reichenau gelesen. Diese Verpflichtung ging auf die Innerberger Hauptgewerkschaft über, als sie 1784 in den Besitz der Herrschaft kam. Nach Abbruch der Schlosskapelle im Jahre 1829 diente ein geräumiger "Zeugschupfen" als Notkirche. Die Werkskirche wurde zwischen 1842 und 1845 errichtet.

Erst 1846 war die von Maurermeister Michael Zearo nach Planberichtigung durch den Architekten des Hofbaurates Peter Nobile ausgeführte neue Kirche fertig gestellt. Sie war als Werkskirche konzipiert und wurde daher der heiligen Barbara, der Schutzpatronin des Berufsstandes der Bergleute und Eisenarbeiter, geweiht. 1884 erwarb die Gemeinde Reichenau die Kirche um 6 000 fl. Seit Errichtung der Pfarre Reichenau im Jahre 1908 ist sie Pfarrkirche.

Die Rudolfsvilla

Die Tatsache, dass Kaiser Franz Joseph I. und die Mitglieder der kaiserlichen Familie sich in Reichenau aufhielten, trug dazu bei, dass auch Angehörige des "Geburts- und Geldadels" hier ihre schönen Sommervillen oder Landhäuser errichteten. Um für die Mitglieder des Kaiserhauses und andere vornehme Gäste eine besonders exquisit ausgestattete Villa in dem immer beliebter werdenden Erholungsgebiet errichten zu können,

Die Pfarrkirche und Schlossnebengebäude

erwarben die Brüder Michael und Alois Waißnix im Jahre 1853 den auf dem Geländeabsatz oberhalb der Schwarza gelegenen und seit etwa 1260 bestehenden Edelhof der Herren "Auf der Wog", der später in bäuerlichen Besitz überging. An der Stelle des Bauernhauses ließen sie von Baumeister Anton Hefft eine einstöckige luxuriöse Villa in einer dem "Tudor-Stil" nachempfundenen Architektur errichten, die einen herrlichen Ausblick über das Reichenauer Tal bot und von einer weitläufigen Parkanlage umgeben war. Es wird angenommen, dass

Rudolfsvilla

Kaiser Franz Joseph die 1858 fertig gestellte Villa wegen des günstigen Klimas von Reichenau zum Aufenthaltsort für seine Kinder Kronprinz Rudolf und Erzherzogin Gisela bestimmte. Die beiden Kinder verbrachten von 1859 bis 1864 alljährlich zur Kräftigung ihrer Gesundheit die Sommermonate in dieser zu Ehren des kleinen Kronprinzen genannten "Rudolfsvilla". Häufig unternahmen sie Wanderungen und besuchten dabei gerne die Bauernhöfe in der Umgebung. Sie wurden auch mehrmals von den beiderseitigen Großeltern und anderen Mitgliedern der kaiserlichen Familie besucht, die bei dieser Gelegenheit entweder in der gemieteten Villa oder im Thalhof Quartier nahmen. Am 21. August 1861 wurde in Reichenau der dritte Geburtstag des Kronprinzen Rudolf auf besonders festliche Weise begangen. Man berichtet, dass das ganze Dorf mit Blumen und Fahnen geschmückt war und vor dem Kircheneingang ein Triumphbogen mit den Anfangsbuchstaben des Kaisers und des Kronprinzen aufgestellt war.

Das Hauptgeschenk, das der Kaiser seinem Sohn machte, war ein kleines, mit Baum-

rinden besetztes Blockhaus, das vom Forstpersonal des Hofjagdreviers Reichenau im Park der Villa errichtet worden war. Die Einrichtung des den alten Jagdhütten im Gebirge nach- empfundenen Häuschens bestand aus einem kleinen Tisch, drei Kindersesseln und einem einfachen Bett, in dem der Kronprinz gelegentlich geschlafen haben soll, schön und frisch "eingereist", also anstatt der Matratze kurz geschnittenes Tannereisig, darauf ein kleiner Wetterfleck. An den Wänden, die mit Waidmannssprüchen verziert waren, hingen Fußeisen, eine Jagdtasche, eine Armbrust samt Scheibe, ja selbst eine kleine Pfeife mit Tabaksbeutel fehlte nicht. Über dem Eingang war eine Tafel mit humorvoller Inschrift angebracht:

"Ich bin Kronprinz Rudolfs Jägerhaus,
Wem's d'rin nicht g'fällt, der bleib draus."

Zwischen den beiden Fensterchen an der Außenwand stand:

"Sanct Hubertus hör' die Bitt'
Und schütz' die kleine Jägerhütt'."

Der Kronprinz zeigte große Freude an seinem "ersten Haus" und ließ sämtliche Spie- lereien dorthin bringen. Der kleine "Yes", ein englisches Hündchen, wurde in der vor dem Jägerhaus befindlichen Hundehütte einquartiert.

Das Häuschen stand in der Nähe der später errichteten Kegelbahn im Kurhauspark und bildete ein Pendant zur Schwaighütte, welche bei einer ähnlichen Gelegenheit der jugend- lichen Erzherzogin Gisela als Überraschung geboten wurde. Auch dieses Häuschen war bis ins kleinste Detail ausgestattet.

Nachdem der Kronprinz sechs Jahre alt geworden war, wurde der Sommeraufenthalt der Kinder in Reichenau eingestellt. Rudolf wurde von seiner geliebten Schwester Gisela getrennt und bekam nach Habsburger Tradition einen eigenen Hofstaat. Er erhielt Generalmajor Leopold Graf Gondrecourt als Oberhofmeister und strengen Erzieher, der aus dem Knaben einen strammen Soldaten zu machen hatte.

Nun suchten die Brüder Waißnix, sie durften ab 1864 ihre Betriebe als "k. k. priveligiert" bezeichnen und den k.k. Adler in ihrem Siegel führen, nach einem neuen Verwendungszweck der Rudolfsvilla. Sie wurde später Dependence vom Rudolfsbad, das auf Anregung des Wiener Arztes und Dermatologen Prof. Ferdinand von Hebra als eine der ersten Kaltwasser- Heilanstalten Österreichs nach dem Priessnitz'schen Verfahren errichtet wurde. Am 8. De- zember 1864 erhielt man vom Bezirksamt Gloggnitz die Genehmigung dazu. Daraufhin wurden durch den Architekten Anton Hefft, mit fachmännischer Unterstützung des Der- matologen Prof. Ferdinand von Hebra, die Pläne entworfen und durch den Baumeister

Das ehemalige Rudolfsbad

Andreas Just und seinen Bruder, den Maurerpolier Johann, beide aus Payerbach stammend, der Bau im Frühjahr 1865 begonnen. Der stattliche dreigeschoßige Bau besaß konser- vativen Charakter nach Vorbildern des Spätbiedermeier. Nachdem am 29. Jänner 1866 die Kollaudierung stattgefun- den hatte, konnte die Badeanstalt nach nicht einmal einjäh- riger Bauzeit am 17. April 1866 feierlich eröffnet werden.

Neben einem Advokaten aus Wien zählten zu den Kur- gästen ein russischer Hofrat, ein Kaufmann aus Szegedin und aus Arad in Rumänien, ein Gutsbesitzer aus Galizien, Kaufleute aus Marseille und Patras wie auch der damalige Minister des Äußeren, Graf Julius Andrassy, um hier nur einige zu nennen.

Nach einer Aufzeichnung aus dem Jahre 1916 war in der Kuranstalt Rudolfsbad Dr. Wilhelm Wertheimer als Chefarzt mit einem Assistenzarzt tätig und ordinierte von 7 bis 9 Uhr früh und von 3 bis 5 Uhr nachmittags - Telefon Nr. 21. Weitere Ärzte in Reichenau waren zu dieser Zeit Medizinalrat Dr. M. Bittner, Besitzer der neuen Kur- und Wasser-Heilanstalt - Te- lefon Nr. 27, Dr. Eduard Sehr, ehem. Sekundararzt des k. k. Kaiserin-Elisabeth-Spitales in Wien, Gemeinde- und Schularzt, Besitzer des Ehrenzeichens II. Klasse vom Roten Kreuz mit der Kriegsdekoration - Telefon Nr. 39, und Dr. Ludwig Katz, Kinderarzt - Telefon Nr. 65. Ferner gab es noch zwei Zahnärzte, Dr. M. Klein im heutigen Gerhardhof - Telefon Nr. 23, Dr. Schild, Karl-Ludwig-Straße 105 - Telefon Nr. 35. Auch ein Tierarzt war zu dieser Zeit bereits in Reichenau, Dr. Friedrich Schick, diplomierter Tierarzt und Marktkommissär, Besitzer des goldenen Verdienstkreuzes mit der Krone, Karl-Ludwig-Straße 105 - Telefon Nr. 35.

Mit Jahresende 1875 kam es zur Teilung des Vermögens zwischen den Brüdern Waißnix,

Kuranstalt Dr. M. Bittner

und das Kurhaus, die Rudolfsvilla, die Molkenvilla wie auch anderer Realitäten gingen dabei in den Besitz von Johann Michael über. Er führte das Kurhaus durch die Installation einer Gasbeleuchtung und eines im Jahre 1878 errichteten Schwimmbades zu neuer Blüte. Als nun Johann Michael im Jahre 1882 im Alter von nur 65 Jahren verstarb, übernahm sein damals 27 jähriger Sohn Michael, auch Mischko genannt, die Geschäfte. Da die Erbschaft jedoch einen bedeutenden finanziellen Aufwand mit sich brachte und andere Belastungen vorlagen, war Mischko Waißnix nicht in der Lage, das Kurhaus zu modernisieren und den Erfordernissen der Zeit anzupassen. So musste das Kurhaus wegen sanitärer Mängel im Jahre 1905 vorübergehend geschlossen werden. Erst nach großen Investitionen konnte im Jahre 1906 der Kurbetrieb wieder aufgenommen werden, der jedoch nie mehr die Bedeutung, die er einst hatte, erreichen konnte.

Während das am 17. April 1866 eröffnete Kurhaus im Jahre 1969 wegen starker Beschädigungen während des Zweiten Weltkrieges abgetragen werden musste, ist die Rudolfsvilla heute noch erhalten und im Privatbesitz.

Reichenau wird Kurort

"Wasser, Luft, Bewegung, Ruhe, Erheiterung und Sammlung sind jene Elemente, welche seit der Zeit, als die Menschen einer naturgemäßen Heilmethode Sympathie entgegenbrachten, manchen Brunnen zur Goldquelle, manche Mühle zum komfortablen Kurhaus und manches Dorf zum Kurort werden ließen."

Der Verkauf der Herrschaft Reichenau an die Innerberger Hauptgewerkschaft, der Vorgängerin der Alpine Montan Gesellschaft, im Jahre 1784 trug dazu bei, dass Reichenau in den Blickpunkt wirtschaftlicher Interessen rückte und in adeligen und großbürgerlichen Gesellschaftskreisen bekannt wurde. Ferner haben zum Bekanntheitsgrad von Reichenau und zur Entwicklung des Sommertourismus Franz Xaver Embels Bücher aus dem Jahre 1801: "Fußreise von Wien nach dem Schneeberge" und das 1803 erschienene: "Schilderung

der Gebirgsgegenden um den Schneeberg in Österreich" ein Wesentliches dazu beigetragen und Reichenau war bestrebt, sich den steigenden Ansprüchen seiner Gäste anzupassen.

Über den Semmering führte schon damals eine der wichtigsten Fernverbindungen. In der Zeit der Romantik und des Biedermeier wurde das Gebiet um Rax, Schneeberg und Semmering von Naturliebhabern entdeckt, wobei dies anfangs ein fast gefährlich zu nennendes Unterfangen darstellte, da mehrtägige Wagenreisen und unzulängliche Unterkünfte in Kauf genommen werden mussten. Schlechte Straßen, weder Park noch Kurmusik fanden die Kurgäste vor, mussten sich also mit dem Vorhandenen begnügen. Trotz dieser "Einfachheit" war der Ort jedes Jahr bestens besucht.

Stellvertretend für viele, die sich Reichenau als Ziel ihrer Reise auserkoren hatten, steht der Name des Ministerialkonzipisten Kletschka. Er war zwar nicht der erste Sommergast Reichenaus, wie vielfach behauptet wird, sondern der Erste, nach dem ein Hügel und eine Straße benannt wurde.

Kletschka, zuerst Beamter im niederen Range, konnte auf Grund einer Heirat und durch die Mitgift eine so genannte "Dienstkaution" erlegen, die es ihm ermöglichte, sich bei der Stadt Wien um eine Anstellung zu bewerben. Im Jahre 1832 wurde er als Verwalter der Studentenquartiere der Wiener Universität als "Stadt-Conviktinspektor" eingestellt, und diese gehobene Position erlaubte es ihm, mit seiner Familie alljährlich nach Reichenau zu kommen. Zum ersten Mal kam er mit mit seiner Familie, die mit Beethoven in enger Verbindung stand, im vierspännigen Wagen in das Tal von Reichenau. Auf einer Anhöhe bei Reichenau erinnert ein kleiner Gedenkstein, der ihm nach seinem frühen Tod von Freunden an seinem Lieblingsplatz, dem Kletschkahügel oberhalb der Orthofstraße, gesetzt wurde. Die Inschrift lautet: *Erinnerung an Kletschka 1838*.

Die seit 1849 bestehende Gemeinde Reichenau hatte von Anfang an Schwierigkeiten, ein Amtslokal zu finden. So

Kletschkadenkmal am Kletschkahügel oberhalb der Orthofstraße

war man zuerst in einem Raum der Innerberger Hauptgewerkschaft untergebracht, musste aber später wegen Raummangels nach Reichenau ausweichen. Unter dem damaligen Bürgermeister Johann Michael Waißnix wurde daher der Bau eines eigenen Gemeindehauses beschlossen, wobei der Baugrund von der Hoteliersfamilie Fischer

Schlusssteinlegung des Reichenauer Gemeindehauses

Die Hauptstraße mit Hotel Hochwartner und Annahof

der Gemeinde kostenlos zur Verfügung gestellt wurde. Das Bauholz spendete die Innerberger Hauptgewerkschaft. Jeder Grundbesitzer hatte beim Bau Robotleistungen zu erbringen. Die Grund- und Schlusssteinlegung erfolgte am 15. 9. 1861 durch den damals dreijährigen Kronprinzen Rudolf.

Im Jahre 1868 war die Innerberger Hauptgewerkschaft samt der Domäne Reichenau von dem damaligen Finanzminister Dr. Brestel, der eine sehr scharf ausgeprägte Antipathie gegen die Staatsdomäne besessen hat, an eine Aktiengesellschaft um einen Spottpreis verkauft worden. Zum Gebiet der Herrschaft Reichenau gehörten damals die beiden Hauptorte Reichenau und Payerbach wie auch die Dörfer Edlach, Prein, Hirschwang, Schmidsdorf und Schlöglmühl, wobei die Bewohner zum größten Teil in der Land- und Forstwirtschaft und nur zu einem geringen Teil im Bergbau tätig waren. Sie hatten auch keine Schulbildung, und ihre einzige geistige Zuwendung galt den Sonntagsmessen in Payerbach, Prein oder in der Schlosskapelle von Reichenau.

Die heutigen Katastralgemeinden der Marktgemeinde Kurort Reichenau sind: Reichenau, Grünsting, Groß- und Kleinau, Prein, Hirschwang und Hirschwang Forst.

In den folgenden Jahren wurde Reichenau immer häufiger besucht, nicht zum Sommer-

aufenthalt, sondern man suchte die bekannt guten Unterkünfte auf, um dann die umliegenden Berge wie Rax oder Schneeberg zu besteigen. Dazu musste eine zweitägige Anreise in Kauf genommen werden, die obendrein auch ihren Preis hatte, so dass diese nur Wohlhabenden vorbehalten war. Auch Quartier und Verpflegung, z. B. in den renommierten Gasthöfen wie Obedorfer oder Thalhof, hatten ihren Preis. All dies änderte sich mit der Eröffnung der Bahnlinien Wien - Gloggnitz am 5. Mai 1842 und der Eröffnung der Semmering-bahn im Jahre 1854. Nun konnte man die Anreise von Wien nach Payerbach - Reichenau mit der Eisenbahn so richtig genießen; am Pfingstsonntag des Jahres 1850 konnten in Gloggnitz mehr als 10 000 Fahrgäste gezählt werden. Die Zeiten der langen, anstrengenden und teuren Kutschenfahrten waren vorüber. Man benötigte diese nur mehr, um von Bahnhof Payerbach - Reichenau an den Bestimmungsort in der näheren Umgebung gebracht zu werden.

Aber nicht nur die wesentlich kürzeren und bequemeren Fahrten trugen dazu bei, dass sich das einstige Dorf Reichenau zum Fremdenverkehrsort entwickelte, maßgebend dafür waren auch die äußerst günstigen klimatischen Verhältnisse; das Reichenauer Tal war somit für den Touristen- und Fremdenverkehr bestens gerüstet und es gab im Jahre 1860 bereits das erste Kaffeehaus.

Es war auch die Zeit, wo neue Villen teils von Einheimischen, teils als Zweitwohnsitze von finanzstarken Erholung Suchenden Städtern gebaut wurden. Wesentlich dazu hat der Bau der Villa Wartholz 1872 und die damit verbundene Anwesenheit des Kaiserhauses beigetragen. Dies geht auch daraus hervor, dass zuerst die Gründe um Wartholz bebaut wurden, um möglichst nahe der Villa des Kaiserhauses angesiedelt zu sein.

Diese Umstände wie auch die neuen Kur- und Sporteinrichtungen belebten den Fremdenverkehr in Reichenau und man konnte, ohne zu übertreiben, im Zeitabschnitt von 1890 bis zum Ausbruch des Ersten Weltkrieges Reichenau als Kurort von mitteleuropäischer Geltung bezeichnen. Dementsprechend hatte sich die heimische Bevölkerung angepasst. So gab es in dieser Zeit z. B. 3 Fotografen, 4 Wäscheputzereien, 30 Einspänner- und 140 Zweispänner-Pferdewagen, die ausschließlich dem Gast zur Verfügung standen.

Wie aus einer Statistik über die Häuseranzahl von 1820 - 1910 zu ersehen ist, so stieg diese von 45 Häusern im Jahre 1820 auf 206 im Jahre 1910; hatte sich somit beinahe verfünffacht. Unter ihnen waren die Villen des Arztes Ferdinand von Hebra, die des k. k. Bäckermeisters Uhl in der Thalhof Straße, die im italienischen Renaissancestil erbaute Villa des Wiener Bankiers Julius Fränkl, die Landhausbauten des Baron Guido von Sommaruga oder des ungarischen Oberstallmeisters und königlich ungarischen Außenministers Gyula Graf Szechenyi, um nur einige zu nennen, zu finden. Erst der Börsenkrach vom 9. Mai 1873 brachte diese Bautätigkeiten zum Erliegen. Der Umstand, dass einige ansässig gewordene Familien ihr Vermögen bewahren konnten, trug dazu bei, dass ihre angefangenen Bauvorhaben zu Ende geführt werden konnten.

Der Zerfall der Monarchie im Jahre 1918 und die Änderung der politischen Lage brachten eine Neuorientierung der Wirtschaft wie auch eine Umschichtung der Gesellschaft mit sich. Diese Auswirkungen bekam auch der Fremdenverkehr zu spüren, denn obwohl durch die verbesserten sozialen Verhältnisse immer mehr Menschen am Fremdenverkehr teilhatten, suchten diese, bedingt durch die geringen finanziellen Möglichkeiten, die "billigeren Urlaubsorte" auf; die Nobelkurorte "verödeten" und das Publikum, das bisher Reichenau besuchte, blieb aus. Auch Gäste, welche in Reichenau eigene Villen besaßen, kamen seltener oder blieben ganz aus. All diese Umstände brachten für Reichenau tief greifende Veränderungen mit sich. Trotz allem versuchte Reichenau seinen Ruf als Sommerfrische zu wahren. Dies gelang zum Großteil in den Orten Edlach und Prein, die nicht nur preiswerte Unterkünfte, sondern auch gute und herzhafte Kost anzubieten hatten; diese beiden Ortsteile von Reichenau hatten eine recht gute Saison aufzuweisen.

In Edlach erbaute man im Jahre 1921 eine neue große Kuranstalt, in die auch das ehemalige Sanatorium des Dr. Konried mit einbezogen wurde. Diese Kuranstalt mit ihren 130 Zimmern erlangte in kurzer Zeit einen hervorragenden Ruf und wurde von zahlreichen Gästen, vorwiegend aus dem Auslande, aufgesucht.

Ortsansicht von Prein mit Pfarrkirche

Die ehemalige Kuranstalt in Edlach

Wieder waren es Bahnen, diesmal die am 9. Juni 1926 eröffnete Raxseilbahn, die Erste in Österreich, und mit ihr die im September desselben Jahres eröffnete Lokalbahn Payerbach - Hirschwang, die einen entscheidenden Umschwung mit sich brachten, der aber auch einen kleinen Nachteil aufzuweisen hatte. Dadurch, dass das Gebiet um Reichenau von Wien aus in knapp zwei Stunden erreicht werden konnte, war eine Übernachtung nicht mehr notwendig. Dies trug dazu bei, dass Reichenau vom einstigen "Sommerfrischenort" zum Ausflugsort wurde, und man war gezwungen, um Reichenau wieder attraktiv zu machen, Anziehungspunkte zu schaffen. Dies geschah in Form eines Theater- und Konzerthauses im ehemaligen "Viererwerk", einer alten Holzschleiferei. Die Eröffnung fand am 1. August 1926 statt.

Auf Grund der bisher erbrachten Leistungen auf dem Sektor Fremdenverkehr und der geschaffenen Fremdenverkehrseinrichtungen, aber auch Bezug nehmend auf die besonderen heilklimatischen Verhältnisse, erhielt Reichenau mit Landesgesetz vom 12. Dezember 1928 den Titel eines "heilklimatischen Kurortes" verliehen. Die Festsitzung auf Grund dieses Anlasses fand am 20. Jänner 1929 im Sitzungssaal des Rathauses statt.

Neu Reichenau

Leo Herzel (1840 - 1911), seit 3. April 1881 Leo Herzel Ritter von Hertberg, beauftragte den Architekten Lothar Abel mit der Erstellung eines Parzellierungsplanes, um dem "wilden Bauen" Einhalt zu gebieten, der in den ersten Jahrzehnten auch strikte eingehalten wurde. Auch öffentliche Einrichtungen wie die Kaiser Franz-Joseph-Jubiläums-Volksschule oder das Warmschwimmbad wurden dem Parzellierungsplan untergeordnet; "Neu Reichenau" begann Gestalt anzunehmen. So erwarben in dieser Zeit die Eigentümer der Fa. Herzel & Caruta sowie der Bankier Luois Todesco die rund 4 000 ha der am 21. Februar 1877 von der Innerberger Hauptgewerkschaft an die Brüder Waißnix und Erzherzogin Annunciata verkauften Restgründe der Herrschaft Reichenau.

Da Caruta und Todesco aus bis heute ungeklärten Gründen aus dem Konsortium ausgeschieden sind, so verblieb ab dem Jahre 1881 Leo Herzel, dem auf Grund seiner Förderung militärischer Interessen mit Allerhöchster Entschließung vom 3. April 1881 der Orden der Eisernen Krone III. Klasse verliehen und der in den Ritterstand mit dem Prädikat Hertberg erhoben wurde, als alleiniger Besitzer der Domäne Reichenau über. Er hatte als ausgezeichneter Grundstücksspekulant richtig vermutet, dass ein wirtschaftlicher Aufschwung Reichenaus auch einen Bauboom mit sich führen würde, noch dazu, wo die Grundstücke in unmittelbarer Nähe von Schloss Wartholz gelegen waren. Aus diesem Anlass ließ er von dem Architekten Lothar Abel einen Parzellierungsplan erstellen, um so einem "wilden Bauen" Einhalt gebieten zu können.

Die Verwirklichung seines Konzeptes von Neu Reichenau nahm aber erst um das Jahr 1890 Gestalt an. Nun kam die wirtschaftliche Erholung, und ein nie gekannter Bauboom setzte unter den Einheimischen und Sommergästen, welche hier ihre Ferienhäuser oder ständigen Wohnsitze errichteten, ein. In dieser Zeit gingen die Parzellen an Einheimische und Sommergäste, die sich mit schönen Villenbauten hier ansiedeln wollten. Je näher die Grundstücke an der Villa Wartholz, also in der Nähe der kaiserlichen Familie lagen, desto begehrter waren sie und brachten Leo Herzel, der den Quadratklafter zu sechs Gulden anbot, einen enormen Gewinn. Der sicher beeindruckendste Bau zu dieser Zeit war das vom Architekten Lothar Abel für Leo Ritter von Hertberg in den Jahren 1894/95 errichtete Forstamt der Domäne Reichenau, Wartholzstraße Nr 1.

Forstamt Domäne Reichenau, heute in Privatbesitz

Im Weiteren ging dieser Besitz an die Freifrau Paula von Zedtwitz über, die das Gebäude 1913 zu einer Villa umbaute. 1917 erwarb Kaiser Karl I. diese Villa, und sie blieb unter dem Namen Villa Robert bis ca. 1980 im Eigentum der Familie Habsburg-Lothringen. Heute ist dieser Prachtbau in Privatbesitz. Hertberg verstarb ohne Erben und wurde am Hietzinger Friedhof begraben. Heute noch trägt eine Quelle in Hirschwang, die Hertbergquelle, seinen Namen.

Heute ist die Marktgemeinde Kurort Reichenau in der glücklichen Lage, auf Grund von vielen renovierten Villen und Landhäusern einen Eindruck vom Landhaus- und Villenbau der Jahrhundertwende vermitteln zu können. Dabei gilt der besondere Dank den Villenbesitzern sowie der Reichenauer Gemeindeführung, die durch die Wiederherstellung der Kaiser-Franz Joseph-Jubiläums-Schule und weiterer Objekte beispielgebend wirkten.

Der Kurpark in Reichenau

Im Jahre 1892 wurden vom Gemeinderat die dem Rathaus gegenüberliegenden Gründe um 34.000,-- Gulden angekauft und in der annähernd symmetrischen Anlage die Wege spielerisch geführt. Die malerisch verteilten Baum- und Strauchgruppen waren ein Werk des Wiener Landschaftsgärtners Franz Erbar, wenngleich sich der Einfluss des Architekten Lothar Abel, der 1876 mit einem grundlegenden Werk über die Gartenkunst hervorgetreten war und später auch Verschönerungsvorschläge für die Villensiedlung Reichenaus gemacht hat, nicht verleugnen lässt. Der Kurpark in Reichenau war der wahre herrschaftliche Park. Als urbare Landschaft war er weniger auf die ihn umgebende Landschaft, als auf die Vergnügungssitten der Sommerfrischler abgestimmt; er diente als soziale Bühne für das "repräsentative Flanieren". Der so genannten "bürgerlichen Society" gelang es, dass ab dem Jahre 1892 dieser Park nicht nur "Eigentum" des Erzherzogs, sondern allen Erholung Suchenden zugänglich war. Diese Parkanlage und nicht die Villa Wartholz wurde

Teich im Kurpark Reichenau um die Jahrhundertwende, schon damals ein beliebtes Ausflugsziel

ab der Jahrhundertwende zum wirklichen Zentrum der neuen "Sommerfrischen-Parkkultur" und des modischen Badevergnügens. Ursprünglich sollte am Platz des heutigen Musikpavillons ein Casino errichtet werden. Der künstlich angelegte Teich mit der kleinen Insel, die man über die Lenaubrücke erreichen konnte, die verschlungenen Wege, die Schießstätte, die Verkaufsbuden und die im Jahre 1902 errichtete Wandelhalle, in der man um die Jahrhundertwende Arthur Schnitzler, Hermann Bahr, Felix Salten, Bertha von Suttner und so manch andere Größe des Geistes und der Kunst oft täglich angetroffen hat, waren ein beliebter Treffpunkt.

Heute präsentiert sich der Park mit seinem Springbrunnen, den Blumenarrangements, der Wandelhalle (Pavillon), der Gastronomie, den Tennisplätzen, mit Möglichkeiten zu einer Kahn-fahrt, den Parkbänken an schattigen Plätzen, dem angrenzenden Kinderspielplatz und den Kurkonzerten dem Besucher als Freizeitzentrum und Erholungsraum inmitten einer intakten Natur.

Das Warmschwimmbad

Bereits im Jahre 1878 hatte Reichenau eine Schwimmanlage, welche sich hinter dem Schloss Waißnix befunden hat. Seit dem Jahre 1911 stand dem Kurpublikum das neue Warmschwimmbad, übrigens das erste Schwimmbad Österreichs mit Vorwärmanlage, zur Verfügung. Damals war es noch nicht selbstverständlich, dass Damen und Herren in einem Bassin anzutreffen waren, daher gab es zwei durch einen hohen Bretterzaun getrennte Becken mit je 25 m Länge. Ferner standen 30 Umkleidekabinen zur Verfügung. Gespeist wurde das Bad von der Reichenauer Hochquellenleitung mit klarem, reinem Wasser, welches

mittels zweier großer Kessel, verbunden mit einer Zirkulationsanlage, bis auf maximal 28° Celsius erwärmt werden konnte. Dadurch war es möglich, das Wasser stets auf einer der Tagestemperatur angepassten Wärme zu halten. Die Überwachung besorgte ein geprüfter Schwimmmeister.

DIE KAISER-FRANZ-JOSEPH-VOLKSSCHULE in Reichenau

Zu Ehren von Kaiser Franz Joseph wurde in Reichenau die Volksschule benannt.
Spatenstich: 2. 12. 1888
Baubeginn: 31. 5. 1889
Eröffnung: 31. 5. 1890

100 Jahre Kaiser-Franz-Joseph-Volksschule Reichenau am 14. 10. 1989
Oben links: *LH Ludwig, LH.-Stv. Höger und Bürgermeister Ganster*
Oben rechts: *Pfarrer Helmut Hausner beim Festgottesdienst*
Unten: *Der heutige Bürgermeister Abg. z. NR Hans Ledolter und Festgäste*

Die Zeit danach

Die jahrelange Besetzung durch die Deutsche Wehrmacht wie auch der russischen Besatzungsmacht und die Kampfhandlungen im Jahre 1945 hinterließen ihre Spuren. Nach Kriegsende bezog die Besatzungsmacht nicht nur fast alle Fremdenverkehrsbetriebe, sondern quartierte sich auch in vielen Privatwohnungen ein, wobei sie als Heizmaterial vielfach Fußbodenbretter, Fensterrahmen und -flügel sowie Türstöcke verwendeten; nach ihrem Abzug blieben oft nur Ruinen übrig. Gäste, die zu dieser Zeit Reichenau besuchten, mussten mit einfachen Unterkünften und rationierten Essensportionen ihr Auskommen finden. Durch diese Umstände war es nicht verwunderlich, dass Reichenau zu dieser Zeit als Urlaubsort nicht sehr gefragt war.

Doch im Laufe der Zeit haben sich neue Besitzer zur Führung der Fremdenverkehrsbetriebe, welche mit großem Aufwand wieder instand gesetzt wurden, gefunden. Dabei wurde auch versucht, sich dem westlichen Standard anzupassen, was jedoch nicht immer gelang. Nun bildeten sich Interessensgruppen, deren Ziel es war, das Zimmerangebot zu verbessern sowie für eine gemütlichere Atmosphäre durch eine schönere Ausstattung der Gasträume zu

Panorama von Reichenau mit Barbarakirche und Schloss Wartholz

sorgen. Um den gesteigerten Ansprüchen des Gastes gerecht zu werden, wurde eine Kurkommission, bestehend aus Mitgliedern der Interessensgruppen und des Gemeinderates, gegründet. Aufgaben dieser Kommission waren die Beaufsichtigung der Kureinrichtungen sowie für neue Anregungen und die weitere Ausgestaltung der Kurgemeinde zu sorgen. So wurden an den diversen Promenadenwegen Bänke und Rastplätze errichtet, um den Gästen die Eroberung der wunderschönen Landschaft des Gemeindegebietes so bequem wie nur möglich zu gestalten.

Reichenau mit seinen Katastralgemeinden ist mit viel Tradition aus der Kaiserzeit behaftet, heute aber ein moderner Kurort, der seinen Gästen neben den vielfältigen Kurbehand-lungen auch viele Wander- und Sportmöglichkeiten bietet. Besonders beliebt und bekannt ist das Reichenauer Kurtheater, die ehemalige Holzschleiferei der Gebrüder Waißnix. Als das Theater Reichenau auch für Tonfilmvorführungen eingerichtet wurde und am 1. April 1931 die erste Tonfilmvorführung stattfand, war der Theaterbesuch rückläufig. Heute ist es umgekehrt, es gibt

Theater- und Konzerthaus Reichenau um 1926

keine Tonfilmvorführungen mehr, sondern nur mehr ein Theater, das sein Publikum wie einst mit den verschiedenen Darbietungen immer wieder zu begeistern vermag. Auch der seit einigen Jahren durchgeführte "Reichenauer Advent" erfreut sich großer Beliebtheit, ebenso der seit 28. August 1993 abgehaltene Reichenauer Musiksommer mit der internationalen Sommerakademie, er war ein besonderes Erlebnis. Durch ihn wurde die Marktgemeinde Kurort Reichenau weit über die Landesgrenzen hinaus bekannt, und jedes Jahr kann sich Reichenau eines regen Zustromes an Theaterliebhabern erfreuen.

Das Jahr 2003 war für Reichenau ein besonderes Jahr, fand doch von Mai bis November die NÖ. Landesausstellung unter dem Motto: "Theaterwelt - Welttheater" statt. Aus diesem Grunde wurden in den letzten beiden Jahren Um- und Neugestaltungen in Reichenau durchgeführt. In der Zeit der Landesausstellung wurde den Besuchern ein reichhaltiges Programm angeboten, welches Zeugnis dafür ablegte, dass die Marktgemeinde Kurort Reichenau nach wie vor ein "Kurort ersten Ranges" ist.

Einige der prominenten Gäste von Reichenau:

Erzherzog Karl (1771 - 1847), Feldmarschall

Nicolaus Lenau (Niembsch Edler von Strehlenau 1802 - 1850), Dichter der Spätromantik

Erasmus Engert (1796 - 1872), Kunstmaler

Mathias Schönerer, Ritter von (1807 - 1881), Erbauer der Bahn Wien - Gloggnitz

Ahmet Sultan Mirza, persischer Prinz

Joachim Bock-Fruss, Baron von, schwedischer Gesandter

Franz Sommaruga, Freiherr von (1780 - 1860), Justiz- und Unterrichtsminister

Hans von Wilcek, Graf (1837 - 1922), Begründer der Wiener Rettungsgesellschaft

Dr. Karl Renner (1870 - 1950), Bibliothekar - Staatskanzler - Bundespräsident

Dr. Carl Landsteiner (1868 - 1943), Entdecker der Blutgruppen, Nobelpreisträger

Richard Tauber (1892 - 1948), weltberühmter lyrischer Tenor

Karl Farkas, Schauspieler, Schriftsteller und Kabarettist

Richard Nixon, ehemaliger Präsident der USA

Oben: Der Thalhof - Unten: Olga und Ignaz Waissnix

Der Thalhof

In einer Talenge, umrahmt von Felsen, die nur einen Blick in das Tal von Reichenau zulassen, liegt eine der renommiertesten Gaststätten der Monarchie, der "Thalhof". Als Bauernwirtschaft erstmals 1652 erwähnt, war er der hochgräflichen Hoyos'schen Herrschaft Stixenstein dienstbar. Aus einem Anschlag über den Besitz vom 30. 9. 1772 ist zu ersehen, dass zum Thalhof als Ganzlehen 12 Tagwerk Acker, 4 Tagwerk Wiesen und 2 Tagwerk Wald gehörten. Ferner scheinen in diesem Anschlag als Besitzer folgende Personen auf: Andre LECHNER, 1707 Pongratz HÄBERL, 1772 Joseph HÄBERL und auf Durchzugsbalken sind die Jahreszahlen 1697 und 1782 eingeschnitten.

Anna, die Tochter von Josef Polleres, heiratete im Jahre 1810 den wartensteinschen Untertan Ignaz Waißnix. Als Brautgut brachte sie den Thalhof mit in die Ehe, während Ignaz Waißnix kurz vorher den "Baumgarthof", die Mühle seines Vaters in Reichenau, übernommen hatte. Beides waren Voraussetzungen für eine grundsolide wirtschaftliche Basis. Der Name Waißnix scheint in Reichenau erstmals im Jahre 1673 auf, als ein Andreas Waißnix für seinen Besitz in der Payerbacher Rotte 3 Gulden, 3 Kreuzer und 16 Pfennige an Dienst und Steuer abführen musste.

Ignaz Waißnix, der als junger Müllersbursch viel in Mitteleuropa herumgekommen war, brachte nicht nur viele neue Eindrücke mit, sondern auch Aktivität und Risikobereitschaft.

Er versuchte verschiedene Wirtschaftszweige in seine Unternehmen einzubinden, wobei seine erste Sorge der ererbten Mühle galt. In diesem Zusammenhang errichtete er Mehlverkaufsstellen, die sich vor allem in der Obersteiermark befanden. Ferner schuf er einen leistungsfähigen Fuhrwerksbetrieb und nahm auch Lohnfuhren an. So konnte er durch geschickt geführte Verhandlungen mit dem Oberverweseramt in Reichenau und der Blaufarbenfabrik in Schlöglmühl Frachtverträge abschließen. Es gelang ihm in diesem Zusammenhang, durch kulante Preise und besondere Vertrauenswürdigkeit sowie durch den Umstand, seine Mühle und den Thalhof als Kaution stellen zu können, den Großteil aller Frachtaufträge der Reichenauer Eisenwerke und der Schlöglmühler Blaufarbenfabrik an sich zu ziehen.

Ignaz Waißnix hatte es aber auch verstanden, in wenigen Jahren aus dem einfachen Bauernwirtshaus ein Gasthaus mit allemder damaligen Zeit entsprechenden Komfort, zu schaffen. Auch konnte er durch seine weiten Handelsbeziehungen ausgezeichnete Getränke und besondere Spezialitäten beschaffen. Dies war auch einer der Gründe, warum neben dem "einfachen Manne" auch Namen aus der exklusiven Gesellschaft im Gästebuch zu finden waren. Die erste Eintragung im Gästebuch datiert vom 17. 8. 1830 und die letzte erfolgte am 15. 9. 1848.

So schreibt z. B. der Thalhofsepp, Carl Freiherr von Härdtl, Wien 1881: "Mitglieder des Allerhöchsten Kaiserhauses, die höchsten Würdenträger, die ersten Dichter und Künstler, hervorragende Naturforscher, Wiens glänzender Adel und wackere Bürger, gar manche Liebespaare und Neuvermählte suchten den Thalhof auf und hausten hier mit theaterdurstigen Militärs, den Freispruch erlangenden Bergleuten und zahllosen Studenten, die da ihr 'Gaudeamus igitur' weithin erschallen ließen;" alle fühlten sich wohl, und für diese schrieb J. Truka 1841 in das Fremdenbuch:

> *"Der brave Wirt wohl Waißnix heisst,*
> *Doch weiss, und wirkt, und schafft er viel,*
> *Mit Recht den Thalhof Jeder preisst,*
> *Als schöner Wanderung schönstes Ziel."*

Es gab aber nicht nur Befürworter. So findet sich im Hüttenbuch des Baumgartnerhauses die Notiz, dass eine Gruppe Schneebergtouristen von Waißnix "geprellt" worden sind und dass sie es nicht verfehlen werden, das auch in Wien bekannt zu machen.

Ignaz Waißnix wurde von seinen Dienstleuten "Herr Vater" genannt, und das zu Recht, denn er sorgte für das ganze Gesinde wie ein Vater. Am 1. November wurde das Personal alljährlich neu aufgenommen, auch dann, wenn der eine oder andere schon lange im Waißnix'schen Dienst stand, und je nach seinem Wert erhielt ein jeder zwischen 2 und 5 Gulden Handgeld, den so genannten "Leutkauf". Es wurde auch der Lohn vereinbart und das Trinkgeld ausgehandelt. Wurde aber ein Dienstbote, der keine eigene Familie hatte, arbeitsunfähig,

dann blieb er als Pflegling am Thalhof. Waren auch noch seine Ersparnisse aufgezehrt, so wurde er vom "Herrn Vater" bis zu seinem Tode erhalten.

Ignaz Waißnix legte auch den Grundstock zu seinem Vermögen, das seine Söhne zum "Königreich Waißnix", wie es die Einheimischen bezeichneten, ausweiten konnten. Während der jüngste Sohn, Hermann, ausbezahlt wurde, erhielten die beiden anderen, Alois und Michael, am 1. 3. 1846 die Mühle, den Thalhof und alle Liegenschaften. Wenn man nun annahm, dass sich Ignaz Waißnix zurückziehen werde, so hat man weit gefehlt. Er schloss mit seinen Söhnen einen Gesellschaftsvertrag über den Betrieb des Gasthauses und der Landwirtschaft im Thalhof, der Mahlmühle in Reichenau und sonstiger Geschäfte und Spekulationen zu gleichem Nutzen und Schaden ab, wobei er die Oberleitung der Kassaführung nicht aus der Hand gab. Nach Ablauf eines Jahres wurden dann Gewinn und Verlust gleichmäßig verteilt. Erst im Jahre 1852 wurde der Gesellschaftsvertrag gelöscht, Ignaz zog sich auf das Altenteil zurück und übergab die Geschäfte nun endgültig seinen Söhnen Alois und Michael. Der Antrag der Gebrüder, sie gemeinsam in die Gewähr zu schreiben, wurde von der Herrschaft Wartenstein mit Bescheid vom 2. 3. 1846 mit der Begründung abgelehnt, dass dies nur bei Mann und Frau möglich sei. Erst am 30. 3. 1848, nachdem die "Rustikalität" der Gründe aufgehoben worden war, konnte dies geschehen.

Die Brüder teilten sich nun die Geschäftsführung von Thalhof und Mühle so, dass für drei Jahre einer den Thalhof und der andere die Mühle mit allen anderen Geschäften leitete, danach wurde gewechselt. Auch mit einer Erfindung hatten die Brüder aufzuwarten, nämlich die Gewinnung von Rollgerste, so genannte "Graupen", und erhielten dafür ein kaiserliches Privilegium.

Nun wurde die Mühle großzügig ausgebaut, so dass ab 1865 in der Mühle sieben Mahlgänge und in den vier Gerstenrollwerken zwölf Gerstenschneide- und vierzig Rollmaschinen, angetrieben durch 10 Turbinen, in Betrieb standen. 1857 verarbeitete man jährlich noch 13 000 Metzen Gerste; 1865 waren es bereits 40 000 Metzen und man vertrieb die Produkte über eine eigene Mehlverschleißstelle und exportierte Rollgerste in großen Mengen nach Italien und sogar nach Ägypten. Der so erzielte Gewinn erlaubte den Brüdern auch die Ausweitung aller anderen Unternehmen.

In einem Bericht der Schwarzataler Zeitung vom 22. 2. 1913 heißt es, dass einer der Brüder Waißnix angeblich das Mehl der Waißnixmühle mit Gips verfälscht habe. Für dieses Verbrechen soll er zum Tode durch den Strang verurteilt worden sein. Auf Grund eines kaiserlichen Gnadenaktes wurde das Urteil jedoch nicht vollzogen und Waißnix musste bis zu seinem Lebensende unter dem Hemd eine schwarze, seidene Schnur um den Hals tragen. Von Zeit zu Zeit kam der Henker, um sich von der Einhaltung dieser symbolischen Strafe zu überzeugen. Für diese Mühe des Henkers musste Waißnix jedes Mal einige Dukaten entrichten. Bisher war es je-doch nicht möglich zu eruieren, um welchen der Waißnix-Brüder

Die ehemalige Rollgerstenfabrik

es sich gehandelt hat, noch konnte die Begebenheit urkundlich nachgewiesen werden.

Zunächst wandten sich die Brüder Waißnix, dem Zug der Zeit folgend, dem Ausbau weiterer Industriebetriebe zu. Aber auch im Forst waren sie zu Hause. So traten sie in den Forsten des Grafen Hoyos und der Herrschaft Reichenau als Schlägerungs-unternehmer auf. Durch ausgedehnte Riesenanlagen und durch die Pachtung der Schwarzatrift stellten sie die Holzbringung von den Hängen der Rax und des Schneeberges bis in das Gebiet von Schwarzau im Gebirge sicher und betrieben in Naßwald und Reichenau je ein Sägewerk, wo das Holz teils in diesen Werken verarbeitet oder als Bau- und Brennholz bis nach Wien verkauft wurde. Auch im Realitätengeschäft und in der Grundstücksspekulation waren sie anzutreffen, so erwarben sie im Jahre 1854 um 35 000 Gulden das "Bruckbierhaus" in Wien Leopoldstadt, 1859 das "Binder Haus" in Neuberg um 6 000 Gulden und 1860 um 36 000 Gulden das "Lamm Wirtshaus" in Leoben.

Die Brüder Johann Michael und Alois Waissnix waren bemüht, dem Ansturm der Erholung Suchenden gerecht zu werden, indem sie den Thalhof ständig vergrößerten. Auch das Hotel Fischer, vormals Oberdorfer, hatte zu dieser Zeit bereits einen Bekanntheitsgrad, der weit über die Grenzen der Monarchie hinaus reichte. Dichter, Staatsmänner, Komponisten, Maler, Ärzte etc. verbrachten hier ihre Ferien.

Waißnix bekam aber immer mehr die Konkurrenz zu spüren, und so musste er im Jahre 1889 das Rollgerstenwerk und im Jahre 1917 auch die Mahlmühle schließen. 1922 erwarb die Gemeinde Reichenau diese Realität und errichtete ein gemeindeeigenes E-Werk, welches heute zur Landesgesellschaft der EVN gehört und auch Wohnungen beinhaltet.

Der Thalhof unter dem jungen Karl Waißnix, der im Jahre 1880 die erst 16-jährige Olga Schneider, die Tochter des Wiener Südbahnhof-Wirtes ehelichte und mit 22 Jahren bereits drei Kinder geboren hatte, nahm in den letzten zwei Jahrzehnten des 19. Jahrhunderts einen neuen Aufschwung. So wurde im Jahre 1882 ein neuer Hoteltrakt errichtet, 1889 wurde der Salon umgebaut und eine Pferdeomnibuslinie zwischen dem Bahnhof Payerbach/Reichenau und dem Thalhof eingerichtet. 1890 folgte der Neubau des großen Saales und die Verlegung der neuen Wasserleitung sowie die Errichtung eines motorgetrie-

benen Pumpwerkes. Olga Waißnix, auch "Thalhofwirtin" genannt, musste eine besondere Ausstrahlung gehabt haben; ob bei einem ernsten Gespräch, heiterer Konversation, künstlerischen Darbietungen oder ländlichen Festen, immer war sie umschwärmter Mittelpunkt bei ihren Gästen.

Olga Waißnix hatte aber auch eine besondere Vorliebe für die Jagd und einsame Spaziergänge in den nahe gelegenen Wäldern. Eine Jugendliebe verband Olga Waißnix mit Peter Altenberg, der in seiner Jugendzeit viele Sommer im Thalhof verbrachte. Zarte Verbindungen bestanden aber auch mit Arthur Schnitzler, Jagdmaler Rudolf Pick und mit dem späteren Hofschauspieler Adolf von Sonnenthal. Mit ihrem frühen Tod, sie verstarb 37-jährig im Jahre 1897 an Tuberkolose in einem Vöslauer Sanatorium, ging auch die glanzvollste Zeit des Thalhofes zu Ende und man findet in der Fremdenliste des Jahres 1901 die "nobleren Gäste" im neu erbauten Hotel Fischer.

Während der Thalhof im Ersten Weltkrieg in ein Lazarett umgewandelt wurde, so musste er zu Beginn des Zweiten Weltkrieges der Heeresverwaltung zur Verfügung gestellt werden, die hier ein Forschungsinstitut eingerichtet hatte. Heute ist der Thalhof im Besitz von Ludwig Waißnix und eine Kuranstalt inmitten einer unverfälschten Natur unter der ärztlichen Leitung von Dr. med. Elisabeth Korinek. Angeboten wird eine Kur zur Entschlackung und Regeneration nach dem österreichischen Arzt Dr. Franz Xaver Mayr - 1875 bis 1965. Sie ist Eigeninitiative gegen Krankheit, Stress und Zivilisationserscheinungen.

Villa Trautenfels

Die vor dem Jahre 1849 von Demeter von Constantinovic errichtete Villa war ursprünglich das Bauernhaus "beim Pfob" und ging im Jahre 1867 in den Besitz des am 27. April 1812 am Rittergut Teutendorf in Mecklenburg geborenen und am 24. Januar 1883 in Darmstadt gestorbenen Komponisten Friedrich Freiherr von Flotow über, wo es den Namen "Landgut Trautenfels" trug. Samuel Mosenthal schreibt darüber: "In der Nähe von Reichenau, am Fuße des Schneeberges, hatte er eine reizende Villa, woselbst er seine ganze Gastlichkeit walten ließ. Das liebliche Landhaus in den Alpen war Sammelplatz heiterer Gäste, und Flotow wusste hier seine ganze Liebenswürdigkeit zu entfalten." In der für seine Zwecke geringfügig umgebauten Villa arbeitete er an der Oper "L'ombre", die im Jahre 1870 in Paris uraufgeführt wurde. Hier arbeitete er auch intensiv mit dem Komponisten, Librettisten und Dirigenten Richard Genee zusammen.

1873 gab es einen Besitzerwechsel, neuer Eigentümer wurde nun der mit Flotow befreundete Bankier Viktor Freiherr von Erlanger, der im Jahre 1876 auch in den Heimatverband von Reichenau aufgenommen wurde. Ihm zu Ehren tragen der Erlangerplatz und das Erlangerkreuz seinen Namen. Sieben Jahre war die Villa Trautenfels im Besitz von

Volksschule im Osten und dem Park der Villa Wartholz im Westen seine Verwirklichung gefunden. In diesem Neu Reichenau, genauer gesagt in der von der Karl-Ludwig-Straße und der Wartholzstraße gebildeten Gabelung, liegt von einem Park umgeben die Villa Wartholz, heute Schloss Wartholz genannt. Was für den Kaiser Ischl war, war für die Familie seines Bruders, Erzherzog Carl Ludwig, Reichenau. Als erste Sommerwohnung mietete Carl Ludwig die Rudolfsvilla, die noch vor wenigen Jahren seinem kaiserlichen Bruder und dessen Kindern Rudolf und Gisela den Sommer über zum Aufenthalt gedient hatte. Ab 1871 war das Schloss nahe der Kirche der sommerliche Aufenthaltsort der erzherzoglichen Familie.

Die Herrschaft Reichenau, seit dem Mittelalter im Besitz des Stiftes Neuberg und durch Kauf im Jahre 1784 an die Innerberger Hauptgewerkschaft, die später zu einer

Oben: Villa Trautenfels
Oben rechts: Mascha
Alexandrowna Wassiltschikoff
Darunter: Lesezimmer in der
Villa Trautenfels

Erlanger, ehe sie im Jahre 1900 durch die Heirat mit der Tochter des Barons von Erlanger, Adolfine, in den Besitz von Alfred Graf Salm kam. Alfred Graf Salm war es auch, der sich der völlig verarmten russischen Exzellenz und ehemaligen Besitzerin von Klein Wartenstein, Mascha Alexandrowna Wassiltschikoff, die einer alten russischen Adelsfamilie entstammte, annahm, und die am Haaberger Friedhof ihre letzte Ruhe fand.

Nach mehrmaligem Umbau befindet sich heute darin das Erholungsheim der AKNÖ mit einem öffentlich zugänglichen Restaurant.

Villa Wartholz

Der im Jahre 1877 in den Besitz der Herrschaft Reichenau gekommene Leo Herzel, 1840 - 1911, seit 5. April 1881 Leo Herzel Ritter von Hertberg und ab 22. März 1883 Leo Ritter von Hertberg, ließ 1882 von dem bekannten Architekten Lothar Abel einen Parzellierungsplan der herrschaftlichen Gründe erfassen. Ziel war die Schaffung einer Gartenstadt Neu Reichenau, welche in dem Cottage-Viertel in Wien Döbling ihr Vorbild hatte. Der weit gesteckte Plan hatte aber nur in den Straßenzügen zwischen der

Villa (Schloss) Wartholz

Aktiengesellschaft umgewandelt wurde, gekommen, teilte das Gut Reichenau zwischen den Jahren 1870 und 1877 an verschiedene Interessenten auf. Mit Kaufvertrag vom 30. Jänner 1870 erwarb die Gemahlin des Erzherzogs, Maria Annunciata, das Wartholz sowie einen Waldbesitz von 18 ½ Joch. Ferner konnte von der Innerberger Hauptgewerkschaft mit Vertrag vom 31. Dezember 1870 auch der so genannte "Dreispitz Acker", an der Straßengabelung Edlach - Hirschwang gelegen, im Ausmaß von 10 ½ Joch erworben werden und der Grunderwerb von 16 ½ ha für den geplanten Bau der Villa Wartholz, heute Schloss Wartholz, abgeschlossen werden.

Maria Annunciata verstarb am 4. Mai 1871, und während ihr Eigentum an diesen Liegenschaften auf Grund eines Bescheides des Oberst Hofmarschallamtes vom 29. November 1871 zu gleichen Teilen auf deren Söhne Franz Ferdinand, Otto Franz Josef und Ferdinand Karl überging, so war Erzherzog Carl Ludwig nur das nach dem Allgemeinen Bürgerlichen Gesetzbuch zustehende lebenslange "Fruchtgenussrecht" zuerkannt worden.

Auf Grund seiner Rekommandation und seines allgemein guten Rufes als Baumeister wurde Heinrich von Ferstl mit dem Bau der Villa Wartholz betraut.

Beim Bau der Villa in den Jahren 1870 bis 1872 bestimmten Erzherzog Karl Ludwig als Auftraggeber und Maria Annunciata ganz wesentlich die Gestaltungsgrundlagen; er legte das Raum- und Funktionsprogramm fest. Seinem Wunsch entsprechend wurde Wartholz im Neorenaissancestil von Architekt Heinrich Ferstel, dem Erbauer der Votivkirche und der Universität in Wien, der bereits für Erzherzog Ludwig Viktor in Wien ein Palais im Renaissancestil gestaltet hatte, errichtet. Obwohl der Villenbau bereits im Jahre 1872 im Großen und Ganzen abgeschlossen war, so erfolgte die Kollaudierung erst am 23. Mai 1873.

In der Detailausführung griff Ferstel bei der Villa Wartholz auf noch andere schon zuvor selbst entwickelte Formelemente zurück. So z. B. auf unverputzte Ziegelsichtflächen, die er wenige Jahre zuvor schon beim Bau des Museums für Kunst und Industrie am Stubenring und am Chemischen Institut in der Währinger Straße eingesetzt hatte.

Der fast quadratische Bau weist in seinem Grundriss sehr starke Unregelmäßigkeiten auf; der Grund dafür liegt vielleicht in dem gegen Norden geplanten Ausbau, wie ihn der ursprüngliche Entwurf vorsah; er unterblieb und es wurden nur der Mittelteil und der südliche Trakt ausgeführt. Die Südseite hat im Erdgeschoss und im ersten Stock je fünf rechteckige Fensterkreuze, von denen im rechten Bauteil je zwei breiter gestaltet sind und steinerne Fensterkreuze aufweisen. Diese Fensterform besitzt auch der rechte Aufbau im dritten Geschoß. Etwas aus der Mitte gerückt sind die beiden Loggien im Erdgeschoß und ersten Stock. Zu jener führt eine Freitreppe, eine zweite solche Treppe bildet den Aufgang zu der dem östlichen Teil der Südseite vorgelagerten Terrasse. Am vornehmsten wirkt die Ostseite, die trotz des Vorspringens der ungleichen turmartigen Bauteile mit ihrem Erker und Balkonen an beiden Seiten im Mittelteil eine symmetrische Baugesinnung erkennen lässt, wozu die gleichmäßige Verteilung der breiten rechteckigen Fenster und Türen wie auch das mittlere Mansardenfenster beitragen. Dieser Seite ist eine breite Terrasse vorgelagert, von der an der Südseite und Nordseite je eine schwach gebogene Treppe mit Balustraden in den herrlichen Park mit seinem Teich führen.

Die an der Gartenseite und über der Einfahrt errichteten Gusseisenkonstruktionen zeigen die Aufgeschlossenheit Ferstels gegenüber neuartigen Baustoffen, wie diese auch bei

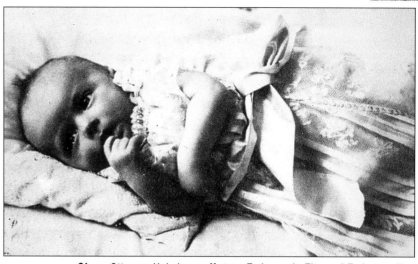

Oben: Otto von Habsburg - *Unten:* Erzherzogin Zita und Erzherzog Karl

mehreren Wiener Bauten zu beobachten waren. Durch die terrassenartige Abstufung des Vorfeldes der Villa und deren Gestaltung als reich gegliederte Nischenwand in der Art eines Nymphäums, steigerte Ferstel den Eindruck dominierender Höhe des Baues von der Gartenseite her.

Das Vorfeld am Rande einer Waldung des "Warthölzls" war zunächst frei, so dass sich ein weites Panorama des Ortes Reichenau und der gegenüberliegenden Berge, Feuchter und Gahns, bot. Für die formale Gartengestaltung, die im Jahre 1874 dem Garteninspektor Vetter oblag, war vorerst ein der Nischenwand vorgelagertes Rondo und geometrisch angeordnete

Beete vorgesehen. Im Laufe der siebziger Jahre ließ Erzherzog Carl Ludwig stattdessen einen Landschaftsgarten anlegen, durch den ein Wasserlauf geführt wurde, der einen asymmetrisch angeordneten Teich vor der Villa speiste. Wegeanlagen wurden errichtet und Bäume gepflanzt, die wenige Jahrzehnte eine solche Höhe erreichten, dass ein freier Blick auf Reichenau nicht mehr möglich war. Es wird jedoch angenommen, dass dies bereits in der Planungsabsicht des Bauherrn vorgesehen war, um der Villa den Charakter eines betont privaten Familienlandsitzes zu verleihen.

Veranda und Pergola der Villa wurden ihrer Zeit entsprechend aus dünnem Gusseisenständerbau gestaltet und bilden dezente Übergänge von der Neorenaissancevilla in den Park. Der Aufgang zur südlichen Veranda wurde im Zuge der Restaurierungsarbeiten im Jahre 1983 abgetragen. Ein wichtiges Anliegen von Erzherzog Carl Ludwig beim Bau der Villa war die Einplanung einer großen, über zwei Geschoße reichenden und im Stil der italienischen Frührenaissance mit flach gewölbter Decke versehenen Hauskapelle. Der quadratische Hauptraum war im Erdgeschoß vom Stiegenhaus oder von außen über die vorgelagerte Sakristei zugänglich. Der Altar war an der Westseite angeordnet und ihm gegenüber öffnete sich eine Empore vom 1. Stock in den Kapellenraum. Von hier aus wohnte die Familie des Erzherzogs den Gottesdiensten bei. Der Erzherzog ließ für die Ausstattung des Sakralraumes zahlreiche kunsthandwerkliche Gegenstände wie z. B. große Kandelaber in reich ornamentierter Gürtler-Arbeit anfertigen. Das Motiv eines Pelikans, der sich nach antiker Überlieferung des Physiologus für seine Jungen aufopferte und damit den Erlösungstod Christi symbolisiert, ist mehrmals vorzufinden. Erzherzog Carl Ludwig galt als papsttreuer, antiliberaler Katholik.

Am 4. Juni 1874 wurde schließlich der erzherzogliche Haushalt bis 3. November 1874 nach Reichenau in die Villa Wartholz verlegt. Sie verlebten die folgenden Jahre von Juni bis Herbst in der Villa, und Carl Ludwig liebte es, wenn während der Sommeraufenthalte durch die erzherzoglichen Kinder Theaterstücke aufgeführt,oder zumindest "lebende Bilder" gestellt wurden. Zu diesem Zweck ließ er ein kleines Haustheater herstellen, welches bei diesen Anlässen in der Halle der Villa aufgestellt wurde. Die erste Aufführung fand im Jahre 1874 statt. Als letztes Theaterstück wurde im Jahre 1895 die Komödie "L'amour de l'art" von Eugène Labiche und der Schwank "Papa hat's erlaubt" von C. Moser und A. L'Arronge zum Besten gegeben. Bei solchen Aufführungen wirkte öfters auch der Hofschauspieler des Burgtheaters, Adolph von Sonnenthal, als Regisseur mit. Auch im Jahre 1888 kam es in Wartholz zu einer Theatervorstellung. Man spielte die Lustspiele "Durch die Zeitung" von Adolf Wilbrandt, "Die alte Schachtel" von Gustav zu Pullitz und "Recept gegen Schwiegermütter" von Don Manuel Juan Diana. Dabei wirkten neben Hofdamen und Erziehern auch die Erzherzoginnen Josepha und Margaretha,sowie Erzherzog Ferdinand mit.

Kam Erzherzog Carl Ludwig nach Reichenau, so entledigte er sich der Uniform oder Stadtkleidung und zog seine Lodenjoppe an. Er wie auch seine Familie bewegten sich in Reichenau so, als wären sie Einheimische. Dementsprechend eng war auch der Kontakt zur Bevölkerung; viel näher als in Wien. Man sprach daher allgemein von "unserem Erzherzog" und nannte in einem Gespräch die erzherzoglichen Familienmitglieder bei ihren Vornamen.

Nach dem Tode Erzherzog Karl Ludwigs im Jahre 1896 ging Wartholz an seine Kinder, jedoch zu ganz unterschiedlich großen Anteilen, als Erben über. Mit Erzherzog Otto, einem der Söhne des Erblassers, konnte aber 1899 ein Vertrag abgeschlossen werden, der ihm und seiner Familie das Benützungsrecht an der gesamten Liegenschaft einräumte. Erzherzogin Maria Josepha, der Gemahlin von Karl Ludwig, und ihren beiden Söhnen Karl Franz Josef und Maximilian Eugen war es dadurch möglich, sich auch weiterhin im geliebten Reichenau aufzuhalten. Für Karl Franz Josef, dem späteren Kaiser Karl, war die Villa Wartholz Wohnsitz im eigentlichen Sinne. Er brachte auch seine jungvermählte Gemahlin, Prinzessin Zita von Bourbon Parma nach Reichenau und 1912 wurde dort sein erster Sohn Franz Josef Otto geboren und getauft. In Wartholz erhielt er auch 1914 die Nachricht vom Attentat an seinemOnkel Franz Ferdinand in Sarajewo.

Als nach 68 Regierungsjahren Kaiser Franz Joseph I. am 1. November 1916 verstarb und Erzherzog Karl Franz Joseph Kaiser wurde, kam dieser am 2. Dezember in das Schloss Wartholz, und bereits am 27. Dezember wurde ein Kaufvertrag abgeschlossen, womit der Besitz, nun Schloss Wartholz genannt, in das Eigentum von Kaiser Karl überging. Am 28. Oktober 1918, als sich das Kriegsende schon abzeichnete, verließen die kaiserliche Familie und der Hofstaat Schloss Wartholz und begaben sich nach Ungarn und danach ins Exil in die Schweiz. Kaiser Karl, der im Jahre 1922 dort verstarb, sah sein Lieblingsdomizil in Reichenau nie mehr wieder. 1926 wurde das Eigentumsrecht für den damals noch minderjährigen Otto von Habsburg-Lothringen grundbücherlich vermerkt.

Nach dem Zusammenbruch der Monarchie stand der Bau leer und wurde in den Jahren 1918 bis 1929 nur als Möbeldepot verwendet. 1925 war durch eingedrungenes Wasser vom schadhaften Dach besonders in der großen Halle ein großer Bauschaden entstanden, dessen Behebung längere Zeit in Anspruch nahm. Die immer schwieriger werdende finanzielle Lage zwang die Eigentümer dazu, die Villa als Fremdenpension zu vermieten, bis schließlich bei der Annexion Österreichs durch das Deutsche Reich am 12. Juni 1938 der gesamte Besitz von der Reichsregierung wegen der "anschlussgegnerischen Haltung der Eigentümer" enteignet und durch die Außenstelle der geheimen Staatspolizei in Wr. Neustadt beschlagnahmt wurde. Von 1939 bis 1940 stand der Bau leer und wurde 1941 von der deutschen Wehrmacht für die Unterbringung eines Ersatz-Luftwaffenbataillons beschlagnahmt. Mit Erlass vom 6. Jänner 1943 ging der Villenkomplex Wartholz mit allen dazugehörenden Grundstücken auf Grund der seinerzeitigen Fürsprache des Bürgermeisters von Reichenau, Oskar Wehling, der um Übereignung zwecks Erweiterung des Kurbetriebes ersucht hatte, kostenlos an die Gemeinde Reichenau über. Die grundbücherliche

Kaiser Franz Joseph

Einverleibung beim Bezirksgericht Gloggnitz erfolgte am 7. September 1944.

Das Kriegsende, das in den fünfwöchigen harten Kämpfen im Semmeringgebiet, den Krieg bis vor die ersten Häuser von Reichenau trug, ging für Wartholz ohne schwere Schäden vorüber. Wohl erhielt das Verwaltungsgebäude einen Granattreffer, einige Geschosse gingen auch im Wald dahinter nieder, das Schloss selbst aber blieb unbeschädigt. Nach dem Einmarsch der Roten Armee am 8. Mai 1945 verfügte der zuständige Kommandant die Bewachung der Villa, so dass jede Beschädigung und Plünderung verhindert wurde. Diese Funktion übte ab dem 2. Juni 1945 ein Kontingent des Österreichischen Freiheitskorps aus. Bereits am 3. Juni 1945 erfolgte vom russischen Oberkommando die Übergabe an den österreichischen Staat, welchen der damalige Finanzminister Dr. Zimmermann vertrat. In weiterer Folge hatten im Herbst 1945 der seit dem Jahre 1929 bestellte Verwalter, Hauptmann a. D. Hans Schwarz, sowie die ehemalige Beschließerin, Franziska Wolf, wieder die Verwaltung der Liegenschaft Wartholz übernommen. Bis Oktober 1947 leer stehend, diente die Villa in den folgenden Jahren als Bundesschulungsheim der Österreichischen Volkspartei.

Besitzer der Villa (Schloss) Wartholz:

04. 01. 1872	zu je einem Drittel die Erzherzoge Franz, Otto, Ferdinand
02. 03. 1880	alleiniger Besitzer Erzherzog Carl Ludwig
10. 02. 1899	Erzherzog Franz Ferdinand v. Österreich - 29/100
	Erzherzogin Margareta Sophie - 5/100
	Erzherzogin Maria Annunciata - 19/100
	Erzherzogin Elisabeth - 19/100
29. 03. 1899	alleiniger Besitzer Allerhöchster Familienfonds
30. 12. 1916	Seine k. k. Majestät Kaiser Karl
21. 09. 1926	Otto von Habsburg-Lothringen
09. 01. 1943	Deutsches Reich
29. 08. 1944	Gemeinde Reichenau
05. 03. 1949	Otto von Habsburg-Lothringen
03. 08. 1973	Alleiniger Besitzer das Land Niederösterreich
07. 10. 1982	je zur Hälfte Dipl.-Ing. Paul Schubert und Eva Maria Schubert.

Derzeit ist Schloss Wartholz wieder in Privatbesitz, wobei der neue Besitzer namentlich nicht genannt werden will.

Schloss Hinterleiten - Rothschild

Baron Nathaniel von Rothschild, 1856 - 1905, der in Wien die bekannten Rothschildgärten auf der Hohen Warte schuf, erbaute das als Repräsentationsbau geltende Schloss Hinterleiten. Der Hauptbau wurde nach Vorbild der Loire-Schlösser und der Personaltrakt im Stil eines englischen Landhauses errichtet. Rothschild kam erstmals 1879 nach Reichenau zur Auerhahnjagd, wo er im Hotel Fischer logierte. 1883 erwarb er in der damaligen Katastralgemeinde Hinterleiten Bauernland und verschiedene Parzellen. Diese, im Ausmaß von ca. 19 ha, auf einem sich nach Norden hin abflachenden Ausläufer des Kreuzberges gelegen, fügte er zu einem großen Parkgrundstück zusammen. Das Schloss wurde nach Plänen der Architekten Armand Banquè und Albert Pio von den Wiener Baumeistern Heinrich und Franz Glaser errichtet. Um für einen Teil der angeblich 500 für den Bau notwendigen Arbeitskräfte eine Unterkunft zu schaffen, wurde an der Gabelung der Straßen von Groß- und Kleinau das so genannte "Personalhaus" errichtet, der Rest der Arbeiter stammte teilweise aus der Umgebung, oder sie kamen als so genannte "Einlieger" bei den Bauern in der Umgebung unter.

Nach der Konsenserteilung vom 24. Mai 1884 durch den Reichenauer Bürgermeister wurde mit dem Bau des Personaltraktes begonnen und am 14. Februar 1887 wurde die Bewilligung zur Benützung erteilt. In einem zweiten Gebäude war das Gaswerk untergebracht. Hier wurde durch Karbid erzeugtes Gas zu Beleuchtungszwecken durch Rohrleitungen in das Schloss geleitet. Der Baron war damals voll in Reichenau integriert und seit 1886 auch Präsident des Verschönerungsvereines. Er gab auch den Anlass, Reichenau zum Kurorte mit allen Einrichtungen für Amüsements und Unterhaltung zu machen. Er beabsichtigte sogar eine Sommer-Trabrennbahn im Stile der Badener zu errichten, was jedoch durch einen Bauern, der sein Grundstück nicht verkaufen wollte, vereitelt

Links: *Schloss Rothschild*
Oben: *Kursteilnehmer im Schloss Rothschild*
Oben rechts: *Rothschild-Initialen*
Rechts: *Zertifikat eines Kursteilnehmers (Vzlt. Walter Zwarnig)*

worden ist. Aber auch bei anderen geplanten Unternehmen stieß der Baron immer wieder auf Ablehnung seitens einiger Einheimischer und auf Schwierigkeiten mit der Gemeindeführung bei der Bauausführung seines Schlosses. Dies führte dazu, dass er die Obmannstelle des Verschönerungsvereines zurücklegte, und er stellte wahrscheinlich im Jahre 1889, nach ungeklärter Ursache, auch den Bau des Herrschaftsteiles ein; er war an Reichenau nicht mehr interessiert. Er trug sich nun mit dem Gedanken, die 19 ha große Liegenschaft dem "Verein zur Pflege Brustkranker" zu übereignen. Dies kam jedoch nicht zu Stande, da die Reichenauer durch solch eine Einrichtung einen Rückgang des Fremdenverkehrs befürchteten. Er zog daraufhin die Stiftung zurück und errichtete dafür eine Stiftung für im k. u. k. Militärdienst stehende, invalid gewordene Offiziere. Schlussendlich wurde das Schloss mit all seinen Liegenschaften und 800 000 Kronen Bargeld am 4. Oktober 1900 dem k. u. k. Kriegsministerium als Stiftungsbehörde feierlich übergeben. Von 1943 bis 1945 diente es als Lazarett und ist heute im Besitz der Vereinigten Altösterreichischen Militärstiftung. Ein Teil des Schlosses wird vom österreichischen Bundesheer als Ausbildungs- und Erholungszentrum für Heeresangehörige genützt. Zur Zeit ist Vzlt. Walter Zwarnig Garnisonskommandant und Heimleiter.

Das österreichische Bundesheer veranstaltet abwechselnd wehrpädagogische Seminare mit der Uni Graz, Wien, Klagenfurt und Innsbruck, friedenserhaltende Kurse, CIMIC Kurse - internationale Schulungen für einen eventuellen Katastropheneinsatz, einen regelmäßigen Urlaubsaustausch mit Frankreich und Kroatien, und es dient als Erholungszentrum für Heeresangehörige.

Auch für private Veranstaltungen wie Rezitationskonzerte, Gesangsmatinees, Benefizgalas, Meisterkurse für Streichquartett und Klaviermusik, Vernisagen, Vorträge und Präsentationen steht das Gebäude zur Verfügung.

Ortsansichten: *Uferpromenade entlang der Schwarza und die Museumseisenbahn - Gedenksteine zur Erinnerung an die Habsburger in Reichenau - die Johannisbrücke und das neue Wohnhaus Frieden*

Die Museumseisenbahn in voller Fahrt

Das renovierte **Schloss Reichenau**
und der neue Schlossplatz
Kleines Bild rechts: Klangbildsymbol
im Kurpark
Unten: Die Pfarrkirche zur Hl. Barbara

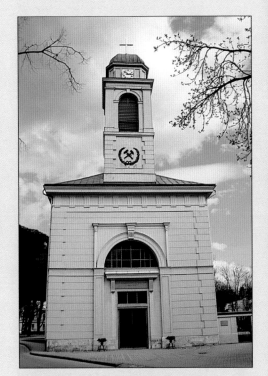

Der Teich im Kurpark
Links Die Lenaubrücke
Rechts: Objekte der Landesausstellung 2003

Der Kurpark mit Pavillon

Rechts: *Der neue Kindergarten, untergebracht in einem*
Nebengebäude von Schloss Reichenau
Daneben: *Eingang in den Kurpark*
Unten: *Das Kurtheater Reichenau*

Stimmungsvolle Vorweihnachtszeit in Reichenau - der Adventmarkt im Kurpark

tradition
&moderne

Reichenau an der Rax, eingebettet in der Wunderwelt der Zauberberge, ist wegen seiner Naturschönheit und gesunden Luft- und Wasserqualität schon vor dem 19. Jahrhundert zu einem Ort der Sommerfrische für die Wiener Gesellschaft geworden. In der Zeit der Monarchie war Reichenau einer der bedeutendsten Sommerfrische-Orte, wo auch die kaiserliche Familie eine Sommerresidenz hatte. Seit mehr als 60 Jahren heilklimatischer Luftkurort ist Reichenau auch der richtige Ort für Natur-Erlebnisse. Das Erlebnis Rax und Schneeberg - ob mit der Seilbahn, über gepflegte Wanderwege oder gewagte Klettersteige. Das Erlebnis Höllental - ob am Motorrad, im Kajak oder zu Fuß am Wasserleitungsweg.

Das Erlebnis Gastfreundschaft - ob im stilvollen Hotel, im gemütlichen Gasthof oder zünftig in der Berghütte. Erleben Sie Reichenau: Kunst und Natur - ein Erlebnis.

Theater Reichenau

Kristallbrunnen

Höllental

Information: Tourismusbüro Reichenau, Hauptstraße 63, A-2651 Reichenau/Rax, Tel. 02666/52865, Fax 02666/54266, tourismus@reichenau.at

www.reichenau.at

DER INDUSTRIEORT HIRSCHWANG

Hirschwang, dessen zweite Silbe "wang" im Althochdeutschen "uuang" ist, bezeichnet ein gehegtes, besonderen Zwecken vorbehaltenes Grundstück, aber auch ein von Natur mit üppigem Pflanzenwuchs bestandenes Gelände, wie zum Beispiel eine von Laubbäumen umgebene fette Talwiese. Hirschwang, oder wie früher "hirzwange" genannt, kann also im weitesten Sinne mit "Hirschwiese" übersetzt werden. Hirschwang wurde urkundlich das erste Mal im 12. Jahrhundert genannt und bot des sumpfigen Bodens wegen wenig Nutzen. Ferner wies das Gebiet durch die alljährlichen Hochwasser zu wenig urbaren Grund auf, damit war dieses Gebiet vorwiegend Jägern, Forschern, Botanikern, Holzknechten und einigen Wagemutigen, die sich in diese damals unwirtliche Gegend vorwagten, vorbehalten. Dies war auch der Grund, warum hier im Laufe der Zeit eine immer größer werdende Jägersiedlung entstand.

Aber nicht nur Jäger und Forscher drangen in dieses Gebiet vor, auch die Römer, Kimbern und Teutonen waren schon Bewohner dieses Gebietes gewesen, um hier nach Erzvorkommen an der Westseite von Hirschwang zu graben. Pingen, muldenartige Vertiefungen am Schendlegg und am Sängerkogel waren dort zu finden, wo das Erz oben zu Tage lag.

Mit dem Bergbau konform ging auch die Eisenindustrie, wobei dem Kloster Neuberg der Florastollen am Altenberg, der Ferdinandstollen am Grillenberg und der Antoniusstollen am Schendelegg gehörten.

Ortsansicht von Hirschwang, im Hintergrund der Schneeberg

Während im Jahre 1609 der erste Hochofen in Edlach errichtet wurde, so entstand bereits im 15. Jahrhundert im Eingang in das Höllental der Höllhammer oder Krumbachhammer, wobei für die Errichtung dieses Hammers das günstige Flussbettgefälle den Ausschlag gab. Da dieser Hammer - und auch die Hubmer-Trift - immer wieder durch Hochwasser beschädigt wurde, entschloss man sich nach dem verheerenden Hochwasser vom Jahre 1813 diesen aufzulassen und ein neues Eisenwerk im Ort Hirschwang zu errichten, wo sich auch Kaiser Karl VI. und die späteren Regenten gerne aufgehalten

Flossofen in Edlach

ten haben. Dem Wasser, in welchem die Hammerschmiede das Eisen abgekühlt haben, wurden besondere Heilkräfte zugesprochen und so mancher Gast nützte die Zeit, um in diesem Wasser ein Bad zu nehmen. Die Hammerschmiedekleidung bestand aus einer blauen Gradlhose, einem rupfenen Pfoad - ein Hemd aus grober Leinwand - einer Kappe und dem Schempfl - ein Schurz aus Kalbs- oder Ziegenleder, der hinten mit einer selbst gefertigten Schließe zusammengehalten wurde.

Da der Ertrag der Bergbaubetriebe laufend gesteigert wurde, so mussten immer mehr Fachkräfte wie Gießer und Former angeworben werden, wobei viele aus dem böhmischen Erzgebirge und aus der Eisenwurzen in der Steiermark stammten.

Für sie wurde in Hirschwang das Große Hammerhaus errichtet, welches im Jahre 1935 wegen Baufälligkeit demoliert werden musste. Das benötigte Eisen wurde meist vom Hochofen in Edlach bezogen und daraus im Hirschwanger Werk Werkzeuge, Radreifen, Küchengeräte und sonstige Gefäße gefertigt.

Dass die Bergmannsarbeit immer mit Gefahren verbunden war und ist, dafür zeugt am Preiner Friedhof ein Grabmal, ein Mahnmal für die anlässlich eines Stolleneinbruches am 10. 1. 1868 verschütteten Bergleute.

Mit dem Beginn der Industrie vollzog sich eine Umgestaltung in der Form, dass von nun an die Forstkultur gefördert wurde. Damit war auch gleichzeitig ein Rückgang der Landwirtschaft zu verzeichnen, wobei der Grund zwecks besserer Dotation verliehen wurde und sich der Rest für die Landwirtschaft nicht mehr lohnte.

Da auch im Laufe der Zeit die Erzvorkommen immer weniger wurden und die Käufer und Auftraggeber immer weniger wurden, so kam es im Jahre 1870 zum Verkauf der Staats-

Eisenwerk in Edlach

Höchbauer Gasthaus in Hirschwang

Alexander Schoeller

Schoellerhaus in Gemünd

domäne an die Innerberger Hauptgewerkschaft. Mit dem Börsenkrach im Jahre 1873, der eine Entwertung mit sich brachte, legten die Besitzer der Innerberger Aktien keinen Wert mehr darauf und waren froh Aktionäre, das Dominium, gefunden zu haben, in welchem Richard Ritter von Schoeller den Hauptanteil besaß.

Auszug aus der Geschichte der Familien Schoeller
Von Hans Freiherr von Dumreicher, Wien 1933

Die Familie Schoeller stammte vom Rhein, einem Gebiet, aus dem sowohl in Deutschland wie auch in Österreich hervorragende Persönlichkeiten in der Politik, Kunst, Wissenschaft, des Kriegshandwerkes wie auch friedliche Pioniere der Wirtschaft, Männer der Industrie und des Handels hervorgegangen sind. Mit Sicherheit kann angenommen werden, dass der Name Schoeller von dem im heutigen Regierungsbezirk gelegenen Hofe Schoeler herstammt. Jakob Grimm, der berühmte Germanist, leitet den Namen aus dem Worte "Schönlar" her, dessen keltische Endsilbe "lar" ein ausgerodetes Stück Land bezeichnet. Der Name Schoeller bedeutet also einen schönen, durch Ausrodung urbar gemachten Landstrich.

Die Schoeller saßen ursprünglich imJülischen und Bergischen als Grundherren auf ihren Lehenssitzen und erscheinen zuerst in einer Urkunde von 1250, gehören somit zu den ältesten rheinischen Geschlechtern. Das Reformationszeitalter mit seinem religiösen Hader und seinen blutigen Kämpfen wurde auch ein Wendepunkt in der Geschichte dieses Geschlechtes. In den Gräueln dieser Epoche ging nicht nur Haus und Hof, Hab und Gut zugrunde, es gingen mit den Archiven auch die Rechtstitel auf angestammten Besitz und mit den Kirchenbüchern die Matrikeln in Flammen auf, so dass für die nachgeborenen Geschlechter sowohl die Eigentums- wie die familiäre Tradition abriss. Im 16. und 17. Jahrhun-dert finden wir in den uns erhaltenen Urkunden den Namen Schoeller in Verbindung mit herzoglichen Eisenhämmern in der Eifel in den Orten Schleiden und

Gemünd als "Reydmeister", d. s. Hüttenwerksbesitzer, die Erbpachtanteile an den landesherrlichen Hütten besaßen.

Um 1550 weisen die Urkunden einen Joeris Schoeller auf, den Stammvater sämtlicher heute in Düren und Wien lebenden Schoeller. In Gemünd in der Eifel steht noch heute als Wahrzeichen das Haus seines Nachkommen Philipp Dietrich Schoeller, genannt "Zur Treppen", erbaut im Jahre 1691, das über der Eingangstür die Initialen seiner und die seiner Gemahlin Elisabeth zeigt.

P. D. S. E. S. 1691.

Wie kam es nun Anfang des 19. Jahrhunderts zu der Niederlassung der Schoeller in den österreichischen Erblanden? 1818 fand zu Aachen der über Initiative des Staats-

Angehörige der Familie Schoeller

kanzlers Fürsten Metternich einberufene Fürstenkongress statt, den Friedrich von Gentz in seinen Tagbüchern so anschaulich schildert und zu dem sich auch der Kaiser von Österreich einfand. Die kaiserliche Regierung strebte danach, Handel und Wandel zu heben und dadurch die schweren Wunden zu heilen, welche die napoleonischen Kriege geschlagen hatten. Wir sehen nun drei Brüder Schoeller bei Franz I. in Audienz erscheinen, in welcher der Monarch die Konzession zur Errichtung einer Tuchfabrik in Mähren, unter Einräumung wichtiger Privilegien, gewährte. Dieser Schritt zeugt von dem Unternehmungsgeist und Weitblick unserer Vorfahren, welche die großen Möglichkeiten in dem damals industriearmen Österreich erkannten und als Pioniere der Industrie die Brücke zwischen deutschem Westen und Osten schlugen. So wurde zwei Jahre später, im Jahre 1820, die Firma Gebr. Schoeller in Brünn errichtet, die als erste Niederlassung des Hauses in Österreich anzusehen ist.

Firma Schoeller & Co.

Sie ist seit dem 15. Mai 1889 Eigentümerin des "Ternitzer Stahl- und Eisenwerkes Schoeller & Co." und erwarb am 24. Juni 1875 die beiden Eisenwerke Hirschwang und Edlach und den Betrag von 335.000,-- Gulden, während die Grundherrschaft an ein Konsortium ging, von welchem schließlich Leopold Ritter von Hertberg als alleiniger Besitzer übrig blieb. Für den Hochofen in Edlach setzte man als Verwalter einen Fachmann ein. In Hirschwang entstand eine neuere und größere Walzwerkanlage sowie andere Eisen verarbeitende

Teilansicht vom Eisenwerk in Hirschwang

Abteilungen. Im Jahre 1888 ereignete sich im Eisenwerk in Hirschwang eine Gasexplosion, worauf seitens der Eigentümer der Beschluss gefasst wurde, das Eisenwerk in Edlach wegen Unrentabilität aufzulassen und abzustoßen und die bisherige Fabrikation des Eisenwerkes Hirschwang nach Ternitz zu verlegen. Gleichzeitig wurde in weit vorausblickender Erkenntnis des großen Holzreichtums und der vorhandenen Wasserkraft durch Herrn Richard Ritter von Schoeller das bisherige Eisenwerk in Hirschwang um den Kaufpreis von 50.000,-- Gulden seitens der Firmeninhaber Schoeller & Co. in Wien in die

Hirschwanger Holzschleiferei
und Holzstoffwarenfabrik Schoeller & Co. umgewandelt.

Da die Bewilligung zu dieser Umwandlung am 20. August 1888 erteilt wurde, so kann man 1888 als Gründungsjahr des Betriebes ansehen. Das Firmenschild wurde am Palmsonntag des Jahres 1897 angebracht. Nach Ausbau der Wasserkraftanlage, Bau eines Ober- und Unterwerkskanals, für den am 9. Mai 1888 der erste Spatenstich und am 5. Jänner 1889 der erste Wassereinlass erfolgte, sowie Errichtung eines Rauchfanges und nach Aufstellung eines dem neuen Erzeugungszweig angepassten Maschinenparks wurde die Fabrikation von weißem und braunem Holzstoff, sowie von Handpappe aufgenommen. Bereits am 5. März 1889 gelangte der erste Waggon Holzstoff an die Papierfabrik Franzensthal zur Auslieferung. Im Jahre 1889 wird auch um die Aufstellung einer Papiermaschine und einer Dampfmaschine nachgesucht, dem Ansuchen der Papier-

*Gefäßmeister
Lorenz Huber*

maschine jedoch nicht stattgegeben. Bereits am 5. März 1889 gelangte der erste Holzstoff zur Auslieferung. In weiterer Folge wurde die von den Gebrüdern Waißnix im Jahre 1876 errichtete Zellulosefabrik in Hirschwang wegen Gestanksbelästigung geschlossen und von der Fa. Schoeller im Jahre 1889 um 150.000,-- Gulden erworben und darin Holzstoffgefäße nach dem System Christensen erzeugt. Da diese Produkte aber gegenüber den Konkurrenzprodukten zu teuer waren, wurde diese Produktion 1897 eingestellt und in den Räumen eine Akkumulatorenfabrik errichtet. Im Jahre 1899 erwarb die Firma AFA - Akkumulatorenfabrik Aktiengesellschaft - Wien diese "romantisch gelegene Anlage", wobei die spätere Übersiedelung nach Liesing im ersten Weltkrieg begründet lag. Die großen Anforderungen, die österreichische Armee besonders für U-Boote stellte, und die ungünstigen Transportverhältnisse von Hirschwang aus hatten diese Verlegung notwendig gemacht.

Erster Waggon Holzschliff verläßt das Werk

Unten: *Ehemalige Akkumulatorenfabrik in Hirschwang*

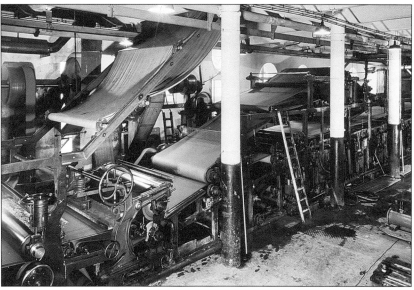

Erste Kartonmaschine, Teilansicht

HIRSCHWANGER HOLZSCHLEIFEREI UND HOLZSTOFFWARENFABRIK

SCHOELLER & C⁰ ✦ HIRSCHWANG (N.-Ö.)

Wichtig für Schützen!

Verbesserte patentierte „Papiertaube"

„Columba"

Erfinder: Herr Ingenieur Hugo Fuchs, Wien.

Wurfobjekt als Zielscheibe für den Schrotschuß.

Zuverlässigstes Übungsobjekt,

besser als Glaskugeln und Tontauben.

Richard Ritter von Schoeller war immer bestrebt, die Firma auf dem neuesten Stand zu halten, und so wurden in den folgenden Jahren immer wieder leistungsfähigere Maschinen für die Kartonagen-Abteilungen angeschafft. Da die Anforderungen an die Qualität der erzeugten Produkte immer wieder Verbesserungen erforderten, so entschloss sich Richard Ritter von Schoeller zum Ankauf einer

Rundsiebkartonmaschine,

die einen Wendepunkt für die Pappen- und Kartonagenerzeugung in Hirschwang bedeutete. Der im Jahre 1903 von der Firma Füllner in Warmbrunn gebauten und im Werk

Hirschwang aufgestellten Rundsiebkartonmaschine, der ersten im damaligen Österreich-Ungarn, wurde am 23. Juli 1903 die behördliche Bewilligung erteilt. Nach einer Arbeitszeit von rund 150 Tagen konnte der Firmenleitung die Maschine als betriebsbereit gemeldet werden, und in den ersten Märztagen des Jahres 1904 ging in allen Betriebsabteilungen, aber auch außerhalb der Fabrik die Kunde von Mund zu Mund: "Die große Maschin' laft scho.' Alt und Jung, alles drängte herbei, um diese Wundermaschine zu sehen und die neue Kartonpappenherstellung, worüber schon seit Monaten unter der Gefolgschaft eifrig debattiert wurde, mit eigenen Augen kennen zu lernen. Und wenn auch der Großteil dieser begreif-

lich Wissbegierigen nachher wieder befriedigt zu ihrem Arbeitsplatz zurückkehrten, viele davon waren es trotzdem nicht, schüttelten bedenklich den Kopf und konnten ein gewisses Misstrauen über diese "moderni Maschin" nicht unterdrücken, weil, wie die Huber Soferl geheimnisvoll bemerkte "bei dieser Maschinerie noh wos aunderes dahintersteckn muass", - und die Soferl hatte noch immer Recht behalten. Alle diese anfänglichen Bedenken und alles Misstrauen schwanden jedoch rasch im gleichen Maße, als sich die zur Führung und Betreuung der neuen Maschine eingeteilten Arbeitskameraden, und zwar Flech Karl und Potucek Adolf als Maschinführer, Putz Eduard und Piribauer Franz als Maschinengehilfen, Hecher Martin und Wagner Ignaz als Schmierer, Putz Karl und Ehn Josef als Pressensteher und Fellner Karl, Wallner Rudolf, Potrucek Josef und Weißenbacher Roman als Querschneider und Umroller, allgemein nur lobend über diese neue Maschine äußerten und gleichzeitig auch durch den erhöhten Anfall an Pappen in bisher nicht zur Verfügung gestandener Qualität unsere dazumal noch junge Kartonagenerzeugung mit einem Schlage auf eine breitere Basis gestellt und durch die Aufnahme zahlreicher neuer Arbeitskräfte auch eine bessere Verdienstmöglichkeit für den ganzen Ort Hirschwang geschaffen werden konnte. Unsere Kartonmaschine hat im Laufe der Jahre verschiedene Abänderungen durchmachen müssen. Verbesserungen und Umbauten wurden an ihr vorgenommen, im Kern aber ist sie die alte geblieben, hat im ersten Weltkrieg bereits Erstaunliches geleistet und wird auch heute wieder Jahr und Tag bis zum Äußersten beansprucht.

Auszug aus der Lohnliste der Fa. Schoeller & Co Hirschwang

Huber Hermann - Holländermischer	Gulden	1,10	pro Schicht
Ziegler Anton - Kollergangführer	Gulden	1,10	pro Schicht
Trobi Veit - Raffineur - Sortierer	Gulden	1,10	pro Schicht
Pointner Franz jun. - Schmierer	Gulden	1,10	pro Schicht
Rauter Michael - Dampfwärter	Gulden	1,25	pro Schicht
Adlboller Karl sen. - Presser	Gulden	1,10	pro Schicht
Ziegler Emmerich - Deckelabnehmer	Gulden	0,55	pro Schicht
Wagner Anton - Holzputzer	Gulden	1,20	pro Schicht
Przibill Josef - Schichtner	Gulden	0,90	pro Schicht
Fink Michael - Zimmerer	Gulden	0,80	pro Schicht
Stummer Johanna - Sortiererin	Gulden	0,60	pro Schicht
Stietka Elisabeth - Trocknerin	Gulden	0,60	pro Schicht

Von der Bauplattenerzeugung zur MM-Karton

Albert Beran, der damalige Werksdirektor der Fa. Schoeller & Co in Hirschwang, war es, der sich mit der Konstruktion einer solchen Maschine beschäftigte und diese im Werk

Hirschwang fertigen ließ, und zwar so, dass mit einem einzigen Universalwalzenpaar sechs verschiedene Wellmuster erzeugt werden konnten. Berans Erfindung ist im Kaiserlich Königlichen Patentamt unter der Patentschrift Nr. 58360 vom 26. März 1913, angemeldet am 22. November 1911 mit Beginn der Patentdauer am 1. Oktober 1912, Riffelwalzenpaar für Wellpappemaschinen, registriert. Am 3. Juli 1930, also schon in der Zeit

Wellpappemaschine für Beranitplatten

der Neusiedler A. G. für Papierfabrikation, wurde ein Patent zur Erzeugung von Baukörpern mit einem aus profiliertem Faserstoffmaterial bestehenden Kern und einer auf diesem aufgebrachten Verkleidung angemeldet. Heute noch bestehende Bauten, wo diese Beranitplatten Verwendung fanden, sind unter anderem die Bahnhofsgebäude der Museumseisenbahn und ein Haus am Kletschkahügel. Vielen Hirschwangern sind aber auch noch die Gebäude des alten Kinos wie auch der Baukanzlei - Haberhauerhaus - bekannt.

Der Krieg ging verloren und die Monarchie zerfiel. Damit konnte Richard Ritter von Schoeller all seine weiteren Pläne, wie z. B. die Gründung einer Volkshochschule in Hirschwang, gedacht für die Weiterbildung der Betriebsangehörigen, nicht mehr verwirklichen und verkaufte enttäuscht am 1. Juni 1920 den gesamten Betrieb an die Neusiedler A. G. für Papierfabrikation. An der Spitze der neuen Besitzer stand Generaldirektor Emil von Linhart, in späteren Jahren unterstützt von Direktor Simon Wieser, seinem Schwiegersohn, und dem Betriebsleiter der Kartonerzeugung, Arnim von Elissen. Von Anfang an war Emil von Linhart bestrebt, durch Modernisierung der bestehenden Anlagen und Ankauf neuer, moderner Maschinen die Leistungsfähigkeit des Betriebes den jeweiligen Erfordernissen optimal anzupassen. Zu dieser Zeit war der Betrieb in Hirschwang ein Unternehmen, das allen Anforderungen gewachsen war. Mit dem Tode von Herrn Emil von Linhart jedoch begann

Eröffnung der Lokalbahn Payerbach - Hirschwang

Letzte Fahrt im Jahre 1963

auch die "Talfahrt" der Fa. Neusiedler A. G. Vom Jahre 1970 bis 1971 wurde der Betrieb als eigene Gesellschaft so recht und schlecht geführt und danach von Herbert Thurnauer übernommen.

Als dieser dann im Jahre 1973 die Kartonfabrik Hirschwang aus seiner Neusiedler A. G. herauslöste und an Mayr-Melnhof verkaufte, konnten die MM-Gewaltigen kaum ahnen, welches "Juwel" sie sich dabei einhandelten. Nach gigantischen Investitionsprogrammen in den Betrieb wie auch in den Umweltschutz, wobei rund 420 Millionen Schilling flüssig gemacht wurden, präsentierte sich das nun unter dem Namen Neupack Ges. m. b. H. geführte Unternehmen als kerngesunder und überaus attraktiver Betrieb. Unter Leitung von Direktor Simon Wieser, seit 1972 an der Spitze der Fa. Neupack, setzte

Dr. techn. Emil von Linhart

die hochmoderne Fabrik anfangs jährlich mit 400 Mitarbeitern rund 600 Millionen Schilling um. Als reiner Recycling-Betrieb verarbeitete die Neupack als Rohstoff zu 90 Prozent Altpapier, der Rest war Zellstoff. Im Drei- bzw. Vierschichtbetrieb, wobei rund ein Drittel der Beschäftigten Frauen waren, wurden Kartons, Kartonagen und Faltschachteln hergestellt, wobei die so genannten "gestrichenen Kartonsorten" einen Produk-tionsanteil von 75 Prozent

Die ersten Offsetmaschinen in Hirschwang

Oben links: *Neusiedler Produktpalette -* **Oben rechts:** *Ehemaliges Fabrikstor*
Unten: *Kläranlagebecken der MM Hirschwang*

aufgewiesen haben. Von der Produktion wurde ein Teil direkt in den Kartonagenabteilungen weiterverarbeitet, 60 Prozent gingen in den weltweiten Export und der Rest landete am Inlandsmarkt, wobei sich die Kundenliste wie ein Auszug aus der Hitparade renommiertester Unternehmen darstellte.

Bewiesen wurde in Hirschwang aber eines auf jeden Fall: "Durch entsprechendes Management und weitblickende unternehmerische Entscheidungen können Werke wie MM-Karton und Neupack auch in schwierigen Zeiten Gewinn bringend geführt werden", da die Produkte dieser beiden Erzeugungszweige europaweit und geringfügig auch weltweit zur Auslieferung gelangen.

Die Kalk - und Steinwerke der ZIAG

Wegen des großen Bedarfs an Kalk, der auf Grund der vielen Villen und Wohnhausbauten im Gemeindegebiet bestand, errichteten in Hirschwang in der Nähe der heutigen Windbrücke die Brüder Waißnix einen Kalkbruch und erbauten mehrere Kalköfen. Man

Oben: Ansicht des ehemaligen Kalkwerkes der ZIAG
Unten: Etage mit Bremserhaus am Steinbruch ZIAG

schrieb das Jahr 1884, als die ersten Hornsignale, die den Beginn und das Ende einer Sprengung signalisierten, über das Schwarzatal tönten. Am Anfang befanden sich zwei Schachtöfen am Fuße des Bruches, die jedoch wegen Unrentabilität teilweise abgetragen wurden. Der damalige Besitzer der Herrschaft Reichenau, Leo Ritter Herzel von Hertberg, erwarb im Jahre 1885 dann den waißnixschen Betrieb und erbaute einen großen Ringofen zum Brennen des Kalkes. In der Folge wurde ein Mineralwerk, bestehend aus Kugelmühle und Schotterbrecher, installiert im Jahre 1893 erfolgte

dann der Zubau von zwei Ringöfen. Im Jahre 1911, nach Ableben von Leo Ritter Herzel von Hertberg, übernahm als Erbin Freifrau Paula von Zedtwitz das Unternehmen. 1912 ging das Kalkwerk auf die Wiener Ziegel A. G. über, die eine moderne Schachtofenanlage errichtete. Im

April 1918 erwarb das Unternehmen die Österreichische Aktiengesellschaft für Bauunternehmungen und in weiterer Folge die ZIAG - Ziegelindustrie Aktiengesellschaft. Der letzte Besitzer war die Perlmooser Zementwerke A. G. Sie hat dann den Betrieb am 15. 12. 1968 aus Konkurrenzgründen geschlossen.

Die Raxseilbahn

Im Industrieort Hirschwang wurde in nur neunmonatiger Bauzeit am 9. Juni 1926 die erste Personenseilschwebebahn Österreichs nach dem System Bleichert & Zuegg eröffnet. Damit war auch die Rax für den Allgemeintourismus erschlossen. Man konnte nun ohne körperliche Anstrengung in nur sieben Minuten die Höhe erreichen, um von dort ausgeruht Wanderungen am Plateau zu unternehmen oder im Liegestuhl die Wärme der Sonne genießen.

Im November und Dezember 2002 wurden große Umbau- und Erneuerungsarbeiten durchgeführt, wie z. B. der Ausbau der Talstation. Auch wurde die Raxseilbahn mit zwei neuen, modernen Gondeln bestückt. Die Raxseilbahn, die unter der Leitung von Herrn Fritz Scharfegger steht, ist aus dem Ortsbild wie auch aus dem Allgemeintourismus nicht mehr wegzudenken, wobei gesagt werden muss, dass der Betreiber Herr Fritz Scharfegger mit großem finanziellen Aufwand und persönlichem Einsatz bemüht ist, den Betrieb aufrecht zu erhalten; eine sicherlich schwierige Aufgabe, da die Auslastung von vielen Faktoren und speziell auch vom Wetter stark abhängig ist.

Oben: Stützenholzbringung für die Materialseilbahn
Unten: Die neue Gondel der Raxseilbahn

DIE MARKTGEMEINDE PAYERBACH

Über den Ursprung des Namens Payerbach, der wiederholt auch "Bayerbach" geschrieben wurde, sind die Meinungen geteilt. Während einige denselben von "Payer", der landläufigen Bezeichnung für ein hier häufig vorkommendes Ackerkraut, ableiten wollen, behaupten andere, er rühre von den Ansiedlern aus Bayern her; Letzteres hat auch seine Richtigkeit. Bereits im Jahre 1030 hatte Himiltrud von Formbach das kleine Kloster Formbach am Inn gegründet, welches jedoch wegen zu geringer Dotation in wirtschaftliche Schwierigkeiten geriet. Um 1060 heiratete Mathilde den Grafen Ekbert I. von Formbach und Neuburg, das mit den Wels-Lambachern verwandte Geschlecht. Ekbert I., der Urenkel Himiltrudens, nahm 1094 eine Neubestiftung des Klosters vor, indem er den gut besiedelten Teil des Eigens, das ihm seine Lambacher Gattin in die Ehe mitgebracht hatte, dem Kloster schenkte.

Alte Ansicht von Payerbach

In der Neubestiftungs-Urkunde aus dem Jahre 1094 kam es zur ersten urkundlichen Nennung von Payerbach, Schmidsdorf, Prein, Wörth und Gloggnitz. Die Seelsorge wurde durch lange Jahre hindurch von Konventualen des Gloggnitzer Klosters (diese Propstei wurde bald nach 1094 gegründet), welches dem bayrischen Stifte Formbach am Inn gehörte und dem Erzbistum Passau unterstand, versehen. In dieser Schenkungsurkunde kommt auch "eine halbe Hube im Dorfe Beierbach" vor. Die Mönche aus Gloggnitz versahen auch den Gottesdienst in Payerbach, somit musste damals schon eine Kirche in Payerbach

bestanden haben. Freilich wollten sich die jeweiligen "Pröpste" von Gloggnitz, wie sie sich bis zur Aufhebung des Klosters im Jahre 1803 nannten, die Visitation durch die Wiener erzbischöflichen Kommissäre nicht gefallen lassen und stellten sich, als sie eine Kontribution von fl. 400,-- zu Kriegszwecken leisten sollten, auf den Standpunkt, dass sie lediglich Klosterverwalter seien, die nur ihrem im Auslande gelegenen Stammkloster Abgaben zu leisten hätten.

Nach dem Tode Ekberts II. erbte sein Sohn Ekbert III. das Pittner Land. Als dieser jedoch am 5. August 1158 im Kampfe vor Mailand fiel, kam das Erbe an den steirischen Markgrafen Ottokar, und nach seinem Tode fiel die Steiermark und das Pittner Gebiet, damit auch Payerbach, im Jahre 1192 zuerst an die Babenberger und danach an die Habsburger. Die erste urkundliche Nennung von Payerbach, dessen Namen sich im Laufe der Jahrhunderte immer wieder geändert haben, wie z. B. 1343 Pairpach, Payrbach, 1731 Bayerbach oder 1842 Peyerbach, fällt in den Zeitraum 1094/96 und ist deshalb bemerkenswert, da er eine bayrische Ansiedelung inmitten eines slawischen Gebietes bezeichnet. Diese bayrischen Klosterleute sind als die Kulturbringer unserer engeren Heimat anzusehen und ihre Leistungen verdienen Anerkennung und Dank. Als aber auch Markgraf Ottokar IV., der im Jahre 1180 von Kaiser Barbarossa zum Herzog von Steiermark erhoben wurde, im Jahre 1192 kinderlos starb, kam das Herzogtum Steiermark und auch unsere Heimat zu Österreich. Im Zeitraum von 1194 - 1198 gehörten wir wieder der Steiermark an, da Herzog Leopold V. von Österreich die beiden Länder an seine zwei Söhne teilte; nach dem Tode des einen wurden beide Länder wieder vereint.

Payerbach zählte seinerzeit zum Gebiet der Herrschaft Reichenau, die seit ca. 1140 nachweisbar ist. Infolge der großen Ausdehnung der Herrschaft setzten die Stuppach-Klamm-Schneeberger zwecks besserer Verwaltung so genannte "milites proprientatis", niedrigere rittermäßige Geschlechter, ein, die sich nach ihren Edelhöfen benannten. So erscheinen um 1190 "ein Ekkehard de hirzwange, um 1211 ein Rudolf de Sneberger und ein Reinhardus de smidsdorf, 1250 ein Wigandus de werdeneke und um 1256 ein Pertholdus

de reichenaw" auf, die durch wirtschaftliche Schwierigkeiten gezwungen waren, ihre Edelhöfe zum Kauf anzubieten, und so kamen diese zu Beginn des 15. Jahrhunderts in den Besitz des Klosters Neuberg, welches diese Güter später an Bauern verpachtete. Solche Dienstmanngeschlechter waren z. B. "die Payerbacher, die aus der Prein, die vom Schneeberg oder die Wisenfrezz".

Am 15. Mai 1333 schenkten Herzog Otto der Fröhliche und seine Gemahlin Elisabeth Schloss und Herrschaft Reichenau dem Kloster Neuberg in der Steiermark. Bald danach entstand zwischen den Herrschaften Klamm und Gutenstein einerseits und dem Kloster Neuberg andererseits ein Streit über die Abgrenzung der Herrschaft Reichenau, daher bestimmte Herzog Albrecht II. am 26. Mai 1343 die Grenze ganz genau, und zwar: "Vom Markstein in der Speck, der Talenge zwischen Schlöglmühl und Gloggnitz über die Schwarza in den Rechgraben (Rehgraben), auf den Kohlberg in den Arizberg (wahrscheinlich der erzreiche Grillenberg), in den Saurüssel, in die feuchte Riesen, in das Himmtal, in das wenig Albl auf den Schneeberg, auf den Tuornstein (Turmstein), über den Trögenerberg, über das Wasser Trögen mitten in das große Höllental, mitten durch den Kloben, mitten in die Gruft in das Haberfeld, Rächsneralm (Raxalpe) und den Ameisbühel, in den Rauhenstein, in die Mitterwand, da wo der Hohenwanger Stain anstosst, her wieder das Gflötz unter der Rächsneralm, das große und kleine Gschaid, den Sitzenbüchl, den Tottermann, oben auf den Gampenbüchel, auf den kalten Berg, auf der Wegscheid ob des Schlosses Schottwien, nach dem Weg ob des Wolfsholz ob dem Sechtenberg, auf den Eichberg wieder in die Speck." Diese Grenzbestimmung wurde auch im Jahre 1850 bei der Gemeindebildung für die Gemeinde Reichenau-Payerbach als Grundlage genommen.

Die Grenzsteine des ehemaligen Zisterzienserstiftes Neuberg an der Mürz, welche an die Grenzen der einstigen Herrschaft Reichenau, zu der damals auch Payerbach gehörte erinnern, tragen das Marienmonogramm und die Buchstaben LAZN - Leopold Abt zu Neuberg, d. i. Leopld Fölsch, der 1677 die Grenzen markierte.

Den Payerbacher Edelhof besaß im Jahre 1348 die Witwe eines gewissen Olher, Margarete, zusammen mit ihrem Sohn Ulrich. Kunigund, die Tochter von Margarete, war mit Mert von Payerbach verehelicht, der im Jahre 1355 sein "steinhauß ze Payrbach", das er von Neuberg zu Burgrecht besaß, seinem Sohn Lorenz übergab. Verfolgt man die Geschichte Payerbachs weiter, so tritt in den Jahren von 1341 bis 1389 der "erbar man" Niklas von Payerbach als Siegler und Zeuge auf. Er beur-

Einer der Grenzsteine

kundete 1389, dass er allen Zehent, groß und klein von Kleinvieh, von seinem Hof zu Pairpach dem Kloster Formbach schuldig sei, ferner den Drittelzehent in der Prein, dagegen zwei Drittel dem Kloster Neuberg; diesen Zehent hatte er bis zu diesem Zeitpunkt aus besonderer Gnade innegehabt. Einer der bedeutendsten Einschildigen der Herrschaft Reichenau war Rudolf der Wisenfrezz, der mit seiner Frau Dorothea im Jahre 1348 einen Hof "an dem Sneperg", ein "Holz am Grillenberg" und einen "Weingarten am Rosenbühel" als Burgrecht vom Kloster Neuberg besaß. Im Jahre 1384 belehnte Herzog Albrecht III. unter anderem Georg Wisenfrezz mit dem halben Hof "ze Müldorf". Im Jahre 1405 verkaufte er mit Zustimmung seiner Frau Dymut den "gantzen Hof ze Müldorf gelegen in der Preun" um 200 Pfund Pfennige den Neuberger Zisterziensern. 1353 wird in Payerbach bereits ein alter Ortsrichter erwähnt. 1593/94 war Peter Waizpaur aus der "Payrbacher Rott" Richter. 1680 - 1702, also 22 Jahre, war Mathias Maler Gegendrichter. Aus dem Jahre 1823 stammt die letzte Nachricht über die Anwesenheit eines Richters in diesem Gebiet, und diese Bezeichnung wurde später durch "Bürgermeister" abgelöst.

Zur besseren Verwaltung wurde das gesamte Herrschaftsgebiet in so genannte Rotten, "Payrbacher Rott, Khüber Rott oder Payrbachgräbler Rott", eingeteilt. Im Jahre 1783 verteilten sich die Untertanen auf folgende Herrschaften: "Payerbach, Werning, Geyerhof, Payerbach Graben, Schachen, Küb, Pettenbach und Schmidsdorf mit Mühlhof", somit umfasste das Gebiet der späteren Gemeinde mit Ausnahme des Payerbacher Schulhauses, des Armenspitals, des Pfarrhofes und der Blaufabrik 122 Häuser.

Nun vergingen einige Jahrhunderte, ohne dass sich das äußere Bild von Payerbach wesentlich geändert hätte. Die sonst friedliche Entwicklung wurde im 15. Jahrhundert durch kriegerische Wirren unterbrochen, an die sich der Einfall der Türken 1529 schloss, der wieder eine Seuche, die sich über die ganze Gegend erstreckte, mit sich brachte. Die Plünderungen während der Franzosenkriege, 1805 und 1809, dürften jedoch schon fühlbar gewesen sein. Bei der Straßenkreuzung Mühlhof - Küb - Schmidsdorf kam es zwischen unseren Bauern und einer Franzosenabteilung zu einem Gefechte, bei dem die Franzosen sechs Mann verloren. Ein Bildstock, genannt "Franzosenkreuz", ziert noch heute ihr Grab.

Dass Payerbach früher noch ein kleines Bauerndorf war, können wir aus dem Buch "Darstellung des Landes unter der Enns" von Schweikhart von Sickingen entnehmen. Über "Bayerbach" schreibt er unter anderem Folgendes: "Ein Pfarrdorf von 20 Häusern, an der Schwarza, zwischen Gloggnitz und Reichenau im Gebirge. Die nächste Poststation ist Schottwien, Kirche und Schule befinden sich im Orte. Das Patronat gehört der Staatsherrschaft Gloggnitz, die Kirche in das Dekanat Neunkirchen, der Wehrbezirk zum Infanterie- Regiment Nr. 49. Das Landgericht übt die Herrschaft Neunkirchen aus. In diesem Orte besitzen die Herrschaften Reichenau, Gloggnitz und Kranichberg jede mehrere behauste Untertanen und Grundholden. Konskriptions- und Ortsobrigkeit ist die

Ehemaliges Mauthaus in Payerbach

Ansicht von Küb

Hauptgewerkschaft Reichenau. Die Einwohner betreiben Ackerbau, besitzen aber nur wenige Gründe, welche von schlechter Gattung als jene der übrigen umliegenden Ortschaften sind, ernähren sich daher äußerst kümmerlich und leben durchaus in dürftigen Umständen. Bayerbachs Gebäude bestehen aus 15 Bauernhäusern, der Pfarrkirche, dem Pfarrhof, dem Schulhause, einem Spital für Arme, dem Wirtshaus, einer Mahlmühle und einer Brettersäge."

In einem weiteren Buch "N. Oe. Landschaften" von Moritz von Becker wird auch noch ein "Schacher", was so viel wie Waldrest oder allein stehender Wald bedeutet, erwähnt; er erstreckte sich zwischen Kobermannsberg und Payerbachgraben. Der Schacher stand seinerzeit im Dienstverhältnis zu Klamm und hatte zu Anfang des 16. Jh. dem im pfandherrlichen Besitz der Herrschaft Klamm lebenden Grafen Sigmund von Herberstein zu Ostern "Eierdienst" zu leisten. Die Katastralgemeinden des Gemeindegebietes von Payerbach waren folgende: Payerbach, Payerbachgraben, Werning, Schmidsdorf, Geyerhof, Küb, Mühlhof, Pettenbach und Schlöglmühl. Im Jahre 1830 zählten diese ohne Schlöglmühl, zusammen 112 Häuser, 215 Familien, 476 männliche und 520 weibliche Einwohner. Der Viehbestand war 16 Pferde, 162 Ochsen, 212 Kühe und 398 Schafe. Eine besondere Entwicklung für das Schwarzatal bedeutete die im Mai 1841 eröffnete Bahnlinie Wien - Wr. Neustadt und die am 20. Mai 1842 in Betrieb genommene Strecke Wr. Neustadt - Glogg-nitz; Payerbach kam zum ersten Mal mit dem Fremdenverkehr in Kontakt. Man braucht nur die Allgemeine österrei-

chische Gemeindezeitung "Der Wiener Bote" Nr. 134 vom Donnerstag, dem 12. Juni 1851 zu lesen, da steht geschrieben: "Während der Pfingstfeiertage hatte die Wien - Gloggnitzer Eisenbahn eine außerordentliche Frequenz, und zwar die zahlreichste, die bisher vorgekommen ist. Es wurden nämlich am Pfingstsonntage 24.690 und am Pfingstmontage 24 888 Personen, im Ganzen bei 50 000 Personen, an den genannten zwei Tagen ungeachtet der nicht günstigen Witterung auf der Bahn befördert." Freilich sind nicht alle nach Gloggnitz gefahren, aber immerhin ist mit Sicherheit anzunehmen, dass ein Großteil davon unsere engere Heimat schon damals als Ausflugsziel erwählte. Die alten Payerbacher waren darüber nicht sehr erfreut und hatten auch keine Ahnung, dass der Fremdenverkehr den wirtschaftlichen Aufschwung des Ortes bringen und später die einzige Existenzmöglichkeit der Payerbacher werden sollte. Es dauerte nicht lange, da wurde das Stück Bahnverbindung Gloggnitz - Mürzzuschlag, die einzige Unterbrechung der Linie Wien - Triest, auch ausgebaut. Ritter Karl von Ghega erbaute in den Jahren 1848 - 1854 die für Payerbach so wichtige Semmeringbahn. 1849 bis 1851 erbaute Ing. Andreas Theuer nicht nur das 61 m lange, 15 m hohe, mit fünf größeren und vier kleineren Gewölbebögen versehene Payerbachgraben-Viadukt, sondern auch das 228 m lange, 25 m hohe und mit dreizehn Gewölbebögen versehene Schwarza-Viadukt, im Volksmund auch "Theierbruck" genannt. Der Bahnbau war unstreitig der wichtigste Wendepunkt für die weitere Entwicklung Payerbachs. Während anfänglich die Bauunternehmer beim größten Teil der Strecke infolge der schwierigen

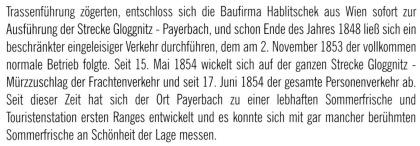

Ein Wahrzeichen von Payerbach - das Semmeringbahn-Viadukt

Teilansicht von Payerbach - im Vordergrund der alte Payerbacher Hof

Trassenführung zögerten, entschloss sich die Baufirma Hablitschek aus Wien sofort zur Ausführung der Strecke Gloggnitz - Payerbach, und schon Ende des Jahres 1848 ließ sich ein beschränkter eingeleisiger Verkehr durchführen, dem am 2. November 1853 der vollkommen normale Betrieb folgte. Seit 15. Mai 1854 wickelt sich auf der ganzen Strecke Gloggnitz - Mürzzuschlag der Frachtenverkehr und seit 17. Juni 1854 der gesamte Personenverkehr ab. Seit dieser Zeit hat sich der Ort Payerbach zu einer lebhaften Sommerfrische und Touristenstation ersten Ranges entwickelt und es konnte sich mit gar mancher berühmten Sommerfrische an Schönheit der Lage messen.

Am 4. September 1854 wurde das Bahnpostamt Payerbach errichtet und damit auch eine leichtere Postverbindung mit der Außenwelt geschaffen. Der erhöhte, oder besser gesagt, der beginnende Fremdenzustrom, hervorgerufen durch die Erbauung der Semmeringbahn, veranlasste Herrn Bartholomäus Mader im Jahre 1854, um diesem Touristenstrom Rechnung zu tragen, das heutige Hotel "Payerbacher Hof" zu errichten. Herr Mader war zu dieser Zeit auch Bürgermeister der Großgemeinde Reichenau und seine Gaststätte war das "Gmoa-wirtshaus", in dem die Gemeinderatssitzungen abgehalten und alle Gemeindegeschäfte abgewickelt wurden. Nach Herrn Mader waren wieder Herren aus Reichenau Bürgermeister der Großgemeinde, bis der Villenbesitzer aus Payerbach, Herr Franz Weiß, Oberhaupt der Gemeinde wurde. Damit sind wir bei den achtziger Jahren des 19. Jahrhunderts angelangt, in denen die Geschäftsleute am Fremdenverkehr Gefallen fanden. Sie waren bereits so weit,

dass sie den Standpunkt vertraten, den Sommergästen etwas bieten, ihnen aber vor allem eine schöne Badegelegenheit schaffen zu müssen. Im Jahre 1880 wurde auch die im Neurenaissancestil nach dem Entwurf des k. k. Hofbaumeisters Heinrich von Ferstel für Baron von Erlanger als Gruftkapelle ausgeführte Friedhofskapelle errichtet. In dieser Gruft fanden ferner die Mutter, der Bruder und der Onkel von Mary Vetsera wie auch Matthias von Schönerer, der erste Eisenbahnbauer Österreichs, und Graf Salm Hoogstraeten ihre letzte Ruhe. Am 5. März 1882 fanden sich von den 20 Urhausbesitzern Karl und Engelbert Mader, Andreas und Antonia Rumpler, Julius Bittner (für Just's Erben), Leopold Schwarzinger, Franz und Cäcilia Moshammer, Ignaz und Agnes Gölles, Franz und Magdalena Weinzettl, Martin und Gertrud Krammer, Maria Schauer, Sig. Holzer, Franz Lackner, Ferdinand Ringhofer, Magdalena Postl, Julius Taigni, 12 Männer und Frauen zu einer Besprechung ein, wo sie beschlossen, der zu gründenden "Badegesellschaft" 1 000 m² Grund in der Brunau, zur Errichtung eines Badegartens, um 100 Gulden zu verkaufen. Für den 17. März 1882 lud Herr Bürgermeister F. Weiß die Bevölkerung von Payerbach zu einer Besprechung wegen der Errichtung einer Badeanstalt (Schwimmbad) ein. Diese Versammlung war gut besucht, der Bau wurde beschlossen und der Kostenvoranschlag von 3 410 Gulden zur Kenntnis genommen. Fast alle Anwesenden erklärten sich bereit, Anteilscheine zu kaufen. Dann wurde zur Wahl eines Baukomitees geschritten und dabei folgendes Resultat erzielt: "Franz Weiß 24 Stimmen, Julius Bittner 24 Stimmen, L. Schwarzinger 23 Stimmen, Ed Gratzer 19 Stimmen, Ig. Gölles

18 Stimmen, Johann Mader 17 Stimmen und Ottokar Byloff 16 Stimmen". Am 3. April erfolgte die Konstituierung des Komitees, wobei Herr Apotheker Julius Bittner, der seinen Wohnsitz damals in Payerbach hatte, er war später Hoflieferant und Bürgermeister von Reichenau und wurde vom Kaiser Franz Joseph I. zum Kaiserlichen Rat ernannt, zum Obmann, Herr Bürgermeister Franz Weiß zum Obmannstellvertreter und Herr Bäckermeister Leopold Schwarzinger zum Kassier gewählt wurden. In drei Sitzungen, 13. April, 18. und 28. Juli, wurden die zu machenden Bestellungen durchbesprochen und erledigt. Am 26. September 1882 war die erste ordentliche Generalversammlung der "Payerbacher Badegesellschaft". Bei dieser Versammlung konnte der Vorsitzende bereits einen Tätigkeitsbericht vorlegen. Der Verkauf der Badekarten ergab im ersten Betriebsjahr Einnahmen von fl. 125,05. Das Bad erbaute Herr Maurermeister Karl Probst und erhielt dafür den Betrag von fl. 2 953,-- ausbezahlt. Für die Badeeinrichtung wurde fl. 202,45 ausgegeben. Als "Wäschebewahrerin" wurde Frau Marie Schauer angestellt. Frau Schauer versah ihren Dienst in der Badeanstalt ununterbrochen bis zum Jahre 1927. Bei dieser Generalversammlung wurde folgender Direktionsausschuss gewählt:

Direktor	Julius BITTNER
Stellvertreter	Ottokar BYLOFF
Ausschüsse	Albert MARX, Leopld SCHWARZINGER, Franz LACKNER
Revisionskomitee	Franz FISCH, Ignaz GÖLLES, Karl MADER.

Nun war der Anfang gemacht. Payerbach hatte eine Körperschaft, die sich selbst die Aufgabe stellte, aus Payerbach eine ganz besondere Fremdenverkehrsstätte zu machen. Bald sah das Bürgermeisteramt Reichenau in der Leitung dieser Körperschaft die einzig berufene Stelle, der sie auch die Straßenbeleuchtung und die Straßenbespritzung übertragen konnte; dies und noch vieles andere ist der Beweis, dass die heutige Ortsverwaltung aus dieser Korporation hervorgegangen ist. Die Badegesellschaft legte auch den Grundstock zum heutigen Kurpark, denn auf Antrag Johann Maders in der Sitzung vom 8. März 1883 wurde vor dem Bad eine Gartenanlage geschaffen. Die Badegesellschaft wurde in der Sitzung vom 18. Mai 1895 in "Payerbacher Verwaltungskomitee" umbenannt und es wurde der Beschluss gefasst, auch ein Warmbad (Wannenbad) zu errichten. Im Jahre 1895 wurden auch alle Anteilsscheine eingelöst und 1896 war das Warmbad bereits in Betrieb. Die Leitung übernahm Stationsvorstand Albert Marx, der vom Verwaltungskomitee zum Badeinspektor ernannt wurde. Alle Angelegenheiten, welche die Ortschaft Payerbach betrafen, wurden vom Verwaltungskomitee beraten und durchbesprochen. Die Gemeindevertreter konnten somit bei den Sitzungen in Reichenau mit konkreten Vorschlägen aufwarten.

Das Jahr 1899 war gekennzeichnet von einem verheerenden Hochwasser, wobei die Brücke einstürzte und drei Menschen, darunter auch Ignaz Gölles, der am 4. Mai 1894 die erste Sitzung, die zur Gründung des "Darlehensvereines Payerbach", später

Oben: *Der vom Hochwasser überflutete Park*
Darunter: *Die erste Spritze der FF Payerbach*

Raiffeisenkasse Payerbach, einberufen hatte, den Tod fanden. Im Jahre 1899 trat ein Wechsel in der Leitung ein. Julius Bittner legte seine Stelle als Obmann zurück, neuer Obmann wurde Karl Weinzettl. Auch die Stellvertreter wechselten in den folgenden Jahren, so hatten im Jahre 1900 Julius Kronich, 1901 Bgm. Anton Weiser und 1909 Julius Leitner diese Funktion inne.

Das rechte Ufer der Schwarza war ursprünglich vom Viadukt bis zur Brücke und unterhalb "des Wehr" eine Aulandschaft und gehörte den so genannten "Urhausbesitzern". Der obere Teil hieß "Brunau" und der mittlere Teil "Mitterau". Der vordere Teil, vom Bad bis zur

Brücke, wurde von der Bevölkerung allgemein als Gänseweideplatz genützt. Herr Moshammer ließ dort Bäume pflanzen, dann wurden im Schatten der Bäume Bänke aufgestellt und das Gänseweiden vom Bürgermeister strengstens untersagt. Mit dem Badegarten verbunden, bot diese Anlage bald ein recht nettes Bild, und als im Jahre 1891 der Verschönerungsverein in Verbindung mit der Sektion Payerbach des ÖTK noch einen Musikpavillon erbauen ließ, konnte man bereits von einem kleinen Park sprechen.

In das Jahr 1901 fällt nicht nur die Einsegnung und Eröffnung der neuen Ortsbrücke und die Inbetriebnahme der Autobuslinie Payerbach - Hirschwang, sondern es wurde in der Sitzung vom 19. Juli 1901 beschlossen, an die Steuerzahler von Payerbach, Werning und Geyerhof die Frage zu richten, ob der neue Parkteil errichtet werden soll oder nicht. Von den 170 Steuerträgern lagen in der Sitzung vom 19. Juli 1901 bereits 133 Zustimmungen vor.

Die Schwarzabrücke - Verbindung der Ortsteile

Daraufhin wurden mit Zustimmung der Gemeinde bei der Reichenauer Sparkasse K 24.000,- aufgenommen. Auch wurde in der Sitzung beschlossen, den Park mit der Hauptstraße durch einen Betonsteg zu verbinden und östlich des Wehr einen Holzsteg zu errichten. Der neue Park wurde unter Leitung des Schlossgärtners Gottlieb Zajic angelegt und 1903 fertig gestellt. Den Betonsteg erbaute die Firma Ed. Rast & Co. mit einem Kostenaufwand von K 10.593,90. Den Holzsteg errichtete Karl Weinzettl, Kosten K 1.816,-. Die Vereinigung der Urhausbesitzer löste sich nach dem Verkauf der Brunau und Mitterau auf und spendete den Betrag des Reservefonds der Ortsverwaltung zum Stegbau; viele andere Personen folgten diesem Beispiel. Im Jahre 1904 ließ das Verwaltungskomitee nicht nur eine Brückenwaage installieren, sondern führte auch im Sommer regelmäßig Parkkonzerte durch. Anlässlich 50 Jahre

Semmeringbahn wurde ein Semmeringhäuschen errichtet. Auch die Straßenbeleuchtung wurde auf den neuesten Stand gebracht; Glühlampen (Naphta) ersetzten die Petroleumlampen. In der Sitzung vom 2. Dezember 1905 befasste man sich ernstlich mit der Erbauung einer Wasserleitung.

Payerbach stand in früheren Zeiten unter herrschaftlicher Obrigkeit, Herrschaft Reichenau, Obrigkeit Stift Neuberg, welche im Jahre 1850 nach einem neuen Gemein-degesetz erlosch. Es konstituierte sich die Großgemeinde Reichenau, und im Gemeinderat waren die Payerbacher Gemeinderäte mit 7 : 21 Stimmen die Unterlegenen und wurden durch ständige Abstimmungsniederlagen arg benachteiligt. Dies war auch der Auslöser, warum sich die sieben Gemeinderäte an die Landesregierung gewandt haben, um eine Trennung von Reichenau herbeizuführen. Aber erst mehrere Payerbacher Deputationen, begleitet von ca. 100 Payerbacher Bürgern und Bauern, die persönlich zur Landesregierung fuhren, konnten die am 25. Juni 1908 erfolgte Trennung von Reichenau und das Recht zur Bildung einer Gemeinde Payerbach mit den damaligen Katastralgemeinden von Payerbach, Payerbach mit Buchtal, Dornau, Geyerhof, Werning, Küb, Payerbachgraben mit Schachen, dazu Pettenbach, Schmidsdorf mit Mühlhof und Schlöglmühl, erwirken. Die Einwohnerzahl zu dieser Zeit betrug 3 115 bei 338 Häusern. Dieser Beschluss wurde am 25. Juli 1908 Gesetz. Ferner wurde in einer Sitzung des "Altgemeinderates" von Reichenau am 20. November 1908 beschlossen, dass Payerbach an Reichenau 12 270 Kronen bezahlt und im Gegenzug Reichenau sämtliche Schulden der bisherigen Großgemeinde übernimmt.

1909 wurde Professor Anton Weiser, der bereits von 1903 bis 1906 Bürgermeister der Großgemeinde Reichenau war, Bürgermeister der Gemeinde Payerbach. In diesem Jahr wurde im Park ein neuer großer Musikpavillon von Zimmermeister Karl Weinzettl errichtet.

1911 wurde die Payerbachgraben Straße gebaut und am 3. Oktober erstrahlte erstmals elektrisches Licht in Payerbach.

1912: Am 29. Juni wurde unter Anwesenheit der politischen Behörden, der Orts- und Nachbargemeinde-Vertretungen, der Landes- und Bezirksvertretungen, der Geistlichkeit und eines zahlreich erschienenen Publikums die feierliche Eröffnung der Ortswasserleitung begangen. In einem Auszug aus der Schwarzataler Zeitung Nr. 27 vom 6. Juli 1912, 8. Jahrgang, ist darüber Folgendes zu lesen: "Aus diesem Anlass fand um 9 Uhr vormittags im Gemeindeamt eine Festsitzung des Gemeindeausschusses statt, bei welcher Bürgermeister Anton Weiser nach einer feierlichen Begrüßung das Bedeutungsvolle dieses Tages, das in den Annalen der Gemeinde als Kulturfortschritt zu bezeichnen sei, hervorhob und den innigen Wunsch zum Ausdruck brachte, die Vollendung dieses so schönen Werkes möge ein dauernder Ansporn bleiben, alles für das Wohl und den Wohlstand der Gemeindebevölkerung Erstrebenswerte mit zäher Ausdauer zu verfolgen und mit starkem Willen zum Durchbruche zu bringen. Erbaut wurde die Leitung von der Österr. Wasserwerksgesellschaft Flegel und

Stoll. Nachdem noch Abg. Stickler gesprochen und der Gemeinde Payerbach zu ihrem tatkräftigen Bürgermeister gratuliert hatte, beschloss Bürgermeister Weiser mit einer Kaiserhuldigung die feierlichen Akte. Um ½ 2 Uhr nachmittags vereinigte ein Festbankett im Hotel Payerbacher Hof die Festteilnehmer. Bei den ausgezeichneten Klängen der Neunkirchner Musikvereinskapelle unter J. Pieringer verlief auch der letzte Akt des Festes in einer des freudigen Anlasses würdigen Stimmung. Die feierlichen Momente beim Hochreservoir und im Kurpark hat Fotograf Friedrich Kranzfelder in prächtigen Bildern festgehalten." In diesem Jahr erhielt Payerbach auch eine Mädchenbürgerschule, die Knaben mussten nach wie vor nach Reichenau zur Schule gehen. Erst ab dem Jahre 1925 gab es in Payerbach eine Bürgerschule für Knaben mit Zulassung der Mädchen. Das Kino erhielt den Titel "Erzherzogliches Kammerlichtspieltheater".

Die Zeit des Ersten Weltkrieges und die Auswirkungen auf Payerbach

Ein jähes Ende der erfreulichen Aufwärtsentwicklung von Payerbach brachte das Attentat von Sarajevo mit sich. Wenige Wochen vor Kriegsausbruch hatte Ehrenbürger Professor Anton Weiser für immer die Augen geschlossen, so dass Carl Feldbacher in diesen stürmischen Zeiten das Amt des Bürgermeisters übernehmen musste. Nach dem Ende des Ersten Weltkrieges wurde eine Bürgerwehr gegründet, um plündernden Truppenteilen

Das Kaiserpaar inspiziert das Gebirgsartillerieregiment Nr. 2

entgegenzuwirken. Das k. u. k. Gebirgsartillerieregiment Nr. 2 wurde aufgelöst. Der Krieg brachte es auch mit sich, dass 72 Payerbacher ihre Heimat nie wieder sahen. Während des Krieges wurden zur Zeichnung von Kriegsanleihen und für die Unterbringung und Verpflegung der Soldaten große Kredite aufgenommen, welche jedoch durch die Inflation der Nachkriegszeit zur Gänze abgestoßen werden konnten. Die Zeit nach dem Krieg war gekennzeichnet durch Hungersnot, Arbeitslosigkeit und Inflation. Die Folge davon waren Diebstähle auf landwirtschaftlichen Gründen und der Schleichhandel. Amerika und Holland führten eine Ausspeiseaktion in den österreichischen Schulen durch.

1919: Am 22. Juni fand die erste Wahl des Gemeindeausschusses nach dem neuen republikanischen Verhältniswahlrecht statt. Damals durften erstmals auch Frauen von ihrem Stimmrecht Gebrauch machen. Bürgermeister wurde Johann Neunkirchner und Vizebürgermeister Josef Gölles. 1919 zog mit der neuen Gemeindevertretung auch im Ortsverwaltungskomitee eine neue Leitung ein. Obmann wurde Franz Mader. In der ersten Sitzung wurde auf Antrag von Herrn Johann Greiner beschlossen, die Mitterau Schrebergärtnern zur Verfügung zu stellen.

1920: Um der Kleingeldnot entgegenzuwirken, wurden so genannte "Kassenscheine", Notgeld, welche jedoch von der Behörde bald verboten wurden, hergestellt. Der spätere General der Artillerie, Robert Martinek, wa eine Zeit lang Kommandant des aufgestellten "Selbständigen-Artillerieregimentes" in Payerbach. Im Protokollbuch scheint am 6. Dezember 1920 erstmals der Titel "Ortsverwaltung" auf. Nach der Sitzung vom 7. April übernahm die Ortsverwaltung vom Verschönerungsverein den Kahnfahrbetrieb und das Wetterhäuschen. Auch gab es seit diesem Jahr Weißbrot wieder frei zu kaufen. In dieses Jahr fällt auch die Gründung der Landwirtschaftlichen Genossenschaft Payerbach.

1922 wurde ab Mai die Brotkarte außer Kraft gesetzt, ferner wurde auch die Errichtung des Kriegerdenkmales an der Kirchenmauer bewerkstelligt

1923 wurde die Postautobuslinie nach Hirschwang und Prein eröffnet und die Pflasterung der Hauptstraße mit Kleinsteinpflaster aus Granit durchgeführt.

1924 meldete sich der erste Radiohörer von Payerbach bei der Post an.

1925: Am 21. Jänner wurde Herr Josef Gölles Obmann und Herr Vizebürgermeister Greiner Obmannstellvertreter.

1926 wurde das Warmbad mit einem Kostenaufwand von S 17.700,-- um 6 Kabinen vergrößert und auch für den Winterbetrieb eingerichtet.

1927: Am 18. Juni verursachte ein mehrstündiger Gewitterregen über dem Kreuzberg-Sattel ein Ansteigen des Payerbachgraben-Baches und ein verheerendes Hochwasser, wobei das Wasser acht Tage über den Ortsplatz floss. In diesem Jahr wurde auch die Wildbachverbauung im Payerbach Graben begonnen. Erstmals kandidierte in Payerbach die NSDAP.

1928: Der Winter war der strengste des Jahrhunderts. Im Februar waren Temperaturen von -30° Celsius keine Seltenheit. Der Schnee lag meterhoch und es gab außerdem noch katastrophale Verwehungen durch Stürme; im März herrschten noch immer -20°.

1929: Am 19. Dezember trat Herr Franz Eichberger an die Spitze der Ortsverwaltung und Herr Bürgermeister Johann Neunkirchner wurde Obmannstellvertreter. 1929 wurde das 75-Jahr-Jubiläum der Semmeringbahn mit einem großen historischen Festzug und Parkfest begangen. In der Mitterausiedlung wurden die ersten Häuser gebaut. Auch fand die Umbenennung der Payerbachgraben Straße in "Karl-Feldbacher-Straße" statt und die Villen- und Schubertstraße wurden eröffnet.

1931 erfolgte die erste Tonfilmvorführung im Payerbacher Lichtspieltheater. Auf Anregung des Altbürgermeisters Feldbacher wurden die Katastralgemeinden Payerbachgraben und Schachen in Kreuzberg umbenannt und die Wiener Straße bis Gloggnitz mit einem Kleinsteinpflaster aus Granit versehen.

GEMEINDE PAYERBACH-VERSTÄNDIGUNG 1934

Über Auftrag des Bundeskanzleramtes wurden die Gemeinden beauftragt, einen

ORTSSCHUTZ

aufzustellen, um den Terrorakten und Anschlägen der Nationalsozialisten entgegenzutreten.

Es ist nun jedes vaterländisch gesinnten Österreichers Pflicht, sich hiezu dienstlich zur Verfügung zu stellen. In Betracht kommen daher nur verlässliche Mitglieder der vaterländischen Front und der ihr angegliederten Wehrformationen. Die Leitung des Ortsschutzes hat die unten angeführten Herren für den Dienst am Freitag, dem 27. Juli 1934, 8 Uhr abends (Wachlokal Gemeindehaus Payerbach) vorgeschlagen und ersucht, sich pünktlich einzufinden.
Für den Ortsschutz:
Gustav Peltzmann,
Karl Schauer, Stellvertreter Ortskommandant
Wachkommandant: Leopold SCHEED
Der Wachdienst ist in Civil vorzunehmen. Handfeuerwaffen sind mitzubringen.

Die weiteren Jahre

1935: Der Payerbacher Heimwehrführer und Hotelbesitzer Kampitsch wurde

Vizepräsident des Österr. Gewerbevereines und von 1935 - 1938 Landesstatthalter von NÖ. In dieser Funktion war er maßgeblich an der Preisgabe von NÖ an die Nationalsozialisten beteiligt.

1937: Die Arbeitslosigkeit und damit auch die Armut in der Bevölkerung nahm erschreckend zu, und manche verdienten sich ein wenig Geld oder Essbares, indem sie als Straßenmusikanten unterwegs waren.

1938: Am Abend des 11. März veranstalteten die hiesigen Nationalsozialisten einen Aufmarsch nach Hirschwang und zurück. Am nächsten Tag bewegte sich anlässlich der Abschlussproklamation ein großer Fackelzug durch Payerbach, an dem sich zahlreiche Ortsbewohner beteiligten. Der christlich-soziale Bürgermeister Josef Gölles wurde durch den Nationalsozialisten Ing. Josef Gruber zunächst provisorisch ersetzt. Ihm folgte Ing. Erich Weinzettl als definitiver Bürgermeister. Ende des Jahres wurde das Militärbarackenlager von der so genannten Waffenmeisterschule belegt.

1939: Aufstellung eines Luftschutzbundes.

1941: Errichtung eines Kindergartens im Haus der Villenstraße 15. Im Zuge der Kinderlandverschickung kamen aus dem gefährdeten Berlin Kinder auf den Handlhof.

1942: Die Bronzeglocken der Pfarrkirche, der Barbarakapelle in Küb und der Elisabethkapelle am Kreuzberg wurden zu Kriegszwecken entfernt.

1943: Erstmals gab es in Payerbach am 13. August Fliegeralarm. Ferner war ein Zuzug kinderreicher Familien aus dem Ruhrgebiet zu verzeichnen. Im Hotel Kampitsch und im Hotel Kastell Küb wurden Militärlazarette eingerichtet. Auch wurde das Gemeindegebiet immer häufiger von feindlichen Geschwadern überflogen.

1944: Anlässlich der Aufstellung eines Volkssturmes wurden alle nicht im Kriegsdienst eingesetzten Männer, die körperlich und geistig befähigt waren, an Sonntagen im Militärbarackenlager im Umgang mit den modernen Infanteriewaffen vertraut gemacht.

1945: Durch den Abwurf einer Bombe in Schlöglmühl wurde nicht nur ein Wohnhaus zerstört, sondern es kamen auch 13 Menschen ums Leben. Zu Ostern wurde Payerbach Kampfgebiet. Daraufhin zogen viele Payerbacher zu Fuß oder mit dem Fahrrad westwärts. Am 4. April drangen die ersten Russen nach Payerbach vor und wurden hier mit einer SS-Formation in schwere Kämpfe verwickelt. Der Stellungskampf zog sich vom Kobermannsberg über Steinhöfler, Handlhof, Sägewerk, Payerbach Graben, Schloss Kuenburg, östl. Viaduktseite, Schneedörfl bis zum Saurüssel. Westlich dieser Kampflinie standen deutsche Truppen und Volkssturm, östlich die Russen. Das Gebiet dieser Front wurde stark vermint, und es ereigneten sich noch lange danach auf Grund dieser Verminung schwere Unfälle. Bei diesem Stellungskampf gingen 21 Häuser von Payerbach in Flammen auf und fast alle übrigen Häuser wurden durch Beschuss beschädigt. Nicht weniger als 45 Zivilpersonen fanden dabei den Tod. Die Namen der 166 Gefallenen sind auf einer Tafel des Kriegerdenkmales neben denen aus dem Ersten Weltkrieg angeführt. In diesem Jahr wurde auch der Erzabbau am Grillenberg wieder eingestellt.

1946: Der ehemalige nationalsozialistische Kindergarten wurde nö. Landeskindergarten. Die Gemeinde trat dem Österr. Städtebund bei. Ab November gab es mit Unterstützung der Schweizer Kinderhilfe eine Schülerausspeisung. Die Payerbacher Holzschleife wurde in ein E-Werk umgewandelt.

1947 waren bereits wieder 16 867 Nächtigungen zu verzeichnen.

1949 wurde die Volksschule in Schlöglmühl, die abgebrannt war, wieder aufgebaut, der Pfarrhof wieder instand gesetzt und der Betrieb der Papierfabrik Schlöglmühl fortgesetzt.

1950: In diesem Jahr nahmen wieder verschiedene Vereine, wie der Wintersportverein, der Musikverein wie auch der Gesangsverein, ihre Tätigkeit auf. Ferner wurde der Tennisclub gegründet.

1951 wurde eine einklassige Übungsschule der Wr. Neustädter Lehrebildungsanstalt im ehemaligen Kastell Küb eingerichtet. Ferner wurde die Schmidsdorfer Holzschleiferei in ein E-Werk umfunktioniert.

1953: Das Ergebnis einer großzügigen Fremdenverkehrsförderung, Parkverschönerung, Volksbücherei etc. führten dazu, dass in diesem Jahr bereits 36 106 Nächtigungen verzeichnet werden konnten. Entstehung der Johann-Neunkirchner- und Weinwegsiedlung.

1954: Das 100-jährige Jubiläum der Semmeringbahn wurde auch in Payerbach gebührend gefeiert. Das restaurierte Semmeringhäuschen wurde aufgestellt und Bundespräsident Theodor Körner unterbrach die Sonderfahrt am Bahnhof Payerbach-Reichenau. Abends fand ein großes Feuerwerk am Parksteg statt. Ferner schlossen sich die beiden Gesangsvereine Payerbachs und Reichenaus zur Singgemeinschaft Payerbach-Reichenau zusammen, wobei in der Chronik zu diesem Ereignis Folgendes zu lesen ist: "Eine erfreuliche freundschaftliche Annäherung zwischen den einst einander feindlich gewordenen Brudergemeinden."

1955: Auch in Payerbach läuteten am 15. Mai anlässlich der Staatsvertragsunterzeichnung eine viertel Stunde die Kirchenglocken. Am Abend gab es eine Festveranstaltung mit Konzert und Fackelzug im Parkpavillon. Um die Stromversorgung von 110 auf 220 Volt umzustellen, mussten in der westlichen Ortshälfte die Erdkabel ausgewechselt werden. Der Österr. Gewerkschaftsbund erwarb das Hotel Tirolerhof, ehemals Weiße Rose, und baute es in ein Jugenderholungsheim um. In dieses Jahr fällt auch die Gründung von Elternvereinen in Payerbach und Schlöglmühl.

1956: Die Nächtigungszahlen stiegen in diesem Jahr auf 43411. Die Postbuslinie Payerbach - Kreuzberg - Klamm wurde versuchsweise eröffnet. Anlässlich des 30-jährigen Bestandes des Alpinen Trachtenvereines Semmering-Schwarzatal gab es ein großes Trachtenfest. Die Höller-Siedlung wurde in Dr.-Karl-Renner-Straße und die Siedlung auf der Schreiber-Höhe in Weinweg-Siedlung umbenannt.

1957 erfolgte die Elektrifizierung der Südbahn bis Payerbach.

1959: Die Postautobuslinie Payerbach - Kreuzberg - Klamm wurde offiziell eröffnet.

1960: Im September gab es, hervorgerufen durch eine Kinderlähmungsepidemie, drei Todesfälle. In diesem Zusammenhang wurden Schulen wochenlang gesperrt und öffentliche Veranstaltungen und Vereinsabende vorübergehend eingestellt. Ferner wurde in diesem Jahr ein elektrischer Glockenläutebetrieb für die Kirche angeschafft.

1961: Ein Dauerregen am 11. und 12. Dezember verursachte ein Hochwasser, bei dem die Brücke in Schmidsdorf weggerissen wurde.

1962: Am 11. November fand die Einweihung des neuen Raiffeisenkassengebäudes statt. Von den 80 106 Nächtigungen entfielen 10 557 auf Ausländer und 26 850 auf Jugendliche des Erholungsheimes des ÖGB. In dieses Jahr fällt auch die Gründung des Fremdenverkehrs Vereines, der in der Folge den Payerbacher Jakobi Kirtag gestaltete.

1963: Im Sommer wurde der Umbau des ehemaligen Hotels Kampitsch zu einem großen Gemeindewohnhaus fertig gestellt; diese Anlage erhielt später den Namen Europahof. Erstmals fand in diesem Jahr der Jakobikirtag statt. Auch wurde in diesem Jahr die neue zweimanualige Orgel der Kirche eingeweiht.

1964: Am 27. Oktober um 20.46 Uhr gab es ein Erdbeben der Stärke 6 - 6,5, gefolgt von zahlreichen Nachbeben. Mitte Dezember ließ der Besitzer der Hotelpension Astrid, Alexander Szemere, oberhalb der Weinwegsiedlung einen Skischlepplift errichten, der aber nach einigen Jahren wieder entfernt wurde.

1965: Das Schwimmbad wurde umgestaltet und ein Verwaltungsgebäude mit Buffet errichtet.

1966: Im Sommer wurde die Brücke beim Mühlhof und das Wehr bei Schlöglmühl durch Hochwasser zerstört.

1968: Errichtung eines Minigolfplatzes im Park durch den Fremdenverkehrsverein. Die Wasserversorgungsanlage für Küb, Pettenbach und Schmidsdorf wurde fertig gestellt. Die Payerbacher Volksschüler wurden mit zwei Autobussen in die Volksschule Schlöglmühl gefahren.

1970: Innenrestaurierung der Pfarrkirche und Wiederherstellung des ursprünglichen Raumeindruckes unter Pfarrer Ritter.

1971 wurde durch den Fremdenverkehrsverein die Fischerpromenade, die durch Kriegseinwirkung zerstört wurde, wieder hergerichtet. 1971 gab es mit 91 736 Nächtigungen den Höchststand zu verzeichnen. Auch wurde in diesem Jahr die neue Hauptschule, in Anwesenheit von Bundespräsident Jonas, durch Bischofsvikar Kuntner eingeweiht.

1972: Eröffnung des neuen Gebäudes des Roten Kreuzes. Außenrenovierung der Pfarrkirche und Neugestaltung des Kirchenplatzes. Installation einer elektrischen Beleuchtungsanlage zur Kirchenbestrahlung durch den Fremdenverkehrsverein.

1974 bis 1975 wurde in Zusammenarbeit mit den beiden Gemeinden Payerbach und Reichenau und den beiden Fremdenverkehrsvereinen die Höhenstraße von der Werning bis nach Schneedörfl als "Sonnenpromenade" asphaltiert und mit einem Fackelzug eröffnet. Die Freiwillige Feuerwehr Payerbach feierte ihr 100-jähriges Bestandsjubiläum mit der Einweihung des neuen Gerätehauses.

1975: Anschaffung von zwei neuen Kirchenglocken aus Bronze. Die abgenommene Stahlglocke kam zu einer Missionsstation in Afrika.

1976 und 1977 gestaltete der Fremdenverkehrsverein den Weg vom Payerbacher Bahnhof nach Werning entlang des Bahndammes, den so genannten "Heinzelmännchen-Weg", neu. Ferner wurde wieder eine Volkstanzgruppe gegründet.

1977 wurde der neue Betonsteg von der Mühlhofstraße über die Schwarza errichtet und die Rohre für die künftige Wasserversorgung bereits in der Ortsmitte verlegt. Im Juni wurde an der Hauptstraße das neue Gebäude der Raiffeisenbank, in dem auch das Fremdenverkehrsbüro untergebracht ist, eröffnet. In dieses Jahr fällt auch die Eröffnung des vorgeheizten Schwimmbades wie auch die Schaffung eines 4. Tennisplatzes.

1979: Eröffnung der Museumseisenbahn auf der Strecke Hirschwang - Payerbach *(Bild unten)* durch die Österreichische Gesellschaft für Lokalbahnen. Segnung und Eröffnung des neuen Gemeindeamtes auf dem Ortsplatz. Bau des Transformatorhauses im Park, der alte Transformatorturm musste der Notbrücke aus Holz, errichtet durch Zimmermeister Gölles aus Payerbach, weichen. Bis zum Jahre 1981 dauerten die umfassenden Renovierungsarbeiten des Schwarzaviaduktes. Eröffnung des "Ferstlhauses" - Naturfreundeheimes - anlässlich des 75. Geburtstages von Altbürgermeister Ferstl.

1980: Eröffnung des Museumsparkes *(Bild unten)* am Bahnhofgelände anlässlich 125 Jahre Semmeringbahn und 250 Jahre Semmeringstraße durch Bundespräsident Dr. Rudolf Kirchschläger. Behördliche Sperre der Jugendstilbrücke und Bau einer Notbrücke. Segnung und Eröffnung des neuen Gemeindeamtes. Restaurierung der Barbarakapelle in Küb. Die Sanierung der Ortsdurchfahrt wurde im Jahre 1981 beendet. Bis zum Jahre 1982 dauerte der Ausbau der Umfahrungsstraße Payerbach - Schmidsdorf - Schlöglmühl.

1983: Spatenstich für die Wohnhausanlage der Siedlungsgenossenschaft Neunkirchen in der Dr.-Karl-Renner-Straße. Auch wurde in diesem Jahr der Film "Weltuntergang" nach einem Drehbuch von Milo Dor, der die Szenen des Attentates auf das Thronfolgerehepaar zeigt, in der Hauptstraße gedreht.

1984: Einweihung und Eröffnung des Musikerheimes im ehemaligen Gemeindeamt und Eröffnung des Kinderspielplatzes auf der Leglwiese. Festlichkeiten anlässlich "75 Jahre Gemeinde Payerbach" wurden abgehalten. Eröffnung der Postbuslinie Payerbach - Küb - Schmidsdorf - Schlöglmühl. Das Postamt Küb feiert seinen 80-jährigen Bestand. In diesem Jahr gab es wieder ein Hochwasser. Die Geyerhofstraße vom Bahndurchlass bis zum Gasthaus Hochberger wurde gebaut.

1986: Neubau der Schwarzabrücke und Eröffnung im November durch Landeshauptmann Mag. Siegfried Ludwig. Segnung und Eröffnung des neuen Kindergartens.

1988: Die Payerbacher Wirtschaft veranstaltet den 1. Payerbacher Faschingsumzug und stellt im Park einen Maibaum auf. Errichtung einer Park-and-ride-Anlage am Gelände des

Das Nostalgie Postamt in Küb

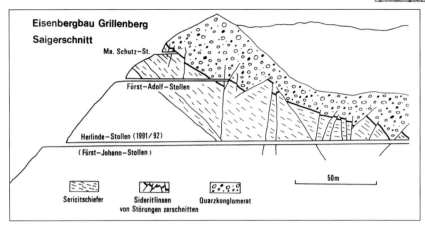

Payerbacher Bahnhofes. Die Firma Triumph nimmt in der ehemaligen Papierfabrik Schlöglmühl einen Textilbetrieb mit rund 40 Mitarbeitern auf. Eröffnung des historischen Postamtes Küb.

1989: Der Bau eines Semmering-Basistunnels, der im Streckenabschnitt von Pettenbach nach Küb in offener Trassenführung verlaufen soll, wird heftig diskutiert. Beginn des Ausbaues der Erdgasversorgungsanlage. Am Bahnhof Payerbach-Reichenau wird eine Druckregelstation errichtet. Segnung und Eröffnung des Feuerwehrhauses in Küb. Renovierung des Kriegerdenkmales und der Kirchenstiege.

1990: Gründung der Geoschule Payerbach. Payerbach erreicht bei der NÖ-weiten Wahl um die jugendfreundlichste Gemeinde den 3. Platz in der Kategorie 2 000 bis 6 000 Einwohner. Die Bau-, Wohn- und Siedlungsgenossenschaft Terra übergibt die erste Villa in der Roseggerstraße an die neuen Mieter.

1991: Bau des neuen Pfarrheimes in Verbindung mit dem alten Pfarrhof. Stollentaufe für das Schaubergwerk Grillenberg. Patin für den "Herlindestollen" ist die Gattin von Landeshauptmann Mag. Siegfried Ludwig. Eröffnung des Sportheimes des ESV Schmidsdorf - Küb - Schlöglmühl. Großes Fahnenweihfest des Männergesangsvereines Payerbach am 2. 6. im Pavillon. Der "Literaturkreis Schwarzatal" wählt als Sitzgemeinde Payerbach. Seismologische Untersuchungen zwecks Auffindung von Thermalwasser. Spatenstich für ein Sozialzentrum auf dem Gelände des ehemaligen ÖGB-Heimes durch Landeshauptmann-Stellvertreter Ernst Höger.

1992: Als wissenschaftliche Mitarbeiter gestalten Reg.-Rat. Prof. Ing. Robert Papp und OSR. Dir. Norbert Toplitsch die Landesausstellung in Gloggnitz mit. Beginn der Sanierung der ehemaligen Fabrikswohnhäuser in Schlöglmühl. Endgültiger Beschluss für den Schul-

neubau. Am 4. 9. Eröffnung des wieder gewältigten Stollens am Grillenberg durch Landeshauptmann Mag. Siegfried Ludwig. Premiere der Theatergruppe Payerbach mit dem heiteren Erfolgsstück "Pension Schöller" im Pfarrheim unter Leitung von Stefan Mandl. Fertigstellung des neuen Tennisklubhauses. Im Dezember war Baubeginn des Sozialzentrums mit 44 Wohnungen und der ersten Kurzpflegestation des Bezirkes.

1993: Durch Brandstiftung wurde das Sägewerk der Firma Schreiner-Wiedner am östlichen Ortsausgang völlig eingeäschert. Am 30. 4. Baubeginn der neuen Volks- und Hauptschule Payerbach. Segnung und Eröffnung des neuen Pfarrheimes durch Kardinal Hans Hermann Groer am 2. Mai. Payerbach erhält am Kreuzberg eine Luftgütemessstation und ist berechtigt, die Bezeichnung "Luftkurort" zu tragen. Eröffnung der Ausstellung Nostalgie- und Prominentenbahnhof Payerbach, gestaltet von Herrn Waitzbauer.

1994: Erhebung zur Marktgemeinde am 19. 5. und Verleihung eines eigenen Wappens. Das 900-Jahr-Jubiläum der urkundlichen Erstnennung von Payerbach wird mit einem historischen Festzug am 3. Juli feierlich begangen. Auch fand in diesem Jahr die Angelobungsfeier von Jungmännern des Landwehrstammregimentes 37 in Payerbach unter Mitwirkung der Militärmusik vom Militärkommando NÖ, das mit dem "Großen Zapfenstreich" die Gäste begeisterte, statt. Das Kirchweihfest, hl. Jakobus der Ältere, steht im Zeichen der 900-Jahr-Feier. Abt Dr. Clemens Lashofer von Göttweig zelebrierte den Festgottesdienst. Das Benediktinerstift Formbach war vor 900 Jahren von Benediktinermönchen aus Göttweig besiedelt worden; durch Formbach wurde Payerbach gegründet.

1995: Payerbach feiert am 26. 2. um 10.00 Uhr die Markterhebung und Wappenverleihung im neuen Mehrzwecksaal der Volks-, Haupt- und Musikschule Payerbach. Anschließend wurde um 15.00 Uhr ein Festakt zur Bohrplatzeinrichtung und zum Start der Probebohrungen begangen. Ab September gibt es in Schlöglmühl in der alten Volksschule

1999: Die Marktgemeinde Payerbach feiert 90 Jahre Selbstverwaltung, und jeder konnte sich als Andenken eine Payerbacher Münze mit nach Hause nehmen. Ein Grundwasserbrunnen mit ca. 800 000 Liter Tagesförderung wurde neben dem Fußballplatz Schlöglmühl errichtet. Ein Hochbehälter für rund 500 000 Liter wurde in der Werning neben der Straße zum Schaubergwerk errichtet. Trainingsplatz.

2001: Bei der Volkszählung wurde festgestellt, die Marktgemeinde Payerbach hat 2 357 Haupt- und 949 Nebenwohnsitze sowie 944 Häuser.

2002: Am 3. Oktober konnte auf dem von der Payerbacher Ehrenbürgerin SR Poldi Gölles-Petrak zur Verfügung gestellten Grundstück die neue Josef-Gölles-Sportstätte bei der Ghegaschule ihrer Bestimmung übergeben werden.

2003: Der arg in Mitleidenschaft gezogene Jugendstil-Parksteg wird renoviert und von LH Dr. Erwin Pröll am 17. Februar seiner Bestimmung übergeben.

Der geschmückte Pavillon im Kurpark Payerbach anlässlich der 900-Jahr-Feier

einen Kindergarten. Am 17. 11. erfolgte die feierliche Schlüsselübergabe der neuen Volks-, Haupt- und Musikschule, mit einer als Mehrzweckhalle gestalteten Turnhalle mit Bühne, im Beisein von Schul-LR Traude Votruba, LSR-Präsident Adolf Stickler und Bezirkshauptmann Wirklicher Hofrat Dr. Karl Hallbauer.

1996: Das Songcontestvideo von Georg Nußbaumer wurde am Bahnhof Payerbach gedreht. Die Pfadfinder eröffneten unter der Leitung der Fam. Ing. Reihs ihr Heim im Nebengebäude des Ausstellungshauses.

1997: Im April erhielten Pfarrer KR Herbert Samm und Baumeister Ing. Albert von Landeshauptmann Dr. Erwin Pröll die "Goldene Kelle" verliehen. Am 7. 7. gab es wieder ein Jahrhunderthochwasser in Payerbach, wobei der Parksteg in arge Mitleidenschaft gezogen wurde. Da auch die Stützmauer auf einer Länge von ca. 50 m zerstört wurde, wurde auch die Eisbahn unbenützbar. An 12 Objekten entstand ebenfalls erheblicher Schaden. Ferner werden in vier Landwirtschaften die Ernteerträgnisse nicht wie erwartet ausfallen. Die Schäden der Gemeinde betragen weit über 5 Mio. Schillinge. Anlässlich des Firmenjubiläums "100 Jahre Bäckerei Wallner" wurde dem Ehepaar das Recht zur Führung des Gemeindewappens zuerkannt. Da Pfarrer KR Herbert Samm Payerbach verlässt, wird zum neuen Seelsorger am 1. 9. Dr. Heimo Sitter bestellt.

1998: Thermenbetreiber und Mehrheitseigentümer der Alpentherme Payerbach GmbH, Herr Ing. Kubat, präsentiert am 9. August das Thermenprojekt. Am 20. 11. erhält Frau Schulrat Poldi Gölles-Petrak die Ehrenbürgerschaft.

Die Pfarrkirche Payerbach

Sie wurde nach 1100 als romanische, einschiffige, flach gedeckte Kirche mit Ostapsis errichtet. Vom romanischen Bau sind die West- und Nordmauer sowie ein Freskenrest aus der Zeit um 1180 erhalten. Um 1350 erfolgte der Bau des hochgotischen Chores und die Stützmauernerweiterung zur Wehrkirche. Von 1500 bis 1525

wurde die Kirche zur zweischiffigen Hallenkirche nach Plänen von Jörg Goldperger aus Wr. Neustadt, der Kaiser Friedrich III. nahe stand, umgebaut. Der spätgotische Turm, im Volksmund "Schwarzer Turm" genannt, wurde um 1510 errichtet. Im Jahre 1828 erfolgten Zunauten und erst 1970 wurde der Innenraum restauriert. 1973 kam es zur Außenrestaurierung. Das Kriegerdenkmal (1922 von Architekten Leopold Simony errichtet) wurde 1977 bzw. 1989 hergerichtet.

Vereine und Organisationen in Payerbach

FV-Verein Payerbach, FV-Verein Kreuzberg, Singgemeinschaft, Volkstanzgruppe, Musikverein Payerbach und Kreuzberg, Kriegsopferverband, Seniorenbund, Pensionistenver-band Schlöglmühl, Pensionistenverband Payerbach-Reichenau, Naturfreunde, ESV Eis-blume, Verein Geo Schule, ÖVP Payerbach, SPÖ Payerbach-Schlöglmühl, Wirtschaftsbund, Kunststätte Kuenburg, Kulturverein Kastell Küb, Männergesangsverein, Pfadfinder, Brieftauben- und Kleintierzuchtverein Gloggnitz - Payerbach und Umgebung, Rodelverein Pin-guin, FFW Küb, FFW Payerbach, FFW Schlöglmühl, Rotes Kreuz Payerbach-Reichenau, Hauskrankenpflege, 1. Payerbacher ESV, ASKÖ Schlöglmühl, Tennisclub, Elternverein, Öster-reichische Kinderfreunde Ortsgruppe Payerbach und Ortsgruppe Schlöglmühl, Österreichi-scher Bergrettungsdienst Ortsstelle Reichenau, Literaturkreis Schwarzatal, ESV Pettenbach, Dorferneuerungs- und Verschönerungsverein Küb, SG Schmidsdorf Raika Gloggnitz, ESV Schlöglmühl und Wintersportverein Payerbach.

Werdegang der Papierfabrik Schlöglmühl

1781 - 1982, von Ing. W. Felser und Erwin Goldfuß

Am 28. August 1781, also unter der Regierung von Kaiser Josef II., kam der Kaufkontrakt zwischen dem Staat und dem damaligen Besitzer der "Schlöglmühl", Johann Felber und seiner "Ehewürthin Magdalena Felberin" über die "Mall und Saag Mühle", ge-nannt die "Schlegel" oder auch "Schlögl-Mühl", zustande. Daraufhin ging man sofort an die Errichtung einer bereits projektierten Smaltefabrik. Smalte war ein kobaltblauer Farbstoff, der auch "Schmelz" genannt wurde und bei der Porzellanerzeugung Verwendung fand. Im Jahre 1781 war der Bau in vollem Gange. Ausschlaggebend für die Errichtung einer solchen Fabrik waren die entsprechenden Mineralaufkommen im nahe gelegenen ungarischen Gebiet sowie der Holzreichtum der Wälder um Gloggnitz. So war es möglich, die benötigte Holzmenge von 1 500 bis 2 000 Klafter zu einem günstigen Preis zu erhalten.

Im Jahre 1833 übersiedelte die ärarische Spiegelfabrik "Neuhaus", die im Jahre 1701 gegründet wurde, gleichfalls nach Schlöglmühl, wurde jedoch am 4. Juli 1840 durch einen Erlass des Kaisers Ferdinand wieder aufgelassen. In den folgenden Jahren war durch die größere Pressefreiheit auch der Bedarf an Papier rasch gestiegen. Die steigende Tendenz war auch bei den Papierpreisen festzustellen. Dies war Grund genug, um mit einer Ge-nehmigung von Kaiser Franz Joseph I. vom 18. März 1851 eine Papierfabrik in Schlöglmühl zu errichten. Sie sollte dafür Sorge tragen, dass der Papierbedarf der Staatsdruckerei und jener der Ämter befriedigt werde. Ein Jahr später, also in einer äußerst kurzen Zeit, ist diese Fabrik mit zwei belgischen Papiermaschinen, die im Inland gefertigt wurden, sowie sechs Schöpfbütten in Betreib gegangen. Angetrieben wurden diese Maschinen mit 120 PS, die zwei Wasserräder leisteten. In Schlöglmühl widmete man sich jedoch nicht nur der Papiererzeugung, sondern es wurde dem damals aufkommenden Rotationsdruckverfahren

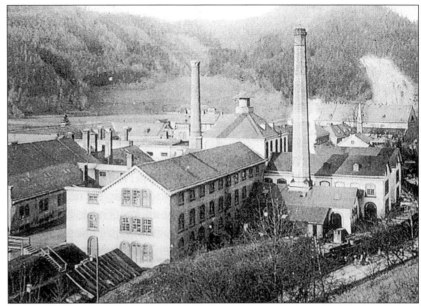

größte Aufmerksamkeit geschenkt. Auch ist von Herrn Theodor Bischof der so genannte "Bischof-Roller", ein Vorläufer der Rollenwickelmaschinen, entwickelt worden und im Jahre 1873 durch die "Schlöglmühler Riesenrolle" auf einer internationalen Ausstellung allgemein bekannt geworden.

Zu einer Zeit, wo Holzschliff, Zellulose oder Strohstoff noch unbekannt waren, wurde vom damaligen Direktor, Hofrat Ritter Auer von Welsbach, das Augenmerk auf eine Maisstroh Produktion gerichtet. Er wollte aus den Kolbenumhüllungen ein Hadernsurrogat, aus dem Kolbenmark einen Närstoff und aus den Blattnerven einen spinnbaren Stoff gewinnen. Ein Teil des Österreichischen Ausstellungskataloges der Internationalen Ausstellung im Jahre 1862 in London wurde bereits auf Maispapier gedruckt. Mit einer wei-teren Neuerung konnte Max Sembritzki aufwarten. Er entwickelte erstmalig eine Schöpf-maschine in diesem Werk, und als erste Papierfabrik überhaupt führte Schlöglmühl im Jahre 1862 den elektrischen Antrieb der Papiermaschinen mit verlustfreier Regelung durch Zu- und Gegenschaltung ein und genoss in dieser Zeit in Mitteleuropa hohes Ansehen. Mit der Fabrik wurde auch ein dort bestehendes Haus, eine Kaserne, übernommen. Es ist geschichtlich erwiesen, dass vor dem Bau der I. Wiener Hochquellenleitung im Jahre 1873 in dieser Kaserne Truppen stationiert waren, welche die Aufgabe hatten, täglich aus dem Quellgebiet zwischen Rax und Schneeberg, dem heutigen Kaiserbrunn, Trinkwasser an die Hofburg zu bringen.

Der Kalandersaal

Als eine der größeren Fusionen, welche bisher in der Papierindustrie überhaupt stattgefunden haben, folgte im Jahre 1908 unter Kooperation der k. k. priv. allgemeinen österreichischen Boden-Credit-Anstalt die Einbeziehung der Schlöglmühler Industrialwerke, bestehend aus je einer Papierfabrik in Schlöglmühl und Stuppach, einer Natron-Zellulosefabrik und einer Pappenfabrik, ebenfalls in Stuppach, ferner großen Holzschleifereien in Payerbach, Schmidsdorf und Stuppach sowie 4 000 Joch Waldbesitz im Gebiet Prein - Rax, in die Neusiedler A. G. Der finanzielle Teil dieser Transaktion wurde so gelöst, dass den Schlöglmühler Aktionären der freiwillige Umtausch ihrer Titres im Verhältnis von 4 Aktien der Schlöglmühl im Nennwert von fl. 200,- gegen 3 Neusiedler Aktien à Nominale K 200,- angeboten wurde, von welcher Einladung der ganze Aktienbesitz bis auf wenige Stücke Gebrauch machte. Die Firma der Aktiengesellschaft der k. k. priv. Papierfabrik Schlöglmühl wird unverändert weitergeführt, doch wurde deren bisheriges Zentralbüro im November 1908 aufgelöst und mit der Neusiedler Zentrale in neuen, vergrößerten Lokalitäten im Hause VI., Getreidemarkt 1, zusammengezogen. Von den Verwaltungsräten sind bei diesem Anlasse in die Neusiedler Verwaltung die Herren Gotthard v. Capellen, Cäsar v. Foregger, Alfred Ritter v. Hölder, Rudolf Paul Schiff und Hofrat Dr. Leopold v. Teltscher eingetreten.

Mitten in den sogleich nach Übernahme der Werke durch die neue Verwaltung eingeleiteten Umgestaltungen und Verbesserungen wurde die Papierfabrik Schlöglmühl am 11. April 1909, Ostersonntag, durch ein verheerendes Schadenfeuer fast bis auf den Grund vernich-

tet. Als ein Glück im Unglücke muss es bezeichnet werden, dass dieser Brand erst nach der Vereinigung beider Gesellschaften stattgefunden hat, weil dadurch die Möglichkeit gegeben war, die in Schlöglmühl für längere Zeit unterbrochene reguläre Papiererzeugung, darunter auch jene des Banknotenpapiers, in die Neusiedler Werke zu verlegen. An den Wiederaufbau des Werkes wurde mit aller Kraft gearbeitet; aber es half nichts, das Werk musste zu Weihnachten geschlossen werden. In der Folge suchte der Masseverwalter nach einer optimalen Verwertung, scheiterte aber an den geradezu frechen Forderungen der Eigentümerfamilie Salzer; dem Vernehmen nach verlangten die gescheiterten Papierkocher 60 bis 80 Millionen Schilling für die Grundstücke und die veralteten Fabriksanlagen.

Konkreter Interessent scheint damals der oberösterreichische Wellpappe-Erzeuger Roman Bauernfeind gewesen zu sein. Er wollte in Schlöglmühl eine Graukartonfertigung aufziehen, zumal sich eine vorhandene Papiermaschine angeblich billig dafür umbauen ließe.

Ununterbrochen engagiert war in Sachen Schlöglmühl der bereits verstorbene Nationalrat Jakob Brandstätter (ÖVP) aus Payerbach. Er konferierte mit Mayr-Melnhof Generaldirektor Dr. Tinti, um den Kartonriesen zum Einstieg in Schlöglmühl zu bewegen. Brandstätter: "Es gab bereits vor Monaten Kontaktgespräche mit Mayr-Melnhof. Ich würde ein Engagement jedenfalls begrüßen, dann hätt' ich wegen Schlöglmühl keine Sorgen mehr." MM-Chef Dr. Tinti gab überdies bereits ein Gutachten in Auftrag, um die Möglichkeit einer Graukartonfertigung zu prüfen. Somit dürfte auch dieses Interesse ernsthaft sein, zumal die Studie "eine sechsstellige Summe" verschlingen würde. Im Gespräch mit Nationalrat Brandstätter ließ Dr. Tinti durchblicken, dass Mayr-Melnhof auf Grund der schwierigen Lage jedenfalls mit größter Vorsicht an eine derartige Investitionsentscheidung herangehen werde. Von den Kontakten zu Bauernfeind und Mayr-Melnhof zeigt sich auch die Arbeiterkammer in Neunkirchen informiert. AK-Leiter Bertl Hanisch: "Uns ist jeder Käufer recht, aber eine Lösung sollte im Interesse von 300 Arbeitslosen rasch gefunden werden." Trotz aller dieser Anstrengungen schloss dieses traditionsreiche Unternehmen mit Jahresende 1982. Mit dieser Schließung ging eine 200 Jahre währende Industrietradition, Blaufarbenfabrik, Gussspiegelfabrik, Papiererzeugung, zu Ende.

Das Schwarzaviadukt - Wahrzeichen von Payerbach

Ortsansicht

Unten: *Die Pfarrkirche Hl. Jakobus der Ältere, eine mächtige Wehrkirche*

Herbststimmung in Payerbach

Der Kurpark

Oben links: *Pavillon und im Vordergrund der "Brückenstein", Rest von der 1987 abgetragenen alten Schwarzabrücke*
Oben rechts: *Die Schwarza und das Bootshaus*
Darunter *v.l.n.r.: Der Kurpark mit Kaiserstein, Wetterstation und Parkpromenade*

Der im Jugendstil gebaute und renovierte Parksteg

Rechts: Advent in Payerbach.

Unten: Das Modell vom
Semmeringhaus im Kurpark
Daneben: Frühlingsboten im Kurpark

1894 - RAIFFEISEN WURZELT IN PAYERBACH UND SCHWARZAU IM GEBIRGE

Durch die Industrialisierung und durch wirtschaftliche Strukturveränderungen kam es im 19. Jahrhundert immer mehr zur Verarmung der ländlichen Bevölkerung. Friedrich Willhelm Raiffeisen, damals Bürgermeister von Weyerbach, setzte sich zum Ziel, die Bevölkerung seiner ländlichen Gemeinde vor dem sozialen Verfall und der Verarmung zu schützen. Seine Idee war - einer für alle, alle für einen -, womit auch der Genossenschaftsgedanke geboren war, welcher sich

Ignaz Gölles

rund um den Globus erfolgreich ausbreitete und Unterstützung für viele Menschen gebracht hat.

1886 wurde dann in Mühldorf bei Spitz an der Donau die erste Raiffeisenkasse Österreichs gegründet, und 8 Jahre später (1894) begann das ehemals Bäumchen Raiffeisenkasse auch in Payerbach und in Schwarzau im Gebirge zu wurzeln.

Ignaz Gölles gründete im Frühjahr 1894 den "Darlehenskassenverein" in Payerbach. Ein halbes Jahr später wurde dann in Schwarzau im Gebirge der "Spar- und Darlehensverein" aus der Taufe gehoben. Doch damit sollte es in dieser ländlichen Region noch nicht genug sein. 1897 wurde auch in der Prein der Raiffeisengedanke aufgegriffen und ein "Spar- und Darlehensverein" ins Leben gerufen.

An allen drei Standorten ging die Entwicklung positiv voran. Das Vereinsgebiet vom "Darlehenskassenverein" Payerbach konnte 1922 ausgedehnt werden, die Gemeinden Reichenau und Prigglitz kamen dazu. 1942 ist es dann so weit und die "Darlehenskasse" Payerbach bekommt einen neuen Namen - "Raiffeisenkasse für Payerbach und Umgebung reg. Gen. m. b. H.".

Nach dem Zweiten Weltkrieg und nach der Beseitigung mancher Kriegsschäden auch an den Häusern der Raiffeisenkassen wuchs der Raiffeisengedanke dann bald zu einem großen Unternehmen, aus dem vorhin angesprochenen Bäumchen ist bereits ein mächtiger Baum geworden, welcher seine Äste über ganz Österreich ausgebreitet hat. Von vorerst nur "Sonntagskassen" ging man auf Tagesbetrieb über, und die "Vereinslokale" (meist Extrazimmer in Gasthäusern) waren zu klein geworden und eigene Gebäude wurden gebaut.

Aus wirtschaftlichen Gründen kam es in den folgenden Jahren dann zu Verlegungen und zu Fusionen. So wurde 1968 die Raiffeisenkasse Prein nach Reichenau verlegt und schließlich 1970 mit der Raiffeisenkasse Payerbach fusioniert. 1980 gab es dann eine weitere Zusammenlegung, die Raiffeisenkasse Schwarzau im Gebirge schloss sich mit der Raiffeisenkasse Payerbach-Reichenau zusammen.

Geschäftsstelle Schwarzau

Geschäftsstelle Reichenau

Damit sind die Raiffeisenkassen vor und hinter dem Höllentat zu einer Einheit geworden. Untergebracht in modernen Bankgebäuden und, wie die Ergebnisse zeigen, leistungsstark - die seit 1980 bestehende Raiffeisenbank Payerbach-Reichenau-Schwarzau im Gebirge reg. Gen. m. b. H.

Geschäftsstelle Payerbach

Payerbach von morgen

Heute ist Payerbach Teil der "Leader-Region Weltkulturerbe Semmeringbahn und umgebende Landschaft'" und heißt auf dem historischen Bahnhof Payerbach-Reichenau Gäste aus ganz Österreich und darüber hinaus herzlich willkommen.

Das Morgen der Marktgemeinde Payerbach kann nur in der Konzentration auf ihre Stärken und dem Willen zur Zusammenarbeit mit allen Nachbargemeinden liegen.

Der Industriestandort in Schlöglmühl mit seinem großen Beitrag zu den kommunalen Finanzen ist Geschichte. Der Begriff "Industrieviertel" ist daher nicht mehr passend. Payerbach bietet sich heute wieder als moderne Fremdenverkehrsgemeinde, gleichsam als Sommerfrische im neuen Gewand, seinen Gästen an.

Es gilt nun die ganze Aufmerksamkeit auf den weiteren Aufbau der Strukturen für die touristische Weiterentwicklung der Gemeinde zu richten. Ohne die alten und historischen Werte und Stärken zu vergessen.

Dieses hat sich die neue Gemeindeführung vorgenommen und wird es mit der Unterstützung aller, der Payerbacher Bürger, der gesamten Region und des Landes Niederösterreich, auch verwirklichen können.

Payerbach ist eine Gemeinde Niederösterreichs und ist umgeben von den Zauberbergen im Süden des Landes. Payerbach ist gewillt, seinen Beitrag zu den gemeinsamen Zielen des Landes und zum Wohle seiner Bürger zu leisten!

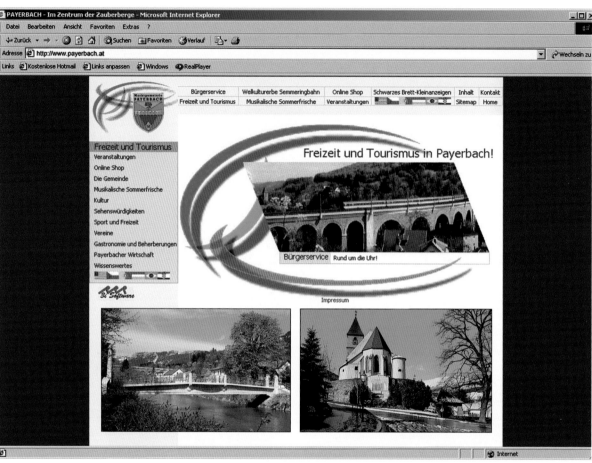

Payerbach - ein sympathischer Ort zum Verweilen. Damals wie heute!

Nähere Informationen bekommen Sie bei:

Marktgemeinde Payerbach, Ortsplatz 7, A-2650 Payerbach
Tel. 00432666 52423-0, Fax 00432666 53031, e-mail: gemeinde@payerbach.at

Tourismusbüro Payerbach, Ortsplatz 7, A-2650 Payerbach
Tel. 00432666 52423-12, Fax 02666 52423-13, e-mail: infopayerbach@gmk.at

MARKTGEMEINDE SCHWARZAU IM GEBIRGE
Auszug aus der Geschichte

Die ersten Siedler waren Bayern und kamen mit den Herren von Traisen, oder auch Traisma, und sie trafen auf einen mächtigen Urwald, der von vielfältigem Getier bevölkert wurde, und sie begannen mit Axt, Säge und Feuer das Land nutzbar zu machen. Engelrich, der Stammvater der Siedler, hatte durch eine Schenkung Kaiser Ottos III. im Jahre 998 einen Grundbesitz zwischen der Tulln und dem Anzbach erlangt, der nun stets vergrößert wurde. Zwischen 1030 und 1050 setzten sich die Herren von Traisen auf dem Gebiet der heutigen Gemeinden Gutenstein, Schwarzau und Rohr im Gebirge fest, um alsbald den Landstrich zwischen der Piesting, dem Puchberger und Grünbacher Tal, bis zu der unter dem Namen "Neue Welt" bekannten Talniederung für sich zu beanspruchen. In der Nähe ihres damaligen Hauptsitzes Waldeck erbauten sie eine Festung Starkenberg (Starhemberg), die den Eingang in das Piestingtal sichern sollte. Schon in der ersten Hälfte des 12. Jh. reichte ihr Landbesitz bis in das Mur- und Feistritzgebiet. Anfangs waren die Siedler auf ihren von den Herren von Traisen erhaltenen Höfen frei, jedoch das zur Rodung Freigegebene wurde ihnen vorerst nur zur lebenslangen Nutzung überlassen. In späteren Jahren hatten sie es in Erbpacht, mussten dafür einen aus Naturalien bestehenden Zins zahlen sowie bestimmte herrschaftliche Gründe bearbeiten und waren dem grundherrlichen Gericht unterworfen. Heute noch erinnern Hofnamen wie z. B. im Preintal ein "Schlager oder Reidlbauer", im Trauch ein "Schlagbauer", in Naßwald der "Reithof" - von "reuten, roden" -, in Rohr im Gebirge ein "Nagelreiter", heute Neugereuter, und in der Vois der "Reitbauer", an diese Zeit der Brandrodungen und Holzschlägerungen mit der Axt. Auch Mönche waren an diesem Urbarmachen beteiligt, und Hofnamen wie "Monasraid" (Mönchgereut), der "Zellerbach" in Rohr sowie das "Klostertal" weisen darauf hin.

Von Schwarzau im Gebirge heißt es: "Zu diesem Orth, so aus einer solide gebauten Kirche mit Mauer umgeben, dann aus einem schlecht gebauten Pfahrhofe und einem gut gebauten Wirtshause bestehet, gehören auch die an diesem Fluß und umliegenden Anhöhen stehenden Häuser." Bodenfrische Waldbauernnamen klingen auf, Carl in der Zeithen, Jagl in Kreith, Hansl im Hof, Hans vorm Holz, Breinsteger usw. Die Häuser sind durchwegs Holzhäuser. Die Voismühle erscheint als kleine Lohmühle. Das Südostgehänge zum Preinbache oberhalb "Eckbauer" ist gut besiedelt. Im Voisgebiete, an den Abhängen des Handles und des Kuhschneeberges, werden nachstehende Gehöfte genannt: "Baumecker, Grubbauer, Schmalhof, Steinbauer, Hinterleithen, Höchbauer, Eckbauer - dieses Gehöft zum Teil aus Stein, Wagenhof, Feichtenbauer, Höllenthaler, Kreithbauer, Hinterleithen an der Vois und Steinleithen."

Buntes Treiben am ehemaligen Ortsplatz

An den für Siedler geeignetsten und schönsten Stellen entstanden Orte, darunter auch Schwarzau im Gebirge. Nach Überlieferung soll sich auf dem Schwarzauer Kirchenbühel, früher "Summarbigl" genannt, eine aus Holz gezimmerte Kapelle, die Vorgängerin jenes Kirchleins erhoben haben, von dem noch heute das Presbyterium mit seinen gotischen Spitzbogenrinnen erhalten ist. Erbaut wurde sie vermutlich von einem Mönch aus dem Kloster Neuberg, der hier als Einsiedler gelebt hat. Aus Furcht vor möglichen Überfällen, die öfters vorkamen, bauten sie eine hölzerne Fluchtburg. Im Wesentlichen stimmte dieses Bauwerk in Form und Anlage, abgesehen von seinen Maßen, mit dem einer normannischen Holzburg überein. Diese Wehranlage befand sich auf dem so genannten Hauskogel, ungefähr eine halbe Wegstunde vom Ort in Richtung Obersberg. Deutlich sichtbar ist heute nur mehr der um den abgeplatteten Teil des Kogels angeordnete und im Fels eingearbeitete Graben. Alles deutet jedoch darauf hin, dass Schwarzau von den Ungarn verschont blieb. Dies dürfte auch der Grund gewesen sein, warum die Burg im Laufe der Jahre immer mehr verfiel.

Pfarrer Johann Michael May, der die Pfarre Schwarzau zu Beginn des 19. Jh. betreut hatte, vermerkte in einem Gedächtnisbuch: "....er habe von den alten Männern, die es wiederum von den Altvorderen übernommen hatten, gehört, dass ehemals auf dem Hauskogel ein Schloss gestanden sei". Nach den Mitteilungen eines alten Bauern dem Pfarrer gegenüber soll sich einst auf dem Hauskogel auch ein Galgengericht befunden haben, was jedoch vom Nachfolger May's, dem Pfarrer Franz Prack, bestritten wurde, denn er meinte dass: "...ein derlay Gericht am Gaststeig, eine viertel Stund' von hier bestanden habe, wo man schon mehrere Leiber ausgrub". Der Gaststeig befindet sich beim Gasthaus Roßböck, vor der Abzweigung Richtung Trauch. Da der Hauskogel früher auch "Krichbül" genannt wurde, was soviel wie Gerichtsbühel bedeutet, hatte man angenommen, dass sich die Hinrichtungsstätte zuvor auf dem Hauskogel befand, später aber außerhalb des Ortes in die Gegend verlegt wurde. Einer Gepflogenheit gemäß der damaligen Zeit fiel das am rechten Ufer der Piesting gelegene Tal von Gutenstein flussabwärts bis "Tragebotinsteten", später Dreistätten, und das obere Gebiet der Schwarza bis zum Großen Höllental und der auf der südlichen Seite der Alpen reichende Landsitz des Hauses Hartnid II. von Traisen dem Adalram II. von Waldeck-Feustritz, einem der Söhne Hartnids, zu. Der um 1085 geborene Adalram war mit Herz und Seele der Kirche, die sich damals allgemeiner schwärmerischer Begeisterung und religiösen Aufschwungs erfreuen konnte, verbunden, der dann in den Kreuzzügen gipfelte. In seinen zwei Ehen blieb Adalram ohne Nachkommen. Im Jahre 1140 stiftete er die Propstei Seckau und gründete später die Pfarre Waldeck, die älteste des Piestingtales. 1147 trat er als Konventuale in das Kloster Seckau ein, wo er bis zu seinem Tode im Jahre 1158 als "Frater Adalramus" lebte. Er beantragte die Bestellung des traungauischen Markgrafen von Steyer, Ottokar V., als Schirmherrn und Vogt des Stiftes Seckau, worauf dieser bald Anspruch auf die Ländereien Adalrams im Piesting- und oberen Schwarzatal erhob und sich deren auch bemächtigte.

Der Einfluss der Habsburger

Die Habsburger waren über drei Jahrhunderte im Besitz der heutigen Gebiete Gutenstein, Schwarzau und Rohr im Gebirge. Im Kodex des Passauer Bischofs Otto von Lonsdorf wird der Name "Swarzach" für die Pfarre selbst bereits im Jahre 1260 verwendet, während der Ort im nö. Kloster-Visitationsprotokoll von 1543/44 noch "Schwarzach" genannt wird. In den schriftlichen Aufzeichnungen des Gewohnheitsrechtes einzelner Orte, dem Pantaiding der Herrschaft Gutenstein aus der Zeit zwischen 1632 und 1658, scheint er für die Gemeinden Schwarzau und Rohr unter "Schwarzau" auf. Diese Namensgebung stimmt jedoch mit der ersten, wo man von einem "schwarzen Bach" ausgegangen war, keinesfalls überein.

Zu zahlreichen Kriegen um die deutsche Krone und zu Streitigkeiten zwischen den Mitgliedern des Herrscherhauses Habsburg sowie zu Bürgerkriegen und Aufständen kam es während der habsburgischen Herrschaft, und von Religionswirren, Seuchen und Hungersnöten berichtet die Geschichte. Die Pest suchte im Jahre 1349 das Gebiet der Herrschaft Gutenstein heim und raffte fast die Hälfte der Bevölkerung dahin. Im Jahre 1404 verdarben lang anhaltende Regenfälle die ganze Ernte, worauf es im darauf folgenden Jahr durch Mangel und Verteuerung der Lebensmittel zu einer schrecklichen Hungersnot kam. 1410 wütete wiederum die Pest in der Gegend von Schwarzau.

Kaiser Maximilian I. ist nachweislich nur einmal, im Jahre 1516, in Gutenstein gewesen. Im Gegensatz zu Maximilian II. weist nichts darauf hin, dass er unsere Gegend jemals besucht hätte. Maximilian II. soll jedoch zu "Winasberg zu Rohr" ein Jagdhaus besessen haben und besonders gern und oft am Handlesberg den Jagdfreuden gefrönt haben. Viele Namen in unserer Gegend weisen ja auf regen Jagdbetrieb hin, wie z. B. der "Jagahof" in der Gegend und "Gsoil" am Handlesberg. Gsoil heißt nach A. Hrodegh soviel wie "schmutzige Lacke, in der sich die Hirsche gern suhlen". Der "Brindskogel" in der Pax weist auf einen guten Brunftplatz hin und "Sulzberg" in der Gegend, hängt mit Salzlecke für das Rotwild zusammen. Im Namen "Handlesberg" erscheint der Birkhahn, der kleine Hahn, ehemals "Hanl" genannt, zum Unterschied vom "da Han" genannten Auerhahn.

Gemeinde und Rechtswesen
Recht und Gesetze im 17. Jh.

Einen sehr guten Überblick über die rechtlichen Verhältnisse in Schwarzau gibt das unter Hans Ludwig Graf von Hoyos zwischen 1632 und 1658 verfasste "Pantaiding" der Herrschaft Gutenstein.

Die vierzehn Tage vorher ausgeschriebenen und verkündeten Gerichtssitzungen fanden entweder auf dem Kirchenbühel oder "auf der Wüden in der Schwarzau", das heißt auf einer Weide, statt. Alle Grund- und Vogtuntertanen hatten sich einzufinden und je 12 kr. Gerichtsgeld, genannt "Thädtung", zu erlegen. Bei Nichterscheinen wurde eine Strafe, genannt "Wandl", zu einem Pfund Pfennig fällig. "Herrendienst, Not oder Ehehaft", das heißt, der Mann war durch das Wochenbett seiner Frau ans Haus gefesselt, wurden entschuldigt. Während früher der Richter von den Gemeindegenossen frei gewählt wurde, so wurden zu dieser Zeit Richter, Amtmann und Geschworene von der Herrschaft bestellt. Der Amtmann in Schwarzau oder Rohr war herrschaftlicher Beamter, welcher dem Bevollmächtigten der Herrschaft, dem Pfleger in Gutenstein, unterstellt war. An solchen Gerichtstagen herrschten eigene Gesetze, denn brach einer den gebotenen besonderen Frieden, verursachte einen Tumult oder fing gar einen Raufhandel an, so musste er 10 Pfund, "das doppelte Wandl", zahlen. Auch musste jede strafwürdige Tat dem Gericht gemeldet werden. Unterließ dies einer aus irgendwelchen Gründen, so wurde er zur gleichen Strafe wie der Übeltäter verurteilt. Es war auch verboten, dass ein Untertan ohne Wissen und Zustimmung der Herrschaft, des Pflegers, Richters oder Amtmannes die Grafschaft verlässt, Grundstücke verpfändet oder verlost. Der Herrschaft waren jene Untertanen mit Leib und Leben verfallen, die nicht geneigt waren, auf die Mahnung des Richters Haus und Gründe in gutem Zustand zu erhalten und erklärten, dass sie alles veröden lassen und weggehen wollen. Wurden Zehent und Robot nicht rechtzeitig und ordnungsgemäß ausgeführt, dann drohten strenge Strafen. Die Untertanen mussten für die Grundherrschaft ackern, säen, mähen, dreschen, heuen, Holz fällen und ihre Pferde für erforderliche "Spanndienste" beistellen und auch noch als Treiber mit auf die Jagd gehen. War ein vorgesehener Treiber nicht zu Hause, musste seine Frau, der Knecht oder die Magd mitkommen, denn sonst drohte ihnen eine Strafe von 72 Denar und "man solle ihn auch den offen niderschlagen". Wer jedoch ohne Erlaubnis in den herrschaftlichen Bannwäldern jagte oder in den Bannwässern fischte, erhielt die ersten beiden Male eine Geldstrafe, beim dritten Mal wurden ihm die Augen ausgestochen. Erblickte jemand einen ortsbekannten Dieb, so musste er die Nachbarn durch lautes Geschrei aufmerksam machen, worauf diese verpflichtet waren, sich an der Verfolgung und Festnahme des Diebes zu beteiligen. Wurde ein Hauswirt auf einen Menschen aufmerksam, der nachts einbrechen wollte, durfte er ihn nach dreimaligem Räuspern anschreien und auffordern wegzugehen, ging dieser jedoch nicht, durfte er mit Gewalt fortgetrieben werden. "Unzimlichen Fressereyen und Saufereyen" standen in dieser Zeit, deren wirtschaftliche Verhältnisse keineswegs als gut zu bezeichnen waren, an der Tagesordnung. Auch ein Pfarrer namens Johann Jakob Falter verfiel diesem Laster und wurde nach nur sieben Monaten Amtszeit von Johann Balthasar II. von Hoyos wegen Schwelgerei und Trunksucht im Jahre 1669 aus seinem Amt entlassen. Aber nicht nur die Männer, sondern auch Frauen schien der Durst sehr geplagt zu haben, denn den "Leutgeben" - den Gastwirten - war es verboten, einem Weib, das zu trinken anfing, mehr als 12 Denar zu borgen. Besonders aber ist es bei den jungen, unverheirateten "Manns- und Weibspersonen" zu "groszer Unzucht und anderen Leichtfertigkeithen" gekommen. Da bei solchen Zechereien Streit und Raufereien nicht ausblieben, so waren die Hauswirte bei Strafe verpflichtet, die Schuldigen beim Richter oder Amtmanne anzuzeigen. Sie hatten ebenfalls darauf zu achten, ob nicht geflucht oder gar über Gott gelästert wurde und wurden gleich den Lästerern geächtet, wenn sie diese nicht unverzüglich der Obrigkeit meldeten. Lästerei und Fluchen wurden an "Leib und Gut" bestraft. Zog jemand sein Brotmesser und steckte es gleich wieder ein, so musste er sowohl für das Ziehen als auch für das Wegstecken je 72 Denar Strafe zahlen. Nahm einer einen Stein in die Hand, um damit auf jemanden zu werfen, legte ihn jedoch an die Stelle zurück, von der er ihn genommen hatte, so kostete ihn das 5 Pfund und 60 Denar. Eine Ohrfeige mit der flachen Hand ins Gesicht oder auf den Mund kostete für jeden Finger 72 Denar Strafe. Umschloss er jedoch mit den Fingern den Daumen und sprach: "Das ich den Daumb in der Handt hab" und schlug zu, kam er mit 72 Denar davon. Bei schweren Verletzungen musste er den "Baderlohn" zahlen und Schadenersatz leisten.

Für Frauen, die sich einer üblen Nachrade schuldig machten, mussten nicht nur eine Geldstrafe bezahlen, sondern wurden auch von allen verlacht und verspottet und eine eiser-

ne "Zankgeige" um den Hals, einen schweren Stein, durch den Ort tragen. Strengstens war es dem Untertan untersagt, die Tochter oder den Sohn ohne die Bewilligung der Herrschaft zu verheiraten. Ist dies doch einmal geschehen und verheiratete er sein Kind "leichtfertig oder uncatholisher Arth", verlor er sein Erbgut und wurde zusätzlich noch bestraft. Wollten Witwen wieder heiraten, brauchten auch sie eine solche Bewilligung und mussten dafür eine "Verwilligungs Tax" entrichten. Hatte eine Mutter ein lediges Kind, so wurde sie kirchlich in der Art bestraft, dass sie beim Hochamt mit einer brennenden Kerze Kniebeugen machen musste.

Letzter Bauernrichter und erster Bürgermeister

Die Rechtssprechung ging bis 1848, dem Jahr der Revolution, das in Wien sehr blutig, in Schwarzau aber eher ruhig verlief, von der Herrschaft aus und wurde vom Ortsrichter exekutiert. Als Pfarrer May 1803 nach Schwarzau kam, traf er hier auf den Richter Joseph Schwaiger. "Gleich bei meiner Ankunft zeigte der hiesige Bauernrichter Joseph Schwaiger am Eck vielen kecken und unverschämten Muth gegen mich, weil er glaubte, noch seinen vorigen furchtsamen Pfarrer vor sich zu haben. Allein ich riß ihm die Haare von der Zunge", so schreibt May. Weiters bezeichnete er den Richter als einen "Schmeichler und Wohldiener der Herrschaft". Georg Schwaiger, Bauer im Dörfl, soll der letzte Richter in Schwarzau gewesen sein. An einem Sonntag geriet er mit einigen Bauern von Schwarzau in eine heftige Auseinandersetzung, weil man ihm vorwarf, sich beim Bau des Gemeindehauses im Jahre 1844 bereichert zu haben. In der Einfahrt des Gemeindehauses am Marktplatz artete der Streit in eine Rauferei aus, wobei der Bauernrichter so schwer am Kopf getroffen wurde, dass er zwei Tage darauf verstarb.

Von diesem Zeitpunkt an konnte man den Nachtwächter in Naßwald bei seinem nächtlichen Rundgang singen hören:

"All meine Herren und Bauern
Lasst's euch sagen,
D' Schwarzauer Bauern
Haben den Richter erschlagen."

Im Verlaufe der revolutionären Vorkommnisse wurde das Untertänigkeitsverhältnis der Gemeinde zur Herrschaft völlig aufgelöst und Urteile nur mehr im Namen des Kaisers gesprochen.

Mathias Gruber, der erste Bürgermeister von Schwarzau, trat im Jahre 1848 sein Amt an. Seit 1985 steht Herr Senatsrat DI Irmfried Hahnreich als Bürgermeister an der Spitze der Marktgemeinde.

Verbrechen im Gebiet von Schwarzau

Abgesehen von den schweren Gewaltverbrechen in den Kriegen haben sich auch auf dem Boden der Gemeinde Schwarzau schwere Blutverbrechen zugetragen. So ereignete sich in der Nacht vom 7. zum 8. Dezember 1892 in der Gegend ein Raubmord, dem der 34-jährige Sägemeister Johann Schweiger zum Opfer fiel. Sein Mörder war der erst 18-jährige Leopold

Auch Graf von Hoyos nahm an den Begräbnisfeierlichkeiten teil

Grabenweger, der wegen dieser Tat zu 10 Jahren schweren Kerkers verurteilt wurde, jedoch in der Strafanstalt verstarb. Ebenfalls im Dezember, am 20. 12. 1919, wurde der Jäger Heinrich Stangl bei einem Schusswechsel mit vier Wilderern nahe dem Forstgut Wittgenstein im Trauch durch einen Bauchschuss so schwer verletzt, dass er am nächsten Tag verstarb. Eine weitere Bluttat, die Schwarzau in Aufruhr und Bestürzung versetzte, ereignete sich vermutlich in den Vormittagsstunden des 15. August 1926 auf dem Kuhschneeberg. Ermordet wurden durch "Einschlagen der Schädeldecke" der 26-jährige Forstadjunkt Johann Spannring und der 32-jährige Revierjäger Peter Berger, beide aus Schwarzau im Gebirge. In der Nähe des so genannten "Almgatterls" wurde den bei-

Oben: Die Ermordeten Johann Spannring und Peter Berger
Rechts: Gedenkstein im Bereich des Almgatterls am Kuhschneeberg

den Bediensteten der Hoyos-Sprinzenstein'schen Forstverwaltung Gutenstein, Revierleitung Schwarzau, aufgelauert. Der Tat dringend verdächtig war ihr Vorgesetzter, der Förster Alfred Neugebauer. Vermutet wurde, dass die beiden Opfer durch irgend einen Umstand Mitwisser in einer Sache wurden, in die Neugebauer verwickelt war. Der Verdacht reichte jedenfalls für eine Verhaftung aus. Neugebauer wurde mangels an Beweisen freigesprochen. Franz Nabl, der Heimatdichter, widmet diesem Vorfall im "Neues Grazer Tagblatt 6, Nr. 423, 36. Jahrgang, vom Sonntag, 22. August 1926", unter dem Titel "Mord im Gebirge" einen Artikel.

Das Hammerwerk im Markt

Das zuletzt schon mitgenommene Gebäude des Hammerwerkes, das durch Jahrhunderte Sapinen, Hacken, Krampen, Sägen und Schaufeln erzeugte, wurde urkundlich 1569 das erste Mal genannt und sein Besitzer war "Johann Riedmair". Zwei Essen lieferten

die Hitze, die man benötigte, um all die genannten Werkzeuge schmieden zu können. Ein Brand im Jahre 1837 setzte dem Gebäude sehr zu, doch wurde es bald darauf wieder erneuert und 1850 von dem Wiener Neustädter Karl Siegl erworben, der es jedoch für einige Jahre stilllegte. Erst unter Emil Kapfenberger, dem nächsten "Hammerherrn", lebte der Betrieb wieder auf. Ein weiterer Hammerschmied war Franz Kapfenberger. Der letzte Besitzer, Franz Sumasgutner, verkaufte das Werk 1927 an die Gemeinde Schwarzau im Gebirge. Am 2. August 1927 war zum letzten Mal der eherne Schlag des großen Schmiedehammers zu hören. Das Hammerwerk befand sich auf der so genannten "Gimpelinsel" bei den Häusern Markt 7 und 7a.

Ein Hammerwerk in der Gegend

Der Eisenhändler Karl Siegl kaufte 1850 auch das Hammerwerk in der Gegend, am so genannten "Baumgarten" und erzeugte dort verschiedene Eisenwaren. Die aus der zweiten Hälfte des 17. Jahrhunderts stammende Hufschmiede mit einem Eisenhammer wurde jedoch 1887 stillgelegt.

Die Pfarre Schwarzau, Stiftung der Babenberger

Der jüngere Sohn Leopolds V., Leopold VI., der Glorreiche, stiftete die Pfarre Schwarzau im Gebirge. Er lebte von 1198 bis 1230. Das genaue Stiftungsjahr der Pfarre Schwarzau steht nicht fest, wird aber jedenfalls vor dem Todesjahr Herzog Leopolds VI., 1230, angenommen.

Die Pfarrkirche von Schwarzau im Gebirge, alte Ansicht

Leopold der Glorreiche starb zu San Germano in Unteritalien und wurde in Lilienfeld begraben. Sein Sohn, Friedrich II., der Streitbare, fiel bei der Verteidigung der Ostmark gegen die Ungarn in der siegreichen Schlacht an der Leitha im Jahre 1246. Mit ihm erlosch das ruhmreiche Geschlecht der Babenberger. Im Salbuch der Passauer Diözese, nach dem damaligen Bischof Otto von Lonsdorf der Lonsdorfer Kodex genannt, wird neben den Pfarren in Traisen, St. Ägyd und Gutenstein auch jene in Schwarzau erwähnt. "...item ecclesia in Swarzach cum decimis et fundo, est ecelsia Patauiensi...", desgleichen gehört die Pfarre zu Schwarzau mit Zehenten, Grund und Boden zur Passauer Kirche, lautet die bezügliche Stelle. In den Sal- oder Traditionsbüchern der Kirchen und Klöster wurden alle auf Grund einer Schenkung, Stiftung oder Abmachung der Kirche oder dem Kloster übergebenen Salgüter, das sind freie, nicht zinspflichtige Güter, verzeichnet.

Weitere Begebenheiten in Schwarzau im Gebirge

Erbauung des neuen ebenerdigen Schulhauses, welches bereits im Spätherbst desselben Jahres fertig gestellt war. Der steinerne Zubau aus dem Jahre 1760 diente nunmehr der Lehrerfamilie als Wohn- und Schlafraum. Da das "Schulhäusl" die steigenden Schülerzahlen nicht mehr fassen konnte, wurde es im Jahre 1843, also nach 31 Jahren, niedergerissen und ein einstöckiges Haus erbaut. Bis zu dessen Fertigstellung wurde der Unterricht auf den Dachboden des "Kohlenstadls" beim Hammerschmied, Markt 7, verlegt. Anfangs November konnte der Unterricht in dem neu errichteten Gebäude aufgenommen werden. Johann Planner war nicht nur von 1830 bis 1897 Lehrer in Schwarzau im Gebirge, sondern hatte seit dem Jahr 1849 auch die Stelle eines Gemeindesekretärs inne; Planner verstarb am 25. Mai 1897.

1869: Am 19. Juli wurde das erste Postamt in Schwarzau, im Hause Markt 11, eröffnet. Später war es dann im Markt 31 untergebracht. Ab Juli gab es im Gasthof "Zur Singerin" einen Postschalter, der ab dem 14. Juni 1924 als Postablage Singerin - Post Hirschwang bis 31. Mai 1953 weitergeführt wurde. Der als "Briefpeter" bekannte Peter Hödner und der "Poststacherl" genannte Eustachius Atzberger gingen ab dem Jahre 1875 täglich und bei jedem Wetter zu Fuß nach Payerbach und

Die ehemalige Schwarzauer Post

Gutenstein, um die Post abzuholen, bis ein geregelter Postwagenverkehr aufgenommen werden konnte. Beim heutigen Gasthof Gruber, dem "Gasthof zur Post", wurde zu dieser Zeit der "Poststadl" eingerichtet: 14 Pferde, drei Stellwagen und drei Postknechte hatten darin Platz. Für eine Fahrt von Schwarzau im Gebirge nach Payerbach zum Bahnhof bezahlte man damals 1 fl. 20 kr.; nach Gutenstein war die Fahrt um 10 kr. teurer.

1870 wurde die Straße um den Kirchbühel angelegt.

1872: Ein zweites Schulzimmer wurde zugebaut.

1876: Ab diesem Jahre existieren Aufzeichnungen über Gemeinderatssitzungen, also in der Zeit des damaligen Bürgermeisters Leopold Dittmer. Anfangs des 20. Jh. verbrannte man alle früheren Aufzeichnungen und Dokumente ohne weitere Sichtung. Wer also in den Jahren nach Mathias Gruber bis Leopold Dittmer Bürgermeister von Schwarzau im Gebirge war, konnte nicht nachvollzogen werden.

1878: Der im Jahre 1872 eingerichtete Gendarmerieposten Naßwald wird nach Schwarzau im Gebirge verlegt. Seit 1945 gab es neun Postenkommandanten mit 38 eingeteilten Beamten, die ein Gebiet von 190,33 km^2 zu betreuen hatten. Heute ist dieser Gendarmerieposten aus Einsparungsgründen geschlossen.

1881: Die seit dem Jahre 1879 bestehende Schulexpositur in der Vois wurde in diesem Jahr wieder aufgelassen und die Schule in Schwarzau erneut vergrößert, wobei für diesen Erweiterungsbau Kaiser Franz Joseph 300 fl. spendete.

1882: Da der Weg zu den Bergbauern auf dem Falkenstein stellenweise schon ganz verfallen und gefährlich war, wurde dieser ausgebaut und gesichert.

1883: Am 12. Mai nahmen die neu errichteten Telegrafenstationen beim Kaufmann "Preus" auf dem Kirchbühel und beim Gasthof "Zur Singerin" ihren Betrieb auf.

1888: Mit dem Wegbau von Naßwald nach Preintal entlang des alten Fußweges wurde in diesem Jahr begonnen. Der Bau einer Straße verzögerte sich wegen Geldmangels, fertig gestellt aber wurde sie erst im Jahre 1933 durch den Reichsarbeitsdienst. Die Erhaltung übernahmen die Gemeinde Wien, die Gemeinde Schwarzau sowie die Preintaler Bauern.

1897 beschädigte ein Hochwasser diese Straße schwer. Teile der Straße waren bis zu zwei Meter unterwaschen.

1898: Kindern, die einen oft stundenlangen Schulweg hatten, widmete am 31. 12. ein Komitee unter der Leitung von Oberlehrer Franz Wick seine Aufmerksamkeit; es wurde die Errichtung eines Schutzhauses diskutiert und beschlossen.

1905: Am 3. Dezember konnte dieses Schutzhaus seiner Bestimmung übergeben werden. Es war das Verdienst des Grafen Schaffgotsch, damaliger Besitzer des Gutes "Am unteren Bichl". Kinder aus dem hinteren Preintal, der Vois, vom Trauch und aus der Hinterpax fanden dort in den Wintermonaten Unterkunft und Verpflegung - kostenlos war es für arme Kinder und einen geringen Beitrag mussten Bessergestellte leisten.

1906 wurde die Straße durch das Reisstal befahrbar gemacht..

1907 baute die Gemeinde Wien den bestehenden Fußweg am Ufer des Schwarzriegelbaches bis zu den Häusern im Heufuß aus und 1910 weiter bis zur Gießgrabenquelle.

1908 wurde ein Fahrweg von der Preintaler Straße zum Naßwalder Friedhof angelegt.

1918: Am 1. Juli wurde der Schulbetrieb mangels an Brot und Mehl eingestellt.

1945: Am Karfreitag fuhr das letzte Mal der Postautobus von Payerbach nach Schwarzau.

1948 wurde in Vois 8 beim Gasthaus Kober - Steiner - wieder eine Expositur der Volksschule Schwarzau eingerichtet, um die Voiser Kinder der ersten und vierten Schulstufe unterzubringen.

Kröppls Backstube, 1926

1951: Der "Hohe Weg" und das so genannte "Gassl", beides Privatwege mit Öffentlichkeitsrecht, wurden zu Gemeindewegen erklärt.

1953: Bis zu diesem Jahr führte durch Schwarzau nur eine Sandstraße. Mit einer Summe von 120.000,- Schilling beteiligte sich die Gemeinde an der Asphaltierung dieser Straße.

1955 erwarb die österreichische Postdirektion von der Gemeinde einen Teil der Parzelle 412, um darauf ein Postamt zu errichten. Am 9. Mai 1960 konnte das Haus feierlich eröffnet und seiner Bestimmung übergeben werden. Auch wurde der engere Ortsteil von Naßwald asphaltiert

1958: Asphaltierung des Schwarzauer Marktplatzes.

1963 wurde im Ortsgebiet die Straßenbeleuchtung errichtet und ein Jahr später erbaute die Gemeinde Schwarzau den Forstaufschließungsweg im Gemeindewald am Fegenberg.

1965: Das neue Gemeindehaus konnte am 23. November seiner Bestimmung übergeben werden.

1967: Am 2. Juli fand die offizielle Eröffnung des neuen Gemeindehauses im Beisein des LH-Stellvertreters Dr. Tschadek, BH Dr. Johannes Gründler und des langjährigen Gastes von Schwarzau, dem steirischen Heimatdichter Dr. Franz Nabl, statt.

1968: Bis zu diesem Jahr wurde die Volksschule in Naßwald und die drei Klassen der VS Schwarzau völlig neu hergerichtet, die Volksschule in Vois 1970 geschlossen. Wegen erhöhtem Auftreten von "Bakterium coli" aus einem Stall oberhalb der Gegend musste die Gemeinde eine Entkeimungsanlage installieren lassen. Danach stand wieder einwandfreies Trinkwasser zur Verfügung.

Immer wieder wird Schwarzau im Gebirge vom Hochwasser heimgesucht

1969: Der vom nördlichen Ortsende beginnende und bis zum Markt 17 führende Promenadenweg wurde bis zum Doktorhaus verlängert. Dieser Weg ist nicht nur bei den Einheimischen, sondern auch bei den Gästen sehr beliebt.

1970 wurde am 8. November der Gemeinde Schwarzau im Gebirge das Gemeindewappen verliehen. LH Andreas Maurer überreichte die Wappenurkunde an den Schwarzauer Bürgermeister Roman Wegscheider. Auch dieses Ereignis wurde gebührend und mit einer Hubertusmesse gefeiert. Anlässlich dieser Feierlichkeiten erhielten Landes-hauptmann Andreas Maurer, LH-Stellvertreter Hans Czettel und Dr. Franz Nabl die Ehrenringe der Marktgemeinde Schwarzau im Gebirge. Dr. Franz Nabl brachte anschließend eine Zusammenfassung, wie er nach Schwarzau i. Gebirge kam und warum er sich dort so wohl fühle.

1972: Eröffnung des Naturparkes am 24. Juni. Das Festprogramm begann um 14.00 Uhr mit einem Festkonzert der Musikkapelle Schwarzau i. Gebirge und um 15.45 Uhr Empfang der Ehrengäste. Die Eröffnungsfeierlichkeiten begannen um 16.00 Uhr mit der Standruffanfare, vorgetragen von der Waldhorngruppe H. Löns. Nach der Begrüßung des Bezirkshauptmannes Dr. Josef Hofer durch den Schwarzauer Bürgermeister Roman Wegscheider sang die Volksgesangsgruppe Schwarzau das "Schwarzataler Hoamweh". Festansprachen des Naturschutzreferenten der Nö. Landesregierung, LH-Stellvertreter Hans Czettel, folgten und im Anschluss daran wurde das Lied "Schwarzauer Heimatliebe" gesungen. Die Eröffnung des Naturparkes nahm Ökonomierat Andreas Maurer vor. Darauf folgte der "Wiesbadner Jägermarsch" und danach die von der Musikkapelle Schwarzau im Ge-

birge vorgetragene Landeshymne. Nach einführenden Worten von Ob.-Mus.-Rat Professor Dr. Harald Schweiger führte dieser die Ehrengäste durch den Naturpark. Den Abschluss dieses Festes bildete ein prächtiges Feuerwerk.

1976 wurde die Wasserversorgungsanlage mit einem Kostenaufwand von ca. 1,000.000,-- Schilling erweitert und modernisiert.

1977: Eröffnung der Hauptschule. Anschließend ging man daran, parallel zur Hauptstraße die Schulsportanlage nebst weiteren Klassen- und Lehrerzimmern zu errichten, die man durch einen Zwischengang mit dem Portal des ehemaligen Schutzhauses verband. Diese stilistisch doch sehr fragwürdige Lösung wurde im Jahre 1979 abgeschlossen.

Am 9. Oktober beendete der Schuss aus einer Pistole, abgefeuert in Schwarzau im Gebirge auf einer Forststraße, an den Hängen des Obersberges, das Leben von Carl Freiherr von Lütgendorf, dem ehemaligen Verteidigungsminister. Ob er es selber war, der freiwillig aus dem Leben schied, konnte bis heute nicht geklärt werden. Dr. Schramm berichtete im Inlandsreport des ORF vom 20. Oktober 1988, "er hege starke Zweifel, dass sich ein Mensch, der sich kurz vorher in das Gesicht geschossen hat, nachher die schwere Waffe noch in der Hand halten kann".

1986: Die Volksschule wurde mit einer Hackgutheizung ausgestattet und die Zentralheizungsanlage erneuert.

1985: Dipl.-Ing. Irmfried Hanreich wird neuer Bürgermeister und er ist noch heute im Amt.

1988: Im Zuge des Abwasserkanalbaues im Markt- und Graben-Bereich, begonnen im Sommer, wurde auch die Wasserleitung großteils erneuert.

1992: Am 1. April wurde der Kindergarten eröffnet.

1997 und 1998 wurde die Totalsanierung der Hauptschule beschlossen; Kostenvoranschlag 3,700.000,-- Schilling. Die Hauptschule beheimatet außer den Schwarzauer Kindern und nebst der Volksschule, Kindergarten und Sonderschule auch die Rohrer Kinder.

1998: Seit dem Frühjahr ist man dabei, ein spezielles Glasfaserkabel von Schwarzau nach Gutenstein zu verlegen.

2000: Bau eines Gebäudes für die F.F. Schwarzau im Gebirge und für die Rettung.

2001: Erweiterung und Erneuerung des Ortswassernetzes.

2003: Bau eines neuen Gebäudes für die F.F. Naßwald, Erweiterung des Kanalnetzes nach Vois und bis zur Singerin und, der Oberhof in Naßwald wird generalsaniert.

Berühmte Persönlichkeiten zu Besuch in Schwarzau im Gebirge

Maximilian II., ein leidenschaftlicher Jäger, dessen bevorzugtes Gebiet das Revier am Handlesberg gewesen sein soll, kann als einer der ersten "Besucher" dieser Gegend angesehen werden. Er soll sich wiederholt im oberen Schwarzatal aufgehalten und in Rohr sogar

ein Jagdhaus besessen haben. Anlässlich einer Schneebergtour kamen am 4. August 1802 die Erzherzöge Johann, Anton und Rainer, Mitglieder des kaiserlichen Hauses, beim Abstieg nach Schwarzau und übernachteten im Pfarrhof. Auch von kirchlicher Seite wurde Schwarzau schon früh besucht, so am 20. Juli 1861 von seiner Eminenz Fürst Schwarzenberg von Prag.

Erzherzogin Maria Theresia, Gemahlin von Erzherzog Karl Ludwig, die am 7. Oktober 1883 am Scheibwald ihrem Jagdvergnügen nachging und anschließend am Hochamt in der Schwarzauer Kirche teilnahm, äußerte sich lobend über "das kleine Kirchlein und den hübschen Ort". Im Jahre 1885 konnte wieder ein Mitglied des Kaiserhauses in Schwarzau begrüßt werden, es war kein geringerer als der Thronfolger Erzherzog Franz Ferdinand. Er nahm bei der Feier zur Erstkommunion am 12. April 1885 in der Pfarrkirche Schwarzau teil. Das nächste Mitglied des Kaiserhauses war seine kaiserliche Hoheit Erzherzog Otto, er besuchte Schwarzau am 4. Oktober 1897.

Das zur Gemeinde Schwarzau gehörende Naßwald wurde vom Kaiser selbst und von Erzherzog Johann zu Hubmers Zeiten aufgesucht. In weiterer Folge besuchten Künstler diverser Opernhäuser, wie z. B. Hans Richter, der Kapellmeister der Wiener Oper, seine Kollegen Josef Sucher von der Berliner Oper und Bellowitsch von der Budapester Oper, Naßwald. Nicht nur Opernsänger der Beyreuther Oper wie Josef Staudigl und Rosa Sucher, der badische Kammersänger Josef Mark und auch Bernhard Baumeister, einer der größten Schauspieler seiner Zeit, fanden sich hier ein. Auch Peter Alexander und Maxi Böhm, der oft Gast der Familie Fitz, Gegend 22, im Grabenbauernhof war, konnte man hier antreffen. Weiters fanden und finden sich in Naßwald immer wieder auch hohe Politiker ein.

Weniger gern gesehen waren hier die NS-"Größen" wie Goebbels, Schirach, Jury und Papen. Sie bevorzugten es, hier zu "jagen", Hochwild und Muffelwild etc. standen auf dem Plan. Und nicht zuletzt sei einer prominenten Dame gedacht, die eine Zeit lang als schönste Frau der Welt galt, die in Hollywood weltberühmt gewordene Hedy Lamarr. Geboren am 9. November 1914 in Wien, hieß sie verheiratet Hedy Mandl und war die Frau des Hirtenberger Patronenfabrikanten Fritz Mandl. Auch als Patin für eine Pumpe der Schwarzauer Feuerwehr scheint sie im Jahre 1937 auf. Hedy Lamarr starb, ohne ihr Wien wieder gesehen zu haben, nach ihrem 85. Geburtstag.

Vertrauen in die Steinhauerin
Cäcilia Rossböck geb. Zöchling und ihre Tochter

Neben den Ärzten konnte sich vor allem die Steinhauerin vom "Schdoanhauar Haus" das Vertrauen vieler Menschen erwerben. Sie, die Tochter von Ferdinand und Elisabeth Zöchling, geboren am 1. November 1901 in Kleinzell, heiratete mit 23 Jahren den Schwarzauer Karl Russböck.

Ursprünglich wollte die Steinhauerin gar nicht die Familientradition, helfend zu wirken, fortsetzen, aber es ging ganz automatisch. Anfangs eher zurückhaltend, ging sie nach dem Tod ihres Mannes in ihrer "Bestimmung" auf. In ihrem "Schmierstüberl" hinter dem Gruber-Wirt behandelte sie die Patienten und ihre Heilerfolge waren bald weithin bekannt. Mit ihrer sensiblen Hand fühlte sie Brüche oder Verletzungen und erkannte sehr viele Krankheiten, wobei ihre Heilmethode hauptsächlich in der Verwendung von Salben lag, Salben, hergestellt nach uralten Rezepten aus der "Kraft der Natur". Eines Tages kam sogar die ARD, das Erste Deutsche Fernsehen, um ihre Arbeit zu dokumentieren. Als sie im Jahre 1979 verstarb, starb ein Mensch, der mit humanitären und edlen Talenten zum Wohle seiner Mitmenschen gesegnet war.

Heute verwendet ihre Tochter, Maria Rauckenberger, auch "Miaz" genannt, die wie ihre Mutter diese Arbeit nie machen wollte, diese Salben und Öle, bereitet sie zu, ist kundig und hilft jedem Menschen, der ihre Hilfe benötigt.

Das Rote Kreuz
Ortsstelle Schwarzau im Gebirge

In Schwarzau im Gebirge waren es Männer, die zuvor den Erste-Hilfe-Kurs absolviert hatten und nun eine Rettungsstelle in Schwarzau im Gebirge gründen wollten. Sie fanden sich am 27. März 1971 zur Gründungssitzung zusammen, wobei der Initiator und darauf folgend auch erster Obmann Johann Schäfer war. Bereits am 6. Juni desselben Jahres wurde die Rettungsstelle Schwarzau im Gebirge eröffnet. Da man aber noch nicht über eine Garage verfügte, so standen die Einsatzwagen, von denen der erste ein Gebrauchtwagen war, in den Garagen des Heinrich Gaube. Auch kein eigenes Haus war vorhanden, so dass die Rettungsstelle von 1976 bis zum Jahre 1984 im neu erbauten Feuerwehr-Gerätehaus untergebracht war. Später übersiedelten die Einsatzfahrzeuge in die Garagenräume des ehemaligen Firmengebäudes der Fa. Streif, Markt 65. Johann Schäfer folgte als Obmann Konrad Wieser, Kaufmann. Nach Konrad Wieser bis zum heutigen Zeitpunkt hat diese Stelle der Tischlermeister Erich Pirkner inne. Durch die relativ große Entfernung Schwarzaus zu einem Krankenhaus, ca. eine Fahrstunde, wird die Arbeit der freiwilligen Helfer in dringenden Fällen durch einen Rettungshubschrauber unterstützt. Im Jahre 1998 verlor die Rettungsstelle drei ihrer Mitglieder: am 17. April ihren größten Förderer und Begründer, Johann Schäfer, am 18. Mai desselben Jahres trauerte man um den ehemaligen Obmann Konrad Wieser und auch um ein langjähriges Mitglied Frau Herta Dotzler.

Weitere Vereine in Schwarzau sind: der Musikverein, der Radfahrverein, die Hobbyschule und Bastelrunde der Arbeitsgemeinschaft der Bäuerinnen, der Schwarzauer Kirchenchor und die Schwarzauer Sängerrunde,

Die Singerin

Gasthof zur Singerin im Höllenthal.

Der "Wasserbauernhof", eines der ersten vier Anwesen in diesem Gebiet, erhielt diesen Namen, da er am Zusammenfluss der Schwarza mit dem Naßbach lag. Erst später erhielt er den Namen "Zur Singerin", vermutlich deswegen, weil der Hoyos'sche Revierjäger Johann Singer unterhalb der Straße in einem alten "Stöckl" wohnte. Singer erlag seinen Verletzungen, die er bei der Verfolgung eines angeschossenen Hirsches erlitten hatte, am 9. Oktober 1827. Seine Witwe Anna Maria führte die Wirtschaft bis zu ihrem Tode im Jahre 1930 weiter. Heute befindet sich der an anderer Stelle errichtete Gasthof "Zur Singerin" im Besitz der Familie Auer und wird von der Pächterin Christine Wallner geführt.

Strom von der NEWAG

Schon im Winter 1953/54 hatte es eine Versammlung wegen eines Anschlusses an das Stromnetz gegeben. Damals wurde das Vorhaben jedoch abgelehnt und stattdessen ein Dieselaggregat zur Unterstützung der Turbine angeschafft. Aber schon nach ein paar Jahren erwies sich auch diese Lösung als unzureichend. Am 8. Dezember 1960 kam bei einer Versammlung durch Mehrheitsbeschluss das Vorhaben, Strom von der NEWAG zu beziehen, zu Stande. Auch wurde ein so genannter Lichtausschuss mit Bürgermeister Roman Wegscheider als Obmann und Walter Schruf als sein Stellvertreter gegründet. 1962 wurde mit dem Imprägnieren der Maste und des Riegelholzes begonnen.

Ab März 1964 wurde mit dem Aufstellen der Maste begonnen, wobei Josef Rossböck mit seinem Pferd "Bubi" Ruhm erlangte, weil beide, wie Walter Schruf es ausgedrückt hat, "fast Unmögliches leisteten".

Am 10. November konnten die drei Trafostationen im Markt in Betrieb genommen und das alte E-Werk abgeschaltet werden. Im darauf folgenden Winter waren vier Firmen gleichzeitig mit dem Ausbau der Ortsteile Vois, Preintal und Gegend beschäftigt. Am 31. Juli 1966 feierte man mit einer großen "Lichtfeier", zu der viel Prominenz vom Land, der NEWAG und der Bezirkshauptmannschaft gekommen war, den Anschluss von Schwarzau an das öffentliche Netz.

Der Naturschutzpark

In Schwarzau im Gebirge befindet sich am Westhang des Falkensteins ein ca. 14 ha. großer Naturschutzpark, wobei für die Errichtung eines solchen Parks nicht nur das Vorhandensein des Bergwaldes mit seinen vielen Baum- und Straucharten, sondern auch die Existenz selten gewordener Tier- und Pflanzenarten ausschlaggebend war. Um die vorkommenden Pflanzen- und Tierarten zu schützen, wurde das Gebiet des Naturschutzparkes zum Teilnaturschutzgebiet erklärt. Gemeinsam von der Marktgemeinde Schwarzau im Gebirge und dem Naturschutzreferat des Landes Niederösterreich wurde dieses Projekt verwirklicht, wobei man im Jahre 1972 auch einen Erholungsraum mit ca. 50 ha. mit einbezogen hat, der durch verschiedene angelegte Wegeanlagen zu einem kürzeren oder ausgedehnteren Spaziergang einlädt. Auf die einzelnen Tier- und Pflanzenarten weisen Informationstafeln hin, die unter der Leitung von Prof. Harald Schweiger errichtet wurden. Ein Hirsch- und Gamsgehege und ein Alpengarten sind in diesem Areal integriert. Eine Grillstelle, ein Kinderspielplatz und ein im Jahre 1994 angelegtes Biotop runden die Sehenswürdigkeiten dieses jährlich von vielen Besuchern frequentierten Freizeitzentrums in Schwarzau im Gebirge ab.

Im Bereich des Naturpark- und Erholungsgebietes existieren auch einige Höhlen. In einer solchen unterirdischen Höhle befindet sich auch der Klaftersee, dessen Wasser als Klafterbach ans Tageslicht treten und die Wasserleitung der Gemeinde Schwarzau im Gebirge speisen. Unter den vielen Höhlen ist die größte und bekannteste die Herrengrotte, so benannt, weil sie sich immer im Besitz des jeweiligen Pfarrers befand. Sie wurde schon immer als Schutzraum bei Feindbedrohung aufgesucht. Weiter bergwärts befindet sich die etwas kleinere Frauengrotte, die abgelegener und geschützter liegt und in früherer Zeit somit eine ideale Zufluchtsstätte für Frauen war. Weiters gibt es noch das Bärenloch, das Pfeiferloch, eine nach beiden Seiten offene Höhle, die bei einer bestimmten Windrichtung Pfeiftöne erzeugt.

Wenn man all die o. a. Punkte betrachtet, so ist zusammenfassend zu bemerken, dieser Naturpark in der Marktgemeinde Schwarzau im Gebirge ist ein Paradies für den Naturliebhaber und immer einen Ausflug wert.

Aber nicht nur im Naturpark bieten sich Wanderungen an, auch außerhalb gelangt man von Schwarzau im Gebirge auf die umliegenden Höhen, wie zum Beispiel auf den Obersberg, den Preineckkogel, auf den Falkenstein, zum Grubenfranzl und weiter zum Handlesberg, von der Singerin über den Schnellerwag-Steig auf den Kuhschneeberg oder von der Vois auf markierten Wegen auf den Schneeberg bis zum Kaiserstein oder auf das 2 076 m hohe Klosterwappen; nicht zu vergessen der viel begangene Wallfahrtsweg über das Preintal.

Blick auf Schwarzau

Hier findet der Besucher Hirsche, Damwild, Murmeltiere,
um nur einige zu nennen, aber auch jede Menge Fische
im eigens angelegten Fischteich

288

Marktgemeinde
Schwarzau im Gebirge

Impressionen

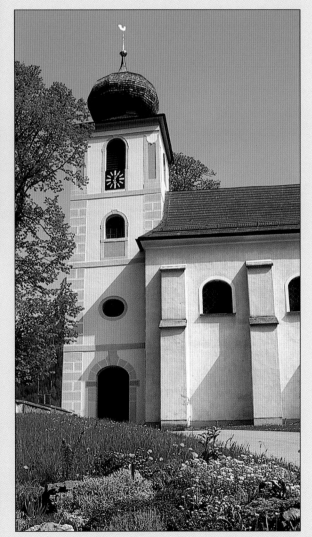

Oben: Ortsteil von
Schwarzau mit Falkenstein
Rechts: Die Pfarrkirche

289

*Der Klafterbach
und die Klafterbachquelle*

Wasserimpressionen am Klafterbach

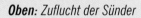

Oben: *Zuflucht der Sünder*

Oben rechts: *Ansichten von Vois - Kirche und*
Bauernhaus Grumböck vulgo Schmolbauer
Darunter: *Naßwald*

Das Naßtal

Die Entstehung des Siedlungsbildes, Auszug aus dem geographischen Jahresbericht XVIII. Band, herausgegeben von Hugo Hassinger und Johann Sölch, Leipzig - Wien 1935

Vor 1500: 8 Bauernhöfe, nach dem Urbar von 1569, 4 Bauernhöfe angegeben als Öde, 4 Bauernhöfe noch bewirtschaftet

Um 1800: Besiedelung durch evangelische Holzknechte unter Georg und Johann Hubmer; kein Bauernhof mehr. Nach dem Stand der Katastralmappe von 1820 statt dessen: 97 Holzknechtbauten - Wohn- und Wirtschaftshütten.

Von 1850 bis 1914 wurden abgerissen: 21 Wohnhäuser
                                        3 Sägemühlen
Seit 1919 wurden abgerissen: 10 Wohnhäuser
                                        1 Wohnhaus abgebrannt

Seit 1919 wurden 3 neue Wohnhäuser aufgebaut, mit diesen bestanden im Jahre 1930 insgesamt 55 Wohnhäuser.

Die o. a. Angaben sind entworfen nach Mitteilungen, Aufzeichnungen und einer Skizze des Schulleiters in Naßwald, Herrn Walther Geyer, unter Berücksichtigung der Katastralmappe von 1820.

Zunächst lässt sich von der Bauweise sagen, dass die altbelassenen Holzknechthäuser von Schwarzau, Rohr i. Geb., Hinternaßwald und Heufuß noch den Blockbau zeigen; er war nach Schilderung von Pfarrer May die früher meist angewandte Form des Hausbaues. Den

Blockwandbauten ist meist ein steiles Pfettendach eigen, in einem niederschlagsreichen Gebiet, wie es das unsere ist, eine recht zweckmäßige Einrichtung. Als Wetteranpassung seien die Krüppelwalmdächer erwähnt, die sowohl an Wohn- als auch an Wirtschaftsbauten anzutreffen sind. Von den älteren Häusern fand ich nur das Steinhaus in Hinternaßwald mit vollabgewalmter Giebelseite.

GEORG HUEBMER,
Schwemmmeister

Pfarrer May schildert eingehend den Häuserbau und bemerkt über das Material: "Die Häuser seien von Nadelholz erbauet, weil es dies viel, Blätter- oder hartes Holz sehr wenig gibt, den Ahorn und etliche andere ausgenommen." Weiters schreibt er: "Fast alle Bauernhäuser sind verhältnismäßig sehr groß im Umfang, mit ungeheuren Dächern, ohne alle Kunst der Architektur und Simetri erbauet, denn sie werden von den Bauern selbst mit eigener Hand und Axt erbauet, denn fast jeder Bauer hat etwas Baukenntnis, wenigst die Rudimente, und diese lernet oder erbet der Sohn vom Vater, der Nachbar vom Nachbarn, wie wirklich mehrere ältere darunter sind, die die Leitung übers Ganze führen und andere folgen müssen."

Bevor Hubmer mit seinen Holzknechten in diese unwirtliche Gegend vordrang, um einem Ansuchen des Oberverwesersamtes Reichenau an die Bergbaudirektion in Eisenerz zu folgen, gab es schon Behausungen in dieser Gegend. Zum einen Hütten, die den Gesetzesübertretern als Unterschlupf dienten, zum anderen standen bereits vier bewohnte Ansiedlungen; die Wasserbauernhütte an der Einmündung der Naß in die Schwarza (Bereich der heutigen

Der ehemalige Oberhof in Naßwald

Teilansicht von Naßwald - links der Oberhof, in der Mitte die evangelische Kirche

293

Singerin), die Hinterleuthen gegenüber dem Reithof, der Reithof, auch Naßalm genannt, und schließlich der Oberhof am Zusammenfluss des Heufuß- und Schwarzriegelbaches. Auch eine rege Bergbautätigkeit bestand bereits in dieser Gegend. Knappen aus Altenberg kamen über den Naßkamm, um hier Erz abzubauen. Niclas Kharherr erhielt 1560 die Bewilligung zur Eröffnung eines "neu erfundenen" Kupferbergwerks in der Naßalm, Bartlme Disara meldete 1611 ein Eisen- und Kupferbergwerk in der Naßalm an, und Hans L. Hoyos schreibt 1651 ein Ansuchen, dass sich in seiner Herrschaft im "tiefsten rauchen Gebürg ein Gold und Silbererz erzeigen thut, zu welchem man aber weder reiten noch fahren kann". Dieses Ansuchen wurde jedoch abgelehnt, um die Privilegien der "Eisenkompanie" in Innerberg nicht zu schmälern. 1697 erhält die Herrschaft Gutenstein den Konsens zum Abbau von Eisenerz. 1698 stand schon das Hüttenwerk, welches auf Grund von Schlackenfunden in der Nähe des ehemaligen Gasthauses Wallner (heutiger Parkplatz in Hinternaßwald) gestanden sein muss. Um 1730 setzte sich dann die Verarbeitung von Neuberger Eisen, welches von Säumern über den Naßkamm transportiert wurde, durch, wobei der "Eisensaumer Hans in der Grueb" den Weitertransport übernahm.

Das Schicksal von Georg Hubmer und seinen Holzknechten sowie die Entstehungs-geschichte des Bergdorfes Naßwald, zwei Fahrstunden von Wien entfernt, das seinen Namen nicht wegen des feuchten Gebietes trägt, sondern von einem Ausspruch Georg Hubmers stammt, der sich anlässlich von Holzarbeiten äußerte: "Do unter der Nos fang ma on", sei hier beschrieben. Vor mehr als zwei Jahrhunderten haben sich hier Geschehnisse zugetragen, die eines der bemerkenswertesten Kapitel in der Kolonisationsgeschichte unserer Heimat darstellen. Die beispielgebenden Taten des einfachen Holzfällers aus dem Gosautale und seinen Mannen sind noch heute Hauptgesprächsstoff in Naßwald und seiner Umgebung.

Die Wildwasser der Schwarza kommen direkt aus der "Hölle", behauptete man noch vor zwei Jahrhunderten in Reichenau und Hirschwang am Fuße der Rax. Wenige Menschen wagten sich damals schluchteinwerts und wenn doch, so berichteten sie von himmelhohen Felsen, rauschenden Schlünden und undurchdringlichen Urwäldern, in denen, den Spuren nach zu schließen, gerade noch Luchse und Bären ein Weiterkommen fänden.

In Reichenau benötigte man das Holz, welches aus den umliegenden Wäldern gewonnen wurde, zum Betrieb der Eisenhämmer. Nun kam aber eine Zeit, wo es kein Holz in der näheren Umgebung gab und man gezwungen war, um das Eisenwerk aufrecht zu erhalten, Holz aus weit entfernten Gegenden und nur unter großem zeitlichen und finanziellen Aufwand zu beschaffen. Tausende Klafter Holz, welche am Nordausgang des Höllentales lagen, vermoderten und konnten der Wildnis wegen nicht an den Bestimmungsort geschafft werden. Da

Hubmerglas

Hubmerscheit

erschienen an einem Herbsttag des Jahres 1871 im Oberverweseramt der Eisengewerkschaft Reichenau zwei stattliche Männer, Georg und Johann Hubmer, und erklärten, dass sie das Holzfällerhandwerk verstünden wie keine anderen und imstande wären, das Holz bis im übernächsten Frühjahr aus dem Naßtal nach Hirschwang zu schaffen. Da man seitens des Oberverwesers-amtes misstrauisch war, denn keiner glaubte, dass ein solches Unterfangen jemals gelingen könnte, wurde zwischen dem Oberverweseramt und den Gebrüdern ein Abkommen vereinbart, dass erst dann bezahlt würde, wenn das Holz in Hirschwang sei. Ein zweites Mal versank das Land im Schnee, und im Frühjahr rauschten wie eh und je die braungelben Fluten der Schwarza aus der Enge des Höllentales hinaus. Da, eines Tages hörte man ein eigenartiges Rauschen und Poltern und die Menschen liefen am Ufer der Schwarza zusammen. Hochauf gischten die braungelben Fluten, und dann rodelte und brodelte es heran; das Holz kommt, das Holz kommt! Von der staunenden Menge kaum beachtet, schritt indessen ein Mann aus dem Höllental heraus und weiter nach Reichenau, Georg Hubmer; er hatte Wort gehalten und war unterwegs nach Reichenau, um den fälligen Lohn zu kassieren.

Jahrzehnte vergehen. Georg Hubmers Gemeinde ist auf über zweihundert Seelen angewachsen und schöne Häuser stehen verstreut in den Rodungen. Aber jahrzehntelange Holzfällerarbeit haben auch die Urwälder an der Naß bedenklich gelichtet. Mit einem Mal zieht die Sorge in die Stuben ein, es droht Arbeitslosigkeit und viele bangen um ihre Existenz. Georg Hubmer lässt sich durch diese Umstände aber nicht beirren, denn schon lange schmiedet er an einem Plan, den er nun seinen Männern unterbreitet. Wenn den primitiven Menschen angesichts des ungeheuren Vorhabens auch ein "eisigkalter Schauer" über den Rücken läuft, sie stimmen zu. Der Plan ist einfach: am so genannten Gscheidl an der niederösterreichisch-steirischen Grenze dehnen sich noch unabsehbare

Der Hubmerstollen am Gscheidl, heute!

Werkzeugen. Nun trägt steirisches Wasser steirisches Holz ins Tal der Naß, und die Familien sind einer großen Sorge enthoben.

Georg Hubmer fühlt sein Ende nahen. Sein letztes Werk ist die Schaffung eines Friedhofs, den er nahe der Naß auf dem idyllisch gelegenen Kirschbühel errichten lässt, wo man auch im Grabe das vertraute "Rodeln des Holzes" noch hören kann, und er ist der Erste, der auf diesem Friedhof bestattet wird. Am 20. März 1833 schließt er die Augen für immer. An der von ihm bezeichneten Stelle des Friedhofs wird sein Sarg in den felsigen Boden versenkt. Niemand zweifelt daran, dass er in allernächster Nähe seiner Katharina ruht, deren Grab er selbst geschaufelt und bis zum letzten Atemzug geheim gehalten hat.

Viele Familiennamen, wie Spielbichler, Lichtenegger, Innthaler, Wallner und Ellmer, Pehofer etc., sind heute noch hier anzutreffen. Das Holz des Tales wird nicht mehr getriftet, sondern "per Achs" weiterbefördert. Das prächtige Herrenhaus des Holzfällerkönigs mutet wie ein Bau aus unseren Tagen an. Hubmers Besitz gehört heute der Gemeinde Wien, die von hier aus einen bedeutenden Teil ihres Trinkwassers bezieht, und in Hubmers Haus, dem Reithof, ist die Forstverwaltung untergebracht. In einem idyllisch gelegenen Häuschen nahe dem Reithof wohnt in seiner Urlaubszeit Musikprofessor Richard Schenner aus Wien. Er ist mütterlicherseits ein direkter Nachkomme des berühmten Holzfällerkönigs Georg Hubmer. Auch als "Gstudierter" hält er dem Tal der Naß die Heimattreue - einer der edelsten Charakterzüge, die diesem einfachen Holzfällervölklein immer noch eigen ist.

Hubmers Eisenhammer

Um 1800 ließ Georg Hubmer beim Reithof in Naßwald einen Eisenhammer errichten, um die von den Holzknechten benötigten Werkzeuge selbst erzeugen und reparieren zu können. Ein verheerendes Hochwasser im Jahre 1813 zerstörte das Werk, es wurde aber größtenteils wieder aufgebaut. 1907 wurde es abgetragen. Heute ist das vorwiegend evangelische, 8 400 ha große und ca. 270 Einwohner zählende Gebiet im Besitz der Gemeinde Wien. Während die Gemeinde Wien als Arbeitgeber fungiert, beliefert Naßwald Wien mit Trinkwasser und Holz.

Vois

Eine Möglichkeit, von Schwarzau im Gebirge nach Gutenstein zu gelangen, ist der Weg durch das Voistal und über das Klostertaler Gscheid. Die Abzweigung liegt im Höllental bei Voismaut, dort wo der Voisbach in die Schwarza mündet. Vorerst geht es diesen Voisbach entlang durch ein enges Tal und bald erreicht man Vois, eine Katastralgemeinde von Schwarzau. Ein typisches Bauerndorf, inmitten saftiger Wiesen gelegen. Vois ist ein beliebter Ausgangspunkt für Wanderungen in das Schneeberggebiet.

Oben: Der Reithof von Georg Hubmer, heute Forstverwaltung Naßwald
Unten: Das gern besuchte Hubmer-Museum in Naßwald

Urwälder aus. Der Transport auf der Straße über weite Umwege kam nicht in Frage, aber "drüben" gab es auch Wasser. "Und wenn das Wasser nicht über den Berg fließt", erklärte der Hoyos'sche Oberjäger Grabner, "dann muss es eben durch den Berg fließen!" Mit den einfachsten technischen Hilfsmitteln, einem selbst gebauten Gradbogen und einer Ebenwaage bestimmt nun Hubmer den Anfang, die Mitte und das Ende des Stollens. Fünf Jahre dauert die ungeheuer schwierige Arbeit, und am 8. März 1827 reichen sich beide Arbeitspartien die Hände. Es ist der erste Tunnel in der europäischen Geschichte, 400 Meter lang, geplant von einem einfachen Holzarbeiter und gebaut von schlichten Holzknechten mit einfachen

Der alte Höllhammer in Hirschwang, Gemälde von Nischner

Schmelzwasser im Frohnbach

Oben: *Der Hochgang -* **Unten:** *Blick auf das Klosterwappen von Hirschwang aus*

Winter an der Schwarza

Impressionen in Eis

Glockenspiel aus Eis

Bildnachweis und Quellenverzeichnis

Puchberg: Franziska Riegler (histor. Motive), Kurdirektor Walter Wurzinger, Franz Zwickl, Nö. Schneebergbahn GesmbH. Herr Lechner

Archive: Hornig Leo, Hahnl Wolfgang, Wallner Franz u. Leopoldine, Baumgartner Lutz, Grüner Ludwig, Lechner Karl, Flanner, Czepreghy Eugen und Erika, Nadon Maria, Schwaiger Edith Dipl.-Ing., Schlesinger Dieter Dipl. Ing., Thiel August, Herzog Johann, Handler Johann, Putz Ewald, Döller Friedrich, Eigenes Archiv, Frau Eder, Naßwald, Gutschelhofer Johann, Hofer Eduard jun., Höller Hans Ing., Kogler Johann, Linder Josef, Reichl Heinz, Schlitz Peter, Schnepf Elfriede, Steiner Hermine, Stöger Helga und Franz, Stummer Friedrich, Stummer Karl Ing., Wallner Walter, Monsignore Zeinar Friedrich und VzLt. Zwarnig Martin, Marktgemeinde Schwarzau im Gebirge, Marktgemeinde Payerbach

SBB: Die industrielle Eroberung einer Landschaft um 1800; Die friedliche Eroberung einer Heimat, 1992, W. Legl
Der Schneeberg in Unteröstreich mit seinen Umgebungen, Adolf Schmidl, Wien 1831
Streifzüge durch die Norischen Alpen, Freiherr von Augustin Wien 1840
Das Thal von Reichenau und seine Umgebungen, Alexander Muchmayer, Wien 1844
Die Berg und Hüttenverwaltung in Hirschwang, 21. März 1870
Jagd Zeitung Nr. 11 vom 15. Juni 1872, 15. Jahrgang
Der Schneeberg, Eduard Fischer von Röslerstamm, Wien 1873
Halte was du hast, Evangelisches Volks- und Gemeindeblatt aus Österreich, 3. Juni 1877
Führer auf den Schneeberg und die Raxalpe, Wratislav Fikeis, Wien 1881
Das Alte Fremdenbuch des Thalhofes in Reichenau, Thalhofsepp, Wien 1881
Payerbach Niederdonau 1882 - 1932 und 1941; 50 Jahre Ortsverwaltung Payerbach; Pfarrk. St. Jakob, Erich Handlik 1979
Lage und Geologie des Grillenberges, Peter Gottschling und Michael Hackenberg, Archiv Dipl.-Ing. Edith Schwaiger
Die Flora des Schneeberges in Nieder- Österreich, Heinrich Kempf, Wien 1882
Prigglitz, St. Christoph und Umgebung, Josef Leitgeb, II. Auflage, Wien 1885
Diverse Festschriften über die Schneebergbahn 1897 - 1992
Der touristisch botanische Wegweiser auf den Schneeberg, Heinrich Kaempf, 1889
Touristisch- Botanischer Wegweiser auf den Schneeberg, Heinrich Kaempf, Wien 1889
Morgen 82/92 Himalaya vor der Haustür, Karl Legl und Da oben begegnet man einander, Michaela Schlögl
Die Eroberung der Landschaft, Semmering, Rax, Schneeberg, Morgen 82/92
Oesterreichische Alpenzeitung, Wien 1896
Österr. Touristenzeitung, Puchberger und Schneebergbahn, Reinhard E. Petermann, Wien 16. Mai 1897
Geschichtliches über Payerbach, Schriftleiter Franz Mattausch; Führer von Payerbach und Umgebung, 1. A. 1910;
Schwarzataler Zeitung 1907 und 1912; Payerbach, 1. Auflage 1910
Deutsch - Mythologische Landschaftsbilder, Guido List, Wien - Leipzig 1912
Im Bereich der Schneebergbahn, Spaziergänge und Ausflüge, Reinhard E. Petermann, Heinrich Mose, Neunk. 1912
Zur Morphologie der Gruppe der Schneebergalpen, Dr. Dietrich Baedecker, 1922
Ur- und Frühgeschichte des Bezirkes Neunkirchen und seiner Nachbargebiete, Dr. phil. Anton Hrodegh, Neunk.1923
Artaria Führer Schneeberg, Fritz Benesch, Wien 1924
Sondernummer der Österreichischen Illustrierten Zeitung, 14. Juni 1925
In des Schneebergs Mantelfalten, L. G. Ricek, Wien 1924 und Schneeberg und Raxalpe, Edmund Forster, Wien
Wiens Bergsteigertum, Ing. Eduard Pichl, Wien 1927

Das südöstliche Niederösterreich, Dr. Heinrich Güttenberger und Prof. Fritz Bodo, Wien und Leipzig 1929
Oesterreichische Vierteljahresschrift für Forstwesen, Prof. Ing. Karl Leeder, Wien 1932
Neues Österreich: Kein Sessellift auf den Schneeberg, 23. 11. 1955; Neue Seilbahnen in Österreich, 21. 10. 1955
Alpinismus in Niederdonau, Heft 40, St. Pölten 1941
Unsere Holzknechte, Heft 53, Lorenz P. Herzog, St. Pölten 1942
Landschaft und Wirtschaft in Puchberg am Schneeberg, Randolf Rungaldier 1964
100 Jahre Österreichischer Touristenklub, Wien 1969
Der Thalhof, Zeitschrift des Vereines für Landeskunde von N.Ö. und Wien, Heft 2, 1971
Wr. Neustädter Zeitung vom 23. April 1975
Georg Huebmer - Der ungekrönte König von Nasswald, Dr. Herbert Kilian, Dezember 1978
Die Thäler von Reichenau und Neuberg und 150 Jahre Fremdenverkehr, 50 Jahre Kurort Reichenau a. d. Rax, 1979
Wo Wälder sein müssen, Wien 1993
Vergessene Vergangenheit, Band 2, 1996 Augustin Stranz
Wiedergefundenes Paradies, Prof. Ing. Robert Papp, Reichenau 1996
100 Jahre I. Wiener Hochquellenwasserleitung, 23./24. Oktober 1973; Wasserspuren, Wien 1998
Schwarzau im Gebirge, Pfarre Schwarzau und R. Leitner & W. Staudinger, 1998
Puchberg aktuell, Saison 2001, 100 Jahre Elisabethkircherl
MA31 der Stadt Wien, Forstamt Hirschwang, Ing. Hans Tobler, Hirschwang 2003
MA49 der Stadt Wien, Forstamt Hirschwang, Ing. H. Mayer und Ing. J. Kogler und Nasswald, Ing. K. Lumpi, 2003
Allitsch Tiefenbacher Valarie, Payerbach Alpine Gesellschaft Alpenfreunde, D' Sparbacher, D' Kienthaler
Baron Rothschild, von Forstrat Eduard Grünkranz München
Bei den Holzknechten in der Eng, Dr. Karl Leopold Schubert, Perchtoldsdorf
Bergrettung Puchberg, Karl Strohmayer, Reichenau - Siegfried Krätzel, Wien - Hans Hejduk
Damböck Ludwig, Der Schneebergvater, von Markus Lassager
Das Nasstal, Die Entstehung des Siedlungsbildes
Fremdenverkehrskommission Puchberg am Schneeberg
Führer zu den Schul - Ausflügen auf den Schneeberg, zusammengestellt von Josef Glaser
Geschichte der Kartonfabrik in Hirschwang
Groß Elisabeth, Schi- und Bergsteigerschule, Puchberg
Lanner Hans, handgeschriebener Lebenslauf, Reichenau, Archiv Familien Lanner
Menschen am Berg, Dr. Otto Braun
NF Himberg, Ternitz, Wien, Wimpassing
NÖ. Berg- und Naturwacht, Ortsstelle Gloggnitz
OEAV -Sektion Edelweiß, Alpenvereinszentrum Wien
ÖTK Sektion Ternitz und Wien
Rax und Schneeberg die Hausberg Wiens, Karl Leeder
Rund um den Wiener Schneeberg, Karl Lukan
Unsere sportlichen Helden, Segelflieger Robert Kronfeld, von Philipp Winter
Weidegenossenschaft Gutenstein

Gedichte: OSR Rupert Pölzlbauer, SR Poldi Gölles Petrak und vom Autor